마음 의

steps

to 생 태 학

an

e c o l o g y

o f

m i n d

일러두기

1. 이 책은 그레고리 베이트슨의 딸이자 문화인류학자로 활동하고 있는 메리 캐서린 베이트슨Mary Catherine Bateson의 서문을 덧붙여서 새롭게 출간된 《마음의 생태학 *Steps to an ecology of mind*》(Chicago : Univ. of Chicago Press, 2000)을 온전히 옮긴 것이다.

2. 옮긴이의 주는 '(옮긴이주)'로 표시했고, 저자의 주는 따로 표시하지 않았다. 주석의 논문명과 책명은, 본문과 연관된 경우에는 이해를 돕기 위해 번역어를 병기했다.

3. 맞춤법과 외래어 표기는 1989년 3월 1일부터 시행된 〈한글 맞춤법 규정〉과 《문교부 편수자료》를 따랐다.

마음의

steps

to 생태학

an

ecology

of

mind

그레고리 베이트슨 지음·박대식 옮김

책세상

마음의 생태학 | 차례

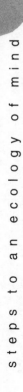

steps to an ecology of mind

steps to an ecology of mind

메리 캐서린 베이트슨의 서문(1999)

이 책은 지적 여정의 기록이다. 마음의 생태학을 향한 단계들. 이는 동시에 하나의 단계다. 새로운 과학의 목적지는 1971년에 책이 출판되면서 비로소 분명해지기 시작했다. 그레고리 베이트슨Gregory Bateson은 1980년에 죽었지만 지적 여정은 증가하는 위기와 함께 계속되고 있으며, 관계의 패턴들을 이해하는 데 필요한 단서들은 이 책 속에서 여전히 발견되고 있다.

20세기의 마지막 몇 년 동안 이루어진 가장 인상적인 업적들 가운데 몇몇은 오히려 그러한 이해를 불분명하게 할 수도 있다. 예를 들어 인간 게놈의 지도를 만드는 비범하고 상세한 작업은 개개의 표현형이 다수의 유전자에서 어떤 하나를 분리하는 것에 의해 형성되는 것이 아니라 유전자들의 상호작용에 의해 형성된다는 것, 그리고 모든 표현형은 공기, 지구, 다른 유기체들과 같은 주위 환경과의 복잡한 춤에 의해 표현된다는 것을 잊기 쉽게 만든다. 심지어 혼돈chaos과 복잡성 이론complexity theory[1]에서의 현재와 같은 진보를 가지고도 우리는 존재, 사물에 대해 생각하는 것보다 상호작용에 대해 생각하는 것에 덜 익숙한 상태다. 우리는 계산을 위해 컴퓨터가 어떻게 설계될 수 있는지에 관해, 두뇌라고 불리는 유기체의 구조와 생화학에 관해 그레고리가 집필할 때보다 훨씬 더 많이 알고 있지만, 이는 그러한 연구가 결국 창조적 상상력을 설명할 것이라는 일종의 승리주의triumphalism[2]로 인도했다.

그레고리 베이트슨은 태어나면서부터 과학을 향해 방향 지어져 있었다. 데이비드 립셋David Lipset의 전기(1980)는 베이트슨의 초기 삶에 대해 가장 뛰어나게 기술하고 있고, 그의 중기 삶에 대해 잘 기술하고 있으며, 베이트슨이 책을 쓰기 시작한 1972년에 그와의 대화에서 멀어짐에 따라 그의 마지막 10년 동안의 삶에 대해서는 빈약하게 기술하고 있다. 그레고리는 자연사와 생물학, 특히 대부분 진화와 유전학을 둘러싼 토론에 초점이 맞춰진 가정에서 자랐다. 그가 자신의 연구 분야로 인류학을 선택한 것은 가족의 직접적인 전통에서 물러나는 것이었지만, 멀어질 정도는 아니었다. 2차 대전이 일어나기 전 얼마 동안 그는 뉴기니와 발리에서 민속지ethnographic 연구를 했다. 하지

---

1) (옮긴이주) 복잡성 이론이란 복잡계complex system에 대해 연구하는 학문을 광범위하게 일컫는 말인데, 복잡계란 그것의 본질이 자신을 구성하는 부분들에 대한 이해로 완전히 설명되지 않는 시스템을 말한다. 복잡계는 상호작용하며 서로 얽어진 많은 부분들, 실체들, 혹은 요인들로 구성되어 있다.
2) (옮긴이주) 승리주의는 특정한 교리, 문화, 또는 사회 시스템──종교, 정치 철학, 혹은 경제 시스템──이 다른 것보다 우월하다거나 승리할 것이라는 믿음이나 태도를 말한다. 이는 또한 집단적 자부심이나 경쟁 상대를 물리친 기쁨(예컨대, '우리가 최고')을 지나치게 드러내는 행동을 가리키기도 한다.

만 전쟁 후에도 그의 지적 여정은 그 어떤 잘 알려진 학문 분야와도 깔끔하게 일치하지 않았다. 그는 위르겐 루쉬Jurgen Ruesch와 공동으로 《커뮤니케이션 : 정신의학의 사회적 기반Communication : The Social Matrix of Psychiatry》(1951)을 연구했으며, 팔로알토의 퇴역군인병원에서 '민족학자ethnologist'라는 이례적으로 만들어진 직업을 가지고 정신병 환자들을 대상으로 연구했다. 그리고 그는 메이시 재단Macy Foundation이 후원한 사이버네틱스cybernetics를 형성하는 토론의 참가자였다. 이 책 제목(Steps to an Ecology of Mind)의 '단계들Steps', 즉 세련되고 정교하게 주장한 전혀 다른 종류의 이 에세이들이 하나의 주제에 관한 것이라는 점은 그레고리에게 있어서도 오랫동안 분명하지 않았다. 하지만 이 책을 위해 논문들을 한데 모으기 시작했을 때, 그는 40년 탐구의 목적지인 그 주제를 '마음의 생태학'으로 특징지을 수 있었다. 그의 경력 가운데 남은 10년은 그 목적지에 대한 자신의 이해를 기술하고 다듬어서 물려주려는 데 쓰였다.

　이 책의 에세이들은 서로 다른 청중들을 위해 씌어졌고, 서로 다른 배경에서 출판되었다. 한 번에 하나씩 논문을 접한 독자 모임들 속에서 일부 에세이가 유명해지기는 했지만, 어느 누구도 그 에세이들을 서로 연결시키지는 못했다. 마찬가지로, 많은 인류학자들은 이 책에서 "관찰된 민족학 자료에 관한 사고 실험"(1941, 160쪽)으로 표현된 사고방식과 씨름하면서 뉴기니에서의 연구로 나온 그의 책(고전으로 남아 있는 《네이븐Naven》, 1936)을 읽었지만, 오랫동안 그들은 심리학과 생물학 주제에 관한 그레고리의 저술들의 연결을 읽어내거나 만들어내지 못한 채 그의 책을 읽었고, 그 역도 마찬가지였다. 별도의 전문가 집단이 그를 가족 치료family therapy의 개척자로 알고 있는 동안, 그들은 마거릿 미드Margaret Mead와 공동으로 쓴 그의 책(1942)을 통해 그를 관찰 인류학의 개척자로 알고 있었다. 각각의 전문가 집단은 자신들의 체제와 맞지 않는 연구를 견제나 불성실한 것으로 생각하는 경향이 있다. 이 에세이들이 더 넓은 관심에 대한 예들이라는 것을 충분히 깨닫지 못한 채 협소하게 규정된 자신들의 주제들을 분명히 하기 위해, 고래와 돌고래의 전문가들은 〈고래와 다른 포유동물의 커뮤니케이션 문제〉(557쪽)를 읽었고, 알코올 중독에 대한 전문가들은 〈'자아'의 사이버네틱스 : 알코올 중독 이론〉(480쪽)을 읽었다.

《마음의 생태학 Steps to an Ecology of Mind》이 출판되기까지, 그리고 리는 자신이 종사한 다음 버리고 떠난 일련의 다른 학문 분야에, 심지어 자신이 열렬히 찬양한 사람들에게도 틀림없이 영향을 주었을 것이다. 게다가 그는 때때로 계속되는 학문 분야에서 자신이 실패했다고 느끼고 있었음이 틀림없다. 분명한 직업적 정체성을 결여한 채, 그에게는 안정된 직업적 기반과 보장된 수입이 없었다. 또한 그는 다른 길에 들어선 이방인이 되고 있었다. 2차 대전이 벌어졌을 때 독일과 독일의 동맹국들을 물리쳐야 한다는 필요성에 깊이 전념하면서, 그는 좋은 의도가 가진 위험들에 대해 확신하기 시작했다. 베르사유 조약의 왜곡에서 생긴 나치즘과 파시즘의 병리에 맞서려는 노력들은 매카시McCarthy 시대와 냉전 시대의 새로운 병리를 맞아들이게 되었고, 이는 21세기에도 계속되고 있다. 전후 정신의학과 개인 간의 커뮤니케이션에 관한 연구에서 그레고리는 치료를 위한 노력 자체가 병리적이 될 수 있다는 사실을 이해하기 시작했다. 긴 세월 동안의 고독하고 낙담시키는 그의 여정은 특정한 구체적 주제보다는 독특한 사고방식에 의해 특징지어진 것이었다. 특히 1950년대에 씌어진, 그가 '메타로

그'Metalogue' 라 부른 아버지와 딸의 일단의 대화가 이 책의 처음에 나오는 것은 우연이 아니다. 딸은 학문적 호칭에 의해 순수성을 잃게 되지 않으며, 아버지에게 그들의 영역을 넘어서는 깊이 있는 문제들에 대해 이야기를 꺼내는 구실이 되어준다. 메타로그의 대부분은 일반의미론 운동General Semantics movement[3]의 저널들에 발표되었는데, 일반의미론 운동은 사이버네틱스처럼 커뮤니케이션 과정을 토론하기 위한 학제 간 배경을 제공했다.

1960년대까지 그레고리 연구의 서로 다른 요소들을 통합하기 위해 마련된 무대는 없었다. 때마침 환경 운동이 구체화되기 시작하면서, 생물학에 있어서 자신의 뿌리들이 다시 일깨워졌다. 이 책에 포함된 최근의 단편들 중 하나인 〈베이트슨 법칙의 재-검토〉는 자신이 발전시킨 이해의 맥락 속에서 곤충의 기형에 대한 아버지의 관찰을 재활용한 것이다. 반전 운동의 성장은 전쟁의 체계적 성격에 관한 그레고리의 초기 관심을 다시 상기시켰다. 오랫동안 병리학에 몰두하다가, 시스템 이론의 관점에서 서로 다른 이 주제들을 짜 맞추는 것은 전체 시스템의 건강에 대한 전망을 요구했으며, 이는 중심 과제가 되었다. 동시에, 새로운 세대의 학생들은 일부는 일종의 어리석은 도취감을 가지고, 나머지는 그레고리 자신을 반영한 용기와 정밀함을 가지고, 학문의 경계를 가로질러 행동하고 새로운 방식으로 사고할 준비가 되어 있었으며, 새로운 사고방식은 사회 참여를 위한 열정을 가져다주었다. 1960년대 중반에 그의 논문들은 인간 사회가 나아갈 방향에 대한 비평들로 구체

---

3) (옮긴이주) 언어의 추상적 의미와 언어가 지시하는 구체적 사물 사이의 혼동을 지적하고, 이들의 관계를 올바로 규명하여 실천할 수 있도록 지도하는 행동주의 언어 이론으로, 코르지프스키A. Korzybski에 의해 제창되었다.

화된다. 1960년대 말인 1968년에 그는 자신의 여정 중에 서로 다른 곳으로부터 사상가들을 불러 모아 학제 간 회의를 소집할 준비가 되어 있었다(M. C. Bateson, *Our Own Metaphor : A Personal Account of a Conference on Conscious Purpose and Human Adaptation*을 보라). 그 회의의 제목 "인간의 적응에서 의식적 목적의 효과"(전문이 이 책에 실린 그의 의견서의 제목이기도 하다. 665쪽)는 이 책의 제목을 반영하고, 대조적으로 강조한다. 즉 두 제목 모두 정신 현상의 패턴과 생물학적 맥락에서 관념의 세계에 대해 검토하고 있다. 이 두 가지 제목의 이면에는 발달 중에 있는 체계적인 건강의 가능성을 제공할 통합적 변화들에 대한 그의 새로운 관심이 놓여 있다. 60대의 그레고리 베이트슨을 소개하는 이 책의 제4부와 제5부의 대부분은 생태학과 사회적 의사 결정의 문제들에 초점을 맞추고 있다.

이 책의 마지막 논문 〈도시 문명의 생태학과 융통성〉(741쪽)은 건강한 생태계는 '지속적인 복잡계complex system를 만들기 위해 문명의 융통성이 환경의 융통성과 조화되어야 하는 고도의 문명과 환경이 결합된 단일 시스템이 심지어 기본적인(하드-프로그램된) 특성의 완만한 변화를 위해서도 개방되어 있는 것'이라는 주장으로 시작하고 있다. 얄궂게도 이것은 폭주하는 변화와 결합된 극단적 강제와 정책 과정 특유의 맹목성과 경직성이라는 맥락 속에 있던 당시 뉴욕 시장 린지John Lindsay의 사무실에서 열린 정책 입안자들의 회의를 위해 씌어진 의견서였다. 그가 몇 번이고 강조한 것처럼 체계적인 조정의 과정은 정치가들에게는 쉽지 않은 자신에 대한 관찰과 앎을 필요로 한다.

그레고리는 1980년 죽을 때까지 빠듯하게 남은 10년을 이 간추린 논문의 병치만으로 조용히 전달된 자신의 사고 영역들 사이의 관계를 상세히 설명하는 데 보냈다. 이 마지막 기간 동안에 그는 전문가들에게 증정하려고 계획된 몇 편의 논문을 더 썼는데, 그것들은《마음의 생태학》에서 중심을 이루는 분야의 논문이었다(예를 들면, 1991년 도널드슨Rodney Donaldson이 편집한 책에서〈신들림의 사회화에 대한 몇 가지 요소Some Components of Socialization for Trance〉를 보라). 그는 대중 또는 학생을 상대로 자주 강좌를 열었으며, 강좌에서 마음의 생태학의 패턴들을 서로 다른 방식으로 되풀이했다 ──강좌는 자신의 지적 자서전의 일부를 제공해가며 패턴화를 인식했던 두세 번의 중요한 순간에 대해 이야기하는 것으로 진행됐으며, 그는 자신의 결론을 향한 행로 속으로 독자를 인도하려고 애썼다. 그의 독립된 가장 뛰어난 단편들뿐만 아니라 몇 개의 더 오래된 단편들, 그리고 원래《마음의 생태학》에 포함되었다가 다른 것으로 대체된 가장 완전한 저서목록은 로드니 도널드슨의《신성한 통일 : 마음의 생태학을 향한 그 이상의 단계들Sacred Unity : Further Steps on an Ecology of Mind》(1991)에 모아졌다. 그는 자신의 연구를 맥락화하려고 계획된 두 권의 책(브로크먼John Brockman이 1977년에 편집한 책과 와일더Carol Wilder와 위클랜드John Weakland가 1981년에 편집한 책)에 참여했다. 그리고 자신의 일생의 연구에서 나온 '마음의 생태학'이라는 학문을 정의하고 발전시킨 두 권의 책을 쓰는 데 착수했다.

그중 첫 번째인《마음과 자연 : 필연적 통일Mind and Nature : A Necessary Unity》(1979)은 그레고리의 책 가운데 가장 읽기 쉽다. 그것은 특별한 전문가 집단을 위해 씌어지지 않았고, 난해한 참고문헌과 익숙하지 않은 어휘를 피하고, 그레고리의 독특한 어법에 대한 용어해설을 포함하고 있기 때문이다. 베이트슨은 마음의 생태학이란 물질

적 형태의 사물들 속에 구현된 패턴, 정보, 관념의 생태학이라고 주장
했다. 이들이 구체화된 것을 계산하고, 무게를 재기 위해 자기 스스로
를 제한하는 과학은 상당히 왜곡된 이해에 이를 가능성이 있다. 그레
고리는 자신이 〈인식론의 병리〉(718쪽)에서 의미했던 마음(또는 정신
시스템)이라는 것에 특성을 부여하기 시작했고, 거기서 정신 시스템
이란 그레고리에게는 이미 세포들에서 숲, 그리고 문명에 이르기까지
살아 있는 시스템의 특성인, 자기-교정적 방식으로 정보를 처리하고
반응하는 능력을 가진 그 무엇임이 분명했다. 이제 그는 마음의 기준
을 정의하는 목록을 통해 그 특징짓기를 확대했다. 마음은 과정과 패
턴을 위해 배열된 다수의 물질적 부분들로 구성된 것이라는 점이 명
백해진다. 마음은 앞서 말한 바와 같이 자신의 물질적 기초에서 분리
될 수 없으며, 육체에서 마음을 분리하거나 물질에서 마음을 분리하
는 전통적 이원론은 잘못된 것이다. 마음은 다수의 유기체들뿐만 아
니라 살아 있지 않은 요소들도 포함할 수 있으며, 잠깐뿐만 아니라 장
기간 동안 기능할 수도 있으며, 반드시 피부의 외피와 의식 같은 경계
에 의해 정의될 필요는 없다. 단 하나의 유기체보다 그 이상을 포함하
는 정신 시스템에 대한 이러한 강조는 생존의 단위가 언제나 유기체
더하기 환경이라는 주장으로 그레고리를 이끌었다.

정신 시스템들을 기술하면서, 그레고리는 많은 다른 특징들을 설계
할 수 있었다. 그는 정신적 과정의 세계에서 차이는 원인과 유사('차
이를 만드는 차이')하다는 개념을 정성 들여 만들고, 진화와 학습에서
일어나는 것처럼 깊이 내장되어 상호작용하는 시스템들은 무작위한
것에서 패턴을 선택하는 능력을 가진다고 주장하고, 이를 '두 개의 거
대한 추계적(推計的)stochastic 과정'이라 불렀다. 그는 모든 '연결하

는 패턴' 아래 놓여 있는 은유의 길을 탐구하고, 어떤 것은 사소하고 어떤 것은 잠재적으로 치명적인 사고방식에 있어서의 습관적 오류에 대한 유형학typology을 발전시켰다.

그레고리가 계획했던 두 번째 책인 《천사들도 두려운*Angels Fear*》('천사들도 두려워 가지 못하는 곳'[4]을 줄인)은 그의 죽음이 임박한 시점까지 완성되지 않은 다량의 초안과 원고 조각들이었다. 그레고리의 요구에 따라 그것을 우리가 함께 저술한 책으로 만들기 위해 나는 보충 자료를 덧붙였다(G. Bateson · M. C. Bateson, *Angels Fear : Towards an Epistemology of the Sacred*). 그레고리가 느끼고 있던 주제는 물질주의와 초자연주의의 이중적 압력 때문에 대부분 조사되지 않은, 심지어 천사들에게도 매우 위협적인 미학과 종교, 아름다움과 성스러운 것에 관한 것이었다. 그레고리는 파괴적인 인간 행동이 부적절하게 기술되어 있음을 추적하고, 비록 지식과 믿음 그 자체는 알 수 없는 깊은 틈을 포함하고 있을지라도 "우리 자신이 어떠해야 하는가에 대해 우리가 믿는 것과 우리를 둘러싼 세계에 대해 우리가 믿는 것이 양립할 수 있어야"(앞의 책, 177쪽) 한다고 주장했다. 하지만 그는 두려움에 대한 반응과 패턴과 연관된 반응을 인식하는 것은──일종의 앎──자연의 체계적 통합에 대한 존중으로 이끌 것이며, 그 속에서 우리 모두는 식물과 동물과 마찬가지로 환경의 일부라고 확신했다.

오늘날에는 클립스 노트Cliffs notes[5]와 교과서의 개요처럼 사상가

---

4) (옮긴이주) "바보들은 천사들도 가기 두려워하는 곳으로 돌진한다Fools rush in where angels fear to tread"라는 영국 속담에서 나온 말이다.
5) (옮긴이주) 미국의 참고서 출판사에서 발행하는 책으로, 대표적인 문학 작품들을 작가 연보와 간단한 설명과 함께 싣는데, 미국의 고등학생들이 많이 이용한다. 요약물이라는 뜻이다.

의 결론을 깔끔한 개요로 요약하고, 풍자만화로 지적 역사를 기술하려
는 경향이 있다. 이러한 과정에 저항하는 그레고리의 후기 저술에는
유동성과 쾌활함이 있음에도 불구하고 많은 관념들이 그의 사후에 다
른 곳에서 포스트모더니즘, 사회적 구성주의social constructionism,[6]
자기 갱신autopoiesis 이론 또는 2차 사이버네틱스second order cyber-
netics[7]라고 이름 붙은 꾸러미의 일부분으로 나타났다. 사상에 학파의

---

6) (옮긴이주) 사회적 구성주의social constructivism/social constructionism는 1966
년 피터 버거Peter L. Berger와 토마스 루크만Thomas Luckmann의 책 《실체의
사회적 구성 *The Social Construction of Reality*》에 소개된 사회학 사상을 말한다. 사
회적 구성주의는 개인과 집단들이 실체를 인지하고 만들어내는 방식에 관심을
가진다. 그러한 관심에는 창조되고 제도화된 사회적 현상과 그것이 인간에 의해
전통으로 자리 잡는 방식이 포함된다. 사회적 구성주의의 초점은 원인과 결과에
대한 분석이 아니라 규칙과 행동에 대한 기술이다. 사회적으로 구성된 실체는 지
속적으로 역동적인 과정이며, 사람들의 해석과 지식으로 재-생산된다고 본다. 버
거와 루크만은 사회적 구성이 주관적임과 동시에 객관적이며, 실체는 사회적 과
정과 무관한 외부에 존재하는 것이 아니라 사회적 상호작용으로 생산되고 재생
산된다고 말한다. 즉 사람들이 자연스럽고 명백한 것으로 받아들인 개념들이 사
실은 특정한 문화나 사회에 의해 만들어진 인공물이며, 그것을 구성하는 것은 신
이나 자연의 법칙이 아니라 인간의 선택이라는 것이다. 사회적 구성주의는 포스
트모더니즘과 문화 연구에 상당한 영향을 주었다.
7) (옮긴이주) 사이버네틱스는 시작부터 자율적으로 살아 있는 시스템과 기계의 유
사성에 관심을 가졌다. 세계대전 이후에 새로운 제어와 컴퓨터 기술은 시스템이
무슨 일을 할 것인지를 결정하는 시스템 설계자를 기계적인 접근에 열중하게 만
들었다. 하지만 그와 같은 접근에서 시스템은 그 시스템이 만들어진 목적과는 분
리되어 있으며, 더욱이 공학자, 과학자, 혹은 '1차' 사이버네틱스 학자들은 시스
템을 자유롭게 관찰될 수 있고 조작될 수 있는 수동적이고 객관적으로 주어진 사
물처럼 연구한다. 제어공학과 컴퓨터 과학 분야가 충분히 독자적이 된 이후에도
나머지 사이버네틱스 학자들은 기계적인 접근과는 명확히 구별되는 자율성, 자
기-조직, 인지, 시스템 설계에서 관찰자의 역할과 같은 것이 필요함을 느꼈다.
1970년대 초의 이런 움직임이 바로 2차 사이버네틱스이다. 2차 사이버네틱스 학
자들은 자신의 권리를 가진 행위자이면서 또 다른 행위자인 관찰자와 상호작용
하는 시스템인 유기체와 사회 시스템을 함께 연구한다. 양자역학이 가르쳐준 것

상표를 붙이는 것의 위험은 개요로 획득되지 않는 풍부함을 발견하기 위해 원래의 저작으로 돌아가기가 어려워진다는 데 있다. 요즈음 나는 《마음의 생태학》을 다시 띄엄띄엄 읽고 있는데, 그럼에도 불구하고 나 자신의 최근 연구를 분명하게 드러내고 밝혀주는 연결의 끈을 발견한다. 융통성flexibility(과 회복력)을 유지하는 데 있어서 다양성의 중요성, 변화와 문화적 차이로부터 학습하는 방법에 대한 학습을 포함해서 적응adaptation을 뒷받침하는 기초적인 연속성에 대한 탐색, 이것들은 그레고리의 연구에서 직접적으로 나오는 주제들이다. 다른 하나는 사고의 한 형태로서 이야기의 중요성이다. 나는 오늘날에는 친숙하지만 그레고리가 책을 쓸 때는 알려지지 않았던 지속 가능성 sustainability과 같은 많은 형식들이 그의 저술로 인해 분명해졌으며, 그 형식들의 중요성과 취약성이 모두 왜곡될 수 있음을 발견했다.

립셋(*Gregory Bateson : The Legacy of a Scientist*, xii쪽)은 그레고리가 "자기 시대를 앞섰을 뿐만 아니라 자기 시대에 뒤떨어져 있기도 했다는 점에서 이중적으로 시대에 맞지 않는 사람이었다"라고 평했다. 특히 그는 생애 마지막 10년 동안 관련 분야에서 최근의 진보를 흡수하지 않고 있었다는 점에서 시대에 뒤떨어져 있었다. 반대로 새로운 세기가 시작되는 시점에 그의 책을 다시 읽는다는 것은 그레고리가 많은 점에서 현대의 사고를 앞서 있으며 그의 통찰들이 아직 충분히 흡수되지 않았음을 시사한다. 《마음의 생태학》은 다른 어느 곳에서도

처럼 관찰자와 관찰 대상은 분리될 수 없으며, 관찰의 결과는 그들의 상호작용에 좌우된다. 관찰자 역시 또 다른 사이버네틱스 시스템의 모델을 구성하려고 하는 사이버네틱스 시스템이다. 이러한 과정을 이해하기 위한 것이 '사이버네틱스의 사이버네틱스', 즉 '메타' 혹은 '2차' 사이버네틱스이다.

발견되지 않는 어려운 관념들과 새로운 생각을 불러일으키는 재미있는 관념들로 가득한 책이다. 처음 그의 책을 읽으면 익숙한 사고 습관을 의심하게 되면서 현기증이 난다. 다시 읽으면 새로운 의미의 층들이 드러나면서 놀라게 된다. 우리는 인식론적 문제들에 관한 새로운 자아-의식과 함께 새 천 년에 들어서고 있지만, 우리 문명을 위한 생태학적 건강의 본질에 관해서는 어찌할 바를 모르고 있으며, 문제를 더 악화시키는 교정을 향한 많은 노력들에 사로잡혀 있다. 인구 증가는 둔화되었다──그러나 여전히 불안하며, 그에 반해 각 개인에게 부과되는 환경적 충격은 여전히 증가하고 있다. 몇 가지 환경 악화는 저지되었다. 학교의 어린이들은 고래와 호랑이에 열광하지만 종(種)과 서식지의 소멸은 계속되고 있다. 냉전은 끝났지만 전쟁은 계속되고 있고, 과거의 진단법은 잘못되었으며, 과거의 치료들은 효과가 없는 것으로 드러나고 있다. 실제로 경제적 불균형은 증가하고 있으며, 모든 문제들에 대한 단 하나의 해결책과 같은 근본주의자의 열정과 함께 경쟁이 강조되고 있다. 생태학적 건강은 계속해서 우리에게 이해되지 않고 있으며──그것은 정말로 사고의 패턴을 재구성하는 것에 달려 있을지도 모른다. 출판권에 관한 문제로 지연된《마음의 생태학》의 재출간은 베이트슨의 성숙된 과학을 기술하고 있는 그의 더 최근 연구들의 재출간을 향한 첫걸음이 될 것으로 기대된다.

시간이 지나가면서, 예를 들면 회의의 구상에서 명시된, 그레고리가 가진 우선권에 대한 권한과 폭넓은 접근 가능성을 성취하려는 노력 사이에 균형을 유지하면서, 그의 지적 유산에 대한 여러 가지 결정이 내려졌다. 이런 결정들 중 하나는 그레고리 자신이 선택한 관념의 생태학을 유지하기 위해 그레고리 연구의 학제 간 특성을 존중하고 보존하는 것이었다. 이 책 속에서 그는 자신의 논문들을 폭넓은 카테고리로 나눔으로써 독자들이 독특한 생각의 흐름을 따라가고, 그 다음 또 다른 맥락을 따라가기 위해 떠날 수 있도록 했다. 도널드슨은《신성한 통일 : 마음의 생태학을 향한 그 이상의 단계들》에서 같은 방식의 기본 계획을 따랐다. 하지만 그레고리 베이트슨의 생각을 해체하고, 그것을 심리학자, 시스템 이론가, 또는 인류학자들에게 편리하도록 분야별로 묶어 출판하려는 계획은 기존의 맹목성을 강화할 것으로 보인다.

그레고리의 사고 구조는 명백히 유기체의 성장과 발달의 패턴을 담고 있었기에《마음의 생태학》의 초기 구상에서 차례는 기본적으로 연대순을 따랐다. 그것은 유기체처럼, 서로 다른 기능을 가진 부분이나 기관들에서 분화되어 나왔으며, 각각은 후성학적epigenetic 연쇄 속에서 시간의 경과를 따라 출현했다(또는 사라졌다). 일부 독자들은 기초가 되는 지적 패턴이 그의 가장 초기 출판물 또는 자신들이 처음 마주친 출판물에 존재하고 있음을 느낀다. 나도 그중의 한 사람인데, 다른 또 어떤 독자들은 연속성뿐만 아니라 창발적 질서 속에 새로운 관념의 편입이라는 중요한 발전을 본다. 그레고리는 자신의 생각을 커뮤니케이션하는 데 있어서 자신의 학습의 역사를 되풀이해서 끄집어냈다. 창발하는 것에 대한 통찰을 찾으면서 이 논문들을 사려 깊게 연구하려는 모든 독자를 위한 도전이 여기에 있다.《마음과 자연 : 필연적 통일》은 베이트슨이 가진 종합을 찾는 독자들에게 가장 만족스러울 것이며,《마음의 생태학》과 그의 사후 출판물은 불확실한 통찰과 자신만의 종합을 만들려는 순간에 그레고리를 이해하려는 독자의 관심을 끌 것이다.

베이트슨의 제자 가운데 피터 해리스-존스Peter Harries-Jones(A

Recursive Vision : Ecological Understanding and Gregory Bateson)는 자신의 빈틈없는 연구의 맥락 속에서 그레고리의《마음의 생태학》에 주목하고, 주기와 연관된 '순환적 인식론recursive epistemology' 또는 '생태학적 인식론ecological epistemology' 이라는 용어를 사용한 것으로 유명하다. 그레고리가 관심을 가졌던 과정들은 본질적으로 앎의 과정들, 즉 지각, 커뮤니케이션, 코드화coding와 번역이었다. 그러므로 인식론이다. 그러나 이러한 인식론을 위한 기초는 아는 사람과 알려진 것 사이의 관계를 포함하는 논리 수준logical level의 분화이며, 지식이 확대된 자아에 대한 지식으로 되돌아오는 것이다. 그러므로 순환적 인식론이다. 관념적으로, 생물학적 세계의 패턴들과 그에 대한 우리의 이해 사이의 관계는 단순화와 선택적 주의력에 의존하는 실험적 맥락에서의 예측 능력보다는 일치congruence, 적합fit, 그리고 더 광범위하게 침투하는 상사similarity 중 하나가 될 것이다. 그레고리의 마음의 생태학을 인식론적 생태학이라고 부르는 것은 그것을 주로 물질주의적인 대학의 생태학과 구별시켜준다는 점에서 유용하다는 생각이 떠올랐다. 순환성이 그와 같은 인식론의 필연적인 모습으로 기초에 놓이는 것은 불가결한 것으로 보인다(그리고 앎에 대해 알려는 모든 노력은 고양이의 자기 꼬리 핥기를 수반하므로, 아마도 모든 인식론이 그러할 것이다).

마지막 몇 년 동안에 베이트슨은 기술technology에 의해 강화된 인간의 목적들에 대한 편협한 규정이 돌이킬 수 없는 재앙을 초래할 것이며, 오직 더 나은 인식만이 우리를 구할 수 있으리라는 절박한 느낌에 사로잡혀 있었다. 확실히 비가역성이 우리 모두를 둘러싸고 있다. 지구 온난화, 오존층의 파괴, 그리고 먹이 연쇄를 통한 독극물의 전 세계적 이동과 같은 많은 것들이, 비록 우리가 아직 최대한의 효과로 그것들에 의해 고통 받고 있지는 않지만, 그럼에도 불구하고 변화시키기에는 너무 늦도록 과정들이 맞춰져 있다. 아직 상황은 그가 예측한 만큼 빠르게 악화되지는 않았으며, 그는 어쩌면 나중에 그 메시지를 손상시키는 방식을 납득시키기 위해 메시지를 극적으로 표현하려는 유혹에 가끔은 굴복했을지도 모른다. 하지만 그가 기술한 마음의 습관들은 모든 신문과 뉴스에서 볼 수 있다. 시간이 갈수록 문제를 더욱 악화시키게 되는 단기적 해결책을 찾는 것(대개는 폭력에 대항하려고 사용한 폭력처럼 그대로 반영함으로써), 따로 분리해서 볼 수 있는 개개의 사람들이나 유기체들이나 종(種)들에 초점을 맞추는 것, 기술적 가능성이나 경제 지표들이 문제에 대한 반성을 대체하는 경향, 복잡한 여러 변수들의 세트 속에서 관계를 최적화하기보다는 단 하나의 변수(이익과 같은)를 극대화하려는 노력 따위가 그러한 예다.

이 책의 에세이들과 뒤이은 출판물들은 어떤 궤도를 제안하고 있다. 중요한 것은 그 궤도와 함께 행동하는 것이고, 그 궤도를 넘어서 행동하기 위해 마음으로부터 그 궤도에 공감하는 것이며, 그래서 그 다음 단계가 분명해지는 것이다. 그레고리 베이트슨의 연구에 대한 학문적 분석은 과제의 단편일 뿐이다. 왜냐하면 분석은 항상 통제의 수단이 되기 때문이다. 지금은 응답이 더 중요하다. 그가 발전시켜놓은 것 속에서 그레고리를 따라가는 것은 여전히 붙잡아야 될 단계, 즉 바로 앞에 놓인 상상적 인식의 순간을 준비하는 최선의 방법일 것이다.

메리 캐서린 베이트슨Mary Catherine Bateson

참고문헌

Gregory Bateson, *Naven : A Survey of the Problems Suggested by a Composite Picture of the Culture of a New Guinea Tribe Drawn from Three Points of View*(Cambridge : Cambridge Univ. Press, 1936). Reprint(Stanford, CA : Stanford Univ. Press, 1958).

──────────, *Mind and Nature : A Necessary Unity*(New York : E. P. Dutton, 1979).

──────────, *Sacred Unity : Further Steps to an Ecology of Mind*, Rodney E. Donaldson(ed.) (New York : Macmillan, 1991).

Gregory Bateson · M. C. Bateson, *Angels Fear : Towards an Epistemology of the Sacred*(New York : Macmillan, 1987).

Gregory Bateson · Margaret Mead, *Balinese Character : A Photographic Analysis*, Publications of the New York Academy of Sciences vol. 2(New York : New York Academy of Sciences, 1942).

Gregory Bateson · Jurgen Ruesch, *Communication : The Social Matrix of Psychiatry*(New York : Norton, 1951). Reprint(New York : Norton, 1968).

Mary Catherine Bateson, *Our Own Metaphor : A Personal Account of a Conference on Conscious Purpose and Human Adaptation*(1972), Second edition(Washington. D. C. : Smithsonian Institution Press, 1991).

John Brockman (ed.), *About Bateson : Essays on Gregory Bateson*(New York : E. P. Dutton, 1977).

Peter Harries-Jones, *A Recursive Vision : Ecological Understanding and Gregory Bateson*(Toronto : Univ. of Toronto Press, 1995).

David Lipset, *Gregory Bateson : The Legacy of a Scientist*(Englewood Cliffs, NJ : Prentice Hall, 1980).

Carol Wilder · John Weakland (eds.), *Rigor and Imagination : Essays from the Legacy of Gregory Bateson*, Report of a conference in honor of Gregory Bateson, Feb 15～18, 1979, Pacific Grove, CA(New York : Praeger, 1981).

서문(1971)

　어떤 사람들은 성과도 별로 없고 외부에서의 보장이 전혀 없어도 연구를 꾸준히 해나갈 수 있는 것 같다. 나는 그런 사람에 속하지 않는다. 나는 내 연구를 전망과 목표를 가진 것으로 다른 사람들이 믿고 있다는 사실을 아는 것이 필요했으며, 나 자신이 스스로에 대해 믿음이 별로 없을 때에도 나를 믿고 있다는 사실에 종종 놀라기도 했다. 심지어 나는 가끔, '하지만 그들은 내가 하는 일이 무엇인지 진짜로 알지는 못해. 나 자신도 모르는데 그들이 어떻게 알 수 있겠어?'라고 생각하면서 그들의 지속적인 믿음이 부과하는 책임감을 벗어버리려고 애썼다.

　뉴브리튼에서 바이닝족과 함께한 나의 첫 번째 인류학 현장 연구는 실패했으며, 돌고래와 함께한 연구도 얼마 동안은 부분적으로 실패했다. 하지만 지금까지 이 실패들을 나의 탓으로 돌린 사람은 아무도 없다.

    따라서 나는, 가끔 나 스스로가 성공할 가능성이 없다고 생각했을 때 나를 후원해준 많은 사람들과 단체들에 감사를 표하지 않을 수 없다.

    먼저 케임브리지 세인트존스 칼리지의 평의회에 감사해야 한다. 평의회는 내가 바이닝족 연구에 실패한 후에도 즉시 나를 연구원으로 뽑아주었다.

    다음은, 연대순으로, 나는 마거릿 미드에게 많은 신세를 졌다. 그녀는 나의 아내이자 발리와 뉴기니에서 가장 가까운 공동연구자였으며, 그 후로도 계속해서 친구이면서 직업적 동료였다.

    1942년에 메이시 재단의 회의에서 나는 워런 매컬럭Warren Mc-Culloch과 줄리언 비걸로Julian Bigelow를 만났다. 그때 그들은 '되먹임feedback'에 대해 열띤 토론을 하고 있었다. 《네이븐》의 저술은 나중에 사이버네틱스로 발전한 학문의 문턱까지 나를 데리고 갔지만, 나는 음성 되먹임negative feedback에 대한 개념을 결여하고 있었다. 전쟁이 끝나고 외국에서 돌아왔을 때, 나는 메이시 재단의 프랭크 프리몬트-스미스Frank Fremont-Smith를 찾아가 당시의 이 수수께끼 같은 문제에 대한 회의를 요청했다. 프랭크는 방금 매컬럭을 의장으로 한 그에 대한 회의를 마련했다고 말했다. 이렇게 해서 나는 사이버네틱스에 관한 그 유명한 메이시 회의의 회원이 되는 특권을 얻게 되었다. 워런 매컬럭과 노버트 위너Norbert Wiener, 존 폰 노이만John von Neumann, 이블린 허친슨Evelyn Hutchinson, 그리고 이 회의의 또 다른 회원들에게 내가 진 빚은 2차 대전 이후에 쓴 나의 모든 글에서 분명히 알 수 있다.

    사이버네틱스의 개념과 인류학 자료를 종합하려고 한 첫 시도에서 나는 구겐하임 연구비 지원을 받았다.

내가 정신의학 분야에 몸담고 있던 기간 동안에 랭리 포터 병원에서 나와 함께 연구한 사람은 위르겐 루쉬였으며, 그는 정신의학 세계의 호기심을 끄는 많은 특징들을 나에게 가르쳐주었다.

1949년부터 1962년 사이에 나는 팔로알토에 있는 퇴역군인병원에서 '민족학자'라는 이름을 얻었으며, 거기서 나는 이례적으로 내가 흥미롭게 생각하는 것은 무엇이든지 자유로이 연구할 수 있었다. 나는 외부의 요구로부터 보호받았는데 이러한 자유는 병원장 존 프루스맥 John J. Prusmack 박사 덕분이었다.

이 기간에 버나드 시글Bernard Siegel이 1936년 처음 출판되었을 때 표면적으로 실패한 나의 책《네이븐》을 스탠퍼드 대학 출판부에서 재출판하자고 제의했으며, 또한 운 좋게도 나는 소규모 연구 계획을 세울 만큼 이론적으로 관심이 가는, 플라이시해커 동물원에서 수달들이 노는 과정을 촬영한 필름을 구하게 되었다.

정신의학 분야에서 내가 첫 연구비를 받은 것은 록펠러 재단의 고(故) 체스터 버나드Chester Bernard 씨 덕분이었으며, 그는 몇 년 동안 《네이븐》을 자신의 머리맡에 두고 있었다. 이는 '커뮤니케이션에서 추상적 역설의 역할'이라는 연구에 대한 연구비였다.

이 연구비로 나는 퇴역군인병원에서 제이 헤일리Jay Haley, 존 위클랜드, 빌 프라이Bill Fry와 함께 작은 연구팀을 만들었다.

하지만 다시 실패했다. 연구비는 2년 동안만 주어졌으며, 체스터 버나드는 은퇴했고, 재단 간부의 관점에서 우리에게 연구비를 다시 제공하기에는 결과가 너무 부족했다. 연구비는 바닥났지만, 동료들은 보수도 없이 나와 함께 성실히 남아 있었다. 연구는 계속되었고, 연구비 지원이 끝나고 며칠 후 노버트 위너에게 어디서 다음 연구비를 받을 수 있을지에 대해 조언을 구하는 가망 없는 편지를 쓰는 동안, 이중 구속 가설은 꼭 들어맞았다.

마침내 프랭크 프리몬트-스미스와 메이시 재단이 우리를 구해주었다.

그 후 재단의 정신의학기금과 국립 정신건강연구소National Institute of Mental Health가 연구비를 지원해주었다.

커뮤니케이션에서의 논리 형태화에 대한 연구가 다음 단계로 나아가기 위해서는 동물 자료를 가지고 연구해야 한다는 사실이 점차 드러났으며, 나는 낙지를 가지고 연구를 시작했다. 나의 아내 로이스Lois도 나와 함께 연구했으며, 일 년 이상 우리는 거실에서 열두 마리의 낙지를 길렀다. 이러한 예비 단계의 연구는 희망적이었지만 좀더 나은 조건에서 반복되고 확장될 필요가 있었다. 이를 위한 연구비는 구할 수 없었다.

이때 존 릴리John Lilly가 나타나 버진아일랜드에 있는 자신의 돌고래 연구소 소장으로 나를 초청했다. 나는 거기서 약 일 년간 연구했고, 고래의 커뮤니케이션 문제에 관심을 가지게 되었지만, 불안한 자금 제공으로 물자 지원이 매우 어려운 연구소 관리는 내게 맞지 않는다고 생각한다.

국립 정신건강연구소의 경력 개발 장학금을 받은 것은 내가 이런 문제들과 씨름하고 있을 때였다. 버트 부스Bert Boothe가 이 장학금을 관리하고 있었으며, 나는 그의 지속적인 믿음과 관심에 많은 빚을 지고 있다.

1963년, 하와이에 있는 해양 재단Oceanic Foundation의 테일러 프라이어Taylor Pryor가 자신의 해양 연구소에서 고래와 다른 동물과 인간의 커뮤니케이션에 관한 문제를 연구하자고 나를 초청했다. 나는 제5부 전체를 포함해서 이 책의 절반 이상을 거기서 썼다.

하와이에 있으면서 나는 또한 얼마 전부터 하와이 대학 동서문화센터East-West Center의 문화학습연구소Culture Learning Institute에서 연구하고 있었는데, 그 연구소에서 이루어진 토론 덕분에 '삼차 학습'에 관한 얼마간의 이론적 통찰을 얻을 수 있었다.

내가 베너-그렌 재단Wenner-Gren Foundation에도 빚을 졌다는 것은 베너-그렌 회의를 위한 네 개 이상의 의견서가 이 책에 실려 있다는 사실에서 분명히 드러난다. 나는 또한 그 재단의 연구소장이었던 리타 오스문젠Lita Osmundsen 여사에게 개인적으로 감사한다.

이 밖에도 많은 사람들이 나의 연구를 위해 수고해주었다. 이들 대부분을 여기서 언급할 수는 없지만, 나의 저서 목록을 준비해준 번 캐럴Vern Carroll 박사와 이 책의 출판을 위해 오랜 시간 동안 꼼꼼하게 수고해준 나의 비서 유디스 반 슬로텐Judith Van Slooten에게 특히 감사한다.

마지막으로, 모든 과학자들이 과거의 위대한 사람들에게 지고 있는 빚이 있다. 가끔 새로운 생각이 떠오르지 않고 모든 계획이 수포로 돌아갈 것 같은 순간에 같은 문제로 씨름했던 더 위대한 사람들을 기억하는 것은 마음에 큰 위안이 된다. 나의 개인적 영감은 대부분 지난 200년 동안 마음과 육체의 통일이라는 개념을 계속해서 논해온 사람들에게서 얻은 것이다. 라마르크Lamarck, 그는 진화론의 창시자였으나, 비참하게 늙고, 눈까지 멀었으며, 특별한 창조special creation를 믿은 퀴비에Georges Cuvier에 의해 망가졌다. 윌리엄 블레이크William

Blake, 그는 시인이자 화가였고, '눈으로 보지 않고 눈을 통해' 보았으며, 인간다운 것이 무엇인지에 대해 누구보다도 많이 알았다. 새뮤얼 버틀러Samuel Butler, 그는 다윈 진화론의 가장 유능한 근대적 비평가였으며, 정신분열을 일으키는 가족에 대한 최초의 분석가였다. 콜링우드R. G. Collingwood, 그는 맥락의 본질을 인식하고 수정 같은 산문으로 분석한 최초의 사람이다. 그리고 나의 아버지 윌리엄 베이트슨 William Bateson, 그는 1894년에 분명 사이버네틱스 개념을 수용할 준비가 되어 있었다.

항목들의 선택과 배열

이 책에는, 책이나 광범위한 자료 분석처럼 수록하기에 너무 긴 글들과 서평이나 논쟁의 기록같이 하찮고 수명이 짧은 글들을 제외하고 내가 쓴 거의 모든 글들이 포함되어 있다.

나는 대체로 인류학, 정신의학, 생물의 진화, 유전이라는 네 가지 주제, 그리고 시스템 이론과 생태학에서 나온 새로운 인식론에 관심을 기울여왔다. 이러한 주제들에 관한 에세이들이 책의 제2·3·4·5부를 구성하며, 이들의 배열은 이 주제들이 나의 사고에서 중심이 되었던 나의 삶과 일치하는 네 시기의 연대순으로 되어 있다. 각 부 내에서도 글들은 연대순이다.

나는 독자들이 자신들만의 특별한 주제를 다루고 있는 부분에 가장 주의를 기울일 가능성이 있음을 알고 있다. 따라서 나는 어느 정도 중복되는 것도 출판에서 제외하지 않았다. 알코올 중독증에 관심 있는

정신의학자의 경우 〈 '자아' 의 사이버네틱스 : 알코올 중독 이론〉에서
다루고 있는 개념이 〈형태, 실체, 그리고 차이〉에서 좀더 철학적으로
다시 나타나는 것을 보게 될 것이다.

1971년 4월 16일
하와이 해양 연구소에서

개론 : 마음과 질서의 과학[8]

에세이와 강좌들을 모은 이 책의 제목은 책의 내용을 명확히 정의하기 위해 의도된 것이다. 35년에 걸쳐 쓴 이 에세이들을 여기 한데 모은 것은 관념, 그리고 내가 '마음'이라 부르는 관념들의 집합에 대한 새로운 사고 방법을 제안하기 위해서다. 이러한 사고 방법을 나는 '마음의 생태학' 또는 관념의 생태학이라 부른다. 이는 아직 체계화된 형태의 이론이나 지식으로 존재하지 않는 과학이다.

그러나 이 에세이들의 결합이 제안하는 '관념'에 대한 정의는 전통적인 것보다 더 넓고 좀더 형식적이다. 에세이들이 스스로 말을 해야겠지만, 책을 시작하는 지금 나는 동물의 좌우 대칭, 식물에서 잎들의 패턴화된 배열, 군비 경쟁의 증대, 구애의 과정, 놀이의 본질, 문장의

---

8) 이 에세이는 1971년에 쓴 것인데 다른 곳에 발표된 적이 없다.

문법, 생물 진화의 신비, 인간과 환경의 관계에서의 현재의 위기와 같은 문제들은 오직 내가 제안한 관념의 생태학이라는 관점에서만 이해될 수 있다는 나의 믿음을 이야기하고 싶다.

이 책이 제기하는 질문들은 생태학적이다. 관념들이 어떻게 상호작용하는가? 관념들 중에 일부는 살아남고 나머지는 소멸되거나 죽는 것을 결정하는 어떤 종류의 자연선택이 존재하는가? 어떤 종류의 경제학이 일정한 마음의 영역에서 관념들의 다양성을 제한하는가? 그러한 시스템 혹은 하부 시스템의 지속(혹은 생존)을 위해 필요한 조건은 무엇인가?

이러한 문제들의 일부가 에세이들에서 다루어졌지만 책의 주된 목표는 그러한 문제들이 의미 있게 질문될 수 있도록 방식을 명확히 하는 것이다.

1969년 말이 되어서야 나는 내가 하고 있는 일이 무엇인지에 대해 충분히 인식하기 시작했다. 코르지프스키Korzybski 강좌를 위해 〈형태, 실체, 그리고 차이Form, Substance, and Difference〉라는 글을 쓰면서 나는 원주민, 정신분열증, 생물의 대칭에 대한 나의 연구와 진화와 학습에 대한 전통적 이론에 대한 나의 불만 속에서 그것을 발견했으며, 새로운 과학의 영역이 분명해지면서 널리 흩어져 있던 일련의 기준점 또는 참조점을 확인했다. 이 기준점들을 나는 책 제목에서 '단계들Steps'이라 불렀다.

사태의 본질상, 탐험가는 탐험이 끝날 때까지 자신이 탐험하는 것에 대해 결코 알 수 없다. 그는 베데커 여행 안내서[9]도 갖고 있지 않으며,

---

9) (옮긴이주) 독일의 출판업자 카를 베데커Karl Baedeker의 이름에서 유래되었으며, 일반적으로 여행 안내서로 통한다.

어느 교회를 방문하고 어느 호텔에 머물러야 할지를 말해주는 지침서도 갖고 있지 않다. 그는 단지 그 길을 지나갔던 다른 사람들의 애매모호한 구전만을 가지고 있다. 어떻든 탐험가 자신의 것이기도 한 이 문제들과 관련된 경험과 생각으로 과학자나 예술가를 안내하는 것은 보다 깊은 마음의 단계들이며, 과학자가 자신의 목표에 대한 어떤 의식적인 지식을 갖기 오래전부터 이러한 안내가 작용한다는 점은 의심할 여지가 없다. 하지만 어떻게 이런 일이 일어나는지는 알 수 없다.

나는 사소한 것과 심오한 것의 차이를 분간하지 못하는 듯한 동료들에게 종종 화를 내게 된다. 하지만 학생들이 나에게 그것의 차이를 명확히 해달라고 요구했을 때 나는 말문이 막혀버렸다. 나는 우주의 '질서'와 '패턴'의 본질을 분명히 하는 그 어떤 연구도 분명 사소한 것이 아니라고 애매하게 말했다.

그러나 이러한 대답은 논점을 교묘히 회피하는 것일 뿐이다.

나는 팔로알토의 퇴역군인병원에서 정신과 전공의를 위한 비정규 강좌를 맡곤 했으며, 그들로 하여금 이 에세이들에 담긴 생각들에 대해 어느 정도 생각해보게 하려고 노력했다. 그들은 착실히 출석했으며, 심지어 내가 말하는 것에 대해 열성적인 관심을 가졌지만, 해마다 서너 차례 수업을 하고 나면 "도대체 이 강좌는 무엇에 관한 것입니까?"라는 질문이 나왔다.

나는 이 질문에 다각도로 대답하려고 노력했다. 한번은 일종의 교리 문답을 작성하고, 그것을 강좌가 끝난 뒤에 수강생들이 토론해봤으면 하는 질문의 예로서 그들에게 제공했다. 질문들은 '성사(聖事)는 무엇인가?'에서부터 '엔트로피는 무엇인가?', '놀이는 무엇인가?'에 이르기까지 폭넓은 것이었다.

설교 방식의 나의 교리 문답은 실패했다. 그것은 수강생들을 침묵하게 만들었던 것이다. 하지만 그중 한 가지 질문은 쓸모가 있었다.

어머니가 어린 아들이 시금치를 먹을 때마다 늘 아이스크림으로 상을 준다. 아들이 a. 시금치를 좋아할지 싫어할지, b. 아이스크림을 좋아할지 싫어할지, c. 어머니를 좋아할지 싫어할지를 예측하는 데 추가로 필요한 정보는 무엇인가?

우리는 이 질문과 관련된 많은 문제들을 탐험하기 위해 수업 중 한두 시간을 할애했으며, 추가로 필요한 정보는 모두 어머니와 아들의 행동에 대한 맥락과 관계된다는 것이 나에게 분명해졌다. 실제로 맥락이라는 현상과 그와 밀접하게 관련된 '의미' 라는 현상이 '자연과학 hard science' 과 내가 확립하려는 과학과의 구분을 정의했다.

점차로 나는 나의 강좌가 무엇에 관한 것인지를 수강생들에게 말하기 어렵도록 만든 것은 나의 사고방식이 그들과 다르다는 데 있다는 사실을 발견했다. 이러한 차이에 대한 실마리를 나는 한 학생에게서 얻었다. 첫 수업 시간에 나는 영국인이 미국인에게 문화인류학을 가르칠 때마다 다루어야 하는 문제인 영국과 미국의 문화적 차이에 관해 이야기했었다. 수업이 끝나고 전공의 한 명이 내게로 왔다. 그는 다른 수강생들이 교실을 떠났는지 어깨 너머로 흘끗 확인하고는 머뭇거리면서 "질문이 있습니다"라고 말했다. "그래." "저——선생님께서 말씀하시는 것을 저희가 배우기를 원하십니까?" 나는 잠시 망설였는데, 그는 계속해서 "아니면 그것은 모두 다른 어떤 것에 대한 일종의 예, 예증인가요?" 라고 물었다. "그럼, 물론이지!"

하지만 무엇에 관한 예인가?

그 후 거의 매년 대개 소문으로 내게 막연한 불평이 전해져왔다. 그것은 '베이트슨은 우리에게 말하지 않는 무언가를 알고 있다' 혹은 '베이트슨이 말하는 이면에는 무언가가 있다. 그러나 그것이 무엇인지 그는 결코 말하지 않는다' 라는 내용이었다.

분명 나는 '무엇에 관한 예인가? 라는 질문에 답하지 않고 있었다.

나는 필사적으로 내가 과학자의 임무로 생각하는 것을 설명하기 위해 하나의 도표를 그렸다. 이 도표를 사용함으로써, 사고방식에 있어서 나와 수강생의 차이는 수강생들이 자료에서 가정들까지 '귀납적'으로 생각하고 논하도록 훈련받았고, 과학이나 철학의 근본 법칙에서 '연역적' 으로 도출된 지식으로 가정들을 전혀 검토해보지 않는다는 사실에서 발생했음이 분명해졌다.

도표에는 세 개의 칸이 있었다. 나는 좌측 칸에 인간이나 동물의 행동에 대한 영상 기록, 실험에 대한 묘사, 딱정벌레의 다리에 대한 묘사나 사진, 인간 육성의 녹음과 같은 다양한 종류의 해석되지 않은 자료를 열거했다. 나는 '자료' 란 사건이나 사물이 아니라 항상 사건이나 사물에 대한 기록이나 묘사 또는 기억이라는 사실을 강조했다. 거기에는 언제나 과학자와 그가 다루는 대상 사이에 끼어들어 원래의 사건을 변형하거나 재코드화하는 것이 있다. 물체의 무게는 항상 다른 어떤 물체의 무게와 비교해서 측정되거나, 계량기에 의해 기록된다. 인간의 목소리는 테이프에 여러 가지 형태의 자기화(磁氣化)로 변형된다. 게다가 그 어떤 관찰자의 입장에서도 전체 우주, 모든 과거와 현재가 관찰의 주제가 되지는 못하기 때문에 언제나 필연적으로 자료의 선택이 있게 된다.

따라서 엄격한 의미에서 정말로 '있는 그대로'의 자료는 없으며, 모든 기록은 어떤 식으로든 사람이나 그의 도구에 의한 편집과 변형을 겪게 된다.

하지만 자료는 여전히 가장 믿을 만한 정보의 원천이며, 과학자는 자료에서 시작해야만 한다. 자료들이 먼저 과학자에게 영감을 제공하며, 과학자는 나중에 반드시 이 자료로 되돌아가야 한다.

가운데 칸에는 '자아', '불안', '본능', '목적', '마음', '자신', '고정된 행동 패턴', '지능', '우둔', '성숙'과 같이 행동과학에서 흔히 쓰이는 불완전하게 정의된 해석적 개념들을 열거했다. 고상하게 보이려고 나는 이 개념들을 '발견적heuristic'[10] 개념이라고 불렀다. 하지만 실제로 이 개념들 중 대부분은 너무 느슨하게 도출되고, 상호 관련이 없어서 그것들을 함께 섞으면 과학의 발전을 상당히 저해하는 일종의 개념적 안개가 형성된다.

우측 칸에는 내가 말하는 '기본 원리들'을 나열했다. 그것은 두 종류로 분류된다. 자명한 이치로 여겨지는 명제나 명제 체계, 그리고 일반적 진리로 생각되는 명제나 '법칙'이다. 자명한 이치로 여겨지는 명제 속에 나는 '만약 수의 개념이 적절히 정의되고 더하기 과정이 적절히 정의된다면, 5+7=12' 같은 수학의 '영원한 진리' —— 여기서는 진리가 인간이 만든 일단의 공리나 정의의 영역 내에서 동어 반복적으로 한정된다—— 도 포함시켰다. 과학적 혹은 일반적, 그리고 경험적 진리라 할 수 있는 명제 속에 나는 질량과 에너지 보존의 '법칙', 열역학 제2법칙 등을 열거했다. 그러나 동어 반복적 진리와 경험적 일

---

10) (옮긴이주) 복잡한 문제를 푸는 데 있어서 시행착오를 반복 평가하여 자기 발견적으로 문제를 해결하는 방법을 말한다.

반화의 구분은 명확하지 않으며, 내가 열거한 '기본 원리들' 중에도 그것의 진실은 의심의 여지가 없지만 경험적인 것과 동어 반복적인 것으로 분류하기는 쉽지 않은 명제들이 많이 있다. 확률의 '법칙'은 믿지 않고 이해하도록 언급될 수도 없지만, 그것들이 경험적인 것인지 동어 반복적인 것인지를 결정하는 것도 쉽지 않다. 그리고 이는 정보 이론에서의 섀넌의 정리Shannon's theorems[11]도 마찬가지다.

이러한 도표를 이용해서 전체적인 과학 활동이나 과학 내의 특정한 탐구의 좌표 또는 방향에 대하여 많은 것들을 논할 수 있다. '설명'이란 자료들의 좌표를 기본 원리들에 짜 맞추는 것이지만 과학의 궁극적인 목표는 기본적인 지식의 확대다.

많은 학자들, 특히 행동과학자들은, 과학의 진보가 주로 귀납적 방법으로 이루어지며 또 그렇게 되어야 한다고 믿는 것 같다. 위의 도표의 관점에서, 그들은 새로운 발견적 개념으로 인도하는 있는 그대로의 자료들에 대한 연구를 통해 진보가 이루어진다고 믿는다. 그때 이발견적 개념들은 '실용적 전제들'로 간주되고, 더 많은 자료에 의해 검증된다. 이 발견적 개념들이 점차 수정되고 다듬어져 나중에는 기

---

11) (옮긴이주) 섀넌은 정보원에서 발생하는 코드가 가진 정보량을 I라 하고, 그 코드의 발생 확률을 P라고 할 때 I=log 1/P로 나타낼 수 있다고 확률을 이용하여 정보를 정량화했다. 아날로그 신호를 디지털 신호로 코드화하는 과정을 보면, 아날로그 신호를 일정 간격으로 표본화하여 표본값을 이진수 값으로 바꾸어주는데, 코드의 평균 길이에는 하한값이 있어서 이것이 정보원의 엔트로피(정보를 내보내는 정보원의 불확실도를 나타내는 양)와 같은 값이라는 것(섀넌의 제1정리), 통신로에서는 잡음 등으로 인해 오류가 발생하지만 전송 속도가 통신로의 용량보다 작으면 오류 없는 코드화도 가능하다는 것(섀넌의 제2정리), 따라서 표본값에서 아날로그의 원래 신호로 재생하기 위해서는 아날로그 신호가 지닌 최대 주파수의 2배로 표본화해야 한다는 것이 섀넌의 정리다.

본 원리의 위치에 속하게 되기를 바라는 것이다. 수천 명의 명석한 사람들이 50여 년간 이러한 생각을 가지고 노력한 결과 수백 개의 발견적 개념들이 만들어졌지만, 안타깝게도 그중에 기본 원리들에 속할 만한 것은 하나도 없다.

현대의 심리학, 정신의학, 인류학, 사회학, 경제학 분야의 대부분의 많은 개념들이 과학적인 기본 원리와 완전히 분리되어 있다는 것은 너무도 분명하다.

몰리에르Molière는 오래전에 학식 있는 박사들이 수험생에게 아편이 사람을 잠들게 하는 '원인과 결과'에 대해 묻는 박사 과정 구두 시험을 묘사했다. 수험생은 의기양양하게 변칙적인 라틴어로 "아편에는 최면 효과virtus dormitiva가 있기 때문입니다"라고 대답했다.

과학자들은 특성상 복잡한 상호작용 시스템에 직면한다——이 경우에는 사람과 아편의 상호작용이다. 과학자는 사람이 잠드는 시스템의 변화를 관찰한다. 그 다음에 과학자는 상호작용하는 시스템 내의 이런저런 요소에 존재하는 허구적인 '원인'에 이름을 붙임으로써 그 변화를 설명한다. 아편이 구체적인 최면 효과를 가지고 있거나, 사람이 아편에 대한 반응으로 '표현'되는 수면에 대한 구체적인 요구adormitosis를 가지고 있거나 둘 중 하나다.

그리고 특성상 그와 같은 모든 가설들은 과학자 자신이 가진 '비판 능력'(구체화된 또 다른 허구적 원인)을 잠재운다는 의미에서 최면적이다.

자료에서 최면적 가설로 나아가고 다시 자료로 되돌아오는 마음의 상태나 사고의 습관은 자기-강화적self-reinforcing이다. 모든 과학자들은 예측에 높은 가치를 두고 있으며, 사실 현상을 예측할 수 있다는 것은 더할 나위 없이 좋은 것이다. 하지만 예측은 오히려 가설의 빈약한 검증이며, '최면적 가설'은 특히 그렇다. 만약 우리가 아편에 최면 효과가 있다고 가정한다면 우리는 이 효과의 특성을 연구하기 위한 조사에 평생을 바칠 수 있을 것이다. 열에 안정적인가? 소량의 증류액에 그것이 있는가? 분자식은 무엇인가? 등등. 이 질문들 중에서 대다수는 실험실에서 해답을 얻을 수 있을 것이며, 우리는 시작했을 때보다 덜 최면적인 이차 가설에 이르게 될 것이다.

사실 최면적 가설의 증가는 귀납법을 지나치게 선호한 데 따른 증상이며, 이러한 선호는 언제나 기본적인 지식의 핵심과는 무관한 수많은 유사 이론적 추론들의 덩어리인 행동과학의 현 상태에 이를 수밖에 없다.

이와 대조적으로 나는 학생들에게 과학적 연구에서 여러분은 두 가지 출발점에서 시작해야 하며, 이들은 각기 자신의 근거를 가지고 있음을 가르치려고──이 책은 학생들과 이러한 주제를 커뮤니케이션하기 위해 상당히 많은 고려를 하고 있다──노력했다. 두 가지 출발점이란 관찰은 거부될 수 없다는 것, 그리고 기본 원리는 꼭 들어맞아야 한다는 것이다. 여러분은 일종의 협공 작전을 달성해야만 한다.

만약 여러분이 토지 한 구획을 측량하거나 별들의 지도를 그린다면 어느 것도 무시될 수 없는 두 종류의 지식이 필요할 것이다. 한편으로는 여러분 자신의 측량에 관한 경험적 지식이, 다른 한편으로는 유클리드 기하학에 관한 지식이 있어야 한다. 만약 이 두 가지가 서로 맞아 떨어지지 않는다면 그것은 아마도 자료가 잘못되었거나, 여러분이 자료로부터 잘못된 주장을 하는 것이거나, 여러분이 기하학의 전체를 수정해야 할 중대한 발견을 했기 때문일 것이다.

과학의 기본 구조와 인간에 대한 3,000년 동안의 주의 깊은 철학과 인문학적 사고에 대해 아무것도 모르면서 행동과학자가 되려는 사람——엔트로피나 성사(聖事)를 정의할 수 없는 사람——은 지금 있는 어설픈 가설의 잡동사니를 늘리기보다는 잠자코 있는 게 더 좋다.

하지만 발견적 개념과 기본 원리 사이에 격차가 큰 것은 단지 경험주의와 귀납적 사고방식 때문만은 아니며, 성급하게 적용하려는 유혹이나 과학의 기본 구조에 그다지 신경 쓰지 않는 전문 과학자들을 배출해낸 불완전한 교육 시스템 때문만도 아니다. 그것 역시 19세기 과학의 기본 구조에서 상당히 큰 부분을 차지했던 여건이 생물학자나 행동과학자들이 직면했던 문제들과 현상들에 부적합하거나 무관했기 때문이다.

적어도 200년 동안, 말하자면 뉴턴 시대부터 19세기 말까지 과학의 지배적 관심사는 힘과 충격으로 간주될 수 있는 원인과 결과의 연쇄였다. 뉴턴이 사용한 수학은 압도적으로 계량적이었으며, 이러한 사실은 힘과 충격이라는 주된 관심사와 결합되어 거리, 시간, 물질, 에너지의 양을 매우 정확하게 측정하도록 사람들을 이끌었다.

측량사의 측정이 유클리드 기하학과 반드시 일치해야 하는 것처럼, 과학적 사고도 위대한 보존의 법칙과 일치해야만 했다. 물리학자나 화학자에 의해 조사된 어떤 사건에 대한 설명은 질량과 에너지의 예산에 근거를 두어야 했으며, 이 법칙은 자연과학의 전반적인 사고에 특별한 종류의 엄격함을 부여했다.

행동과학의 초기 개척자들이 자신들의 추론을 이끌고 가는 데 이와 비슷한 엄격한 기초를 원하면서 행동에 대한 자신들의 조사를 시작한 것은 당연하다. 거리와 질량은 행동을 기술하는 데 사용하기는 힘든

(그렇든 아니든 간에) 개념이었지만, 에너지는 좀더 편리한 것으로 여겨졌다. 그것은 '에너지'를 감정이나, 성격이나 '활력'의 '강도'와 같은 이미 존재하는 은유와 관계시키도록 유혹했다. 또는 어쨌든 '에너지'를 '피로'나 '냉담'과 반대되는 것으로 생각하도록 유혹했다. 신진대사도 에너지의 예산(엄격한 의미의 에너지 내에서)에 따라 움직이며, 행동으로 소비된 에너지는 확실하게 이 예산 안에 포함되어야 한다고 보았다. 따라서 에너지를 행동의 결정 요소로 생각하는 것이 분별 있는 것으로 여겨졌다.

에너지의 부족이 행동을 방해하는 것으로 보았다면 더 효과적이었을 것이다. 왜냐하면 굶는 사람은 결국 행동을 멈출 것이기 때문이다. 그러나 이것조차 그렇지 않다. 아메바의 경우 먹이를 주지 않으면 얼마간 더 활발히 움직이기 때문이다. 거기서 아메바의 에너지 소모는 에너지 입력의 역함수inverse function인 것이다.

행동에 대한 자료와 물리와 화학의 기본 원리 사이에 다리를 놓으려고 했던 19세기 과학자들(특히 프로이트Sigmund Freud)은 그러한 다리의 필요성을 주장한 점에서는 분명 옳았지만, 그 다리의 기초로 '에너지'를 선택한 것은 잘못이었다고 나는 생각한다.

만약 질량과 거리가 행동을 기술하기에 부적합하다면, 에너지는 더더욱 적합할 것 같지 않다. 결국 에너지는 질량×속도^{2}이며, '정신 에너지'가 정말로 이런 차원이라고 주장한 행동과학자는 아무도 없다.

따라서 우리는 우리의 발견적 가설을 검증할 수 있는 적절한 개념들의 세트를 위해 기본 원리를 재검토할 필요가 있다.

하지만 어떤 이는 아직 시간이 무르익지 않았다고 주장할 것이다. 과학의 기본 원리는 전적으로 경험을 통한 귀납적 추리로 도출될 것이 확실하며, 그래서 우리는 기본적인 해답을 얻을 때까지 계속해서 귀납적 추리를 해야만 한다고 주장할 것이다.

나는 과학의 기본 원리들이 단지 경험의 귀납으로 시작하는 것은 아니라고 믿으며, 기본 원리들 속에서 교두보를 찾으려면 과학과 철학적 사고의 시초, 즉 과학, 철학, 종교가 따로 떨어진 분야의 전문가들에 의해 개별적으로 추구되기 이전의 시대로 분명히 거슬러 올라가야 한다고 생각한다.

예를 들어 유대-기독교인의 중심적인 기원 신화를 보자. 이 신화와 관련된 기본적인 철학과 과학의 문제는 무엇인가?

처음에 하느님께서 하늘과 땅을 창조하시니라. 땅은 형태가 없고 비어 있으며 어둠은 깊음의 표면 위에 있고 하느님의 영은 물들의 표면 위에 운행하시니라.

하느님께서 이르시되, 빛이 있으라 하시니 빛이 있었고 하느님께서 그 빛을 보시니 좋았더라. 하느님께서 빛을 어둠에서 나누사 하느님께서 빛을 낮이라 부르시고 어둠을 밤이라 부르시니라. 그 저녁과 아침이 첫째 날이니라.

하느님께서 이르시되, 물들의 한가운데 궁창이 있어 물들에서 물들을 나누라 하시고 하느님께서 궁창을 만드사 궁창 아래의 물들과 궁창 위의 물들을 나누시니 그대로 되니라. 하느님께서 궁창을 하늘이라 부르시니라. 그 저녁과 아침이 둘째 날이니라.

하느님께서 이르시되, 하늘 아래의 물들은 한 곳으로 함께 모이고 마른 육지는 드러나라 하시니 그대로 되니라. 하느님께서 마른 육지를 땅이라 부르시고 물들이 함께 모인 것을 바다들이라 부르시니 하느님께서 보시기에 좋았더라.

흠정역Authorized version

이 우레 같은 산문의 첫 10구절에서, 우리는 고대 칼데아인[12]의 사고에 대한 몇 가지 전제나 기본 원리를 뽑아낼 수 있으며, 근대 과학의 기본 원리들과 문제들이 고대 문헌에 얼마나 많이 예시되어 있는지를 언급하는 것은 기묘하고, 거의 무시무시한 일이다.

(1) 기원과 물질의 본질에 대한 문제는 간략하게 처리되고 있다.

(2) 그 구절은 질서의 기원에 대한 문제를 상세히 다루고 있다.

(3) 따라서 두 가지 문제 사이에 분리가 생기게 된다. 이러한 문제의 분리가 오류였을 가능성도 있다. 그러나 오류든 아니든 이 분리는 근대 과학의 기본 원리 속에 보존되어 있다. 물질과 에너지 보존 법칙들은 여전히 질서, 부엔트로피negative entropy, 그리고 정보 이론들과 분리되어 있다.

(4) 질서는 골라내기와 구분의 문제로 간주된다. 그러나 모든 골라내기에서 핵심적인 개념은 어떤 차이가 나중에 다른 차이를 생기게 할 것이라는 점이다. 만약 흰 공에서 검은 공을 골라내거나 작은 공에서 큰 공을 골라낸다면 공들의 차이는 공 위치의 차이——한 주머니 안에 있는 공의 집합과 다른 주머니에 있는 공의 집합——로 이어지

---

12) (옮긴이주) 칼데아는 바빌로니아 남부에 해당하는 고대 지명으로, 구약성서에서는 칼데아가 흔히 바빌로니아와 동의어로 사용된다.

게 될 것이다. 그와 같은 작용을 위해서는 여과기, 역치, 혹은 탁월한 감각 기관 같은 것이 필요하다. 따라서 존재에 대한 인지가 다른 식으로는 일어날 것 같지 않은 질서를 창조하는 데 이러한 기능의 수행을 끌어들여야 했음은 이해할 만하다.

(5) 골라내기와 구분의 밀접한 연결은 분류의 미스터리이며, 나중에 인간의 놀랄 만한 업적인 이름 붙이기가 뒤따르게 된다.

이 신화의 다양한 구성 요소들이 적어도 경험을 통한 귀납적 추론의 산물이 아닌 것은 분명하다. 그리고 그 문제는 다른 기본 전제들을 구현하는 다른 신화들과 이 기원 신화를 비교하면 더욱 수수께끼가 된다.

뉴기니 이아트멀Iatmul족의 중심적인 기원 신화는 〈창세기〉처럼 땅과 물이 어떻게 분리되었는가 하는 문제를 다루고 있다. 그들의 신화에 의하면 태초에 카브워크말리Kavwokmali라고 불리는 악어가 앞뒤다리를 휘저어 진흙이 물에 떠 있게 했다. 위대한 영웅 케벰부앙가Kevembuangga가 나타나 창을 가지고 그 악어를 죽였다. 그 후 진흙은 가라앉아 마른 땅이 되었다. 케벰부앙가는 그 마른 땅에다 자신의 발자국을 남겼다. 다시 말해서 그는 자랑스럽게 '그것은 보기에 좋았다'라는 표시를 했다.

여기에 귀납적 추론과 결합된 경험에서 신화를 만들어낸 더 견고한 사례가 있다. 결국 진흙은 적당히 저으면 물에 떠 있게 되고, 젓지 않으면 가라앉는다. 더욱이 이아트멀족은 육지와 물의 구분이 불완전한 세피크 강가의 방대한 늪지대에 살고 있다. 따라서 그들이 땅과 물을 구분하는 데 관심을 보인 것은 이해할 만하다.

어떻든 간에 이아트멀족은 〈창세기〉와 거의 정반대의 질서 이론에 도달했다. 이아트멀족의 생각에는 무작위화가 방해받으면 골라내기가 일어난다. 〈창세기〉에서는 골라내기와 구분을 행하는 데 행위자를 끌어들인다.

하지만 두 문화는 모두 물질의 창조에 관한 문제와 질서와 분화의 문제 간에 근본적인 구분을 가정한다는 점에서는 비슷하다.

이제 원시적 차원에서 과연 과학과 철학의 기본 원리들이 경험적 자료로부터 귀납적 추리에 의해 도달하느냐는 문제로 다시 되돌아가면, 우리는 그 해답이 단순하지 않다는 사실을 발견하게 된다. 어떻게 물질과 형태의 이분법이 귀납적 논법에 의해 도달되는지는 알기 어렵다. 결국 지금까지 분류되지 않은 무형의 물질을 보거나 경험한 사람은 없으며, 마찬가지로 '무작위한' 사건을 보거나 경험한 사람도 없다. 따라서 만약 '형태 없이 공허한' 우주의 개념이 귀납에 의해 도달되었다면 그것은 아마 기괴한——그리고 아마도 잘못된——추정의 도약에 의한 것일 것이다.

그렇다 하더라도 원시 철학자들의 출발점이 관찰이었는지는 분명하지 않다. 아무튼 그럼에도 불구하고 형태와 물질의 이분법이 원시 언어 구조의 주술 관계에서 무의식적인 연역으로 생겨났을 수는 있다. 그렇지만 이는 실질적인 추측이 미칠 수 있는 영역 밖의 문제다.

어떻든 내가 정신과 전공의에게 했던 강의와 이 에세이들의 중심 주제는 행동에 관한 자료와 과학과 철학의 '기본 원리들' 사이에 다리를 놓는 것이다. 그리고 행동과학에서의 '에너지'의 은유적 사용에 대한 나의 비평은 나의 많은 동료들에 대한 어느 정도 거짓 없는 비판을 담고 있다. 그들은 형태와 물질 간의 고대 이분법에서 **잘못된** 쪽에 다리를 놓으려 했다. 에너지와 물질의 보존 법칙은 형태보다 물질에 관여한다. 그러나 정신의 과정이나 개념, 커뮤니케이션, 조직, 분화, 패턴과 같은 것들은 물질보다는 형태의 문제다.

지난 30년 동안, 사이버네틱스와 시스템 이론의 발견으로 기본 원리의 줄기 내에서 형태를 취급하는 쪽이 극적으로 풍부해졌다. 이 책은 생명과 행동에 대한 사실들과, 패턴과 질서의 본질에 대해 오늘날 우리가 알고 있는 것 사이에 다리를 놓고자 하는 것이다.

teps to an ecology of mind

메 타 로 그

정의 : 메타로그는 불확실한 어떤 문제에 관한 대화다. 이러한 대화는 참가자들이 그 문제에 대해 토론해야 할 뿐만 아니라 전체적인 대화의 구조 또한 그 문제와 관련이 있어야 한다. 여기 제시된 대화의 일부만이 이 두 가지 형식을 갖추고 있다. 특히 진화의 역사가 인간과 자연 간의 피할 수 없는 메타로그다. 메타로그에서 개념의 창조와 상호작용은 필연적으로 진화의 과정을 예시한다.

메타로그 : 왜 사물은 뒤죽박죽되나요?[13]

딸　아빠, 왜 사물은 뒤죽박죽되나요?

아버지　무슨 말이냐? 사물이라니? 뒤죽박죽이라니?

딸　글쎄요, 사람들은 많은 시간을 들여서 사물을 정돈하려고 하지, 뒤죽박죽으로 만들려고 하지는 않는 것 같아요. 사물이 저절로 뒤죽박죽되는 것 같아요. 그러면 사람들은 다시 사물을 정돈해야 하고요.

아버지　네가 그것을 안 건드려도 뒤죽박죽되니?

딸　아뇨──아무도 안 건드리면 괜찮아요. 그러나 아빠가 건드리거나──다른 사람이 건드리면──뒤죽박죽되고, 제가 아닌 다른 사람이 건드리면 더 뒤죽박죽돼요.

---

13) 1948년에 씌어진 글로, 발표된 적 없다.

아버지 그래──그게 바로 내가 내 책상 위의 물건들을 네가 건드리지 못하게 하는 이유야. 내가 아닌 다른 사람이 내 물건을 건드리면 더 뒤죽박죽되기 때문이지.

딸 그런데 사람들은 항상 다른 사람의 물건을 뒤죽박죽으로 만드나요? 왜 그러는 거죠, 아빠?

아버지 이런, 잠깐만. 그게 그렇게 간단하지가 않아. 무엇보다도 네가 말하는 뒤죽박죽이란 게 무슨 뜻이냐?

딸 제 말은──이미 말한 것처럼 물건을 찾을 수 없어서 모든 게 뒤죽박죽인 것처럼 보인다는 거죠. 정돈된 것이 하나도 없는 상태 말이에요──.

아버지 글쎄. 네가 말하는 뒤죽박죽이 다른 사람들이 말하는 것과 같다고 확신하니?

딸 아빠, 저는 그렇다고 확신해요──제가 그렇게 깔끔한 사람이 아니기 때문에 만약 제가 사물이 뒤죽박죽이라고 말하면 다른 사람들도 모두 제 말에 동의할 게 분명하거든요.

아버지 좋아──그러나 네가 말하는 '정돈하다'라는 것이 다른 사람이 말하는 것과 같은 뜻이라고 생각하니? 엄마가 네 물건을 정돈해놓으면, 너는 그 물건을 어디서 찾아야 하는지 아니?

딸 음……가끔은요──왜냐하면, 아빠도 알다시피, 엄마가 정돈할 때 물건을 어디 두는지 제가 아니까요.

아버지 그래, 나 역시 네 엄마가 내 책상을 정돈하지 못하게 하지. '정돈하다'로 나와 네 엄마가 의미하는 게 서로 다른 건 분명해.

딸 아빠와 제가 생각하는 정돈하다의 의미는 같은가요?

아버지 아닐 거야──다를 거야.

딸	하지만 아빠, 재밌지 않아요?――모든 사람들이 '뒤죽박죽' 이라고 말할 때는 같은 것을 의미하지만 '정돈하다' 라고 말할 때는 무언가 서로 다른 것을 의미한다는 것 말이에요. 그러나 '정돈' 과 '뒤죽박죽' 은 정반대 아닌가요?
아버지	이제 우리가 더 어려운 문제를 다루기 시작했구나. 처음부터 다시 시작해보자. 넌 왜 사물은 항상 뒤죽박죽되나요?라고 물었지. 현재 우리는 하나 혹은 두 단계를 지났다――이제는 "왜 사물이 네가 '정돈되지 않은' 이라고 부르는 상태에 있는가?" 라는 질문으로 바꿔보자. 내가 왜 그렇게 바꿨는지 알겠니?
딸	……네, 알 수 있을 것 같아요――왜냐하면 제가 특정한 의미를 가지고 '정돈되어 있다' 고 말한다면 다른 어떤 사람들이 '정돈되어 있다' 고 말하는 상태가 제게는 뒤죽박죽일 수 있기 때문이죠――비록 우리가 뒤죽박죽이라고 부르는 상태에 대해 대부분 동의한다고 하더라도 말이죠――.
아버지	맞았어. 이제――네가 말하는 정돈이란 무슨 뜻인지 한번 살펴보자. 네 물감 상자가 정돈된 곳에 있을 때, 그것은 어디에 있니?
딸	여기 이 선반 끝에요.
아버지	좋아――그럼 만약 그것이 다른 곳에 있다면?
딸	안 되죠, 그러면 정돈되지 못한 거예요.
아버지	그렇다면 여기 선반의 다른 쪽 끝에 있다면 어떠냐? 이렇게 말이다.
딸	아니죠, 거기도 안 되죠. 또한 아빠가 놓으신 것처럼 비뚤어져 있어도 안 되고 똑바로 있어야죠.

아버지 음──제 위치에 있어야 할 뿐만 아니라 똑바로 있어야 한단 말이구나.

딸 네.

아버지 좋아. 그렇다면 네 물감 상자가 '정돈되어' 있을 수 있는 곳은 얼마 되지 않는구나.

딸 오직 한 장소뿐이죠──.

아버지 아냐──얼마 되지 않는 거야. 왜냐하면 내가 그것을 이렇게 약간 움직여도 물감 상자는 여전히 정돈된 상태에 있을 테니까.

딸 맞아요──그렇지만 아주, 아주 얼마 되지 않죠.

아버지 그래, 아주, 아주 얼마 되지 않는다. 그럼 네 장난감 곰과 인형,《오즈의 마법사》, 스웨터, 신발의 경우는 어떠냐? '정돈'이 가능한 공간이 아주, 아주 얼마 되지 않는다는 점에서 이것들은 모두 같지 않니?

딸 네, 아빠 ── 하지만《오즈의 마법사》는 저 선반 어디에 두어도 괜찮을 것 같아요──그런데 제 책이 아빠 엄마 책들과 섞이는 것을 제가 몹시 싫어한다는 걸 아세요?

아버지 그래, 알고 있다. (침묵)

딸 아빠, 아직 안 끝났어요. 왜 제 물건들은 제가 말하는 정돈되지 않은 상태에 있죠?

아버지 하지만 나는 더 할 말이 없구나──왜냐하면 그것은 단지 네가 '정돈된'이라고 부르는 상태보다 네가 '정돈되지 않은'이라고 부르는 상태가 더 많기 때문이다.

딸 그건 충분한 이유가 되지 못해요──.

아버지 이유가 되지. 사실 그것은 구체적이고 유일하며 상당히 중요한 이유란다.

딸 오, 아빠! 그만하세요.

아버지 아냐, 농담이 아냐. 그게 이유란다. 그리고 모든 과학이 그 이유와 관련되어 있단다. 다른 예를 들어보자. 만약 약간의 모래를 이 잔 밑에 깔고 그 위에 약간의 설탕을 얹어 숟가락으로 휘저으면 모래와 설탕이 뒤섞이겠지, 그렇지?

딸 네. 하지만 아빠, 화제를 '뒤죽박죽'에서 '뒤섞이다'로 바꾸는 게 적절한가요?

아버지 음……나도 의심스럽긴 하지만……적절하다고 생각한다——모든 모래가 설탕 밑에 있는 것을 더 정돈된 것으로 생각하는 사람을 우리가 찾을 수 있다고 말하려고 하기 때문이다. 괜찮다면 내가 그렇게 말하길 원한다고 하마——.

딸 음…….

아버지 좋아——다른 예를 들어보자. 가끔 영화에서 많은 알파벳들이 모두 자막 위에 엉망진창으로 흩어져 있고, 심지어 일부는 뒤집혀 있는 것을 볼 수 있을 거야. 그러다가 무언가가 탁자를 흔들어 글자들이 움직이기 시작하고, 흔들림이 계속되면서 글자가 모두 모여 영화 제목을 나타내게 되지.

딸 네, DONALD라는 단어가 그렇게 씌어지는 것을 본 적 있어요.

아버지 무엇이 씌어지든 상관없어. 요점은, 어떤 것이 흔들려 뒤섞인 다음에 이전보다 더 뒤죽박죽되는 게 아니라, 글자들이 순서대로 모여 제대로 된 글자를 만들었다는 거야——글자들이 많은 사람이 공감할 의미 있는 무언가를 만든 거지.

딸　네, 아빠. 그러나 아빠도 알다시피…….

아버지　아냐, 난 몰라. 내가 말하고 싶은 것은 현실 세계에서는 결코 그렇게 되지 않는다는 사실이야. 영화에서만 그렇지.

딸　그렇지만 아빠…….

아버지　다시 말하지만 어떤 것을 흔들어서 이전보다 더 가지런하고 의미 있게 만드는 것은 영화에서만 가능해.

딸　그렇지만 아빠…….

아버지　이번에는 내가 말을 마칠 때까지 기다리렴……그리고 영화에서는 전체를 거꾸로 돌려서 그렇게 만드는 거란다. 글자들을 DONALD로 배열해놓은 다음에 카메라를 작동시키고, 그런 다음 탁자를 흔들기 시작하지.

딸　오, 아빠——저도 알아요. 저도 그걸 말씀드리려고 했어요 ——그런 다음 영화를 상영할 때는 필름을 거꾸로 돌려서 마치 앞으로 돌아가는 것처럼 보이게 하죠. 그러나 실제로 흔드는 것은 거꾸로였죠. 촬영할 때도 아래 위를 뒤집어서 하고 요……왜 그렇게 하죠, 아빠?

아버지　하느님, 맙소사.

딸　왜 카메라를 거꾸로 고정시켜야 하나요, 아빠?

아버지　아니, 지금은 그 질문에 대답하고 싶지 않구나. 우리는 지금 뒤죽박죽이라는 문제에 관해 한창 이야기하고 있으니까.

딸　이런——좋아요. 하지만 잊어버리지 마세요, 아빠. 다른 날에 카메라에 대해 대답해주서야 해요. 잊지 마세요! 잊지 않으실 거죠, 그렇죠 아빠? 제가 기억하지 못할 수도 있거든요. 부탁이에요, 아빠.

아버지 좋아──하지만 다음에. 자, 우리가 어디까지 얘기했더라? 그래, 사물은 결코 거꾸로 일어나지 않는다였지. 내가 말하려고 했던 것은, 만약 우리가 어떤 방식이 다른 어떤 방식보다 더 자주 발생하는 방식이라는 것을 보여줄 수 있다면 왜 사물이 그런 방식으로 발생하는가에 대한 이유가 된다는 것이다.

딸 아빠──말장난하지 마세요.

아버지 말장난이 아냐. 다시 말해보자. DONALD라고 쓰는 방법은 한 가지뿐이다. 찬성하니?

딸 네.

아버지 좋아. 그리고 이 여섯 개 글자를 탁자 위에 흩어놓는 방법은 수백만 더하기 수백만 더하기 수백만 가지가 있다. 찬성하니?

딸 네, 저도 그렇게 생각해요. 어떤 글자들은 거꾸로 될 수도 있지요?

아버지 그래──영화에서 글자들이 엉망진창으로 뒤죽박죽돼 있었듯이 말이다. 어떻든 수백만 더하기 수백만 더하기 수백만 가지의 뒤죽박죽 형태가 있을 수 있겠지? 그리고 단 한 가지의 DONALD뿐이고?

딸 맞아요──그래요. 그렇지만 아빠, 같은 글자들이 OLD DAN 으로 될 수도 있잖아요?

아버지 신경 쓰지 마. 영화 제작자들은 OLD DAN으로 쓰기를 원하지 않는단다. DONALD만을 원하지.

딸 왜요?

아버지 빌어먹을 영화 제작자들이니까 그렇지 뭐.

딸 그렇지만 아빠가 먼저 그들을 들먹였잖아요.

아버지 그래──하지만 그것은 일어날 수 있는 가장 많은 방식들 중에서 왜 그런 식으로 일어나는지를 말해보려고 그랬던 거야. 그리고 이제는 잠자리에 들 시간이다.

딸 그렇지만 아빠, 왜 사물이 그런 식, 또는 여러 가지 다른 방식으로 일어나는지 말해주지 않으셨잖아요?

아버지 그렇지. 하지만 더 이상 옆길로 새지 마라──한 가지면 충분하다. 어쨌든 DONALD는 지겹구나. 다른 예를 들어보자. 동전 던지기를 예로 들어보자.

딸 아빠, 우리가 시작했던 그 문제에 대해 계속 이야기하고 있나요? '왜 사물은 뒤죽박죽되는가?' 하는 문제요.

아버지 그래.

딸 그렇다면 아빠, 동전 던지기에 대해 말하려는 것이 DONALD, 모래와 설탕, 내 물감 상자, 그리고 동전 던지기와 관련 있나요?

아버지 그래──맞다.

딸 아──그냥, 의아해서요, 그뿐이에요.

아버지 자, 이번에는 내가 그것에 대해 말할 수 있는지 보자꾸나. 모래와 설탕 문제로 돌아가서, 바닥에 모래를 두는 것이 '정돈된' 또는 '가지런한' 것이라고 어떤 사람이 말한다고 가정하자.

딸 아빠, 모래와 설탕을 휘저을 때, 그것들이 어떻게 섞이는가에 대해 아빠가 계속 말하기 전에 누군가가 그렇게 말했다고 가정해야 하나요?

아버지 그래──그게 바로 핵심이야. 사람들은 자기가 일어나길 바라는 것들을 말하고, 나는 다른 가능성이 너무 많아서 그렇게 되지 않을 거라고 그들에게 말하지. 나는 가능성이 많은 데서 무언가가 발생하지 가능성이 적은 데서 발생하지 않는다는 것을 알고 있어.

딸   아빠는 제가 돈을 걸려는 한 마리의 말보다 나머지 모든 말에 돈을 거는 늙은 마권업자 같네요.

아버지   그래 맞다. 나는 그들로 하여금 그들이 정돈되어 있다고 부르는 방식에 돈을 걸게 하지——나는 거기에는 뒤죽박죽되는 방식이 무수히 많아서——사물이 언제나 뒤죽박죽되고 섞인다는 것을 알고 있지.

딸   왜 처음부터 그걸 말해주지 않으셨어요, 아빠? 그랬다면 제대로 이해할 수 있었을 텐데.

아버지   그래, 나도 그렇게 생각한다. 어쨌든 지금은 잘 시간이다.

딸   아빠, 왜 어른들은 애들이 하는 방식으로 싸우는 대신에 전쟁을 하는 거죠?

아버지   그만——잘 시간이다. 그만 하자. 전쟁에 대해서는 다음에 생각해보자꾸나.

메타로그 : 왜 프랑스 사람들은?[14]

딸　아빠, 왜 프랑스 사람들은 팔을 흔들죠?

아버지　무슨 뜻이냐?

딸　그들이 말할 때 말이에요. 왜 그들은 말하는 동안 내내 팔을 흔들죠?

아버지　글쎄——너는 왜 미소를 짓니? 아니면 너는 왜 가끔 발을 구르니?

딸　하지만 그건 같은 게 아니잖아요, 아빠. 제가 프랑스 사람처럼 팔을 흔들지는 않잖아요. 저는 그들이 팔 흔들기를 멈출 수 있을 거라 생각할 수 없어요, 아빠. 그들이 그럴 수 있을까요?

---

14) 현대 무용 연감Annual of contemporary dance인 《충동*Impulse*》(1951)에 실렸던 글로, Impulse Publications Inc.의 허락을 얻어 여기에 재수록했다. 1953년에 《일반의미론집*ETC : A Review of General Semantics*》 vol. X에도 실린 바 있다.

아버지   나도 모르겠다——힘들 거야……너는 미소 짓는 것을 그만
둘 수 있니?

딸   하지만 아빠, 제가 언제나 미소 짓는 건 아니잖아요. 미소 짓
고 싶을 때 미소 짓지 않기는 힘들겠죠. 하지만 언제나 미소
짓고 싶은 것은 아니거든요. 그때는 미소 짓지 않죠.

아버지   사실이지——하지만 프랑스 사람도 언제나 똑같은 방식으로
팔을 흔들지는 않는다. 어떤 때는 이렇게, 어떤 때는 저렇게
흔들고——또 내가 생각하기에, 어떤 때는 흔들지 않기도 하
지.

* * *

아버지   어떻게 생각하니? 프랑스 사람이 팔을 흔들 때 넌 어떤 생각
이 드니?

딸   바보같이 느껴져요, 아빠. 하지만 다른 프랑스 사람에겐 그렇
게 보이지 않겠죠. 그들이 서로에게 바보같이 보일 수는 없어
요. 만약 그렇게 보였다면, 그런 행동을 그만뒀을 테니까요.
그렇지 않나요?

아버지   그랬겠지——하지만 그게 그렇게 단순한 문제는 아니야. 그
들의 행동에 대해 또 다르게 생각한 것은 없니?

딸   글쎄요——프랑스 사람들은 모두 흥분한 것처럼 보여요.

아버지   좋아 ── '바보' 같고 '흥분한' 것 같다.

딸   하지만 그들이 보이는 것처럼 실제로 그렇게 흥분한 걸까요?
제가 만약 그렇게 흥분했다면, 아마 춤을 추거나 노래를 부르

거나 누군가의 코를 때렸을 거예요……하지만 프랑스 사람들은 그냥 팔만 흔들거든요. 정말로 흥분한 건 아닌가 봐요.

아버지 글쎄——그들이 네가 보는 것처럼 정말 바보 같을까? 어쨌든 왜 너는 가끔 춤추고 노래하고 남의 코를 치고 싶어 하니?

딸 아, 그건 단지 가끔 그렇게 하고 싶은 충동을 느껴서 그래요.

아버지 프랑스 사람들도 팔을 흔들 때 '그런 충동'을 느낄지 모르지.

딸 하지만 언제나 그런 충동을 느낄 수는 없어요, 아빠. 그럴 수 없어요.

아버지 네 말은——네가 팔을 흔들 때 느끼는 것과 프랑스 사람이 팔을 흔들 때 느끼는 것이 똑같을 수 없다는 말이지? 그렇다면 네 말이 맞다.

딸 그렇다면 그들은 어떻게 느끼고 있을까요?

아버지 글쎄——네가 프랑스 사람과 말하고 있는데, 그가 줄곧 팔을 흔들면서 말하다가 대화 도중에 네가 어떤 말을 하니까 갑자기 팔 흔드는 것을 멈추고 그냥 말만 한다고 생각해보자. 그러면 너는 어떻게 생각하겠니? 단지 그가 바보 같지 않고 흥분하지 않게 되었다고 생각하겠니?

딸 아뇨……저도 놀랄 거예요. 내가 한 말이 그의 기분을 상하게 했고 그래서 그가 진짜 화가 났을지도 모른다고 생각할 거예요.

아버지 그래——그럴 거야.

* * *

딸   좋아요——화가 날 때는 그들이 팔 흔드는 것을 멈춘다고 해요.

아버지   잠깐. 결국 문제는 프랑스 사람이 팔을 흔들어서 다른 프랑스 사람에게 무슨 말을 하느냐는 거야. 그리고 우리는 그 답을 일부분 알고 있지——그는 상대방에 대해 자기가 어떻게 느끼고 있는지에 대해 말하고 있는 거야. 심각하게 화나지 않았다고 말하거나——네가 말하는 '바보 같다' 는 것을 말하려 하거나 말하게 될 수 있는 거지.

딸   하지만——아니에요——그건 말이 안 돼요. 프랑스 사람이 나중에 다른 사람에게 자신이 화났다고 말하기 위해 자신의 팔을 계속 흔들고 있다면 그는 아무것도 할 수 없을 거예요. 나중에 화가 날지 어떻게 알아요?

아버지   모르지. 하지만 만약······.

딸   아니에요, 아빠. 말도 안 돼요. 저는 나중에 미소 짓지 않음으로써 화가 났다는 말을 하려고 미소 짓는 게 아니에요.

아버지   아니——나는 그것이 미소 짓는 이유의 일부라고 생각해. 진짜 화가 나는데 화나지 않았다고 말하기 위해 미소 짓는 사람들이 많잖니.

딸   하지만 그건 달라요, 아빠. 그건 표정으로 일종의 거짓말을 하는 거잖아요. 포커게임 할 때처럼 말이에요.

아버지   음.

* * *

아버지 우리가 어디까지 말했지? 프랑스 사람들이 화나지 않았다거나 기분 상하지 않았다고 서로에게 힘들게 말하는 것을 너는 이해할 수 없지. 미국인들이 가장 많이 하는 대화는 뭐지?

딸 이런, 모든 게 다 대화거리죠——야구, 아이스크림, 정원, 게임. 사람들은 다른 사람이나 자신에 관해, 그리고 성탄절에 받은 것들에 관해 말하죠.

아버지 그래, 그래——하지만 누가 듣니? 내 말은——좋아, 그러니까 그들은 야구나 정원에 관해 말한다 이거지. 하지만 과연 그들이 정보를 교환하고 있는 걸까? 만일 그렇다면, 무슨 정보를 교환하는 걸까?

딸 물론이죠——가령 아빠가 낚시하고 돌아오셨을 때, 제가 "좀 잡으셨어요?"라고 물으면, "허탕 쳤어"라고 말씀하시잖아요. 아빠가 말하기 전에는 아빠가 허탕 치셨는지 제가 모르잖아요.

아버지 음.

* * *

아버지 좋아——네가 낚시를 언급했는데——그건 내가 상당히 민감한 반응을 보이는 문제지——그리고 우리 대화가 중단되었고——그 중단은 내가 얼마나 많은 고기를 놓쳤는지에 대한 비밀을 내가 밝히기 싫어한다는 뜻이야. 이것은 프랑스 사람이 기분 나쁠 때 팔 흔드는 것을 그만두는 것과 같지.

딸 미안해요, 아빠. 하지만 아빠가 분명 말씀하시기를…….

아버지 아냐——잠깐만——미안하다는 말로 헷갈리게 하지 마——

내일 내가 다시 낚시하러 갈 수도 있고, 난 여전히 내가 고기 잡을 가능성이 없다는 걸 알고 있지.

딸 하지만 아빠, 모든 대화는 오직 다른 사람들에게 자신이 화나지 않았음을 말하는 거라고 하셨잖아요.

아버지 내가 그랬다고? 아냐──모든 대화가 아니라, 대부분의 대화가 그렇다고 했지. 때때로 서로가 상대방의 얘기를 신중히 들으려 한다면, 인사나 소원을 교환하는 것 이상을 할 수도 있지. 심지어 정보를 교환하는 것보다 더 많은 것을 할 수도 있어. 두 사람 모두 이전에 몰랐던 것을 발견할 수도 있고.

* * *

아버지 어떻든, 대부분의 대화는 오직 사람들이 화가 났는지 어떤지에 관한 것이란다. 사람들은 서로서로 친하다고 말하느라 바쁜데──때로는 그것도 거짓이지. 결국, 말할 게 없으면 어떻게 되겠니? 모두 불편해진단다.

딸 하지만 그것도 정보 아닌가요, 아빠? 제 말은──그들이 화나지 않았다는 정보 말이에요.

아버지 그래. 하지만 그것은 '고양이가 매트 위에 있다'와는 다른 종류의 정보지.

* * *

딸 아빠, 왜 사람들은 '나는 당신에게 화가 나지 않았으며 그것은 그쯤 해두자'라고 말할 수 없나요?

아버지 아, 이제야 우리가 진짜 문제를 다루게 됐구나. 핵심은 몸짓으로 교환하는 메시지가 말로 그것을 풀이한 것과 다르다는 거야.

딸 무슨 말인지 모르겠어요.

아버지 단순히 말로 아무리 화가 났다거나 안 났다고 말한다 해도 그것이 몸짓이나 목소리의 톤으로 말하는 것과 같을 수는 없다는 뜻이란다.

딸 하지만 아빠, 톤이 없는 목소리로 말할 수는 없어요. 아빠는 할 수 있나요? 아무리 최소한의 톤으로 말한다 해도, 그것은 상대방에게 무언가 억누르고 있는 것으로 들리겠죠——그것도 일종의 톤일 거예요, 그렇지 않나요?

아버지 그래——나도 그렇게 생각해. 결국 그것이 몸짓에 관해 내가 지금 말한 것이란다——프랑스 사람은 자신의 몸짓을 멈춤으로써 특별한 것을 말할 수 있단다.

* * *

아버지 그렇다면, '단순한 말'이 몸짓과 똑같은 메시지를 전달할 수 없다는 말은 무슨 뜻이겠니?——만약 '단순한 말'이 존재하지 않는다면 말이야.

딸 글쎄요. 그런 말은 글로 씌어지겠죠.

아버지 아냐——그런다고 문제가 해결되지 않아. 왜냐하면 글로 씌어진 말도 여전히 어떤 리듬과 느낌을 가지고 있으니까. 요점은 단지 말만 존재하지는 않는다는 거야. 오직 몸짓이나 톤과 같은 것을 수반하는 말만이 존재하지. 하지만 물론 말 없는 몸짓은 흔히 볼 수 있어.

* * *

딸   아빠, 학교에서 불어를 가르칠 때 왜 손 흔드는 건 안 가르치죠?

아버지   나도 모르겠다. 정말 모르겠다. 아마 그게 외국어 배우기가 그토록 힘든 이유 중의 하나일 거야.

* * *

아버지   어떻든, 모든 게 터무니없어. 내 말은, 언어가 말로 이루어져 있다는 것은 터무니없다는 거야——그리고 내가 몸짓은 '단순한 말'로 옮길 수 없다고 말했을 때, 나도 터무니없는 말을 하는 거지. 왜냐하면 '단순한 말'과 같은 것은 존재하지 않으니까. 구문과 문법도 모두 터무니없어. 그건 모두 '단순한' 말이 존재한다는 생각에 근거를 두고 있는 건데——그런 건 없어.

딸   하지만, 아빠…….

아버지   말하자면——우리는 전적으로 출발점에서 다시 시작해야 하고, 언어란 무엇보다도 먼저 체계적인 몸짓이라고 가정해야 해. 동물도 결국 몸짓과 톤만을 가졌을 뿐이야——말은 나중

에 만들어졌지, 훨씬 나중에. 그런 다음 학교 선생을 만들어
냈고.

딸   아빠?

아버지 응.

딸   만약 사람들이 말을 버리고 몸짓만 사용하는 데로 돌아가도
좋을까요?

아버지 음. 모르겠다. 물론 이런 대화를 하는 것이 불가능해지겠지.
우리는 그저 짖거나, 야옹하거나, 팔을 흔들고, 웃고, 투덜거
리고, 눈물을 흘릴 뿐이겠지. 하지만 재미있을 거야——인생
은 일종의 발레 같아질 것이고——무용수들은 자신의 음악을
만들겠지.

메타로그 : 게임과 진지한 것에 관하여[15]

딸　아빠, 이 대화가 진지한가요?

아버지　그렇고말고.

딸　일종의 저와 벌이는 게임은 아니죠?

아버지　당치 않다……하지만 우리가 함께하는 일종의 게임이긴 하지.

딸　그렇다면 진지한 게 아니잖아요!

* * *

아버지　'진지함'과 '게임'이라는 말로 네가 이해하고 있는 것이 무엇인지 말해주겠니?

---

15) 1953년 《일반의미론집》 vol. X에 실렸던 글로, 출판사의 허락을 받아 여기에 재수록했다.

딸　글쎄요……만약 아빠가……모르겠어요.

아버지　만약 아빠가 뭐?

딸　제 말은……제게는 이 대화가 진지한 것인데, 아빠가 단지 게임을 하고 계신 거라면…….

아버지　그런데 서두르지 마라. '노는 것'과 '게임'에 대해 뭐가 좋고 나쁜지 살펴보자. 무엇보다도 이기고 지는 것에 나는——그다지——관심이 없다. 만약 너의 질문이 나를 궁지에 빠지게 한다면, 나는 분명 내 생각을 좀더 열심히 정리해서 분명하게 말하려고 할 거야. 하지만 나는 허풍을 떨지도 않고 함정도 파놓지 않아. 속일 생각도 없다.

딸　바로 그거예요. 아빠에겐 이게 진지하지 않은 거예요. 이게 하나의 게임인 거예요. 속임수를 쓰는 사람들은 어떻게 놀이하는지를 모르거든요. 그들은 게임을 진지한 것처럼 하지요.

아버지　그렇지만 진지한데.

딸　아니에요, 진지하지 않아요——아빠한테는 진지하지 않아요.

아버지　내가 속임수조차 쓰지 않기 때문이냐?

딸　네——어떤 면에서는요.

아버지　너는 항상 속이고 허풍 떨기를 바라니?

딸　아니에요——물론 아니죠.

아버지　그렇다면?

딸　아——아빠——아빤 전혀 이해하지 못할 거예요.

아버지　전혀 이해 못할 것 같구나.

아버지　얘야, 바로 지금 나는 네가 속이기를 원치 않는다는 것을 너로 하여금 인정케 함으로써 논쟁에서 일종의 우위에 섰다. 그런 다음 나는 이 대화가 너에게 '진지한' 것이 아니라는 결론을 받아들이게 만들었다. 그것도 일종의 속임수냐?

딸   네. 그렇다고 할 수 있어요.

아버지   동감이다——나도 속임수였다고 생각해. 미안하구나.

딸   있잖아요, 아빠——제가 속였거나 속이길 원했다면, 그것은 우리가 얘기하고 있는 것에 대해 제가 진지하지 않았다는 뜻이에요. 즉 제가 단지 아빠와 게임을 했다는 뜻이죠.

아버지   그래, 맞는 얘기로구나.

* * *

딸   하지만 앞뒤가 안 맞아요, 아빠. 굉장히 뒤죽박죽이네요.

아버지   그래——뒤죽박죽이다——하지만 역시 앞뒤가 맞기도 하지.

딸   어떻게요, 아빠?

* * *

아버지   잠깐. 이건 말하기 곤란한 문제로구나. 우선——나는 우리가 이 대화를 잘하고 있다고 생각한다. 나는 매우 즐겁게 대화하고 있으며 너도 그렇다고 생각한다. 대화를 즐기는 것은 제쳐놓고, 나는 우리가 어느 정도 생각을 정리하고 있다고 생각하며, 뒤죽박죽도 도움이 되는 것 같아. 즉——우리 둘 다 항상 논리적으로 얘기한다면, 우린 결코 성공하지 못할 거야. 우리는 모든 사람들이 수백 년 동안 되풀이한 틀에 박힌 말cliché

만 앵무새처럼 따라 하게 될 거야.

딸 틀에 박힌 말이 뭔데요, 아빠?

아버지 틀에 박힌 말? 프랑스어인데, 원래는 인쇄업자들의 말이었을 거야. 그들은 문장을 인쇄할 때 홈이 파인 나무틀에 철자들을 하나하나 놓아서 문장을 구성해야 했단다. 하지만 사람들이 자주 쓰는 단어나 문장은 작은 나무틀에 미리 만들어놓았지. 그래서 이처럼 미리 만들어놓은 문장을 틀에 박힌 말이라고 불렀어.

딸 하지만 저는 지금 아빠가 틀에 박힌 말에 관해 무슨 말씀을 했는지 잊어버렸어요.

아버지 그래──우리 대화가 뒤죽박죽된 것에 대해서, 그리고 뒤죽박죽되는 것이 어떻게 우리 대화를 의미 있게 하느냐에 대해서 얘기하고 있었지. 만약 우리가 뒤죽박죽되지 않는다면, 우리의 대화는 마치 카드를 섞지 않고 시작한 카드 놀이처럼 될 거야.

딸 맞아요, 아빠──하지만 미리 조판해놓은 활자 이야기는 어떻게 되는 거예요?

아버지 틀에 박힌 말? 그래──마찬가지야. 우리는 모두 틀에 박힌 수많은 표현이나 생각들을 사용하고 있고, 인쇄업자들은 문장으로 골라 쓰기 위해 미리 조판해놓은 활자를 가지고 있다. 그러나 만약 인쇄업자가 무언가 새로운 것을 인쇄하려면── 이를테면 새로운 언어로 무언가를 인쇄하려면 아마 이전에 조판한 활자들을 모두 흩어버려야 할 거야. 이와 마찬가지로, 뭔가 새로운 것을 생각하거나 새로운 것을 말하려면 우리가 가진 기존의 개념을 해체하거나 뒤섞어야 하겠지.

딸 하지만 아빠, 인쇄업자가 모든 철자들을 뒤섞지는 않잖아요? 그러나요? 인쇄업자가 모든 철자를 한 자루에 넣고 흔들지는 않을 거예요. 하나하나 각기 다른 곳에 넣을 거예요――예를 들면 'a'는 이 상자에, 'b'는 저 상자에, 쉼표는 다른 상자에, 그런 식으로 말이에요.

아버지 그래――맞다. 그렇지 않으면 나중에 'a'를 찾다가 미쳐버릴 지도 모르니까.

* * *

아버지 무슨 생각 하니?

딸 아뇨――그저 의문거리가 참 많구나 하고 생각했어요.

아버지 예를 들면?

딸 글쎄요. 우리가 뒤죽박죽된다는 것에 관해 아빠가 말씀하신 게 무슨 뜻인지 저는 알아요. 우리로 하여금 새로운 것을 말할 수 있게 해준다는 거죠. 하지만 저는 인쇄업자에 대해 생각하고 있어요. 비록 조판해놓은 활자를 흩어버릴지라도 작은 활자들은 정돈된 상태로 가지고 있어야 되거든요. 그리고 저는 우리의 뒤죽박죽에 대해 의아스럽게 여기고 있어요. 미쳐버리지 않으려면 우리는 우리의 단편적인 생각들을 가지런히 정돈해놓아야 하는 걸까요?

아버지 난 그렇다고 생각한다 ――그렇고말고―― 하지만 어떻게 정돈해야 되는지는 모르겠구나. 그건 정말 대답하기 어려운 질

문이다. 오늘 우리가 그 문제에 대해 답을 얻을 수 있을 것 같
지는 않구나.

* * *

아버지 너는 '너무 많은 의문들'이 있다고 말했지? 또 다른 의문이
있니?

딸 네——게임과 진지한 것에 대해서요. 그것이 우리가 시작한
문제였는데, 어떻게 혹은 왜 우리가 뒤죽박죽에 관해 이야기
하게 되었는지 모르겠어요. 아빠는 모든 걸 혼란스럽게 만드
시는데——일종의 속임수 같아요.

아버지 아냐, 절대로 아니야.

* * *

아버지 너는 두 가지 문제를 제기했었지. 실제로 문제는 더 많아……
우리는 다음과 같은 질문으로 시작했지——우리의 대화가
진지한 것인가 아니면 일종의 게임인가? 그리고 너 자신은 진
지했는데 내가 게임을 하고 있는 것 같아서 너는 마음이 상했
지. 만약 대화에 참여한 사람이 고정된 관념이나 감정을 가지
고 대화한다면 대화가 마치 게임처럼 보이겠지——하지만 만
약 그의 관념이나 감정이 서로 다르다면, 그 대화는 게임이 아
닐 거야.

딸 네, 만약 대화에 관한 아빠의 생각이 저와 다르다면 말이에

요…….

아버지 만약 우리 둘 다 게임이라는 생각을 가지고 있다면, 그건 괜찮겠니?

딸 네——물론이죠.

아버지 그렇다면 게임이라는 개념으로 내가 말하려는 것이 무엇인지 분명히 밝혀야겠구나. 나는 우리가 얘기하고 있는 것에 대해 내가 진지하다——그것이 무슨 뜻이든 간에——는 것을 알고 있어. 우리는 개념에 대해 얘기하고 있지. 또한 나는 내가 개념들을 이해하고 서로 잘 어울리게 하기 위해 그 개념들을 가지고 놀고 있다는 사실도 알아. 그 '놀이'는 작은 아이가 블록을 갖고 놀 때와 같은 개념이야……그리고 집짓기 블록을 가지고 노는 아이도 대개는 자신의 '놀이'에 매우 진지하지.

딸 하지만 그게 게임인가요, 아빠? 아빠는 저를 상대로 놀이를 하는 건가요?

아버지 아냐. 나는 우리가 함께 집짓기 블록——개념——을 상대로 놀이를 하고 있다고 생각해. 가끔은 약간의 경쟁도 하면서——하지만 경쟁의 내용은 누가 그 다음 개념을 적절한 위치에 놓을 수 있느냐 하는 거지. 때로 우리는 상대가 세운 것을 어느 정도 공격하기도 하고, 또 나는 너의 비판으로부터 내가 쌓은 개념들을 지키려고 하겠지. 하지만 결국 우리는 항상 그 개념들을 쌓아 올리기 위해 함께 작업하게 되고, 따라서 개념들은 흔들리지 않을 거야.

* * *

딸　아빠, 우리 대화에 규칙이 있나요? 게임과 단순한 놀이의 차이라면 게임에는 규칙이 있다는 거잖아요.

아버지　그래. 그 점에 대해 생각해보자. 나는 우리가 일종의 규칙을 가지고 있다고 생각한다……그리고 블록을 가지고 노는 아이도 규칙을 가지고 있다고 생각해. 블록 자체도 일종의 규칙을 이루고 있고. 어떤 곳에서는 조화를 이루지만, 다른 곳에서는 조화를 잃어버리니까 말이다. 아이가 접착제를 써서 쓰러질 것을 서 있도록 블록을 쌓는다면 그건 일종의 사기지.

딸　우리가 가진 규칙은 뭔가요?

아버지　글쎄. 우리가 다루는 개념들이 일종의 규칙을 생기게 한다. 개념들이 어떻게 서로 유효하며 보완하느냐 하는 규칙이 있지. 만약 개념들을 잘못 조립한다면 건물 전체가 무너지고 말 거야.

딸　접착제 없이요, 아빠?

아버지　그래── 접착제를 쓸 수는 없지. 논리만이 있을 뿐이야.

* * *

딸　하지만 항상 논리적으로만 얘기하고 뒤죽박죽되지 않으면 결코 새로운 것을 말할 수 없다고 하셨잖아요. 우리는 이미 만들어진 것만 말할 수 있다고 말이에요. 그걸 뭐라고 하셨죠?

아버지　틀에 박힌 말. 그래. 접착제란 틀에 박힌 말들을 서로 들러붙게 하는 것이지.

딸　하지만 '논리' 가 그런 역할을 한다고 말씀하셨잖아요, 아빠.

아버지 그래, 알고 있다. 다시 뒤죽박죽되었구나. 이 상태에서 벗어
날 길을 찾지 못하겠구나.

* * *

딸 어떻게 우리가 뒤죽박죽되었죠, 아빠?

아버지 좋아. 어떻게 해서 그렇게 되었는지 추적해볼까? 우리는 이
대화의 '규칙'에 관해 말하고 있었지. 그리고 나는 우리가 다
루고 있는 개념들은 논리적 규칙을 가지고 있다고 말했다.

딸 아빠! 우리가 몇 개의 규칙을 더 가지고 좀더 신중하게 그 규
칙을 따랐다면 좋지 않았을까요? 그랬더라면 이처럼 지독하
게 뒤죽박죽되지는 않았을 텐데요.

아버지 그래. 하지만 잠깐만. 너는 내가 우리에게 없는 규칙을 지키
지 않았기 때문에 우리가 뒤죽박죽되었다고 말하고 있구나.
그 대신 이렇게 생각해보렴. 우리는 그 규칙을 따르는 한 우
리가 뒤죽박죽되지 않도록 해주는 그런 규칙을 가지고 있어
야 한다고.

딸 네, 아빠. 그것이 게임의 규칙이 존재하는 이유라고 생각해요.

아버지 그래. 하지만 넌 우리 대화를 그런 종류의 게임으로 바꾸기를
원하니? 나는 차라리 커내스터[16] 놀이를 하겠다——그것도
재미있다.

딸 네, 맞아요. 원하기만 한다면 우리는 커내스터 놀이를 할 수

---

16) (옮긴이주) 두 벌의 카드를 가지고 2~6명이 하는 러미rummy 계열의 카드 게
임을 말한다.

있어요. 하지만 당장은 이 게임이 더 좋아요. 다만 이것이 어떤 종류의 게임인지, 또 어떤 규칙이 있는지는 모르지만 말이에요.

아버지 그리고 지금도 여전히 어느 정도 놀이를 하고 있지.

딸 네, 재미도 있고요.

아버지 그래.

* * *

아버지 네가 물었고, 오늘은 대답하기 어렵다고 내가 말했던 문제로 돌아가보자. 우리는 인쇄업자가 틀에 박힌 말을 흩어버리는 문제를 얘기했고, 너는 인쇄업자가 미치지 않기 위해 어떤 식으로든 자신의 활자를 정리할 것이라고 말했다. '뒤죽박죽되었을 때 미치지 않기 위해 우리는 어떤 종류의 질서에 의존해야 되는가?' 라고 너는 물었다. 내가 보기에는 게임의 '규칙'이 바로 그런 질서의 또 다른 이름인 것 같다.

딸 네——그리고 속이는 것이 우리를 뒤죽박죽되게 하는 것이죠.

아버지 어떤 면에서는 그래. 그것을 제외하고 전체적인 게임의 핵심은 우리가 뒤죽박죽으로 만든 다음 다른 쪽으로 빠져나왔으며, 또 뒤죽박죽 상태가 없으면 우리의 '게임'은 커내스터나 체스와 같아지리라는 것이며——우리가 그렇게 되길 바라지는 않는다는 것이지.

딸 규칙을 만드는 사람이 아빠인가요? 그게 공정한가요?

아버지 그건 비열한 시도다. 아마 불공정한 일일 거야. 하지만 액면
그대로 인정하마. 그래, 규칙을 만드는 건 나다──결국, 난
우리가 미치기를 원치 않아.

딸 좋아요. 하지만 아빠, 아빠는 규칙을 바꾸기도 하나요? 가끔
말이에요?

아버지 음. 또 다른 함정이로구나. 그래, 나는 그 규칙들을 계속 바꾸
고 있다. 전부는 아니고, 일부를 말이다.

딸 아빠가 규칙을 바꾸려고 할 때 저에게 말씀해주셨으면 좋겠
어요!

아버지 음──그래──나도 그랬으면 좋겠다. 하지만 그런 것이 아
니야. 만약 체스나 커내스터 같은 거라면 내가 너에게 규칙을
얘기할 수도 있을 거고, 또 원한다면 놀이를 중단하고 규칙에
대해 토론할 수도 있겠지. 그리고 새로운 규칙으로 새로운 게
임을 할 수도 있겠지. 하지만 우리가 규칙에 대해 토론하는
동안 이 두 게임을 서로 연결시켜주는 규칙은 무엇이겠니?

딸 무슨 말씀인지 모르겠어요.

아버지 그래. 이 대화의 목적은 '규칙들' 을 발견하는 것이라는 게 요
점이야. 그것은 마치 인생과도 같아──규칙을 발견하는 것
이 목적인 게임이며, 그 규칙이 항상 변하고 있고, 또 그 규칙
을 항상 발견할 수 없는 게임이지.

딸 하지만 저는 그것을 게임이라고 부르지 않겠어요, 아빠.

아버지 아마 그럴 테지. 나는 그것을 게임이라 부르겠다. 아니면 적
어도 '놀이' 라고 부르겠다. 하지만 분명한 것은 체스나 커내
스터와 같은 놀이는 아니야. 강아지나 고양이들이 하는 놀이

에 더 가깝지. 아마 그럴 거야. 나도 모르겠다.

*　*　*

딸　아빠, 강아지와 고양이들은 왜 놀이를 하죠?
아버지　나도 모르겠다. 모르겠어.

메타로그 : 아빠는 얼마나 알고 있나요?[17]

딸 아빠, 아빠는 얼마나 알고 있나요?

아버지 나? 음——대략 1파운드 정도의 지식을 가지고 있지.

딸 놀리지 마세요. 1파운드의 돈인가요 아니면 무게인가요? 정말로 얼마나 알고 계세요?

아버지 글쎄. 내 두뇌의 무게는 2파운드쯤 되고, 나는 그중 4분의 1 정도를 사용한다고 생각한다——아니면 약 4분의 1 정도를 효과적으로 사용하지. 약 2분의 1파운드 정도 사용한다는 말이다.

딸 조니의 아빠보다 더 많이 아세요? 저보다 더 많이 아세요?

아버지 글쎄——'아빠들은 항상 아이들보다 더 많이 알아요?' 라고

---

17) 1953년 《일반의미론집》 vol. X에 실렸던 글로, 출판사의 허락을 받아 여기에 재수록했다.

자기 아버지에게 물었던 어떤 영국 소년을 나는 한때 알았었
지. 그 아빠는 '그래' 라고 대답했어. 다음 질문은 '아빠, 누가
증기 기관을 발명했죠?' 였는데, 아빠는 '제임스 와트James
Watt' 라고 대답했지. 그랬더니 아들은 다시 '──그런데 왜
제임스 와트 아버지가 그것을 발명하지 못했죠?' 라고 물었
단다.

* * *

딸   저는 알아요. 저는 왜 제임스 와트의 아버지가 발명하지 못했
        는지를 알고 있으니까 제가 그 소년보다 더 많이 알아요. 누군
        가가 증기 기관을 만들기 전에 다른 사람이 무언가 다른 것을
        생각했어야 하기 때문이에요. 제 말은──글쎄요──누군가
        가 엔진을 만들기에 앞서 기름을 발견한 사람이 있어야 한다
        는 뜻이죠.

아버지 그래──그게 중요한 거야. 무슨 말이냐 하면 지식이란 옷감
        처럼 함께 짜이거나 얽혀 있는 것이고, 단편적인 지식은 단지
        다른 조각들 때문에 의미 있고 유용한 거야──그리고…….

딸   지식을 야드 단위로 측정해야 한다고 생각하세요?

아버지 아니. 난 그렇게 생각하지 않아.

딸   하지만 옷감을 살 때는 그렇게 하잖아요?

아버지 그렇지. 그러나 나는 지식이 옷감이라고 말하지 않았다. 다만
        옷감과 같다고 했지──지식은 옷감처럼 편평하게 펼쳐지지
        않으며──그것은 삼차원──어쩌면 사차원일 거야.

딸　무슨 말씀이에요, 아빠?

아버지　나도 정말 모르겠구나. 그냥 생각해보려고 했다.

아버지　오늘 아침에는 우리가 잘할 수 있을 것 같지 않구나. 다른 방향에서 생각해보자. 우리가 생각해야 하는 것은 어떻게 단편적인 지식들이 서로 엮어지느냐는 것이다. 어떻게 지식들이 서로 도움이 되느냐 하는 문제지.

딸　어떻게 그렇게 되나요?

아버지　글쎄——그것은 마치 두 가지 사실이 서로 더해져서 네가 가진 전부가 단지 두 가지 사실뿐인 것과 같지. 때로는 단순히 더해지기보다는 곱해져서 네 가지 사실을 가지게 되기도 하고.

딸　1과 1이 곱해져서 4가 될 수는 없어요. 아빠도 아시잖아요.

아버지　오.

* * *

아버지　아냐. 나는 그렇게 할 수 있다. 만약 곱해지는 사물이 단편적인 지식이나 사실, 혹은 그와 유사한 것이라면 말이다. 왜냐하면 그 모든 것이 이중적이기 때문이야.

딸　이해가 안 돼요.

아버지　글쎄——적어도 이중적인 것이다.

딸　아빠!

아버지　좋아——스무고개 놀이를 보자. 네가 무엇인가 생각한다. 가령 '내일'을 생각한다고 치자. 좋아. 이제 내가 '추상적인 것이냐?' 라고 물으면, 너는 '네' 라고 대답하겠지. 이제 너의 '네' 라는 대답에서 나는 두 배의 정보를 얻게 된다. 그것이 추상적이라는 것과 구체적인 것이 아니라는 것을 말이야. 아니면 이런 식으로 말할 수도 있지──너의 '네' 라는 대답으로부터 답이 될 가능성을 반으로 줄일 수 있는 거야. 그것은 하나를 곱해서 둘이 되는 거지.

딸　그건 나누기 아니에요?

아버지　그래──같은 거야. 즉 0.5를 곱한 것과 같지. 중요한 것은 그것이 단순한 빼기나 더하기가 아니란 사실이야.

딸　더하기나 빼기가 아니라는 것을 어떻게 아세요?

아버지　어떻게 아느냐고?──글쎄, 추상적인 것들 중에서 가능성을 절반으로 줄이는 다른 질문을 했다고 생각해보자. 그 다음 또 다른 질문을 하고, 그 결과는 시작할 때보다 전체 가능성을 8분의 1로 축소시켜놓을 거야. 2×2×2는 8이니까.

딸　2에다 2에다 2를 더하면 6인데요.

아버지　맞아.

딸　하지만, 아빠, 저는 모르겠어요──스무고개는 어떻게 되는 건가요?

아버지　요점은 만약 내가 적절한 질문을 선택한다면 2에 2승을 계속해서 2^{20}이 되는 것에 대한 결정을 할 수 있다는 것이다. 네가 떠올릴 수 있는 답이 백만 개 이상이 된다는 거야. 두 개 중에서 결정하려면 한 개의 질문이면 충분하고, 네 개 중에서 결정하려면 두 개의 질문이면 충분하고──그렇게 되는 거야.

딸　저는 산수가 싫어요, 아빠.

아버지   그래, 나도 알아. 계산은 지루하지만, 그 계산 안에 들어 있는 어떤 개념들은 재미있어. 어떻든, 너는 지식을 어떻게 측정하는지를 알기 원했고, 만약 네가 사물을 측정하려고 한다면 언제나 산수를 이용해야 할 거야.

딸   우리는 아직까지 어떤 지식도 측정하지 않았어요.

아버지   안 했지. 나도 알고 있어. 하지만 우리가 측정하기를 원한다면 그것을 어떻게 측정할지를 아는 데 있어 한두 단계의 진전은 있었다. 그리고 그것은 지식이란 무엇인가를 아는 데 우리가 좀더 가까이 다가갔다는 뜻이고.

딸   그건 재밌는 지식일 거예요, 아빠. 제 말은 지식에 관한 지식 말이에요——그런 종류의 지식도 같은 방법으로 측정할 수 있을까요?

아버지   잠깐만——나도 모르겠다——이 문제에서 그건 실제로 64달러어치 질문이다. 왜냐하면——글쎄, 스무고개 문제로 다시 돌아가보자. 이제껏 언급하지 않은 점은 스무고개의 질문들이 어떤 일련의 순서로 이루어져야 한다는 사실이야. 처음에는 광범위하고 일반적인 질문, 다음에는 좀더 세부적인 질문을 해야 되지. 또한 다음 질문은 반드시 먼젓번 질문에 근거를 두어야 하고. 그런데 우리는 그 질문의 개수만 헤아렸지. 나도 모르겠다. 하지만 너는 지금 지식에 관한 지식도 다른 지식을 측정하는 것과 같은 방법으로 측정할 수 있느냐고 물었지. 그에 대한 답은 분명히 '아니다' 야. 스무고개 게임에서 만약 먼젓번 질문이 나중에 할 질문이 무엇인지를 말해준다면, 그것은 부분적으로 앎에 관한 질문임에 틀림없다는 것을 너도 알 거야. 그것은 앎에 대한 탐험이란다.

딸   아빠, 이제까지 어떤 사람이 얼마만큼 알고 있는지를 누군가가 측정해본 적이 있나요?

아버지   그래, 가끔 있었지. 그러나 그 해답의 내용은 나도 잘 모르겠다. 실험이나 검사, 그리고 퀴즈로 측정했지만, 그것은 마치 돌을 던져 종이가 얼마나 큰가를 측정하는 것과 같았어.

딸   무슨 뜻이죠?

아버지   무슨 말이냐 하면——만약 네가 같은 거리에서 두 장의 종이에 돌을 던지고, 어떤 종이가 다른 종이보다 돌을 더 많이 맞은 것을 발견한다면, 아마도 돌을 더 많이 맞은 종이가 다른 것보다 더 큰 거겠지. 같은 방식으로, 시험을 치면서 네가 학생들에게 많은 질문을 던지고, 다른 학생보다 더 많은 지식을 알아맞힌 학생이 있으면, 그 학생이 더 많은 지식을 가지고 있다고 네가 생각하는 거야. 바로 그런 개념이야.

딸   하지만 그런 식으로 종이를 측정할 수 있나요?

아버지   분명 할 수 있지. 상당히 좋은 방법일지도 몰라. 우리는 그런 식으로 매우 많은 것들을 측정하지. 예를 들면, 한 잔의 커피가 얼마나 진한가를 얼마나 검은가로 측정하기도 해——즉, 얼마나 많은 빛이 커피를 통과하지 못하는가를 보는 거야. 커피에 돌 대신 빛을 던지는 거지. 같은 개념이야.

딸   오.

* * *

딸	그렇다면——왜 그런 식으로 지식을 측정하지 않나요?
아버지	어떻게? 퀴즈를 통해? 아냐——하느님 맙소사. 문제는 그런 종류의 측정은 다른 종류의 지식이 있다는 것과 지식에 관한 지식이 존재한다는 너의 요점을 빠뜨린다는 거야. 가장 광범위한 문제에 답할 수 있는 학생에게 더 높은 점수를 줘야 하니? 아마 문제의 종류에 따라 점수의 종류도 달라야 할 거야.
딸	글쎄, 좋아요. 그렇게 해서 점수를 모두 더해요. 그리고…….
아버지	아냐——우린 그 점수들을 서로 더할 수 없어. 어떤 종류의 점수를 다른 종류의 점수에 곱하거나 나눌 수는 있어도 더할 수는 없어.
딸	왜 못해요, 아빠?
아버지	왜냐하면——그렇게 할 수 없기 때문이야. 학교에서 그런 종류의 것을 가르치지 않는다면 네가 산수를 싫어해도 이상할 게 없다. 선생님은 네게 무엇을 가르치니? 저런——선생님들이 산수를 어떻게 생각하는지 의심스럽구나.
딸	산수는 무엇에 관한 건가요, 아빠?
아버지	아니다. 지식을 어떻게 측정하느냐는 문제에서 벗어나지 말자——산수란 명료하게 생각하기 위한 요령들의 집합이고, 산수에서 유일하게 재미있는 것은 바로 산수의 명료성이야. 명료해지기 위해 우선시되는 것은 진짜 서로 다른 개념들을 섞지 않는 거야. 두 개의 오렌지라는 생각은 2마일이라는 생각과 진짜 달라. 왜냐하면 네가 이들을 서로 더한다면 네 머리만 혼란스러워질 테니까.
딸	하지만, 아빠, 저는 개념들을 분리할 수 없어요. 꼭 그래야만

하나요?

아버지 아냐——아냐——물론 아니야. 결합해도 괜찮아. 하지만 서로 더하지는 마. 그게 전부야. 내 말은——만약 개념들이 숫자고 종류가 다른 두 가지를 네가 결합하고 싶다면, 그것들을 더하지 말고 곱하라는 말이다. 아니면 서로 나누든가. 그러면 새로운 종류의 개념을 얻거나 새로운 종류의 양(量)을 얻게 될 거야. 만약 네가 머릿속으로 마일이란 개념을 생각하면서 시간이란 개념을 생각하고 있다면, 마일을 시간으로 나누어 봐. 그러면 '시간당 몇 마일'——속도가 되는 거야.

딸 네, 아빠. 만약 그것들을 곱하면 뭘 얻게 되죠?

아버지 어——음——아마 마일-시간이란 개념을 얻게 되겠지. 그래. 나는 그게 뭔지 알아. 마일-시간 개념이 뭔지 말이다. 그건 네가 택시 운전사에게 지불하는 요금이야. 택시미터기는 마일을 측정하고 운전사가 가진 시계는 시간을 측정하지. 그래서 미터기와 시계가 함께 작동하고 시간과 마일을 곱하면 마일-시간을 달러로 바꿔주는 무언가 다른 것을 마일-시간에 곱하게 되지.

딸 제가 한번은 실험을 했어요.

아버지 그래?

딸 동시에 두 가지 생각을 할 수 있나 알아보려고 했어요. 그래서 '여름이다'와 '겨울이다'를 생각했죠. 그러고는 이 생각들을 동시에 하려고 해봤어요.

아버지 그래서?

딸 두 가지 생각을 하고 있지 않음을 발견했어요. 단지 두 가지 생각을 한다는 것에 관한 한 가지 생각을 하고 있었죠.

아버지 맞아. 바로 그거야. 생각을 섞을 수는 없어, 결합할 수 있을 뿐이지. 결국 생각들은 셀 수가 없다는 뜻이야. 왜냐하면 센다는 것은 서로 더하는 것일 뿐이기 때문이다. 우리는 거의 그렇게 할 수 없어.

딸 그렇다면 실제로 우리는 수많은 지엽적인 것을 가진 한 가지 커다란 생각만 하나요?

아버지 그래, 그렇다고 생각한다. 나도 모르겠다. 어떻든 그렇게 말하는 것이 좀더 분명한 것 같다. 무슨 말이냐 하면, 그렇게 말하는 것이 단편적인 지식에 관해 말하고 그것을 세는 것보다 더 명확하다는 거야.

* * *

딸 아빠는 두뇌의 나머지 4분의 3은 사용하지 않나요?

아버지 오, 그래——그건——너도 알다시피 나 역시 학교 선생님들에게 배웠다는 것이 문제지. 그들이 내 두뇌의 4분의 1가량을 안개로 채웠어. 그 다음에 내가 신문을 읽고, 다른 사람의 얘기를 들었는데, 이것이 또 두뇌의 4분의 1을 안개로 채웠지.

딸 나머지 4분의 1은요?

아버지 아——나머지는 내가 생각하려고 할 때 나 자신을 위해 내가 만든 안개로 차 있단다.

메타로그 : 왜 사물들은 윤곽이 있나요?[18]

딸 아빠, 왜 사물들은 윤곽이 있나요?

아버지 그런가? 모르겠는데. 어떤 종류의 사물을 말하는 거니?

딸 제 말은요, 제가 그림을 그릴 때 왜 사물들은 윤곽이 있나요?

아버지 글쎄. 다른 것들은 어떤데? 양떼라든가 대화라든가 말이다. 이것들도 윤곽이 있니?

딸 바보 같은 소리 하지 마세요. 대화를 그릴 수는 없잖아요. 저는 사물 얘기를 하고 있는 거라고요.

아버지 그래──나도 네가 무슨 말을 했나 생각하고 있었어. '우리가 사물을 그릴 때 왜 윤곽을 부여할까?' 라는 뜻이냐, 아니면 그리든 그리지 않든 사물은 윤곽을 가지고 있다는 뜻이냐?

---

18) 1953년 《일반의미론집》 vol. XI에 실렸던 글로, 출판사의 허락을 받아 여기에 재수록했다.

딸   모르겠어요, 아빠. 아빠가 말씀해주세요. 제가 말한 게 무슨 뜻이죠?

아버지   나도 모르겠구나, 얘야. 옛날에 온갖 것을 낙서해놓고 화를 굉장히 잘 내는 예술가가 있었는데, 그가 죽은 후 사람들이 그의 책을 보다가 어떤 곳에서 '현명한 사람은 윤곽을 본다, 그래서 현명한 사람은 윤곽을 그린다' 라고 그가 써놓은 것을 발견했지. 하지만 또 다른 곳에서 '미친 사람은 윤곽을 본다, 그래서 미친 사람은 윤곽을 그린다' 라고 써놓은 것도 발견했단다.

딸   도대체 그 사람이 무슨 말을 한 거죠? 저는 모르겠네요.

아버지   글쎄. 윌리엄 블레이크——이게 그의 이름이었지——는 위대한 예술가였으며 화를 굉장히 잘 내는 사람이었지. 그는 가끔 자신의 생각을 적은 종이를 돌돌 뭉쳐 사람들에게 던지기도 했어.

딸   하지만 무엇에 대해 그렇게 미칠 듯이 흥분했나요, 아빠?

아버지   무엇에 대해 그렇게 미칠 듯이 흥분했느냐고? 오, 알겠다—— '화냈느냐' 는 말이지? 우리가 블레이크에 대해 계속 이야기하려면 두 가지 의미의 '미쳤다' 를 분명히 해야 할 거야. 왜냐하면 많은 사람들이 그가 화를 냈고——정말 화를 냈고—— 미친 사람이라고 생각했으니까. 그리고 그것이 그가 미친 듯이-화낸 이유 중에 하나지. 그리고 그는 사물이 윤곽이 없는 것처럼 그림을 그리는 예술가에게 또한 미친 듯이-화를 냈지. 그는 이런 예술가들을 '감상적인 학파' 라고 불렀단다.

딸   그는 너그럽지 못했군요. 그렇죠, 아빠?

아버지 너그럽다고? 오, 하느님. 그래, 학교에서 그렇게 주입시키고 있다는 것을 나는 알아. 그래, 블레이크는 너그럽지 못했어. 그는 심지어 관용을 좋게 생각하지도 않았어. 관용은 더 감상적이 될 뿐이거든. 그는 관용이 모든 윤곽을 흐려놓았고 모든 것을 뒤죽박죽으로 만들어놓았다고 생각했어——관용이 모든 고양이를 회색으로 만들었다고 생각했지. 그래서 아무도 무엇을 분명하고 뚜렷이 볼 수 없게 되었다고.

딸 네, 아빠.

아버지 아냐. 그건 답이 아냐. '네, 아빠'가 답이 아니라는 얘기야. 그 대답의 의미는 네가 자신의 의견이 뭔지 모른다는 거야—— 그리고 내가 한 말이나 블레이크가 한 말에 아무 관심도 없다는 것이고, 학교에서 말하는 관용이 너를 현혹시켜서 네가 무엇과 무엇의 차이를 말할 수 없게 된 거야.

딸 (운다.)

아버지 오, 맙소사. 미안, 내가 화가 났었나 보다. 하지만 진짜 네게 화난 건 아니야. 일반적으로 사람들의 행동과 생각이 너무 감상적이고, 사람들이 뒤죽박죽된 것을 설교하면서 그것을 관용이라 부르는 것에 화가 난 거야.

딸 하지만, 아빠——

아버지 왜?

딸 저는 모르겠어요. 저는 사고력이 부족한가 봐요. 모든 것이 뒤죽박죽인걸요.

아버지 미안하다. 내가 화풀이를 하면서 너를 뒤죽박죽으로 만들었나 보다.

*****

딸   아빠?

아버지   왜?

딸   왜 그런 것에 대해 화가 나나요?

아버지   그런 것이라니?

딸   제 말은——사물이 윤곽이 있느냐 없느냐에 대해서 말이에
        요. 블레이크가 그것에 대해 화를 냈다고 말씀하셨잖아요. 그
        리고 아빠도 그것에 대해 화났잖아요. 왜 그래요, 아빠?

아버지   그래. 어떤 면에서는 나도 그렇다고 생각해. 나도 그게 문제
        라고 생각한다. 어떤 면에서는 그게 문제가 되겠지. 그리고 다
        른 것도 그것의 일부라는 것만으로 문제가 되지.

딸   무슨 말씀이에요, 아빠?

아버지   내 말은, 글쎄, 관용에 대해 얘기해보자. 유대인들이 예수를
        죽였다고 비유대인들이 유대인들을 못살게 굴면, 나는 참지
        못하지. 내 생각에는 비유대인들이 멍텅구리가 되어 모든 윤
        곽을 흐려놓는 것 같아. 왜냐하면 예수를 죽인 것은 유대인이
        아니라 이탈리아인들이니까 말이다.

딸   이탈리아인들이 그랬나요, 아빠?

아버지   그래, 로마인으로 불리는 사람들이 그랬는데, 오늘날은 로마
        인의 후손을 다르게 부르지. 이탈리아인이라고 부른다. 너
        도 알다시피 거기에는 두 가지 뒤죽박죽이 있으며, 두 번째 뒤
        죽박죽은 내가 그 의미를 분명히 하기 위해 만들었다. 첫째는
        역사를 잘못 이해해서 유대인이 예수를 죽였다고 말하는 뒤

죽박죽이 있고, 그 다음에는 선조들이 저지르지 않은 일을 후손들이 책임져야 한다고 말하는 뒤죽박죽이 있어. 이 모두가 추잡스러워.

딸 네, 아빠.

아버지 좋아, 다시는 화내지 않으마. 뒤죽박죽이 화나게 한다는 것이 내가 말하려는 거다.

딸 아빠?

아버지 왜?

딸 일전에 우리가 뒤죽박죽에 대해 얘기했잖아요. 지금 우리가 진짜 같은 뒤죽박죽에 대해 얘기하고 있나요?

아버지 그래, 물론이지. 그렇기에 일전에 얘기한 것이 중요하단다.

딸 그리고 아빠는 사물을 분명하게 하는 것이 과학이라고 말씀하셨잖아요.

아버지 그래. 그것 역시 같은 것이다.

* * *

딸 저는 그 모든 걸 제대로 이해할 수 없는 것 같아요. 모든 것이 전부 다른 것 같고, 갈피를 못 잡겠어요.

아버지 그래, 어렵다는 건 알고 있다. 어떻게 해서든지 분명히 볼 수만 있다면, 우리 대화에 윤곽이 있다는 것이 요점이야.

* * *

아버지 도움이 된다면, 분위기를 바꾸기 위해 정말로 완전히 뒤죽박죽인 것을 생각해보자. 너 《이상한 나라의 앨리스*Alice's Wonderland*》에 나오는 크로케 게임 기억나니?

딸 네, 홍학이 나오는 것 말이죠?

아버지 응.

딸 호저를 공으로 사용했죠?

아버지 아니, 고슴도치야. 고슴도치였어. 영국에는 호저가 없어.

딸 아, 영국이었나요, 아빠? 몰랐어요.

아버지 물론 영국이었지. 미국에는 공작부인이 없잖아.

딸 하지만 원저 공작부인이 있잖아요, 아빠.

아버지 그래. 하지만 그녀는 깃털이 없잖니, 진짜 호저와는 다르지.

딸 앨리스 얘기나 계속해요. 바보 같은 소리는 그만 하고요, 아빠.

아버지 그래, 우리가 홍학에 대해 얘기하고 있었지. 요점은 《이상한 나라의 앨리스》를 쓴 사람도 우리가 생각하는 것과 똑같은 것을 생각하고 있었다는 거야. 그 작가는 모든 것이 뒤죽박죽되어서 완전히 뒤죽박죽인 크로케 게임을 상상하면서 어린 앨리스와 즐겁게 놀았지. 그래서 작가는, 홍학이 목을 구부리기 때문에 선수가 자신의 타구봉이 공을 칠지 안 칠지 또는 어떻게 칠지조차 모를 테니 홍학을 타구봉으로 써야 한다고 말했지.

딸 어떻든 공은 고슴도치니까 저절로 걸어가 버리겠죠.

아버지 맞아. 그렇게 되면 모든 것이 뒤죽박죽되어서 아무도 어떤 일이 벌어질지 전혀 말할 수 없지.

딸   그리고 골대도 병사들이므로 골대 역시 걸어 다닐 거고요.

아버지 맞아——모든 게 움직일 수 있고 누구도 어떻게 움직일지 말할 수 없게 되었지.

딸   완전한 뒤죽박죽을 만들려면 모든 것이 살아 있어야 되나요?

아버지 아니——작가가 게임을 뒤죽박죽으로 만들려면……아냐, 네 말이 맞는 것 같다. 그거 재미있네. 맞아, 그렇게 되어야 할 거야. 잠깐. 이상하지만 네 말이 맞아. 다른 방법으로 뒤죽박죽을 만들었다면 선수들은 뒤죽박죽을 하나하나 어떻게 다루어야 하는지를 학습하게 될 거야. 크로케 구장이 울퉁불퉁하거나 공이 괴상하게 생겼거나 타구봉 끝이 살아 있지 않고 단지 흔들거리기만 한다고 생각해보자. 그래도 사람들은 여전히 학습할 수 있고, 단지 게임이 좀더 어려워질 뿐 불가능하지는 않을 거야. 하지만 네가 살아 있는 것들을 게임에 도입한다면 게임은 불가능해질 거야. 그걸 예상 못했네.

딸   예상 못하셨다고요, 아빠? 저는 예상했는데요. 제게는 너무 당연한걸요.

아버지 당연하다고? 맞아——당연하지. 하지만 나는 그렇게 될 거라고 예상 못했어.

딸   왜 못하셨죠? 저는 그렇게 될 거라고 예상했는데.

아버지 그래. 하지만 그건 내가 예상하지 못했던 거야. 동물들은 스스로 앞을 내다보고, 자신들이 일어나리라 생각하는 것에 따라 행동하지——고양이는 자신의 점프가 끝날 때 쥐가 있을 곳에 착지하도록 점프함으로써 쥐를 잡을 수 있어——하지만 앞을 내다보고 학습할 수 있는 동물들의 능력이 그들을 세상에서 오직 진짜 예측할 수 없는 것이 되도록 만든다는 것은 엄연한 사실이야. 사람들이 완전히 규칙적이고 예측 가능한 것처럼 법을 만들려고 애쓰는 것을 생각해봐.

딸   아니면 사람들이 예측 불가능하기 때문에 법을 만들고, 법을 만드는 사람은 다른 사람들이 예측 가능하게 되기를 바라는 건가요?

아버지 그래, 그런 것 같다.

* * *

딸   우리가 무엇에 관해 얘기하고 있었죠?

아버지 확실히 모르겠다——아직은. 하지만 너는 크로케 게임에 참여하는 것들이 모두 살아 있어야만 게임이 진짜 뒤죽박죽될 수 있는 거냐고 물음으로써 새로운 대화를 시작했지. 그래서 나는 그 질문을 쫓아다녔고, 아직 그 질문을 따라잡았다는 생각은 들지 않는구나. 그 점과 관련해서 뭔가 재미있는 것이 있다.

딸   뭔데요?

아버지 확실히는 모르겠어——아직은. 살아 있는 것에 관한 것, 그리고 살아 있는 것과 기계나 돌 등과 같이 살아 있지 않은 것의 차이에 관한 것이지. 자동차의 세계에 말은 적합하지 않아. 그 점에서는 부분적으로 같아. 말도 크로케 게임의 홍학처럼 예측할 수 없어.

딸   사람들은 어때요, 아빠?

아버지 사람들이 어떠냐고?

딸 음, 그들도 살아 있잖아요. 그들은 적합한가요? 제 말은, 길거리에 적합하냐는 거죠?

아버지 아니, 실제로는 적합하지 않다고 생각해. 아니면 단지 자신들을 보호하고 길거리에 맞추려고 상당히 힘들게 노력하고 있다고 생각해. 그래, 사람들은 자신들을 예측 가능하도록 만들어야만 해. 그렇지 않으면 기계들이 화를 내고 자신들을 죽일 테니까.

딸 바보 같은 소리 하지 마세요. 만약 기계가 화낼 수 있다면 기계도 예측할 수 없는 것이 되잖아요. 기계도 아빠처럼 될 거란 말이에요, 아빠. 아빠도 아빠가 언제 화가 날지를 예측할 수 없잖아요. 그럴 수 있으세요?

아버지 아니, 예측할 수 없을 거야.

딸 하지만 아빠, 저는 가끔은 예측할 수 없는 아빠가 더 좋아요.

* * *

딸 대화에 윤곽이 있다는 것은 무슨 뜻이었죠? 이 대화에도 윤곽이 있었나요?

아버지 아, 그럼, 물론이지. 하지만 대화가 끝나지 않았기 때문에 아직 그 윤곽을 볼 수는 없어. 대화 중에는 그것을 볼 수 없어. 만약 네가 대화 중에 그것을 볼 수 있다면 너도 기계처럼 예측 가능해질 테니까. 그리고 나도 예측 가능할 것이고, 우리 둘 다 예측 가능해질 거야.

딸 하지만 저는 모르겠어요. 아빠는 사물에 대해 분명한 것이 중요하다고 말씀하셨잖아요. 윤곽을 흐리는 사람에게 화도 내고요. 그리고 아직 우리는 예측할 수 없는 것, 기계처럼 되지 않는 것이 더 좋다고 생각하고 있어요. 또 아빠는 대화가 끝나기 전에는 우리가 대화의 윤곽을 볼 수 없다고 하시고요. 그렇다면 우리가 분명하고 안 하고는 문제 되지 않잖아요. 우리는 대화에 관해 아무것도 할 수 없으니까요.

아버지 그래, 알아 ——그리고 나 자신도 그것을 이해 못하겠구나……그러나 어떻든, 누가 그것과 관련해 뭔가 해보려고 할까?

메타로그 : 왜 백조인가요?[19]

딸   왜 백조인가요?

아버지   그래──그리고 왜 페트루슈카[20]의 인형이지?

딸   아니에요──그건 달라요. 결국 인형은 인간의 일종이잖아
요──그리고 그 특이한 인형은 매우 인간적이에요.

---

20) (옮긴이주) 한 여자와 그녀를 사랑하는 두 남자 사이에서 벌어지는 이야기를 다
룬 〈페트루슈카〉는 스트라빈스키와 디아길레프가 만든 발레 음악이다. 러시아
의 수도에서 열린 사육제를 배경으로 세 개의 손가락 인형에게 생명이 부여되면
서 이야기는 시작된다. 페트루슈카 인형은 발레리나 인형을 사랑하지만 발레리
나는 그의 고백을 거절하고 페트루슈카는 슬픔에 빠져 괴로워한다. 다시 마음
을 고쳐먹고 그녀에게 다가가지만, 그녀를 사랑하는 또 다른 인형인 무어인에
의해 처참하게 살해된다. 페트루슈카는 러시아 농민의 흔한 이름인 페터의 애
칭이다.

아버지   사람보다 더 인간적이라고?

딸   네.

아버지   하지만 여전히 사람의 일종일 뿐이잖니? 그리고 결국 모든 백조 역시 인간의 일종이고.

딸   네.

* * *

딸   하지만 댄서는 어떤가요? 그녀는 인간인가요? 물론 그녀는 진짜 인간이겠지요. 하지만 무대 위의 그녀는 비인간적이거나 비인격적으로 보여요──어쩌면 초인 같기도 하고요. 저도 잘 모르겠네요.

아버지   네 말은──그 백조는 단지 백조의 일종이면서도 발가락 사이에는 물갈퀴가 없고, 댄서는 오직 인간의 일종으로만 보인다는 거지.

딸   저도 모르겠어요──아마 그와 비슷하겠죠.

* * *

아버지   아냐── '백조' 와 댄서를 두 가지 다른 것으로 얘기하면 나는 혼란스럽다. 오히려 나는 무대 위에서 내가 보는 것──백조의 형상──이 인간의 '일종' 인 동시에 백조의 '일종' 이라고 말하고 싶구나.

딸   그렇다면 아빠는 '일종' 이라는 말을 두 가지 의미로 사용하게 되는 거네요.

아버지 그래, 맞다. 어떻든 내가 백조의 형상이 인간의 '일종' 이라고 말할 때, 백조(혹은 그녀)가 우리가 인간이라 부르는 종(種)이나 일종의 구성원을 의미하는 것은 아니야.

딸 맞아요, 물론 아니죠.

아버지 오히려 그녀(혹은 백조)는 페트루슈카 인형, 백조 발레 및 사람을 포함하는 더 큰 집단의 또 다른 일부의 구성원이다.

딸 아니에요. 속(屬)이나 종과는 달라요. 아빠께서 말씀하시는 더 큰 집단에 거위도 포함되나요?

* * *

아버지 좋다. 그렇다면 나는 '일종' 이라는 말의 의미가 무엇인지 확실히 모르겠다. 하지만 나는 환상, 시, 발레, 그리고 예술이 일반적으로 갖고 있는 의미나 중요성이 내가 백조 형상을 가리켜 백조의 '일종' 이나 백조인 '척하는 것' 이라고 말하는 것과 관계있다는 것은 안다.

딸 그렇다면 우리는 누군가가 '일종' 이란 말이 정말 무슨 뜻인지를 말해줄 때까지 왜 댄서가 백조나 인형인지 알 수 없고, 예술이나 시가 무엇인지 결코 말할 수 없겠네요.

아버지 그래.

* * *

아버지 하지만 말장난이라고 해서 피해서는 안 되지. 불어에서 '일종 espèce de' 이라는 표현은 특별한 효과가 있지. 만약 어떤 사람이 누군가를 가리켜 '낙타' 라고 한다면, 무례한 그 말은 친근함을 나타내는 거지. 하지만 만약 그가 그 사람을 가리켜 일종의 낙타라고 한다면, 그건 욕이야. 더 심한 것은 어떤 사람을 일종의 ~ 같은 것이라고 하는 경우야.

딸 일종의 뭐 같은 것 말이죠?

아버지 아냐. 그냥 일종의 ~ 같은 것. 한편, 만약 네가 어떤 사람을 진짜 낙타 같다고 말한다면, 그것은 시기 어린 칭찬의 기미를 전하는 것이란다.

딸 그런데 프랑스 사람이 어떤 사람을 가리켜 일종의 낙타라고 말할 때, 그는 제가 백조는 사람의 일종이라고 말할 때 사용하는 것과 같은 식으로 일종이라는 말을 사용하는 건가요?

* * *

아버지 그건 《맥베스*Macbeth*》에 나오는 한 구절과 같다. 맥베스가 뱅코우를 살해할 목적으로 살인자들을 보내며 그들에게 말하지. 살인자들은 자신들이 사람이라고 주장하지만, 맥베스는 그들이 일종의 사람이라고 말한단다.

> 아아──너희의 이름도 사람 축에 들지.
> 하운드, 그레이하운드, 잡종, 스패니얼, 똥개,
> 삽살개, 물사냥개, 늑대 잡종도

다 개라는 이름으로 불리듯이.

(《맥베스》, 3막 1장)

딸　아니에요——그건 아빠가 방금 말씀하신 거예요. 그게 뭐였죠? '더 큰 집단의 또 다른 일부'였던가요? 저는 그것이 적어도 일부는 아닌 것 같아요.

아버지　물론 일부만은 아니지. 결국 맥베스는 자신의 직유법에서 개들을 사용하고 있지. 그리고 '개'도 고상한 하운드일 수도 있고 썩은 고기를 먹는 동물일 수도 있지. 만약 맥베스가 애완용 고양이의 변종이나 야생 장미의 아종을 사용했다면 그 의미는 달랐을 거야.

딸　좋아요, 좋아요. 하지만 제 질문에 대한 답이 뭐죠? 프랑스 사람이 어떤 사람을 낙타의 '일종'이라고 부를 때와, 제가 그 백조는 인간의 '일종'이라고 말할 때, 그 '일종'이라는 말의 의미가 모두 같나요?

* * *

아버지　좋아. '일종'이라는 말이 무슨 뜻인지 한 문장을 택해서 조사해보자. 만약 내가 '페트루슈카 인형이 인간의 일종'이라고 말한다면, 나는 관계를 말하고 있는 거지.

딸　무엇과 무엇의 관계요?

아버지　개념들 간의 관계라고 생각한다.

딸　인형과 사람의 관계는 아니죠?

아버지 그래. 인형에 대해 내가 가진 개념과 사람에 대해 내가 가진 개념의 관계지.

딸 오.

* * *

딸 그렇다면, 어떤 종류의 관계죠?

아버지 나도 모르겠다. 은유적 관계일까?

* * *

아버지 그 밖에 정말로 '일종' 이 아닌 다른 관계가 있지. 많은 사람들이 빵과 포도주는 살과 피의 '일종' 이 아니라는 주장 때문에 화형을 당했다.

딸 하지만 그게 같은 건가요? 백조 발레가 성사(聖事)와 같다는 말인가요?

아버지 그래──나는 그렇다고 생각해──적어도 어떤 사람에게 있어서는 말이다. 기독교인적인 표현으로는 댄서의 백조 같은 의상과 동작은 여인의 '어떤 내적이고 정신적인 은총의 외적이고 가시적인 신호' 라고 할 수도 있지. 그러나 천주교에서는 그 발레를 단순한 은유로 간주하지 성사로 여기지는 않을 거야.

딸 하지만 어떤 사람에게는 성사로 보일 거라고 하셨잖아요. 기독교인들의 경우를 말씀하시는 건가요?

아버지 아냐, 아냐. 내 말은 만약 어떤 사람에게 빵과 포도주가 단지 은유에 불과하다면, 또 다른 사람――천주교도――에겐 그것이 성사가 될 수 있다는 거야. 그렇다면 만약 발레를 은유로 여기는 사람이 있다면, 발레를 정말로 은유보다는 오히려 성사로 여기는 사람도 있을 수 있겠지.

딸 천주교적 의미에서요?

아버지 그래.

* * *

아버지 만약 '빵과 포도주는 살과 피의 일종이 아니다' 라는 진술이 의미하는 것을 분명하게 말할 수 있다면, 백조가 인간의 '일종' 이라고 말하는 것이나 발레가 성사라고 말할 때 우리가 의미하는 것에 대해 좀더 알 수 있을 거야.

딸 글쎄요――그 차이는 어떻게 말씀하실 건가요?

아버지 무슨 차이 말이냐?

딸 성사와 은유의 차이 말이에요.

* * *

아버지 잠깐만. 결국 우리는 연기자나 예술가나 시인이나 특정한 청중에 관해 얘기하고 있는 셈이구나. 넌 내게 성사와 은유의 차이를 어떻게 구분하느냐고 물었지. 하지만 내 대답은 메시지가 아니라 반드시 사람에 대해 논해야 된다는 거야. 너는 어떤 날에 어떤 댄스가 그 특정한 댄서에게 성사의 의미를 갖느냐 아니냐에 대해 내가 어떻게 판단하는가를 묻고 있다.

딸 좋아요——계속하세요.

아버지 글쎄——내가 생각하기에 그건 일종의 비밀인데.

딸 제게 말해주지 않으시겠다는 거예요?

아버지 아냐——그런 종류의 비밀은 아니다. 말하면 안 되는 비밀은 아니야. 말할 수 없는 것이지.

딸 무슨 뜻이죠? 왜 못해요?

아버지 내가 댄서에게 'X양, 당신이 추는 춤이 당신에게 있어서 성사인지, 아니면 단순한 은유인지 말해주세요' 라고 요구했다고 생각해보자. 또 내가 이 질문을 이해시킬 수 있다고 상상해보자. 그녀는 아마 '당신이 봤잖아요——만약 당신이 원한다면, 당신에게 있어서 그것이 성사인지 아닌지를 결정하는 것은 당신이죠' 라고 대꾸할 거야. 아니면 '어떤 때는 성사고 어떤 때는 아니죠' 라고 하거나 '어제 저녁에 내가 춤을 어떻게 추었죠?' 라고 하거나. 어떻든 그녀는 이 문제를 직접적으로 다룰 수는 없어.

* * *

딸 누구라도 이 비밀을 아는 사람은 위대한 댄서나 시인이 될 능력이 있다는 뜻인가요?

아버지 아니, 아니. 그게 아니야. 위대한 예술과 종교와 나머지 모든 것들이 이 비밀과 관계있다는 말이야. 그러나 보통의 의식(意識)적 방식으로 그 비밀을 안다고 해서 그 사람에게 지배력이 주어지지는 않아.

* * *

딸 아빠, 무슨 일이 생긴 거죠? 우리는 백조가 인간의 '일종' 이
라고 했을 때 '일종' 의 의미가 무엇인지를 알아보고 있었어
요. 저는 '일종' 에는 두 가지 의미가 있다고 했어요. 하나는
'백조 형상은 백조의 일종' 에서의 의미고, 다른 하나는 '백조
형상은 인간의 일종' 에서의 의미죠. 그런데 아빠는 지금 신비
스러운 비밀과 지배에 대해 말씀하고 계시잖아요.

아버지 좋아. 다시 시작해보자. 백조 형상은 진짜 백조가 아니고 백
조인 척하는 거야. 그것은 또 인간이 아닌 척하는 거지. 그것
은 또한 하얀 드레스를 입은 '진짜' 젊은 여자이고. 그리고
진짜 백조는 어떤 면에서 젊은 여자를 닮았겠지.

딸 그런데 이 가운데 어느 것이 성사적인 건가요?

아버지 오 맙소사. 또 되풀이되겠구나. 나는 단지 이렇게 말할 수 있
을 뿐이다. 성사가 우리의 말 가운데 하나인 것이 아니라 그
말들의 조합이 성사를 형성하는 거라고. '~인 척하는 것' 과
'~가 아닌 척하는 것' , 그리고 '진짜' 가 어떤 식으로 함께 융
합되어 하나의 의미를 형성하지.

딸 하지만 우리는 그들을 구분해야 하잖아요.

아버지 그래. 논리학자나 과학자들이 하려고 노력하는 것이 바로 그
거야. 그러나 그런 식으로 그들이 발레나 성사를 창조할 수는
없단다.

메타로그 : 본능이 뭐죠?[21)

딸   아빠, 본능이 뭐죠?

아버지 본능이란 설명의 원칙이야.

딸   뭘 설명하는데요?

아버지 무엇이든——어쨌든 거의 무엇이든 다 설명하지. 네가 설명
        하고 싶은 것은 무엇이든.

딸   바보 같은 소리 하지 마세요. 중력은 설명할 수 없잖아요.

아버지 그래. 하지만 그것은 '본능'이 중력을 설명하기를 아무도 원
        치 않기 때문이란다. 사람들이 원했다면 아마 중력을 설명할
        수 있었을 거야. 달은 그 힘이 거리의 제곱에 반비례하는 본

---

21) 1969년 토머스 시벅Thomas A. Sebeok이 편집한《동물의 커뮤니케이션에 대한
    접근법*Approaches to Animal Communication*》에 실렸던 글로, Mouton & Co.의 허
    락을 받아 여기에 재수록했다.

능을 가지고 있다고 간단하게 이야기될 수 있었을 거야…….

딸 하지만 그건 말도 안 돼요, 아빠.

아버지 아냐, 분명히 그래. 하지만 '본능'을 언급한 건 내가 아니라 너였어.

딸 좋아요——그렇다면 무엇이 중력을 설명해주나요?

아버지 아무것도 설명해주지 못한단다, 애야. 왜냐하면 중력이 설명의 원칙이니까.

딸 오.

딸 하나의 설명 원칙은 다른 설명 원칙을 설명하는 데 사용할 수 없다는 뜻인가요? 전혀 불가능한가요?

아버지 음……거의 불가능하지. 뉴턴이 '나는 가설을 만들지 않는다 Hypotheses non fingo'라고 말했을 때 의미한 것이 바로 그거야.

딸 그건 무슨 뜻이죠? 말씀해주세요.

아버지 글쎄. '가설'이 뭔지는 알고 있겠지. 어떤 기술 명제descriptive statement[22] 두 개를 서로 연결해주는 진술이 가설이지. 만약 2월 1일에 보름달이 뜨고 3월 1일에도 떠서 네가 이 두 개의 관찰을 어떤 식으로든 연결한다면, 이들을 연결한 말은 가설이 된단다.

딸 맞아요. 그리고 아니다non가 무슨 뜻인지는 저도 알아요. 그런

---

22) (옮긴이주) 경험한 것에 대한 정신적 이미지. 즉 그것이 무엇인지, 어떤 사실인지를 제공하기 위한 담론(장면, 사람, 혹은 감각에 대한). 기술 명제는 어떤 사건의 미래 상태를 예측할 수 있다는 것을 명심해야 한다.

데 fingo는 무슨 뜻이죠?

아버지 음——fingo는 '만들다make'라는 뜻의 후기 라틴어란다. 그것은 우리가 사용하는 'fiction'이란 단어의 어원인 fictio라는 동명사를 만들어내지.

딸 아빠, 그러면 아이작 뉴턴 경이 모든 가설은 단지 이야기처럼 만들어졌다고 생각했단 말인가요?

아버지 그래——바로 그렇다.

딸 하지만 그가 중력을 발견하지 않았나요? 사과가 떨어지는 것을 보고 말이에요.

아버지 아냐. 그는 그것을 발명했어.

딸 오……아빠, 누가 본능을 발명했나요?

아버지 나도 모르겠다. 아마 성서일 거야.

딸 하지만 중력이란 개념이 두 개의 기술 명제를 서로 연결시켜준다면, 그건 가설이잖아요.

아버지 맞아.

딸 그렇다면 뉴턴이 결국 가설을 만들어낸 거잖아요.

아버지 그래——사실은 그랬지. 그는 매우 위대한 과학자였어.

딸 오.

딸 아빠, 설명의 원칙이 가설과 같은 것인가요?

아버지 거의, 하지만 완전히 똑같지는 않지. 가설은 어떤 특정한 것을 설명하려고 하지만, '중력'이나 '본능'과 같은 설명의 원칙은 진짜 아무것도 설명해주지 못한다는 걸 너는 알 거야.

그것은 어느 지점에서 더 이상 사물을 설명하지 말자는 과학자들 사이의 관습적인 약속의 일종이야.

딸 그러면 뉴턴이 말했던 것이 그것인가요? 만약 '중력'이 아무것도 설명해주지 못하고 단지 설명의 과정 끝에 있는 일종의 마침표라면, 중력을 발명한다는 것은 가설을 발명하는 것과 같은 것이 아니었으며, 그래서 뉴턴은 자신이 어떤 가설도 만들지 않았다고 말할 수 있었겠네요.

아버지 맞아. 설명의 원칙을 설명할 길은 없어. 그것은 블랙박스와 같지.

딸 오.

딸 아빠, 블랙박스가 뭐예요?

아버지 '블랙박스'란 어느 지점에서 더 이상 사물을 설명하지 말자는 과학자들 사이의 관습적인 약속이야. 대개는 일시적인 약속이라고 나는 생각해.

딸 하지만 그건 블랙박스처럼 들리지 않는데요.

아버지 그럴 거야──하지만 그걸 블랙박스라고 부른단다. 사물은 종종 그 이름과 같아 보이지 않거든.

딸 네.

아버지 블랙박스는 공학도에게서 나온 말이야. 그들은 복잡한 기계의 도면을 그릴 때, 일종의 속기법을 쓴단다. 세세한 부분까지 모두 그리는 대신 일단의 부품 전체를 나타내는 상자를 놓아두지. 그리고 일단의 부품들이 하는 일이라고 생각되는 것을 박스에 표시해.

딸	그래서 '블랙박스'가 일단의 부품들이 하는 일에 대한 표시 군요.
아버지	맞아. 하지만 부품들이 어떻게 작동하는지를 설명해주지는 않아.
딸	중력은요?
아버지	중력은 중력이 하는 일이라고 생각되는 것에 대한 표시야. 중력이 어떻게 그렇게 하는지를 중력이 설명하지는 않아.
딸	아.

딸	아빠, 본능이란 무엇인가요?
아버지	그것은 어떤 블랙박스가 하는 일이라고 생각되는 것에 대한 표시야.
딸	하지만 그것이 하는 일이라고 생각되는 것은 뭔가요?
아버지	음. 그건 상당히 어려운 질문인데…….
딸	계속 말씀해주세요.
아버지	글쎄. 유기체가 하는 일을 통제──부분적으로 통제──하는 것으로 생각된다.
딸	식물도 본능을 가지고 있나요?
아버지	아니. 식물에 관해 이야기할 때 식물학자가 '본능'이란 말을 사용한다면, 동물형태관zoomorphism을 가지고 있다고 비난 받을 거야.
딸	그게 나쁜 것인가요?
아버지	그래. 식물학자에겐 아주 나쁘지. 식물학자가 동물형태관의 죄를 범하는 것은 동물학자가 의인화anthropomorphism의 죄

	를 범하는 것만큼이나 나쁜 거야. 아주 나쁜 거야, 정말로.
딸	오, 알겠어요.

딸	'부분적으로 통제한다' 는 말은 무슨 뜻이죠?
아버지	글쎄. 만약 동물이 절벽으로 떨어진다면, 그것은 중력에 의해 통제되는 거지. 하지만 만약 떨어지는 동안 동물이 발버둥친다면, 그것은 본능 때문일 거야.
딸	자기-보존적 본능 말인가요?
아버지	나는 그렇게 생각해.
딸	자아란 뭐죠, 아빠? 개도 자아가 있다는 사실을 아나요?
아버지	모르겠다. 만약 개가 자아를 가지고 있다는 사실을 안다면, 그 자아를 보존하려고 발버둥치며 떨어질 것이고, 그렇다면 그 몸부림은 이성적인 것이지 본능적인 것은 아니란다.
딸	그렇다면 '자기-보존적 본능' 이란 말은 모순이네요.
아버지	글쎄. 그것은 의인화로 가는 길에서 일종의 중간 지점이란다.
딸	오, 그러면 나쁜 거네요.
아버지	그런데 개가 자아를 가지고 있다는 사실은 알지만 그 자아를 보존해야 한다는 사실은 모를 수도 있지. 그렇게 되면 발버둥 치지 않는 것이 이성적인 것이지. 그래도 개가 여전히 발버둥 친다면, 그것은 본능적인 것이 되지. 하지만 만약 개가 발버둥치는 것을 학습했다면, 그것은 본능적인 것이 아니란다.
딸	오.

딸	본능적이지 않은 것은 뭔가요, 아빠? 학습인가요 아니면 발버

둥치는 건가요?

아버지   아냐──그건 바로 발버둥치는 거야.

딸   그러면 학습은 본능적인 것이 되나요?

아버지   글쎄……그래. 개가 학습하는 것을 학습하지 않았다면 말이다.

딸   오.

딸   하지만, 아빠, 본능이 설명한다고 생각되는 것은 무엇이죠?

아버지   나는 그 질문을 계속 회피해왔다. 너도 알다시피, 본능은 누군가가 유전학에 대해 무언가를 알기 전에 발명되었고, 현대 유전학의 대부분은 누군가가 커뮤니케이션 이론에 대해 무언가를 알기 전에 발견되었다. 따라서 '본능'이란 말을 현대적 용어나 개념으로 번역하는 것은 이중으로 어렵단다.

딸   네, 계속하세요.

아버지   글쎄. 염색체 속에 유전자가 있다는 것, 그리고 유전자는 유기체가 어떻게 발달하며 또한 어떻게 행동해야 하는가를 알려주는 일종의 메시지라는 것은 너도 알고 있을 거야.

딸   발달과 행동은 서로 다른 것인가요, 아빠? 그 차이는 뭐죠? 어느 것이 학습되나요? '발달'인가요 '행동'인가요?

아버지   아니! 아니! 그렇게 빨리 질문하지 말거라. 발달-학습-행동을 모두 한 바구니에 담는 그런 질문은 피하자꾸나. 현상에 대한 단일 스펙트럼. 이 스펙트럼을 설명하는 데 본능이 어떻게 기여하는지를 얘기해보자.

딸   하지만 본능이 스펙트럼인가요?

아버지 아니지——그건 단지 모호하게 말하는 거란다.

딸 오.

딸 하지만 본능은 오로지 그 스펙트럼에서 행위의 종점이 아닌가요? 그리고 학습은 오로지 염색체가 아니라 환경에 의해 결정되지 않나요?

아버지 이것만은 분명히 하자——염색체 자체에는 행동과 해부학과 학습이 없단다.

딸 그들 자신의 해부학도 없나요?

아버지 물론 있지. 그들 자신의 생리학도 있지. 하지만 유전자와 염색체의 해부학이나 생리학은 동물 전체의 해부학이나 생리학이 아니야.

딸 물론 아니죠.

아버지 그러나 본능은 동물 전체의 해부학이나 생리학에 관한 거야.

딸 해부학에 관한 해부학이요?

아버지 그래. 마치 철자나 단어는 자신의 형태나 모양을 가졌고, 그 모양들은 단어나 문장의 부분이고 하는 등등처럼 말이다 ——어떤 것에 대해서든 이런 식이겠지.

딸 오.

딸 아빠, 유전자나 염색체의 해부학은 전체 동물의 해부학에 관한 것인가요? 그리고 유전자나 염색체의 생리학은 전체 동물의 생리학에 관한 것인가요?

아버지 아냐, 아냐. 그렇게 생각할 이유가 없어. 그렇지 않아. 해부학과 생리학은 그런 식으로 분리되지 않아.

딸 아빠, 아빠는 발달-학습-행동을 한 바구니에 담았듯이 해부학과 생리학도 한 바구니에 담으시려는 건가요?

아버지 그래, 분명 그렇다.

딸 오.

딸 같은 바구니인가요?

아버지 왜 아니겠니? 내가 생각하기에 발달은 그 바구니의 한가운데에서 오른쪽에 있다. 한가운데서 약간 오른쪽 말이다.

딸 오.

딸 만약 염색체와 유전자가 해부학과 생리학을 가지고 있다면, 발달 과정도 거치겠네요.

아버지 그래. 거쳐야지.

딸 그들의 발달이 전 유기체의 발달에 관한 것이 될 수도 있다고 생각하세요?

아버지 그 질문이 뭘 의미하는지조차 모르겠다.

딸 저는 알아요. 아이가 발달하는 동안에 어떤 식으로든 염색체와 유전자가 변화하고 발달할 것이며, 염색체의 변화는 그 아이의 변화에 관한 것일 거라는 뜻이죠. 염색체가 변화를 통제하거나 부분적으로 통제하겠죠.

아버지 아냐, 나는 그렇게 생각하지 않아.

딸 오.

딸   염색체도 학습하나요?

아버지   나도 모르겠다.

딸   염색체가 오히려 블랙박스 같아요.

아버지   그래. 하지만 염색체나 유전자가 학습할 수 있다면, 현재 그
누가 믿고 있는 것보다 더 복잡한 블랙박스일 거야. 과학자들
은 언제나 사물이 단순하다고 가정하거나 그렇기를 기대하지
만, 곧 그렇지 않다는 것을 발견하게 되지.

딸   맞아요, 아빠.

딸   아빠, 그것도 본능인가요?

아버지   뭐가 본능이란 말이냐?

딸   사물이 단순하다고 가정하는 것 말이에요.

아버지   아냐. 물론 아니지. 과학자들은 그렇게 하도록 교육받아야 한
다.

딸   하지만 저는 언제나 틀리도록 교육받을 수 있는 유기체는 없
다고 생각했죠.

아버지   그래서 되겠니. 너 무례하고 나쁘구나. 우선 과학자들이 사물
을 단순하다고 가정하는 것이 언제나 잘못된 것은 아니야. 그
들은 상당히 자주 옳거나 부분적으로 옳으며, 더 자주, 그들은
자신들이 옳다고 생각하며 서로 그렇다고 얘기한단다. 그것
으로 충분히 강화되지. 그리고 어떻든 네가 언제나 틀리도록
교육받을 수 있는 유기체는 없다고 말하는 것은 잘못이야.

딸   사람들이 어떤 것에 대해 '본능적'이라고 말할 때, 그들은 사

물을 단순하게 만들려고 노력하는 것인가요?

아버지 사실은 그래.

딸 그러면 그들이 틀린 건가요?

아버지 나도 모르겠다. 그들이 뭘 의미하는지에 달렸지.

딸 오.

딸 언제 단순화하나요?

아버지 그렇지, 그런 식으로 질문하는 게 더 좋아. 어떤 동물이 뭔가 하는 것을 볼 때 그렇게 하지. 그리고 사람들은 첫째로, 동물이 어떻게 그것을 해야 하는지를 학습하지 못했으며, 둘째로, 동물이 왜 그것을 해야 하는지를 이해하기에는 너무 어리석다고 확신한단다.

딸 그 밖에도 단순화하는 때가 있나요?

아버지 있지. 그들이 같은 종에 속하는 모든 구성원들이 같은 상황에서 똑같은 행동을 하는 것을 볼 때, 그리고 틀린 행동이 되도록 상황이 변했는데도 동물이 같은 행동을 반복하는 것을 볼 때지.

딸 그러면 본능적이라는 것을 아는 데는 네 가지 방법이 있네요.

아버지 아니, 과학자들이 본능에 대해 이야기하는 네 가지 조건이 있는 거지.

딸 하지만 한 가지 조건이라도 없을 경우에는 어떻게 되나요? 본능이란 일종의 습관이나 관습처럼 보이네요.

아버지 하지만 습관은 학습되는 것이지.

딸 그렇군요.

딸   습관은 항상 두 번 학습되나요?

아버지 무슨 뜻이냐?

딸   제 말은——가령 제가 기타 코드의 세트를 학습할 때, 먼저 코드나 코드를 발견하는 것을 학습하고, 그런 다음 연습할 때 코드를 학습한 대로 연주하는 습관을 갖게 되잖아요. 그리고 가끔은 나쁜 습관도 생기고요.

아버지 언제나 틀리게 학습한다는 말이냐?

딸   오——맞아요. 그러나 두 번 학습한다는 것에 대해서는 어떻게 생각하세요? 만약 기타 치는 것이 본능적인 것이라면 학습의 두 부분은 모두 존재하지 않는 건가요?

아버지 그래. 만약 학습의 두 부분이 모두 분명하게 존재하지 않는다면, 과학자들은 기타 치는 것이 본능적이라고 말할 거야.

딸   학습의 한 부분만 잃어버렸다면 어떻게 되나요?

아버지 그렇다면, 논리적으로, 잃어버린 학습의 부분은 '본능'으로 설명될 수 있겠지.

딸   학습의 두 부분 중 어느 부분이나 잃어버릴 수 있나요?

아버지 나도 모르겠다. 아무도 모를 거야.

딸   오.

딸   새들도 자신들의 노래를 연습하나요?

아버지 그래. 어떤 새들은 연습한다고 하더라.

딸   본능이 새들에게 노래 부르기의 첫 부분은 제공하지만, 두 번째 부분은 새들이 노력해야 한다고 생각되는데요.

아버지 아마 그럴 거야.

딸 연습하는 것이 본능적이 될 수 있나요?

아버지 가능하다고 생각한다――하지만 이 대화에서 '본능'이란 말이 나타내는 뜻이 무엇인지가 확실치 않구나.

딸 아빠가 말씀하신 대로 하나의 설명 원칙이죠……그런데 이해 안 되는 게 하나 있어요.

아버지 그래?

딸 전체적으로 하나의 본능만 있는 건가요, 아니면 많은 본능들이 있는 건가요?

아버지 그래, 좋은 질문이다. 과학자들도 독립된 본능의 항목들을 만들어서 그것에 대해 많은 토론을 했고, 그런 다음 그것들을 다시 한 묶음으로 취급했지.

딸 그런데 해답은 뭐죠?

아버지 글쎄. 그렇게 분명하지는 않구나. 그러나 한 가지 사실만은 분명해. 설명의 원칙들이 필요 이상으로 증가되어서는 안 된다는 것.

딸 그건 무슨 뜻이죠? 말씀해주세요.

아버지 그것은 위대한 하나의 신(神)이란 개념이 두 개의 작은 신이란 개념보다 더 좋다는, 유일신의 근저를 이루는 개념이야.

딸 신도 설명의 원칙인가요?

아버지 아, 그럼――상당히 강력한 설명 원칙이지. 한 개의 블랙박스로 설명할 수 있는 것에 두 개의 블랙박스――또는 두 개의 본능――를 사용하면 안 된다.

딸 만약 블랙박스가 충분히 크다면.

아버지 아냐, 그 말은…….

딸   그러면 본능에도 크고 작은 게 있나요?

아버지   글쎄——사실, 과학자들은 마치 크고 작은 본능이 있는 것처럼 말하지. 그런데 그들은 작은 본능들을 다른 이름으로 부른단다——'반사 작용', '내재적 발산 작용', '고착적 행동 패턴' 등으로 말이다.

딸   알겠어요——마치 하나의 커다란 신으로 우주를 설명하고 수많은 작은 '꼬마 도깨비'나 '마귀'로 사소한 일들을 설명하듯이 말이죠.

아버지   음, 그래. 오히려 그것과 비슷하지.

딸   하지만, 아빠, 어떻게 그들은 작은 본능을 뭉뚱그려서 큰 본능을 만드나요?

아버지   글쎄. 예를 들면, 그들은 개가 절벽에서 떨어질 때 발버둥치게 만드는 본능이 있고, 개가 불에서 달아나게 만드는 또 다른 본능이 있다고 말하지는 않는다.

딸   그것들이 모두 자기-보존적 본능으로 설명될 수 있다는 말씀인가요?

아버지   그와 비슷하지. 그래.

딸   하지만 서로 다른 행동들을 그렇게 하나의 본능 아래 둔다면, 개가 '자아'라는 개념을 사용하는 능력이 있다고 말하는 데서 벗어날 수 없잖아요.

아버지   그렇지. 아마 그럴 거야.

딸   노래를 위한 본능과 노래 연습을 위한 본능에 대해서는 어떻게 생각하세요?

아버지   글쎄——노래가 무엇을 위해 사용되느냐에 달렸지. 노래 부르는 것이나 노래를 연습하는 것은 모두 영토 본능이나 성적 본능에 속하게 될 거야.

딸 저는 그 둘을 함께 놓지 않겠어요.

아버지 그래?

딸 새가 씨앗이나 무언가를 줍는 연습도 한다면 어떻게 되지요? 그러면 본능들——그게 뭐죠?——을 필요 이상으로 증가시켜야 되잖아요.

아버지 무슨 말이냐?

딸 씨앗을 집어 올리는 연습을 설명해주는 먹이-획득 본능과, 노래 연습을 설명해주는 영토 본능 말이에요. 왜 이 둘을 위한 연습 본능은 없죠? 그렇게 되면 하나의 블랙박스는 절약될 텐데요.

아버지 하지만 그렇게 되면 같은 목적을 가진 행동들을 동일한 본능 아래 한 묶음으로 만든다는 개념을 던져버려야 해.

딸 네—— 왜냐하면 만약 어떤 목적을 위해 연습한다면——제 말은, 만약 새가 어떤 목적을 가지고 있다면——그 연습은 이성적인 것이지 본능적인 것은 아니기 때문이죠. 아빠가 이와 비슷한 말씀을 하지 않으셨나요?

아버지 그래. 그와 비슷한 말을 했지.

딸 '본능'이란 개념이 없으면 안 되나요?

아버지 그러면 사물을 어떻게 설명하겠니?

딸 글쎄요. 저 같으면 작은 것을 관찰하겠어요. 예컨대 뭔가 '펑' 하고 터지면 개가 펄쩍 뛰고, 발아래에 땅이 없으면 몸부

림치게 되고 하는 것들 말이에요.

아버지 네 말은——조그만 꼬마 도깨비들만 있고 신들은 없단 뜻이지?

딸 네, 비슷해요.

아버지 글쎄. 그런 식으로 말하는 과학자들도 있고, 그게 상당히 유행하고 있어. 사람들은 그게 더 객관적이라고 말하지.

딸 그래요?

아버지 그래.

딸 '객관적' 이라는 것이 무슨 뜻이죠?

아버지 글쎄. 네가 살펴보려고 선택한 것들을 상당히 냉철하게 관찰하는 것이지.

딸 그럴듯한데요. 하지만 객관적인 사람들은 자신들이 객관적으로 대할 수 있는 것들을 어떻게 선택하나요?

아버지 글쎄. 쉽게 객관적으로 대하기 쉬운 것들을 선택하겠지.

딸 그들에게 쉬운 것 말인가요?

아버지 그래.

딸 하지만 쉽다는 사실을 어떻게 알 수 있나요?

아버지 서로 다른 사물들에 대해 시도해보고 경험에 의해 안다고 생각되는구나.

딸 그렇다면 주관적인 선택이잖아요?

아버지 그래, 맞아. 모든 경험은 주관적이지.

딸 하지만 모든 경험은 인간적이면서 주관적이잖아요. 사람들은 인간의 주관적 경험을 참고해서 동물의 어떤 행동이 객관적이라고 판단하지요. 아빠가 의인화는 나쁜 거라고 하지 않으셨나요?

아버지 그래──하지만 사람들은 인간적이지 않으려고 노력하지.

딸 사람들은 어떤 것들을 제외하나요?

아버지 무슨 말이니?

딸 제 말은──주관적 경험은 어떤 것들이 객관적으로 대하기 쉬운지를 보여주죠. 그래서 사람들은 그것들을 연구하러 가죠. 그런데 그들의 경험상 어떤 것들이 어렵나요? 그걸 알아야 그러한 것들을 피하죠. 사람들이 피하는 것들은 어떤 것들이죠?

아버지 글쎄, 앞에서 너는 '연습'이라고 부르는 어떤 것을 언급했었지. 그것은 객관적으로 다루기 어려운 것이다. 이외에도 객관적이기 어려운 것들이 있지. 예를 들면, 놀이와 **탐험** 말이다. 쥐가 정말로 탐험을 하는지, 아니면 정말로 놀이를 하는지에 대해 객관적이기는 어렵지. 그래서 사람들은 그런 것들을 관찰하지 않는단다. 사랑도 그렇고, 미움도 마찬가지야.

딸 알겠어요. 그것들이 제가 각각의 본능을 발명하려고 했던 대상들이죠.

아버지 그래──그런 것들이었지. 그리고 유머도 잊지 말거라.

딸 아빠──동물들도 객관적인가요?

아버지 나도 모르겠다──아마 아닐 거야. 주관적이라고도 생각하지 않아. 나는 동물들이 그런 식으로 나누어진다고 생각하지 않아.

딸 인간의 본성 중에 좀더 동물적인 부분에 대해서는 특히 객관적이기가 어려운 것이 사실 아닌가요?

아버지 그런 것 같다. 어떻든 프로이트가 그렇게 말했고, 나는 그가 옳았다고 생각해. 왜 묻니?

딸 왜냐하면, 아이고, 그 가엾은 사람들 말이에요. 그들은 동물을 연구하려고 하지요. 그들은 자신들이 객관적으로 연구할 수 있는 것들에 있어서 전문가예요. 그리고 그들은 자신들이 동물과 가장 적게 닮은 것들에 대해서만 객관적일 수 있어요. 동물들을 연구하는 것은 그들에게 틀림없이 어려운 일일 거예요.

아버지 아냐――반드시 그런 것은 아니야. 자신들의 동물적 본성 중에서 어떤 것들은 여전히 객관적으로 다룰 수 있어. 너는 동물의 행위 전체가 사람들이 객관적으로 다룰 수 없는 집합 속에 있다는 것을 보여주지는 않았지.

딸 그랬나요?

딸 사람과 동물 사이에 정말로 큰 차이점은 무엇인가요?

아버지 글쎄――지성, 언어, 도구 같은 것들이겠지.

딸 사람들은 지적으로 언어나 도구에 대해 객관적이기가 수월한가요?

아버지 그렇단다.

딸　하지만 그것은 인간에게는 개념들의 전체 집합이나 그 밖에 비슷한 것이 서로 긴밀하게 연결되어 있다는 뜻이에요. 그것은 인간 내부에 존재하는 일종의 두 번째 창조물이며, 이제 이 두 번째 창조물은 모든 것에 대해 완전히 다른 방식으로 사고해야만 해요. 객관적인 방법으로 말이에요.

아버지　그래. 의식과 객관성으로 가는 왕도는 언어와 도구를 통하는 것이지.

딸　하지만 인간이 객관적으로 대하기 어려운 인간의 그 모든 부분을 이 피조물이 들여다보게 된다면 어떤 일이 생길까요? 단지 보기만 할까요, 아니면 간섭을 할까요?

아버지　간섭할 거야.

딸　그러면 무슨 일이 생길까요?

아버지　그건 너무 끔찍한 질문이다.

딸　계속하세요. 우리가 동물을 연구하려면 반드시 직면해야 할 문제니까요.

아버지　글쎄……그에 대한 해답은 과학자보다 시인이나 예술가가 더 잘 알지. 한 구절 읽어주마.

　　사고가 무한을 파멸의 불꽃 앞에 가엾은 뱀으로 만들었고, 인간은 불꽃에서 달아나 밤의 숲에 숨었다. 그래서 영원한 숲들은 모두 전 우주를 회전하는 땅으로 분리되었고, 땅은 바다처럼 돌진해 이 유한한 인간의 성벽을 제외한 모든 것을 뒤덮었다. 그 뒤에 뱀이 유한한 회전 속에 무한을 감금한 모습의 사원을 만들었다. 그래서 인간은 천사가 되었고, 하늘은 강력하게 원을 그리며 회전하

였으며, 신은 왕관을 쓴 폭군이 되었다.[23]

딸   무슨 말인지 모르겠어요. 끔찍하게 들리는데, 무슨 뜻인가요?

아버지   글쎄. 객관적인 진술은 아니란다. 왜냐하면 객관성──여기
서 시인이 모든 사람 또는 모든 생명체에 대한 '사고(思考)'
라고 부르는 것──의 **효과**에 대해 말하고 있으니까. '사고'
가 전체의 한 부분으로 있어야 하는데, 오히려 자신을 퍼뜨려
서 나머지를 간섭하고 있단다.

딸   계속하세요.

아버지   글쎄. 사고가 모든 것을 조각내고 있다.

딸   모르겠어요.

아버지   음, 첫 번째 조각은 객관적인 것과 나머지 사이에 생겼지. 그
뒤에 지성, 언어, 그리고 도구를 모델로 해서 만들어진 피조물
내에 목적이 생겨나는 것은 당연하지. 도구는 목적을 위한 것
이고, 그래서 목적을 방해하는 것은 무엇이든 장애물이 된다.
객관적인 피조물의 세계는 '도움 되는' 것과 '방해되는' 것
으로 분리된다.

딸   네. 그건 저도 알아요.

아버지   좋아. 그 뒤에 피조물은 그렇게 분리된 것을 모든 인간에게
적용하고, 그래서 '도움 되는 것'과 '방해되는 것'은 선과 악
이 되고, 그런 다음 세상은 신과 뱀으로 분리된다. 그 뒤에도,
지성은 언제나 사물을 분류하고 나누기 때문에 분리가 점점

---

23) 윌리엄 블레이크William Blake, 《예언서 유럽*Europe a Prophecy*》. 1794년에 작가
에 의해 인쇄되고 출판되었다. (강조는 저자.)

더 계속되지.

딸 설명의 원칙들을 필요 이상으로 증가시키는 건가요?

아버지 맞았어.

딸 그래서, 불가피하게, 객관적인 피조물이 동물을 볼 때, 그 피조물은 사물들을 분리하고 자신들의 지성으로 동물의 영혼을 침범한 후 동물들을 인간처럼 만드는군요.

아버지 바로 그거야. 비인간적인 의인화의 일종이지.

딸 그게 바로 객관적인 사람들이 좀더 큰 문제를 다루는 대신에 전적으로 작은 도깨비만을 연구하는 이유로군요.

아버지 그래. 그게 이른바 S-R 심리학이란다. 성(性)에 관해 객관적이기는 쉽지만 사랑에 관해 객관적이기는 어렵지.

딸 아빠, 우리는 동물을 연구하는 두 가지 방식──커다란 본능의 방식과 S-R 방식에 대해 말했죠. 그리고 이 두 가지 방식 모두 그리 건전해 보이지는 않는 것 같다고 말이에요. 이제 우리 무엇을 할까요?

아버지 나도 모르겠다.

딸 객관성과 의식으로 가는 왕도는 언어와 도구라고 아빠가 말씀하지 않았나요? 나머지 절반으로 가는 왕도는 무엇인가요?

아버지 프로이트는 꿈이라고 말했지.

딸 아.

딸 꿈이란 뭔가요? 꿈들은 어떻게 조립되죠?

아버지 글쎄──꿈이란 우리가 지어낸 것의 부분들과 조각들이야.

비-객관적인 것이지.

딸 하지만 꿈들이 어떻게 조립되나요?

아버지 애야, 동물의 행동을 설명하는 문제와 너무 동떨어진 질문 아니냐?

딸 잘은 모르겠지만, 저는 그렇게 생각하지는 않아요. 우리가 무엇을 하든 우리는 이런저런 방식으로 의인화되어가는 것 같아요. 그리고 동물과는 거의 다른 인간 본성의 측면에서 우리의 의인화를 구축하는 것은 분명 잘못된 거예요. 그러니 다른 측면을 시도해보자고요. 아빠는 다른 측면으로 가는 왕도는 꿈이라고 말씀하셨죠. 그리고…….

아버지 나는 그렇게 말하지 않았다. 프로이트가 그렇게 말했지. 혹은 그와 비슷하게.

딸 좋아요. 하지만 꿈들은 어떻게 조립되나요?

아버지 두 개의 꿈이 어떻게 서로 관계되느냐는 말이냐?

딸 아니요. 아빠가 꿈은 단지 부분들이나 조각들이라고 하셨잖아요. 제 말은 꿈이 자기 내부에서 어떻게 조립되느냐는 뜻이에요. 동물의 행동도 똑같은 방법으로 조립될 수 있나요?

아버지 어디서 시작해야 될지 모르겠다.

딸 좋아요. 꿈은 사실과 반대로 나타나나요?

아버지 오 맙소사! 옛날 사람들의 사고로구나. 아냐. 꿈은 미래를 예측하지 못한다. 꿈은 시간 속에서 일시 정지되는 것과 비슷해. 꿈은 어떤 시제도 가지고 있지 않아.

딸 하지만 만약 어떤 사람이 내일 일어날 일에 대해 걱정하고 있다면, 오늘밤 그 사람이 그것에 대한 꿈을 꿀 수도 있잖아요?

아버지 물론이지. 혹은 자신의 과거에 대한 꿈을 꿀 수도 있고. 혹은 과거와 현재 모두에 대한 꿈을 꿀 수도 있지. 그러나 꿈은 이런 의미에서 꿈이 무엇에 관한 것인지를 그 사람에게 말해주는 아무런 표시도 가지고 있지 않아. 꿈은 그냥 그런 거야.

딸 즉 꿈은 제목이 없는 것과 같다는 말씀인가요?

아버지 그래. 마치 시작과 끝을 잃어버린 옛 문서나 편지 비슷한 거지. 그래서 역사학자는 그 문서의 내부에서 그것이 무엇에 관한 것이며, 누가 언제 그것을 썼는지 추측해야 하는 거야.

딸 그리고 우리는 물론 객관적이어야 하겠죠?

아버지 그럼, 물론이지. 그러나 우리가 그것에 대해 신중해야 한다는 것을 우리는 알고 있지. 우리는 언어와 도구로 꿈이라는 소재를 취급하는 피조물이라는 개념을 우리가 강요하지 않도록 지켜봐야 해.

딸 무슨 뜻이죠?

아버지 글쎄. 예를 들어 만약 꿈이 어떤 식으로든 시제를 가지고 있지 않으며 시간 속에서 일시 정지되는 것이라면, 꿈이 무엇인가를 '예측'한다고 말하는 것은 일종의 잘못된 객관성을 강요하는 거지. 그리고 꿈이 과거에 대한 진술이라고 말하는 것도 똑같이 잘못된 것이지. 꿈은 역사가 아니야.

딸 단지 선전인가요?

아버지 무슨 말이냐?

딸 제 말은——그들 스스로는 역사라고 말하지만 사실은 우화에 불과한 선동가들이 쓴 이야기와 같은 것이 꿈인가요?

아버지 그래. 맞아. 꿈은 여러 가지 면에서 신화나 우화와 비슷하단
다. 하지만 선동가들에 의해 의식적으로 만들어진 것은 아니
지. 계획된 것도 아니야.

딸 꿈에는 언제나 도덕적인 요소가 있나요?

아버지 언제나 있는지는 모르겠다. 하지만 종종 있기는 하지. 그러나
꿈에서 도덕적인 것이 말해지지는 않아. 정신분석학자들이
환자로 하여금 도덕적인 것을 찾게 하려고 노력하지. 사실은
꿈 전체가 도덕적이야.

딸 무슨 말씀이에요?

아버지 나도 확실히는 모르겠구나.

딸 좋아요. 꿈은 사실과 반대로 나타나나요? 꿈이 말하려고 하는
것과 반대되는 것이 도덕인가요?

아버지 아, 그럼. 종종 그렇지. 꿈은 가끔 역설적이거나 풍자적이기
도 하지. 일종의 귀류법[24]이야.

딸 예를 들면요?

아버지 좋아. 2차 대전 때 전투기 조종사였던 친구가 있었어. 전쟁이
끝나고 그는 심리학자가 되어 박사 학위 구술시험을 치러야
했지. 그는 그 구술시험에 겁먹기 시작했어. 그러나 시험 치
기 전날 밤 격추된 전투기에 다시 타는 악몽을 꾸게 되었지.

---

24) (옮긴이주) 어떤 명제가 참이라는 것을 직접 증명하는 대신 그것의 부정 명제가
참이라는 가정하에서 결국 그것이 모순으로 귀결된다는 것을 지적함으로써 원
래의 명제가 참이 아니면 안 된다는 것을 간접적으로 주장하는 추리 증명법을
말한다.

다음 날 그는 두려움 없이 시험을 보러 갔단다.

딸   왜요?

아버지 왜냐하면 전투기 조종사가 진짜 격추시킬 능력도 없는 일단의 대학교수들을 두려워한다는 사실이 바보스럽게 생각되었기 때문이지.

딸   하지만 그분은 그것을 어떻게 알았죠? 꿈이 그분에게 교수들이 자신을 떨어뜨릴 거라고 말해주었을 수도 있잖아요. 그분은 그 꿈이 역설적이라는 걸 어떻게 알았죠?

아버지 음. 그도 몰랐다는 것이 정답이야. 꿈에는 그것이 역설적이라는 표시가 없거든. 그리고 깨어 있으면서 하는 대화에서 사람들이 역설적으로 말할 때도 사람들은 종종 역설적이라고 말하지 않는다.

딸   그렇죠. 그건 맞아요. 저는 그게 언제나 끔찍해요.

아버지 그래. 종종 그렇지.

딸   아빠. 동물들도 역설적이거나 풍자적일 때가 있나요?

아버지 아니. 나는 그렇다고 생각하지 않아. 하지만 우리가 사용해야 하는 말이 그것인지는 확신하지 못하겠구나. '역설적'과 '풍자적'이라는 말은 언어로 된 메시지를 분석할 때 사용하는 말이다. 동물들에게는 언어가 없잖아. 아마 일종의 잘못된 객관성의 일부일 거야.

딸   좋아요. 그렇다면 동물들은 반의어를 다루나요?

아버지 글쎄, 그래. 사실, 동물들은 반의어를 사용해. 하지만 그게 똑같은 것인지 확신하지는 못하겠구나…….

딸 계속하세요. 어떻게 반의어를 다루나요? 그리고 언제요?

아버지 글쎄. 너 어떻게 강아지가 뒤로 누워서 자기보다 큰 개에게 자기 배를 내미는지는 알잖니. 그것은 큰 개가 공격하도록 유도하는 것의 일종이야. 하지만 실제로는 반대로 작용하지. 그렇게 하면 큰 개가 공격하는 것을 멈추게 되니까 말이다.

딸 네, 알아요. 그게 일종의 반의어를 사용한 거군요. 하지만 개들이 그것을 알고 있나요?

아버지 작은 개가 의미하는 것과 반대되는 말을 작은 개가 말하고 있다는 것을 큰 개가 아느냐는 말이지? 그리고 작은 개도 그것이 큰 개가 공격하는 것을 멈추게 하는 방법이라는 것을 아느냐는 말이지?

딸 네.

아버지 나도 모르겠다. 나는 가끔 작은 개는 큰 개보다 그런 사실을 좀더 알고 있다고 생각해. 어떻든, 작은 개는 자기가 알고 있다는 어떤 신호도 보내지 않아. 분명 그렇게 할 수는 없지.

딸 그렇다면 그건 꿈과 비슷하네요. 꿈에도 반대되는 것을 다룬다는 아무런 표시가 없잖아요.

아버지 맞아.

딸 우리가 무언가를 얻었다고 생각되네요. 꿈도 반대되는 것을 다루고, 개도 반대되는 것을 다루고, 그러면서 어느 것도 반대되는 것을 다루고 있다는 표시는 하지 않고 말이에요.

아버지 음.

딸 동물들은 왜 싸우죠?

아버지   아, 여러 가지 이유가 있겠지. 영토, 성, 먹이…….

딸   아빠, 본능 이론처럼 말씀하시네요. 본능에 관해서는 얘기하
         지 않기로 했잖아요.

아버지   좋다. 왜 동물들이 싸우느냐는 질문에 너는 어떤 종류의 답을
         바라니?

딸   글쎄요. 동물들이 반대되는 것을 다루나요?

아버지   아, 그럼. 많은 싸움이 일종의 화해로 끝나지. 그리고 장난스
         러운 싸움은 우정을 확인하는 부분적인 방법이라는 것은 분
         명하다. 아니면 우정을 발견하거나 회복하는 방법이지.

딸   저도 그렇게 생각했어요…….

딸   하지만 왜 표시들이 없죠? 동물과 꿈이 모두 같은 이유로 그
         런 건가요?

아버지   나도 모르겠다. 하지만, 너도 알다시피, 꿈이 항상 반대되는
         것을 다루는 건 아니잖니.

딸   아니죠―― 물론 아니죠―― 동물도 마찬가지고요.

아버지   그렇다면 좋다.

딸   그 꿈 얘기로 돌아가요. 그 꿈의 전체적 효과는 마치 누군가
         가 그 사람에게 '전투기를 탄 너'가 '구술시험을 치르는 너'
         와 똑같지 않다고 말해주는 것과 같았잖아요.

아버지   그래. 그러나 그 꿈이 그것을 분명하게 밝히지는 않았지. 단
         지 '전투기를 탄 너'라고만 했지. '아니다'라는 말은 빠져 있
         고, 꿈을 다른 것과 비교하라는 지시도 빠져 있고, 꿈을 무엇
         과 비교해야 하는지도 이야기되지 않아.

딸　좋아요. 우선 '아니다' 부터 얘기해보기로 해요. 동물의 행동에 어떤 '아니다' 가 있나요?

아버지　어떻게 그런 게 있을 수 있겠니?

딸　제 말은, 동물이 자신의 행동으로 '나는 너를 깨물지 않을 거야' 라고 말할 수 있느냐는 거예요.

아버지　글쎄, 행동을 통한 커뮤니케이션은 시제를 가질 수 없다는 것에서 시작하자. 시제는 언어에서만 가능하단다.

딸　꿈에는 시제가 없다고 말하지 않으셨나요?

아버지　음. 그래. 그랬지.

딸　좋아요. 그렇다면 '아니다' 는 어때요? 동물이 '나는 너를 깨물고 있지 않다' 라고 말할 수 있나요?

아버지　여전히 거기에는 시제가 있어. 하지만 신경 쓰지 마. 만약 동물이 다른 동물을 깨물고 있지 않다면, 그것은 다른 동물을 깨물고 있지 않은 거야. 그뿐이야.

딸　그렇지만 동물이 다른 모든 종류의 행동도 하고 있지 않다고 할 수도 있잖아요. 잠자는 것, 먹는 것, 달리는 것 등 말이에요. 어떻게 '내가 하고 있지 않은 것은 깨무는 거야' 라고 말할 수 있나요?

아버지　만약 깨무는 것이 어떤 식으로든 언급됐다면, 그 동물은 오직 깨물 수만 있지.

딸　동물이 처음에 이빨을 드러내 보이고, 그런 다음 깨물지 않음으로써 '나는 너를 깨물지 않는다' 라고 말할 수 있다는 뜻인가요?

아버지　그래. 그것하고 비슷해.

딸 하지만 두 마리의 동물은 어떤가요? 그들 모두 자신의 이빨을 드러내 보여야 되는데요.

아버지 그래.

딸 그렇다면, 그들은 서로 잘못 이해하고 싸우게 될 것 같은데요.

아버지 그래. 네가 반대되는 것을 다루면서 네가 하는 것이 무엇인지 말하지 않거나 말할 수 없을 때, 특히 네가 하는 것이 무엇인지 네가 모를 때는 언제나 그럴 위험이 있지.

딸 하지만 동물들은 '나는 너를 깨물지 않을 것이다' 라고 말하기 위해 자신들의 이빨을 드러내야 한다는 것을 알잖아요.

아버지 나는 동물이 그것을 알고 있다고 생각하지 않는다. 분명히 그 동물들 중 어느 쪽도 상대에 대해 그것을 알지 못해. 꿈꾸는 사람도 꿈이 시작될 때 꿈이 어떻게 결말을 맺을지 모르지.

딸 그렇다면 그것은 일종의 실험이네요…….

아버지 그래.

딸 그래서 그들은 자신들이 해야 했던 일이 싸움이었는지 아니었는지를 발견하기 위해 싸우게 될지도 모르겠네요.

아버지 맞아──하지만 나는 싸운 다음에, 싸움이 그들이 어떤 관계인지를 그들에게 보여준다고 조금은 덜 목적적으로 말하고 싶구나. 싸움이 계획된 것은 아니야.

딸 그렇다면 동물들이 이빨을 드러낼 때 '아니다' 라는 의미는 없겠네요.

아버지 없다고 생각해. 아니면 종종 없을 거야. 아마 오랜 친구라면 장난스러운 싸움에 참여할 테고, 시작부터 자신들이 뭘 하고 있는지 알 거야.

딸　좋아요. 그렇다면 '아니다' 는 구두 언어의 일부이므로 동물의 행동에는 '아니다' 가 없고, '아니다' 에 대한 어떤 행동 신호도 있을 수 없어요. 그리고 '아니다' 가 없기 때문에, 부정에 동의할 수 있는 유일한 방법은 전체 귀류법을 행동으로 옮기는 거네요. 싸움이 아니라는 것을 증명하기 위해 싸움을 행동으로 옮겨야 하고, 그런 다음 다른 동물이 너를 잡아먹지 않을 것이라는 것을 증명하기 위해 복종을 행동으로 옮겨야 하고요.

아버지　그래.

딸　동물들이 그것을 모두 생각해야 하나요?

아버지　아냐. 왜냐하면 그것은 필연적으로 참이니까. 그리고 필연적으로 참인 것은 네가 그것을 알든 모르든 상관없이 네가 하는 것을 지배할 거야. 만약 네가 두 개의 사과를 세 개의 사과에 더하면 다섯 개의 사과가 되겠지——비록 네가 셀 수 없어도. 이것이 사물을 '설명' 하는 또 다른 방식이야.

딸　아.

딸　하지만, 그렇다면 왜 꿈에는 '아니다' 가 빠져 있죠?

아버지　사실 나는 얼마간 비슷한 이유 때문이라고 생각해. 꿈은 대개 이미지나 느낌으로 구성되어 있고, 만약 네가 이미지나 느낌으로 커뮤니케이션하려고 한다면, 너는 다시 '아니다' 에 대한 이미지는 없다는 사실에 지배받게 되지.

딸   하지만 '정지' 신호에 줄이 그어진 꿈을 꿀 수는 있잖아요. 그것은 '정지하지 마라'를 의미하죠.

아버지   그래. 하지만 그것은 거의 언어나 마찬가지지. 그리고 줄의 의미는 '아니다'라는 말이 아니란다. '하지 마라'라는 말이지. 만약 다른 사람이 네가 금지하고 싶은 것을 언급하기 위해 어떤 동작을 만들어낸다면, '하지 마라'는 행동 언어로 전달될 수 있어. 심지어 너는 말로 꿈꿀 수도 있고, '아니다'라는 말도 꿈에 포함될 수 있지. 하지만 만약 네가 '아니다'라는 꿈을 꿀 수 있다면 그것이 꿈에 관한 것인지는 의심스러워. 내 말은 '아니다'는 '이 꿈은 글자 그대로 해석되는 것이 아니다'를 의미한다는 거야. 가끔, 매우 얕은 꿈에서, 사람은 자신이 꿈꾸고 있다는 것을 알지.

딸   하지만, 아빠, 꿈이 어떻게 조립되느냐는 문제에 아직 대답하지 않으셨어요.

아버지   난 정말 대답했다고 생각하는데. 하지만 다시 해보자. 꿈은 은유 또는 뒤얽힌 은유지. 은유가 뭔지는 알지?

딸   네. 제가 만약 아빠가 돼지 같다고 말한다면 그건 직유지요. 하지만 아빠는 돼지다라고 말한다면 그건 은유지요.

아버지   대충 그렇지. 만약 은유가 은유로 표시되면 직유가 되지.

딸   그리고 꿈에서 빠지는 것은 그러한 표시죠.

아버지   맞아. 은유는 비교에 대한 설명 없이 사물을 비교하는 거야. 일단의 사물의 진실을 가지고 다른 것에 그것을 적용하지. 국가가 '부패한다'고 말할 때 우리는 은유를 사용하는 것이며,

국가에서 일어나는 어떤 변화가 과일 속에서 박테리아가 만들어내는 변화와 같다고 생각하는 거지. 하지만 우리가 과일이나 박테리아에 대해 말하기를 그만두지는 않는단다.

딸   그리고 꿈도 그와 비슷한가요?

아버지   아니. 꿈은 처음부터 끝까지 다른 방법으로 일어나지. 꿈은 과일과 어쩌면 박테리아도 언급하지만 국가를 언급하지는 않지. 꿈은 관계를 자세히 말하기는 해도 관계된 사물이 무엇인지는 확인하지 않는단다.

딸   아빠, 저를 위해 꿈을 만들어주실 수 있나요?

아버지   이 방법으로 말이냐? 아니. 내가 방금 읽어준 시의 한 구절을 가지고 꿈으로 바꾸어보자꾸나. 시가 향하는 길은 거의 꿈의 재료란다. 시에 나오는 대부분의 말은 그냥 이미지들로 교체하기만 하면 돼. 그리고 말들은 충분히 강렬하지. 하지만 꿈에서는 은유나 이미지들의 전체 끈이 고정되지 않는단다.

딸   '고정하다' 라는 말은 무슨 뜻이죠?

아버지   맨 처음 나온 말, '사고' 를 말하는 거야. 작가는 그 말을 글자 그대로 사용하고 있고, 사고가 나머지 모든 것에 관해 너에게 말해주지.

딸   꿈에서는요?

아버지   그 말 역시 은유적이겠지. 그렇게 되면 시 전체는 훨씬 더 어려워질 거야.

딸   좋아요──다른 말로 바꿔봐요.

아버지   '바바라가 무한한 것을 ……로 바꿨다' 라고 하면 어떨까?

딸   왜요? 그녀가 누구죠?

아버지 글쎄, 그녀는 야만적이고, 여성이며, 삼단 논법에 대한 이름으로 기억하기에 좋지. '사고'에 대한 무시무시한 상징으로 바바라라는 이름이 더 좋을 것 같았다. 나는 지금 그녀가 캘리퍼스를 가지고 머리를 쥐어짜며 자신의 우주를 바꾸려 하는 모습을 볼 수 있다.

딸 그만 하세요.

아버지 좋아. 하지만 내가 꿈에서는 은유를 고정시킬 수 없다고 말하는 것의 의미는 알았겠지.

딸 동물도 자신들의 은유를 고정시키나요?

아버지 아니, 동물은 그럴 필요가 없어. 성장한 새가 이성에게 접근하면서 어린 새처럼 행동할 때, 아이와 부모의 관계에서 취한 은유를 사용한다는 것을 너는 알지. 하지만 그 새가 자신이 말하는 자신들의 관계를 고정할 필요는 없어. 자신과 다른 새와의 관계라는 것은 명백하지. 자신들 둘이 참여하고 있으니까.

딸 하지만 그들은 자신들의 관계 외의 다른 어떤 것에 관한 은유는 전혀 사용하지——은유를 행동으로 옮기지——않나요?

아버지 나는 그렇게 생각하지 않는다. 아냐——포유동물은 그렇지 않아. 새들도 안 그럴 거야. 벌들도——아마 안 그럴 거야. 물론 사람도 마찬가지고.

딸 이해되지 않는 것이 하나 있어요.

아버지 뭔데?

딸 우리는 꿈과 동물의 행동 사이에 많은 공통점을 발견했어요. 둘 다 반대되는 것을 다루고, 둘 다 시제를 갖지 않고, 둘 다 '아니다'를 갖지 않고, 둘 다 은유로 움직이고, 둘 다 은유를 고정시키지 않아요. 그런데 이해가 안 되는 점은——왜 동물들이 이런 것들을 할 때, 그것이 의미가 있느냐는 거죠. 그들에게는 반대로 작용하는 것 말이에요. 그리고 동물들은 자신들의 은유를 고정시킬 필요가 없지만——왜 꿈도 그래야 하는 건지 저는 모르겠어요.

아버지 나도 모르겠다.

딸 또 한 가지 있어요.

아버지 뭔데?

딸 아빠는 발달에 관한 메시지를 전하는 유전자와 염색체에 관해 말씀하셨죠. 그것들도 동물이나 꿈처럼 말하나요? 말하자면, 은유로 말하고 '아니다'가 없나요? 아니면 우리처럼 말하나요?

아버지 모르겠다. 하지만 그들의 메시지 시스템이 본능 이론의 단순한 변형은 전혀 갖고 있지 않다고 확신한다.

제 **2** 부

인류학에서의 형태와 패턴

문화 접촉과 분열 발생[25]

사회과학 연구위원회의 위원들에 의해 씌어진 정관(《인간*Man*》, 1935, 162)은 그들과 매우 다른 관점을 내놓도록 나를 자극했다. 이 논문의 시작이 그들의 정관을 비판하는 것으로 보일 수도 있지만, 나는 문화 접촉의 연구를 위해 범주를 고안하는 진지한 노력들은 모두 실제적인 기여를 하고 있는 것으로 여기고 있다는 점을 처음부터 밝혀 두고 싶다. 더욱이 정관에는 내가 완전히 이해하지 못하는 몇 페이지 (정관 속의 정의)가 있기 때문에 나의 비판은 어느 정도의 망설임과

---

25) 이 논문은 폴 버해넌Paul Bohannon과 프레드 플록Fred Plog이 편집한 《국경을 넘어서*Beyond the Frontier*》에 재수록되었던 논쟁의 일부분이다. 그러나 이 논쟁의 파문은 이미 오래전에 가라앉았으며, 여기에 이 논문을 포함시킨 것은 단지 이 논문의 긍정적 기여를 감안해서다. 이 논문은 영국과 아일랜드 왕립인류학 회Royal Anthropological Institute of Great Britain and Ireland의 허락을 받아 1935년 《인간*Man*》, Article 199, vol. XXXV에 수정 없이 재수록된 바 있다.

함께 위원들보다는 인류학자들 속에 널리 퍼져 있는 어떤 오류를 겨냥하고 있다.

(1) 그런 범주 시스템들의 사용. 설명하려고 계획된 문제들이 분명하게 공식화될 때까지 이런 종류의 시스템을 구성한다는 것은 보통 현명하지 못하며, 내가 아는 한 위원들이 작성한 범주들은 특별히 규정된 어떤 문제를 참고하여 구성된 것이 아니라 문제 자체가 애매한 상태에서 문화 접변acculturation[26]의 '문제'에 일반적인 빛을 비추기 위해 구성된 것이다.

(2) 이로부터, 우리에게 당장 필요한 것은 모든 문제를 해명하기 위해 일단의 범주들을 구성하는 것이 아니라, 오히려 문제들을 따로따로 연구할 수 있도록 문제를 도식적으로 공식화하는 것이라는 결론이 나온다.

(3) 위원들이 자신들의 문제들을 규정하지 않고 내버려두고 있음에도 불구하고, 우리는 범주들을 꼼꼼히 읽음으로써 자료에 대한 그들의 질문들을 대략 주워 모을 수 있다. 실제로 위원들은 행정가들이 인류학자들에게 물어보는 것과 같은 질문들에 영향을 받은 것으로 보인다——'문화 접촉에 힘을 사용하는 것이 좋은가?', '어떻게 주어진 사람들로 하여금 어떤 문화적 특징을 수용하게 할 수 있는가?' 등등. 이러한 형태의 질문에 답하면서 우리는 접촉하고 있는 집단들 사이의 문화적 차이와 그로 인한 변화에 대한 강조를 문화 접변에 관한 정의 속에서 발견한다. 그리고 '사람들에게 강요된 요소와 그들에 의해 자

---

26) (옮긴이주) 문화 접변이란 사회들 간의 접촉의 결과로 발생하는 문화적 변화를 말하는데, 일반적으로 외부의 문화적 특질들이 대규모로 전파되어 들어와서 원주민들의 전통적 문화 유형들을 대체하는 것을 가리킨다.

발적으로 수용된 요소'[27]와 같은 이분법은 더욱이 행정적인 문제의 관점에서 이런 생각을 나타내는 것으로 간주될 수 있다. 이런 것이 V, A, B, C, '수용·acceptance', '적응·adaptation', '반응·reaction' 의 범주에서 이야기되었다.

(4) 이러한 행정적인 질문에 대한 답이 절실히 요구되고 있으며, 나아가 문화 접촉에 대한 연구가 이러한 해답을 제공할 수 있다는 것에 우리가 동의할 수도 있다. 하지만 접촉의 문제에 대한 과학적 공식화가 이러한 노선을 따르지 않는 것은 거의 분명하다. 그것은 마치 범죄학 연구를 위한 범주를 구성함에 있어서 사람들을 범죄자와 비범죄자로 나누어 시작하는 것과 같다——그리고 더욱이 그 진지한 과학은 '범죄형' 을 규정하려는 많은 시도들에 의해 오랫동안 방해를 받아왔다.

(5) 정관은 경제, 종교 등과 같은 제목 아래 문화의 특징들을 분류할 수 있다는 오류에 기초하고 있다. 예를 들면, 우리는 ㉠ 경제적 이익이나 정치적 지배, ㉡ 증여 집단의 가치에 일치하는 쪽으로 방향을 바꾸는 바람직함, ㉢ 윤리와 종교적 고려 때문에 각자 당면하게 되는 특징들을 세 가지 클래스로 분류할 것을 요구받는다. 각각의 특징이 어떤 단일한 기능을 가지고 있거나 적어도 나머지 기능을 능가하는 한 가지 기능을 가지고 있다는 이 생각은 문화가 어떤 사회 '제도' 로 세분화될 수 있으며, 사회 제도를 구성하는 여러 특징들이 주요 기능에 있어서 비슷하다는 생각으로 확대되어간다. 문화를 세분하는 이러한 방법의 취약점은 말리노프스키Bronislaw Malinowski와 그의 제자들에

---

27) 어떠한 경우에도 과정과 자연 법칙에 대한 과학적 연구에서 자유 의지에 대한 이러한 호소가 설 자리가 없다는 것은 분명하다.

의해 결정적으로 증명되었는데, 그들은 거의 모든 문화가 개인의 성적(性的) 요구를 한정하거나 충족시켜주는, 또는 행동 규범을 강화하는, 또는 개인에게 음식을 공급해주는 메커니즘으로 다양하게 보일 수 있음을 보여주었다.[28] 이런 철저한 증명으로부터, 우리는 한 문화의 어떤 단일한 특징은 단순히 경제적이거나 종교적이거나 구조적인 것이 아니라 우리가 그것을 바라보는 관점에 따라 이 모든 특징들을 나눠 갖는 것이라는 사실이 조사를 통해 드러날 것을 예상해야만 한다. 이것이 공시적인synchronic 단면에서 바라본 문화의 진실이라면, 이는 또한 문화 접촉과 변화의 통시적인diachronic 과정에도 적용되

---

28) 말리노프스키Bronislaw Malinowski의 《성생활과 범죄와 관습Sexual Life and Crime and Custom》과 리처즈A. I. Richards의 《굶주림과 일Hunger and Work》을 참조하라. 하나의 문화를 '제도'로 세분하는 것에 대한 이러한 의문은 내가 지적한 것처럼 단순하지 않다. 그리고 그들의 연구에도 불구하고 런던 학파 London School는 여전히 그러한 분할이 실용적이라는 이론을 고수하고 있다. 그것은 어떤 현지인들――아마 모든, 어떤 경우의 서유럽 사람들――이 실제적으로 자신들의 문화가 매우 세분화되어 있다는 생각에서 생겨난 혼란일 가능성이 있다. 다양한 문화적 현상 또한 그런 세분화에 기여한다. 예, (a) 노동의 분배와 동일한 커뮤니티 내에서 서로 다른 개인들의 집단 간에 행동 규범의 분화, 그리고 (b) 어떤 문화에 존재하는 시간과 공간에 의해 행동이 세분화되는 것에 대한 강조. 그러한 문화에서 이러한 현상은 예를 들면, 토요일 11시 30분과 12시 30분 사이에 교회에서 일어나는 모든 행동은 '종교적인 것'이라고 부를 가능성으로 나아간다. 그러나 심지어 그런 문화 속에서도 인류학자는 특징들에 대한 자신의 분류가 제도화되는 것에 대해 의심하면서 살펴보아야 하며, 다양한 제도들 사이에서 공통되는 부분을 많이 발견할 것을 예상해야만 한다.

비슷한 오류가 심리학에서도 일어나고 있는데, 이는 행동을 불러일으킨 충동에 따라, 예를 들어 자기-방어, 단정, 성욕, 물욕 등과 같은 범주로 행동이 분류될 수 있다고 여기는 데 있다. 또한 여기서는, 심리학자뿐만 아니라 연구 대상인 개인도 이러한 범주들의 관점에서 생각하기 쉽다는 점에서 혼란이 야기된다. 심리학자들은 모든 행동이――적어도 잘-융화된 개인 안에서――이 모든 추상 개념과 동시에 관련될 개연성을 쉽게 받아들인다.

어야 한다. 그리고 우리는 모든 특징의 제공, 수용, 혹은 거부에 대해 경제적, 구조적, 성적 및 종교적 원인이 동시에 작용하고 있다고 예상해야만 한다.

(6) 이로부터 '종교'나 '경제' 등과 같은 범주들은 우리가 연구하는 문화 속에 존재하는 실제의 하위 분류가 아니라, 문화를 말로 기술하려고 할 때 우리가 편의상 만든 추상적 개념에 불과하다는 사실이 나온다. 그것들은 문화 속에 현존하는 현상이 아니라, 우리의 연구에서 채택된 다양한 관점을 위한 이름표에 불과하다. 이러한 추상적 개념을 다루는 데 있어서 우리는 화이트헤드A. N. Whitehead의 '잘못 놓인 구체성의 오류fallacy of misplace concreteness'를 피할 수 있도록 조심해야 하며, 마르크스 역사학자들이 '경제 현상'이 '일차적'이라고 주장했을 때가 이러한 오류에 빠진 경우다.

이러한 머리말을 가지고, 우리는 이제 문화 접촉의 연구를 위한 대안이 될 계획을 고려해야 될지도 모른다.

(7) 조사의 범위. 나는 우리가 '문화 접촉'이라는 제목 아래 서로 다른 문화를 가진 두 공동체 사이에서 일어나는 접촉, 그리고 그 결과로 한쪽 집단 혹은 양쪽 집단의 문화에 심각한 혼란을 가져오는 경우들뿐만 아니라 단일 공동체 내에서의 접촉도 다루어야 한다고 생각한다. 이 경우에 접촉은 분화된 개인들의 집단들——예컨대 남녀간, 세대간, 귀족과 평민, 씨족들 등——, 즉 거의 평형 상태에서 함께 살아가고 있는 집단들 사이에서 일어난다. 나는 심지어 '접촉' 개념을 어린이가 자신이 태어난 문화에 적합하게끔 인격을 형성하고 훈련되는 과정까지 포함할 수 있도록 확장하려고 하지만, 당장은 우리는 각 집단의 서로 다른 문화적 행동 규범과 함께 개인들의 집단들 사이의 접

촉에 국한하게 될 것이다.[29]

(8) 만약 우리가 완전히 서로 다른 공동체들 간의 접촉에 뒤따르는 강렬한 동요의 가능한 결말을 생각한다면, 우리는 변화가 이론적으로 다음과 같은 패턴들 중 어느 하나로 귀결되리라는 것을 알 수 있을 것이다.

㉠ 원래 서로 다른 집단들의 완전한 융합

㉡ 하나 또는 두 집단의 배제

㉢ 지배적인 하나의 공동체 속에서 역동적 균형을 유지하며 두 집단이 존속

(9) 내가 단일한 문화 내의 분화 조건을 다루기 위해 접촉 개념을 확장하는 것은 이 정지 상태들에 대한 우리의 지식을 사용해서 비평형 상태에서 작용하고 있는 요소들을 조망하기 위해서다. 조용히 작용하고 있는 요소들에 대한 지식을 얻는 것은 쉬울 수 있지만 격렬히 작용하고 있을 때 그것들을 분리하는 것은 불가능하다. 지진으로 무너지는 집을 관찰하면서 중력의 법칙을 손쉽게 연구하는 것은 불가능하다.

(10) 완전한 융합. 완전한 융합은 접촉 과정의 가능한 결말 중 하나이므로 우리는 집단의 모든 구성원들 속에서 일관되고 동질적인 행동 패턴을 가진 그런 개인들의 집단 내에 어떤 요소들이 존재하고 있는

---

29) 현재의 계획은 심리적 과정보다는 사회적 과정에 대한 연구를 지향하고 있지만, 매우 유사한 계획이 정신병리학의 연구를 위해 구성될 수도 있을 것이다. 이 논문에서 접촉 개념은, 특히 개인의 인격 형성에 영향을 주는 맥락에서 연구되었으며, 분열 발생의 과정은 비정상적인 사람의 부적응을 강조하는 데 있어서뿐만 아니라 정상적인 사람이 자신의 집단과 동화하는 데 있어서도 중요한 부분을 차지하고 있는 것으로 보였다.

지를 반드시 알아야 한다. 그런 조건에 대한 접근은 거의 평형 상태에 있는 어떤 공동체에서나 발견될 수 있지만, 불행히도 유럽에 있는 우리의 공동체들은 이러한 조건이 일어나기 힘든 매우 불안정한 상태에 있다. 더욱이 원시 집단에서도 그런 조건은 종종 분화에 의해 복잡해지기 때문에 우리는 분화된 큰 공동체 내에서 관찰될 수 있는 상당히 동질적인 집단들을 연구하는 것으로 만족해야만 한다.

우리의 첫 번째 임무는 그러한 집단 내에서 어떤 종류의 통일성이 성립되는지를 혹은 오히려——우리는 현상의 클래스들이 아니라 양상들이 관심사라는 것을 명심하면서——상황에 대한 전체적인 관점을 확보하기 위해, 일단의 특징들에서 어떤 모습의 통일성이 성립되는지를 기술하는 것이다. 그러한 자료들을 충분히 이해하기 위해서는 그 자료들을 반드시 적어도 다음과 같이 분리할 수 있는 다섯 가지 측면에서 살펴보아야 한다고 나는 제안한다.

㉠ **통일성의 구조적 측면.** 어떤 하나의 맥락 속에서 어떤 한 개인의 행동은 어떤 의미에서 다른 모든 맥락 속에서 다른 모든 개인들의 행동과 인지적으로 일치한다. 여기서 우리는 반드시 한 문화의 고유한 논리가 다른 문화들의 그것과 완전히 다르다는 것을 발견할 준비가 되어 있어야 한다. 이런 관점에서 우리는 예를 들어 A라는 개인이 B라는 개인에게 음료수 하나를 권했을 경우, 그 행동은 A와 B가 소속된 집단 내에서 성립되는 다른 행동 규범들과 일치한다고 볼 수 있을 것이다.

일단의 행동 패턴의 통일성에 있어서 이러한 양상은 개인들 성격의 인지적 양상들의 표준화라는 관점에서 다시 언급될 수도 있다. 우리는 개인들의 사고 패턴들이 너무나 표준화되어서 그들의 행동은 자신들에게 **논리적인** 것으로 보인다고 말할 수도 있다.

ⓛ 통일성의 정서적 측면. 이러한 관점으로 문화를 연구할 때 우리는 모든 세부적인 행동의 정서적 배경을 보여주는 것에 신경을 쓰게 된다. 우리는 일단의 행위를 개인의 정서적 만족과 불만족을 지향하는 타협의 메커니즘으로 보게 될 것이다.

또한 문화의 이런 측면은 개인적인 성격의 감정적 측면들의 표준화라는 말로 설명될 수 있을지도 모른다. 이러한 개인적인 성격의 감정적 측면은 그들의 문화에 의해 너무 한정되어 있어서 각 개인의 행동은 그들 자신에게는 정서적으로 모순이 없다.

ⓒ 경제적 통일성. 여기서 우리는 개인의 전반적인 일단의 행동을 물질의 생산과 분배를 지향하는 메커니즘으로 보게 될 것이다.

ⓔ 시간적·공간적 통일성. 여기서 우리는 행동 패턴들이 시간과 공간에 따라 도식적으로 배열돼 있다고 볼 수 있을 것이다. 우리는 '블루 보어Blue Boar[30]에서의 토요일 저녁이기 때문에' A가 B에게 마실 것을 주는 것으로 보게 될 것이다.

ⓜ 사회학적 통일성. 여기서 우리는 개인들의 행위가 큰 집단, 즉 전체 집단의 통합과 분열을 지향한다고 보게 될 것이다. 우리는 마실 것을 주는 행동을 집단의 결속을 고취하는 것으로 보게 될 것이다.

(11) 이 모든 관점에서 동질적인 집단 구성원들의 행동을 연구하는 것에 더하여, 우리는 우리가 연구하는 사람들 내에서 이러한 다양한 관점의 표준화가 갖는 효과를 발견하기 위해 더 많은 동질적인 집단을 검토해야만 한다. 위에서 언급했듯이 모든 행동은 이러한 모든 관점과 필시 연관된 것으로 간주되어야 하지만, 어떤 사람들은 자신들

---

30) (옮긴이주) 레스토랑 이름.

의 행위를 다른 사람보다 더 '논리적'이거나 '국가에 이익이 되는' 것으로 보거나 말하는 경향이 있다는 사실은 여전히 남는다.

(12) 이러한 동질적인 집단들 내에서 성립되는 조건들에 대한 지식과 함께 우리는 서로 다른 두 개의 집단이 하나로 융합되는 과정을 검토할 수 있는 위치에 있게 될 것이다. 우리는 심지어 그러한 융합을 촉진하거나 저해하는 행동도 규정할 수 있을 것이며, 통일성의 다섯 가지 측면에 적합한 어떤 특징들이 별다른 변화 없이 어떤 문화에 더해질 수 있다는 것을 예측할 수도 있을 것이다. 그 다섯 가지 양상이 적합하지 않을 경우 우리는 그 문화나 특징들의 적절한 변형을 모색할 수도 있을 것이다.

(13) 하나 혹은 두 집단의 제거. 이러한 최종적 결과는 연구할 가치가 거의 없을지도 모르지만, 우리는 적어도 그러한 적대적인 행동이 생존자들의 문화에서 어떤 효과를 가지는지를 결정하기 위해, 이용할 수 있는 자료는 모두 검토해봐야 한다. 예를 들어, 다른 집단들을 제거하는 것과 연관된 행동 패턴들이 그들의 문화에 동화되어 더욱더 제거하도록 압박받을 가능성이 있다.

(14) 역동적 평형 상태에서 두 집단의 지속. 역동적 평형 상태에서 작용하는 요소들은 비평형 상태, 즉 문화적 변화에서 작용하는 요소들과 동일하거나 비슷할 가능성이 있으므로 아마도 이것이 접촉의 가능한 최종적 결과들 중에서 가장 유익할 것이다. 우리의 첫 번째 임무는 분화된 행동 패턴을 가진 개인들의 집단 사이에 존재하는 관계들을 연구하는 것이며, 나중에 이 관계들이 '접촉'이라 불리는 것을 어떤 식으로 조명할지를 고려하는 것이다. 현지답사를 해본 인류학자라면 누구나 그렇게 분화된 집단들을 연구할 기회를 가져보았을 것이다.

(15) 집단들의 분화 가능성은 결코 무한하지 않고, 두 개의 범주로 명백히 나누어진다. ㉠ 관계가 무엇보다 대칭적인 경우, 예컨대 반족(半族),[31] 씨족, 부락, 유럽 국가들의 분화. 그리고 ㉡ 관계가 보완적인 경우, 예, 사회 계급, 계층, 카스트 제도, 연령 등급 또는 어떤 경우에는 성별의 분화.[32] 두 가지 형태의 분화는 모두 역동적 요소들을 가지고 있어서 어떠한 제한 요소가 제거되면 집단들 간의 분화나 분열은 붕괴나 새로운 평형을 향해 점진적으로 증가하게 된다.

(16) 대칭적 분화symmetrical differentiation. A와 B 두 집단의 개인들이

---

31) (옮긴이주) 씨족clan은 단계 집단unilineal descent group의 하나다. 단계 집단이란 특정 조상으로부터 남성 또는 여성만을 통해 친자 관계를 더듬을 수 있는 자손들이 만드는 집단이다. 즉 남성이나 여성 중 어느 한쪽만을 통해서 출생 관계를 찾는 것을 말한다. 남성을 통한 경우를 부계, 여성을 통한 경우를 모계라 한다. 부계 친족 집단을 예로 들면, 자신의 아버지와 조부, 증조부로 조상을 거슬러 올라가며, 자손 쪽으로는 자신의 아이, 그들 중 아들의 자식으로 친족 관계를 형성한다. 이와 같은 구성을 가진 단계 친족 집단으로는 씨족 외에 계족lineage, 포족phratry, 반족moiety이 있다. 단계 친족 집단의 성원은 그들의 공통 조상인 시조로부터 부계나 모계를 통한 자손으로 믿어지는데, 시조로부터 출생 관계를 계보적으로 확인할 수 있는 경우와 시조가 먼 옛날의 존재라서 계보를 확인할 수 없는 경우로 구별되며, 전자를 계족, 후자를 씨족이라 한다. 씨족에서 시조는 전설이나 신화적 존재이지만 동일 씨족원은 시조에서 비롯된 공동의 자손이라는 신념을 견지하며, 이 신념 아래 굳게 단결한다. 포족이란 친척이나 교우 관계에 있는 복수의 씨족을 총칭하는 것으로, 이러한 집단이 한 부족 안에 둘 이상 존재하는 경우는 포족이라 불리며, 둘밖에 없을 때는 반족이라 불린다.

32) 마거릿 미드Margaret Mead, 《성과 기질Sex and Temperament》(1935)을 참조하라. 이 책에 묘사된 커뮤니티들 가운데 챔불리Chambuli 부족은 성별 간 관계가 보완적인 반면에 아라페시Arapesh와 먼더거머Mundugumor 부족의 경우에는 이 관계가 압도적으로 대칭적이다. 내가 연구한 같은 지역의 부족인 이아트멀Iatmul 부족은 성별 간 관계가 보완적이지만 챔불리 부족과는 상당히 다른 모습을 가지고 있다. 나는 10항에서 개략적으로 제시한 ㉠, ㉡, ㉢의 관점에서 그들의 문화를 스케치한 짧은 책을 출판하고 싶다. (참고문헌, 항목 1936과 1958 B를 보라.)

똑같은 소망과 행동 패턴을 가지고 있지만, 그 패턴의 방향에 있어서는 분화된 모든 경우가 이 범주에 해당될 수 있을 것이다. 따라서 A 집단의 구성원들은 자신들끼리는 A, B, C의 행동 패턴으로 대하고, B 집단의 구성원을 대할 때는 X, Y, Z의 행동 패턴을 받아들인다. 같은 방식으로 B 집단의 구성원들도 자신들끼리는 A, B, C의 행동 패턴을 받아들이지만, A 집단을 대할 때는 X, Y, Z의 행동 패턴을 나타낸다. 따라서 행동 X, Y, Z가 X, Y, Z에 대한 표준적 응수인 그런 태도가 자리잡는다. 이 태도는 똑같은 노선을 따라 점진적 분화 혹은 분열 발생 schismogenesis으로 나아가는 요소를 가지고 있다. 예를 들어, 만약 패턴 X, Y, Z에 과시가 포함되어 있고, 과시가 과시에 대한 응수라면, 각 집단은 다른 집단을 그러한 패턴을 지나치게 강조하는 쪽으로 몰고 갈 것이고, 만약 그 과정이 억제되지 않으면 더욱더 극단적인 경쟁을 하게 되고, 그래서 마침내 적대적이 되면서 전체 시스템이 붕괴하는 방향으로 나아갈 수밖에 없게 될 가능성이 있다는 것을 우리는 보게 될 것이다.

(17) 보완적 분화complementary differentiation. 두 집단 구성원의 행동이나 소망이 근본적으로 다른 모든 경우가 이 범주에 해당한다고 할 수 있을 것이다. 따라서 A 집단의 구성원들은 자기들끼리는 L, M, N 행동 패턴으로 대하고, B 집단을 상대할 때는 O, P, Q 패턴을 나타낸다. O, P, Q 행동 패턴에 대해 B 집단 구성원은 U, V, W 패턴을 나타내지만, 그들끼리는 R, S, T 행동 패턴을 받아들인다. 따라서 결국 O, P, Q는 U, V, W에 대한 대답이며 그 역도 마찬가지다. 이런 분화는 점진적으로 증가될 수 있다. 예를 들어, 만약 U, V, W가 문화적으로 복종으로 간주되는 것을 가지고 있는 동안에 O, P, Q가 문화적으로 단

정으로 간주되는 것을 가지고 있다면, 복종은 단정을 더욱 조장하고 다시 단정은 복종을 더욱 조장할 가능성이 있다. 이러한 분열 발생이 만약 억제되지 않는다면 양 집단 구성원의 성격을 일방적으로 점점 왜곡하게 되고, 결과적으로 그들 사이에 상호 적개심을 유발하고 마침내 시스템의 붕괴를 초래할 것이다.

(18) 상호 이익. 집단들 사이의 관계는 대체로 대칭과 보완의 범주로 분류될 수 있지만, 이런 세분은 상호 이익이라 할 수도 있는 또 다른 형태의 분화에 의해 어느 정도 흐려진다. 이런 형태에서 행동 패턴 X와 Y는 각 집단의 구성원들이 다른 집단을 대할 때 채택되지만, X가 X에 대한 응답이고, Y가 Y에 대한 응답이라는 대칭적 시스템 대신에 우리는 여기서 X가 Y에 대한 응답인 것을 발견한다. 따라서 각각의 모든 경우에서의 행동은 비대칭이지만, 어떤 때에는 A 집단이 X를 나타내고 B 집단이 Y로 대답하고, 어떤 때에는 A 집단이 Y를 나타내고 B 집단이 X로 대답하기 때문에 많은 경우에 걸쳐서 대칭이 이루어진다. 어떤 때는 A가 B 집단에 사고sago녹말을 팔고 어떤 때는 B가 A에게 같은 상품을 파는 경우라면 상호 이익이라 할 수 있겠지만, 만약 B가 상습적으로 A에게 물고기를 파는 동안 A가 상습적으로 B에게 사고녹말을 판다면, 우리는 그 패턴을 보완적인 것으로 간주해야만 한다고 나는 생각한다. 이러한 상호 이익의 행동 패턴은 이미 언급했듯이 그 자체로 보완적이면서 균형을 유지하므로 분열 발생을 일으키지 않는다.

(19) 조사해야 할 사항.

㉠ 우리는 대칭적인 형태의 분열 발생으로 나아갈 가능성이 있는 행동의 형태에 대해 적절한 조사를 할 필요가 있다. 현재로서는 과시와

상업적 경쟁만을 지적할 수 있지만, 그러나 같은 형태의 결과를 수반하게 될 것으로 밝혀질 다른 패턴들이 많이 있다는 것에는 의심의 여지가 없다.

ⓛ 우리는 보완적이면서 두 번째 형태의 분열 발생으로 나아가는 행동 형태에 대해 조사할 필요가 있다. 당장은 단지 단정 대 복종, 과시 대 존경, 양육 대 의존만을 언급할 수 있지만 다양한 조합의 이런 쌍들이 추가될 수 있다.

ⓒ 우리는, 두 집단이 서로에게 보완적 행동을 나타낼 때 A 집단 구성원들 사이의 내면적 행동이 B 집단 구성원들 사이의 내면적 행동과 반드시 달라야 한다는 일반적 법칙에 대해 검증할 필요가 있다.

ⓔ 10항에서 개관한 다양한 관점에서 두 가지 형태의 분열 발생에 대해 체계적으로 조사하는 것이 필요하다. 현재 나는 단지 행동학과 구조적인 관점에서 그 문제를 살펴보았을 뿐이다(10항 ㉠, ㉡). 이외에도 마르크스주의 역사가들이 서유럽의 경제적 측면에서의 보완적 분열 발생에 대한 모습을 우리에게 제공한 적이 있다. 그러나 그들 자신은 그들이 연구했고 과장하도록 자극받았던 분열 발생에 의해 지나치게 영향을 받았던 것 같다.

ⓜ 우리는 대칭적이거나 보완적인 것 가운데 어느 하나가 압도적인 관계에서 상호 이익이 되는 행위가 발생하는 것에 대해서도 알 필요가 있다.

(20) 제한 요소. 그러나 위에서 말한 문제들보다 더 중요한 것은 두 가지 형태의 분열 발생을 억제하는 요소들을 고찰하는 일이다. 지금 이 순간에도 유럽의 국가들은 대칭적 분열 발생이 상당히 진행되어 있으며 서로간에 싸울 준비가 되어 있다. 그런 가운데 각 국가에서는

내부적으로 보완적 분열 발생의 증상인 다양한 사회 계층 간 적대감의 증가가 목격되고 있다. 동시에 새로운 독재자가 지배하는 국가에서 우리는 동조자들이 더 큰 자만과 독단을 갖도록 독재자를 부추기는 보완적 분열 발생의 초기 단계를 볼 수 있다.

해결책을 말하기보다는 문제점과 조사의 방향을 제시하는 것이 이 논문의 목적이지만, 분열 발생을 조절하는 요소에 대해서도 다음과 같이 시험적으로 제안될 수 있을 것이다.

㉠ 실제로 건강한 평형 상태에 있는 집단들 간의 관계가 순전히 대칭적이거나 순전히 보완적일 수는 없지만, 그런 관계들은 모두 다른 형태의 요소들을 가지고 있다. 눈에 띄게 강조되는 관계에 따라 이런저런 범주로 관계들을 분류하기는 쉽지만, 대칭 관계에 보완적 행위가 조금만 섞이거나, 보완 관계에 대칭적 행위가 조금만 섞여도 안정적인 국면을 향해 먼 길을 갈 수 있을 것이다. 이런 형태의 안정은 아마도 그 예가 흔할 것이다. 대지주는 지배적인 보완 관계에 있으므로 마을 사람과 언제나 편안한 관계일 수는 없지만, 그가 만약 일 년에 한 번 마을의 크로케(대칭적 경쟁) 경기에 참여한다면, 이는 자신과 마을 사람의 관계에 묘한 불균형을 가져올 것이다.

㉡ 앞에서 언급한 A 집단이 B에게 사고녹말을 팔고 B 집단이 A에게 물고기를 파는 경우에서처럼 보완적 패턴이 때로는 집단들 사이의 상호 의존을 조장해서 실제로 안정적인 효과를 가질 수도 있다.

㉢ 관계 내에 진정한 상호 이익의 요소들이 많이 존재하면 대칭적 요소나 보완적 요소에서 생겨나는 분열 발생을 예방하여 집단을 안정시키는 경향이 있을 수 있다. 그러나 이것은 기껏해야 가장 약한 방책으로 보인다. 한편으로는, 만약 우리가 대칭적 분열 발생이 상호 이익

적인 행동 패턴에 끼치는 영향에 대해 살펴본다면, 상호 이익이 되는 행동이 점점 적게 나타나는 경향이 있음을 알게 될 것이다. 따라서 유럽 국가들을 구성하고 있는 개인들이 점점 대칭적인 국제 경쟁에 휘말리게 되는 것처럼 그들도 이전에 상호 이익이었던 자신들의 상업 행위를 고의로 최소화함으로써 상호 이익이 되는 방식으로 행동하는 것을 점차 그만둘 것이다.[33] 다른 한편, 보완적 분열 발생이 상호 이익의 행동 패턴에 끼치는 영향에 대해 살펴본다면, 우리는 상호 이익이 되는 패턴의 절반 정도가 쉽게 소멸된다는 것을 알게 될 것이다. 이전에 두 집단이 X와 Y를 모두 나타냈다가 다른 집단이 Y만을 과시하는 동안에 한 집단이 X만을 과시하는 것으로 시스템이 점차 나아간다. 사실상 이전에 상호 이익이었던 행동이 전형적인 보완적 패턴으로 변형되어서, 나중에 보완적 분열 발생의 원인이 될 가능성이 있다.

ⓡ 두 집단 간 분열 발생의 어떤 형태라도 어떤 외부적 요소에 대한 충성이나 반대 속에서 두 집단을 결합시키는 요소들에 의해 억제될 수 있음은 분명하다. 그러한 외부적 요소는 상징적 개인일 수도 있고, 적대국의 국민일 수도 있고, 어떤 완전히 비개인적인 상황이 될 수도 있다──비가 엄청나게 많이 내려야만 사자는 양과 함께 누울 것이다.[34] 하지만 외부적 요소가 개인이나 개인들의 집단인 경우도 주목해야만 하는데, 외부 집단을 상대로 A와 B 집단을 결속시킨 관계는 언제나 그 자체로 이런저런 형태의 잠재적인 분열 발생 관계가 될 것이다.

---

33) 다른 예들에서 그랬던 것처럼 여기서도 10항에서 개관한 모든 관점에서 분열 발생을 고려하려는 시도는 이루어진 바 없다. 따라서 경제적 측면에 대한 문제는 여기서는 고려되지 않으므로 분열 발생이 쇠퇴하는 효과는 무시되었다. 완전한 연구는 현상의 측면을 하나씩 다루는 별개의 부분들로 세분될 것이다.
34) (옮긴이주) 구약성서 〈이사야〉 11장.

이와 같은 다양한 시스템들에 대한 검토가 절실히 요구되며, 특히 우리는 아랫사람을 상대할 때는 단호함과 자부심을 나타내는 반면에 높은 집단을 상대할 때는 존경과 복종을 나타내는 개인들을 용납함으로써 계층의 중간 집단에서 변형된 성격의 왜곡이 완화되는 시스템(예 : 군대의 계층 구조)에 대해 더 많은 것을 알 필요가 있다.

⑪ 유럽인이 처한 상황의 경우에는 다른 가능성, 즉 관심을 외부 상황으로 돌리는 특별한 통제의 경우가 있다. 계층들과 국가들의 정책에 대한 책임을 띤 사람들이 문제를 해결하기 위한 시도 속에서 자신들이 역할을 하고 협력하고 있는 과정에 대해 자각하게 될지도 모른다. 그렇지만 인류학이나 사회심리학이 조언에 필요한 신망을 결여하고 있기 때문에 이렇게 될 가능성은 매우 낮으며, 그러한 조언 없이 정부는 상황에 주의를 기울이기보다는 상대의 반응에 따라 계속적으로 반응하게 될 것이다.

(21) 결론적으로, 우리는 행정가가 직면했던 흑백 간의 문화 접촉에 대한 문제로 돌아가게 될지 모른다. 행정가의 첫 번째 과업은 8항에서 개관했던 최종적인 결과들 중 어떤 것이 바람직하고 성취 가능한 것인지를 결정하는 것이다. 이런 결정을 그는 사심 없이 내려야 한다. 만약 그가 융합을 선택한다면 10항에서 밝힌 것(조사가 필요한 문제로서)과 같이 일관성 있는 여건을 조성하도록 모든 단계를 설계하는 노력을 해야 한다. 만약 그가 두 집단이 어떤 역동적 균형의 형식을 지속하게 되는 것을 선택한다면 그는 분열 발생의 가능성이 적절히 보완되거나 균형을 가진 시스템을 수립하도록 노력해야 한다. 그러나 내가 개략적으로 밝힌 도식의 매 단계마다 훈련된 학자들에 의해 연구되어야 할 문제들이 있으며, 이런 문제들이 해결될 때 응용사회학뿐

만 아니라 사회 속의 인간에 대한 우리의 이해의 기초에도 기여하게
될 것이다.

관찰된 민족학 자료에 관한 사고 실험[35]

내가 이해하기로, 여러분은 나에게 인류학 자료에 대해 어떻게 사고하는지 솔직하고, 자기 성찰적인──개인적인──의견을 말해달라고 한 것으로 알고 있다. 만약 내가 나의 사고에 대해 솔직하고 개인적인 이야기를 한다면, 나는 내 생각의 결과에 대해 반드시 비개인적이어야 한다. 비록 내가 30분 동안 나의 자부심과 수치심을 모두 버릴 수 있다 해도, 솔직해야 하는 문제는 여전히 어려울 것 같다.

우선 나의 개념적 도구와 지적 습관을 어떻게 습득했는지에 대한 자전적인 얘기를 여러분에게 들려줌으로써 내가 어떻게 사고하는지를

---

35) 이 논문은 1940년 4월 28일에 신사회과학원New School for Social Research에서 개최된 '철학과 과학의 방법론에 관한 제7차 회의Seventh Conference on Methods in Philosophy and the Sciences'에 제출된 것이다. 《과학 철학*Philosophy of Science*》 vol. 8, no. 1(1941)에 실렸던 것을 The William & Wilkins Co.의 허락을 받아 여기에 재수록했다.

묘사해보려고 한다. 내가 말하려는 것은 학문적 전기나 내가 연구한 분야들의 목록은 아니지만, 오히려 목록보다 더 중요한 것은 내가 인류학 자료들을 가지고 연구할 때 내 마음에 매우 깊은 인상을 남긴 다양한 과학 분야에 있어서의 사고의 모티브들이다. 당연히 나는 새로운 자료에 대한 나의 접근법을 안내하는 이 빌려온 모티브들을 사용했다.

나는 이 도구의 가장 많은 부분을 유전학자였던 나의 아버지 윌리엄 베이트슨에게서 얻었다. 학교와 대학은 과학적 사고의 기본 원리에 관한 개념을 거의 제공하지 않으며, 내가 이것을 배우게 된 것은 대부분 아버지와의 대화를 통해서였으며, 특히 아버지의 말에 담긴 함축을 통해서였다. 아버지 자신은 철학, 수학, 논리학에 대해서는 분명히 말하지 않았으며, 그런 과목들에 대해서는 분명 회의적이었다. 그럼에도 여전히 내가 생각하기에 아버지는 이런 문제들을 나에게 넘겨주었다.

내가 아버지로부터 받은 태도들은 특히 아버지 자신도 부정하는 것이었다. 아버지는 젊었을 때 자신의 가장 훌륭한 저서——나는 아버지가 그렇게 알고 있었다고 생각한다——에서 동물의 대칭, 체절,[36] 부분들의 연속적인 반복, 패턴의 문제들을 제기했다. 나중에는 이런

---

36) (옮긴이주) 동물의 몸에서 전(前), 후(後) 축을 따라 반복적으로 배열되는 분절적인 입체 구조의 단위를 말한다. 환형동물이나 절지동물의 체절이 좋은 보기이며, 새우, 게 등의 갑각류, 나비, 잠자리 등의 곤충류를 포함한 절지동물에서는 체절의 유합이 일어나 복부에서만 체절 구조를 볼 수 있다. 고등동물은 겉으로 드러나지는 않지만 체절 구조의 흔적을 갖고 있다. 창고기의 근절(筋節)이나 척추동물의 추골(椎骨)은 이들 동물의 몸이 체절 구조에 기초를 두고 있음을 보여준다.

분야를 떠나 멘델Gregor Johann Mendel의 유전 법칙에 여생을 바쳤다. 하지만 아버지는 항상 패턴과 대칭의 문제를 갈망했으며, 좋든 싫든 간에 내가 손에 넣고 '과학'이라 부르도록 만든 것은 이러한 갈망과 신비였다.

나는 자연 현상의 모든 분야에서 똑같은 종류의 과정들을 찾아야 한다는 막연한 신비적 느낌을 가졌었다——수정(水晶)의 구조에 작용하는 것과 똑같은 법칙이 사회 구조에서 발견될 수 있고, 지렁이의 체절 형성 과정이 현무암 기둥의 형성 과정과 비교될 수 있으리라는 것이었다.

오늘 나는 꼭 그런 말로 이 신비적인 믿음을 설교하려는 것은 아니지만, 어떤 분야를 분석하는 데 유용한 정신 작용의 형태들이 다른 분야에서도 똑같이 유용할 것이라고 내가 믿고 있음을 말하려고 한다——자연의 뼈대보다는 과학의 뼈대(에이도스eidos)가 모든 분야에서 동일하다. 하지만 그 문제에 대한 좀더 신비한 표현법은 내가 모호하게 배운 것이었으며, 그것은 최고로 중요한 표현법이었다. 그것은 내가 자고새partridges 깃털의 패턴을 분석할 때 내포하고 있던 어떤 과학적 관찰에 확실한 위엄을 주었고, 나는 정말로 자연의 패턴과 규칙이라는 불가해한 사건에 대한 해답 또는 약간의 해답을 얻은 것 같았다. 그리고 나아가 이런 약간의 신비주의는 나로 하여금 생물학, 기초 물리학과 화학에서 획득한 나의 과학적 배경을 자유롭게 사용할 수 있게 하고 또 매우 다른 관찰의 분야에서도 이런 사고방식이 적합하리라고 예상하게 한다는 점에서 중요했다. 그러한 신비주의 덕분에 나는 내가 받은 모든 훈련이 인류학과 전혀 무관하기보다는 잠재적으로 유용할 것이라고 생각할 수 있었다.

내가 인류학에 들어섰을 때 느슨한 유추의 사용, 특히 스펜서 학파의 유기체와 사회의 유추analogy[37)에 대한 심각한 반발이 일어나고 있었다. 세계에 널리 퍼져 있는 현상의 통일성에 대한 이 신비적인 믿음 덕분에 나는 많은 지적 낭비를 피할 수 있었다. 나는 이러한 유추가 근본적으로 건전하다는 것에 대해 어떤 의심도 가져보지 않았다. 왜냐하면 의심한다는 것은 정서적으로 값비싼 대가를 요구하기 때문이다.

---

37) (옮긴이주) 허버트 스펜서Herbert Spencer는 사회학을 '개별 유기체들의 결합으로 출현한 초유기체(사회)의 진화에 관한 과학'으로 정의하고 '사회 생활에서 일어나는 사건들의 진화를 연구'하는 것을 사회학자의 임무로 생각했다. 그에게서 가장 핵심적인 개념은 진화와 진화의 원칙이다. 스펜서는 '진화는 물질의 통합과 그에 수반되는 운동의 확산으로, 그 과정에서 물질은 불확정적이고 비체계적인 동질성에서 명확하고 체계적인 이질성으로 진행되며, 지속된 운동은 그와 유사한 변형을 겪는다'고 말했다. 이는 사회 진보를 '단순한 것에서 복잡한 것으로의 발전'으로 보는 그의 시각을 보여준다. 스펜서의 사회학 이론은 진화의 원칙에 기초하지만, 사상 체계의 대부분을 유기체적 유추에 두었다. 유기체적 유추는 사회와 유기체를 동일시하는 것으로, 그는 유기체에 관한 일반화와 사회에 관한 일반화 사이의 유사점에 대한 인식이 진화의 원칙을 향한 첫걸음이라고 주장했다. 그는 유기체적 유추를 다음과 같이 설명했다. '사회는 개인과 완전히 같은 시스템으로 조직되어 있으므로 우리는 그들 사이에서 유추 이상의 어떤 것을 파악할 수 있을 것이며, 생명에 대한 동일한 규정이 양자에 적용된다. 사회의 성장과 성숙, 그리고 쇠망을 통해 겪는 변형이 비유기체적, 유기체적인 모든 질서의 집합들이 겪는 변형과 동일한 원리에 부합될 때 과학으로서의 사회학이라는 개념에 도달할 수 있다.' 이러한 관점에서 스펜서는 '사회는 단순 사회에서 다양한 수준의 복잡 사회로 발전하며, 군사형 사회에서 산업형 사회로 진화한다'는 주장을 했다. 스펜서의 이러한 견해는 미국을 중심으로 사회이론의 지배적 사상으로 발전했지만, 경험적 근거 없이 생물학적 명제를 사회학에 이전시킨 데 따른 오류로 인해 점차 과거의 유물로 전락하게 된다. 그럼에도 불구하고 그의 시각은 보다 세련된 형태의 체계적 접근을 가능하게 했다. 즉 사회나 유기체는 모두 상호 의존적인 부분들로 구성된 전체라는 점에서 시스템이며, 이러한 유추는 이후 사회학에 있어서 중심 개념인 '시스템' 이론의 기초가 되었다.

오늘날에는 물론 강조점이 바뀌었다. 오늘날 복잡한 기능을 하는 하나의 시스템을 분석하는 데 유용하다고 알려진 분석 방법이 그와 비슷한 어떤 다른 시스템을 분석하는 데 사용될 가능성이 있음을 심각하게 의심하는 사람은 거의 없다. 그러나 비록 그 표현은 나빴지만, 그때는 신비적인 지주가 유용했다.

특히 나의 주제와 관련해서 그러한 신비주의가 도움을 준 또 다른 방식이 있다. 나는 더 새롭고 엄밀한 사고나 설명의 방식을 발견했다고 우리 스스로 자부할 때마다, 또는 우리가 '조작주의operationalism'[38]나 상징적 논리 또는 다른 어떤 매우 핵심적인 부동의 원칙 체계를 지나치게 고집할 때마다, 우리는 새로운 사고방식으로 생각하는 능력을 상실한다는 것을 강조하고 싶다. 그와 마찬가지로, 우리가 형식적 사고나 설명의 단조로운 경직성에 반발하여 우리의 개념들을 멋대로 날뛰게 할 때에도 우리는 새롭게 생각하는 능력을 상실한다. 내가 아는 바로는 과학적 사고의 진보는 느슨하고 엄격한 사고방식의 조합에서 나오며, 이러한 조합이 과학의 가장 고귀한 도구다.

현상에 대한 나의 신비적 관점은 특히 이 이중적인 정신의 습관을 구축하는 데 공헌했다——그것은 거친 '육감'으로 나를 이끌었으며, 동시에 그 육감들에 좀더 형식적인 사고를 끌어들이게 만들었다. 그것은 사고의 느슨함을 고무했지만 즉각적으로 그 느슨함을 엄격한 구

---

38) (옮긴이주) 미국의 물리학자 브리지먼P. W. Bridgman이 제창한 철학적 견해로 그는 개념들의 의미가 물리적 또는 정신적 조작들로 정의되어야 한다고 주장했다. 조작주의에 따르면 '길이'라는 개념은 자를 사용해서 재는 조작을 할 때 주어지는 개념이며, '온도'라는 개념은 온도계를 물체에 갖다 대는 조작을 할 때 부여된다. 따라서 의미는 조작들의 집합이며, 어떤 개념에 대해 조작 방법을 제시할 수 없으면 그 개념은 의미를 갖지 않는다는 것이다.

체성과 대조하여 평가하도록 만들었다. 핵심은 유추로부터의 첫 육감은 거칠지만, 그 다음, 내가 유추를 이해하려는 순간에, 나는 내가 유추를 빌려온 분야에서 고안된 엄격한 공식에 부딪치게 된다는 것이다.

아마도 이에 대한 예는 제공할 만한 가치가 있을 것이다. 그 예는 뉴기니의 이아트멀족의 사회 조직을 공식화하는 문제다. 이아트멀족의 사회 체계는 한 가지 매우 본질적인 점에서 우리의 사회 체계와 차이가 있다. 그들의 사회에는 어떤 종류의 추장 지위도 없으며, 그래서 나는 개인의 통제는 '위에서의 제재' 보다는 내가 '측면의' 제재라고 부른 것에 의해 이루어진다고 말함으로써 이 문제를 느슨하게 표현했다. 게다가 나는 일반적으로 사회의 하위 부류——씨족, 반족 등——에는 그들 자신의 구성원들을 처벌하는 실질적 수단이 전혀 없다는 것을 나의 자료를 검토하면서 발견했다. 그 사회의 특정한 젊은 계급이 소유한 사원이 더럽혀졌고, 그래서 같은 계급의 다른 구성원들이 더럽힌 사람에게 매우 화를 냈음에도 불구하고, 그들이 그 사건에 대해 아무것도 할 수 없었던 경우를 나는 경험했다. 나는 다른 구성원들이 그 사람의 돼지를 한 마리 죽이거나 재산을 뺏을 것이냐고 물었고, 그들은 "아니요, 물론 아니지요. 그 사람도 그들이 속한 입문 계급의 일원인데요"라고 대답했다. 만약 같은 사건이 몇 개의 계급이 속해 있는 커다란 연장자의 사원에서 일어났다면, 더럽힌 사람은 처벌받았을 것이다. 그 사람이 속한 계급은 그를 지켜주었지만 다른 사람들은 큰 소리로 야단을 쳤다.[39]

그래서 나는 이러한 체계와 우리가 속한 체계를 좀더 구체적으로 비

---

39) 이에 대한 상세한 내용과 다른 비슷한 사건에 대해서는 《네이븐*Naven*》
(Cambridge : Cambridge Univ. Press, 1936), 98~107쪽을 참조하라.

교할 수 있는 경우를 찾기 시작했다. 나는 '방사상 대칭인 동물들(해파리, 바다 말미잘 등)과 횡형 체절을 가진 동물들(지렁이, 바닷가재, 인간 등)의 차이와 같다'고 말했다.

현재 동물의 체절 분야와 관계된 메커니즘에 대해 우리가 알고 있는 것은 매우 적지만, 적어도 그 문제는 사회 분야에서보다는 더 구체적이다. 사회 문제를 동물의 분화 문제와 비교해보면, 그 즉시 우리는 좀 더 정확히 말할 수 있게 해주는 시각적 도식을 제공받게 된다. 그리고 횡형 체절 동물로 인해 단순한 해부학적 도식 이상의 무언가를 얻을 수 있다. 실험발생학에서 행해진 작업과 축경사axial gradient[40] 덕분에 우리는 그 체계의 역동성에 대한 개념을 어느 정도 가지고 있다. 우리는 연속적인 체절 사이에 성립되는 어떤 종류의 비대칭 관계에 대해 알고 있으며, (느슨하게 말해서) 각 체질이 머리를 형성할 수 있다면, 각 체질은 그렇게 하겠지만 그 다음 앞쪽 체질이 머리 형성을 방지할 것이다. 나아가 연속된 체절 사이의 관계에서 이러한 역동적 비대칭은 형태학적으로 반영된다. 우리는 대부분의 그러한 동물들에게서 연속

---

[40] (옮긴이주) 미국의 동물학자 차일드Charles Manning Child는 동물의 손상 부위의 질서정연한 재생을 생리학적으로 설명하는 재생과 발생에 대한 축경사 이론을 발전시켰다. 그는 편형동물인 와충류(渦蟲類)와 담수 히드라 같은 무척추동물을 상세하게 연구했으며, 이들이 작은 단편에서 완전한 개체로 재생될 수 있는 놀라운 능력을 가지고 있음을 보여주었다. 그는 머리나 꼬리와 같은 특징적인 부분들이 대체로 원래 붙어 있던 부위에서 자라는 것을 발견했는데 이 현상은 극성polarity으로 알려져 있다. 차일드는 자신의 실험에 근거하여, 다세포 생물에서 축을 따라 밑에서 위로(또는 꼬리에서 머리로) 갈수록 생리적 활성이 증가하며, 단편적인 조직에서의 이러한 활성 경사가 그 단편에서 자라나는 구조들의 위치를 결정한다는 전-후 우세antero-posterior dominance 이론을 발전시켰다. 그리고 그는 경사가 세포의 기능에 작용하는 화학적 요인에 의해 생긴다고 생각했다.

적인 체절 간의 일련의 차이 —— 소위 체절 분화 —— 를 발견한다. 그들의 부속지appendages는 단일한 기본 구조를 따르는 것으로 보일 수 있음에도 불구하고, 그 연속을 따라 내려가 보면 하나가 다른 하나와 다르다. (바닷가재의 다리가 내가 말하는 것에 대한 익숙한 예를 제공한다.)

이와는 대조적으로, 방사상 대칭인 동물의 체절은 중심을 둘러싸고 원의 부채꼴들처럼 배열되며, 보통 모두 비슷한 모양을 하고 있다.

내가 말한 것처럼, 우리는 동물의 체절에 대해 많은 것을 알지 못하지만, 적어도 이아트멀 사회 조직에 대한 문제로 돌아가기에는 이 정도면 내게 충분하다. 나의 '육감'은 이아트멀 문제에 대해 좀더 정확하게 사고하는 데 일련의 엄밀한 단어와 도식을 제공해주었다. 이제 나는 씨족 간의 관계가 어떤 의미에서 대칭인지 아닌지, 그리고 거기에 체절 분화의 결여와 비교될 수 있는 어떤 것이 있는지 없는지를 결정하기 위해 이아트멀 자료를 다시 살펴볼 수 있었다. 나는 '육감'이 유효했다는 것을 발견했다. 또한 씨족 간의 대립과 통제에 관한 한 그들 사이의 관계는 상당히 대칭적이라는 것이었으며, 나아가 씨족 간의 분화에 관한 문제에 있어서는 상당한 차이들이 존재함에도 불구하고 연속적인 패턴은 없는 것으로 설명될 수 있다는 것을 발견했다. 그 외에도 나는 씨족들에게는 서로를 모방하려는 경향이 강하게 있음을 발견했다. 각 씨족은 다른 씨족의 신화적 역사의 일부를 훔치고, 일종의 부정하게 얻은 문장을 자신들의 과거에 편입시키고, 다른 씨족을 모방함으로써 전체 체계는 그들 사이의 분화를 감소시키는 경향을 보였다. (그 체계 역시 반대 방향의 경향성들을 가지고 있을지도 모르지만, 이 문제는 지금 논할 필요가 없다.)

나는 다른 방향으로 유추를 해나갔다. 체절 분화 현상에 영향 받은 나는, 계층적 체계를 가진 우리 사회에서(지렁이나 바닷가재와 비교될 수 있는) 어떤 집단이 부모 사회에서 떨어져 나올 때는, 새로운 집단과 오래된 집단 사이를 분리하는 분열의 선이 더 큰 분화를 나타내는 것을 종종 발견할 수 있다는 의견을 말했다. 청교도들은 달라지기 위해 떠난 것이다. 그러나 이아트멀족의 경우, 부락 내에서 두 집단 간에 불화가 있어 한 집단이 떠나서 새로운 공동체를 형성할 때도 두 집단의 관습은 동일하게 남아 있다. 우리 사회에서 분열은 이단시되지만(다른 교리나 관습을 추구한다), 이아트멀에서 분열은 오히려 종파 분리다(교리의 변화 없이 다른 지도자를 추종한다).

　여러분은 여기서, 내가 한 가지 점에서 나의 유추를 무시했으며, 이 문제가 아직 완전히 분명하지 않음을 알아차릴 것이다. 횡적 분열이나 측부 발아는 횡적 체절을 가진 동물에게서 일어나고, 발아나 분열의 결과는 동일하며, 전반부의 검열에 의해 억제되는 후반부는 이러한 통제로부터 벗어나, 정상적이고 완전한 동물로 발달한다. 따라서 나는 분열 이전의 횡적 체절 동물과 비교될 수 있는 계층적 사회의 분열에 수반되는 분화에 주목했을 때 나의 유추와 보조를 맞추지 않았다. 유추로부터의 이러한 일탈은 분명 관찰할 가치가 있을 것이다. 그것은 두 가지 경우에서 구성 단위 간에 성립되는 비대칭 관계에 대한 더욱 정확한 연구로 우리를 이끌 것이며, 비대칭 관계에서 자신의 위치에 종속된 구성원의 반응에 대한 의문이 일어날 것이다. 문제의 이런 측면을 나는 아직 검토해보지 않았다.

　씨족 간의 상호 관계를 기술하기 위한 약간의 개념적 구조를 갖게 된 나는 더 나아가 방금 말한 구조의 관점에서 다양한 연령 계급 사이의 상호 관계를 연구해나갔다. 이때, 만약 일련의 분화를 위한 기초를 제공할 것으로 예상되는 연령이라면 어디서든 우리는 연속적인 계급 간의 비대칭 관계가 횡적 체절과 어느 정도 유사할 것으로 예상해야 한다──그리고 어느 정도까지는 연령-계급의 체계가 이 모습과 맞아떨어졌다. 각각의 계급은 자신의 입문 의식과 비밀을 가지고 있었으며, 이러한 의식과 비밀에서 더할 나위 없이 쉽게 체절 분화를 추적할 수 있었다. 체계의 꼭대기에서 완전히 발달된 의식(儀式)은 그것의 기본적 형식은 낮은 수준에서도 여전히 인식할 수는 있지만, 아래로 내려갈수록 각 단계는 점점 더 미숙하다.

그러나 나의 관점이 동물의 체절에 관한 용어로 정의되었을 때 선명하게 부각된 한 가지 매우 흥미로운 요소를 그 입문 체계는 가지고 있다. 연령층은 서로 엇갈려서, 전체 시스템은 3, 5, 7 등(홀수)의 계급으로 구성된 집단과 2, 4, 6 등의 계급으로 구성된 두 집단으로 이루어지고, 이 두 집단은 내가 이미 '대칭적'이라고 말했던 관계의 형태를 유지하고 있다──각 집단은 그들의 권리가 침해되었을 때 싸우는 것으로 다른 집단에 제재를 가했다.

이와 같이 우리가 가장 분명한 계층 구조를 예상했던 곳에서조차, 이아트멀족은 우두머리 없이 대칭적으로 한쪽과 다른 쪽이 대립하는 체계가 계층 구조를 대체하고 있었다.

이러한 결론으로부터, 많은 다른 형태의 자료들에 의해 영향을 받은 나의 조사는 다른 관점으로 그 문제를 살펴보기 위해 나아갈 것이다──특히 비대칭적인 관계보다 대칭적인 관계를 더 선호하는 것이 개인에게 주입될 수 있는지 없는지, 그리고 그러한 성격 형성의 메커니즘이 무엇인지에 관한 심리학적 문제들을 살펴볼 것이다. 하지만 지금 우리가 그것을 할 필요는 없다.

　다른 과학에서 도출된 애매한 '육감' 이 우리가 가진 자료에 관해 좀 더 효과적으로 사고할 수 있게 한다는 점에서, 그 다른 과학의 정확한 공식화로 이끈다는 방법론적 주제를 분명히 나타내는 이야기는 충분히 언급되었다.

　여러분은 내가 생물학적 발견을 사용하는 형식이 동물학자들이 자신의 자료에 대해 말하는 형식과 실제로 다르다는 것에 주목할 것이다. 동물학자들이 축경사라고 말했을 곳에서 나는 '연속적인 체절 사이의 비대칭 관계' 라고 말했으며, 내가 표현한 '연속적' 이라는 말에 두 가지 동시적인 의미를 부여할 준비가 되어 있었다――'연속적' 이라는 말은 인류학 자료에 대해 언급할 때는 계층의 어떤 추상적인 속성을 의미하는 반면, 동물 자료에 대해 언급할 때는 구체적인 삼차원 유기체의 형태학적 연속을 의미했다.

　'축경사' 를 '비대칭 관계' 로 대체하는 것처럼 내가 유추를 어느 정도 기묘한 추상적 형태로 사용하고 있으며, 그래서 '연속적' 이란 말에 내가 두 가지 경우에 모두 적용될 수 있는 어떤 추상적인 의미를 부여한다는 말은 정당하다고 생각한다.

　이것은 실체들을 비교하는 용어와 관련 있는 추상적 개념을 고안하는 나의 사고 습관에 또 다른 매우 중요한 모티브를 가져다준다. 그리고 이를 설명하기 위해 나는 그러한 추상화에 대해 죄책감을 가졌던 첫 번째 경우를 똑똑히 기억할 수 있다. 그것은 케임브리지 대학에서 내가 동물학 졸업 시험을 치를 때였다. 시험관은 각 부문의 주제에서 적어도 한 문제를 풀게 했다. 나는 항상 비교해부학이 시간 낭비라고 생각했지만, 나 자신이 그 시험에 직면하여 필요한 세부 지식을 가지고 있지 않다는 사실을 깨달았다. 나는 양서류와 포유류의 비뇨생식 기계를 비교하라는 질문을 받았는데, 나는 그것에 대해 별로 아는 게 없었다.

필요는 발명의 어머니였다. 나는 비교해부학이 시간 낭비라는 입장이 옹호될 수 있어야 한다고 결정했고, 동물학 이론에서 상동에 역점을 두는 모든 것을 공격하려고 했다. 여러분도 알다시피, 동물학자들은 통상적으로 상동homology과 상사analogy라는, 기관들 간의 두 가지 비교 가능성을 다루고 있다. 동물의 기관이 다른 기관과 비슷한 구조를 가지고 있거나 비슷한 구조적 관계를 가지고 있다는 것이 드러날 때, '상동'이라 불린다. 예를 들면, 코끼리의 코는 다른 부분, 즉 눈과 동일한 형태적 관계를 가지고 있기 때문에 사람의 코, 입과 상동 관계에 있다라고 말할 수 있다: 그러나 코끼리의 코와 사람의 손은 모두 똑같은 용도를 가지고 있기 때문에 상사 관계다. 15년 전에 비교해부학은 이 두 가지 비교 가능성 주위를 끊임없이 맴돌았으며, 공교롭게도 이 두 개념은 내가 '두 실체 간의 비교에 대한 용어를 규정하는 추상화'라는 말로 의미하는 것에 관한 좋은 예들이다.

내가 비교해부학을 공격한 것은 다른 비교 가능성도 있을 수 있으며, 형태학적 분석 방법만으로는 충분하지 않아서 문제를 혼란스럽게 한다는 것을 제시하기 위해서였다. 물고기의 양측 지느러미는 통상적으로 포유동물의 양측 다리와 상동 관계라고 간주되겠지만, 정중 기관median organ인 물고기의 꼬리는 통상적으로 지느러미와 '다르거나' 기껏해야 단지 지느러미와 '상사'하다고 간주될 것이라고 나는 주장했다. 그렇다면 이중 꼬리를 가진 일본 금붕어에 대해서는 무슨 말을 하겠는가? 이 동물에서 비정상적인 꼬리의 원인이 되는 요소는 또한 양측 지느러미에서도 똑같은 비정상을 야기한다. 그러므로 거기에는 성장의 과정과 법칙이라는 점에서 등가equivalence인 또 다른 종류의 비교 가능성이 존재했다. 어떻든 나의 답안이 몇 점을 받았는지는 모른다. 나는 양측 지느러미를 가진 금붕어는 거의 없으며, 있다고 해도, 꼬리에서 비정상을 야기하는 요소에 의해 영향을 받았다는 것을 상당히 나중에야 발견했지만, 그 시험관이 내가 허세를 부린다는 것을 알아챌 수 있었는지는 의심스럽다. 게다가 나는 1854년에 헤켈Ernst Haeckel이 실제로 내가 발견했던 바로 그런 형태의 등가성을 위해 '동률성homonomy'이라는 말을 만들어냈다는 흥미로운 사실을 발견했다. 내가 아는 한 그 말은 쓸모가 없어졌으며, 내가 답안을 작성했을 때 쓸모가 없어졌다.

어떻든 내가 아는 한 그 생각은 새로운 것이었고, 나는 그것을 혼자 생각해냈다. 나는 생각하는 방법을 발견한 것이다. 그것은 1926년의 일이었고, 이 오래된 실마리는 그 후에도 계속 나에게 남아 있었다. 나는 내가 비법을 가지고 있음을 깨닫지 못하고 있었으며, 십 년이 지나서야 상사-상동-동률성의 의미를 완전히 파악했다.

이런 개념들과 그것들이 가진 비결과의 다양한 충돌을 어느 정도 자세히 이야기하는 것도 재미있을지 모른다. 앞에서 말한 그 시험이 있은 후 나는 인류학에 발을 들여놓고 당분간 그 문제를 접어두었다──이 과목에서 무엇을 할 수 있을 것인지에 대해 어느 정도 의아해하긴 했지만, 내게는 무의미하게 여겨진 대부분의 전통적 접근법을 거부하는 것을 제외하고 어느 것도 분명한 것은 없었다. 1930년에 나는 거의 영국 왕립인류학회의 권위로 발표된 〈인류학에 관한 기록 및 질문Notes and Queries on Anthropology〉에 열거된 토템의 특징들을 이아트멀족이 '높은 비율'로 가지고 있기 때문에 이아트멀족의 토템이 진정한 의미의 토템이라는 것을 처음으로 증명하는, 토테미즘의 개념에 대한 짧은 풍자의 글을 썼으며, 그 다음에 계속해서 우리가 북아메리카 토테미즘과 이아트멀 문화의 어떤 부분들을 등식화하면서 언급하던 등가성은 어떤 것이며, 상동―동률성 등에 억지로 끌어들인 등가성은 어떤 것인가라는 질문으로 나아갔다.

진정한 토테미즘에 대한 이런 논의에서 나는 여전히 동률성―상사라는 추상적 개념을 더할 나위 없이 분명하게 가지고 있었으며, 그것들이 어떤 종류의 추상적 개념인지를 완전히 이해하면서 그 개념들을 사용하고 있었다――그러나 이후에 이아트멀 자료에 대한 분석을 위해 다른 몇 개의 추상적 개념들을 더 만들었으며 그것을 바로 잊어버림으로써 문제를 뒤죽박죽으로 만들었다는 사실은 흥미롭다.

나는 특히 내가 문화의 '느낌'이라고 불렀던 것을 연구하는 데 흥미를 가지게 되었으며, 보다 형식적인 세부 사항에 대한 통상적 연구에 싫증을 느꼈다. 이처럼 상당히 막연하게 이해된 상태에서 뉴기니로 떠났으며, 집으로 보낸 편지 중 하나에서 문화적 '느낌'과 같은 헤아릴 수 없는 개념에 어떤 종류의 소금을 묻혀야 할지 모르겠다는 절망적인 불평을 했다. 나는 무심한 원주민 집단들이 빈랑 열매를 씹고, 침을 뱉고, 웃고, 농담하는 것을 지켜봤고, 내가 하고자 했던 것을 이룰 수 없다는 사실에 심각하게 괴로워했다.

일 년 후, 아직 뉴기니에 있을 때, 나는 《아라비아 사막 여행*Arabia Deserta*》이라는 책을 읽고, 다우티Charles Doughty가 어떤 면에서 내가 하려던 것을 해냈음을 발견하고 흥분했다. 그는 내가 잡으려고 했던 바로 그 새의 꼬리에 소금을 묻혔다. 그러나 또한 나는――애석하게도──그가 사용한 것은 잘못된 상식이었다는 것을 깨달았다. 나는 문화의 '느낌'에 대한 문학적 또는 예술적 표현의 성취에 대해서는 관심이 없었고, 문화의 느낌에 대한 과학적 분석에 관심이 있었다.

전체적으로 나는 다우티가 나에게 격려가 되었다고 생각하며, 내가 그에게서 얻은 가장 큰 격려는 그가 약간의 불합리한 생각을 하도록 부추겼다는 데 있다. 내게는 아랍인의 문화에 대한 '느낌' 없이는 그들의 행동을 이해하는 것이 불가능하게 보였으며, 그리고 이를 통해 문화의 '느낌'이 원주민의 행동을 형상화하는 데 있어서 어떤 식으로든 원인이 된다는 결론이 나왔다. 이는 내가 중요한──지금까지는 매우 좋았던──어떤 것에 대해 해보려고 했던 생각을 계속하도록 나를 격려했다. 그러나 또한 그것은 문화의 '느낌'을 내가 요구했던 것보다 훨씬 더 구체적이고 뚜렷한 원인이 되는 활동을 하는 것으로 여기도록 나를 인도했다.

이러한 잘못된 구체성은 나중에 언어의 우연성에 의해 강화되었다. 래드클리프-브라운Radcliffe-Brown은 나로 하여금 '에토스ethos'[41]라는 오래된 말에 관심을 가지게 했으며, 내가 연구하려던 것이 에토스라고 말해주었다. 말이란 위험한 것이며, 공교롭게도 어떤 면에서는 '에토스'도 매우 나쁜 말이다. 만약 누가 나더러 내가 하고 싶은 말을 스스로 만들어보게 했다면, 아마 나는 더 좋은 말을 만들어서 나 자신

---

41) (옮긴이주) 에토스ethos는 성격이나 관습을 말하는 그리스어에서 유래된 말로, 베이트슨은 이를 개인의 본능과 감정이 문화적으로 정형화된 조직 체계라고 정의했다. 그리고 에이도스eidos는 형상을 인식론적 관점에서 표현하는 플라톤의 용어인데, 베이트슨은 이를 개인의 인지적 혹은 지적 측면이 문화적으로 정형화된 조직 체계로 정의하여 사용했다. 따라서 에이도스는 정서적 분위기를 나타내는 에토스와 대비된다.

이 많은 혼란을 겪지 않게 했을 것이다. 나는 '에토노미ethonomy'와 같은 것을 내놓거나 내놓고 싶어 했을 것이며, 그것은 내가 상동이나 동률성과 같은 수준의 추상적 개념으로 여기게 만들었다. '에토스'라는 말이 가진 문제점은 단지 너무 짧다는 것이다. 에토스는 단위를 나타내는 말이며, 단일한 존재를 나타내는 그리스어다. 그것은 내가 여전히 원인이 되는 것으로 여길 수 있는 어떤 것에 대한 단위로 간주하면서 계속 생각하게 도와주었다. 나는 그 말을 행위의 범주나 행위를 형성하는 일종의 요소처럼 사용했다.

우리 모두는 '전쟁의 원인은 경제다', '경제적 행위', '그는 자신의 감정에 영향을 받았다', '그의 중세는 자신의 초자아와 본능의 갈등으로 생겼다'와 같은 느슨한 표현을 친숙하게 쓰고 있다. (마지막 예에 이러한 오류들이 얼마나 많이 들어 있는지는 나도 확신할 수 없다. 대충 헤아려도 대여섯 개가 있는 것 같지만, 더 많을 수도 있다. 정신분석학은 슬프게도, 너무 짧고, 그래서 실제보다 더 구체적인 것으로 보이는 단어들을 사용한다는 점에서 잘못되었다.) 나도 '에토스'란 단어를 사용하면서 이와 같이 겉으로만 그럴듯하게 사고하는 잘못을 범했다. 내가 만약 다른 사람들도 어쨌든 같은 죄를 저질렀음을 보여주는 여담으로 이러한 고백에 대한 도덕적 지지를 모으려 했다면 여러분이 용서해주기 바란다.

내가 어떤 단계로 잘못된 생각에 빠져들었으며, 어떤 방법으로 그것에서 벗어났는지를 검토해보자. 내가 생각하기에 죄악에서 벗어나는 첫 번째 단계는 더 많은 위반을 하는 것이며, 이 방법에 대해서는 좋은 타협안이 있다. 나쁜 버릇은 그것이 육체적인 것이든 정신적인 것이든 결국은 무뎌지며, 효과적인 치료는 때때로 병자가 나쁜 버릇을 인식할 때까지 그를 멋대로 하게 내버려두는 데서 이루어질 수 있다. 불합리함이 분명해질 때까지 실험적 추정을 무한히 하는 것이 기존의 사고나 행동의 노선이 아무것도 할 수 없음을 증명하는 하나의 방법이다.

나는 '에토스'와 같은 정도의 추상적 개념들——'에이도스', '문화적 구조', '사회학'——을 몇 개 더 만들어 더 많은 위반을 했으며, 이 개념들을 마치 구체적인 실체처럼 다루었다. 나는 '에토스'와 '문화적 구조'의 관계가 강과 강둑의 관계와 같은 것처럼 묘사했다——'강은 강둑을 생기게 하고, 강둑은 강을 인도한다. 마찬가지로 에토스는 문화적 구조를 형성하고 문화적 구조의 인도를 받는다.' 나는 여전히 물리적 유추를 찾고 있었지만, 이제는 관찰된 자료를 분석하는 데 사용할 수 있는 개념을 얻기 위해 유추를 찾을 때와 완전히 같은 입장은 아니었다. 나는 이제 나 자신의 개념을 분석하는 데 사용할 수 있는 물리적 유추를 찾고 있었으며, 그것은 그렇게 만족할 만한 일은 아니다. 물론 어떤 사람이 자기 생각을 정리하는 데 다른 과학이 아무런 도움을 주지 못한다는 뜻은 아니다. 다른 과학이 분명 도움을 줄 수 있다. 예를 들면, 물리학의 차원 이론이 이 분야에 큰 도움이 될 수도 있다. 내가 말하고자 하는 것은 어떤 사람이 어떤 종류의 자료를 명확히 하기 위해 유추를 찾을 때는 유사한 자료가 분석된 방식을 살피는 것이 좋다는 것이다. 하지만 어떤 사람이 자신의 개념을 명확히 하기 위해 찾을 때는 동등한 추상적 수준에서 유추를 찾아야만 한다. 그러나 강과 강둑에 대한 직유는 나에게 훌륭하게 여겨졌으며, 나는 그것을 꽤 진지하게 다루었다.

여기서 나는 내가 유용함을 발견했던 생각이나 말의 기교를 기술하기 위해 잠시 여담을 해야 한다. 애매한 개념에 직면해서 아직 그 개념을 엄밀하게 표현할 때가 아니라고 느낄 때, 나는 그 개념을 지칭하는 느슨한 표현을 만들고 그래서 너무 의미 있는 용어로 개념을 제공함으로써 결말을 미리 판단하기를 원치 않는다. 따라서 나는 그것에 내가 문화의 '소재', 문화의 '파편', 또는 문화의 '느낌'이라고 부를, 간결하고 구체적인 일상 용어——일반적으로 라틴어보다는 앵글로색슨의——로 급히 이름을 붙였다. 이 간결한 앵글로색슨 용어들은 그 뒤에 모호하고 분석을 기다리는 개념이 있다는 느낌을 언제나 나에게 상기시켜준다. 그것은 잊지 않으려고 손수건에 매듭을 짓는 것과 같은 수법이지만, 만약 내가 그것을 그렇게 표현한다면, 여전히 내가 다른 목적을 위해 손수건을 계속 사용할 수 있도록 해준다는 이점이 있다. 나는 느슨한 사고가 가치 있는 과정 속에서 모호한 개념을 계속 사용할 수 있으며——나의 사고가 여전히 느슨하다는 것을 계속해서 일깨워주었다.

그러나 에토스는 강이고 문화적 형식이나 문화적 구조는 강둑이라는 직유는 내가 뒷날의 분석을 위해 뭔가를 남겨두었다는 것을 일깨워주는 앵글로색슨 말은 아니었다. 내가 생각한 것처럼 그것들은 실재하는 것이었고, 문화가 어떻게 작용하는가에 대한 우리의 이해에 실제적인 기여를 했다. 나는 문화에 내가 '에토스'라고 부를 수 있었던 종류의 현상과 내가 '문화적 구조'라고 부를 수 있었던 또 다른 종류의 현상이 있으며, 이 둘이 함께 작용한다고, 즉 하나가 다른 하나에 상호 영향을 준다고 생각했다. 내게 남겨진 할 일은 오로지 이 다양한 종류의 현상들을 명확하게 구분함으로써 다른 사람들도 내가 하고 있던 것과 동일한 분석을 수행하게 하는 것뿐이었다.

나는 문제가 충분히 무르익지 않았을지도 모른다고 생각하면서 이런 구분을 위한 노력을 뒤로 미루고, 문화적 분석을 계속했다. 그리고 여전히 나는 무엇이 좋은 연구인지를 생각했다. 나는 과학에 대한 중요한 기여는 실제로 매우 무디고 굽은 개념들에 의해 이루어질 수 있음을 마지막으로 강조하고 싶다. 우리는 정신분석학 책의 모든 단어 속에 넘치는 잘못 놓인 구체성의 방식을 비웃을지 모른다──그러나 프로이트가 시작한 뒤죽박죽된 모든 사고에도 불구하고, 정신분석학은 현저한 기여를 했고, 가족에 대한 우리의 이해에 유일하게 기여했으며, 느슨한 사고의 중요성과 가치의 기념비로 남아 있다.

마침내 나는 나의 다양한 이론적 개념과 기여에 대한 최종 점검과 논평이 될 마지막 장을 제외하고 이아트멀 문화에 관한 나의 책을 완성했다. 나는 마지막 장에서 내가 '에토스'라고 부른 것과 '에이도스'라고 부른 것을 구분하기 위한 시도들을 담으려고 계획했다.

나는 이전에 시험 치던 방에서 동률성이라는 개념을 만들었을 때와 거의 비슷한 공황 상태에 빠졌다. 나는 다음 현지답사를 위해 항해하기로 되어 있었고──나의 책은 항해를 떠나기 전에 끝내야 했다── 그 책은 이 개념들의 상호 관계에 대한 분명한 진술 없이는 유효할 수 없었다.

여기서 마지막 장에 최종적으로 표현된 것을 인용해보겠다.

"나는 나 자신이 설정한 범주들에 대해 의심이 나서 한 가지 실험을 했다. 나는 문화의 세 부분을 선택했다. ㉠ 와우wau(엄마의 남자 형제) 가 라우아laua(누나의 아들)에게 음식을 주는 것, 실용적인 부분. ㉡ 아내를 꾸짖는 남편, 인성학적인 부분. ㉢ 고모 딸과 결혼하는 남자, 구조적인 부분. 그런 다음 큰 종이에 가로세로로 세 칸씩 아홉 칸의 표를 그렸다. 가로 칸에는 위에서 말한 세 가지 문화 양상을, 세로 칸에는 내가 설정한 범주들을 표시했다. 그런 다음 각각의 부분이 생각대로 각각의 범주에 속하는지를 살펴봤다. 나는 그렇게 될 수 있음을 발견했다.

나는 내가 문화의 각 부분에 대해 구조적으로 생각할 수 있으며, 문화의 각 부분이 일관된 법칙이나 공식의 집합을 따르는 것으로 볼 수 있음을 발견했다. 또한 '실용적'인 면에서 문화의 각 부분이 개인의 요구를 충족시키거나 사회의 통합에 기여한다고 볼 수도 있었다. 또한 인성학적으로 문화의 각 부분을 감정의 표현으로 볼 수도 있었다.

이 실험이 어린애 장난처럼 보일지는 모르지만, 나에게는 상당히 중요했다. 독자들 중에 '구조'와 같은 개념을 문화에서 '상호작용'하는 구체적인 부분들로 간주하고, 내가 그랬던 것처럼, 이 개념들이 과학자나 원주민에게 수용된 관점에 대한 단순한 표시라고 생각하는 데 어려움을 느끼는 사람이 있을지 모르기 때문에, 나는 이 실험을 충분히 자세하게 이야기했다. 이는 경제학과 같은 개념으로 같은 실험을 수행하는 데 도움이 될 것이다."[42]

사실 '에토스'와 나머지 개념들은 마침내 '상동', '동률성' 등과 같은 일반적 수준의 추상적 개념으로 축소되었으며, 그것들은 연구자에 의해 자발적으로 채용된 관점을 표시하는 것이었다. 여러분이 상상하듯이, 이런 혼란이 정리되면서 나는 상당히 흥분했지만, 나는 또한 책전체를 다시 써야 한다는 생각에 걱정스러웠다. 그러나 그럴 필요까지는 없었다. 정의를 조정하고, 책을 쭉 조사해보면서 기술적인 용어

---

42) 앞에서 인용한 책, 261쪽.

들이 나타날 때마다 새로운 정의로 대체하고, 좀더 엄청나게 무의미한 부분들에는 각주를 달아 이 구절이 어떤 식으로 말하면 안 되는가에 대한 경고로 받아들여질 수 있음을 독자들에게 표시했다. 하지만 책의 줄기는 충분히 타당했으며, 책에 필요했던 모든 것은 다리에 새 바퀴를 다는 것이었다.

지금까지는 엄격하면서 느슨한 사고에 대한 나의 개인적인 경험에 관해 이야기했지만, 내가 한 이야기가 실은 과학의 진보에서 일어나는 전반적인 변동의 전형적인 모습이라고 나는 생각한다. 사소하고 전체 과학의 진보에서 상대적으로 중요하지 않은 나의 경우에서 여러분은 번갈아 일어나는 과정의 두 요소를 볼 수 있다──첫째는 느슨한 사고와 불건전한 기초 위에 구조를 건축하는 것이며, 그 다음은 보다 엄격한 사고로 교정하고, 이미 건축된 덩어리 아래를 새로운 토대로 교체하는 것이다. 그리고 그것이 과학이 어떻게 발전하는가에 대한 꽤 올바른 모습이라고 나는 확신한다. 일반적으로 건축물이 훨씬 크고, 최종적으로 새로운 토대를 구축한 사람과 처음으로 느슨한 생각을 한 사람이 다른 경우는 예외다. 물리학에서처럼 때로는 처음 건축물이 세워지는 것과 나중에 기초를 수정하는 것 사이에 수세기가 걸릴 수도 있지만──그 과정은 기본적으로 동일하다.

그리고 만약 여러분이 이 과정에 박차를 가하는 처방을 묻는다면, 나는 먼저 과학적 사고의 이중적 본질을 받아들이고 즐겁게 생각해야 하며, 우리가 세계를 이해하는 데 있어서 진보할 수 있도록 두 가지 과정이 함께 작업하는 방식에 가치를 부여할 수 있어야 한다고 말할 것이다. 어느 하나의 과정에 너무 난색을 표하거나, 적어도 어느 과정이 다른 과정에 의해 길들여지지 않는다고 그 과정에 대해 난색을 표해서는 안 된다. 내가 생각하기에 느슨한 사고나 엄격한 사고 중 어느 한 쪽에 너무 오래 집착하면 과학의 발전이 지연된다. 예를 들어, 프로이트의 건축물은 엄격한 사고가 적용되어 교정되기 전에 너무 비대해져서 이제 연구자들이 새로운 엄격한 용어로 프로이트 학파의 교리를 새롭게 말하려고 하면 수많은 나쁜 감정이 생긴다. 그것은 시간 낭비다. (이 시점에서 정통파 정신분석학자에게 위안이 되는 말을 한마디 하겠다. 가장 기본적인 분석적 전제 속에 공식들이 뿌리를 내리기 시작하고, '자아'나 '소망', '이드' '리비도'와 같은 개념들——그것들은 이미 뿌리내리기 시작했다——의 구체적인 실재성에 의문을 갖기 시작할 때, 놀라거나, 혼돈의 꿈과 바다의 폭풍에 대한 공포를 가질 필요는 없다. 새로운 토대가 도입된 후에도 오래된 분석의 구조물은 대부분 여전히 남아 있을 것이 확실하다. 그리고 개념, 가정 및 전제들이 정리될 때, 분석가들은 자신들의 사고 결과가 다시 엄격하게 개념화되는 단계에 이를 때까지 새롭고 여전히 더 효과적인 느슨한 사고에 종사할 수 있을 것이다. 나는 과학의 진보에서의 이런 교차적인 특성을 즐겨야 하며, 이런 이중성의 수용을 거부해서 과학의 진보를 지연시키지 않아야 한다고 생각한다.)

  나는 단순히 진보를 방해하지 않는 것에서 더 나아가 촉진시킬 수 있는 무언가를 해야 한다고 생각하며, 그래서 나는 이를 해내게 될 두 가지 방법을 제안했다. 첫째는 오래된 과학 가운데서 자신들의 자료에 필요한 거친 유추를 조사하게 해서 자신들의 문제에 관한 거친 육감을 엄격한 공식들 속에 내려놓도록 과학자들을 훈련시키는 것이다. 두 번째는 그들이 어떤 문제를 비공식화한 채 아주 오랫동안 그 문제를 그대로 두고 싶을 때마다 자신들의 손수건에 매듭을 묶도록 훈련시키는 것이다. 하지만 아직도 그들이 사용하는 용어에 경고 신호를 남겨서 이 용어들이 영원히 그대로 서 있게 하는 것은 미래의 연구자로부터 미지의 것을 숨기는 울타리가 아니라 오히려 '이 지점 너머는 탐험되지 않았다' 는 이정표이다.

사기와 국민성[43]

  우리는 다음과 같이 진행해나갈 것이다. (1) '국민성'이라는 우리의 재미있는 개념에 반대할 수 있는 일부 비평들을 검토해볼 것이다. (2) 이런 검토는 국민성이란 말이 정당화되는 범위 내에서 어떤 개념적 한계를 말할 수 있게 해줄 것이다. (3) 그리고 우리는 계속해서, 이런 한계 내에서 서구 국가들 사이에서 발견될 것으로 기대되는 차이의 상태에 대한 윤곽을 그려보고, 실례를 통해 이 차이들을 어느 정도 더 구체적으로 추측해볼 것이다. (4) 마지막으로, 사기(士氣)와 국제 관계 문제가 이러한 상태의 차이에 의해 어떻게 영향 받는지를 생각해

---

43) 1942년에 사회문제 심리연구회Society for the Psychological Study of Social Issues가 발행하고 굿윈 왓슨Goodwin Watson이 편집한 《시민의 사기 *Civilian Morale*》에 실렸던 글로, 출판사의 허락을 받아 여기에 재수록했다. 편집을 통해 약간의 도입부가 삭제되었다.

볼 것이다.

'국민성'이라는 개념에 대한 장벽들

위와 같은 모든 질문들을 무익하거나 불합리한 것으로 여기도록 과
학자들을 이끌어가는 수많은 사고 훈련은 과학적 탐구가 이런 형태의
질문으로부터 관심을 돌리도록 만들었다. 따라서 유럽 사람들 속에서
예견되는 차이의 상태에 관한 어떤 건설적인 견해를 위태롭게 하기
전에 사고를 전환하는 이 훈련들이 반드시 검토되어야 한다.

무엇보다도, 사람들이 아니라 사람들의 삶의 여건이 공동체마다 다
르다고, 우리는 역사적 배경이나 현재의 조건에서 차이를 다루어야
한다고, 이 요소들은 관계된 개인들의 성격 차이를 끌어내지 않고도
행동의 모든 차이를 설명하는 데 충분하다고 주장된다. 본질적으로
이러한 주장은 필요 이상으로 실체들을 증가시키지 말아야 한다는 오
컴의 면도날Occam's Razor[44]에 호소하는 것이다. 그것은 관찰할 수

---

44) (옮긴이주) 윌리엄 오컴William Ockham은 중세 영국의 철학자이자 프란체스
코 수도원의 수도사였다. 중세 철학의 일반적 원리인 오컴의 면도날은 오컴이
만들어낸 것이 아니지만, 이 원리를 오컴이 빈번하게 사용했기 때문에 그의 이
름이 붙게 되었다. 오컴의 면도날은 경제성의 원리principle of parsimony로, 그
내용은 첫째로 존재자의 수를 불필요하게 늘려서는 안 된다, 둘째로 불필요하게
다수가 설정되어서는 안 된다, 셋째로 소수를 가정하여 설명될 수 있는 것을 다
수를 가정하여 설명하는 것은 헛되다는 것이다. 즉 오컴의 면도날은 조금이라
도 신비스러운 기미가 있는 보편자 따위의 존재자들을 떼어내는 것이며, 어떤
전제를 세울 때는 추상적이거나 불필요한 수식어로 그 뜻을 애매모호하게 해서
는 안 되며, 우리에게 불필요한 것은 떼어내고 필요한 부분으로 명확하게 단순
화해야 한다는 뜻이다.

있는 여건의 차이가 존재한다면 관찰할 수 없는 성격 차이에 대한 추론보다는 그것을 인용해야 한다는 주장이다.

그 주장은 실험적 환경에서 독일인과 미국인의 실패에 대한 반응이 매우 다르다는 것을 보여준 레빈Kurt Lewin의 실험들(출판되지 않은 자료)과 같은 실험 자료를 인용함으로써 부분적으로 충돌하게 될지 모른다. 미국인은 실패를 더 많은 노력을 해야 할 도전으로 취급했고, 독일인은 똑같은 실패에 낙담으로 반응했다. 그러나 성격보다 조건의 효과를 주장하는 사람들은 여전히 실제로 두 집단의 실험 조건이 달랐고, 어떤 상황에서의 자극값은 그 상황이 피험자의 삶에서 다른 상황의 배경에 비해 얼마나 두드러지느냐에 달려 있으며, 이러한 대비는 양 집단에서 같을 수 없다고 응답할 수 있다.

사실, 서로 다른 문화적 배경을 가진 개인들에게 똑같은 상황은 결코 발생하지 않기 때문에 국민성과 같은 추상적인 것을 거론하는 것은 불필요하다고 주장할 수도 있다. 내가 볼 때 이런 주장은, 성격보다 상황을 강조하다 보면 학습에 관해 알려진 사실들을 무시하게 된다는 지적을 받으면 반드시 무너지게 된다. 심리학 분야에서 아마도 가장 잘 입증된 일반화는, 어떤 주어진 시점에서 포유류와 특히 인간 행동의 특징은 이전의 개인적 경험과 행동에 좌우된다는 것이다. 따라서 상황과 함께 성격도 반드시 고려되어야 한다고 가정한다고 해서 필요 이상으로 실체들을 증가시키는 것이 아니다. 우리는 다른 형태의 자료를 통해 학습된 성격의 중요성에 대해 알고 있으며, 이 지식은 부가적 '실체'를 고려하지 않을 수 없게 한다.

첫 번째 장벽을 뚫고 지나가면 '국민성'이라는 개념을 수용하는 데 두 번째 장벽이 나타난다. 국민성이 반드시 고려되어야 한다는 것을 인정하는 사람들도 여전히 국가를 구성하는 인간들의 표본 내에 어떤 획일성이나 규칙성이 과연 성립하는지를 의심할 수 있다. 우리는 일단 획일성은 분명 없다고 인정하고, 어떤 종류의 규칙성이 기대되는지를 계속해서 생각해보기로 하자.

우리가 대처해야 할 비판은 다섯 가지 형태를 가질 수 있다. (1) 비평가는 공동체 내의 성별, 계급, 직업 간의 차이에 의한 하위 문화적 분화의 발생을 지적할 수 있다. (2) 비평가는 '도가니melting-pot'[45] 공동체에서 목격될 수 있는 극단적 이질성과 문화적 규범의 혼란을 지적할 수 있다. (3) 비평가는 '뜻밖의' 외상적 경험을 겪은 개인이 자신의 사회 환경 속에서 흔치 않은 뜻밖의 일탈 행위를 하는 경우를 지적할 수 있다. (4) 비평가는 문화적 변화의 현상, 그리고 특히 공동체의 일부가 변화의 속도에서 다른 부분들에 뒤떨어짐으로써 야기되는 그런 분화를 지적할 수 있다. (5) 끝으로, 비평가는 국경의 임의적 본질을 지적할 수 있다.

이러한 반대들은 서로 긴밀하게 관련되어 있으며, 그에 대한 모든 대답은 궁극적으로 두 가지 가정에서 나온다. 첫째, 생리적 관점이든 심리적 관점이든 간에 개인은 단일하게 조직된 실체이며, 따라서 개인의 모든 '부분들' 혹은 '양상들'은 서로를 한정할 수 있고, 서로 영향을 준다. 둘째, 이런 점에서 공동체도 똑같이 조직되어 있다.

만약 우리가 안정된 공동체의 사회적 분화 현상을 살펴본다면——말하자면 뉴기니 부족의 성(性) 분화[46]——한쪽 성의 습관 체계 혹은

---

45) (옮긴이주) 무수한 국가로부터 온 이민족들로 이뤄진 국가인 미국을 지칭할 때 흔히 사용되는 말이 도가니melting pot다. 즉 인종, 문화 등 여러 다른 요소가 융합, 동화되어 있는 장소, 도가니라는 뜻이다.

성격 구조가 다른 성과 다르다 말하는 것만으로는 불충분하다는 것을 알게 될 것이다. 중요한 점은 각 성의 습관 체계는 다른 성의 습관 체계와 톱니바퀴처럼 연결되어 있으며, 각자의 행동이 상대의 습관을 촉진시킨다는 것이다.[47] 예를 들면 양성 간에 관망-과시, 지배-복종, 양육-의존, 또는 이들이 혼합된 보완적 패턴들이 발견된다. 그런 집단들이 서로 무관하다는 것은 절대로 발견되지 않는다.

불행히도 서구의 계급, 성, 직업 간의 관습 분화에 대해 우리가 알고 있는 것이 매우 적은 것이 사실일지라도, 나는 이런 일반적 결론을 상호 접촉하며 살아가는 집단들 간의 모든 안정적 분화의 경우에 적용하는 데 있어서 위험은 존재하지 않는다고 생각한다. 나는 서로 다른 두 집단이 한 집단의 특성과 다른 집단의 특성 간에 상호 관련 없이 공동체 내에 나란히 존재할 수 있다는 것을 상상할 수 없다. 그런 일이 일어난다는 것은 공동체가 조직된 단위라는 가정에 반하는 것이다. 따라서 우리는 앞에서 말한 일반화를 모든 안정된 사회의 분화에 적용할 것이다.

이제, 성격 형성의 역학에 관해 우리가 알고 있는 모든 것——특히 투사 과정, 반응 형성, 보상과 같은——은 양극 패턴을 개인 내의 한 단위로 여기게 만든다. 만약 한 개인이 양극 패턴의 한쪽 절반, 예를

---

46) 챔불리족의 성 분화에 대해서는 미드의 《세 원시 부족의 성과 기질*Sex and Temperament in Three Primitive Societies*》(New York : Morrow, 1935) 중 특히 제3부를 보라. 뉴기니 이아트멀족 성인의 성 분화에 대해서는 베이트슨의 《네이븐》을 보라.

47) 우리는 여기서 성의 이분법을 따르는 인성학적 분화의 경우만을 고려하고 있다. 두 성의 에토스가 명확히 구별되지 않은 경우에서도, 각 성의 에토스가 예를 들면 경쟁과 상호 모방이라는 메커니즘을 통해 다른 성의 에토스를 촉진시킨다고 말하는 것은 여전히 옳을 것이다. 미드(앞에서 말한 책)를 보라.

들어 지배적 행동을 공공연히 표현하도록 교육되었다면, 우리는 그의 인격 속에 다른 쪽 절반의 씨앗——복종——이 동시에 뿌려졌다고 확실히 예측할 수 있다. 실제로 우리는 개인이 지배-복종 속에서 교육되었다고 생각해야지, 지배나 복종 어느 하나 속에서 교육되었다고 생각해서는 안 된다. 이로써 우리가 공동체 내의 안정적 분화를 다룰 경우, 공통된 성격을 공동체의 분화된 구역들 간의 관계의 모티브라는 점에서 묘사하는 예방책을 강구한다면, 공통된 성격이 그 공동체의 구성원에 속한다고 생각해도 무방하다는 결론이 나온다.

이러한 고려는 두 번째 비판인 현대적 '도가니' 공동체에서 발생하는 극단적 이질성의 문제를 다루는 데 있어서 우리를 안내할 것이다. 예를 들어, 뉴욕과 같은 공동체에서 개인들과 집단들 간의 모든 관계의 모티브들을 분석한다고 가정해보자. 만약 우리의 연구를 끝내기 훨씬 전에 우리가 미쳐버리지 않는다면, 확실히 인간 정신이 자체 내에서 분석해낼 수 있는 것보다 더 미세한 분화를 가진, 거의 무한히 복잡한 공통된 특성의 모습에 이르게 될 것이다. 이 점에서, 우리와 우리가 연구하는 개인들은 모두 이질성을 공통된 환경의 긍정적 특성으로서 독자적으로 취급하는 지름길을 선택하도록 강요받는다. 그런 가정을 가지고 공통된 행동의 모티브를 살펴보기 시작할 때, 우리는 자신의 이익을 위해 이질성을 격찬하고(로빈슨Earl Robinson과 래터치 John Latouche의 〈미국인을 위한 발라드Ballad for Americans〉[48]처럼) 세상이 따로 떨어진 무수한 퀴즈-조각들로 구성되어 있다고 여기는 매우 명백한 경향(리플리Robert Ripley의 〈믿거나 말거나Believe It or

---

48) (옮긴이주) 얼 로빈슨Earl Robinson이 작곡하고, 존 래터치John Latouche가 작사한 곡이다.

Not〉[49]에서 볼 수 있듯이)을 보게 된다.

비정상적인 개인에 관한 세 번째 반대의 경우도 안정된 집단의 분화를 다룰 때와 같은 준거 기준 속에서 무너진다. 영국의 공립학교 교육이 떠맡지 못하는 소년은, 비록 소년의 비정상이 본래 '뜻밖의' 외상적 사고에 기인하는 것이라 해도, 공립학교 체계에 반응하고 있다. 소년이 익힌 행동 습관은 학교가 주입시키는 규범을 따르지 않겠지만, 그 행동 습관은 바로 규범에 대한 반응에서 얻어진 것이다. 소년은 정상적인 것과 정반대되는 패턴들을 익힐 수도 있지만(종종 그렇게 된다), 결코 무관한 패턴들을 익힐 수는 없다. 그는 '불량한' 영국 학생이 될 수도 있고, 미친 사람이 될 수도 있지만, 그의 비정상적인 성격들은 여전히 그가 저항하는 규범들과 체계적으로 관계될 것이다. 우리는 나아가 이아트멀족의 한쪽 성의 특성이 다른 성의 특성과 체계적으로 관계되어 있는 것과 마찬가지로 그 소년이 전형적인 공립학교의 특성과 체계적으로 관계되어 있다고 말함으로써 그의 성격을 묘사할 수도 있다. 그의 특성은 그가 살고 있는 사회 속에서 관계의 모티브와 패턴에 적응된 것이다.

변화하는 공동체와 변화에서 공동체의 한 부분이 다른 부분에 뒤처졌을 때 발생하는 분화라는 네 번째 고려 사항에도 동일한 준거 기준이 적용된다. 변화의 방향은 필연적으로 이전 상태status quo ante를 조건으로 해서 일어나기 때문에 과거에 대한 반작용인 새로운 패턴들도 과거와 체계적으로 관계된다. 따라서 이 체계적 관계에 대한 용어와 주제에 우리 자신을 제한하는 한, 우리는 개인에게서 성격의 규칙

---

49) (옮긴이주) 로버트 리플리Robert Ripley의 칼럼.

성을 예측할 권리가 있다. 더군다나 변화에 대한 예측과 경험은 어떤 경우에 매우 중요해서 '이질성'이 긍정적인 효과를 가지는 방식과 똑같이 독자적으로 공통적 특성을 결정하는 요소[50]가 될 수도 있다.

마지막으로, 다섯 번째 비판인 국경이 이동하는 경우를 생각해보자. 여기서 물론 우리는 조약에 대한 외교관의 서명이 개인들의 특성을 즉각적으로 변화시켜 국가에 대한 그들의 충성이 그로 인해 변하게 될 것이라고 예상할 수는 없다. 예를 들어 문자를 모르는 원주민들이 처음으로 유럽인과 접촉하게 된 경우, 그 이동 이후에 얼마 동안 양쪽은 각자 자신들의 규범을 보유하면서 아직 접촉의 상황에 대한 어떤 특별한 적응을 개발하지 못한 채 그 상황에 대해 탐구하거나 혹은 거의 무작위적으로 행동하는 일이 생길 수도 있다. 이 기간 동안에는 아직 양 집단에 적용할 어떤 일반화를 기대할 수 없다. 하지만 우리는 각 집단이 조만간 다른 집단과 접촉하면서 사용할 특별한 행동 패턴을 개발하게 된다는 것을 알고 있다.[51] 이 점에서, 체계적인 관계에 대한

50) 도가니 공동체에서 '변화'와 '이질성'에 의해 수행되는 역할에 대한 논의를 위해서는 미드의 〈원시 사회의 연구로 드러난 사회 환경의 교육적 효과Educative effects of social environment as disclosed by studies of primitive societies〉(1941년 9월 22일 시카고 대학에서 열린 '환경과 교육에 대한 심포지엄'에서 발표된 논문)를 보라. 또한 알렉산더F. Alexander 〈인격 요소에 대한 환경의 교육적 영향Educative influence of personality factors in the environment〉(1941년 9월 22일 시카고 대학에서 열린 '환경과 교육에 관한 심포지엄'에서 발표된 논문)을 보라.

51) 남태평양에서 유럽인이 원주민에게서 채택한 특별한 행동 양식과 원주민이 유럽인에게서 채택한 다른 행동 양식은 매우 분명하다. 그러나 우리는 '혼성pidgin' 언어를 분석한 것을 제외하면 이런 패턴에 대한 어떤 심리학적 자료도 갖고 있지 않다. 흑백 관계에서의 이와 유사한 패턴에 대한 묘사는 달러드J. Dollard의 《남부 도시의 카스트와 계급Caste and Class in a Southern Town》(New Haven : Yale Univ. Press, 1937) 중 특히 제12장 〈흑인의 적응 태도Accommodation Attitude

어떤 용어가 두 집단의 공통적 특성을 기술할 것인지 묻는 것이 의미 있게 된다. 그리고 이 점에서 안정적으로 분화된 사회의 두 계급이나 두 성이 그런 것처럼 두 집단이 서로 관계를 가질 때까지 공통적 특성 구조의 정도가 강해질 것이다.[52]

요약하면, 인간 공동체는 공통된 특성이라는 개념을 적용하기에는 내부적 분화가 너무 크거나 무작위한 요소를 너무 많이 가지고 있다고 주장하는 사람들에게 우리는 ㉠ 우리가 공동체 내의 집단들과 개인들 사이의 관계를 주제로 공통된 특성을 기술할 준비를 한다면, 그리고 ㉡ 공동체가 어느 정도 평형에 도달하거나, 공동체가 인간 환경의 특성으로서 변화나 이질성을 수용하는 데 충분한 시간을 허락할 준비를 한다면, 그러한 접근이 유용하리라는 기대를 할 수 있다고 대답할 것이다.

국가 간에 기대되는 차이

'국민성'에 반대하는 경우에서 '가상의 상대'에 대한 앞의 검토는 이 개념의 범위를 엄격하게 제한했다. 그러나 이러한 검토에서 나온 결론은 결코 부정적인 것만은 아니다. 어떤 개념을 제한한다는 것은 그것을 정의하는 것과 거의 같은 말이다.

우리는 양극적인 형용사로 인간 공동체 내 개인들의 공통된 특성

_____

of Negroes〉를 보라.
52) 1935년에 《인간》, 8 : 199쪽에 실렸고 여기에 재수록된 그레고리 베이트슨의 〈문화 접촉과 분열 발생Culture Contact and Schismogenesis〉을 보라.

(특성의 '가장 공통된 요소')을 묘사하는 기법이라는 대단히 중요한 도구 하나를 우리의 장비에 추가했다. 국가들이 고도로 분화된 사실을 대하고 절망하는 대신에 국민성의 단서로 그 분화의 차원을 받아들일 것이다. 이런 종류의 관계가 발생하는 것을 보게 되면, '독일인들은 복종적'이라거나 '영국인들은 초연하다'라고 말하는 데 더 이상 만족하지 않고 '지배-복종'과 같은 말을 사용할 것이다. 이와 마찬가지로, 우리가 '편집증적'이라는 말로 독일인-독일인 또는 독일인-타국민 관계의 어떤 양극적 특성을 보여줄 수 없다면, 우리는 '독일인의 성격 가운데 편집증적인 요소'라는 언급도 하지 않을 것이다. 우리는 극단적 지배와 극단적 복종 사이에 놓인 어떤 연속체에서 차지하는 위치에 의해 어떤 주어진 특성을 규정하는 식으로 다양한 특성을 묘사하지는 않겠지만, 대신에 지배-복종에 대한 관심의 정도나 적응의 정도로 그러한 연속을 묘사하려고 할 것이다.

이제까지 우리는 지배-복종, 양육-의존, 관망-과시와 같은 양극적 특성의 항목을 매우 불충분하게 언급했을 뿐이다. 요컨대 모든 서구 문화 속에는 이 세 가지 특성들이 모두 존재한다는 비판이 독자의 마음에 맨 먼저 떠오를 것이 분명하다. 따라서 우리의 방법이 유용해지기 전에, 우리는 하나의 서구 문화를 또 다른 서구 문화와 구별하기에 충분한 전망과 분별력을 우리에게 제공할 수 있도록 그 방법을 확대하려고 반드시 노력해야 한다.

분명, 개념적 틀의 발달로 더 많은 확장과 구별이 소개될 것이다. 여기서는 세 가지 확장된 형태만을 다루게 될 것이다.

양극의 대안

앞에서 말한 공통된 성격 구조에 대한 개념 없이 사회 속 분화의 문제를 취급하는 수단으로 양극성을 끄집어냈을 때, 우리는 단지 단순한 양극적 분화의 가능성만을 고려했다. 분명 이러한 패턴은 서구 문화에서 매우 흔하다. 예를 들면 공화당-민주당, 정치적 우파-좌파, 성의 분화, 신과 악마 등과 같은 것이다. 사람들은 심지어 본래 이원적이지 않은 현상에도 이원적 패턴을 부과하려고 애쓰며——청년과 노인, 노동과 자본, 정신과 물질——그리고 제3정당의 시작이 언제나 우리의 정치 조직에 대한 위협으로 간주되는 것에서 보듯, 일반적으로 삼중 체계를 다루는 데 필요한 조직 기구를 결여하고 있다. 하지만 이중 체계를 향하는 뚜렷한 경향이 우리로 하여금 다른 패턴들의 발생을 깨닫지 못하게 해서는 안 된다.[53]

예를 들면 영국의 공동체에서는 부모-보모-자녀, 왕-장관-국민, 장교-하사관-사병과 같은 상당히 흥미로운 삼원 체계를 형성하는 경향이 있다.[54] 이러한 삼원 체계에서 관계의 정확한 모티브는 여전히 분

---

53) 발리인 가운데 산에 사는 공동체의 사회 체계는 거의 전적으로 그러한 이중성을 결여하고 있다. 양성 간의 인성적 분화는 오히려 미약하다. 정치적 파벌은 전혀 존재하지 않는다. 솔직히 말해서 발리에는 힌두의 카스트 체계의 유입으로 생긴 이중성이 존재한다. 카스트와 함께하는 이중성은 카스트가 없는 이중성과 구별된다. 그러나 상징적 수준(부분적으로는 힌두의 영향으로 인한)의 이중성이 사회 구조(예를 들면, 북동과 남서, 신과 악마, 상징적인 왼쪽과 오른쪽, 상징적인 남성과 여성 등)에서의 이중성보다 더 흔하다.

54) 이러한 삼원 패턴의 네 번째 사례는 상당한 규모의 공립학교(차터하우스 Charterhouse와 같은)에서 발생한다. 그곳에서 권위는 좀더 조용하고 세련되며 지적인 지도자(반장monitors)와 좀더 거칠고 목소리 크고 운동 잘하는 지도자(축구부 주장, 강당의 우두머리)로 나누어지며, 후자는 반장이 부를 때 하급생이 달려가는 것을 살펴보는 역할을 맡는다.

석되어야 하지만, 내가 언급한 이 삼원 체계가 '단순한 계층 구조'나 '삼각 관계'가 아니라는 것을 아는 것이 중요하다. 나는 둘 사이에 끼어드는 구성원에 의해 구성원들이 나누어지면 구성원들 간에 직접적인 관계가 일어나지 않는 연속적 체계, 다른 말로 하면 A와 C의 커뮤니케이션이 오직 B를 통해야만 하는 체계를 순수한 계층 구조라고 부를 것이다. 나는 연속성이 없는 삼중 체계를 삼각 관계라고 부를 것이다. 이와 달리 부모-보모-자녀의 삼원 체계는 이들의 형태와 매우 다르다. 삼원 체계는 연속적인 요소를 가지기는 하지만 첫 번째와 세 번째 구성원 사이에 직접적인 접촉이 일어난다. 본질적으로, 중간 구성원은 세 번째 구성원이 첫 번째 구성원과 접촉하는 데 있어서 세 번째 구성원이 채택해야 하는 행위의 형태를 가르치고 훈련시키는 것이다. 보모는 하사관이 사병에게 장교에게 어떻게 행동해야 하는지를 가르치고 훈련시키는 것과 같이 자녀들이 그들의 부모에게 어떻게 행동해야 하는지를 가르친다. 정신분석학 용어로, 함입introjection[55]의 과정은 부모의 성격이 자녀에게 미치는 직접적인 영향에 의해 이루어지는 것이 아니라 간접적으로 이루어진다.[56] 하지만 첫 번째와 세 번째 구성원 간의 직접적인 접촉은 상당히 중요하다. 우리는 이 점과 관련해서,

---

55) (옮긴이주) 함입은 외부의 대상을 자기 나름대로 느끼고 생각하여, 자기의 자아 속에 받아들이는 것으로, '자기'와 '자기 아닌 것'을 구분하지만, '자기 아닌 것'을 '자기' 속에 내재시키는 동일시 현상이다. 이는 외부 대상에게 주었던 사랑이나 증오가 자기 내면 세계 속의 대상으로 자리 잡게 함으로써, 실제 대상에게서 얻을 수 없었던 욕구를 충족시키려는 방어 기제의 하나다.

56) 오이디푸스 상황의 문화적 상이함과 그와 관련된 문화적 제재의 체계에 대해서는 미드의 〈사회 변화와 문화적 대용물Social change and cultural surrogates〉 [*Journal of Educ. Sociol*(1940), 14 : 92~128쪽]과 로하임G. Roheim의 《스핑크스의 수수께끼 *The Riddle of the Sphinx*》(London : Hogarth Press, 1934)를 보라.

장교가 매일 사병들과 하사관들을 모아놓고 불평이 있는지 없는지를 물어보는 영국 군대의 활기 있는 일상적 의례를 언급할 수 있다.

영국인의 성격을 완전히 검토하려면 양극 패턴만큼 삼원 패턴도 반드시 고려해야만 한다.

대칭적 모티브

이제까지 우리는 '보완적'인 관계의 패턴만을 살펴보았는데, 보완적 패턴에서 관계의 한쪽 끝의 행동 패턴은 다른 쪽 끝의 행동 패턴과 구별되지만 서로서로 적합하다(지배–복종 등). 하지만 이러한 설명을 따르지 않는, 사람과 사람 사이의 행동에 대한 전체적인 범주가 존재한다. 대조적인 보완적 패턴에 더하여, 다른 사람들의 어떤 행동에 대해 사람들이 그와 비슷한 행동으로 반응하는 일련의 대칭적symmetrical 패턴이 존재한다는 것을 우리는 반드시 알아야 한다. 특히 경쟁적 패턴[57]에서 개인이나 A 집단은 개인이나 B 집단에서 자신과 똑같은 형태의 행위를 하는(그런 형태의 행위가 큰 성공을 거두는) 것을 감지함으로써 더 큰 형태의 행위를 하도록 자극받는다는 것을 생각해야만 한다.

경쟁적 행동 체계와 보완적 지배–복종 간에는 상당한 차이가 있으며, 국민성을 검토하는 데 있어서는 대단히 중요한 차이가 있다. 보완

---

57) '경쟁competition'과 반대되는 뜻으로 가끔 사용되는 '협력cooperation'이라는 말은 다양한 패턴들을 매우 광범위하게 포함하고 있는데, 그중에서 일부는 대칭적이고 나머지는 보완적이며, 일부는 양극적이고 나머지는 대개 어떤 개인적 혹은 비개인적인 목표를 지향하면서 협력하는 개인이다. 이러한 패턴들에 대한 신중한 분석은 다른 종류의 국민성을 묘사하는 데 필요한 어휘를 제공할 수도 있을 것이다. 그러한 분석이 이 논문에서 시도될 수는 없다.

적 경쟁에서 A를 더욱 노력하도록 재촉하는 요소는 B의 상대적 약함이며, 만약 A를 진정시키거나 복종시키려면, B가 A보다 강하다는 것을 A에게 보여줘야 한다. 사실 보완적 특성의 구조는 이런 특성들이 성격에 조합되어 있음을 암시하는 '비겁한─불량배bully-coward'라는 말로 요약될 수 있을 것이다. 이와 반대로 대칭적 경쟁 체계는 보완적인 것과 기능적으로 정반대다. 여기서 더 많은 A의 노력을 불러일으키는 자극은 B의 더 큰 힘이나 더 큰 노력에 대한 예상이며, 만약 B가 실제로는 약하다는 것을 A에게 보여주면, A는 노력을 줄일 것이다.

이 두 가지 대조적인 패턴은 모든 인간 존재에 잠재되어 있을 가능성이 있지만, 한 번에 두 가지 방식으로 행동하는 사람은 분명 내부적 혼란과 갈등의 위험을 겪을 것이다. 따라서 많은 국가 집단들이 이러한 모순을 해결하려고 서로 다른 해결 방법을 개발해왔다. 영국과 미국에서, 아이와 어른이 보완적 패턴을 보일 때마다 거의 끊임없는 비난의 공세를 받게 되는 경우, 그들은 부득이하게 '페어플레이' 윤리를 받아들이게 된다. 어려운 도전에 응하면서, 그들이 죄의식 없이 패배자를 차버릴 수는 없다.[58] 됭케르크 철수[59]는 영국인의 사기를 고무시

---

58) 그러나 이 국가들의 일정 지역, 특히 오랫동안 불안정과 불확실성에 시달린 집단에서는 어느 정도 보완적 패턴이 발생할 수 있다. 소수 민족, 빈곤 지역, 주식 거래, 정치 집단 등이 그러한 예다.

59) (옮긴이주) 2차 대전이 시작된 1940년에 독일군에 밀려 30만 명의 영국군이 프랑스 북동쪽에 있는 항구 도시인 됭케르크로 몰리게 된다. 독일의 진격이 워낙 강해서 영국으로 후퇴를 해야 하는데, 많은 군인들을 영국으로 수송할 수 있는 해군 수송선이 없었다. 이때 영국의 민간인들이 어선, 보트 등의 작은 배를 가지고 프랑스로 건너가 이 군인들을 기적적으로 구해 돌아왔다. 만일 1940년 5월 2일의 됭케르크 철수 작전이 실패했다면 히틀러는 백전백승의 기세로 전 세계를 정복했을지 모른다.

켰지 저하시키지는 않았다.

독일에서는 이와 반대로 외관상 위와 같은 상투 수단은 결여되어 있으며, 공동체는 주로 지배–복종이라는 보완적 계층 구조로 조직되어 있다. 지배적인 행동은 뚜렷하고 분명하게 발휘되지만 그 양상은 아직 완전히 분명하지 않아서 조사가 더 필요하다. 지배–복종만으로 이루어진 계층 구조가 안정적 체계로 존재할 수 있는지는 확실치 않다. 독일의 경우 보완적 패턴의 복종적 측면은 감춰져 있는 것 같으며, 그래서 미국이나 영국처럼 공공연한 복종적 행동은 거의 강하게 금기시된다. 복종의 경우, 연병장에서의 무표정과 같은 것을 볼 수 있다.

복종의 역할이 변형되면서 참을 만해지는 과정에 대한 힌트는 최근에 독일인의 생활사[60]를 연구하면서 이루어진 인터뷰에서 주어졌다. 한 독일인은 자신이 소년으로서 독일의 남부 가정에서 받은 대우가 자신의 누이동생이 받은 것과 얼마나 달랐는지를 말했다. 그는 자신은 훨씬 많은 요구를 받았고, 누이동생에게는 훈련에서 빠지는 것이 허락되었으며, 자신은 항상 차려 자세로 정확히 명령을 따를 것을 요구받은 반면에 누이동생에게는 훨씬 많은 자유가 허용되었다고 말했다. 인터뷰를 한 사람이 그 즉시 오누이 간의 질투에 대한 것을 찾아보려 했지만, 그 독일인은 명령을 따르는 것은 소년에게 큰 명예라고 단언했다. 그는 "여자아이에게 너무 많은 것을 기대해서는 안 되죠"라고 말했다. "그들(소년들)이 성취하고 해야 할 일이 매우 중요하다고 사람들이 느끼는 것은, 그들이 인생에 대한 준비가 되어 있어야 하기 때문입니다." 높은 신분에 따르는 도덕적 의무noblesse oblige의 흥미로운

---

60) '인간 관계에 대한 회의Council on Human Relations'를 위한 그레고리 베이트슨의 출판되지 않은 연구.

전도다.

모티브들의 결합

보완적 모티브 가운데서 우리는 단지 지배-복종, 과시-관망, 의존-양육의 세 가지만을 언급했지만, 이렇게 하이픈으로 연결된 용어로 국민성을 기술함으로써 우리가 도달할 수 있는 입증 가능한 가설을 예시하는 데는 이 세 가지로 충분할 것이다.[61)

이 세 가지 모티브 모두가 모든 서구 문화에 나타나는 것은 분명하므로, 국가 간 차이의 가능성은 그 모티브들이 결합되는 비율과 방식으로 한정된다. 차이가 매우 큰 경우를 제외하고 그 비율을 감지하기는 매우 어려운 것 같다. 독일 사람들이 미국 사람들에 비해 좀더 지배-복종을 지향하는 것은 분명하지만 이런 확신을 증명하기는 어려운 것 같다. 더욱이 여러 국가에서 과시-관망 혹은 양육-의존의 발달 정도의 차이를 측정하기란 아마 거의 불가능할 것이다.

그러나 만약 우리가 이 모티브들이 서로 결합될 수 있는 가능한 방식을 고려해본다면, 쉽게 입증할 수 있는 두드러진 질적 차이를 발견할 수 있을 것이다. 서구의 모든 문화에서 모든 관계에 이 세 가지 모티브들이 나타난다고 가정하고, 이 가정으로부터 개인이 어떤 역할을 하는지 살펴보자.

하나의 문화적 환경 속에서 B가 복종, 관망적인 동안 A가 지배, 과시적이 되며, 또 다른 문화 속에서는 Y가 복종, 과시적인 동안 X가 지

---

61) 좀더 충분한 연구를 위해 우리는 공격-무저항, 소유-피소유, 취급인-도구 등과 같은 동기들을 고려해야 한다. 이 모든 동기들은 이 논문에서 시도된 것보다 더 비판적인 정의를 요구할 것이다.

배, 관망적이 될 것이라는 것은 논리적으로 가능하다.

 이런 종류의 대조적인 사례는 오히려 쉽게 떠오른다. 이를테면 지배적인 나치들이 국민 앞에 스스로 우쭐댄 데 반해서, 러시아 차르들은 자신의 개인 발레단을 가지고 있었으며, 스탈린Joseph Stalin은 은둔하고 있다가 군대를 사열할 때만 모습을 나타냈다는 것을 언급할 수 있다. 나치당과 국민들 간의 관계는 다음과 같이 표현할 수 있을 것이다.

당	국민
지배	복종
과시	관망

반면에 차르와 그의 발레단은 다음과 같이 표현될 것이다.

차르	발레단
지배	복종
관망	과시

 이러한 유럽인의 예들은 상대적으로 검증되지 않은 것이므로, 이 점에서 충분히 입증된 좀더 인상적인 민족학적 차이를 묘사하는 것으로 이와 같은 차이의 발생을 설명하는 것이 좋을 것이다. 유럽에서의 양육 행위는 사회의 상류층과 연관되는 경향이 있으며, 우리는 부모의 상징을 그에 맞게 만들었다. 우리의 신이나 왕은 국민의 '아버지'다. 이와 반대로 발리에서 신들은 국민의 '자녀'이며, 신들린 사람의 입을

통해 신이 말할 때, 누구든지 '아버지'라고 부르는 것을 듣게 될 것이다. 이와 마찬가지로, 추장Rajah은 사람들에게 사장강가Sajangan-ga(어린애처럼 '버릇없는')한 존재다. 나아가 발리인들은 자녀가 신과 무용수가 결합된 역할을 하는 것을 매우 좋아하며, 신화 속의 완벽한 왕자는 세련되고 자기 도취적이다. 따라서 발리인의 패턴은 다음과 같이 요약될 수 있을 것이다.

상류층	하류층
의존	양육
과시	관망

그리고 이 도표는 발리인이 의존과 과시와 상류층이 자연스럽게 서로 어울린다고 느낄 뿐만 아니라, 발리인이 양육과 과시(발리의 많은 원주민들은 허세 부리는 선물 주기의 특성을 완전히 결여하고 있다)를 쉽사리 결합시키지 않거나, 양육과 과시를 결합시키지 않으면 안 되는 맥락으로 강제될 때 당황하게 될 것이라는 뜻을 내포하고 있다.

  서구 문화에 대한 이와 같은 도표가 그리 확고하게 그려질 수는 없다고 해도 영국, 미국, 독일의 문화에서 부모-자식 관계를 도표로 그려보는 시도는 해볼 만하다. 그러나 한 가지 특별한 골칫거리를 만나게 되는데, 우리가 왕자와 국민의 관계 대신에 부모-자식 관계를 살펴볼 때는 자녀가 성장하면서 발생하는 패턴의 변화를 특별히 고려해야 한다는 것이다. 자녀가 어릴 때는 양육-의존이 지배적인 모티브임에 틀림없지만, 나중에는 다양한 메커니즘들이 이 극단적인 의존을 수정하여, 어느 정도 심리적 독립이 생기게 한다.

영국의 상류 및 중류층 체계를 도식화하면 다음과 같다.

부모	자녀
지배	복종
	(삼원적 보모 체계에 의해 한정)
양육	의존
	(의존 습관이 분리로 인해 무너진다——자녀가
	학교에 보내진다)
과시	관망
	(식사할 때 자녀는 조용히 듣고 있어야 한다)

이와는 대조적으로 미국인의 패턴은 다음과 같을 것이다.

부모	자녀
지배 (약간)	복종 (약간)
양육	의존
관망	과시

그리고 이 패턴에서는 관망-과시의 역할이 역전되어 있을 뿐만 아니라, 과시되는 내용도 영국과 다르다. 미국의 자녀들의 경우 **독립**의 과시가 부모에 의해 장려된다. 보통 심리적 젖떼기 과정은 자녀를 기숙학교에 보내는 것으로 성취되지 않으며, 그 대신에, 자녀들의 과시는 자신의 독립이 중화될 때까지 자신의 독립을 상대하는 척하게 된 그후에, 독립의 과시의 이러한 시작으로부터 그 개인은 어른의 삶에서

도 가끔 계속해서 양육을 다시 과시하려고 하며, 이때 아내와 가족은 어느 정도 자신의 '과시'가 된다.

독일인의 패턴도 둘씩 짝이 된 보완적 역할들의 배치에 있어서는 미국인의 패턴과 대체로 비슷하지만, 아버지의 지배가 더 강하고 더 일관성 있다는 점, 그리고 특히 소년의 과시 내용이 매우 다르다는 점에서 미국인의 패턴과 확실히 다르다. 소년은 사실상 공공연한 복종적 행동 대신에 뒤꿈치를 철컥 붙이는 자기 과시와 같은 것에 의해 지배된다. 따라서 미국인의 자기 과시의 특성은 심리적 젖떼기의 수단으로 부모에 의해 장려되지만, 그것의 기능과 내용은 모두 독일인의 경우와 완전히 다르다.

모든 유럽 국가에서 예상되는 이런 상태의 차이들이 어쩌면 유치하고 때로는 냉혹한 국가 간 비평의 이유일지도 모른다. 실제로 이 차이들은 국제 관계의 역학에서 매우 중요하며, 그 차이들을 이해하는 만큼 우리의 오해를 떨쳐버리게 될 것이다. 미국인의 눈에는 영국인이 종종 너무 '거만'하게 보일 것이며, 그에 반해 영국인의 눈에는 미국인이 너무 '자랑하는' 것으로 보일 것이다. 만약 우리가 이러한 인상에 얼마나 많은 진실과 얼마나 많은 오해가 존재하는지를 정확히 보여줄 수 있다면, 동맹국 간의 협력에 진정 공헌하게 될 것이다.

앞의 도표에 따르면 영국인의 '거만함'은 지배와 자기 과시의 결합에 기인한 것이다. 어떤 역할을 수행하는 영국인(아침 식사 중인 부모, 신문 편집인, 정치 대변인, 강사, 혹은 그 밖의 여러 가지)은 자신이 지배적인 역할을 하고 있으며——그는 모호하고 추상적인 기준에 따라 어떤 일을 줄 것인지를 결정할 수 있다——청중은 '그것을 받아들이든지 않든지' 할 수 있다고 가정한다. 또한 자기 자신의 '거만'을 추상적 기준에도 아랑곳없이 '자연스러운' 것 혹은 자신의 겸손으로 완화된 것으로 여긴다. 그는 자신의 행위가 청중들에 대한 비평으로 간주될 수 있다는 것을 전혀 인식하지 못하고, 오히려, 자신이 이해한 역할을 수행하는 행위로만 인식한다. 그러나 미국인은 그것을 그렇게 보지 않는다. 미국인에게 영국인의 '거만한' 행위는 청중에 대한 반대를 지향하는 것으로 보이며, 그런 경우에 어떤 추상적 기준에 대한 절대적인 호소는 단지 혼내주고 모욕하는 것으로 보인다.

마찬가지로 영국인이 '자랑하기'로 해석하는 미국인의 행위는 비록 영국인 자신이 일종의 불쾌한 비교의 대상이 된다고 느낄지라도 공격적이지 않다. 실제로 미국인은 오히려 자신들이 좋아하고 존경하는 사람들에게 이런 행위를 한다는 사실을 영국인은 알지 못한다. 위의 가설에 따르면, 자립과 독립의 과시가 기묘하게 결합되어 생긴 '자랑하기' 패턴은 지나친 의존을 상대하는 척하는 것이다. 미국인이 자랑할 때는 자신의 고결한 독립에 대한 승인을 찾는 것이지만, 영국인은 이 행위를 일종의 지배나 우월감을 얻으려는 노력으로 해석한다.

이러한 방식으로, 우리는 한 국가 문화의 전체적인 정취가 다른 나라와 다를 수 있으며, 그러한 차이가 심각한 오해를 가져다줄 수도 있다는 것을 상상할 수 있을 것이다. 그렇지만 이런 차이들이 본질적으로 연구 조사의 범위를 넘어설 만큼 아주 복잡하지는 않을 것이다. 우리가 진행한 형태의 가설은 쉽게 검증해볼 수 있을 것이며, 이러한 방향에서의 조사가 절실히 요구된다.

국민성과 미국인의 사기

개인과 개인 및 집단과 집단의 관계 모티브들을 국민성에 대한 단서로 사용함으로써, 우리는 서구 문명을 공유하는 사람들 속에서 발견될 것으로 기대되는 어떤 규칙적인 차이의 상태들을 나타낼 수 있었다. 필연적으로 우리의 설명은 경험적이기보다는 이론적이었다. 그렇지만 우리가 구축한 이론적 구조로부터 사기를 강화하려는 사람에게 유용할 수 있는 어떤 공식을 추출할 수 있다.

이 공식들은 모두, 사람들이 자신의 습관적인 반응 패턴에 호소하는 맥락이 구축될 때 가장 강력하게 반응할 것이라는 일반적 가정에 기초하고 있다. 날고기를 주면서 당나귀가 언덕을 올라가도록 부추기는 것은 분별없는 짓이며, 사자는 풀에 반응하지 않을 것이다.

(1) 서구의 모든 국가들은 양극 관계로 생각하고 행동하는 경향이 있으므로, 미국인의 사기를 강화하려면 다양한 적들을 단 하나의 적대적 존재로 생각하게 만드는 것이 좋을 것이다. 지식인들이 좋아할 구별과 등급 매기기는 혼란스러울 수 있다.

(2) 미국인이나 영국인은 모두 대칭적 자극에 가장 강력하게 반응하므로, 전쟁의 참화를 부드럽게 표현하는 것은 그다지 현명한 처사가 아닐 것이다. 만약 어느 시점에 적이 우리를 패배시키면, 그 패배는 최대의 도전이나 노력에 더욱 박차를 가하는 계기로 이용되어야만 한다. 우리의 군사력이 어느 정도 패배로 불리해졌을 때, 신문들은 '적들의 진격이 저지되었다'라고 서둘러 말하지 말아야 한다. 군대의 전진은 언제나 간헐적이며, 공격해야 할 순간, 즉 최대한의 사기가 요구되는 순간은 적들이 자신의 위치에 집결하여 다음 공격을 준비할 때

다. 그런 순간에 독선적인 확신으로 우리 지도자들과 국민들의 공격 에너지를 저하시키는 것은 현명하지 못하다.

(3) 그러나 대칭적인 동기 부여의 습관과 자립을 드러낼 필요성 사이에는 표면적인 모순이 존재한다. 우리는 미국의 소년들은 자신의 부모가 자신의 자립에 대한 구경꾼을 시인하는 어린 시절에 그런 계기를 통해 자립을 배운다고 제안했다. 만약 이 진단이 옳다면, 넘치는 자기-이해는 미국인에게 정상적이고 건강한 것이며 미국인의 독립과 강인함에 필수적인 요소일 것이라는 결론이 나온다.

위의 공식을 지나치게 글자 그대로 따름으로써 참사나 난관을 너무 크게 강조하는 것은 이런 자발적 충만을 가로막아 에너지의 손실을 초래할 수 있다. 영국인에게는 '피와 땀과 눈물' 같은 표현이 효과적일지 모른다. 하지만 미국인은 대칭적인 동기 부여에 의존함에도 불구하고 재난만을 제공했을 때는 원기왕성할 수 없다. 우리의 공식 대변인과 신문 편집자들과 언론 기관은 우리에게 힘든 일이 있다는 사실을 누그러뜨리면 안 된다. 하지만 미국은 호락호락하지 않은 국가라고 주장하는 것이 좋을 것이다. 적의 힘을 과소평가해서 미국인을 안심시키는 것은 피해야 하며, 실질적인 성공을 솔직하게 자랑하는 것이 좋다.

(4) 평화에 대한 우리의 비전이 전쟁을 수행하는 사기의 한 요소이므로, 국가적 차이에 대한 연구가 평화 협상의 문제에 어떤 빛을 던져 줄 것인지를 한번 생각해보는 것도 좋을 것이다.

우리는 ㉠ 미국인과 영국인이 조약을 완수하기 위해 노력할 것이며, ㉡ 적의 가장 나쁜 특성보다는 가장 좋은 특성을 끌어낼 그런 평화 조약을 궁리해야 한다. 만약 우리가 과학적으로 그것에 접근한다면, 그 문제가 결코 우리의 능력을 넘어서는 것은 아니다.

그런 평화 조약을 상상할 때 가장 눈에 띄는 협상의 심리적 장애물은 영국인과 미국인의 대칭적 패턴과 노골적 복종을 금기시하는 독일인의 보완적 패턴 간의 대조다. 연합국은 심리적으로 가혹한 조약을 강요할 준비가 되어 있지 않으며, 그런 조약을 작성할지도 모르지만, 어쩌면 6개월 내에 패배자를 억압하는 데 지치게 될지도 모른다. 이와 반대로 독일인들은 자신들의 역할이 '복종적'이라는 것을 알게 되면, 가혹한 취급 없이는 굴복한 채로 있지 않을 것이다. 심지어 베르사유에서 고안되었던 부드러운 처벌 조약[62]에서도 이러한 고려 사항들이 꼭 들어맞는 것을 우리는 보았다. 연합국은 조약의 실행을 게을리 했으며, 독일은 조약을 받아들이지 않았다. 따라서 그와 같은 조약을 꿈꾸는 것은 쓸모없는 일이며, 우리가 독일에 대해 분노할 때, 지금 우리

---

62) (옮긴이주) 1차 대전을 종결시킨 강화 조약으로 1919년 6월 28일 파리 교외의 베르사유 궁전에서 연합국과 독일 사이에 조인되었다. 이 조약은 440조로 된 방대한 것으로, 베르사유 체제라는 국제 질서를 형성하여 1차 대전 후의 국제 관계를 규정한 중요한 의미를 지녔다. 조약으로 인해 독일은 해외 식민지를 상실하고 알자스로렌을 프랑스에 반환했으며 독일의 영토가 축소되었다. 또한 1차 대전 개전의 책임을 물어 독일에 연합국 손해에 대한 배상 책임이 지워졌고 독일의 군비는 엄격히 제한되었다. 라인 강 왼쪽 기슭은 비무장 지대로 하고 15년간 연합국의 점령하에 두기로 했다. 자르 지방은 15년간 국제연맹의 관리하에 두고, 그 후 주민투표에 의해 자르의 귀속을 결정하게 되었다. 파리강화회의가 오로지 연합국의 이해에 의해 일방적으로 운영되고 독일에 대한 압박도 심했기 때문에 독일에서는 이 조약이 '명령Diktat'이라며 크게 분노했다. 이는 나치가 정권을 장악하게 되는 하나의 원인이 되었다. 1920년대 말부터 1930년대 초에 걸쳐 라인 지대에서 연합국이 철수하고, 배상 문제에서도 배상 총액이 줄어들면서 베르사유 조약은 조금씩 완화되어갔다. 1935년 나치 정권이 베르사유 조약의 군비 제한 조항을 일방적으로 파기하고 1936년 라인란트 비무장 지대를 무장화함으로써 이 조약은 효력을 상실하게 된다.

의 사기를 고무시키는 방식으로 그런 꿈을 반복하는 것은 쓸모없는 것보다 더 나쁜 것이다. 그렇게 하는 것은 최종적 해결에 있어서 문제를 모호하게 만드는 것일 뿐이다.

사실상 보완과 대칭적인 동기 부여 간의 양립 불가능성은 조약이 단순한 지배-복종의 모티브들로 구성될 수 없다는 것을 의미하며, 따라서 우리는 대안적인 해결책을 찾아야만 한다. 예를 들면 우리는 과시-관망의 모티브——다양한 국가들이 각자 맡을 수 있는 가장 적합한 위엄 있는 역할은 무엇인가?——와 양육-의존의 모티브——전후에 굶주릴 때 음식을 주는 사람과 받는 사람 사이에 어떤 동기 유발의 패턴을 불러일으킬 것인가?——를 검토해야 한다. 그리고 이런 해결책들의 대안으로서 우리는 실현 가능한 어떤 삼중 구조를 가지고 있으며, 그 속에서 연합국과 독일은 상대에게 복종할 것이 아니라 어떤 추상적인 원칙에 복종해야 한다.

발리 : 정상 상태[63]의 가치 체계[64]

'에토스' 와 '분열 발생'

과학은 필연적으로 계속해서 만들어지는 가설에 대한 해석과 경험
적 검증에 의해 발전한다고 말하는 것은 지나친 단순화이며, 심지어
는 틀린 것일 수도 있다. 물리학자나 화학자 중에는 이런 전통적 방식
을 통해 진보를 도모할 사람이 있을 수도 있겠지만, 사회과학자 중에
는 그런 사람이 없을 것이다. 우리의 개념은 느슨하게 정립되어 있

---

63) (옮긴이주) 정상 상태steady state란 체계에 결정적인 변수가 시간과 함께 변하
　지 않는 경우, 그 변수에 관한 체계를 가리키는 말이다.
64) 1949년에 메이어 포티스Meyer Fortes가 편집한《사회 구조 : 래드클리프-브라
　운에게 바치는 연구 *Social Structure : Studies Presented to A. R. Radcliffe-Brown*》에
　실렸던 글로, Clarendon Press의 허락을 받아 여기에 재수록했다. 구겐하임 연
　구비Guggenheim Fellowship의 지원을 받은 글이다.

고──선명한 윤곽을 예시하는 명암의 안개는 아직 열어젖히지 못했다── 우리의 가정들도 여전히 모호해서 누구의 연구로 가설들을 검증해야 하는지를 짐작할 수 있는 어떤 결정적 사례도 없다.

지금의 논문은, 내가 1936년에 발표했지만[65] 그때부터 사용되지 않고 묻혀 있던 개념들을 좀더 명확히 하려는 시도다. '에토스'라는 개념은 나에게 유용한 개념적 도구였으며, 그로 인해 나는 이아트멀족 문화를 더욱 선명하게 이해할 수 있었다. 그러나 이 도구가 다른 방면이나 다른 문화를 분석하는 데도 반드시 유용할지는 이러한 경험이 결코 증명하지 못했다. 나는 다음과 같은 순서로 가장 일반적인 결론을 끌어낼 수 있었다. 나 자신의 정신적 과정에는 어떤 특징이 있다. 이아트멀 사람들의 말, 행동, 조직은 어떤 특징을 가지고 있다. 추상적인 개념 '에토스'는 어떤 역할, 나의 마음과 나 자신이 수집한 자료라는 두 가지 특이성 사이의 관계를 용이하게 하는 촉매 역할을 했다.

나는 《네이븐》의 원고를 끝내자마자 이아트멀족의 분석을 발전시켰던 이 도구를 발리인의 자료에 적용해보려고 발리로 갔다. 그러나 이런저런 이유로 나는 목적을 달성할 수 없었는데, 일부분은 발리에서 내가 마거릿 미드와 함께 사진으로 기록하고 설명하는 방법을 개발하는 데 몰두했기 때문이었으며, 또 부분적으로는 내가 문화 자료에 유전심리학을 적용하는 기술을 배우고 있었기 때문이었지만, 특히 더 큰 이유는 모호한 수준에서 에토스라는 도구가 이 새로운 과제에 적합하지 않다고 느꼈기 때문이었다.

에토스가 어떤 의미에서 잘못된 것으로 드러난 것은 아니었으며, 사

---

65) G. Bateson,《네이븐》.

실 도구나 방법이 틀린 것으로 판명 날 가능성은 거의 없었다. 단지 유용하지 않은 것으로 드러날 수 있을 뿐이며, 이 경우에는 무용성을 명백히 증명할 만한 것조차 없었다. 그 방법은 시도되지 않은 채로 있었으며, 내가 말할 수 있는 것은 모든 인류학 연구의 첫 단계인 자료에 몸을 맡긴 채 인성학적ethological 분석은 다음에 해야 될 일로 여겨지지 않는다는 것이 전부였다.

이제 나는 발리 문화의 어떤 특색이 나로 하여금 인성학적 분석에서 멀어지도록 영향을 주었는지를 발리인의 자료와 함께 보여줄 수 있으며, 이 증명은 에토스라는 추상적 개념에 대한 더 큰 일반화로 이끌 것이다. 우리는 그 과정에서 다른 문화를 다루는 데 있어 좀더 엄격한 설명의 절차로 우리를 안내할 어떤 발견적인 진보를 얻을 것이다.

(1) 이아트멀 자료에 대한 분석은 에토스를 "개인의 본능과 감정을 조직한, 문화적으로 표준화된 체계의 표현"으로 정의 내리게 했다.[66]

(2) 자료를 정리하여 반복적으로 나타나는 '강조'나 '주제'가 무엇인가를 규명하는 것으로 이루어진 이아트멀의 에토스에 대한 분석은 결국 분열 발생을 인식하게 했다. 이아트멀 사회에 관한 연구는 특히 두 가지 재생적 순환[67] 혹은 '악순환'과 관련된 것으로 나타났다. 이

---

66) 《네이븐》, 118쪽.
67) '재생적regenerative', '퇴행적degenerative' 이라는 용어는 커뮤니케이션 공학에서 빌려왔다. 재생적 혹은 '악vicious' 순환은 일반적으로 다음과 같은 형태의 변수의 연쇄다. A의 증가는 B의 증가의 원인이 되며, B의 증가는 C의 증가의 원인이 되며, ……N의 증가는 A의 증가의 원인이 된다. 만약 필요한 에너지원이 공급되었고 외부 요소들이 허용된다면 그 체계는 분명 속도나 강도가 더욱 더 커지도록 작용할 것이다. '퇴행적' 혹은 '자기-교정적' 회로는 'N의 증가는 M을 감소시키는' 적어도 하나의 고리를 가지고 있다는 점에서 재생적 회로와 구별된다. 가정의 온도 조절기나 조절기를 가진 증기 엔진은 이러한 자기-교정 체

두 가지 순환은 모두 A의 행동은 B의 행동의 자극이 되고, 그래서 B의 행동이 다음에 A에게 있어서 더 강도 높은 행동의 자극이 되는 것과 같은 일련의 사회적 상호작용이었다. A와 B는 개인이나 집단의 구성원으로 행동하는 사람이다.

(3) 이러한 분열 발생 과정은 두 개의 클래스로 분류될 수 있다. ㉠ 대칭적 분열 발생, 이 경우에는 A와 B의 상호 촉진하는 행위는 본질적으로 같으며, 경쟁, 라이벌 등과 같은 경우다. ㉡ 보완적 분열 발생, 이 경우에는 상호 촉진하는 행동은 본질적으로 다르지만 상호간에 적합한 것이며, 지배-복종, 양육-의존, 과시-관망과 같은 경우다.

(4) 1939년에 대칭적 및 보완적 분열 발생에 관한 개념 간의 형식적 관계를 정의하는 데 상당한 진전이 이루어졌다. 이는 국가 간의 군비 경쟁에 대한 리처드슨L. F. Richardson[68]의 방정식[69]으로 분열 발생 이

게의 예다. 많은 경우에서 똑같은 물질적 회로가 통로를 따라 전해지는 부하량, 자극의 빈도에 따라 재생적이거나 퇴행적이 되는 것, 그리고 전체 통로의 시간 특성이 드러날 것이다.

68) (옮긴이주) 리처드슨은 국가 x와 y 간의 군비 경쟁 모델을 위해 다음과 같은 방정식을 내놓았다.

$$dx/dt = ay - mx + r \ (1a)$$
$$dy/dt = bx - ny + s \ (2a)$$

이 모델에서, x는 시점 t에서 국가 x의 군비 지출이며, y는 시점 t에서 국가 y의 군비 지출이다. 상수 a와 b는 상대 국가의 무장 정도에 대한 국가 x와 y의 반응을 나타낸다. 예를 들면, 국가 y가 자신의 무기 공급에 소비하는 모든 통화량에 대해 국가 x는 a에 의해 자신의 무기를 증가시킨다. 상수 m과 n은 '피로' 조건이며, 이는 국가 x와 y가 자신들의 무기에 대한 예산 지출을 꺼린다는 것을 나타낸다. 즉 m과 n은 국가 x와 y가 총보다는 버터를 생산하기를 원한다는 것을 의미한다. r의 값이 0보다 작으면 국가 x가 국가 y에 대해 평화적인 의도를 가지고 있음을 가리킨다. (즉 만약 (1a)에 있는 다른 조건이 0이라면, 군비 지출 x를 줄일 것이다.) r가 0보다 크다는 것은 국가 x가 국가 y에 대해 적대적인 의도를 가지고 있음을 가리킨다. (즉 만약 (1a)에 있는 다른 조건이 0이라면, 군비 지출

론을 말하려는 시도에서 나왔다. 라이벌 관계에 관한 그의 방정식은 분명 내가 '대칭적 분열 발생'이라고 말한 것과 비슷한 것을 최초로 제공했다. 이들 방정식은 A의 행동 강도(리처드슨의 경우 무장의 정도)는 B가 A보다 앞선 만큼의 분량에 비례한다는 것이다. 실제로 자극의 값은 (B−A)이며, 이 값이 양이면 A가 무장하려는 노력을 시작할 것으로 예상된다. 리처드슨의 두 번째 방정식은 필요한 변경을 가하여 B의 행동에 대해 똑같이 가정하고 있다. 이들 방정식은, 자랑하기와 같은 그 외의 단순한 라이벌이나 경쟁 현상이 군비 지출로 측정되는 대상은 아니지만, 궁극적으로 어떤 단순히 유사한 관계들의 집합으로 간단히 환원될 수 있을 것임을 제안했다.

하지만 보완적 분열 발생의 경우는 그렇게 분명하지 않은 것이 문제다. 리처드슨의 '복종'에 대한 방정식은 분명 점진적인 보완 관계와는 다른 현상을 정의하고 있고, 그의 방정식 형태는 전쟁에 대한 노력의 기호를 둔화시켜서 결국 역전시키는 '복종적인' 요소의 작용을 기술하고 있다. 그렇지만, 보완적 분열 발생을 기술하는 데 요구되는 것은 뚜렷하게 단절된 역전의 기호를 제공하는 방정식 형태였다. 그와 같은 방정식 형태는 보완적 관계에서 A의 행위가 (A−B) 형태의 자극 값에 비례한다는 것을 가정함으로써 이루어진다. 그와 같은 형태는 또한 부정적으로 참여한 사람의 행위를 자동적으로 정의할 수 있는 이점을 가지면서, 지배-복종, 과시-관망, 의존-양육의 심리적 관련성에 대해 수학적으로 유사한 것을 제공한다.

---

x가 증가할 것이다.)

69) L. F. Richardson, "Generalized Foreign Politics", *British Journal of Psychology* (1939), Monograph Supplement xxii.

특히 그 공식은 그 자체로 라이벌 관계에 대한 어떤 마이너스 공식이며, 자극값은 그와 반대로 양수다. 대칭적인 행위의 과정은 분명 개인이나 집단 간의 지나친 보완 관계의 긴장을 감소시키는 경향이 있다는 것이 관찰되었다.[70] 이는, 앞의 공식에서 그런 것처럼, 이 결과를 어느 정도 심리학적으로 양립할 수 없는 두 가지 형태의 분열 발생을 만들어낼 어떤 가설에 속하는 것으로 생각하게 한다.

(5) 분명하게 계량화할 수는 없지만, 성감대와 연관된 모든 양식들 modes[71]이 보완적 관계를 위한 주제를 정의한다는 것에 주목하는 것은 흥미롭다.

(6) 위의 (5)항에서 말한 성감대와의 연결은 리처드슨의 방정식이 내포하는 것과 같은 피로와 유사한 요인에 의해서만 강도가 제한되는 단순 상승 지수 곡선으로 생각하면 안 된다는 것을 말해준다. 그보다는 오히려 분열 발생적 긴장의 이완이 뒤따르는 어느 정도의 육체적 혹은 신경적 관련이나 긴장의 성취인 오르가슴과 같은 현상에 의해 그 곡선이 제한되는 것으로 예상해야 한다. 사실, 다양한 종류의 단순 경쟁 속에 있는 인간 존재에 관해 우리가 알고 있는 모든 것이 그 경우와 흡사하며, 이런 종류의 이완에 대한 의식적 또는 무의식적인 기대

---

70) 《네이븐》, 173쪽.
71) E. H. Homburger, 〈놀이의 형태 : 심리학적 기록Configurations in Play : Psychological Notes〉, 《계간 정신분석 *Psychoanalytical Quarterly*》(1937), vi, 138~214쪽. 좀더 엄격한 용어로 정신분석학 가설에 대해 언급한 가장 중요한 문헌 중의 하나인 이 논문은 다양한 성감대에 적합한 '양식'――침입intrusion, 합병incorporation, 보존retention 등――을 다루고 있으며, 이 양식들이 어떻게 하나의 성감대에서 다른 성감대로 전이될 수 있는가를 보여준다. 이는 저자로 하여금 가능한 교환과 전이된 양식들의 조합에 대한 도표를 만들게 했다. 이 도표는 서로 다른 성격 구조(예, 서로 다른 문화에서 만난 것처럼)에 대한 매우 다양한 발달 과정을 정확히 묘사하는 수단을 제공한다.

가 참가자들을 계속 경쟁하게 만들고, '상식' 외에는 달리 자신들에게 말해줄 의견이 없는 경쟁에서 간단히 물러나지 못하게 만드는 중요한 요소다. 만약 사람을 싸우도록 만드는 어떤 근본적 특성이 인간에게 존재한다면, 그것은 아무래도 완전히 휘말려 든 긴장을 통과한 다음에 오는 이완에 대한 기대인 것 같다. 전쟁의 경우에는 이런 요소가 분명 유력하다. (진짜 진실——현대전에서는 아주 소수의 참가자들만이 이러한 절정의 이완을 성취한다——은 음흉한 '전면' 전의 신화에 거의 반대하지 못하는 것으로 생각된다.)

(7) 1936년에 '사랑에 빠지는' 현상은 기호가 역전된 분열 발생과 유사하며, 심지어 '진정한 사랑의 과정이 이제까지 순조롭게 진행됐다면 지수 곡선을 따라갔을 것이다'[72]라고 제안되었다. 이전에 리처드슨[73]도 독자적으로, 더 형식적인 용어를 사용해 똑같은 의견을 말했다. 앞의 (6)항에서 명백히 지적했듯이 그 '지수 곡선'은 무한히 상승하는 것이 아니라 정점에 도달한 다음에 하강하는 형태의 곡선으로 바뀌어야 한다. 그렇지만, 나머지 클라이맥스와 오르가슴을 향한 이들 상호작용 현상의 두드러진 관계는 분열 발생으로 간주하는 경우와 종종 심리적으로 대등한 사랑에 이르게 하는 누적적인 상호작용의 과정을 몹시 강화한다. (싸움과 구애의 유별난 혼동에 대한 증거, 죽음과 오르가슴의 상징적 동일시, 포유동물에 의한 성적 유혹의 장식으로 공격 기관의 주기적인 사용 등)

(8) 발리 사회에서는 분열 발생 과정을 찾아볼 수 없었다. 이러한 부정적 진술은 매우 중요하며 많은 사회적 대립 이론과 마르크스주의자의 결

---

72) 《네이븐》, 197쪽.
73) 앞에서 말한 책(1939)에서.

정론과 모순된다. 신빙성을 얻기 위해 나는 여기서 성격 형성 과정과 그 결과로 생기는 발리인들의 성격 구조, 예외적으로 누적적인 상호 작용을 볼 수 있는 경우와 분쟁과 신분의 구분을 처리하는 방법을 도식적으로 묘사해야만 한다. (다양한 관점에서의 세밀한 분석과 그를 뒷받침하는 자료는 여기 제시할 수 없지만, 자료가 검토될 수 있도록 출판된 출전들은 참고문헌으로 제공될 것이다.)[74]

발리인의 성격

㉠ 위의 일반화에서 가장 중요한 예외는 어른(특히 부모)과 아이의 관계에서 일어난다. 일반적으로 엄마는 대인 관계의 행위로 아이의 '음경'을 잡아당기거나 아니면 다른 방법으로 음경을 자극하면서 아이와 가벼운 희롱을 시작한다. 이것은 아이를 흥분시키고, 얼마간 누적적인 상호작용이 일어난다. 이윽고 아이가 가벼운 클라이맥스에 도달하면서 팔을 엄마의 목에 뻗으면, 이때 엄마의 주의력은 산만해진다. 여기서 아이는 일반적으로 다른 누적적인 상호작용을 시작하게 되고, 화가 치밀어 오르게 된다. 엄마는 아이가 화내는 모습을 즐기는 구경꾼 역할을 하거나, 만약 실제로 아이가 엄마를 공격하면, 화내는 기색 없이 그녀 쪽에서 그 공격을 뿌리치든지 할 것이다. 이와 같은 일련의 행동은 이런 행태의 인간 관계에 대한 엄마의 혐오를 표현하는

---

74) 특히 베이트슨과 미드의 《발리인의 성격 : 사진 분석 *Balinese Character : A Photographic Analysis*》을 보라. 이 사진 기록들은 열람이 가능하므로 현재의 논문에 사진은 포함시키지 않았다.

것, 혹은 아이가 그러한 관계에 대한 깊은 불신을 습득하는 맥락으로
보일 수 있다. 아마 본래부터 누적적인 개인적 상호작용을 지향하는
인간적 경향은 이처럼 묵시적일 것이다.[75] 아이가 발리인의 삶에 점차
완전히 적응하게 되면서 지속적인 강도의 고원plateau이 클라이맥스
를 대체할 수 있다. 현재 이것이 성적 관계에 대한 명백한 전거가 되지
는 못하지만, 고원 형태의 과정이 신들린 상태나 싸움의 특징이라는
표시는 존재한다. (아래 ㉣항)

㉡ 이와 비슷한 과정은 아이의 경쟁적·라이벌적 행동을 약화시키
는 효과가 있다. 예를 들어 엄마는 다른 여인의 아이에게 젖을 먹이면
서 아이를 약 올릴 것이며, 엄마의 젖을 빼앗은 침입자를 물리치려고
애쓰는 아이의 모습을 보며 즐거워할 것이다.[76]

㉢ 발리의 음악, 연극, 그리고 다른 예술의 형태는 일반적으로 클라
이맥스가 없다는 점이 특징이다. 음악은 일반적으로 음악의 형식적인
구조의 논리에서 도출된 진행을 가지고 있으며, 강도의 변화는 지속
시간과 이 형식적 관계에서 성립하는 진행에 의해 결정된다. 또한 근
대 서양 음악의 상승하는 강도와 클라이맥스와 같은 것은 갖고 있지
않으며, 오히려 형식적인 진행을 가지고 있다.[77]

㉣ 발리인의 문화에는 분쟁을 처리하는 명확한 기술이 내포되어 있
다. 싸운 두 사람은 공식적으로 추장Rajah의 지방 행정사무소로 가서
자신들의 싸움을 등록하고, 누구든지 상대방에게 먼저 말을 거는 자

---

75) 《발리인의 성격 : 사진 분석》, pl. 47, 32~36쪽.
76) 《발리인의 성격 : 사진 분석》, pls. 49, 52, 53, 69~72.
77) Colin McPhee, "The Absolute Music of Bali", *Modern Music*(1935) ; *A House in
Bali*(London : Gollancz, 1947)를 보라.

는 일정한 벌금을 내거나 신에게 희생물을 바치기로 합의한다. 나중에 싸움이 종료되면 이 계약은 공식적으로 취소된다. 좀더 사소한——그러나 비슷한——회피가 아이들의 싸움에서도 아이들에 의해 실천된다. 이러한 과정이 싸움의 주인공들을 적개심에서 멀어지게 만들고 우의를 가지도록 만들려는 과정이 아니라는 사실이 아마도 중요할 것이다. 오히려 그것은 그들의 상호 관계의 상태에 대한 공식적인 인식이며, 될 수 있는 한 그러한 상태로 어느 정도까지 관계를 고정시키는 것이다. 이러한 해석이 맞는다면 분쟁을 처리하는 이런 방법은 클라이맥스를 안정 상태로 대치하는 것에 해당한다.

ⓒ 전쟁과 관련해서, 옛날 전쟁에 대한 추장들의 최근 이야기들은 그 이야기들이 수집되었던 시기(1936~1939)의 전쟁이 상호 회피의 많은 요소들을 가지고 있는 것으로 여겨졌음을 나타낸다. 바종 지드 Bajoeng Gede 부락은 벽과 구렁으로 둘러싸여 있었고, 사람들은 이 방어 시설에 대해 다음과 같이 설명했다. "만약 당신과 내가 싸웠다면, 당신은 가서 당신 집 주위에 도랑을 파라. 나중에 나는 당신과 싸우기 위해 가겠지만, 내가 도랑을 발견하면 싸우지 않을 것이다"—— 일종의 상호 마지노선 심리다. 이와 비슷하게, 인접 왕국들 사이의 경계 지역은 통상 부랑자와 추방자들 외에는 사람이 살지 않는 황폐한 땅이다. (매우 다른 전쟁 심리는 18세기 초 카랑가셈Karangasem 왕국이 이웃인 롬복Lombok 섬을 정복하려고 배에 탔을 때 나타났음이 틀림없다. 이런 군국주의 심리는 아직 연구된 적이 없으나, 오늘날 롬복에 사는 발리인의 시간 관념이 발리에 사는 발리인과 상당히 다른 이유가 거기에 있다고 나는 확신한다.)[78]

ⓓ 사회적으로 영향을 주는 공식적인 테크닉——웅변과 같은——

은 발리인의 문화에 거의 없다. 개인들의 지속적인 관심을 요구하는 것이나 집단에 정서적 영향력을 행사하는 것은 똑같이 불쾌한 것이고 실질적으로 불가능하다. 왜냐하면 그런 상황에서는 영향 받는 사람들의 관심이 급속히 산만해지기 때문이다. 심지어 대부분의 문화에서, 이야기를 하기 위해 계속되는 발언조차 발리에서는 일어나지 않는다. 이야기하는 사람은 한두 마디 한 다음 멈추고, 청중의 한 사람이 자신에게 자세한 줄거리에 대해 구체적인 질문을 하도록 기다린다. 그 다음에 그는 질문에 대답하고 이야기를 다시 시작한다. 이 과정이 적절치 않은 상호작용에 의한 누적적인 긴장을 무너뜨리는 것은 분명하다.

ⓧ 발리 사회의 주된 계층 구조——계급 체계와 모든 부락 의회 사람들의 계층 구조——는 엄격하다. 한 개인이 이 계급 체계 가운데서 어느 하나의 지위를 놓고 다른 사람과 경쟁할 수 있는 맥락은 존재하지 않는다. 개인이 여러 가지 행동으로 인해 계층 구조 내의 지위를 잃어버릴 수는 있지만 계층 구조 내에서 그의 자리는 변함이 없다. 그가 나중에 정통성을 회복하고 돌아오는 것을 허락받으면, 그는 다른 사람과의 관계에서 자신의 원래 위치로 돌아오게 된다.[79]

앞에서 기술한 일반화는 모두 '왜 발리 사회는 분열 발생적이지 않은가' 라는 부정적 질문에 대한 부분적인 대답이며, 이러한 일반화들의 조합을 통해 우리는 우리의 사회, 이아트멀 사회, 래드클리프-브라운이 분석한 사회적 대립의 체계, 마르크스주의자의 분석에 의해 가

---

78) G. Bateson, "An Old Temple and a New Myth", *Djawa*(Batavia, 1937), xvii을 보라.

79) M. Mead, "Public Opinion Mechanisms among Primitive Peoples", *Public Opinion Quarterly*(1937), i : 5∼16쪽을 보라.

정된 어떤 사회 구조와는 무척이나 두드러지게 다른 사회의 모습에 이르렀다.

우리는 인간이 누적적인 상호작용의 과정에 자신들을 연관시키는 경향이 있다는 가정에서 출발했으며, 이 가정은 아직 실질적으로 온전한 상태다. 발리 사회에서 어린애들은 최소한 그런 성향을 분명히 가지고 있다. 그러나 사회학적 정당성을 위해서 이 가정은, 어린아이들의 교육이 성인의 삶에서 이러한 경향들이 표현되는 것을 방해하지 않는다는 조건에서만 비로소 사회의 역학에서 그 경향들이 작용한다는 삽입구에 의해 보호되어야 한다.

우리는 누적적인 상호작용을 향한 이 경향들이 변형modification, 탈조건deconditioning, 혹은 금지inhibition의 주제라는 것을 입증해 보임으로써 인간 성격의 형성 범위에 대한 우리의 지식에 있어서 진전을 이루었다.[80] 그리고 이것은 상당히 중요한 진전이다. 우리는 발리인이 어떻게 비분열 발생적인지를 알고 있으며, 사회 조직의 다양한 세부 속에서 분열 발생에 대한 그들의 불쾌감이 어떻게 표현되는지 알고 있지만――엄격한 계층 구조, 싸움을 조종하는 규칙 등―― 우리는 여전히 사회의 긍정적인 역학에 대해서는 아무것도 모르고 있다. 우리는 단지 부정적인 질문에만 답했을 뿐이다.

---

80) 학습 과정과 관련된 본질에 대한 어떤 단서를 자료가 우리에게 충분히 정확하게 제공하지 않는 것은 인류학에서 흔한 일이다. 인류학은 기껏해야 이런 수준의 질문을 제기할 수 있을 뿐이다. 다음 단계는 실험실에서의 실험을 위해 남겨 두어야 한다.

발리인의 에토스들

따라서 다음 단계는 발리인의 에토스에 관해 질문하는 것이다. 발리인들의 복잡하고 풍요로운 문화적 행위와 관련된 실제적인 동기와 가치들은 무엇인가? 만약 관계에서 경쟁적이지 않고 다른 형태의 누적적인 상호작용이 없다면, 발리인들로 하여금 그들의 정교한 삶의 패턴을 성취하게 하는 것은 무엇인가?

(1) 발리 사회를 방문하는 사람이면 누구나 그 즉시 그들의 문화 활동의 원동력이 욕심이나 있는 그대로의 심리적 욕구가 아니라는 사실을 알게 된다. 발리인들, 특히 평원에 사는 사람들은 굶주리거나 가난에 시달리지 않는다. 그들은 음식을 낭비하며, 그들의 활동의 상당 부분을 음식과 재산을 사치스럽게 낭비하는 비생산적인 예술이나 의식(儀式)의 요구에 사용한다. 본질적으로 우리가 다루고 있는 것은 결핍의 경제라기보다는 풍요의 경제다. 실제로 친구들 사이에서 어느 정도 '가난하다'고 평가되는 사람은 있지만, 가난한 사람 중에서 굶주림으로 위협받는 사람은 없으며, 발리인은 서구의 거대한 도시에는 실제로 굶는 사람이 있다는 얘기를 들으면 심한 충격을 받는다.

(2) 경제적 업무 처리에서 발리인은 사소한 거래에 굉장히 철저하다. 그들은 '푼돈에 영리하다'. 하지만 이런 철저함은 가끔 의례나 다른 형태의 사치스러운 소비에 엄청난 돈을 쓰는 '큰돈에 어리석은' 행동으로 상쇄된다. 극히 소수의 발리인만이 착실하게 부나 재산을 증대시키려는 생각을 가지고 있으며, 그런 사람은 미움을 사거나 괴상한 사람으로 여겨진다. 대개의 경우 '푼돈을 저축하는' 것은 제한된 시간 전망과 목표를 가지고 행해진다. 그들은 어떤 의례에 크게 쓸 만

큼 충분해질 때까지만 저축한다. 따라서 우리는 발리인의 경제를 가치를 극대화하는 개인적 노력이라는 의미로 설명해서는 안 되며, 오히려 생리학과 공학의 이완 발진relaxation oscillation과 견주어야 한다. 발리인의 경제를 이해하는 것은 그들의 업무 처리 과정에 대해 이러한 유추로 설명하는 것일 뿐만 아니라, 발리인 자신도 당연히 그런 형태를 가진 것으로 이러한 과정들을 보고 있다.

(3) 발리인은 두드러지게 공간적 방위 인식에 의존한다. 행동하기 위해서 그들은 반드시 자신의 기본적인 위치를 알아야 하며, 만약 발리인을 차에 태우고 이리저리 다녀서 방향 감각을 잃게 하면, 그는 심하게 방위 인식을 잃어버리며, 기본적인 위치로 삼는 섬 중앙의 산과 같은 중요한 표시를 보고 다시 방위 인식을 회복하게 될 때까지 움직이지 못하게 된다(예 : 무용가는 춤추지 못하게 된다). 공간적 방위 인식과 비교할 만한 사회적 방위 인식에 대한 의존도 있지만, 여기에는 차이점이 있다. 공간적 방위 인식은 수평적인 데 반해 사회적 방위 인식은 주로 수직적이라고 생각된다. 모르는 두 사람이 만날 때, 서로가 자유롭게 대화를 나누기 전에 반드시 각자의 상대적인 계급을 밝혀야 한다. 어떤 사람이 상대에게 "너는 어디에 앉느냐?"라고 묻는 것은 계급에 대한 은유다. 그것은 본질적으로 '당신은 높은 데 앉느냐 낮은 데 앉느냐?'라고 묻는 것이다. 각자가 다른 사람의 계급을 알아야 어떤 예절이나 말씨를 써야 할지 알게 되며, 그 다음에 대화가 진행된다. 발리인은 그런 인식 없이는 말하지 않는다.

(4) 목적에 맞는, 즉 일정 기간 보류된 어떤 목표를 겨냥한(앞에서 언급한 푼돈의 영리함과는 다른) 활동보다는 오히려 활동 그 자체가 가치를 가지는 것이 일반적이다. 예술가, 무용가, 음악가, 그리고 성직

자는 자신들의 직업적 활동에 대한 금전적 보상을 받지만, 예술가가 자신의 시간과 물질에 대한 보답으로 충분할 만큼 보상을 받는 경우는 극히 드물다. 그 보상은 감사의 표시이며, 극단이 공연하는 맥락에 대한 정의이지 극단의 경제적 대들보는 아니다. 극단의 수입은 단원들이 새로운 의상을 살 수 있을 때까지 저축되기도 하지만, 최종적으로 의상을 사게 될 때는 보통 모든 단원들이 의상에 지불하기 위한 공동 기금 마련을 위해 상당한 돈을 내야만 한다. 마찬가지로 사원의 모든 축제에 쓰이는 공물과 관련해서 예술 작업과 실제 재산을 막대하게 소비하는 데는 어떠한 목적도 존재하지 않는다. 자신의 사원에서 정기적인 축제를 하기 위해 아름다운 형태의 꽃과 과일을 만들었기 때문에 신은 어떤 혜택도 주지 않을 것이며, 불참에 대한 보복도 하지 않을 것이다. 일정 기간 보류된 목적 대신에 개개의 상황을 연기하는 것이 관습인 다른 모든 사람들과 함께 멋지게 공연하는 것에 직접적이고 내적인 만족이 있다.

(5) 일반적으로 발리인은 많은 사람들로 매우 북적거리는 데서 바쁘게 일하는 것을 분명 즐기는 것 같다.[81] 반면, 태어날 때부터 집단 구성원의 자격을 상실하는 불행이 있으며, 이러한 자격 상실의 위협은 발리 문화에서 가장 심한 처벌 중 하나다.

(6) 발리 사람들의 많은 행동들이 개인적 목표나 가치라는 말보다 사회학적 용어로 명확하게 설명된다는 것은 매우 흥미롭다.[82]

이는 모든 부락민이 포함되는 계층 구조를 가진 부락 의회와 관련된

---

81) 베이트슨과 미드의 앞에서 말한 책, pl. 5.
82) 《네이븐》의 250쪽 이하에서 나는, 어떤 세상 사람들은 자신들의 행동을 사회적 틀에 연관시킨다는 것을 우리가 반드시 발견할 수 있을 것이라고 썼다.

모든 행동들에서 가장 눈에 띈다. 세속적인 측면에서 이 의회는 이 데사 Desa(글자 그대로, Mr. Village)로 간주되며, 많은 규칙들과 과정들이 이 추상적 인물에게 문의함으로써 합리화된다. 이와 마찬가지로, 성스러운 측면에서도 부락은 베타라 데사Betara Desa(God Village)로 신격화되고, 이를 위해 제단이 세워지고 제물도 바쳐진다. (뒤르켐 학파의 발리인에 대한 분석이 그들의 많은 공적 문화를 이해하는 데 쉽고도 적절한 접근이라 생각된다.)

특히 부락의 자금과 관련된 모든 금전적 처리는 '부락은 손해 보지 않는다Desanne sing dadi potjol' 라는 일반화에 의해 결정된다. 이러한 일반화는 예를 들어 부락의 가축을 파는 모든 경우에도 적용된다. 부락이 가축의 현재 가격 혹은 부르는 값 이하의 가격을 받아들일 여지는 없다. (여기서 중요한 것은 그 규칙이 하한선을 결정하는 방식을 취하고 있으며 부락의 자금을 극대화하는 명령이 아니라는 점이다.)

사회적 과정의 본질에 대한 독특한 인식은 다음과 같은 경우에서 분명히 알 수 있다. 한 가난한 사람이 의회의 최고 위치에 도달하려는 사람에게 필수적인 중요하고 비용이 많이 드는 통과 의례를 감당하려고 한다. 만약 그가 이 지출을 떠맡지 않으면 어떻게 되느냐고 우리는 물었다. 첫 번째 대답은 만약 그 사람이 너무 가난하면 이 데사 Desa가 그에게 돈을 빌려줄 거라는 것이었다. 만약 그 사람이 진짜 거절하면 어떻게 되느냐고 귀찮게 대답해달라고 졸랐더니, 이제까지 아무도 거절한 적이 없었지만 만약 누군가가 거절한다면 다시는 아무도 그 의식에 참석하지 않을 거라고 우리는 말할 것이다가 대답이었다. 이러한 대답과 아무도 거절한 사람이 없었다는 사실에 내포되어 있는 것은 문화적 과정의 진행 그 자체가 가치를 지닌다는 가정이다.

(7) 문화적으로 합당한 행동(파토에트patoet)은 수용되며 예술적 가치를 지닌다. 허용될 수 있는 행동(대디dadi)은 어느 정도 가치 중립적이며, 반면에 허용될 수 없는 행동(싱 대디sing dadi)은 비난받으며 회피하게 된다. 이러한 일반화는 그 형태를 달리해 많은 문화권에 옮겨져도 의심의 여지가 없는 사실이지만, 발리인이 '대디Dadi'로 의미하는 것이 무엇인지를 명확하게 아는 것이 중요하다. 이 개념은 우리의 '예절'이나 '법'과는 다른데, 그 이유는 예절이나 법은 다른 사람이나 사회학적 존재에 대한 가치 판단을 불러일으키기 때문이다. 발리에서는 어떤 사람이나 초자연적 권위에 의해 행동이 대디나 싱 대디로 분류된다는 느낌은 없다. 오히려 이러저러한 행동이 대디하다는 말은 주어진 상황에서 이 행동의 효과가 보통이라는 것에 대한 확고한 일반화다.[83] 계급 없는 사람이 왕자에게 '세련된 말' 대신에 다른 말로 말을 거는 것은 잘못이며, 월경하는 여성이 사원에 들어가는 것도 잘못이다. 왕자나 신은 귀찮은 것에 대한 표현을 할 수 있지만, 왕자나 신, 계급 없는 사람 가운데 누군가가 그 규칙을 만들었다는 느낌은 들지 않는다. 범죄는 실제 피해자에 대한 것이라기보다 우주의 질서와 자연적 구조에 대한 위반으로 여겨진다. 심지어 근친상간 같은 중대한 문제에 있어서도 범죄자(그 사람은 사회에서 추방된다)[84]는 어리석다거나 꼴사납다는 것 이상으로 더 나쁘게 비난받지 않는다. 오히려 그는 '불운한 사람anak Iatjoer'이며, 불운이란 '차례가 되면' 우리 중

---

83) '대디dadi'라는 말은 또한 사회적 신분의 변화를 의미하는 말로 사용된다. 'I Anoe dadi Koebajan'은 '그렇게 그렇게 해서 마을의 공무원이 되었다'라는 말이다.

84) Mead, "Public Opinion Mechanisms among Primitive Peoples".

에 누구에게나 올 수 있는 것이다. 더욱이 옳고 허용될 수 있는 행동이라 규정되는 행동 패턴들은 상당히 복잡하며(특히 말하는 규칙), 발리의 개인들은 실수하지나 않을까 하고 항상 걱정한다(심지어 자신의 가정 내에서조차 어느 정도)는 점이 반드시 강조되어야 한다. 더구나 그 규칙들은 간단한 비법이나 정서적 태도로 요약될 수 있는 성질의 것도 아니다. 예절은 다른 사람의 기분에 대한 포괄적 진술이나 높은 사람에 대한 존경에서 연역될 수도 없다. 예절에 대한 세부 사항들은 너무나 복잡하고 다양해서 발리의 개개인들은, 줄 타는 사람처럼, 언제나 한시라도 헛디딜까 두려워하며 천천히 나아간다.

(8) 마지막 단락에서 사용된 자세 잡기의 은유는 발리 문화의 많은 맥락에 명백하게 적용된다.

㉠ 경제적 후원자를 잃어버리는 것에 대한 두려움은 발리인의 어린 시절에 중요한 문제다.[85]

㉡ 들어 올림(육체적이고 은유적인 균형에 수반되는 문제)은 존경에 대한 수동적 보완이다.[86]

㉢ 발리의 어린이들은 초인이나 신처럼 들어 올려진다.[87]

㉣ 실제로 사람을 들어 올리는 경우[88]에 체계의 균형을 유지하는 임무는 밑에서 받치는 사람에게 있지만, 그 체계가 움직일 방향의 조절은 들어 올려진 사람에게 있다. 남자의 어깨 위에 서 있는 신들린 어린 소녀는 원하는 방향으로 몸을 기울이기만 하면 그녀를 받치는 사람을

---

85) 베이트슨과 미드의 앞의 책, pls. 17, 67, 79.
86) 같은 책, pls. 10~14.
87) 같은 책, pl. 45.
88) 같은 책, pl. 10, fig. 3.

그 방향으로 가게 할 수 있다. 남자는 그때 체계의 균형을 유지하기 위해 그 방향으로 움직여야만 한다.

ⓜ 우리가 수집한, 1,200여 점의 발리 조각들의 상당 부분은 예술가의 첫 번째 할 일이 균형의 문제임을 보여주고 있다.[89]

ⓑ 공포를 의인화한 마녀는 흔히 카파kapar라고 불리는 몸짓을 취하는데, 한 남자가 갑자기 뱀을 보고 야자나무에서 떨어지는 모습으로 그려진다. 이러한 몸짓에서 팔은 머리 위에서 옆으로 약간 올려져 있다.

ⓢ 백인이 오기 전의 시기에 대한 평범한 발리인의 표현은 '세상이 안정적이었을 때doegas goemine enteg' 다.

폰 노이만 게임의 적용

이렇게 발리인의 에토스 가운데 아주 간략한 몇 개의 요소를 열거하는 것만으로도 아주 중요한 이론적 문제를 지적하기에 충분하다. 추상적 용어로 그 문제를 살펴보기로 하자. 대부분의 사회학의 기초가 되는 가설 중 하나는 사회적 메커니즘의 역학은 그 메커니즘을 구성하는 개인들이 어떤 변수를 극대화하기 위해 동기화된다고 가정함으로써 기술될 수 있다. 전통적 경제 이론은 개인들이 가치를 극대화할 것이라고 가정하는 한편, 분열 발생 이론에서는 개인들이 명성, 자존심, 심지어는 복종과 같은, 만질 수 없지만 단일한 변수들을 극대화한

---

89) 여기서 그것에 대한 진술을 정확하게 양적인 용어로 규정할 수는 없으며, 가능한 판단은 주관적이고 서양적이다.

다고 암암리에 가정했다. 그러나 발리인들은 그와 같은 단순한 변수들을 극대화하지 않는다.

발리인의 체계와 경쟁 체계 간에 존재하는 차이를 규정하기 위해 순전히 경쟁적인 폰 노이만 게임의 전제를 검토해보고, 발리 체계에 좀 더 적절히 접근하기 위해서는 이러한 전제들 가운데 무엇을 바꾸어야 하는지를 살펴보자.

(1) 가설에 의하면 폰 노이만 게임의 선수들은 단지 단일한 선형의 가치 척도(금전적 척도)로 동기화된다. 그들의 전략은 ㉠ 가상의 게임 규칙에 의해, ㉡ 게임에 등장하는 모든 문제를 풀기에 충분하다고 가정된 그들의 지능에 의해 결정된다. 폰 노이만은 선수들의 수와 규칙들에 의존해서 정의할 수 있는 어떤 상황하에서 다양한 종류의 연합들이 선수들에 의해 형성되리라는 것을 보여주며, 사실상 폰 노이만의 분석은 주로 이러한 연합들의 구조와 구성원들 사이의 가치 분배에 집중하고 있다. 이런 게임과 인간 사회를 비교하면서 우리는 사회 조직을 연합 체계와 유사하다고 간주할 것이다.[90]

(2) 다음과 같은 측면에서 폰 노이만 체계들은 인간 사회와 다르다.

---

90) 우리는 다른 방식으로 유사를 다루어야 한다. 폰 노이만Von Neumann과 모르겐슈테른Morgenstern이 지적한 것처럼 사회 체계는 하나 혹은 그 이상의 사람들의 연합이 서로를 상대하거나 자연과 상대하여 경기하는 비-제로섬non-zero sum 게임과 비교된다. 비-제로섬 게임의 특징은 자연 환경에서 끊임없이 가치가 추출된다는 데 기초하고 있다. 발리 사회는 자연, 환경과 인간을 포함한 모든 존재를 이용하는 만큼 사람 사이의 연합을 요구하는 게임과 공통점을 가진다. 그러나 사람만을 포함하는 전체 게임의 하부 단위에서는 연합 형성이 필수적이지 않다──즉 발리인의 사회는 폰 노이만이 '비본질적'이라고 부르는 형태의 게임을 규정함에 있어서 사람들 사이의 관계의 규칙이 대부분의 다른 사회와 다를 것이다. 이러한 가능성은 여기서 검토되지 않는다. (앞에서 말한 폰 노이만과 모르겐슈테른의 책을 보라.)

㉠ 인간은 학습하는 데 반해 폰 노이만의 선수들은 시작부터 완전히 지적이다. 인간이기 때문에 우리는 게임의 규칙과 어떤 특정한 연합과 연관된 규칙들이 개별적인 선수들의 성격 구조와 섞이게 될 것이라고 예상해야만 한다.

㉡ 포유류의 가치 척도는 단순하거나 단조롭지 않고, 상당히 복잡하다. 심지어 생리학 수준에서도 칼슘이 비타민을 대체할 수 없으며, 아미노산이 산소를 대체할 수 없음을 우리는 알고 있다. 더구나 동물들은 상극이 되는 산물들의 공급을 극대화하지 않으려고 애쓰며, 오히려 각자 견딜 수 있는 한계 내에서의 공급 유지를 필요로 한다. 너무 많은 것도 너무 적은 것과 마찬가지로 해롭다. 또한 포유동물의 선호가 항상 이행적인지도 의심스럽다.

㉢ 폰 노이만 체계에서는 어떤 주어진 게임을 하는 데 쓸 수 있는 말의 수는 한정되어 있다고 가정된다. 개인의 전략 문제는 제한된 시간 전망 안에서 움직일 수 있기 때문에 해결 가능하다. 선수에게 필요한 것은 단지 득실이 지불되고 모든 것이 백지 상태에서 다시 시작할 때 게임의 결말까지로 한정되어 있는 시간을 내다보는 것이다. 인간 사회에서의 삶은 이런 식으로 분절되지 않으며, 각 개인은 미래를 향해 수가 증가하는(아마도 기하급수적으로) 알 수 없는 요소들에 대한 전망과 대면한다.

㉣ 가설에 의하면 폰 노이만 선수들은 경제적 파산이나 권태 어느 것에도 영향 받지 않는다. 패배자는 계속해서 영원히 패배할 수 있으며, 심지어 모든 경기의 결과가 확률적으로 분명히 예측되는데도 불구하고 게임에서 물러날 수 없다.

(3) 폰 노이만과 인간 체계의 이러한 차이 가운데 우리가 여기서 고

려하는 것은 단지 가치 척도의 차이와 '파산' 가능성이다. 단순성을 위해 우리는 매우 중요하지만 그 외의 차이들은 잠시 무시할 수 있다고 가정하겠다.

(4) 이상하게도, 인간은 포유동물이고, 따라서 다차원적이면서 비극대화하는 일차적 가치 체계를 가지고 있음에도 불구하고, 여전히 하나 혹은 몇 개의 단순 변수(돈, 명성, 권력 등)를 극대화하는 맥락 속에 인간이 놓일 수 있음을 우리는 볼 수 있다.

(5) 다차원적 가치 체계가 분명 일차적이므로, 예를 들어, 이아트멀 사회 조직에 의해 제시된 문제는 오로지 이아트멀 개인들의 가치 체계를 끌어내거나 요약함으로써 그들의 행동을 설명하는 것이 아니다. 우리는 또한 개인이 자신을 발견하는 사회 조직에 의해 그 가치 체계가 어떻게 포유동물인 개인에게 부과되는지를 물어봐야 한다. 전통적으로 인류학에서 이 문제는 유전심리학에 의해 공격받았다. 우리는 사회 조직에 내포되어 있는 가치 체계가 어떻게 유년기에 개인의 성격 구조의 일부가 되는지를 보여주기 위한 자료를 수집하려고 노력한다. 그러나 폰 노이만이 했듯이, 학습 현상은 잠시 접어두고 오직 주어진 '규칙'과 연합 체계에 따라 발생하는 그러한 맥락의 전략적 관계만을 고려하는 다른 접근법이 있다. 이와 관련하여 경쟁적 맥락――개인이 경쟁적인 맥락을 인식하도록 만들 수 있는―― 은 분명 복잡한 가치의 전반을 매우 단순하고 정확하게 선형적이며 단조로운 의미로 축소시킨다는 것이 중요하다.[91] 이러한 것을 고려하고, 더하여 성격 형성 과정의 규칙을 설명한다면, 이아트멀이나 20세기 미국과 같은 경

---

91) L. K. Frank, "The Cost of Competition", *Plan Age*(1940), vi : 314~324쪽.

쟁적 사회에서 어떻게 단순한 가치 척도가 개인에게 부과되는지를 기술하는 데 충분할 것이다.

(6) 이와 반대로 발리 사회에서 우리는 전혀 다른 사태를 발견한다. 개인도 부락도 단순 변수를 극대화하는 데는 관심이 없다. 오히려 그들은 우리가 '안정'이라 부르는 것을 극대화하는 데 관심이 있는 것으로 보인다. (사실 단순한 양적 변수가 극대화되어 나타나는 경우가 있다. 이 변수는 부락에 의해 부과된 벌금액이다. 대부분 처음 벌금이 부과될 때는 금액이 매우 적지만, 벌금 납부가 지연되면 벌금액은 매우 가파르게 증가되고, 위반자가 납부를 거부한다는——'부락에 반대하는'——어떤 신호가 있으면 벌금은 한꺼번에 엄청난 합계로 증가하며, 위반자는 자신의 반대를 자진해서 포기할 때까지 공동체의 구성원 자격을 빼앗긴다. 그때 벌금의 일부는 면제된다.)

(7) 이제 다수의 똑같은 선수들과 선수들 사이의 안정을 유지하는 데 관심을 가진 심판으로 이루어진 가상적 체계를 생각해보자. 게다가 그 선수들은 경제적으로 파산하기 쉬우며, 심판은 이런 일이 일어나지 않도록 신경 쓰면서 경기 규칙이나 운수의 기회와 연관된 확률을 바꿀 수 있는 힘을 가지고 있다고 생각해보자. 분명 이 심판은 많든 적든 선수들과 계속적으로 충돌하게 될 것이다. 심판은 역동적 평형이나 정상 상태를 유지하려고 애쓸 것이며, 우리는 이것을 가리켜 어떤 하나의 단순 변수를 극대화하는 것에 맞서서 기회를 극대화하려는 시도라고 말할 수 있을 것이다.

(8) 애슈비W. R. Ashby는 정상 상태와 복잡한 상호작용 체계의 지속적인 존재는 어떤 변수의 극대화를 방지하는 데 달려 있으며, 어떤 변수의 지속적인 극대화는 분명 체계의 비가역적인 변화를 초래하며,

그에 의해 제한된다고 엄밀한 용어로 지적했다. 그는 또한 그러한 체계에서는 어떤 변수의 변화를 허용하는 것이 매우 중요하다고 지적했다.[92] 조절기에서 공ball의 위치가 고정되면 조절기를 가진 엔진의 정상 상태는 유지되지 않을 것이다. 이와 마찬가지로 균형 막대를 가지고 줄타기하는 사람은 막대에 미치는 힘을 이리저리 변화시키지 않고는 균형을 유지할 수 없을 것이다.

(9) (7)항에서 제시한 개념적 모델로 돌아가서, 이 모델이 발리 사회와 비교될 수 있도록 한 단계 더 나아가보자. 심판을 모든 선수로 구성된 부락 의회와 바꿔보자. 그러면 우리는 균형을 잡고 있는 줄타기 곡예사와 상당히 유사한 체계를 갖게 된다. 그들이 부락 의회의 구성원으로서 발언할 경우, 가정에 의하면 선수들은 체계의 정상 상태를 유지하는 것, 즉 비가역적 변화를 일으키는 단순 변수의 지나친 증가를 막는 것에 관심을 가지게 된다. 하지만 일상생활에서 그들은 여전히 단순한 경쟁 전략에 종사한다.

(10) 우리의 모델을 발리 사회와 좀더 비슷해지도록 만드는 다음 단계는 개인들의 성격 구조 속에서, 그리고/혹은 그들의 일상생활의 맥락 속에서 그들이 의회에서 말할 때뿐만 아니라 대인 관계에서도 정상 상태를 유지하도록 자극하는 요소들을 명확히 규명하는 것이다. 이러한 요소는 실제로 발리에서 인식할 수 있으며 앞에서 열거되었다. 왜 발리 사회는 비분열 발생적인가에 대한 분석에서 우리는 발리의 어린이들이 누적적 상호작용, 즉 어떤 단순 변수를 극대화하는 것을 피하도록 교육받으며, 그들의 사회 조직이나 일상생활의 맥락은

---

92) W. R. Ashby, "Effect of Controls on Stability", *Nature*, clv, no. 3930(1945년 2월 24일), 242~243쪽.

경쟁적 상호작용 관계가 불가능하도록 구성되어 있음을 보았다. 게다가 발리인의 에토스를 분석하면서 우리는 ㉠ 명확하고 변하지 않는 지위와 공간적 방위 인식, 그리고 ㉡ 균형과 균형을 이끌어가는 움직임에 대한 반복되는 가치 평가를 보았다.

요약하면, 발리인은 신체적 균형에 기초한 태도를 인간 관계까지 확장하고 있으며, 움직임이 균형에 필수적이라는 생각을 일반화하고 있다. 이 점이 왜 발리 사회가 급히, 바쁘게 그리고 계속적으로, 경제적이지도 않고 경쟁하려는 것도 아닌 의식과 예술적 임무에 종사하고 있는가에 대한 질문에 부분적인 해답을 제공한다고 나는 생각한다. 이러한 정상 상태는 지속적인 비점진적 변화에 의해 유지된다.

분열 발생 체계 대 정상 상태

나는 명백히 대조적이라고 말할 수 있는 두 가지 형태의 사회 체계를 개략적으로 검토했다. 두 가지 형태의 사회 체계는 점진적이거나 비가역적인 변화 없이 스스로 유지될 수 있는 한 정상 상태를 가진다. 하지만 정상 상태를 관리하는 방식에 있어서는 그들 사이에 상당한 차이가 있다.

여기서 분열 발생 체계의 원형prototype으로 사용된 이아트멀 체계는 다수의 재생적 인과 회로나 악순환을 가지고 있다. 그 각각의 회로는 잠재적으로 누적적 상호작용에 참가하는 둘 혹은 그 이상의 개인들(혹은 개인들의 집단들)로 구성된다. 각 개인은 에너지원 혹은 '중계기relay'이며, 그래서 개인의 반응에 사용되는 에너지는 자극에서 나오는 것이 아니라 자신의 신진대사 과정에서 나온다. 따라서 분열 발생 체계가 통제되지 않을 경우 분열 발생의 특징을 나타내는 행동이 지나치게 증가하기 쉽다는 결론이 나온다. 따라서 그러한 체계를 정확히 질적으로 설명하려고 하는 인류학자는 (1) 분열 발생에 연관된 개인과 집단 및 그들 사이의 커뮤니케이션 방법, (2) 분열 발생의 특징을 나타내는 행동과 맥락의 범주, (3) 이런 행동을 하기 쉽도록 만드는 개인의 심리적 과정 그리고/또는 그들에게 그렇게 행동하도록 만드는 맥락의 본질을 확인해야 한다. 그리고 마지막으로 (4) 그는 분열 발생을 조절하는 메커니즘이나 요소를 반드시 확인해야 한다. 이러한 조절 요소에는 적어도 세 가지 뚜렷한 형태가 있을 수 있다. ㉠ 분열 발생이 어떤 강도에 도달하면 퇴행적 인과의 고리가 그 위에 놓이고, 그래서 경제적 경쟁을 제한하기 위해 정부가 개입하는 서구의 체계에서 일어나는 것과 같은 형태의 제한이 적용된다. ㉡ 이미 언급한 분열 발생에 더하여 반대의 의미로 작용하는, 그래서 분열보다는 사회의 통합을 조장할 수 있는 또 다른 누적적 상호작용들이 있을 수 있다. ㉢ 분열 발생의 증가는 분열 발생 회로의 내적 혹은 외적인 환경 요소에 의해 제한될 수 있다. 낮은 강도의 분열 발생에서는 단지 미미한 제한 효과만을 갖는 그런 요소들이 강도가 증가하면서 같이 증가할 수 있다. 충돌, 피로 및 에너지 공급의 제한 등이 그런 요소의 예다.

이러한 분열 발생 체계와는 대조적으로 발리 사회는 전혀 다른 형태의 메커니즘이며, 이 사회를 기술함에 있어서 인류학자들은 전혀 다른 절차를 밟아야 하고, 절차에 관한 규칙은 아직 규정되지 않았다. '비분열 발생적' 사회 체계의 클래스는 오직 부정적인 용어로만 정의되기 때문에 그 클래스의 구성원들이 공통적인 특성들을 가진다고 가정할 수는 없다. 그러나 발리 체계의 분석가들에게 다음과 같은 단계들이 생겼으며, 적어도 이들 중 일부는 이러한 클래스의 다른 문화를 분석하는 데도 적용될 수 있을 것이다. (1) 분열 발생 과정은 발리에서 거의 찾아볼 수 없다. (2) 그러한 과정에서 예외적인 경우가 일어나는 것이 관찰되었다. (3) 이런 관찰로부터 ㉠ 일반적으로 발리의 사회 생활에서 반복되는 맥락은 누적적 상호작용을 불가능하게 한다는 것, ㉡ 어린 시절의 경험은 어린이가 대인 관계에서 클라이맥스를 찾는 것에서 멀어지도록 가르친다는 것이 조사되었다. (4) 균형과 관련된 어떤 긍정적 가치들이 문화 속에서 반복되며, 어린 시절 동안 성격 구조에 포함되며, 나아가 이런 가치들은 정상 상태와 구체적인 관련을 가질 수 있다. (5) 체계의 자기-교정적 특성에 대한 체계적인 설명을 위해서는 더 세부적인 연구가 필요하다. 에토스만으로 정상 상태를 유지할 수 없는 것은 분명하다. 때때로 부락이나 다른 존재가 균열을 교정하기 위해 개입한다. 이러한 교정적 메커니즘 작용의 본질에 대해서는 반드시 연구되어야 하지만, 이러한 간헐적 메커니즘이 모든 분열 발생 체계에 반드시 존재해야 하는, 지속적으로 작용하는 제한들과 매우 다른 것만은 분명하다.

원시 예술의 스타일, 우아함, 그리고 정보[93]

서론

이 논문은 문화와 비언어적 예술과 관련된 이론의 지도를 그리려는, 아직 흩어져 있는 몇 개의 시도들로 구성되어 있다. 이런 시도들 중 어느 하나도 완전히 성공적이지 못하고, 아직 지도화된 영역의 한가운데에서 만나지 못하고 있으므로, 이후에 내가 말하려는 것에 대해서는 비전문적인 말로 이야기하는 것이 좋겠다.

올더스 헉슬리Aldous Huxley는 인간성의 핵심 문제는 우아함의 추

93) 이 에세이는 1967년에 '원시 예술에 관한 베너-그렌 회의Wenner-Gren Conference on Primitive Art'를 위해 제출한 의견서였다. 앤서니 포지Anthony Forge 박사가 편집한 《원시 예술의 연구A Study of Primitive Art》(Oxford Univ. Press)에 실렸던 것을 출판사의 허락을 받아 여기에 재수록했다.

구라고 말하곤 했다. 그는 이 말을 신약성서에서 사용된 의미를 생각하며 사용했다. 하지만 그는 그 말을 자신만의 용어로 설명했다. 월트 휘트먼Walt Whitman과 같이, 그는 동물의 커뮤니케이션과 행동은 인간이 잃어버린 순진함과 단순성을 가지고 있다고 주장했다. 인간의 행동은 기만 —— 심지어 자기 기만 ——, 목적, 그리고 자의식에 의해 타락한다. 올더스가 그 문제를 이해한 것처럼, 인간은 동물이 여전히 가지고 있는 '우아함'을 잃어버렸다.

이와 반대되는 관점에서 올더스는 신은 인간보다 동물을 닮았다고 주장했다. 신은 이상적으로 속일 수도 없고 내적 혼란도 일어날 수 없다.

따라서 존재의 모든 범위에서 인간은 어떤 궤도를 벗어났으며, 동물과 신이 가진 우아함을 결여하고 있다.

나는 예술이 우아함을 추구하는 인간의 한 부분이며, 인간은 때때로 부분적인 성공으로 희열을 느끼기도 하고, 실패로 분노와 고뇌를 느끼기도 한다고 주장한다.

나는 또한 커다란 속(屬)에는 많은 종(種)의 우아함이 존재하며, 우아함으로부터 많은 종류의 실패와 좌절과 이탈이 존재한다고 주장한다. 의심할 바 없이 각 문화에는 예술가들이 추구하는 자신만의 독특한 우아함과 실패의 종이 존재한다.

어떤 문화는 이 어려운 통합에 전적인 의식이나 무의식 중 하나를 어리석게 선호함으로써 복잡성을 회피하는 부정적 접근을 조장하는 일이 있다. 그들의 예술이 '위대할' 것 같지는 않다.

나는 우아함이란 근본적으로 통합의 문제이며, 통합되어야 하는 것은 특히 한쪽 극단은 '의식'으로 부르고 다른 쪽 극단은 '무의식'으로 부르는 다양한 수준의 마음이라고 주장할 것이다. 우아함을 얻기 위해서는, 마음의 이성이 이성의 이성과 통합되어야 한다.

에드먼드 리치Edmund Leach는 이 회의에서 우리에게 다음과 같은 질문을 내놓았다. 어떻게 한 문화의 예술이 다른 문화에서 제기되는 비평에 대해 의미와 타당성을 가질 수 있는가? 나의 대답은, 만약 예술이 어떻든 간에 우아함이나 정신적 통합을 표현하는 것이라면, 그러한 표현의 성공은 문화의 장벽을 넘어서 인정될 수 있다는 것이다. 고양이의 신체적 우아함은 말의 신체적 우아함과 완전히 다르다. 하지만 고양이나 말의 신체적 우아함을 가지지 않은 인간은 양자의 우아함을 평가할 수 있다.

그리고 예술의 주제가 통합의 실패에 대한 것일지라도 이 실패의 산물에 대한 문화를 넘어선 인식은 그렇게 놀라운 것이 아니다.

핵심적인 문제는, 예술 작품에 내포되거나 코드화된 심리적 통합에 관한 정보가 어떤 형태를 갖는가 하는 것이다.

스타일과 의미

'모든 그림은 이야기를 하고 있다' 고 말하는데, 이러한 일반화는 '단순한' 기하학적 장식을 제외하고는 대부분의 예술에 적용된다. 하지만 나는 정확히 그 '이야기' 를 분석하는 일은 피하고 싶다. 예술에서 가장 쉽게 말로 축소될 수 있는 측면——주제와 연결된 신화——은 내가 토론하고 싶은 것이 아니다. 나는 마지막 부분을 제외하면, 남근 상징의 무의식적 신화에 대한 언급조차 하지 않을 것이다.

나는 예술 작품의 '표현'은 완전히 제쳐두고 그 속에 어떤 중요한 심리적 정보가 있는가를 문제 삼고 있다. "스타일은 그 사람을 나타낸다Le style est l'homme même"(뷔퐁Buffon). 스타일, 재료, 구성, 리듬, 기술 등에 내포되어 있는 것은 무엇인가?

분명 이러한 주제는 좀더 표현적인 작업의 구성과 스타일적인 면과 더불어 기하학적 장식을 포함할 것이다.

트라팔가 광장의 사자들은 독수리나 불도그가 될 수도 있었으며 여전히 제국과 19세기 영국의 문화적 전제들에 대한 같은(혹은 비슷한) 메시지를 전했을 것이다. 하지만 그것들이 나무로 만들어졌다면 그것들이 담고 있는 메시지는 얼마나 달랐겠는가!

하지만 그러한 표현주의는 관련이 있다. 알타미라의 지극히 사실적인 말과 수사슴은 분명 후기의 고도로 양식화된 검은 윤곽선이 보여주는 것과 동일한 문화적 전제가 아니다. 인지된 물체나 인간(또는 신)을 나무나 페인트로 변형시키는 코드는 예술가나 문화에 관한 정보의 근원이 된다.

내가 관심을 가지는 변형의 규칙은 바로——메시지가 아닌 코드다.

나의 목표는 도구적인 것이 아니다. 변형의 규칙이 발견되었을 때 변형된 것을 원상태로 돌리거나 메시지를 '해독'하기 위해 변형의 규칙을 사용하려는 것이 아니다. 예술 작품을 신화로 번역하고, 그런 다음 신화를 검토하는 것은 '예술이란 무엇인가'라는 문제를 회피하고 부정하는 교묘한 방법에 지나지 않는다.

따라서 나는 코드화된 메시지가 아니라 선택된 코드의 의미에 대해 묻고 있다. 하지만 '의미'라는 여전히 모호한 개념부터 규정되어야 한다.

우선 가장 일반적이고 가능한 방식으로 의미의 개념을 정의하는 것이 좋을 것이다.

'의미' 란 다음과 같은 패러다임 내에서 패턴, 중복, 정보, '제한' 과 거의 동의어로 간주될 수 있다.

어떠한 사건들이나 사물들의 집합체(예 : 음소들 phonemes의 연속, 그림, 개구리, 문화)는 만약 그 집합체가 어떤 식으로든 '빗금 표시' 에 의해 나누어질 수 있고, 그래서 관찰자가 단지 빗금 표시의 한쪽에 있는 것만 보아도 빗금 표시의 다른 쪽에 있는 것에 대해 무작위한 결과보다 더 잘 추측할 수 있다면 '중복' 이나 '패턴' 을 가지고 있다고 말할 수 있을 것이다. 우리는 빗금 표시의 한쪽에 있는 것이 다른 쪽에 관한 정보나 의미를 가지고 있다고 말할 수도 있다. 공학도의 표현으로 말하면 그 집합체는 '중복' 을 가지고 있다. 혹은 다시 말하자면, 사이버네틱스적 관찰자의 관점에서 빗금 표시의 한쪽에서 얻을 수 있는 정보는 그릇된 추측을 제한할(즉 확률을 줄일) 것이다. 예를 들면 다음과 같다.

영어로 씌어진 산문에서 특정한 위치에 있는 철자 T는 다음 철자가 H나 R 또는 모음이 될 것임을 제시한다. T 바로 다음에 오는 것에 대해 무작위한 추측보다 더 잘 추측할 수 있게 한다. 영어 철자법은 중복을 가지고 있는 것이다.

빗금으로 범위가 정해진 영어 문장의 일부분에서 나머지 문장의 구문론적 구조를 추측할 수 있다.

땅 위로 보이는 나무에서 땅 밑에 있는 뿌리의 존재를 추측할 수 있다. 꼭대기 부분이 밑 부분에 대한 정보를 제공한다.

그려진 원의 호(弧)에서 원주의 나머지 부분들의 위치도 추측할 수 있을 것이다(이상적인 원의 지름에서 원주의 길이도 추측할 수 있다. 하지만 이것은 동어 반복의 체계 내에서 자명한 이치다).

상관이 어제 한 행동에서 오늘 그가 할 행동을 추측할 수도 있다.

내가 한 말에서 여러분이 어떻게 대답할 것인지에 대한 예측을 할 수도 있다. 내 말은 여러분의 대답에 관한 의미나 정보를 가지고 있다.

송신자 A가 메시지첩에 메시지를 작성하여 B에게 그 메시지를 전보로 보내면, B는 자신의 메시지첩에 같은 순서의 철자를 받는다. 이러한 거래(혹은 비트겐슈타인Ludwig Josef Johann Wittgenstein의 표현으로 '언어 게임')는 관찰자 O에게 중복의 세계를 창조하는 것이다. 만약 O가 A의 메시지첩에 무슨 내용이 있는지를 안다면, B의 메시지첩에 있는 것에 대해 무작위한 방식보다 더 잘 추측할 수 있다.

커뮤니케이션의 핵심과 존재 이유raison d'être는 중복, 의미, 패턴, 예측 가능성, 정보, 그리고/혹은 '제한'에 의한 무작위성의 축소를 창조하는 것이다.

나는 '메시지'(즉 예술 작품) 자체가 내부적으로 패턴화되어 있을 뿐만 아니라 그 자체를 더 큰 세계의 일부——문화나 문화의 일부——로 여기도록 만드는 개념 체계를 가지는 것이 가장 중요하다고 생각한다.

예술 작품의 특징은 문화와 심리적 체계의 다른 특징에 관한 것이거나 문화와 심리적 체계에서 파생되거나 결정된 것이라고 여겨진다. 따라서 우리의 질문은 다음과 같은 도식으로 아주 간략하게 표현될 수 있다.

〔예술 작품의 특징/나머지 문화의 특징〕

대괄호는 관련 세계를 둘러싸고 있으며, 빗금은 한쪽 방향이나 양 방향으로 어떤 추측이 가능함을 나타낸다. 문제는 이 빗금을 넘거나 초월해서 어떤 종류의 관계, 일치 등을 판독하느냐이다.

　내가 여러분에게 '비가 온다'라고 말하고, 그래서 창밖을 본다면 빗방울을 보게 될 것이라고 여러분이 추측하는 경우를 생각해보자. 다음과 같은 도식이 성립될 것이다.

〔'비가 온다'의 특징/빗방울의 지각〕

　그렇지만 이 경우가 결코 단순하지 않다는 것에 주목하라. 여러분이 언어를 알고 있으면서 나의 정직을 어느 정도 신뢰하는 경우에만 빗방울에 대한 추측을 하게 할 수 있다. 실제로, 이런 상황에서 외관상 소수의 사람만이 창밖을 보고 자신들의 정보를 복사하려는 것으로부터 스스로를 제한한다. 우리는 우리의 추측이 옳은지 그리고 친구들이 정직한지를 확인하기 좋아한다. 여전히 중요한 것은 우리가 다른 사람과의 관계에 대한 자신의 관점이 옳은지를 시험하거나 증명하기를 좋아한다는 것이다.

　이 점은 사소한 것이 아니다. 그것은 모든 커뮤니케이션 체계에 필수적인 계층 구조를 보여준다. 즉, 패턴화된 전체의 부분들 간의 조화 혹은 부조화(혹은 어떤 다른 관계)라는 사실 그 자체가 어떤 더 큰 전체의 부분으로서 정보가 될 수도 있다. 이 문제는 다음과 같이 도식화할 수 있다.

〔('비가 온다'/빗방울)/너-나 관계〕

여기서 소괄호로 둘러싸인 작은 세계 내의 빗금을 넘나드는 중복은 대괄호로 둘러싸인 더 큰 세계의 중복(에 관한 메시지)을 제시한다.

그러나 '비가 온다'는 메시지 그 자체가 통상적으로 코드화되어 있고 내부적으로 패턴화되어 있으므로, 메시지 자체 내에 패턴화를 나타내고 있는 메시지를 가로질러 여러 개의 빗금이 그려질 수 있다.

그리고 비의 경우도 마찬가지다. 비도 역시 일정하게 패턴화되어 있으며 구조화되어 있다. 빗방울 하나의 방향으로부터 다른 빗방울의 방향을 예측할 수 있다.

그러나 '비가 온다'는 구두 메시지를 가로지르는 빗금은 빗방울을 가로지르는 빗금과 단순하게 일치하지 않는다.

만약 구두 메시지 대신에 비 오는 그림을 여러분에게 보여준다면 그림의 빗금은 지각된 비의 빗금과 일치할 수도 있다.

이러한 차이는 시각적 묘사의 코드화로부터 언어에서 구두적 측면의 '인위적'이고 디지털적인 코드화의 특징을 구별하는 데 적합한 형식적 기준을 제공한다.

그러나 구두적 묘사가 더 큰 구조 속에서 시각적인 경우도 종종 있다. 지렁이를 묘사하는 과학자는 머리끝에서 시작해 길이를 따라 내려가면서 작업할 수도 있다. 따라서 지렁이의 길이를 따라 차례대로 시각적 묘사를 만들어낸다. 여기서 우리는 다시, 한 차원에서는 디지털적이나 구두적이면서 다른 차원에서는 시각적인 그런 계층 구조를 목격하게 된다.

수준과 논리 형태

'수준levels'에 관해서는 다음과 같이 언급되었다. ㉠ '비가 온다'는 메시지와 빗방울에 대한 지각의 조합 그 자체가 인간 관계의 세계에 관한 메시지를 구성한다. ㉡ 관심의 초점을 작은 단위에서 큰 단위의 메시지 자료로 옮기면, 우리는 비록 작은 단위가 구두적으로 이루어져 있음에도 불구하고 큰 단위는 시각적 코드화를 가지고 있음을 발견할 수도 있다. 지렁이에 대한 전체적인 구두 묘사가 길어질 수도 있다.

수준의 문제는 이제 예술에 대한 어떤 인식론에서 중요한 또 다른 형태로 나타난다.

'안다'는 말은 단지 막연하게 connaître(감각을 통해 안다, 인식 혹은 감지하다)와 savoir(마음으로 안다)를 모두 포함하는 것은 아니지만, 기본적인 체계적 이유로 의미가 변한다──적극적으로 바뀐다.

'나는 케임브리지로 가는 길을 안다'라는 것은, 내가 지도를 조사했고 그래서 여러분에게 가는 길을 알려줄 수 있음을 의미할 수도 있다. 내가 시작부터 끝까지 그 길의 세부적인 것을 생각해낼 수 있음을 의미할 수도 있다. 내가 비록 생각해낸 것은 적지만 그 길로 운전하면서 세부적인 것을 많이 알아본다는 것을 의미할 수도 있다. 케임브리지로 차를 몰고 갈 때 내가 어디를 가는지 생각하지 않아도 정확한 지점에서 나를 방향 전환하게 만드는 '습관'을 믿을 수 있음을 의미할 수도 있다. 등등.

이 모든 경우에서 우리는 상당히 복잡한 종류의 중복이나 패턴화를 다루고 있다.

〔(' 나는 안다……' /내 마음)//그 길〕

어려운 점은 소괄호 안에 있는 패턴화의 성격을 규명하는 것, 혹은 다른 방식으로 마음의 어떤 **부분**이 '안다' 라는 특정한 메시지와 중복되어 있는가라는 문제를 제기하는 것이다.

끝으로, 정보보다는 보통 적응으로 간주되는 특별한 형태의 '앎'이 있다. 상어는 물에서 이동하기 좋게 멋지게 생겼지만, 상어의 게놈이 유체역학에 관한 직접적인 정보를 가지고 있지 않음은 분명하다. 오히려 게놈은 유체역학에 **보완적인** 정보나 지식을 가질 것을 제안받았음에 틀림없다. 유체역학이 아니라 유체역학에서 요구하는 것이 상어의 게놈 속에 수립되었다. 이와 마찬가지로 철새는 아마 앞에서 개괄한 의미에서, 자신의 목적지로 가는 길은 모르지만 옳은 방향으로 날아가는 데 필요한 보완적인 지식을 가지고 있을 것이다.

"마음은 이성이 전혀 **모르는** 자신의 이성을 가지고 있다Le coeur a ses raisons que la raison ne connaît point." [94] 우리가 예술, 제식, 신화 등을 논할 때 어려움이 생기는 것은 의식과 무의식이 복잡한 층을 이루고 있기 때문이다. 마음의 **수준**에 관한 문제는 많은 관점에서 논의돼왔으며, 예술에 대한 과학적 접근에서 적어도 네 가지는 반드시 언급하고 짜 맞추어야 한다.

(1) 새뮤얼 버틀러는 유기체가 어떤 것에 대해 더 잘 안다는 것은 자신의 지식이 되는 것에 대해 더 적게 의식하는 것이라고 주장했다. 즉 지식(또는 '습관' ——행동, 지각, 혹은 사고의 습관)이 마음의 점점

---

94) (옮긴이주) 파스칼Blaise Pascal의《팡세*Pensées*》에 나오는 말이다.

더 깊은 수준으로 가라앉는 과정이 있다는 것이다. 선(禪)의 핵심 수련법인 이 현상[헤리겔Eugen Herrigel의 《궁술에서의 선(禪)*Zen in the Art of Archery*》 참조]은 또한 모든 예술과 기술에 관련된다.

(2) 에임스Adalbert Ames는 우리가 보고 있는 삼차원 이미지를 만들어내는 의식은 우리가 완전히 의식하지 못하면서 사용하는 지각의 수학적 전제들과 관련된 과정에 의해 만들어진다는 것을 입증했다. 우리는 이런 과정을 의도적으로 통제할 수 없다. 반 고흐의 지각으로 그려진 의자는 의식적 기대에 맞서서, (무의식적으로) 당연한 것으로 여겼던 의식을 어렴풋이 일깨워준다.

(3) 일차적 과정으로 코드화된 은유인 꿈에 대한 프로이트 학파(특히 페니헬Otto Fenichel)의 이론. 나는 스타일——짜임새, 선명한 대조 등——을 은유적 현상으로 간주할 것이며, 따라서 스타일을 일차적 과정이 지배력을 갖는 정신의 수준들과 연결되어 있는 것으로 생각할 것이다.

(4) 무의식을 억압의 과정에 의해 두렵고 고통스러운 기억이 맡겨지는 지하실이나 찬장으로 여기는 프로이트 학파의 관점.

전통 프로이트 학파의 이론은 꿈을 '꿈 작업dream work'으로 생긴 이차적 산물로 가정했다. 의식적 사고에 수용될 수 없는 자료는 짐작건대 꿈꾸는 사람을 깨우지 않기 위해 일차적 과정의 은유적 언어로 번역되었다. 그래서 은유적 언어는 억압의 과정에 의해 무의식에 잡혀 있는 정보의 항목들에 딱 맞게 될 것이다. 하지만 위에서 살펴보았듯이 포유동물의 상호작용에 대한 대부분의 전제들을 포함해서 다른 많은 종류의 정보들이 의식의 검열에 도달할 수 없다. 내가 보기에 이 항목들은 원래 일차적 과정의 언어로 존재하며, 단지 '이성적' 용어로 옮기기 어렵다는 게 맞는 것 같다. 달리 말하면, 초기 프로이트 학파 이론의 상당 부분은 거꾸로 되었다고 나는 생각한다. 그 당시에 많은 학자들은 무의식을 신비롭고, 증거와 설명이 요구되는 것으로 여긴 반면에 의식적 이성은 정상적이고 자명한 것으로 여겼다. 억압이 그에 대한 설명이었으며, 무의식은 의식이 될 수 있었지만 억압과 꿈 작업이 왜곡한 생각들로 가득 채워진 것이었다. 하지만 오늘날 우리는 의식을 신비롭고, 무의식, 예를 들면 지속적으로 활동하고, 필수적이며, 모든 것을 받아들이는 일차적 과정의 계산 수단으로 생각한다.

이러한 고려 사항들은 예술이나 시에 관한 이론을 도출하려는 시도에서 특히 문제가 된다. 시는 산문이 왜곡되고 장식된 것이 아니며, 오히려 시를 발가벗겨 논리학의 프로크루스테스 침대[95]에 묶어놓은 것이 산문이다. 언어를 번역하는 프로그램을 만드는 사람은 언어의 일차적 본질에 대한 이런 사실을 가끔 망각한다. 한 문화의 예술을 다른 문화의 예술로 옮기는 기계를 만들려는 시도도 그와 동시에 어리석은 일이다.

기껏해야 불쾌한 예술의 한 형태인 풍자allegory는 정상적인 창조 과정이 전도된 것이다. 전형적으로 어떤 추상적 관계, 예컨대 진리와 정의 사이의 관계가 먼저 이성적인 용어로 파악된다. 그 다음에 그 관계는 은유화되고 일차적 과정의 산물처럼 치장된다. 추상적인 것들은 의인화되며 유사 신화pseudomyth에 관여하게 된다. 대부분의 광고 예술은 이런 의미에서 창조적 과정이 전도된 풍자다.

---

95) (옮긴이주) 그리스 신화에 나오는 괴한으로, 폴리페몬, 다마스테스라고도 한다. 메가라에서 아티카로 가는 길을 지키고 있다가 통행인을 붙잡아 철제 침대에 눕혀 키가 침대보다 길면 긴 만큼 자르고, 짧으면 망치로 쳐서 늘였다고 한다. 흔히 융통성이 없다는 뜻으로 '프로크루스테스의 침대'라는 관용구가 사용된다.

진부한 앵글로색슨의 사고 체계에서는, 보통 무의식적인 것이 의식화되면 어떻든 더 좋다고 여겨진다. 심지어 프로이트도 "이드가 있던 곳에 자아가 있게 될 것이다"라고, 마치 의식적인 지식이나 통제의 증가가 가능하며, 또한 그렇게 되는 것이 진보인 것처럼 말했다. 이런 관점은 전적으로 완전히 왜곡된 인식의 산물이며, 인간이나 다른 유기체가 어떤 것인가에 대한 완전히 왜곡된 견해다.

앞에서 열거한 네 가지 무의식 중에서 처음 세 가지가 필수적이라는 것은 매우 분명하다. 명백히 기계적인 이유로[96] 의식은 반드시 정신 과정에서 다소 작은 부분으로 항상 제한되어야 한다. 따라서 의식이 적어도 유용하기 위해서는 반드시 절약해서 사용해야 한다. 습관과 관련된 무의식은 사고와 의식을 모두 절약하는 행위이며, 지각 과정에 접근할 수 없는 것도 그와 마찬가지다. 의식을 가진 유기체는 어떻게 지각하는지를 알려고 하는 것이 아니라 오직 지각한 것이 무엇인지를 알려고(실용적인 목적에서) 한다. (일차적 과정의 기반 없이 우리가 움직인다고 생각하는 것은 인간의 뇌가 다르게 구조화되어야 한다고 생각하는 것이다.) 네 가지 형태 중에서 프로이트 학파의 비밀을 위한 찬장만이 부적당해서 필요 없을 수 있다. 하지만 식탁에서 비밀을 치워두는 것이 아직은 도움이 될지 모른다.

사실 우리의 일상생활에는 무의식적인 요소가 온갖 복잡한 형태로 끊임없이 존재한다. 따라서 우리는 관계 속에서 끊임없이 이 무의식적인 자료들에 관한 메시지들을 교환한다는 결론이 나오며, 그래서

---

96) 특히 화면에 보여주는 것과 관련된 부분들을 포함해서, 자신을 구성하는 부분들이 작동하고 있는 것을 화면에 모두 보여줄 수 있도록 텔레비전을 만들 수 없음을 생각해보라.

우리의 메시지에 붙어 있는 무의식(혹은 의식)의 등급과 종류에 대해 서로 말함으로써 메타메시지들을 교환하는 것 역시 중요해진다.

실용적 견지에서만 보더라도, 메시지의 종류가 달라지면 진실의 종류도 달라지므로 메타메시지의 교환은 중요하다. 메시지가 의식적이고 자의적인 한에는 기만적일 수 있다. 고양이가 매트 위에 없어도 매트 위에 있다고 말할 수 있으며, 사랑하지 않으면서도 '나는 당신을 사랑합니다'라고 말할 수 있다. 하지만 관계에 관한 대화에는 보통 구두 메시지에 대한 더 신뢰할 만한 주석을 제공하는 반자의적인 동작과 자율적 신호들이 수반된다.

기술skill에서도 이와 마찬가지로 기술의 실행에 많은 무의식적인 요소들이 존재함이 드러난다.

따라서 '이 메시지 자료의 어떤 구성 요소들이 예술가에 대한 어떤 상태의 무의식(또는 의식)을 가지고 있는가?'라는 질문을 가지고 어떤 예술 작품을 보는 것이 적절하다. 그리고 이 질문은 비록 의식적이지는 않더라도, 날카로운 비평가가 언제나 묻는 것이라고 나는 생각한다.

이런 의미에서, 예술은 일종의 무의식에 관한 커뮤니케이션의 훈련이다. 또는, 이렇게 말해도 괜찮다면, 예술은 다른 무엇보다도 이런 종류의 커뮤니케이션을 실행하고 좀더 완전하게 만드는 기능을 가진 일종의 놀이 행위다.

나는 앤서니 포지Anthony Forge 박사가 인용한 이사도라 덩컨Isadora Duncan의 말을 여기 다시 인용한다. "내가 당신에게 그것이 무슨 뜻인지를 말할 수 있다면, 그것을 춤출 이유가 없지요."

그녀의 말은 모호하다. 오히려 이 말을 우리 문화의 평범한 말로 표현한다면, 다음과 같이 옮길 수 있을 것이다. '그렇다면 그것을 춤출 이유가 없지요. 왜냐하면 내가 당신에게 그것을 말로 좀더 빨리 그리고 더 정확하게 말할 수 있으니까요.' 이 해석은 우리가 의식하지 못하는 모든 것을 의식하게 되는 것이 좋다는 바보 같은 사고방식과 일맥상통한다.

그러나 이사도라 덩컨의 말에는 다른 의미가 있을 수 있다. 그 메시지가 말로 커뮤니케이션될 수 있는 종류의 메시지라면 그것을 춤출 이유가 없지만, 그것은 그런 메시지가 아니라는 것이다. 그것은 사실상 말로 커뮤니케이션하면 잘못되는 바로 그런 종류의 메시지다. 왜냐하면 말(시와 다른)을 사용한다는 것은 그것이 완전히 의식적이고 자의적인 메시지라는 것을 의미하기 때문이며, 따라서 그것은 거짓에 지나지 않는다.

이사도라 덩컨이나 어떤 예술가가 커뮤니케이션하려는 것은 다음과 같은 것이라고 나는 생각한다. '이것은 부분적으로 무의식인 특별한 종류의 메시지다. 이 부분적으로 무의식인 특별한 종류의 커뮤니케이션을 함께 해보자.' 또는 아마도, '이것은 의식과 무의식의 접촉면에 관한 메시지다'.

어떤 종류의 기술에 관한 메시지도 언제나 이런 성격을 가지고 있다. 기술에 대한 감각과 속성은 결코 말로 표현될 수 없지만, 기술이 의식적이라는 것은 여전히 사실이다.

예술가의 딜레마는 독특하다. 그는 자기 직업의 기술적 요소를 실행하기 위해 연습을 해야 한다. 하지만 연습은 언제나 두 가지 효과를 가진다. 한편으로는 그가 하려는 것을 더 잘하게 해주고, 다른 한편으로는 습관이 형성되는 현상에서 볼 수 있듯이 그로 하여금 자신이 어떻게 그것을 하는지를 점점 덜 의식하게 만든다.

만약 예술가의 시도가 자기 작업의 무의식적인 요소들에 관한 커뮤니케이션이라면, 그것은 일종의 움직이는 계단(또는 에스컬레이터)에 타고서 자신의 위치에 관해 커뮤니케이션하려고 하지만 자신의 움직임 그 자체가 커뮤니케이션하려는 자신의 노력에 대한 함수라는 결론이 된다.

분명 그의 과업은 불가능한 것이지만, 지금까지 말한 것처럼 어떤 사람은 그것을 매우 잘 해낸다.

일차적 과정

'마음은 이성이 전혀 모르는 자신의 이성을 가지고 있다.' 앵글로색슨인들은 종종 마음의 이성이나 무의식을 프로이트가 충동Trieben이라고 부른 불완전한 힘, 돌진, 용기와 같은 것으로 생각한다. 프랑스인 파스칼Blaise Pascal에게 그것은 전혀 다른 문제였는데, 그는 마음의 이성이 의식의 이성만큼이나 정확하고 복잡한 논리나 계산의 본체라고 생각하는 데 조금의 의심도 없었다.

(나는 앵글로색슨계 인류학자들이 정확히 이런 이유로 클로드 레비-스트로스Claude Lévi-Strauss의 저서들을 가끔 오해한다는 것을 목격했다. 그들은 레비-스트로스가 이성을 너무 강조한 나머지 '감정'을 무시한다고 말한다. 사실 그는 마음이 정확한 알고리듬을 가지고 있다고 생각한다.)

하지만 마음이나 사람들이 말하는 무의식의 알고리듬은 언어의 알고리듬과 완전히 다른 방식으로 코드화되고 조직된다. 그리고 의식적 사고는 대부분 언어의 논리로 구조화되기 때문에 무의식의 알고리듬은 이중으로 접근하기 어렵다. 의식적 마음은 무의식에 접근하기 어려울 뿐만 아니라 꿈, 예술, 시, 종교, 중독과 같은 것으로 그러한 접근이 성취되었다 하더라도 번역이라는 여전히 만만찮은 문제가 남아 있다.

프로이트 학파의 표현을 따르면, 무의식의 작용은 일차적 과정으로 구성되어 있으며, 의식적 사고(특히 언어화된 사고)는 이차적 과정으로 표현된다.

내가 알기로는 이차적 과정에 대해 아는 사람은 아무도 없다. 그러나 보통은 모든 사람들이 이차적 과정에 대해 전부 알고 있다고 가정되므로, 나만큼 여러분도 그것에 대해 알고 있다고 가정하고, 이차적 과정에 대해서는 자세하게 기술하지 않을 것이다.

일차적 과정의 특징(예컨대 페니헬)은 부정형이 없고, 시제가 없고, 언어의 화법에 대한 식별이 없으며(즉 지시사, 가정법, 기원법에 대한 식별이 없다) 은유적이다. 이러한 특징은 꿈과 자유 연상의 패턴을 해석해야만 하는 정신분석가들의 경험에 의거하고 있다.

일차적 과정의 대화 주제는 언어와 의식의 주제와 다르다는 것 또한 사실이다. 의식은 사물이나 사람에 대해 이야기하며, 언급되는 특정한 사물이나 사람에 술어를 붙인다. 일차적 과정에서는 사물이나 사람이 구별되지 않으며, 대화는 그들 사이에 성립된 관계에 초점이 맞춰진다. 이것이 실제로 일차적 과정의 대화가 은유적이라는 것을 다르게 말하는 유일한 방법이다. 은유에서는 다른 사물이나 사람이 관계를 대신해도 은유가 '예시하는' 관계는 변함없이 유지된다. 직유법에서 은유가 사용되고 있다는 사실은 '마치 ……처럼' 혹은 '……같이' 라는 말의 삽입으로 표시된다. 일차적 과정에서는 (예술에서) 메시지의 소재가 은유적이란 사실을 의식적인 마음에 나타내는 아무런 표시가 없다.

(정신분열증 환자가 자신의 정신분열증적인 말과 발언에 대해 '마치 ……처럼' 이라는 용어로 의견을 말할 수 있을 때 일반적으로 좀더 온전한 정신을 향한 큰 진전이 있는 것이다.)

감정과 정서가 외부를 향한 엄격하고 복잡한 알고리듬의 신호라는 생각을 못마땅하게 여기는 앵글로색슨 사람들은 종종 자신과 타인의 관계, 그리고 자신과 환경과의 관계가 사실상 사랑, 증오, 공포, 확신, 불안, 적개심 등과 같은 '감정' 의 주제라는 사실을 받아들여야 한다. 불행히도 관계의 패턴을 지시하는 이러한 추상들이 이름을 부여받고, '감정' 이 정확한 패턴보다는 오히려 대부분 양적인 것으로 특징지어져 취급되고 있다. 이것이 왜곡된 인식론에 심리학이 무의미하게 기여한 것 가운데 하나다.

어떻든 간에 현재 우리의 목적에서 중요한 사실은, 앞에서 기술한 일차적 과정의 특징이 시각적 커뮤니케이션만을 사용해야 하는 유기체 간의 커뮤니케이션 체계에서 필연적 특징이라는 것을 주목하는 것이다. 이와 같은 제한이 예술가, 꿈꾸는 사람, 인류 발생 이전의 포유동물이나 새들의 특징이다. (곤충의 커뮤니케이션은 또 다른 문제일 것이다.)

시각적 커뮤니케이션에는 시제가 없고, 단순 부정도 없으며, 화법에 관한 표시도 없다.

종종 자신들이 말하는 것과 반대되는 것을 의미하는 전제가 통하게 하기 위해 자신들이 의미하는 것과 반대되는 것을 말하도록 유기체를 강제하기 때문에 단순 부정의 부재는 특히 흥미롭다.

두 마리의 개가 서로 다가가서 '우리는 싸우지 않을 것이다' 라는 메시지를 교환할 필요가 있다고 하자. 하지만 시각적 커뮤니케이션에서 싸움을 언급할 수 있는 유일한 방법은 송곳니를 드러내는 것이다. 그 다음에 개들은 싸움에 대한 이런 언급이 사실은 탐구에 지나지 않는 다는 사실을 발견해야만 한다. 따라서 송곳니를 드러내는 것이 의미 하는 것을 조사해야만 한다. 그래서 그들은 떠들썩한 싸움을 하게 되고, 마침내 둘 다 상대방을 해칠 의도가 없음을 발견한다. 그런 다음 그들은 친구가 될 수 있다.

(안다만 섬 주민들의 화해 의식을 생각해보라. 거꾸로 뒤집는 진술 이나 비꼬는 말의 기능과, 꿈, 예술, 신화에 나타나는 다른 종류의 유 머도 또한 생각해보라.)

일반적으로 동물의 대화는 자신과 다른 동물의 관계 혹은 자신과 환 경의 관계에 관련된 것이다. 관계항relata의 확인이 필수적인 경우는 없다. A라는 동물이 B라는 동물과의 관계를 B에게 말하고, C와의 관 계를 C에게 말한다고 하자. A는 C에게 자신과 B의 관계를 말하지 않 아도 된다. 관계항은 항상 대화를 예시하기 위해 지각할 수 있을 만큼 존재하며, 그 담론은 언급되고 있는 전체 행동을 언급하는 부분적 행 동들(의도적인 동작들)을 구성하게 된다는 의미에서 항상 시각적이 다. 심지어 고양이는 여러분에게 우유를 달라고 할 때에도, 자기가 원 하는 것을 언급할 수 없다. 고양이가 '엄마, 엄마' 라고 말하고, 여러분 은 이런 의존적 간청으로부터 고양이의 요구가 우유일 거라고 추측하 게 된다.

이 모든 것은 일차적-과정의 사고와 그 생각들을 다른 사람과 커뮤니케이션하는 것이 진화론적 관점에서 좀더 의식적인 언어의 작용보다 훨씬 원시적임을 가리킨다. 이는 마음의 전체 경제학과 역동적 구조에 대한 함축을 가지고 있다. 새뮤얼 버틀러가 아마도 최초로 우리가 가장 잘 알고 있는 것들은 우리가 가장 적게 의식하는 것들이라고 지적했을 것이다. 즉 습관의 형성은 지식이 덜 의식적이고 원시적인 수준으로 가라앉는 것이다. 무의식은 의식이 조사하기 싫어하는 고통스러운 것들뿐만 아니라 너무 익숙해서 의식이 조사할 필요가 없는 많은 것들도 가지고 있다. 습관은 따라서 의식적 사고의 큰 절약이다. 우리는 의식적으로 생각하지 않고 일할 수 있다. 예술가의 기술이나 어느 정도 기술의 표현은 예술가의 무의식의 이 부분들에 관한 메시지가 된다. (하지만 무의식에서 나온 메시지는 아닐 것이다.)

그러나 문제는 그렇게 단순하지 않다. 어떤 형태의 지식은 무의식 수준으로 쉽게 가라앉을 수 있지만, 또 다른 형태의 지식은 표면에서 계속 유지되어야 한다. 대체적으로 환경의 변화와 상관없이 언제나 참인 종류의 지식은 가라앉힐 수 있는 여유가 있지만, 매 순간 수정되어야 하는 모든 행동의 조절은 사용하기 쉬운 곳에 두고 유지해야 한다. 사자는 얼룩말이 자신의 자연스러운 먹이라는 명제는 자신의 무의식에 가라앉힐 수 있지만, 개개의 얼룩말을 다루는 데 있어서는 독특한 지형과 개개의 얼룩말의 독특한 회피 전략에 적합하도록 공격하는 자신의 동작을 수정할 수 있어야 한다.

사실 그 체계의 경제학은 영원히 참으로 남아 있는 관계의 일반성은 무의식으로 가라앉히고, 특별한 경우에 실용적인 것은 의식 내에 유지되는 쪽으로 유기체를 몰고 간다.

전제들은 경제적 견지에서 가라앉을 수 있지만, 특별한 결론은 의식화되어야 한다. 그러나 '가라앉는 것'이 경제적이긴 하지만, 여전히 접근 불가능하다는 대가가 필요하다. 사건들이 가라앉는 수준은 시각적 알고리듬과 은유라는 특징을 가지기 때문에 유기체가 자신의 의식적 결론이 솟아나는 기반을 검토하기는 어렵다. 뒤집어 말하면, 개개의 주장에 공통적이고 은유와 일치하는 것은 일반적으로 가라앉기에 적당하다는 것을 알 수 있다.

의식의 양적 한계

의식의 양적 한계라는 문제를 매우 간략히 고찰해보면 어떤 체계라도 완전히 의식화된다는 것은 생각할 수 없다. 의식의 화면에 전체 마음의 많은 부분에서 나온 보고서가 있다고 가정하고, 그 보고서를 의식하기 위해서는 주어진 진화의 단계에서 그때까지 포함되지 않은 것이 필수적으로 의식에 추가되어야 한다고 생각해보라. 이러한 추가는 두뇌 회로 구조의 엄청난 증가를 수반하겠지만, 여전히 전체 범위를 획득하지는 못할 것이다. 다음 단계는 우리가 방금 추가한 회로 구조에서 일어나는 과정과 사건들을 포함하는 것이 될 것이다.

분명 문제는 해결될 수 없으며, 완전한 의식에 접근하는 다음 단계는 모두 엄청난 회로의 증가를 요구하게 될 것이다.

모든 유기체는 오히려 적은 의식에 반드시 만족해야 한다는 결론이 나온다. 그리고 의식이 어떻든 유용한 기능이라면(증명된 적은 없지만 사실일 것이다), 의식의 절약이 최우선적으로 중요해질 것이다. 무의식 수준에서 다루어질 수 있는 문제를 의식화할 수 있는 여유를 가진 유기체는 없다.

이것이 습관의 형성으로 성취되는 절약이다.

의식의 질적 한계

물론 텔레비전의 경우 화면에 영상이 잘 나오면 기계의 많은 부품들이 제대로 기능을 발휘하면서 작동하고 있음을 의미한다는 것은 사실이며, 의식의 '화면'에도 같은 생각을 적용할 수 있다. 하지만 제공되는 것은 단지 모든 부품이 작동하고 있다는 매우 간접적인 보고일 뿐이다. 만약 텔레비전의 진공관이 터져 고장이 나거나, 중풍으로 사람이 고생한다면 이 병으로 인한 결과는 충분히 화면이나 의식에 드러나겠지만, 진단은 역시 전문가가 해야 한다.

이는 예술의 본질을 떠받치는 문제다. 찌그러지거나 불완전한 그림을 제공하는 텔레비전은 어떤 의미에서 무의식적인 병리에 대한 커뮤니케이션, 즉 증상을 보여주고 있는 것이다. 혹자는 어떤 예술가들이 그와 비슷한 일을 하고 있지 않느냐고 물을 수도 있을 것이다. 하지만 아직은 그렇지 않을 것이다.

예술 작품의 왜곡(즉, 반 고흐의 〈의자〉)은 예술가가 '보는' 것의 직접적인 재현이라고 가끔 이야기된다. 만약 그 말이 단지 물리적으로 '보는' 현상만을 의미한다면, 나는 그것을 터무니없는 것으로 간주할 것이다. 만약 고흐가 의자를 미치광이처럼 볼 수밖에 없었다면, 그의 눈은 화폭에 정확하게 물감을 칠하도록 그를 적절히 안내하는 임무를 수행할 수 없었을 것이다. 그리고 반대로, 화폭에 사진처럼 정확하게 재현된 의자 역시 고흐에게는 일그러지게 보였을 것이다. 고흐는 그림을 일그러지게 그릴 필요조차 없었을 것이다.

그러나 화가가 어제 본 것을 오늘 그리고 있거나, 어떻든 그가 자신이 봤을지도 모른다고 알고 있는 것을 그리고 있다고 말하는 것을 생각해보자. "나도 당신처럼 사물을 봅니다──하지만 여러분은 인간에게 다른 방법으로 의자를 볼 수 있는 잠재력이 있다는 것을 알고 있습니까? 그리고 그런 잠재력이 여러분과 나에게 항상 존재한다는 사실도 알고 있습니까?" 정신 병리의 모든 스펙트럼이 우리 모두에게 일어날 수 있기 때문에 그는 자신이 가지고 있을지도 모르는 증상을 보여주고 있는 것인가?

알코올이나 약물 중독이 세상을 왜곡되게 보도록 만들고, 우리가 그 왜곡을 우리 것으로 인식한다는 점에서 이 왜곡은 흥미로울 수 있다. 취중진담in vino pars veritatis. 이 또한 인간 자신의 일부나 진리의 일부란 사실을 깨달음으로써, 우리는 낮아지거나 높아질 수 있다. 하지만 중독은 기술을 증가시키지 않으며, 기껏해야 이전에 습득된 기술을 발휘하게 해줄 뿐이다.

기술 없이는 예술도 없다.

인간이 칠판──또는 자신의 동굴벽──에 위협적인 자세를 취하고 있는 사슴을 자유롭고 완벽하게 그리고 있는 경우를 생각해보자. 그는 여러분에게 사슴을 그리는 것에 대해 말할 수 없다. ('만약 그가 말할 수 있다면, 그것을 그릴 필요가 없다.') "사슴을 완벽하게 보고 그리는 것이 인간의 잠재력으로 존재한다는 것을 알고 있습니까?" 제도사의 신기에 가까운 기술도 동물과의 관계에 대한 예술가의 메시지——예술가의 감정이입——의 정당성을 입증한다.

(사람들은 알타미라 동굴의 벽화가 사냥 주술에 공감하기 위해 만들어진 것이라고 말한다. 하지만 주술은 단지 가장 조악한 재현을 요구할 뿐이다. 아름다운 사슴을 손상시키려고 낙서한 화살——어쩌면 모나리자 그림에 낙서로 콧수염을 그리는 것처럼 예술가를 망치려는 유치한 시도——은 주술일 수도 있다.)

예술의 교정적 본질

의식은 필연적으로 선택적이며 부분적이라는 것, 즉 의식의 내용은 기껏해야 자신에 관한 진리의 작은 일부분에 불과하다는 것은 앞에서 살펴보았다. 하지만 이 부분적인 것이 체계적인 방식으로 선택된다면, 의식의 부분적 진실은 전체적으로 어떤 더 큰 전체에 대한 진실의 왜곡일 것이 분명하다.

빙산의 경우, 우리는 수면 위에 드러나 있는 것에서 수면 아래에 무엇이 있는지를 짐작할 수 있다. 하지만 의식의 내용으로부터 똑같은 추론을 할 수는 없다. 그것은 단순히 선호하는 것에 따른 선택은 아니며, 프로이트 학파의 무의식에 축적되어 있는 잔해로 인해 그것은 그러한 추론을 건전치 못한 것으로 만든다. 선호에 의한 그런 선택은 낙관주의만 조장한다.

심각한 것은 마음의 회로를 가로로 절단하는 것이다. 만약 우리가 믿어야 하는 전체 마음이 통합된 네트워크라면('전제', 이미지, 과정, 신경병리학, 혹은 여러분이 사용하기 좋아하는 과학 용어로 무엇이든), 그리고 만약 의식의 내용이 단지 이 네트워크의 다른 부분과 장소의 견본에 불과하다면, 전체 네트워크에 대한 의식의 견해는 명백히 전체 네트워크의 통합에 대한 엄청난 부정일 것이다. 의식의 절단으로 표면에 드러나는 것은 완벽한 회로나 더 크고 완벽한 회로의 회로가 아니라 회로의 일부분인 것이다.

도움 받지 못한 (예술이나 꿈과 같은 것의 도움을 받지 못한) 의식이 결코 이해할 수 없는 것은 마음의 체계적 본질이다.

이러한 개념은 '살아 있는 인간의 몸은 복잡하고, 사이버네틱스적으로 통합된 체계다'라는 유추analogy에 의해 편리하게 예증될 수 있다. 이 체계는 오래도록 과학자들——대부분 의사들——에 의해 연구되어왔다. 현재 과학자들이 몸에 대해 알고 있는 것은 도움 받지 못한 의식이 마음에 대해 알고 있는 것과 적절하게 비교될 수 있다. 의사로서 그들은 이러저러한 것을 치료하는 목적을 가지고 있다. 따라서 그들의 연구 노력은, (관심이 의식에 집중하는 것처럼) 식별할 수 있는 특정 상태나 증상을 의약품이나 다른 조정 수단으로 어느 정도 교정하는, 조작 가능한 짧은 인과 과정에 집중되었다. 언제라도 그들이 어떤 병에 대한 효과적인 '치료법'을 발견하면, 그 분야에 대한 연구는 중단되고 관심은 다른 곳을 향하게 된다. 우리는 이제 소아마비를 예방할 수 있지만, 이 흥미진진한 질병의 체계적 양상에 대해 아는 사람은 아무도 없다. 이 병에 관한 연구는 거의 중단되었거나, 기껏해야 백신을 개량하는 데 국한되어 있다.

하지만 특정 질병을 치료하거나 예방하는 온갖 수단은 종합적인 지혜를 제공하지 않는다. 생태계와 종의 집단 동역학은 붕괴되었고, 기생충은 항생제에 대해 면역력을 가지게 되었으며, 엄마와 신생아의 관계는 거의 파괴되었다. 등등.

특징적으로, 변경되는 인과의 사슬이 어떤 더 큰 것의 부분이거나 체계의 작은 회로 구조인 곳마다 과오가 발생하고 있다. 그리고 나머지 우리 기술들(의학은 단지 이의 일부분이다)은 남아 있는 우리의 생태계를 충분히 와해시킬 수 있다.

그렇지만 이 논문에서 내가 주장하려는 것은 의학을 공격하는 것이 아니라, 예술, 종교, 꿈과 같은 현상에 의해 도움 받지 못한 오로지 목표 지향적인 이성은 필연적으로 병적이고 생명을 파괴한다는 것, 그리고 인간의 목적이 지향하는 것처럼 의식이 회로의 일부만을 볼 수밖에 없는 동안에 그 독성은 수반하는 회로의 맞물림에 의존하는 삶의 여건에서 분명 솟아 나온다는 것을 증명하는 것이다.

한마디로, 도움 받지 못한 의식은 반드시, 진화가 군비 경쟁의 상식적 가치를 공룡에게 역설했을 때 진화가 범한 것과 같은 그런 어리석음에 인간이 말려들게 한다. 100만 년 후에 진화는 필연적으로 자신의 실수를 깨달았고 그래서 공룡을 멸종시켰다.

도움 받지 못한 의식은 반드시 증오를 향해 나아간다. 그것은 나머지 쓸모없는 녀석들을 제거하는 게 올바른 상식이기 때문이기도 하지만, 회로의 일부만을 봄으로써 인간은 자신의 빈틈없는 정책이 자신을 괴롭힐 때 계속해서 놀라고 반드시 화를 내게 된다는 더 심오한 이유 때문이기도 하다.

만약 여러분이 벌레를 죽이기 위해 DDT를 사용한다면, 여러분은 식충동물이 굶주리게 될 정도로 벌레의 개체군을 감소시키는 데 성공할 것이다. 그 다음 여러분은 새들이 더 이상 먹지 않는 벌레를 죽이기 위해 그 전보다 더 많은 DDT를 사용해야만 할 것이다. 더욱이 십중팔

구 여러분은 새들이 중독된 벌레를 먹고 이내 죽게 만들 것이다. 만약 DDT가 개들을 죽인다면, 여러분은 도둑을 막기 위해 더 많은 경찰을 가져야 할 것이다. 도둑은 더 나은 무장을 하게 되고 더욱 교활해질 것이다…….

이것이 우리가 살고 있는 세계——회로 구조의 세계——다. 그리고 지혜(즉 회로라는 사실에 대한 감각이나 인식)가 효과적인 목소리를 내는 경우에만 사랑이 존속할 수 있다.

지금까지 이야기된 것은 인류학자들이 특정한 예술 작업에 관해 통상적으로 요구해온 것과는 약간 다른 질문을 내놓는다. 예를 들면 '문화와 인격 학교'는 전통적으로 특별한 심리적 주제나 상태를 나타내기 위한 견본이나 탐침으로 예술이나 제식의 일부를 사용했다.

그 질문은 '예술은 어떤 종류의 사람이 예술을 만드는지에 대해 말해주는가?'였다. 하지만 앞에서 제안했듯이, 만약 예술이 내가 말한 '지혜'를 유지하는 데 긍정적인 기능을 한다면, 즉 지나치게 목적적인 삶의 견해를 교정하고 좀더 체계적인 견해를 만드는 데 예술이 긍정적인 기능을 한다면, 그때 주어진 예술 작업에 요구되는 질문은 다음과 같은 것이 될 것이다. 그와 같은 지혜를 추구하는 데 있어서 예술 작품을 창조하거나 바라보는 것으로 어떤 종류의 교정이 성취될 수 있는가?

그 질문은 정적이기보다는 동적인 것이 될 것이다.

발리인의 회화에 대한 분석

이제 인식론에 대한 고찰에서 특정한 예술 스타일로 되돌아가면서, 우리는 무엇이 가장 일반적이고 가장 명백한가에 대해 먼저 주목할 것이다.

예술이라는 행위나 작품(역시 예술이라 불리는)은 거의 예외 없이 두 가지 특징을 가지고 있다. 그것은 기술을 필요로 하거나 나타내며, 중복이나 패턴을 내포한다.

그러나 두 가지 특징은 분리될 수 없다. 기술이 먼저 확보되고 그 다음 기술이 중복을 조정하는 것이다.

아마도 그 문제는 기술이 장인의 기술이고 중복이 상대적으로 낮은 수준의 중복인 경우에 가장 분명할 것이다. 예를 들면 1937년 바투안 마을의 이다 바구스 자티 수라Ida Bagus Djati Sura가 그린 발리인의 회화와 바투안 학교의 거의 모든 회화에서 기본적이지만 고도로 훈련된 종류의 기술은 나뭇잎을 배경으로 연습되거나 실행되었다. 성취된 중복은 상당히 통일되고 율동적으로 반복되는 잎의 형태를 수반하지만, 이런 중복은 말하자면 깨지기 쉽다. 그 중복은 연속적인 잎을 칠하면서 생기는 얼룩 또는 불규칙한 크기나 질감에 의해 무너지고 단절된다.

바투안 예술가가 다른 사람의 작품을 볼 때 제일 먼저 검토하는 것은 잎으로 배경을 그린 기술이다. 잎들을 먼저 그리는데, 연필로 윤곽을 자유롭게 그린다. 그 다음 펜과 검은 잉크로 각각의 윤곽을 매우 뚜렷하게 만든다. 모든 잎이 그렇게 그려지면, 예술가는 붓과 먹물로 칠하기 시작한다. 각각의 잎은 옅은 칠로 덮인다. 이 칠들이 마르면, 각각의 잎에는 좀더 작은 동심원이 칠해지고 그 다음 또 다른 더 작은 동심원이 계속해서 칠해진다. 최종적으로 잎은 잉크로 칠해진 윤곽 안에 거의 하얀 테두리를 갖게 되며, 가운데로 갈수록 색은 연속적인 단계로 점점 더 짙어진다.

'좋은' 그림은 모든 잎에 연속적으로 대여섯 번 정도 그와 같은 칠을 한다. (이 특정한 그림은 이런 의미에서 아주 '좋은' 것은 아니다. 잎은 단지 서너 번 정도만 칠해졌을 뿐이다.)

지금까지 논의된 기술과 패턴화는 잘-준비된 단순 작업에서 무시할 수 없는 예술적 수준을 획득하는 근육의 기계적 움직임과 정확도에 의존하고 있다.

나는 자신이 설계한 집의 목조 작업을 하고 있는 솜씨 좋은 미국인 목수이자 건축가 한 사람을 지켜보고 있었다. 나는 매 단계의 확실성과 정확함에 대해 이야기했다. 그는 "아, 그거요? 그것은 마치 타자를 치는 것과 같지요. 생각 없이 할 수 있을 정도가 되어야죠"라고 말했다.

그러나 이런 수준의 중복에서 최고는 또 다른 문제다. 낮은 수준에서의 중복의 통일성이 더 높은 수준의 중복을 위해 조정되어야만 한다. 한 곳의 잎들은 다른 곳의 잎들과 달라야 하며, 이 차이들은 어떻게 해서든 서로 중복되어야 한다. 즉 차이들이 더 큰 패턴의 일부가 되어야만 한다.

더욱이 일차적 수준의 통제 기능과 필요성은 정확히 이차적 수준을 가능하게 만드는 것이다. 예술 작품을 감상하는 사람은 예술가가 잎을 일관성 있게 그릴 수 있다는 정보를 받지 않으면 안 된다. 왜냐하면 이 정보 없이는 통일성 내에서의 변화를 의미 있는 것으로 받아들일 수 없기 때문이다.

자신의 음색을 질적으로 조절할 수 있는 바이올린 연주자만이 음악적 목적에서 그와 같은 질적 변주를 사용할 수 있다.

이러한 원리는 기본적인 것이며, 기술과 패턴 사이의 미학에서 보편적인 연결을 대부분 설명해준다고 나는 생각한다. 예외적인 것들——예 : 자연 경관의 예찬, '발견된 오브제found object',[97] 잉크 반점inkblots,[98] 산포도scattergrams, 그리고 잭슨 폴록Jackson Pollock의 작품——은 이 법칙을 역전시켜놓은 것에 불과하다. 이 경우, 더 큰 패턴은 세부적인 것들이 통제되어야 한다는 착각을 불러일으키는 것으로 보인다. 중간의 경우도 있다. 예를 들어, 발리의 조각에서 나무의 천연적인 결은 오히려 작품의 형태나 겉모습의 세부 사항을 상상하는 데 자주 이용된다. 이 경우, 기술은 세부적인 솜씨에 있는 것이 아니라 조각가가 자신의 디자인을 나무의 삼차원 구조 속에 배치하는 데 있다. 특별한 '효과'는 단순한 재현이 아니라, 조각가의 솜씨의 물리적 체계

---

97) (옮긴이주) 주로 기계 제작된 일상 용품으로서 기성의 물건이지만, 미술 작품이나 미술 작품의 일부분으로서 새로운 지위를 부여받은 오브제를 의미한다. 발견된 오브제를 최초로 착안한 작가는 뒤샹Marcel Duchamp인데 그는 1913년부터 '레디메이드Readymade'라고 명명한 작품들을 실험하기 시작했다. 변기나 삽처럼 대량 생산된 물건에 변형을 가하지 않고, 있는 그대로를 작품으로 제시한 뒤샹에 의해 기성품은 예술로 승화되었다. 레디메이드를 통한 뒤샹의 의도는 미술 창작 과정에서 수반되는 작가의 신체적 활동과 손재주에 대한 관심을 지적인 차원으로 전환시키고자 하는 것이었다. 이어서 다다와 초현실주의 작가들도 발견된 오브제의 가능성을 탐구하였으며, 특히 2차 대전 이후에는 키엔홀츠Edward Kienholz, 보이스Joseph Beuys, 존스Jasper Johns 등의 미술가들이 다양한 방식으로 실험했다.

98) (옮긴이주) 잉크 반점으로 만들어지는 도형을 말하는 것으로 피험자에게 잉크 반점으로 구성된 불규칙한 형태를 보여주고 자신이 본 것을 해석하도록 요구하는 심리 검사에 쓰인다. 이중에서 가장 유명한 것은 로르샤흐Rorschach 검사다.

보다는 오히려 다른 물리적 체계가 지각자 자신의 지각을 결정하는 데 기여했다는 지각자의 부분적 인식에 의해 성취된다.

우리는 이제 가장 명백하고 기초적인 것에 계속 주의를 기울이면서 좀더 복잡한 문제로 방향을 돌린다.

구성

(1) 잎과 나머지 형태들의 윤곽 묘사가 그림의 가장자리까지 이르지는 않지만, 서서히 어두워져서 구분되지 않는 어두운 물감 띠가 있는 사각형을 거의 모두 아우른다. 다른 말로, 그림은 스스로 사라지는 틀을 갖게 된다. 묘사된 상황이 화장(火葬) 절차에 착수하는 익숙한 상황임에도 불구하고, 우리는 어떤 의미에서 '이 세상과 동떨어진' 느낌을 받게 된다.

(2) 그림은 꽉 차 있다. 즉 구성상 공백이 없다. 칠해지지 않고 남아 있는 영역은 없을 뿐만 아니라 같은 형태의 옅은 칠에서 제외된 영역도 없다. 그중에 가장 넓은 영역은 남자들 다리 사이의 아래쪽에 있는 매우 어두운 반점들이다.

서양인의 눈에 이것은 '흥분'을 가져다준다. 정신의학자의 눈에는 '불안'이나 '충동'의 효과를 가져다준다. 편지지를 꽉 채워야만 한다고 느끼는 미친 사람이 보낸 편지의 이상한 모습에 우리 모두는 익숙하다.

(3) 하지만 너무 성급하게 진단하거나 평가를 내리기 전에, 가득 찬 배경과는 별도로 그림의 아래쪽 절반의 구성이 소란스럽다는 것에 주

목해야 한다. 움직이는 모습에 대한 묘사일 뿐만 아니라 위로 올라가면서 사람들의 몸짓이 피라미드 꼭대기에서 서로 반대 방향으로 끝나는 소용돌이 구성을 하고 있다.

반면 그림의 위쪽 절반은 고요하다. 공물을 머리에 이고 완벽히 균형을 잡고 있는 여성이 주는 효과는 너무 고요해서, 언뜻 보면 악기를 들고 있는 남자들도 꼭 앉아 있는 것처럼 보인다. (그들은 행렬 속에서 움직이고 있는 것으로 생각된다.)

그러나 이러한 구도의 구조는 일반적인 서양인에게는 거꾸로 된 것이다. 어떻든 간에 우리는 그림의 아랫부분이 좀더 안정적이고 위쪽에서는 동작과 움직임을 보게 될 것으로 예상한다.

(4) 이 시점에서 그 그림이 성적인 것을 빗대어 말하고 있는지를 검토해보는 것이 적절할 것이며, 성적인 언급에 대한 내부적인 징표는 적어도 리치Leach에 의해 논의된 탕가로아Tangaroa 그림만큼이나 농후하다. 여러분이 해야 할 일은 오로지 정확한 자세로 마음을 집중하는 것뿐이며, 그러면 여러분은 그림의 아래쪽에 있는 두 마리의 코끼리 머리와 함께 거대한 남근 같은 물체[화장대(火葬臺)]가 있는 것을 보게 될 것이다. 이 물체는 좁은 입구를 통과해서 고요한 안마당으로, 그리고 거기에서 더욱 좁은 통로를 통해 앞으로, 그리고 위로 지나가야만 한다. 이 남근 같은 물체의 뿌리 주위에서 여러분은 군중들 가운데 소란스러운 난쟁이 무리를 보게 된다.

그 무시무시한 공격을 지휘하기 위해
맨 먼저 나설 사람은 아무도 없는가,
하지만 뒤에 있는 사람은 "돌격!"을 외치고

앞에 있는 사람은 "후퇴!"를 외치네.

그리고 여러분이 매우 신경을 쓴다면, 호라티우스Horatius가 어떻게 다리를 사수했는가에 관한 매콜리Macaulay의 시가 지금의 그림 못지않게 성적이라는 것을 알게 될 것이다. 여러분이 하고자 한다면, 성적으로 해석하는 게임은 쉽다. 그림의 왼쪽 나무에 있는 뱀 역시 성적인 이야기로 엮어질 수 있다.

하지만 주제가 이중적이라고 가정하는 것이 우리가 예술 작품을 이해하는 데 도움이 된다. 즉 그 그림은 화장 행렬의 출발과 남근과 질이 함께 있는 것 둘 다를 재현한 것이다. 조금만 상상해보면, 우리는 또한 이 그림을 예의와 유쾌함의 매끄러운 관계가 열정의 소란을 은유적으로 감추는 발리인의 사회 조직을 상징적으로 재현한 그림으로 볼 수도 있다.

어쩌면 꿈이나 신화, 예술을 관계 이외의 다른 어떤 것으로 생각하는 것은 잘못일지 모른다. 앞에서 언급된 것처럼, 꿈은 은유적이며 각별히 꿈에서 언급된 관계항에 관한 것은 아니다. 전통적인 꿈 해석에서는 대개 성적인 다른 관계항의 세트가 꿈에서의 세트를 대체했다. 그러나 그렇게 함으로써 우리는 또 다른 꿈을 만들어낼 뿐이다. 더욱이 성적인 관계가 다른 어떤 것보다 일차적이거나 기본적인 것이라고 생각할 선험적 이유도 존재하지 않는다.

일반적으로, 예술가들은 이런 종류의 해석을 별로 받아들이려 하지 않으며, 그들의 반대가 해석의 성적인 본질에 있는지는 분명하지 않다. 오히려 어떤 단 하나의 관계항의 세트에 초점을 고정시키는 것은 예술가에게는 더 심오한 작품의 의미를 파괴하는 것으로 여겨진다.

만약 그림이 단지 성에 관한 것이거나 단지 사회 조직에 관한 것이라면, 그 그림은 보잘것없는 것이 되었을 것이다. 그 그림은 정확히 성에 관한 것일 뿐만 아니라 사회 조직, 화장(火葬), 그리고 또 다른 것에 관한 것이기 때문에 사소하지 않거나 심오한 것이다. 한마디로 예술 작품은 오직 관계에 관한 것이지 식별 가능한 어떤 관계항에 관한 것이 아니다.

(5) 그렇다면 예술가가 그림 속에서 자신의 주제에 대한 식별을 어떻게 처리하는지를 묻는 것이 적절하다. 우선 우리는 그림의 약 3분의 1을 차지하는 화장대가 거의 보이지 않는다는 것에 주목한다. 만약 화가가 '이것은 화장에 관한 것'이라고 분명하게 주장하고 싶었다면 당연히 배경에서 두드러지게 그것을 표현해야 했겠지만 화가는 그렇게 하지 않았다. 또한 그림에서 중심이 될 것으로 예상되는 관(棺) 역시 중앙에서 약간 아래에 적절히 놓여 있기는 하지만 눈길을 사로잡을 정도는 아니다. 사실 예술가가 화장 장면이라고 이름 붙일 수 있을 정도로 세부 사항들을 그려 넣기는 했지만 이 세부 사항들은 나무에 있는 뱀과 작은 새들처럼 대부분 주제에서 유별나게 벗어나 있다. 여인들도 제식을 위해 모은 공물을 머리에 이고 있고, 두 남자도 손에 대나무 그릇들을 적절히 들고 있지만, 이러한 세부 사항 역시 유별나게 추가된 것에 불과하다. 즉 예술가는 어떤 특정한 주제를 강조하지 않음으로써 위의 (3)항에서 말한 바 있는 고요와 소란의 대비를 주로 강조하고 있다.

(6) 요약하면, 내가 볼 때 그림에서 가장 중요한 점은 고요와 소란의 대비가 섞여 짜인 것이다. 이와 유사한 대비나 결합이 우리가 보았던 잎사귀 그림에도 표현되어 있었다. 거기에는 또한 넘쳐흐르는 자유가

명확하게 뒤덮여 있었다.

이러한 결론을 통해서, 이제 나는 앞에서 제기된 '체계적인 지혜라는 방향에서, 이러한 예술 작품의 창작이나 감상으로 어떤 종류의 교정이 얻어질 수 있을까?라는 질문에 답할 수 있다. 최종적인 분석에서, 그 그림은 인간의 목적으로 소요나 고요 가운데 하나를 선택하는 것은 저속한 잘못이 될 것이라고 단언하는 것으로 보일 수 있다. 그림을 그리거나 감상하는 것은 이러한 잘못이 드러나는 경험을 제공할 것이 틀림없다. 그림의 통일성과 조화는 그 대비되는 극들이 서로 의존하고 있기 때문에 그 극들 중에서 어느 하나를 배제한 선택을 할 수 없음을 주장한다. 이러한 심오하고 일반적인 진리는 또한 성, 사회 조직, 죽음의 영역에서도 주장된다.

제2부에 대한 논평

2차 대전 이후 '학제 간interdisciplinary' 연구가 유행했으며, 이는 보통, 예를 들어 생태학자가 자신이 관찰하는 특정 지형의 바위나 토양에 관해 지질학자를 필요로 하는 경우를 의미한다. 하지만 거기에는 과학적 연구가 학제 간 연구가 될 것을 요구하는 또 다른 의미가 있다.

꽃피는 식물의 성장에서 잎과 가지의 배열을 연구하는 사람은 식물의 줄기, 잎, 새싹들 사이의 형식적 관계와 문장 속의 서로 다른 낱말들 사이에서 얻어진 형식적 관계 사이의 유사점을 발견할 수 있을 것이다. 그는 '나뭇잎'을 단순히 납작하고 초록색을 띤 그 무엇으로 볼 뿐만 아니라, 잎과 본래 줄기 사이에서 각도를 이루며 형성되는 두 번째 줄기(혹은 싹)에 특별한 방식으로 관련되어 있는 그 무엇으로 생각할 것이다. 마찬가지로 언어학자도 '명사'를 사람, 장소, 사물을 가리키는 것으로 볼 뿐만 아니라, 문장 구조에서 '동사' 나 다른 부분들과의 관계에 의해 규정된 낱말의 집합으로 생각할 것이다.

'관계항' 을 우선적으로 보는 사람은 문법과 식물의 해부학적 구조 사이에 불러올 수 있는 어떠한 유사성도 깨끗이 잊어버릴 것이다. 결국 잎과 명사는 겉으로 드러나는 모습에서는 전혀 비슷하지 않을 것이다. 하지만 만약 우리가 관계를 먼저 생각하고 그들의 관계만으로 규정된 관계항을 고려한다면 그때 우리는 의심하게 될 것이다. 문법과 해부학 사이에는 심오한 유사성이 존재하는가? 그 자체로 그와 같은 유사성을 문제 삼는 학제 간 과학이 존재하는가? 유사성을 주제로 그와 같은 과학이 요구하는 것은 무엇인가? 그리고 왜 우리는 그와 같은 광범위한 유사가 의미를 갖는다고 예상하는 것인가?

유사성을 취급하면서 중요한 것은 우리가 유사성이 의미 있는 것이라고 말할 때 요구되는 것이 무엇인지를 정확하게 규정하는 것이다. 앞의 예에서 요구되었던 것은 명사가 잎처럼 보여야 한다는 것이 아니다. 잎과 줄기의 관계가 명사와 동사의 관계와 같다는 것조차 요구되지 않는다. 요구되는 것은 먼저, 해부학과 문법 모두에서 부분들은 그들 사이의 관계로 분류되어야 한다는 것이다. 해부학과 문법 모두에서 관계가 어떤 식으로든 일차적인 것으로, 관계항은 이차적인 것으로 생각되어야 한다. 나아가, 관계란 정보의 교환 과정으로 발생하는 것이라는 점이다.

다시 말해, 맥락과 내용 사이의 신비스럽고도 다원적인 관계가 해부학과 언어학 모두에서 얻어지며, '상동' 이라 불리는 것에 몰두했던 19세기의 진화론자들은 실제로, 생물 발달의 맥락 구조를 연구한 것이다.

우리가 문법과 생물의 구조가 모두 커뮤니케이션과 유기체적 과정의 산물임을 깨닫게 될 때 이 모든 고찰은 거의 진부한 이야기가 될 것이다.

식물의 해부학적 구조는 유전 명령의 복잡한 변형이며, 유전자 '언어'는 다른 어떤 언어와 마찬가지로 맥락 구조를 필연적으로 가진다. 더욱이 모든 커뮤니케이션에는 반드시 메시지의 맥락 구조와 수신자의 어떤 구조화 사이에 유대 관계가 있어야 한다. 식물 조직은 주어진 순간에 세포와 조직이 어떤 맥락 구조 내에 존재하지 않으면 모든 세포의 염색체가 운반하는 유전자형의 명령을 '읽을' 수 없다.

앞에서 말한 것만으로 여기서 형태와 패턴으로 의미하는 것이 무엇인가에 대한 충분한 규정이 제공될 것이다. 논의의 초점은 내용보다는 형태에, 주어진 맥락 '내'에서 일어나는 것보다는 맥락에, 관계된 사람이나 현상보다는 관계에 맞춰져 있다.

에세이들은 '분열 발생'에 대한 토론(1935)에서 사이버네틱스의 탄생 이후에 씌어진 두 개의 에세이까지를 포함하고 있다.

1935년에 나는 '맥락'의 핵심적 중요성을 분명하게 알지 못했었다. 나는 분열 발생의 과정이 중요하며 사소하지 않다고 생각했다. 왜냐하면 분열 발생 과정들 속에서 진화가 작동하고 있는 것으로 여겨졌기 때문이다. 만약 사람들 사이의 상호작용이 자극의 증가에 따라 진보적인 질적 변화를 수행할 수 있다면, 이는 확실히 문화적 진화의 바로 그 재료일 수 있다. 어떤 방향으로든 변화가 발생하면——생물학적 진화나 계통 발생적 변화까지도——그것은 유기체들 사이의 점진적 상호작용 때문이라고 생각되었다. 자연선택하에서, 그와 같은 관계의 변화는 해부학이나 생리학에서의 진보적 변화를 뒷받침할 것이다.

공룡의 크기나 무장화의 점진적 증가도 내가 보기에는 단지 상호작용하는 군비 경쟁, 즉 분열 발생의 과정이었다. 하지만 그 당시에 나는 에오히푸스Eohippus[99]에서 말[馬]로의 진화가 초원에서의 삶에 일방적으로 적응하는 과정이 아니라는 것을 몰랐다. 분명 초원 자체도 동물의 이빨이나 말발굽이나 발굽을 가진 동물의 진화와 같은 진도로 진화되었다. 잔디도 말의 진화에 대한 식물의 진화적 반응인 것이다. 이것이 진화의 맥락이다.

분열 발생 과정을 '대칭'과 '보완'으로 분류하는 것은 이미 행동의 맥락을 분류하는 것이며, 그리고 이미 이 논문에는 보완적 행동에서 가능한 테마들의 조합을 검토해보자는 제안이 담겨 있다. 나는 이 제안을 완전히 잊고 있다가 1942에 7년 전의 제안을 명확히 하려고 시도했다. 1942년에 우리 중 많은 사람들이 '국민성'에 대해 관심을 가지게 되었고, 영국과 미국의 대비가 다행스럽게도 '관망'이 미국에서는 지배와 양육과 연결된 부모의 특성인 반면에 영국에서는 의존과 복종에 연결된 자식의 특성이라는 결론을 가져왔다.

내가 '말단-결합end-linkage'이라고 부른 이러한 가정이 나의 사고의 일대 전환점이 되었다. 그때부터 나는 상호작용의 강도보다는 맥락의 질적 구조에 의식적으로 초점을 맞추었다. 무엇보다도 말단-결합 현상은 1942년의 논문에서는 다루어지지 않았던 중요한 사항인 맥락 구조 자체가 메시지가 될 수 있음을 보여주었다. 영국인이 다른 사람을 칭찬하는 경우는 잠재적 복종 또는 의존을 나타내거나 신호를 보내는 것이며, 영국인이 자신을 뽐내거나 관망을 요구하는 경우는

---

99) (옮긴이주) 미국 서부의 에오세 지층에서 발굴된 화석 말이다.

지배나 우월함의 신호를 보내는 것이다. 책을 쓰는 영국인은 모두 이런 죄를 범하게 된다. 미국인의 경우에는 그 반대가 성립된다. 즉 미국인의 자랑은 단지 유사 부모로서의 승인을 얻으려는 시도일 뿐이다.

맥락에 대한 견해는 〈원시 예술의 스타일, 우아함, 그리고 정보〉라는 에세이에 다시 나타나지만, 여기서 맥락의 개념은 '중복', '패턴', '의미'와 관계된 개념들과의 결합을 위해 진화했다.

제 **3** 부

관계의 형태와 병리

사회 계획과 재-학습 개념[100]

나는 미드 박사가 자신의 논문을 요약한 것 중에서 마지막 항목[101]

100) 이글은 마거릿 미드의 논문 〈문화의 비교 연구와 민주적 가치의 의도적 배양 The Comparative Study of Culture and the Purposive Cultivation of Democratic Values〉——1942년에 뉴욕에서 개최된 '과학, 철학, 종교에 대한 회의'의 자료집인 《과학, 철학, 종교, 제2회 심포지엄 Science, Philosophy and Religion, Second Symposium》 제4장에 실림——에 대한 나의 논평으로, 회의 주최측과 Harper & Row, Inc.의 허락을 받아 여기에 재수록했다. '이중 구속'의 개념을 예시하는 주 105에서는 괄호 안의 말을 내 임의로 고딕체로 표시했다.

101) 미드 박사는 이렇게 쓰고 있다. "……문화를 전체로서, 역동적 평형 상태의 체계로서 연구하는 데 몰두한 학자들은 다음과 같은 기여를 할 수 있다…….

4. 사회과학자를 그의 실험 자료 속에 포함시키는 중요성을 인식하고, 규정된 **목표**를 향해 매진하여 우리의 현재 문화를 변화시킨다는 계획은 우리 스스로 인간을 조작하는 것이며, 따라서 민주주의를 부정하는 것이다. 오직 **방향**을 규정하는 데 한정된 가치에 관해서만 연구함으로써 인간 정신의 도덕적 자율성을 부정하지 않은 채 과학적 방법을 사용하여 과정을 통제하는 것이 가능하다." (고딕체로 강조한 사람은 미드.)

에 이 논평의 초점을 맞추려 한다. 인류 문화의 비교 연구에 종사해보지 못한 비전문가에게 이런 권고는 이상하게 보일 것이며, 목적을 달성하기 위해 목적을 버려야 한다는 제안은 윤리적 또는 철학적 역설로 보일 수도 있고 또 기독교나 도교의 기본적인 격언을 연상시킬 수도 있다. 그와 같은 격언은 충분히 알려져 있지만, 그것이 오로지 분석적 사고라는 장치로 옷을 입은 과학자에게서 나왔다면 비전문가는 다소 놀랄 것이다. 다른 인류학자와 사회과학자에게 미드 박사의 권고는 훨씬 더 놀랍고, 심지어 더 무의미할 수도 있다. 왜냐하면 과학의 입장에서 볼 때 수단과 '청사진'은 삶의 전체 구조에서 필수적인 요소이기 때문이다. 게다가 정치적 삶을 사는 사람들에게도 미드 박사의 권고는 이상할 것이다. 왜냐하면 그들은 의사 결정들이 정책을 입안하는 결정과 집행하는 결정으로 분류될 수 있다고 보기 때문이다. 행정 관리와 과학자도(상업 부문도 마찬가지다) 한결같이 인간 만사는 의도, 수단과 목표, 이윤과 만족으로 패턴화되어 있다고 생각한다.

만약 누군가가 목적과 수단을 인간 특유의 것으로 간주하는 것을 의심한다면, 먹고 사는 것에 대한 재치 있는 옛말을 생각해보자. 살기 위해 먹는 사람은 고귀한 인간이지만 먹기 위해 사는 사람은 천한 인간이다, 그러나 그 역시 인간이다. 그러나 만약 사람이 둘 중 어떤 과정도 시간의 연쇄 속에서 수단이나 우선 순위를 가진다고 생각하지 않은 채 단지 '먹고 살아' 간다면, 그 사람은 단지 동물에 속할 뿐이라고 평가될 것이며, 덜 관대한 사람들은 그를 식물로 간주할 것이다.

미드 박사의 공헌은, 다른 문화들에 대한 비교 연구로 뒷받침된 그녀가 자신의 문화에서 통례로 되어 있는 사고 습관을 초월할 수 있었으며, 실질적으로 다음과 같이 말할 수 있었다는 것이다. "사회과학을 우리 자신의 국가 사업에 응용하기 전에, 수단과 목적에 관한 우리의 사고 습관을 재검토하고 바꾸어야 한다. 우리는 서구의 문화 환경 속에서 행동을 '수단'과 '목적'으로 분류하도록 배웠으며 그래서 만약 우리가 국민을 조작하기 위해 과학의 처방을 사용하면서, 수단에서 목적을 계속해서 분리하여 규정하고 사회과학을 유치하게 도구적 수단으로 응용한다면, 우리는 민주적인 삶의 시스템보다는 오히려 전체주의에 이르게 될 것이다." 그녀가 제안한 해결책은, 계획한 목표를 예측하고 이 목표를 조작 수단을 정당화하거나 비정당화하는 것으로 생각하기보다는 오히려 수단 속에 들어 있는 '방향'과 '가치'를 찾아야 한다는 것이다. 행위 그 자체 속에서, 그리고 행위 그 자체와 더불어, 계획된 어떤 행위의 가치를 찾아야 하며, 미래의 목적이나 목표와 관련해서 행위의 가치가 비롯된다는 점에서 가치와 행위를 분리해서는 안 된다. 사실 미드 박사의 논문은 목적과 수단에 대해 직접적으로 설교하지 않는다. 목적이 수단을 정당화한다거나 그렇지 않다고 말하지 않는다. 그녀는 목적과 수단에 대해 직접적으로 언급하는 것이 아니라 수단과 방법에 관해 생각하는 방식에 대해, 그리고 우리의 사고 습관에 고유한 위험에 대해 이야기한다.

인류학자가 우리의 문제에 대해 가장 도움이 되는 것은 명백히 이수준에서다. 인류학자의 임무는 천차만별의 인간 현상에 내재된 최대 공약수를 찾는 것이며, 혹은 반대로, 비슷하게 보이는 현상들이 본질적으로 서로 다른지 아닌지를 결정하는 것이다. 인류학자는 마누스 Manus와 같은 남태평양의 어떤 공동체에 가서, 그곳 원주민의 모든 행동이 우리의 행동과는 확실히 다르지만 기본적인 모티브 체계에 있어서는 보증과 부의 축적을 선호하는 우리와 오히려 밀접하게 유사하다는 것을 발견할 수 있다. 그리고 발리와 같은 다른 사회로 갈 경우에는, 겉으로 드러나는 토착 종교의 모습——무릎 꿇고 하는 기도, 향, 종소리로 구획되는 단조로운 발성 등——은 우리와 매우 유사한 반면에 기본적인 정서적 태도는 우리와 근본적으로 다르다는 것을 발견할 수 있다. 발리인의 종교에서 우리는 기독교 교회의 특성인 올바른 정서적 태도에 대한 강조 대신에 기계적이고 비정서적인 어떤 행위의 실행에 주어지는 칭찬을 발견한다.

모든 경우에서 인류학자가 문제로 삼는 것은 단순 묘사가 아니라 보다 높은 수준의 추상화와 보다 광범위한 일반화. 그의 첫째 임무는 원주민의 생활에 대한 구체적인 정보의 덩어리들을 주의 깊게 수집하는 것이다——그러나 다음 단계는 이 자료를 단순하게 요약하는 것이 아니라, 우리 자신의 문화의 명시적이고 암시적인 언어와 개념을 초월하면서 포용하는 추상적인 언어로 자료를 해석하는 것이다. 영어로 원주민 문화를 과학적으로 기술하는 것은 불가능하며, 인류학자는 우리 자신의 문화와 원주민 문화를 함께 기술할 수 있는 더 추상적인 언어를 고안해야만 한다.

이윽고 이런 형태의 훈련은 미드 박사로 하여금, 계획된 청사진대로 사회를 만들기 위해 인간을 조작하는 '사회 공학'과 '개별적인 인간 존재의 최고 가치와 도덕적 책임'이라는 민주주의의 이상들 사이에 존재하는 모순——기본적이며 근본적인 모순——을 지적하게 했다. 대립하는 두 모티브는 오래전부터 우리 문화에 잠재되어 있었는데, 과학은 산업 혁명 이전부터 도구적인 경향을 가지고 있었고, 개인의 가치와 책임에 대한 강조는 더욱 오래되었다. 두 모티브 사이의 대립이 빚어내는 위험은 단지 최근에 생겨난 것으로, 민주적 모티브에 대한 의식과 강조가 높아지는 것과 동시에 도구적 모티브가 확산되는 것에서 볼 수 있다. 마침내 그 갈등은, 인간 관계를 질서 짓는 데 있어서 사회과학이 담당하는 역할을 넘어 죽느냐 사느냐의 싸움에 이르렀다. 이 전쟁이 이데올로기적으로 사회과학의 역할에 대한 것이라고 말해도 과언은 아니다. 인간을 조작하는 기술과 권리를 계획적이고 목표 지향적이고 권력에 굶주리고 과학의 도구성에 매료된 소수의 개인의 특권으로 남겨둘 것인가? 그러한 기술을 획득한 지금, 우리는 냉혹하게 사람을 물건처럼 취급하려고 하는가? 아니면 이 기술을 가지고 우리가 하려는 것은 무엇인가?

이 문제는 긴급할 뿐만 아니라 매우 어려운 것이며, 과학자로서 우리가 도구적 사고 습관에 깊이 젖어 있기 때문에 이중으로 어렵다──적어도 우리 가운데 과학이 아름답고 고귀한 추상이며 생활의 일부라고 생각하는 사람은 그렇다. 우리는 과학이라는 도구가 도구적 사고 습관과 미드 박사가 마음에 그린 새로운 습관──규정된 목표보다는 선택된 행동에서 '방향'과 '가치'를 찾는──으로 방향을 전환하게 해서 이 추가된 어려움의 근원을 극복하기 위해 노력해야 한다. 분명 이 두 습관은 시간의 연쇄를 바라보는 방식이다. 그것들은 오래된 심리학 용어로 말하면, 행동의 연쇄를 이해하는 서로 다른 방식을 나타내며, 보다 새로운 게슈탈트 심리학 용어로 말하면, 행동에 대한 이런저런 종류의 맥락 틀을 찾는 습관이라고 기술될 수 있다. 미드 박사──그런 습관의 변화를 주장한──가 제기한 문제는 그런 추상적 차원의 습관을 어떻게 배우는가 하는 것이다.

이것은 대부분의 심리 실험실에서 제기되는 '어떤 상황에서 개가 종소리에 대한 반응으로 침 흘리는 것을 학습하는가?' 또는 '기계적인 학습에서 성공을 좌우하는 변수들은 무엇인가? 와 같은 단순한 형태의 질문이 아니다. 우리의 질문은 한 단계 더 추상적이며, 어떤 면에서는, 단순 학습에 대한 실험적 연구와 게슈탈트 심리학자들의 접근 사이를 이어주는 가교다. 우리는 '개는 어떻게 무한히 복잡한 사건의 흐름(자신의 행동을 포함)을 분절 혹은 통각하는 습관을 익혀서 이 흐름을 다른 것이 아닌 하나의 짧은 연쇄의 형태로 만들어진 것으로 보게 되는가?' 라고 묻고 있다. 또한 우리는 개를 과학자로 바꿔 '어떤 과학자는 모든 것이 이미 결정되어 있다는 결론을 내리기 위해 사건의 흐름을 분절하는 데 반해 다른 학자는 사건의 흐름을 통제될 여지가 있는 매우 규칙적인 것으로 보도록 결정하는 상황은 무엇인가' 라고 물을 수도 있다. 아니면 또 같은 추상적 차원에서, "우리가 '자유의지' 라고 부르는 세계와 우리가 '책임', '구조', '에너지', '수동성', '지배' 등으로 부르는 또 다른 세계들의 특별한 습관적 어법을 촉진시키는 것은 어떤 상황인가?"라고 물을 수도 있다——이 질문은 민주주의의 촉진과 매우 관계 있다. 교육자들의 주요한 상투 수단인 이 모든 추상적 개념은 어떤 종류의 일관성과 의미를 얻기 위해 경험의 흐름을 분절하는 다양한 습관으로 이해될 수 있다. 그것들은, 우리가 그것들을 단순 학습에 관한 진술과 게슈탈트 심리학에 관한 진술 사이의 개념 수준에 위치하는 것으로 볼 때 어떤 조작의 의미를 주장하기 시작하는 추상적 관념이다.

예를 들면, 사람들이 기독교나 계획된 지상 낙원을 이룩하려고 노력하는 가운데 '목적이 수단을 정당화' 한다고 결정할 때마다 우리는 비극과 각성으로 이끄는 과정을 매우 간단히 지적할 수 있다. 사회 조작의 도구는 망치와 스크루드라이버가 아니라는 사실을 그들은 무시한다. 비상시에 스크루드라이버를 쐐기로 사용했다고 해서 그것이 심각하게 망가지지는 않으며, 우리가 가끔 망치의 손잡이를 간단한 지렛대로 사용한다고 해서 생활에서 망치에 대한 생각이 영향을 받지는 않는다. 그러나 사회 조작에서 우리의 도구는 사람이며, 사람은 학습하고, 사람은 청사진 설계자가 그들에게 가르치는 계략보다 더 미묘하고 널리 퍼지는 습관을 익힌다. 설계자는 세상에서 가장 좋은 의도를 가지고, 청사진의 성공을 손상시키는 어떤 경향을 근절하기 위해 자신의 부모를 감시하도록 아이들을 훈련시킬 수는 있지만, 아이들은 사람이기 때문에 이 단순한 계략을 배운 것 이상으로 실행할 것이다 ──아이들은 이러한 경험을 자신의 전반적인 인생 철학으로 만들 것이며, 그것은 권위에 대한 그들의 미래의 태도를 물들일 것이다. 그들은 어떤 종류의 맥락을 만날 때마다 이 맥락들을 이전의 익숙한 패턴 위에 조직된 것으로 보는 경향이 있을 것이다. 청사진 설계자는 아이들의 계략으로 초기 이득을 얻을 수는 있지만, 자기 청사진의 궁극적인 성공은 계략과 함께 학습된 마음의 습관으로 파괴될 것이다. (불행하게도, 나치의 청사진이 이런 이유로 무너졌다고 믿을 만한 근거는 없다. 여기서 언급된 불쾌한 태도는 계획 그 자체와 계획을 실현하는 수단 모두의 기초로서 고찰된다. 좋은 의도를 가진 사람은 믿기 어렵겠지만, 지옥으로 가는 길 역시 나쁜 의도로 포장될 수 있다.)

외관상 우리는 학습 과정의 부산물인 일종의 습관을 다루고 있다. 미드 박사가 청사진에 기초를 둔 사고를 그만두고 그 대신에 우리의 계획된 행동에 내재된 직접적인 가치에 기초해서 행동을 평가해야 한다고 말할 때, 그녀는 아이들의 교육과 양육에 있어서, 우리 자신이 습득했고, 과학, 정치, 신문 등과의 접촉으로 날마다 우리 내면에서 강화

되는 것과는 다른 종류의 부산물인 습관을 심어주기 위해 노력해야
한다고 말하고 있다.

그녀는 우리의 사고에 대한 강조점이나 형태에서의 이러한 새로운
전환은 미지의 바다를 향한 출발이 될 것이라고 완벽하고 명쾌하게
말한다. 그러한 과정에서 어떤 방식의 인간 존재가 생길지 알 수 없으
며, 1980년의 세계에서 우리가 편안함을 느낄 수 있을지도 확신할 수
없다. 미드 박사가 우리에게 말할 수 있는 것은 단지, 분명한 목표를
달성하기 위한 수단으로서 사회과학을 응용하려는 계획을 가지고 가
장 자연스러워 보이는 과정으로 계속해서 나아간다면 우리는 틀림없
이 암초에 부딪히리라는 것뿐이다. 그녀는 우리를 위해 암초를 조사
해왔으며, 암초에 부딪히지 않는 방향으로 나아갈 것을 충고하지만,
그것은 낯설고 여전히 미지의 방향이다. 그녀의 논문은 이 새로운 방
향을 어떻게 해도(海圖)로 만들 것인가 하는 문제를 제기하고 있다.

실제로 과학은 해도를 만드는 데 있어서 우리에게 무언가를 제공할
수 있다. 앞에서 내가 지적한 것은, 우리가 잡다한 추상적 용어들——
자유 의지, 숙명, 책임, 구조, 수동성, 지배 등——을 모두 통각(統覺)
습관을 기술하는 것, 우리 자신의 행동이 일부를 이루는 그런 사건의
흐름을 보는 습관적인 방식을 기술하는 것으로 봐야 한다는 것, 나아
가 어떤 의미에서 이 습관들은 모두 학습 과정의 부산물일 수 있다는
것이었다. 우리가 어떤 종류의 해도를 얻는다면, 다음 과제는 분명 이
가능한 습관들의 무작위한 목록보다 더 나은 것을 얻는 것이다. 우리
는 이 목록을 이러한 각각의 습관들이 다른 것들과 체계적으로 어떻
게 관계되는지를 보여주는 분류로 바꾸어야 한다.

우리는 개인적 자율성에 대한 인식, 즉 내가 '자유 의지'라고 불러

온 것과 어떻게든 관계 있는 그런 마음의 습관이 민주주의의 핵심이라는 사실에 대해서는 공통적으로 의견 일치를 보이지만, 이 자율성이 어떻게 사용 가능하게 정의되어야 하는지에 대해서는 완전히 이해하지 못하고 있다. 예를 들어 '자율성'과 강박적인 부정주의negativism의 관계는 무엇인가? 통행금지를 따르기를 거부하는 주유소들은 훌륭한 민주주의 정신을 보여주는 것인가 아닌가? 이런 종류의 부정주의는 확실히 '자유 의지'나 '결정론'과 같은 정도의 추상 개념이다. 부정주의도 그것들처럼 맥락과 사건의 연쇄와 자신의 행동을 통각하는 습관적인 방법이지만, 이 부정주의가 개인적 자율성의 '아종(亞種)'인지는 분명하지 않다. 아니면 그것은 완전히 다른 어떤 습관일까? 이와 같이 우리는 미드 박사가 제의하는 새로운 사고 습관이 다른 것들과 어떻게 관계되어 있는지를 알아야 한다.

분명 우리는 이러한 마음의 습관에 대해 무작위한 목록 이상의 어떤 것을 필요로 한다. 우리는 이런 습관 각각이 다른 것들과 어떻게 관계되어 있는지를 보여줄 어떤 체계적인 틀이나 분류를 필요로 하며, 그런 분류는 우리가 갖고 있지 않은 해도를 만드는 데 그 무언가를 제공해줄 수 있다. 미드 박사는 새로운 사고 습관에 적응하면서 아직 해도가 갖추어지지 않은 바다를 항해해야 한다고 말하지만, 만약 이런 습관이 다른 습관들과 어떻게 관계되어 있는지를 안다면 우리는 그런 항로의 위험과 이득, 항로에 있을 수 있는 함정 등을 판단할 수 있을 것이다. 그런 해도는 미드 박사가 제기한 질문——우리의 계획된 행위에 내재한 가치와 '방향'을 어떻게 판단할 수 있는가——에 대한 해답을 제공할 수도 있다.

모자 밖으로 튀어나오는 토끼처럼 사회과학자가 순간적인 관찰로 그런 해도나 분류를 작성할 수 있다고 여러분이 기대해서는 안 되지만, 나는 그런 방향으로 첫걸음을 내디딜 수 있다고 생각한다. 우리는 최종적 분류의 토대가 될 어떤 기본 주제들——기본 방위라고 해도 좋다——을 제안할 수 있다.

우리는 우리가 다루는 종류의 습관이 어떤 의미에서 학습 과정의 부산물이라는 점에 주목해왔으며, 따라서 어떤 실마리를 제공해줄 가능성이 있는 단순 학습 현상을 먼저 관찰하는 것이 자연스럽다. 우리는 지금 주로 실험심리학자가 연구하는 것보다 한 단계 더 추상적인 문제를 제기하고 있지만, 우리의 해답은 여전히 그들의 실험실에서 찾아야만 한다.

지금 심리 실험실에서는 실험으로 해명하려고 계획했던 현상들보다 다소 더 높은 정도의 추상성이나 일반성을 지닌 하나의 공통적 현상이 존재하는 일이 정말로 일어나고 있다. 실험 대상——인간이든 동물이든——이 반복된 실험 후에 더 나은 대상이 되는 것은 흔한 일이다. 실험 대상은 적절한 순간에 타액을 분비하는 것뿐만 아니라 무의미한 음절을 적절히 암송하는 것도 학습한다. 또한 어떤 점에서는 학습하는 것을 학습한다. 실험 대상은 실험자가 그에게 설정해놓은 문제를 해결할 뿐만 아니라 이러한 해결은 단순 학습의 일부분이다——, 이보다 더 중요한 것으로서, 문제를 해결하는 데 점점 더 능숙해진다.

준게슈탈트semigestalt 또는 준의인화된 용어로, 피험자는 어떤 형태의 맥락에 자신의 방향을 맞추는 것을 학습하고 있거나, 문제 해결의 맥락에 대한 '통찰'을 습득하고 있다고 우리는 말할 수 있다. 이 논문에서 쓰는 용어를 사용하자면, 피험자가 특정한 한 가지 형태의 맥락과 연쇄를 찾는 습관, 즉 의미 있는 연쇄의 어떤 형태를 반복해서 제공하려고 사건의 흐름을 '분절하는' 습관을 습득했다고 말할 수 있다.

이제까지 전개해온 일련의 주장은 단순 학습에 대한 진술이 게슈탈트와 맥락 구조에 대한 진술과 만나는 지점으로 우리를 데려왔고, '학습하는 것을 학습하는 것'이 이 논문에서 문제로 삼는 추상적 사고 습관의 클래스의 획득과 동의어이며, '자유 의지', 도구적 사고, 지배, 수동성 등으로 부르는 마음의 상태는 '학습하는 것을 학습하는 것'과 동일시될 수 있는 과정에 의해 획득된다는 가설에 이르렀다.

이 가설은 문외한에게만큼이나 심리학자에게도 어느 정도 새로운[102] 것이며, 따라서 주제에서 잠시 벗어나 내가 의미하는 것에 대한 좀더 정확한 진술을 전문적인 독자들에게 제시할 필요가 있다. 적어도, 사용 가능한 용어로 단순 학습과 게슈탈트 사이에 다리를 놓는다고 말하는 나의 의도를 증명해야만 한다.

이 분야의 다른 모든 용어(학습의 전이, 일반화 등)를 사용 가능하게

---

102) 학습의 전이, 일반화, 계몽, 반응의 역치(헐Hull), 통찰 등의 개념에 대해 연구해온 사람들을 모두 포함한다면 게슈탈트와 단순 학습의 관계라는 문제와 관련 있는 심리학 논문은 매우 많다. 역사적으로, 제일 먼저 이런 질문을 제기한 사람은 프랭크L. K. Frank〔"The Problems of Learning", *Psych. Review*(1926), 33 : 329~351쪽〕였으며, 최근에 마이어N. R. F. Maier 교수가 '재-학습' 개념과 밀접한 관련이 있는 '방향' 개념을 소개했다. 그는 다음과 같이 말한다. "방향은……기억 자체가 되지 않으면서 특정한 방식으로 기억을 통합하는 힘이다"〔"The Behavior Mechanisms Concerned with Problem Solving", *Psych. Review*(1940), 47 : 43~58쪽〕. '힘'을 '습관'으로 바꾸고 '기억'을 '사건의 흐름에 대한 경험'으로 바꾸면, 재-학습의 개념은 마이어 교수의 '방향'이라는 개념과 거의 동의어로 여겨질 수 있다.

정의하는 수고를 피하기 위해 '최초-학습proto-learning' 과 '재-학습 deutero-learning' 이라는 두 개의 단어를 만들어보자. 계속되는 모든 학습에는 식별할 수 있는 두 종류의 경사도가 있다고 해보자. 단순 학습 그래프(예컨대 기계적인 학습의 그래프)에서 어떤 지점의 경사도는 무엇보다도 최초-학습의 속도를 나타낸다고 우리는 말할 것이다. 그러나 동일한 피험자에게 일련의 비슷한 학습 실험을 할 경우 우리는, 연속적인 각각의 실험에서 피험자가 어느 정도 더 급한 최초-학습 경사도를 보이며, 피험자가 어느 정도 더 빨리 학습한다는 것을 알 수 있다. 우리는 최초-학습의 속도가 빨라지는 변화를 '재-학습' 이라 부를 것이다.

여기서 우리는 재-학습의 속도를 보여주는 곡선을 가지고 재-학습을 그래프로 쉽게 나타낼 수 있다. 그러한 그래프는 예를 들면, 임의로 선택된 어떤 시행 횟수에서 연속적인 최초-학습 곡선들을 가로지름으로써, 그리고 그 지점에서의 각각의 실험에서 성공적인 반응률이 어느 정도인지 조사함으로써 얻어진다. 재-학습 그래프는 일련의 실험 횟수 대 성공적인 반응의 횟수라는 좌표를 통해 얻어질 수 있다.[103]

최초-학습과 재-학습의 이러한 정의에서, '일련의 비슷한 실험들' 이라는 문구는 두드러지게 애매모호하다. 명확한 설명을 위해, 나는 이미 학습된 음절들을 일련의 새로운 무의미한 음절들로 대체하는 것

---

103) 우리는 재-학습의 정의가 필연적으로 최초-학습의 정의보다 더 용이하다는 사실을 알게 될 것이다. 실제로 단순 학습 곡선이 최초-학습만을 나타내지는 않는다. 단일한 학습 실험이 진행되는 동안에도 어떤 재-학습이 발생할 수 있다는 것을 고려해야 한다. 이 경우, 어떤 지점에서든지 경사도는 순수한 최초-학습 곡선의 가설적인 경사도보다 더 급해질 것이다.

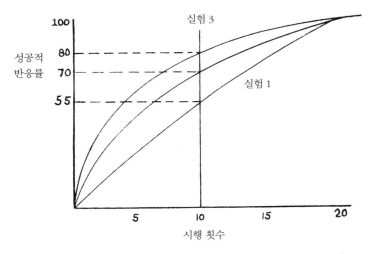

그림 1. 동일한 피험자로 세 번 연속 실험한 학습 곡선들이며, 연속적인 실험에서 학습률이 증가했음을 보여준다.

이외에는 각각의 실험이 끝까지 비슷한, 기계적인 학습에 대한 일련의 실험을 상상하고 있다. 이 예에서 재-학습 그래프는 기계적인 학습에서 숙련도가 증가하는 것을 나타내며, 그러한 기계적 숙련도의 증가가 실험적 사실로 증명될 수 있다.

기계적 학습은 제쳐두고, 만일 우리가, 어떤 맥락에서의 학습 경험이 사실은 다른 맥락에서의 학습 속도를 증가시킨다는 것이 실험을 통해 제시될 수 있을 때마다 학습 맥락들이 서로서로 비슷하다고 생각될 수 있다고 말함으로써, 그리고 이러한 기준을 사용함으로써 어떤 종류의 분류가 성립할 수 있는지 밝혀줄 것을 실험가에게 요구함으로써, 실험자로 하여금 다시 그 문제에 주목하게 하지 않는다면, 하

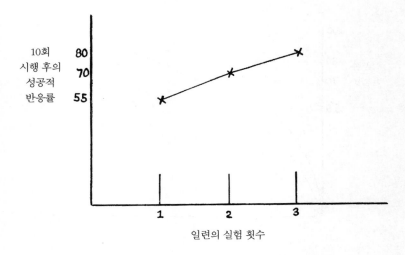

그림 2. 그림 1의 3회 학습 실험에서 도출한 재-학습 그래프다.

나의 학습 맥락이 다른 학습 맥락과 '비슷하다' 는 것이 무슨 뜻인지 정의하는 것은 훨씬 더 어렵다. 우리는 실험자들이 이렇게 하기를 희망할 수는 있지만, 그런 실험 방식에는 중대한 어려움이 있기 때문에 우리의 질문에 대한 즉각적인 해답을 기대할 수는 없다. 단순 학습 실험도 정확하게 실시하고 조정하는 것이 어렵지만 재-학습 실험은 증명하는 것이 거의 불가능하다.

그러나 우리에게는 대안적인 과정이 열려 있다. 우리가 '학습하는 것을 학습하는 것' 과 통각의 습관을 습득하는 것을 동일시할 때, 이는 그런 습관이 다른 방식으로 습득될 가능성을 배제하지 않는 것이다. 이런 습관들 중 하나를 습득하는 유일한 방법이 주어진 학습 맥락에 대한 반복된 경험이라고 생각하는 것은 돼지를 굽는 유일한 방법이

집을 불태우는 것이라고 말하는 것과 같은 논리다. 인간 교육에서 그런 습관은 매우 다양한 방식으로 습득되는 것이 분명하다. 우리는 비개인적인 사건의 흐름과 접촉하는 데서 분리된 가설상의 개인이 아니라 다른 사람과 정서적으로 복잡한 관계의 패턴을 가지는 현실적인 개인을 문제 삼고 있다. 그런 현실 세계에서 개인은 인간적인 본보기, 목소리 톤, 적의, 사랑 등 매우 복잡한 현상에 의해 통각의 습관을 받아들이거나 거부하는 쪽으로 나가게 될 것이다. 너무나 많은 그런 습관들이 개인에게 전달되는데, 사건의 흐름에 대한 자기 자신의 있는 그대로의 경험을 통해 전달되는 것은 아니다. 어느 누구도(과학자라 할지라도) 이런 의미에서 있는 그대로를 경험하지는 못하기 때문이다. 사건의 흐름은 통각 습관이라는 전차 궤도에 의해 매 순간 구조화되는 언어, 예술, 기술, 그 밖의 문화적 매체를 통해 개인들에게 전해진다.

따라서 심리 실험실이 이 습관에 대한 유일하게 가능한 지식원은 아니다. 우리는 그 대신에, 인류학자에 의해 연구된 세계의 다양한 문화에 내재하거나 드러나 있는 패턴들을 비교하는 데로 눈을 돌려야 한다. 우리의 문화보다는 다른 문화에서 발달되어온 습관을 추가함으로써 이런 모호한 습관의 목록을 확대할 수 있다.

실험실에서의 실험적 학습 맥락들을 가지고 그 각각에 어떤 종류의 통각 습관이 결부되어 있는지를 고찰한 다음 그 습관이 발달되어온 문화를 찾기 위해 세계로 눈을 돌림으로써 실험심리학자와 인류학자의 통찰을 결합하는 것이 가장 유익하다고 나는 생각한다. 반대로 우리가 각각의 습관에 대해 '이런 습관을 심어주기 위해서는 어떤 종류의 실험적 학습 맥락을 고안해내야 할까?', '인간으로 가정된 쥐가 자신의 자유 의지에 대한 반복되고 강화된 인상을 습득하게 하려면 미로나 문제-상자[104]를 어떻게 설치해야 할까? 라고 묻는 경우에는 자유 의지와 같은 습관들의 좀더 명확한――더욱 구체적인――정의를 얻을 수도 있다.

실험적 학습의 맥락에 대한 분류는 아직 매우 불완전하지만, 어떤 진보는 확실히 이루어져왔다.[105] 긍정적 학습(부정적 학습이나 금지와는 전혀 다른, 어떤 것을 하지 않는 것을 학습하는 것)의 주요 맥락은

---

104) (옮긴이주) 손다이크E. L. Thorndike는 '문제-상자problem-box의 실험'을 행하여 시행착오를 학습의 기본 과정으로 생각했다. 문제-상자는 그 안에 갇힌 동물이 여러 가지 반응을 시도하다가 우연히 상자의 문을 열고 탈출하게 만든 장치다. 동물이 탈출한 다음 그 동물을 다시 그 상자에 가두면 동물은 또다시 여러 가지 반응을 시도하여 탈출한다. 이와 같은 과정을 반복하는 동안에 효과 있는 반응은 남고 효과 없는 반응은 사라지면서 탈출하는 데 소요되는 시간이 점점 단축된다. 손다이크는 이 실험 결과에 의거하여, 특정 반응을 학습하게 되는 것은 그 반응이 만족을 초래하기 때문이라고 생각했고, 만족의 정도가 크면 클수록 그 반응 또는 그 반응과 관계 있는 반응이 선택된다는 '효과의 법칙law of effect'을 제창했다.

105) 해설을 목적으로 한 다양한 분류가 고안되어왔다. 여기서 나는 힐가드와 마퀴스의 분류를 따른다[E. R. Hilgard · D. G. Marquis, *Conditioning and Learning* (New York : Appleton Century Co., 1940)]. 이 저자들은 자신들의 분류를 통해 놀라운 비판적 분석을 드러냈으며, 이 논문의 기초가 된 형식적 개념들 중 하나는 이 분석에 빚지고 있다. 그들은 어떤 학습 맥락은 이론의 프로크루스테스 침대에 적합하도록 어떤 맥락의 측면을 확대 해석하거나 지나치게 강조하는 것을 꺼리지 않는 경우에만 학습 이론으로 기술될 수 있다고 주장한다. 나는 '학습 이론'을 '통각 습관'으로 대치하고, 대부분 어떤 사건의 연쇄는 어떤 형태의 통각 습관에 적합하도록 확대, 수정, 분절화될 수 있다고 주장함으로써 이 개념을 내 사고의 주춧돌로 삼았다. (실험 신경증은 피험자가 이런 동화를 달성하는 데 실패했을 때 발생하는 것이라고 생각할 수도 있다.)

나는 또한 상벌의 맥락에 대한 레빈의 위상기하학적 분석에 신세를 졌다[K. Lewin, *A Dynamic Theory of Personality*(New York : McGraw-Hill Book Co., 1936)].

다음과 같은 네 가지 항목으로 구분할 수 있다.

(1) 정통 파블로프 학파의 맥락들

조건 자극(예컨대 버저buzzer)이 무조건 자극(예컨대 고기 분말)보다 항상 일정한 시간 간격으로 앞서는 엄격한 시간 연쇄가 특징이다. 이 엄격한 사건의 연쇄는 동물이 어떤 행동을 하더라도 변하지 않는다. 이런 맥락에서 동물은 단지 이전의 무조건 자극에 의해 유발된 행동(예컨대 타액 분비)으로 조건 자극에 대한 반응을 학습한다.

(2) 도구적 보상 또는 도피의 맥락들

동물의 행동에 의존한 연쇄가 특징이 된다. 이런 맥락에서 무조건 자극은 대개 모호하며(예컨대 동물이 처해 있는 상황의 총합, 문제–상자), 동물에게 내재하는 것(예컨대 배고픔)일 수도 있다. 이런 환경에서 동물이 자기 행동의 레퍼토리 가운데 이전에 실험자에 의해 선택된 행동(예컨대 다리 들기)을 할 경우 동물은 즉시 보상을 받는다.

(3) 도구적 회피의 맥락들

이 역시 조건적 연쇄가 특징이 된다. 무조건 자극은 대개 명확하게 한정된 것이며(예컨대 경고 버저), 일정한 시간 내에 동물이 어떤 선택된 행동(예컨대 다리 들기)을 하지 않으면 불쾌한 경험(예컨대 전기 충격)이 뒤따른다.

(4) 연속적이고 기계적인 학습의 맥락들

피험자의 행동이 주요한 조건 자극이 된다는 것이 특징이다. 예를 들면 피험자는 항상 스스로 조건 자극(무의미한 음절 A)을 소리 낸 후에 조건 반응(무의미한 음절 B)을 소리 내도록 학습한다.

하나의 분류의 이러한 작은 시작[106]은 우리가 관심을 갖고 있는 원리들을 설명해주기에 충분할 것이며, 따라서 이제 우리는 계속해서 다양한 문화의 사람들 사이에 고유한 통각 습관이 나타나는 것에 대해 물을 수 있다. 가장 흥미로운 것은——적어도 친숙하기 때문에——파블로프 학파의 패턴과 기계적 패턴이다. 서구 문명의 구성원들이 전반적인 행동 체계가 자신들의 도구적 보상과 회피의 혼합이 아닌 다른 전제 조건 위에 성립될 수 있다고 믿기는 다소 어렵다. 그러나 우리가 기계적 학습과 도구적 보상의 결합에 기초한 전제들을 받아들이는 경우에 발리인의 삶이 이해될 수 있는 반면에, 트로브리안

---

106) 실험적 학습의 맥락이 너무 지나치게 단순화되어 현실 세계의 현상과 전혀 관계가 없다고 느끼는 사람도 많다. 실제로 이 분류를 확대하면, 그들과 연관된 통각 습관과 함께 수백 개의 가능한 학습 맥락을 체계적으로 정의할 수 있는 수단을 얻게 될 것이다. 그 계획은 다음과 같은 방식으로 확대될 수 있다.

㉠ 부정적인 학습(금지)의 맥락을 포함한다.

㉡ 혼합된 유형(예를 들면, 타액 분비는 고기 분말에 대한 적절한 생리적 반응일 뿐만 아니라 고기 분말을 얻기 위한 수단도 된다)을 포함한다.

㉢ 피험자가 연관되어 있는 두 가지 이상의 어떤 요소 사이에서 어떤 종류의 관련성(생리적 관련성 이외의)을 인식할 수 있는 사례를 포함한다. 이렇게 하기 위해서는 피험자가 체계적으로 서로서로 다른 맥락들을 경험해야만 한다. 예를 들면, 어떤 요소에서의 변화 형태가 다른 요소에서의 변화 형태를 끊임없이 수반하는 그런 맥락들이다. 그런 사례들은 가능한 조합들을 격자 모양으로 도표화해서 조사할 수 있다. 그러한 요소들의 조합에 따라 피험자는 요소들의 상호 관계를 알 수 있다. 다섯 가지 요소(조건 자극, 조건 반응, 보상 또는 처벌, 두 개의 시간 간격)가 있지만 어떤 조합이 상관 관계에 놓일 수 있으며 상관 관계가 있는 조합 중 어떤 쪽이 다른 쪽을 결정하는지는 피험자에게서 파악할 수 있다. 이러한 가능성들과 우리의 네 가지 기본 맥락을 곱해서 마흔여덟 가지 형태를 제공할 수 있다.

㉣ 기본 형태의 목록은 피험자와 실험자의 역할이 역전되는 사례(이것은 학습 실험에서는 아직 연구되지 않았지만 대인 관계에서는 일반적인 것이다)를 포함하면 더욱 확대될 수 있다. 이런 사례에서는 학습 상대가 최초이자 최후의 요소가 되며 다른 사람(또는 환경)들은 중간항이 된다. 이런 형태에서는 버저와 고기를 사람의 행동과 '이 사람이 학습하는 것은 무엇인가' 라는 질문으로 대치해야 한다. 권위와 부모의 입장에 관계된 전반적인 통각 습관은 대부분 이런 일반적 형태의 맥락을 토대로 한다.

드 주민들의 삶의 일관성과 의미는 파블로프 학파의 사고방식을 통해 사건을 보는 것에 기초하고 있으며, 도구적 보상에 대한 기대와는 살짝 관련돼 있을 뿐이다.

분명 '순수' 파블로프 학파에게는 매우 제한된 운명관만이 가능할 것이다. 파블로프 학파 사람은 모든 사건을 예정된 것으로 볼 것이고, 자신을 사건의 과정에 영향을 미칠 수 있는 존재로 보는 것이 아니라 단지 예언을 찾는 운명을 타고난 존재로 볼 것이다. 따라서 그가 할 수 있는 것은 기껏해야 예언을 읽음으로써 불가피한 사건들이 일어나기 전에 예컨대 침을 흘리는 것과 같은 적절한 수용의 상태를 취하는 것이다. 트로브리안드 문화는 이처럼 순전히 파블로프 학파에 속한다고 할 수는 없지만, 리Dorothy Lee 박사[107]는 말리노프스키 교수의 풍부한 관찰들을 분석하면서, 목적, 원인, 결과에 대한 트로브리안드의 언어가 우리 언어와 근본적으로 다르다는 것을 밝혔다. 리 박사가 여기 제시된 종류의 분류를 사용한 것은 아니지만, 어떤 일이 어떠할 것처럼 행동하는 것이 그 일을 정말 그렇게 만들게 된다는 사고 습관을 그 주민들이 시종일관 드러내고 있음이 트로브리안드의 마술에 나타난다. 이런 의미에서 우리는 그들을, '타액 분비'를 '고기 분말'을 획득하는 도구로 결정한 준파블로프 학파로 기술할 수도 있다. 예를 들면 말리노프스키 교수는 트로브리안드의 검은 마술사가 자신의 마법을 실행할 때 보이는 극심한 생리적 분노[108]를 생생하게 기술하고 있는데, 우리는 이것을 세계의 다른 지역에서 볼 수 있는 매우 다양한 형태의 마

---

107) Dorothy Lee, "A Primitive System of Values", *Journal Philos. of Science*(1940), 7 : 355~378쪽.

108) 사건의 흐름에 대한 준파블로프적 용어는 사건의 원형인 실험처럼 특히 자율

술 절차와 대비되는, 정신의 준파블로프 학파적 틀의 예로 취할 수 있다. 예를 들면 세계의 다른 지역에서 주문의 효험은 주문의 강도와 관련 있는 것이 아니라 극단적인 기계적 암송의 정확성과 관련 있다.

발리인들에게서[109] 우리는 우리의 패턴뿐만 아니라 트로브리안드 주민들의 패턴과도 뚜렷하게 대비되는 또 다른 패턴을 발견한다. 그래서 삶이 만족으로 끝나는 내재적인 연쇄로 구성되어 있는 것이 아니라 본질적으로 자신들을 만족시키는 기계적 반복의 연쇄로 구성되어 있다고 보는 것을 학습하도록 아이들을 다룬다——이것은 행위를 목적을 위한 수단으로 보지 않고 행위 그 자체에서 가치를 찾는, 미드 박사가 권한 패턴과 어느 정도 관계가 있다. 그렇지만 발리인의 패턴과 미드 박사가 권한 패턴 사이에는 한 가지 매우 중요한 차이가 있다. 발리인의 패턴은 기본적으로 회피라는 도구적 맥락에 기인한다. 그들은 세계를 위험한 것으로 보며, 자신을 의례와 예절의 기계적인 행위를 끝없이 수행함으로써 항상-존재하는 과실의 위험을 피해야 할 존재로 본다. 일반적으로 그들이 두려움을 즐긴다고 하더라도, 그들의 삶은 두려움에 기초를 두고 있다. 그들이 목표를 찾는 대신에 자신들

적인 반응에 좌우되는 경향을 띨 수 있다. 즉 그런 용어를 사용해서 사건을 보는 사람들은 자유 의지에 의한 조정을 부분적으로만 따르는 반응을 외계 사건의 특히 효과적이고도 강력한 원인으로 고찰하는 경향을 띨 수 있다. 파블로프 학파의 운명론에는 인간은 자신이 거의 조정할 수 없는 여러 행동들에 의해서만 사건의 과정을 변화시킬 수 있다고 믿도록 우리를 매혹시키는 어떤 아이러니한 논리가 있는 것 같다.

109) 미드 박사와 내가 수집한 발리인 자료는 아직 완전한 형태로 출판되지는 않았지만, 이 논문에 제시된 이론의 간략한 개요는 이용 가능하다. G. Bateson, "The Frustration-Aggression Hypothesis and Culture", *Psychological Review* (1941), 48 : 350~355쪽 참조.

의 당면한 행동에 부여하는 긍정적 가치는 두려움을 즐기는 것과 어느 정도 연관돼 있다. 그것은 재앙을 피해 가면서 기교와 스릴을 즐기는 곡예사의 쾌감이다.

심리 실험실과 이국 문화 속으로 어느 정도 길고 전문적인 여행을 하고 난 지금 우리는 미드 박사의 제안을 어느 정도 더 구체적인 용어로 검토할 수 있는 위치에 서게 되었다. 사회과학을 응용할 때 우리는 계획된 어떤 목표를 향해 자신을 맞추는 대신에 우리의 행동 그 자체에서 '방향'과 '가치'를 찾아야 한다고 미드 박사는 충고한다. 그녀는 우리의 시간 감각만 빼고 발리인들처럼 되어야 한다고 우리에게 말하고 있는 것이 아니다. 그녀는 우리의 행위에 가치를 부여하기 위해서는 두려움(즐거운 두려움조차)이 기초가 되어야 한다는 견해를 비난한 첫 번째 사람일 것이다. 오히려, 내가 이해하고 있듯이 이 기초는 어떤 종류의 희망이어야 한다 —— 멀리 떨어져 있는 어떤 미래를 기대하는 것이 아니라 여전히 어떤 종류의 희망이나 낙관론을 기대하는 것이어야 한다. 사실, 발리인의 태도가 도구적 회피와 관계 있는 것처럼, 권고된 태도가 형식적으로 도구적 보상과 관계 있어야 한다는 말로 그 태도를 요약할 수 있을 것이다.

나는 그런 태도가 실현 가능하다고 생각한다. 발리인의 태도는, 항상-절박하면서도 막연한 위험에 대한 스릴 감각에 의해 고무된 기계적 연쇄의 습관으로 정의될 수 있으며, 내가 생각하기엔 미드 박사가 우리에게 촉구하는 것도, 같은 용어로, 항상-절박하면서도 막연한 보상에 대한 스릴 감각에 의해 고무된 기계적 연쇄의 습관으로 정의될 수 있다.

기계적인 요소——이는 거의 확실히, 미드 박사에 의해 지지된 특별한 시간 감각에 필수적으로 수반되는 것이다――에 관해 말하자면 나는 개인적으로 그것을 기꺼이 받아들이며, 그것이 우리가 애쓰는 강박적인 형태의 정확성보다 한없이 바람직하다고 생각한다. 염려하는 조심성과 자동적이고 기계적인 주의는 같은 기능을 하는 양자택일적 습관이다. 길을 건너기 전에 자동적으로 길을 살피는 습관을 가질 수도 있고, 살펴야 한다는 것을 조심스럽게 상기하는 습관을 가질 수도 있다. 이 두 가지 습관 중에서 나는 자동적인 습관을 좋아하며, 만약 미드 박사의 권고가 기계적인 자동성의 증가를 의미한다면, 우리가 그것을 수용해야 한다고 생각한다. 사실, 학교에서는 이미 읽기, 쓰기, 셈하기, 외국어와 같은 학습 과정에서 더욱더 많은 자동성을 심어주고 있다.

보상이라는 요소에 관해 말하자면, 이 역시 우리의 역량을 넘어설 수 없다. 만일 발리인이 시간과 공간 속에 존재하지 않는 이름도 없고 형체도 없는 어떤 두려움 때문에 계속해서 바쁘고 행복하다면, 우리는 이름 없고 형체 없고 존재하지 않는, 거대한 업적에 대한 희망에 계속 대비하고 있어야 한다. 그런 희망이 효과를 갖기 위해 업적이 규정될 필요는 없다. 우리는 모두 확실히 어느 순간에 업적이 임박할 수도 있다는 것을 필요로 한다. 그러나 그것의 진위는 결코 검증해볼 수 없다. 우리는 위대한 발견, 우리의 모든 문제에 대한 해답, 위대한 창조, 완벽한 소네트에 대한 느낌에서 오는 절박함, 즉 항상 손에 잡힐 것 같은 영감에 대한 절박함을 가지고 작업하는 소수의 예술가와 과학자처럼 되거나, 언제나 충분히 보살핀다면 자신의 아이가 한없이 뛰어난 신동, 위대하고 행복한 사람이 될 수도 있을 거라는 진짜 희망을 가진 아이의 엄마처럼 되어야 한다.

놀이와 환상에 대한 이론[110]

이 연구는 우리의 조사를 이끄는 가설에 의해 계획되고 착수되었으며, 연구자들의 임무는 관계있는 관찰 자료를 수집하고, 그 과정에서 가설을 상세히 논하고 수정하는 것이다.

그 가설은 우리의 사고 속에서 성장해온 그대로 여기 기술될 것이다.

일찍이 화이트헤드, 러셀Bertrand Russell,[111] 비트겐슈타인,[112] 카르나프Rudolf Carnap,[113] 워프Benjamin Lee Whorf[114] 등의 기초적인 연

---

110) 1954년 3월 11일 멕시코시티에서 열린 '미국 정신의학협회 지역 연구 회의A. P. A. Regional Research Conference'에서 발표되고 《미국 정신의학협회 정신의학 연구 보고서A. P. A. Psychiatric Research Reports》II(1955)에 실렸던 글로, 미국 정신의학협회의 허락을 받아 여기에 재수록했다.

111) A. N. Whitehead · B. Russell, *Principia Mathematica*, 3 vols., 2nd ed.(Cambridge : Cambridge Univ. Press, 1910~1913).

112) L. Wittgenstein, *Tractatus Logico–Philosophicus*(London : Harcourt Brace, 1922).

113) R. Carnap, *The Logical Syntax of Language*(New York : Harcourt Brace, 1937).

구뿐만 아니라 이런 초기의 사고를 정신의학 이론의 인식론적 기초로 사용하려고 한 나의 시도[115]도 다음과 같은 일련의 일반화를 향해 나아갔다.

(1) 인간의 구두 커뮤니케이션은 추상의 대비되는 많은 수준들에서 작용할 수 있으며 항상 그렇게 작용한다. 이들은 겉으로 보기에 단순한 외연적 수준('고양이가 매트 위에 있다')으로부터 두 방향으로 움직인다. 담론의 주제가 언어인 경우에 좀더 추상적인 수준의 범위 혹은 세트는 명시적이거나 함축적인 메시지를 포함한다. 우리는 이것을 메타언어라고 부를 것이다(예를 들면, "'고양이'라는 음성은 대상들의 이러저러한 클래스의 어느 구성원이나 나타낸다" 또는 "'고양이'라는 말은 털이 없으며 할퀼 수 없다"). 추상의 다른 수준의 세트를 우리는 메타커뮤니케이션이라고 부를 것이다(예를 들면 '당신에게 고양이를 어디서 찾을 수 있는지 말해준 것은 우정이었다', 또는 '이것은 놀이다'). 여기서 담론의 주제는 말하는 사람들 사이의 관계다.

메타언어와 메타커뮤니케이션 메시지의 대부분은 함축적인 상태로 있다는 것, 또한, 특히 정신 치료 면담에서는, 우정과 적의의 메타커뮤니케이션 메시지가 어떻게 해석되어야 하는가에 대한 그보다 더 함축적인 메시지 클래스가 생긴다는 것이 드러날 것이다.

(2) 커뮤니케이션의 진화에 대해 심사숙고해본다면, 유기체가 다른 유기체의 분위기-기호에 '자동적으로' 반응하는 것을 점차 중단하고

---

114) B. L. Whorf, "Science and Linguistics", *Technology Review*(1940), 44 : 229~248 쪽.

115) J. Ruesch · G. Bateson, *Communication : The Social Matrix of Psychiatry*(New York : Norton, 1951).

그 기호를 신호로 인식할 수 있게 되었을 때, 즉 다른 개인의 신호와 자신의 신호는 단지 신호에 불과해서, 믿어질 수도, 의심될 수도, 왜곡될 수도, 거부될 수도, 확대될 수도, 수정될 수도 있다고 인식할 수 있게 되었을 때 진화에서 매우 중요한 단계가 발생한다는 것이 분명해질 것이다.

  분명 '신호는 신호다'라는 인식은 심지어 인간이라는 종들 속에서도 결코 완전한 것이 아니다. 우리 모두는 신문의 헤드라인에 대해 너무나 자주, 마치 이 자극이 우리와 같이 복잡한 동기를 가진 사람에 의해 꾸며지고 전달된 신호가 아니라 우리의 환경에서 생긴 사건의 직접적인 대상을 가리키는 것처럼 자동적으로 반응한다. 인간 이외의 포유동물은 다른 동물의 성적 체취에 자동적으로 흥분하며, 그 기호의 분비가 '불수의적' 분위기-기호인 한, 즉 밖으로 지각할 수 있는 사건이 우리가 분위기라고 부르는 생리적 과정의 일부분인 한 틀림없이 그렇다. 인간의 경우에는 좀더 복잡한 상태의 사건이 규칙이 되기 시작한다. 탈취제는 불수의적 후각 기호를 숨기고, 화장품 회사는 개인에게 탈취제 대신에, 불수의적 기호가 아니라 수의적 신호이며 수의적 신호로 인식될 수 있는 것인 향수를 제공한다. 많은 남성들이 향수 냄새로 어리둥절해졌으며, 만약 우리가 광고주의 말을 믿는다면, 자발적으로 뿌려지는 이 신호들은 심지어 자발적으로 이것을 뿌린 사람에게도 가끔 자동적이며 자기 암시적인 효과를 발휘하는 것 같다.

  어떻든 간에 이 짤막한 여담은 진화의 단계를 예시해줄 것이다——유기체가 지식의 나무의 열매를 먹고서 자신들의 신호가 신호라는 사실을 깨달았을 때 진화의 드라마는 촉진된다. 이때 인간의 특징인 언어의 발명뿐만 아니라 감정이입, 동일시, 투사 등의 모든 복잡한 요소들도 뒤따라 나타날 수 있다. 그리고 이와 더불어, 앞에서 언급된 추상의 다양한 수준에서 커뮤니케이션의 가능성이 생긴다.

(3) 이 연구를 이끌고 있는 가설을 공식화하는 데 있어서 내가 명확히 첫걸음을 뗀 것은, 어떤 주어진 유기체가 자신이나 같은 종의 다른 구성원이 방출하는 기호가 신호라는 것을 인식할 수 있는지 없는지를 보여주는 행동 기준을 찾기 위해 내가 샌프란시스코의 플라이시해커 동물원을 방문한 1952년 1월의 일이었다. 이론적으로 나는 그런 기준이 어떤 모습일지를 이미 생각하고 있었다 ──동물들 사이의 상호작용의 흐름에서 메타커뮤니케이션 기호(또는 신호)가 발생한다는 것은 동물들이 자신들의 메타커뮤니케이션 대상인 기호가 신호라는 인식(의식적 혹은 무의식적)을 적어도 가지고 있음을 나타낸다.

물론 나는 인간 이외의 포유동물 사이에서 외연적인 메시지를 발견할 수 있을 것 같지 않다는 것을 알고 있었지만, 동물에게서 얻은 자료에 의해 나의 사고가 거의 전면적으로 수정되리라는 것은 미처 깨닫지 못하고 있었다. 동물원에서 내가 마주친 것은 누구나 잘 알고 있는 현상들이었다. 나는 어린 원숭이 두 마리가 놀이하는 것을, 즉 일정한 동작이나 신호가 싸움의 그것과 비슷하지만 똑같지는 않은 어떤 상호작용의 연쇄에 관여하고 있는 것을 보았다. 심지어 이 인간 관찰자가 보기에도 전체 연쇄가 싸움이 아님이 분명했으며, 또한 참여한 원숭이들에게도 그것이 '싸움이 아닌' 것으로 보이는 게 분명했다.

그런데 놀이라는 이 현상은 참여하는 유기체가 어느 정도의 메타커뮤니케이션, 즉 '이것은 놀이다'라는 메시지를 전달하는 신호를 교환하는 것이 가능한 경우에만 발생할 수 있다.

(4) 다음 단계는 '이것은 놀이다'라는 메시지를 검토하고, 이 메시

지가 필연적으로 러셀이나 에피메니데스류의 역설——함축적인 부정의 메타진술을 담고 있는 부정의 진술——을 발생시키는 요소들을 가지고 있음을 깨닫는 것이었다. 부연하자면, '이것은 놀이다' 라는 진술은 '지금 우리가 하는 이 행동들은 그것들이 의미하는 행동들이 표시하는 것을 표시하지 않는다' 라는 말로 보인다.

이제 '그것들이 의미하는' 이라는 말에 관해 물어보자. 우리는 '고양이' 라는 단어는 어떤 클래스의 구성원을 의미한다고 말한다. 즉 '의미하다stand for' 라는 문구는 '표시하다denote' 와 거의 동의어다. 만약 놀이의 확대된 정의에서 '그것들이 의미하는' 이라는 말을 '그것들이 표시하는' 으로 바꾸면 그 결과는 '지금 우리가 하는 이 행동들은 이 행동들이 표시하는 행동들로 표시되는 것을 표시하지 않는다' 가 된다. 장난스럽게 무는 행동은 물어뜯는 행동을 표시하지만, 물어뜯는 행동으로 표시되는 것을 표시하지 않는다.

논리 형태 이론Theory of Logical Types에 따르면 그런 메시지는 물론 허용될 수 없다. 왜냐하면 '표시하다' 라는 단어가 두 단계의 추상적 개념으로 사용되며 이 두 가지 용법이 동의어로 취급되기 때문이다. 하지만 그런 비판에서 우리가 배울 수 있는 것은 오직, 포유동물의 정신 과정과 커뮤니케이션 습관이 논리학자의 이상과 일치할 것이라는 기대는 자연의 역사에 해가 된다는 것뿐이다. 실제로 인간의 사고와 커뮤니케이션이 언제나 이상과 일치한다면 러셀은 이상을 공식화하지 않았을 것이다——사실은 공식화할 수 없었을 것이다.

(5) 커뮤니케이션의 진화와 관계된 문제는 코르지프스키[116]가 지도-

116) A. Korzybski, *Science and Sanity*(New York : Science Press, 1941).

영토 관계라고 불렀던 것의 기원과 관련 있다. 그것은 바로, 어떤 종류의 메시지도 메시지가 표시하는 대상으로 구성되지 않는다("'고양이'라는 말은 우리를 할퀼 수 없다")는 사실이다. 오히려 언어가 안내하는 사물과 언어의 관계는 지도가 영토로 안내하는 관계와 상응한다. 인간의 수준에서 발생하는 표시적인 커뮤니케이션은 단어와 문장이 어떻게 사물과 사건에 관계되어야 하는지를 좌우하는 복잡한 메타언어적 규칙들의 세트(하지만 말로 나타내지 않는[117])가 진화한 이후에야 가능하다. 따라서 그와 같은 인류 발생 이전의 동물과 언어 이전의 차원에서 메타언어학 및/또는 메타커뮤니케이션 법칙의 진화를 찾아보는 것이 적절하다.

앞에서 언급한 것을 보면 놀이는 '놀이'라는 행위가 '놀이가 아닌' 다른 행위들과 관계돼 있거나 그런 행위들을 표시하게 되는 그런 현상이라는 것은 분명하다. 따라서 우리는 놀이에서, 다른 사건을 의미하는 경우를 만나게 되며, 따라서 놀이의 진화는 커뮤니케이션의 진화에서 매우 중요한 단계였을지도 모른다.

(6) 위협은 어떤 행위가 다른 행위를 표시하면서도 그 다른 행위와 다르다는 점에서 놀이와 유사한 또 다른 현상이다. 위협으로 꽉 쥔 주먹은 펀치와 다르지만, 그것은 미래에 가능한(하지만 지금은 존재하지 않는) 펀치를 언급한다. 그리고 위협은 또한 인간 이외의 포유동물들 사이에서도 일반적으로 인식될 수 있다. 사실 최근에는 단일한 종의 구성원들 사이의 싸움으로 보이는 것 중에서 대부분은 오히려 위협으로 간주되어야 한다는 주장도 제기되었다(틴버겐N. Tinbergen,[118] 로렌

---

117) 이런 메타언어학적 법칙의 언어화는 언어화되지 않은 메타언어학이 진화한 이후에야 일어날 수 있는, 훨씬 후의 업적이다.

츠K. Z. Lorenz[119]).

(7) 연극적인 행동과 사기(詐欺)는 지도-영토의 구별이 일차적으로 드러난 다른 예다. 극화dramatization가 새들 속에서 일어난다는 증거가 있다. 갈가마귀는 자신의 분위기-기호를 모방하기도 하고(로렌츠[120]), 짖는원숭이들howler monkey[121] 속에서 속이는 행동이 관찰되기도 했다(카펜터C. R. Carpenter[122]).

(8) 우리는 위협, 놀이, 연극을 지도와 영토 간 구별의 진화에 기여하는 세 가지 독립적인 현상들로 생각할 수도 있을 것이다. 하지만 이것은 포유동물의 커뮤니케이션에 관한 한 틀린 것 같다. 아이들의 행동에 대한 매우 간략한 분석은, 연극적인 놀이, 엄포, 장난스러운 위협, 위협에 반응하여 약 올리는 놀이, 연극적인 위협과 같은 조합이 함께 총체적으로 하나의 복합적인 현상을 형성한다는 것을 보여준다. 도박과 위험을 무릅쓰는 놀이 같은 성인들이 보여주는 현상은 위협과 놀이의 조합에 뿌리를 두고 있다. 위협뿐만 아니라 위협에 대한 보

---

118) N. Tinbergen, *Social Behavior in Animals with Special Reference to Vertebrates*(London : Methuen, 1953).

119) K. Z. Lorenz, *King Solomon's Ring*(New York : Crowell, 1952).

120) K. Z. Lorenz, 같은 책.

121) (옮긴이주) 영장목(目), 꼬리감는원숭이과(科), 짖는원숭이속(屬)에 속하는 동물의 총칭. 갈색 짖는원숭이, 붉은 짖는원숭이 등 1속 6종이 알려져 있는데, 이 1속만이 짖는원숭이아과를 형성한다. 이 속의 무리는 특수한 발성 기관을 가지고 있으며, 1킬로미터 이상 떨어져도 들릴 정도로 크고 긴 소리로 짖는다. 꼬리감는원숭이과에서는 몸집이 큰 편인데, 수컷은 몸무게가 약 7.5킬로그램에 몸길이가 46~72센티미터이며, 암컷은 조금 작고 짖지 않는다. 나뭇잎이나 새싹, 과실, 새알, 도마뱀, 곤충 등을 먹는다. 여러 마리가 무리를 이루어 생활한다.

122) C. R. Carpenter, "A Field Study of the Behavior and Social Relations of Howling Monkeys", *Comp. Psychol. Monogr.*(1934), 10 : 1~168쪽.

복──위협받은 개인의 행동──도 이러한 복합체의 일부임이 분명하다. 연극과 구경도 아마 이 영역에 포함되어야 할 것이다. 자기 연민을 거론하는 것 역시 적절하다.

(9) 이런 사고를 한층 더 확장시키면 구별이 그려지는 이 일반적인 영역에 의식도 포함시킬 수 있지만, 표시 행위와 표시된 것이 완전히 구별되는 것은 아니다. 화해 의식에 대한 인류학 연구가 이런 결론을 뒷받침하는 유일한 예로 인용될 수 있다.

안다만 섬에서는 쌍방이 의식에서 서로에게 상대방을 때리는 자유를 준 후에야 화해가 이루어진다. 그러나 이러한 예는 또한 '이것은 놀이다' 혹은 '이것은 의식이다' 라는 틀의 불완전한 성격을 예증한다. 지도와 영토의 구별은 항상 무너지기 쉬우며, 화해 의식의 구타는 항상 '진짜' 싸움의 구타로 오해되기 쉽다. 이 경우에는, 화해 의식이 전쟁이 된다(래드클리프-브라운[123]).

(10) 하지만 이것은 더 복잡한 형태의 놀이, '이것은 놀이다' 라는 전제가 아니라 오히려 '이것은 놀이인가?' 라는 질문 주위에 구성된 게임을 인식하게 한다. 이런 형태의 상호작용 또한 입회식의 괴롭히기와 같은 제의 형태를 띤다.

(11) 놀이, 공상, 위협 등의 맥락 속에서 교환되는 신호들에는 역설이 이중으로 존재한다. 장난스러운 깨물기는 물어뜯기가 의미하는 것으로 표시되는 것을 표시하지 않을 뿐만 아니라, 거기에 더하여 물어뜯기 그 자체가 허구다. 놀이하는 동물은 자신들이 말하는 것을 의미하지 않을 뿐만 아니라 일반적으로 존재하지 않는 것에 대해 커뮤니

───────────────

123) A. R. Radcliffe-Brown, *The Andaman Islanders*(Cambridge : Cambridge Univ. Press, 1922).

케이션을 하고 있다. 인간의 차원에서 이것은 놀이, 공상, 예술이라는 분야에서 광범위하고 다양한 복합성과 역전으로 나아간다. 마술사나 눈속임 그림trompe l'oeil[124] 화가들은 보는 사람이 자신이 잠시 속았다는 것을 깨닫고 속인 사람들의 기술에 감탄하거나 미소 짓는 것이 자신들에게 유일한 보상이 되는 기교를 얻기 위해 열중한다. 할리우드의 영화 제작자는 영상의 현실감을 높이기 위해 수백만 달러를 쓴다. 다른 예술가들은, 아마 좀더 현실적으로, 예술은 단순한 재현이 아니라고 주장할 것이며, 포커 게임을 하는 사람들은 돈과 칩을 동일시해서 이상한 중독적 현실성을 획득한다. 그렇지만 그들은 여전히 패자는 자신의 손실을 게임의 일부로 받아들여야 한다고 주장한다.

마침내 예술, 마술, 종교가 만나고 겹치는 어렴풋한 영역에서 인간은, 인간이 죽을 각오로 지키는 깃발, 그리고 '우리에게 주어진 외면적이고 가시적인 기호' 그 이상으로 느껴지는 성사(聖事)와 같은, '의미 있는 은유'를 이끌어냈다. 여기서 우리는, 지도와 영토의 차이를 부정하고, 순수한 분위기-기호라는 수단에 의해 커뮤니케이션의 절대적 순진함으로 돌아가려 하는 시도를 알 수 있다.

(12) 따라서 우리는 놀이의 두 가지 특성을 마주하게 된다. ㉠ 놀이에서 교환되는 메시지나 신호는 어떤 의미에서는 진실이 아니거나 무의미하다. ㉡ 이 신호들에 의해 표시되는 것은 존재하지 않는다. 이 두 특성은 때때로 앞에서 도달한 결론을 뒤집는 이상한 결합을 한다. 장난스러운 깨물기는 물어뜯는 행동을 표시하지만, 물어뜯는 행동으로 표시되는 것을 표시하는 것이 아니라는 것은 (4)에서 이미 언급되었

---

124) (옮긴이주) 실물이라고 착각될 정도로 세밀하게 묘사한 그림으로, 구도나 물체의 명암, 양감, 질감을 실물 그대로의 모습으로 재현하는 데 목적을 둔다.

다. 하지만 정반대 현상이 발생하는 다른 경우가 있다. 사람은 입체 영화에서 자신에게 창이 날아올 때나 격렬한 악몽 속에서 자신의 마음이 만들어낸 어떤 산꼭대기에서 거꾸로 떨어질 때 엄청난 강도의 주관적 공포를 경험한다. 공포의 순간에는 '실제'에 대한 의문의 여지가 전혀 없지만, 영화관에는 여전히 창이 없으며 침실에는 절벽이 없다. 이미지는 그 이미지가 표시하는 것으로 여겨지는 것을 표시하지 않지만 창이나 절벽 같은 이런 이미지는 진짜 창이나 절벽으로 유발될 수 있는 공포를 실제로 불러일으킨다. 비슷한 자기 모순 기법으로, 할리우드 영화 제작자는 다른 식으로는 허용될 수 없을 광범위한 의사(擬似) 성적 환상을 청교도 대중에게 자유롭게 제공한다. 〈다윗과 밧세바David and Bathsheba〉[125]에서 밧세바는 다윗과 우리아 사이에서 세 사람을 성적으로 연결할 수 있다. 그리고 〈한스 크리스티안 안데르센Hans Christian Andersen〉에서 영웅은 소년과 함께 여행을 떠난다. 그는 여인을 얻으려 하지만, 실패하자 그 소년에게 돌아간다. 물

---

125) (옮긴이주) 밧세바라는 이름은 '맹세의 여자'라는 뜻이며, '밧수아'라고도 불린다. 밧세바는 다윗의 심복인 이스라엘의 장군 우리아의 아내였다. 이스라엘이 아랍과 암몬의 연합군을 쳐서 이긴 후 아랍은 패배해서 완전히 물러가고 암몬은 계속 이스라엘과 전쟁 상태에 있었다. 다윗 왕이 예루살렘에 머물던 어느날 밧세바는 자신의 목욕하는 모습을 왕이 볼 수 있도록 하여 그를 유혹했다. 남편이 전쟁터에 나가 있는 상황에서 밧세바는 다윗 왕의 부름으로 다윗 왕과 간통하여 잉태를 했다. 그녀가 다윗에게 잉태한 사실을 고하자 다윗은 곧 전쟁터에 있는 요압에게 우리아를 자신에게 보내라고 명했다. 요압이 우리아를 다윗에게 보내니, 다윗은 우리아에게 전쟁터의 상황을 묻다가 그가 취하여 잠들게 만들었으며, 이틀 뒤에 요압에게 편지를 써서 우리아가 가면 맨 앞에서 싸우게 하라고 명령했다. 다윗의 이러한 계략으로 우리아는 암몬과의 전투에서 맨 앞에서 지휘하다가 전사했으며, 우리아가 죽자 밧세바는 크게 통곡한 후에 다윗의 처가 되어 아들을 낳았다. 그 아이는 하느님이 선지자 나단에게 이른 대로 이레 만에 죽었다. 그 다음에 솔로몬이 태어나, 다윗의 왕위를 계승했다.

론 어디에서도 동성애는 찾아볼 수 없지만, 이 환상들에서 이러한 상징적 표현들의 선택은 어떤 특징적 개념들과 연결돼 있다. 예를 들면 어떤 여자나 남자의 권위에 직면한 남성 이성애자의 절망적인 상태에 관한 개념들이다. 요약하면, 환상의 의사 동성애는 진짜 동성애를 의미하지는 않지만, 진짜 동성애를 수반하거나 동성애의 병인적 뿌리를 제공할 수 있는 태도를 의미하고 나타낸다. 상징은 동성애를 표시하지 않지만 동성애가 적절한 상징이라는 개념을 표시한다. 분명 정신과 의사가 환자에게 제공하는 해석에 대한 정확한 의미의 타당성이 필수적으로 재검토되어야 하며, 분석의 예비 단계로 이런 해석을 제공하는 틀의 성격이 검토되어야 할 것이다.

(13) 놀이에 대해 이전에 언급된 것이 틀과 맥락에 대한 토론을 위한 소개의 예로 이용될 수 있다. 요약하면, '이것은 놀이다' 라는 메시지는 에피메니데스의 역설과 닮은 어떤 역설의 틀을 세울 수 있다는 것이 우리의 가설이다. 이 틀은 다음과 같이 도식화될 수 있을 것이다.

> 이 틀 내의 모든 진술은 거짓이다.
> 나는 너를 사랑한다.
> 나는 너를 싫어한다.

이 틀 내에서의 첫 번째 진술은 자신에 관해 자기 모순적인 명제다. 이 첫 번째 진술이 참이라면, 그 진술은 반드시 거짓이 된다. 만약 이 첫 번째 진술이 거짓이라면, 그 진술은 반드시 참이 된다. 하지만 첫 번째 진술은 틀 내부의 다른 모든 진술을 가지고 있다. 따라서 첫 번째 진술이 참이라면 다른 것은 거짓이 되며, 역으로 첫 번째 진술이 거짓이라면 다른 모든 것은 참이 된다.

(14) 논리적인 사람은 불합리한 추론에 주목할 것이다. 첫 번째 진술이 거짓이더라도 틀 내부의 다른 진술의 일부는 허위일 가능성이 논리적으로 남아 있다고 강하게 주장될 수 있다. 하지만 무의식이나 '일차적 과정'의 사고는 '일부'와 '모두', 그리고 '모두 아닌'과 '무'를 구분할 수 없다는 점이 특징이다. 그런 구별은 정신병을 앓지 않는 사람의 경우에는 좀더 낮은 수준의 흑-백의 사고를 수정하는 데 기여하는 더 높거나 의식적인 정신 과정에 의해 수행된다. 우리는 일차적 과정은 계속해서 작동하며, 역설적인 놀이 틀의 심리적 타당성은 이러한 마음의 부분에 달려 있다고 가정한다. 그리고 이것은 정통적 가정인 듯하다.

(15) 그러나 반대로, '모두'와 '무' 사이에서 '얼마'라는 개념을 삭제하기 위한 설명 원리로 일차적 과정을 개입시킬 필요는 있지만, 이것이 놀이가 단순히 일차적 과정의 현상이라는 것을 의미하지는 않는다. 공상과 공상이 아닌 것의 구별처럼 '놀이'와 '놀이가 아닌 것'의 구별도 틀림없이 이차적 과정이나 '자아'의 기능일 것이다. 꿈속에서 꿈꾸는 자는 보통 자신이 꿈꾸고 있다는 것을 자각하지 못하며, '놀이' 속에서 그는 '이것은 놀이다'라는 사실을 자주 떠올려야만 한다.

마찬가지로 꿈이나 환상 속에서 꿈꾸는 자는 '거짓'이라는 개념과 함께 움직이지 않는다. 그는 모든 종류의 진술을 가지고 움직이지만 이상하게도 메타진술을 획득하는 능력은 없다. 깨어날 때를 제외하면, 그는 자신의 꿈을 이야기하는(즉 틀을 만드는) 진술을 꿈꿀 수 없다.

그러므로 여기서 설명 근거로 사용된 놀이의 틀은 일차적 과정과 이차적 과정의 특별한 결합을 내포한다. 하지만 이것은, 놀이가 커뮤니케이선의 진화에서 일보 전진한 표시라고, 즉 지도-영토 관계의 발견에서 중요한 일보를 내디딘 것이라고 주장되었을 때, 앞에서 언급된 것과 서로 관련된다. 일차적 과정에서 지도와 영토는 동일시된다. 이차적 과정에서 그것들은 구별될 수 있다. 놀이에서 그것들은 동일시될 뿐만 아니라 구별도 된다.

(16) 이러한 체계 내에서의 또 다른 논리적 변칙이 반드시 언급되어야 한다. 보통 '전제'라는 말로 기술된 두 명제 사이의 관계는 비이행적intransitive[126]이라는 것이다. 일반적으로 모든 비대칭 관계는 이행적이다. 이런 점에서 '보다 더 크다'라는 관계는 전형적이다. A가 B보다 더 크고, B가 C보다 더 크다면, A는 C보다 더 크다고 주장하는 것이 통례다. 하지만 심리적 과정에서는 비대칭 관계의 이행성이 관찰되지 않는다. 명제 P는 Q의 전제일 수 있고, 명제 Q는 R의 전제일 수 있으며, 명제 R는 P의 전제일 수 있다. 특히 우리가 지금 고찰하고 있는 체계에서 그 회로는 더욱 축소된다. '이 틀 내부의 모든 진술은 거짓이다'라는 메시지는 자신의 참이나 거짓을 판정하는 전제로 다뤄질 수 있다. (매컬럭에 의해 검토된 심리적 선호의 비이행성을 참고하

---

126) (옮긴이주) A가 B와 어떤 관계를 맺고 있고 또 B가 이와 똑같은 관계를 C와 맺고 있다면, A와 C도 같은 관계를 맺는다는 수학과 논리학의 법칙을 이행 법칙 transitive law이라 한다. 산술에서 동등의 속성은 이행적이다. A=B이고, B=C 이면, A=C이기 때문이다. 만일 두 부등이 같은 의미를 가진다면, 부등의 속성도 이행적이다. 즉 A가 B보다 크고(A $>$ B), B가 C보다 크면(B $>$ C), A는 C보다 크다(A $>$ C). 또 A가 B보다 작고(A $<$ B), B가 C보다 작으면(B $<$ C), A는 C보다 작다(A $<$ C). 한편 비이행적intransitive 관계도 있다. 예를 들면 B가 A의 딸이고 C가 B의 딸이라고 해서 C가 A의 딸일 수는 없다. 비이행적 관계의 또 다른 예로는 A가 B를 사랑하고 B가 C를 사랑하는 경우를 들 수 있다. 이때 A는 C를 사랑할 수도 사랑하지 않을 수도 있다.

라.[127] 이런 일반적인 형태의 모든 역설에 대한 패러다임은 러셀[128]의 '자기 자신들의 구성원이 아닌 클래스들의 클래스' 다. 여기서 러셀은 '~의 구성원이다' 라는 관계를 비이행적으로 취급함으로써 역설이 생긴다는 것을 증명했다.) 이런 경고와 함께, 심리학에서 '전제' 의 관계는 비이행적일 가능성이 있으며, 우리는 '전제' 라는 단어를, 논리학에서 명제 P는 Q의 전제라고 말함으로써 언급된 한 명제의 다른 명제에 대한 종속성과 유사한, 하나의 관념이나 메시지의 다른 관념이나 메시지에 대한 종속성을 표시하는 것으로 사용할 것이다.

(17) 하지만 틀이 의미하는 것과 맥락의 개념과 관계된 것은 모두 분명하지 않은 채 남아 있다. 이들을 명백히 하기 위해서는 우선 이들이 심리적 개념이라는 것을 주장할 필요가 있다. 이 개념들을 검토하기 위해 우리는 두 가지 유추를 사용한다. 그림 액자라는 물리적인 유추와 수학의 집합이라는 좀더 추상적이지만 아직은 비심리적인 유추가 그것이다. 집합 이론에서 수학자들은 서로 겹치는 범주들이나 '집합들' 에서 구성원의 논리적 관계를 엄밀하게 고찰하기 위해 공리와 정리를 발전시켜왔다. 집합들 간의 관계는 보통 다이어그램으로 표현되며 그 속에서 더 큰 세계의 항목들과 구성원들은 점으로 표현되고, 더 작은 집합들은 각 집합의 구성원을 둘러싸는 가상의 선으로 경계 지어진다. 그러한 다이어그램은 분류의 논리에 대한 위상기하학적 접근을 보여준다. 심리적인 틀을 규정하는 첫 단계는 그것이 메시지들(또는 의미 있는 행동들)의 클래스나 집합이라고(또는 클래스나 집합을

---

127) W. S. McCulloch, "A Heterarchy of Values, etc.", *Bulletin of Math. Biophys.* (1945), 7 : 89~93쪽.
128) Whitehead · Russell, 앞의 책.

경계 짓는다고) 말하게 되는 것이다. 그렇게 되면 어떤 경우에 두 사람의 놀이는 제한된 시간 동안에 그들에 의해 교환된 모든 메시지의 집합, 그리고 우리가 이미 기술한 그 역설적 전제의 체계에 의해 수정된 모든 메시지의 집합으로 규정된다. 집합 이론의 다이어그램에서 메시지들은 점으로 표현되고, '집합'은 놀이가 아닌 메시지들을 나타내는 다른 점들과 그 점들을 분리하는 선으로 둘러싸인다. 하지만 심리적 틀은 가상의 선으로 만족스럽게 나타나지 않으므로 수학적 유추는 붕괴된다. 우리는 심리적 틀이 어느 정도 실재한다고 가정한다. 대부분의 경우 이 틀은 의식적으로 인식되고, 심지어 단어('놀이', '영화', '면담', '직업', '언어' 등)로 표현되기도 한다. 그렇지 않은 경우에는 틀에 대한 명시적인 언급이 전혀 없을 수도 있으며, 환자가 그것을 전혀 의식하지 않을 수도 있다. 하지만 분석가는 설명의 원리로 무의식적 틀을 사용하면 자신의 사고가 간단해지는 것을 발견한다. 보통 그는 이보다 더 멀리 나아가고, 그래서 환자의 무의식에서 틀의 존재를 추정한다.

하지만 수학적 집합의 유추가 너무 추상적인 반면에, 그림 액자의 유추는 지나치게 구체적이다. 우리가 정의하려고 하는 심리적 개념은 물리적인 것도 논리적인 것도 아니다. 오히려, 인간은 자신의 심리적 특징의 일부가 외면화되어 있는 세계에서 좀더 마음 편히 움직이기 때문에 현실의 물리적 틀은 인간에 의해 물리적 그림에 더해진 것이라고 우리는 생각한다. 우리가 외면화라는 개념을 설명의 장치로 사용하면서 검토하려는 것은 바로 이런 특성들이다.

(18) 이제 앞의 단락에서 지적된 한계를 가진 두 가지 유추를 참고하여 심리적 틀의 일반 기능과 용도를 열거하고 예증할 것이다.

㉠ 심리적 틀은 배제적이다. 즉 틀 속에 어떤 메시지(또는 의미 있는 행동)를 포함시킴으로써 다른 메시지가 배제된다.

㉡ 심리적 틀은 내포적이다. 즉 어떤 메시지를 배제함으로써 다른 어떤 것이 포함된다. 집합 이론의 관점에서 이 두 가지 기능은 같은 뜻이지만, 심리학적 관점에서는 이들을 따로따로 열거할 필요가 있다. 만일 그림 주위의 액자를 감상자의 지각을 정리하거나 조직하는 메시지로 생각한다면, 액자는 '외부에 있는 것에 주의를 기울이지 말고 내부에 있는 것에 주의를 기울이라'고 말하는 것이다. 게슈탈트 심리학자들이 사용하는 용어인 형상과 바탕은 집합 이론의 집합과 비집합처럼 대칭적인 관계가 아니다. 바탕에 대한 지각은 확실히 금지되어야 하지만 형상(이 경우는 그림)에 대한 지각은 확실히 강화되어야 한다.

㉢ 심리적 틀은 우리가 '전제'라고 부르는 것과 관계있다. 그림 액자는 감상자에게, 그림을 감상할 때는 액자 밖에 있는 벽지를 해석할 때 사용하는 것과 같은 종류의 사고를 사용하지 말라고 말한다. 또는 집합 이론의 관점에서, 가상의 선으로 둘러싸인 메시지들은 그들이 공유하는 공통적 전제나 상호 관련의 효과에 의해 클래스의 구성원으로 규정된다. 따라서 틀 자체는 전제 체계의 한 부분이 된다. 놀이에서의 틀의 경우처럼, 틀은 자신이 가지고 있는 메시지의 평가와 관련되어 있거나, 간직된 메시지가 상호 관련되어 있으며 틀 외부의 메시지들은 무시되어야 한다는 것을 감상자에게 상기시킴으로써 간직된 메시지들의 이해를 돕는다.

㉣ 앞 단락의 의미에서 틀은 메타커뮤니케이션이다. 명시적 또는 함축적으로 틀을 규정하는 어떤 메시지는 바로 그것에 의해 틀 내에 포함된 메시지를 이해하려는 사람에게 가르침이나 도움을 제공한다.

ⓜ ⓡ의 정반대도 역시 참이다. 모든 메타커뮤니케이션 메시지나 메타언어적 메시지는 자신이 커뮤니케이션하고 있는 메시지의 집합을 명시적 또는 함축적으로 정의한다. 즉 모든 메타커뮤니케이션 메시지는 심리적 틀이거나 그 틀을 규정한다. 심리적 틀이 예를 들면 인쇄된 메시지의 구두점처럼 사소한 메타커뮤니케이션 신호라는 점은 매우 분명하지만, 이는 정신 치료에서 전체 메시지들에 대한 자신의 기여라는 점에서 정신과 의사가 가지는 치료 역할에 대한 정신과 의사의 정의가 이해되는 것처럼, 상당히 복잡한 메타커뮤니케이션 메시지에도 동등하게 적용된다.

ⓑ 심리적 틀과 지각의 게슈탈트 사이의 관계는 고려될 필요가 있으며, 여기서는 그림 액자의 유추가 유용하다. 루오나 블레이크의 그림에서, 인간의 형상과 다른 사물은 윤곽을 가진 것으로 표현되었다. "현명한 사람은 윤곽을 본다. 따라서 그들은 윤곽을 그린다."[129] 지각의 게슈탈트나 '형상'을 경계 짓는 이 선의 바깥에는 그림 액자로 경계가 정해진 배경 혹은 '바탕'이 있다. 마찬가지로 집합 이론의 다이어그램에서도 작은 집합들이 그려져 있는 더 큰 세계 그 자체는 틀로 둘러싸여 있다. 생각건대 이 이중의 틀은 단순히 '틀 속의 틀'의 문제가 아니며, 형상이 지각되기 위해서는 바탕을 경계 짓는 외곽의 액자가 필요하다는 면에서 정신 과정과 논리학이 유사하다는 것을 시사한다. 고물 가게 진열창에서 조각품을 볼 때처럼 흔히 이러한 필요성은 충족되지 않지만, 이는 불쾌감을 준다. 바탕에 대한 이런 바깥쪽 경계선의 필요성은 추상의 역설을 피하기 위한 선택과 관계있다. 항목들의 집합

---

129) (옮긴이주) 윌리엄 블레이크.

이나 논리적 클래스가 결정될 때——예컨대 성냥갑들의 클래스——, 배제되어야 할 항목들의 집합, 이 경우에는 성냥갑이 아닌 모든 것을 경계 지을 필요가 있다. 하지만 배경의 집합에 포함될 항목들은 반드시 집합 내에 포함된 항목들과 같은 정도의 추상성, 즉 같은 정도의 '논리 형태'를 갖고 있어야 한다. 특히 역설을 피하려면 '성냥갑들의 클래스'와 '비성냥갑들의 클래스'(이 두 항목이 분명 성냥갑이 아니더라도)를 비성냥갑들의 클래스의 일원으로 간주하지 않아야 한다. 클래스는 결코 자신의 구성원이 될 수 없다. 따라서 그림 액자는, 배경을 경계 짓는다는 점에서, 여기서는 매우 특별하고 중요한 형태의 심리적 틀——더 자세히 말하면 논리 형태를 경계 짓는 틀——이 외적으로 표현된 것으로 간주되어야 한다. 사실 이것은, 그림 속의 형상들 사이에서 획득한 전제를 배경이 되는 벽지까지 확대하면 안 된다고 그림 액자가 감상자에게 지시한다고 이야기됐을 때 이미 시사된 것이다.

하지만 역설이 생기도록 만드는 것은 정확히 이런 종류의 틀이다. 역설을 피하기 위한 규칙은, 둘러싸는 선 외부에 있는 항목들은 내부의 항목들과 같은 논리 형태에 속해야 한다고 주장하지만, 앞에서 분석한 것처럼 그림 액자는 어떤 논리 형태의 항목들을 다른 논리 형태의 항목들과 나누는 선이다. 말이 나온 김에 덧붙이자면, 러셀의 법칙은 그 법칙을 위반하지 않고는 기술될 수 없다는 사실이 흥미롭다. 러셀은 부적절한 논리 형태의 모든 항목은 어떤 클래스의 바탕으로부터 (가상의 선에 의해) 배제되어야 한다고 주장한다. 즉 그는 정확히 자신이 금지하는 종류의 가상의 선을 그릴 것을 주장한다.

(19) 틀과 역설의 이런 전반적인 문제는 동물의 행동을 기초로 해서

예증될 수 있다. 동물의 행동에서는 세 가지 형태의 메시지가 인식되거나 추론될 수 있다. ㉠ 우리가 여기서 분위기-기호라고 했던 종류의 메시지. ㉡ 분위기-기호인 척하는 메시지(놀이, 위협, 연극 등에서). ㉢ 수신자로 하여금 분위기-기호와 그와 유사한 다른 기호를 구별하게 하는 메시지. '이것은 놀이다' 라는 메시지는 세 번째 형태의 메시지다. 그것은 어떤 깨물기와 다른 의미 있는 행위들이 첫 번째 형태의 메시지가 아니라는 것을 수신자에게 말한다.

따라서 '이것은 놀이다' 라는 메시지는 역설을 낳을 가능성이 있는 종류의 틀을 설정한다. 그것은 서로 다른 논리 형태의 범주들 사이를 구별하거나 범주들 사이에 선을 그으려는 시도다.

(20) 놀이와 심리적 틀에 대한 이러한 검토는 메시지들 사이에 삼원배열triadic constellation의 형태(또는 관계들의 체계)를 만든다. 이러한 배열의 한 예는 (19)번에서 분석되었지만, 이런 종류의 배열은 인간 이외의 차원뿐만 아니라 훨씬 더 복잡한 인간의 커뮤니케이션에서도 발생하는 것이 분명하다. 환상이나 신화는 표시적인 이야기인 척하는 것이며, 이런 형태의 담론을 구별하기 위해 사람들은 틀을 설정하는 형태의 메시지들을 사용한다.

(21) 끝으로, 우리는 앞의 이론적 접근을 정신 요법의 특별한 현상에 적용하는 복잡한 일에 이르렀다. 여기서 우리 사고의 진행 방향은 다음과 같은 질문들에 부분적으로 답함으로써 가장 간단하게 요약될 수 있다.

㉠ 정신 병리의 어떤 형태들이 환자가 틀과 역설을 다루는 데 있어서의 비정상에 의해 명확하게 특징지어진다는 증거가 존재하는가?

㉡ 정신 요법의 기술이 필수적으로 틀과 역설의 조작에 의존한다는

증거가 있는가?

ⓒ 주어진 정신 요법 과정을 환자의 비정상적인 틀 사용과 치료사의 틀 조작 간의 상호작용이라는 관점으로 기술할 수 있는가?

(22) 첫 번째 질문에 대한 답에서, 정신분열증의 '말 비빔word salad' 은 환자가 자기 환상의 은유적 성질을 인식하는 데 실패한다는 관점에서 기술될 수 있는 것 같다. 삼원 배열의 메시지가 되어야 할 것 중에서 틀을 설정하는 메시지(예컨대 '마치 ……처럼' 과 같은 구절)는 생략되며, 은유나 환상은 환상이 좀더 직접적인 종류의 메시지였다면 적절했을 방식으로 이야기되고 행해진다. (15)번 꿈의 예에서 언급된 메타커뮤니케이션적 틀의 부재는 정신분열증 환자가 각성할 때의 커뮤니케이션 특징이다. 메타커뮤니케이션적 틀을 설정하는 능력의 상실과 함께, 보다 일차적인 혹은 기본적인 메시지를 얻는 능력 역시 상실된다. 은유가 바로 더 일차적인 형태의 메시지로 취급된다. (이 문제는 제이 헤일리Jay Haley가 이번 회의에서 제출한 논문에서 훨씬 더 상세하게 검토되었다.)

(23) 정신 요법이 틀의 조작에 의존한다는 결론은 치료가 환자의 메타커뮤니케이션 습관을 바꾸려는 시도라는 사실에서 나온다. 치료 전에, 환자는 메시지를 만들고 이해하기 위해 어떤 규칙들의 세트에 따라 생각하고 움직인다. 성공적인 치료 후에 환자는 그와 같은 규칙들의 다른 세트에 따라 움직인다. (이런 종류의 규칙들은 일반적으로 치료 전과 후에 언급되지 않으며 무의식적이다.) 따라서 치료 과정 속에 이 규칙들을 초월하는meta 수준의 커뮤니케이션이 틀림없이 있을 거라는 결론이 나온다. 규칙의 변화에 관한 커뮤니케이션이 틀림없이 있을 것이다.

하지만 변화에 대한 그와 같은 커뮤니케이션은 치료 전이나 후에 존재하는 환자의 메타커뮤니케이션 규칙들에 의해 허용된 형태의 메시지에서는 도저히 발생할 수 없다.

놀이의 역설이 진화 단계의 특징이라는 것은 앞에서 제안되었다. 여기서는 우리는 그와 비슷한 역설이 정신 요법이라 불리는 변화의 과정에 필수적인 요소라는 것을 제안한다.

실제로 치료 과정과 놀이라는 현상의 유사성은 심오한 것이다. 둘은 모두 상호작용하는 메시지 세트를 공간과 시간으로 묶는, 경계가 정해진 심리적 틀 내에서 발생한다. 놀이와 치료 모두에서 메시지는 보다 구체적이거나 기본적인 현실과 특별하고 특이한 관계를 맺는다. 놀이에서의 가짜 싸움이 진짜 싸움이 아닌 것처럼, 치료에서의 가짜 사랑과 증오 역시 진짜 사랑과 증오가 아니다. 심리적 틀을 야기하는 신호에 의해 '전이'는 진짜 사랑과 증오와 구별된다. 실제로 전이를 최대 강도에 이르게 하고 환자와 치료사 간에 토론을 허용하는 것은 바로 이 틀이다.

치료 과정의 형식적 특징은 단계들로 이루어진 모델을 만드는 것으로 예시될 수 있다. 먼저 표준적인 규칙의 세트에 따라 커내스터 게임을 하는 두 선수를 상상해보자. 규칙이 지배하고 두 선수가 규칙에 대해 문제를 제기하지 않는 한 게임은 변하지 않는다. 즉 치료적인 변화가 전혀 일어나지 않을 것이다. (사실은 이런 이유로 정신 요법에서 많은 시도들이 실패한다.) 하지만 어느 순간에 두 커내스터 선수가 놀이를 중단하고 규칙에 대해 토론하기 시작한다고 상상해보자. 이제 그들의 담론은 놀이의 논리 형태와는 다른 논리 형태다. 이 토론의 결말에서 그들이 개정된 규칙으로 다시 놀이를 하게 되었다고 우리는 상상해볼 수 있다.

하지만 이러한 사건의 연쇄는, 치료는 반드시 대화의 모순된 논리 형태의 조합과 연관된다는 우리의 주장을 그것이 예시한다 하더라도, 치료적 상호작용의 불완전한 모델이다. 가상의 선수들은 자신들의 놀이에서 규칙에 대한 토론을 분리시킴으로써 역설을 피했지만, 엄밀히 말해 정신 요법에서 이러한 분리는 불가능하다. 알다시피 정신 요법의 과정은 두 사람 간의 틀 지어진 상호작용이며, 거기서 규칙은 잠재되어 있지만 변화의 대상이다. 그런 변화는 단지 실험적 행동만으로 제안될 수 있지만, 규칙을 변화시키자는 제안이 잠재되어 있는 그와 같은 모든 실험적 행동은 그 자체가 진행 중인 게임의 일부다. 의미 있는 하나의 행동 속에서의 이러한 논리 형태의 결합은 커내스터같이 고정된 게임의 특성이 아니라 진화하는 상호작용 체계의 특성을 치료에 제공한다.

(24) 환자가 틀을 다루는 방식과 치료사가 틀을 조작하는 방식 사이의 특별한 관계에 대해 현재는 언급할 만한 것이 거의 없다. 하지만 치료의 심리적 틀이 정신분열증 환자가 달성할 수 없는 '틀을 설정하는 메시지' 와 유사하다는 것을 관찰하는 것은 시사하는 바가 많다. 치료의 심리적 틀 내에서 '말 비빔' 으로 말하는 것은, 어떤 의미에서, 병이 아니다. 사실, 신경증 환자는 오히려 바로 그렇게 하도록, 자신의 꿈과 자유 연상을 말하도록 장려된다. 그래야 환자와 의사가 이 자료에 대해 이해할 수 있게 되기 때문이다. 해석의 과정에서, 신경증 환자는 자신이 이전에 반대했거나 억압했던 일차적 과정의 사고가 만들어낸 것에 '마치 ……처럼' 이라는 구절을 삽입하도록 강요받는다. 환상이 진실을 포함한다는 사실을 그는 반드시 배워야 한다.

정신분열증 환자의 경우에는 문제가 좀 다르다. 환자의 오류는 일차적 과정의 은유를 문자 그대로 완벽한 진실로 받아들이는 데 있다. 이들 은유가 의미하는 것을 발견하는 과정에서 환자는 그것들이 단지 은유에 지나지 않는다는 사실을 발견해야만 한다.

　(25) 하지만 연구 계획의 관점에서 정신 요법은 우리가 연구하려는 많은 분야들 중 하나에 지나지 않는다. 우리의 핵심 주제는 추상의 역설의 필요성에 대해 진술하는 것으로 요약될 수 있다. 사람들은 자신들의 커뮤니케이션에서 논리 형태 이론에 따라 행동할 수 있으며 혹은 그렇게 행동해야 한다는 제안이 자연의 역사에 나쁘기만 한 것은 아니다. 또한 그들이 이렇게 하지 못하는 것이 단순한 부주의나 무지 때문만은 아니다. 오히려 우리는 모든 커뮤니케이션에서 추상의 역설을 분위기–기호의 그것보다 더 복잡한 외양으로 만들어야 한다고 믿으며, 이런 역설이 없다면 커뮤니케이션의 진화는 종말에 이를 것이다. 그렇게 되면 삶은, 양식화된 메시지의 끝없는 상호 교환, 변화나 유머로 변화되지 않는 엄격한 규칙을 가진 게임이 될 것이다.

정신분열증의 역학[130]

우리가 정신 상태, 즉 부분적으로 경험에 의해 야기된 상태의 역학 (疫學)을 검토하려고 한다면, 우리의 첫 번째 임무는 관념적인 체계의 결함을 충분히 정확하게 지적하는 것이며, 그래야만 우리는 그런 지적으로부터 어떤 종류의 학습 맥락이 이런 형식적 결함을 야기할 수 있는가라는 가정으로 나아갈 수 있다.

통상 정신분열증 환자는 '나약한 자아'를 가지고 있다고 이야기된다. 나는 이제 메시지가 어떤 종류의 메시지인지를 개인에게 알려주는 신호를 확인하고 해석하는 데 어려움을 겪는 것으로 나약한 자아

130) 1955년 5월에 유타 대학 정신의학과와 심리학과의 후원으로 유타 주 브라이턴에서 개최된 '정신 건강의 역학The Epidemiology of Mental Health'에 관한 회의에서 '비정상인은 자신의 사회를 어떻게 보는가How the Deviant Sees His Society'라는 제목으로 발표되었던 내용이다.

를 정의한다. 그 어려움은 '이것은 놀이다' 라는 신호와 동일한 논리 형태의 신호와 관련된 어려움이다. 예를 들어, 환자가 병원 매점으로 들어오면 계산대 뒤의 소녀가 "뭘 도와드릴까요?"라고 묻는다. 환자는 이것이 어떤 종류의 메시지인지——자기를 죽이겠다는 것인지, 그녀가 자신과 함께 침대로 가고 싶어 하는 것인지, 아니면 커피 한 잔을 제공하겠다는 것인지——에 대해 의심한다. 그는 메시지를 듣지만 그것이 어떤 종류 혹은 어떤 수준의 메시지인지를 모른다. 그는, 우리 대부분이 상투적으로 사용할 수 있지만 우리 대부분이 식별하지 못하는——그것이 어떤 종류의 메시지인지 우리에게 말해준 것이 무엇인지를 우리가 모른다는 의미에서——그런 좀더 추상적인 표시label를 손에 넣을 수 없다. 그것은 마치 우리가 어떻게든 정확한 추측을 하는 것과 같다. 실제로 우리는 우리가 받은 메시지가 어떤 종류인지를 말해주는 이 메시지들을 매우 무의식적으로 받아들인다.

이런 종류의 신호에 관한 어려움이 일단의 정신분열증 환자에게서 특징적으로 나타나는 증후군의 핵심인 듯하며, 따라서 우리는 형식적으로 정의된 이 증후학에서 시작하여 병인을 합리적으로 탐구할 수 있다.

여러분이 이런 식으로 생각하기 시작하면, 정신분열증 환자들이 말하는 것은 대부분 자신의 경험을 묘사하는 것으로서 앞뒤가 맞다. 다시 말해, 우리는 병인이나 전파 이론에 대한 두 번째 지침을 획득한 것이다. 첫 번째 지침은 증상에서 온다. 우리가 '어떻게 인간 개인이 이런 특정 신호를 구별하는 데 불완전한 능력을 가지게 되는가?' 라고 물으면서 환자가 말하는 것을 관찰하면, 정신분열증의 독특한 언어인 말 비빔 속에서 환자가 메타커뮤니케이션의 얽힘과 관련된 외상의 상황을 묘사하고 있음을 알게 된다.

환자는 예를 들면 '허공에서 무언가가 움직였고', 그것이 자신이 미치게 된 이유라는 생각을 지배적으로 갖고 있다. 나는 아무튼 '허공'에 대해 그가 말한 방식을 보고 허공이 그의 엄마라는 생각을 가지게 되었고, 그래서 그렇게 말했다. 그는 "아뇨, 허공은 어머니the mother죠"라고 대답했다. 나는 그녀가 어떤 점에서는 그의 질병의 원인일지 모른다고 그에게 말했다. 그는 "나는 결코 엄마를 비난한 적이 없어요"라고 말했다. 어느 순간 그는 화를 내면서 말했다. 그가 말한 그대로 옮기자면, "엄마가 원인이었기 때문에 엄마가 움직였다고 우리가 말한다면, 우리는 스스로를 비난하는 것에 지나지 않아요"라고 말했다. 허공에서 어떤 것이 움직였는데 그것이 그를 미치게 했다. 허공은 그의 엄마가 아니다. 그것은 어머니다. 하지만 이제 그가 자신이 결코 비난하지 않았다고 말하는 그의 엄마에게 초점을 맞춰보자. 그는 이제 이렇게 말한다. "엄마가 원인이 되었던 것 때문에 엄마가 자기 속에 움직임을 가지고 있었다고 우리가 말한다면, 우리는 단지 스스로를 비난하고 있는 것이다."

마지막 인용문의 논리 구조를 매우 주의 깊게 살펴보라. 그것은 순환적이다. 그것은 엄마와 상호작용하는 방식과, 끊임없이 엇갈린-의도들을 암시하며, 그래서 아이가 오해를 바로잡을 수도 있는 행동을 하는 것 역시 금지되었다.

어느 날 그가 아침 시간의 치료를 건너뛰어서 나는 저녁 식사 시간에 식당으로 그를 만나러 갔고, 다음 날 나를 보러 와야 한다는 것을 그에게 상기시켰다. 그는 나를 쳐다보려고도 하지 않았다. 그는 딴 곳을 보고 있었다. 나는 다음 날 아침 9시 30분에 대하여 몇 마디 말을 했다──대답이 없었다. 이윽고 그는 어렵게 "판사가 승인하지 않아요"라고 말했다. 그와 헤어지기 전에 나는 "당신은 변호사가 필요해요"라고 말했고, 다음 날 아침 운동장에서 그를 찾았을 때 나는 "당신의 변호사가 왔어요"라고 말하고 그와 함께 치료실로 갔다. 나는 "판사가 당신이 내게 말하는 것을 승인하지 않을 뿐만 아니라, 판사가 승인하지 않는다고 당신이 내게 말한 것도 승인하지 않는다고 내가 생각해도 좋습니까?"라는 말로 시작했다. "그래요!"라고 그는 말했다. 즉 우리는 여기서 두 개의 수준을 다루고 있다. '판사'는 혼란을 바로 잡으려는 시도를 승인하지 않으며, 자신의(판사의) 불승인에 대해 커뮤니케이션하는 것도 승인하지 않는다.

우리는 외상의 다양한 수준을 포함하고 있는 병인을 찾아야만 한다.

나는, 성적(性的)인 것이든 구강적인 것이든 간에 이 일련의 외상들에 대해 말하고 있는 것이 결코 아니다. 외상을 당했을 때의 환자의 나이에 대한 것도 아니며, 부모 중 누가 관련돼 있는지에 대한 것도 아니다. 내가 관심을 갖는 것은 오로지 삽화적인 사건이다. 나는 다만, 복합적인 논리 형태들이 서로 충돌해서 개인에게 이런 특별한 병리를 발생시켰다는 의미에서 외상은 틀림없이 형식적 구조를 가질 것이라는 진술을 세우고 있다.

이제 만약 여러분이 우리가 다른 사람과 나누는 일상적인 커뮤니케이션을 관찰해본다면, 우리가 믿을 수 없을 만큼 복잡하고 무척 놀라운 솜씨로 논리 형태들을 엮어낸다는 것을 알게 될 것이다. 우리는 심지어 농담도 하는데, 이 농담은 외국인에게 이해되기 어려울 것이다. 미리 준비된 것뿐만 아니라 생각 없이 튀어나오는 농담도 대부분은 거의 다양한 논리 형태들로 엮어진다. 놀리고 괴롭히는 것도 비슷하게, 이것이 놀림이라는 것을 놀림당하는 사람이 식별할 수 있을까라는 풀 수 없는 물음에 의존한다. 어떤 문화에서나 개인들은 메시지가 어떤 종류의 메시지인지에 대한 단조로운 식별뿐만 아니라 메시지가 어떤 종류의 메시지인지에 대한 다양한 식별까지도 다루는 상당히 놀라운 기술을 습득한다. 이런 다양한 식별까지도 만날 때 우리는 웃으며, 우리 내부에서 일어나는 것에 대한 새로운 심리적 발견을 한다. 그것이 아마 진짜 유머에 대한 보상일 것이다.

하지만 이 다양한 수준의 문제에 대해 극도의 어려움을 느끼는 사람들이 있으며, 나에게 이런 불균등한 능력 배분은 역학(疫學)의 용어와 질문들에 의해 접근할 수 있는 현상으로 여겨진다. 이 신호들을 해석하는 방법에 대한 기술을 습득하거나 습득하지 않기 위해 아이들에게 요구되는 것은 무엇인가?

그들 중 어느 누구에게나 이 기술을 습득하는 기적이 일어날 뿐만 아니라——많은 아이들이 습득한다——, 또한 반대로 많은 사람들이 이것을 습득하는 데 어려움을 겪기도 한다. 예를 들면 멜로드라마의 여주인공이 감기로 고생할 때, 그녀가 라디오 멜로드라마의 가상 인물임에도 불구하고, 라디오 방송국으로 아스피린을 보내거나 감기 치료를 권하는 사람들이 있다. 이런 별난 청취자들은 분명 라디오에서 흘러나오는 것이 어떤 종류의 커뮤니케이션인가에 대한 식별에서 약간 일그러져 있다.

우리 모두는 여러 가지 경우에서 그 같은 실수를 저지른다. 나는 정신분열 증세로 전혀 고통 받지 않는 사람을 만난 적이 있다고 확신할 수 없다. 우리 모두는 가끔 어떤 꿈이 꿈이었는지 아니었는지를 판단하는 데 어느 정도 어려움을 겪기도 하며, 우리 대부분은 자신의 단편적인 환상이 경험이 아니라 환상이라는 것을 자신이 어떻게 아는지에 대해 말하기가 쉽지 않을 것이다. 경험을 제때 배치하는 능력은 중요한 임무들 중의 하나이며, 경험을 감각 기관에 맡기는 것은 또 다른 임무다.

이러한 병인에 대한 물음의 해답을 구하기 위해 환자의 어머니와 아버지를 관찰하면 몇 가지 해답을 얻을 것이다.

무엇보다도 증감 요소들과 연결된 해답이 있다. 모든 질병은 피로, 감기, 며칠 간의 싸움, 다른 질병의 존재 등과 같은 다양한 상황에 의해 악화되기도 하고 호전되기도 한다. 이들은 거의 모든 질병의 발생에 양(量)적인 영향을 끼치는 것 같다. 다음으로, 내가 언급한 요인들——유전적 특성과 잠재성이 있다. 논리 형태에 대해 혼란을 겪는다는 것은, 어떤 사람이 아마 무언가가 잘못되어 있다는 것을 알 수 있을 만큼은 지적이지만, 무엇이 잘못되었는지를 알 수 있을 만큼 지적이지는 않은 것이다. 나는 이런 특성이 유전적으로 결정된다고 추정한다.

하지만 문제의 핵심은, 실제로 어떤 상황이 특정한 병을 초래하는지를 식별하는 것이라고 나는 생각한다. 세균이 세균성 질병을 결정하는 유일한 인자가 결코 아니라는 것을 나는 알고 있으며, 그래서 그와 같은 외상이나 맥락의 연쇄가 정신병의 유일한 결정 인자가 결코 아니라는 것을 인정한다. 하지만 나는 여전히, 세균을 식별하는 것이 세균성 질병의 이해에 필수적인 것처럼, 그러한 맥락을 식별하는 것이 정신병의 이해의 핵심이라고 생각한다.

나는 앞에서 언급했던 환자의 어머니를 만났다. 가족의 생활 형편은 나쁘지 않았다. 그들은 멋진 주택 단지에 살고 있었다. 나는 환자와 함께 그곳에 갔고, 우리가 도착했을 때 집에는 아무도 없었다. 신문 배달 소년이 석간 신문을 잔디밭 바깥에 던져놓았고, 환자는 그 완벽한 잔디밭 한가운데서 신문을 가지러 가려고 했다. 그는 잔디밭 가장자리로 가서 떨기 시작했다.

그 집은 사람들에게 다른 집을 팔기 위해 부동산업자가 꾸며놓은 이른바 '모델' 하우스처럼 보였다. 살기 위해 꾸민 집이 아니라 꾸며진 집처럼 보이게 하기 위해 꾸민 집이었다.

어느 날 나는 환자와 그의 엄마에 대해 이야기했고, 나는 그녀가 무엇인가를 두려워하는 사람 같았다고 말했다. "그래요"라고 그는 말했다. "엄마가 두려워하는 게 무엇이죠?"라고 나는 물었다. '외견상 부모다운 보호appeariential[131] securities'라고 그는 대답했다.

벽난로 정중앙에 플라스틱으로 만든 아름다운 조화가 있었다. 꿩 두 마리가 대칭을 이루며 한 마리는 여기에 또 한 마리는 저기에 놓여 있었다. 벽에서 벽까지 카펫은 한 치의 빈틈도 없이 바닥을 덮고 있었다.

환자의 엄마가 도착한 후에, 나는 내가 이 집에 침입한 것 같아서 약간 불편함을 느꼈다. 환자는 약 5년 동안 이 집에 오지 않았었지만, 모든 일이 잘 진행되는 것 같았고, 그래서 나는 그를 거기 두고 나갔다가 병원으로 돌아가야 할 시간이 되었을 때 돌아오기로 했다. 나는 아무런 할 일 없이 거리에서 한 시간을 배회했고, 이 상황에서 무엇을 하면 좋을까를 생각하기 시작했다. 나는 무엇을 어떻게 커뮤니케이션할 수 있을까? 나는 아름다우면서도 흐트러진 것이면 좋겠다고 생각했다.

---

131) (옮긴이주) 환자가 appearance와 parental을 조합하여 만들어낸 말이다.

거기에 가장 적합한 것은 꽃이라는 생각이 들어 글라디올러스를 조금 샀다. 글라디올러스를 가지고 환자를 데리러 갔을 때, 나는 이 집에 '아름다우면서도 흐트러진' 것을 가져오고 싶었다고 말하면서 그녀에게 그 꽃을 선물했다. 그녀는 "아! 그건 흐트러진 꽃이 아니에요. 시들 때마다 하나씩 잘라내면 돼요"라고 말했다.

내가 볼 때 흥미로운 것은 그 말에 담긴 거세적인castrative 진술이 아니라, 실제로는 사과할 게 없는 나를 사과해야 할 입장에 밀어 넣었다는 것이다. 즉 그녀는 나의 메시지를 가지고 재분류한 것이다. 그녀는 그것이 어떤 종류의 메시지인지를 나타내는 표시를 바꿔버렸고, 나는 그녀가 항상 그렇게 한다고 생각한다. 끊임없이 다른 사람의 메시지를 가지고 마치 말하는 사람의 진술에 약점이 있는 것처럼 혹은 그녀에 대한 비난도 말하는 사람의 약점이 되는 것처럼 응답한다. 등등.

환자가 현재 직면하고 있는 것——그리고 어린 시절에 직면했던 것——은 자신의 메시지에 대한 잘못된 해석이다. 그가 '고양이가 탁자 위에 있다'라고 말하면, 그녀는 그의 메시지가 그가 그 말을 할 때 생각했던 그런 메시지가 아닌 것으로 만들어버리는 그런 대답을 한다. 그 메시지가 되돌아올 때 그의 메시지 식별자는 엄마에 의해 애매해지고 왜곡된다. 그래서 그녀의 메시지 식별자는 그녀와 계속해서 모순된다. 자기는 별로 재미없다고 말하면서 그녀는 웃는다. 등등.

현재 이 가정은 정상적으로 엄마가 지배하고 있는 모습이지만, 나는 이것이 외상의 필수적인 형식이었다고 말하고 싶지는 않다. 나는 다만 이런 외상적 배열의 순수한 형식적 측면에만 관심이 있으며, 그 배열의 어떤 부분은 아빠가, 다른 부분은 엄마가 차지하고 있다고 나는 추정한다. 등등.

나는 한 가지 점만은 밝혀두고 싶다. 여기에는 어떤 형식적 특성을 가진 외상의 가능성이 있다는 것이다. 외상 그 자체는 커뮤니케이션 과정의 어떤 요소에 충격을 주기 때문에 환자에게 특정한 증후군을 퍼뜨릴 것이다. 공격받는 부분은 내가 '메시지-식별 신호'라고 부른 것의 사용이다——이 신호가 없으면 '자아'는 환상과 사실을, 또는 글자 그대로의 것과 은유를 구별하지 못한다.

내가 이 글에서 하고 싶었던 것은 하나의 메시지가 어떤 종류의 메시지인지를 인식할 수 없도록 만드는 일군의 증후군을 정확히 지적하는 것이었다. 증후군들에 대한 분류의 한쪽 끝에는, 어떤 개개의 명확한 형태의 메시지가 아니라 일종의 만성적으로 우스운 결말을 가진 황당무계한 이야기로 살아가는 파과병(破瓜病)의 사람들이 있다. 다른 쪽에는 지나치게 식별하려고 하는 사람들, 모든 메시지가 어떤 종류의 메시지인지를 지나칠 정도로 엄격하게 식별하는 사람들이 있다. 이는 상당히 편집증 형태의 모습을 보여줄 것이다. 금단 증상이라는 또 다른 가능성도 있다.

마지막으로, 이런 종류의 가설을 통해, 앞에서 말한 그런 종류의 형태를 낳을 수도 있는 결정 인자를 개체군에서 탐구할 수 있을 것이다. 내가 보기에 이것은 역학의 연구에 적합한 문제인 것 같다.

정신분열증의 이론을 위하여[132]

    정신분열증——그것의 특성, 원인, 사용되는 치료법의 종류—— 은 정신병에서 가장 난해한 것 중 하나다. 여기 제시된 정신분열증 이론은 커뮤니케이션의 분석, 특히 논리 형태 이론에 기초하고 있다. 이 이론과 정신분열증 환자에 대한 관찰을 통해, 어떤 사람이 무엇을 하든지 간에 '승리할 수 없는 상황' 의 필요 조건인 '이중 구속double bind' 이라 불리는 상황에 대한 기술이 도출된다. 이중 구속에 붙잡힌 사람은 정신분열 증상을 발전시킨다는 가설이 성립된다. 어떻게, 왜 이중 구속이 가족 상황에서 발생할 수 있는지를 임상과 실험 자료를 통해 검토한다.

---

132) 그레고리 베이트슨, 돈 잭슨Don D. Jackson, 제이 헤일리Jay Haley, 존 위클랜드John H. Weakland가 공동 집필하여 《행동과학 *Behavioral Science*》 vol. I, no. 4(1956)에 발표했던 글로, 《행동과학》의 허락을 받아 여기에 재수록했다.

이것은 정신분열증의 본질, 병인, 치료에 대한 개괄적이고 체계적인 관점을 공식화하고 검증해온 연구 프로젝트에 대한 보고서다.[133] 이 분야에서의 우리의 연구는 인류학, 커뮤니케이션 분석, 정신 요법, 정신의학, 정신분석에서의 각자의 다양한 경험과 함께 자료와 개념에 대한 토론으로 진행되었다. 현재 우리는 정신분열증의 원인과 본질에 관한 커뮤니케이션 이론의 개괄적인 윤곽에 대해 모두 동의하게 되었다. 이 논문은 계속될 우리의 연구에 대한 준비 보고서이기도 하다.

커뮤니케이션 이론의 기초

우리의 접근은 러셀이 논리 형태 이론[134]이라고 불렀던 커뮤니케이션 이론 중의 한 부분에 기초하고 있다. 이 이론의 핵심 명제는 클래스와 클래스의 구성원 사이에는 불연속이 있다는 것이다. 클래스는 자신의 구성원이 될 수 없으며 구성원들 중의 하나가 클래스가 될 수도

133) 이 논문은 1952~1954년 록펠러 재단의 지원을 받아 스탠퍼드 대학 사회학과와 인류학과에 의해 운영되고 그레고리 베이트슨의 지도로 진행된 연구 프로젝트의 결과물로서, 이 연구에서 가장 먼저 전개된 가설로부터 나왔다. 이 프로젝트는 1954년 이후에는 조시아 메이시 주니어Josiah Macy Jr. 재단의 지원을 받아 계속 진행되었다. 정신분열증의 증후는 논리 형태를 구별하는 능력의 결여를 암시한다는 것을 발견한 사람은 제이 헤일리지만, 이는 베이트슨에 의해 강화되었다. 증후와 원인이 이중 구속이라는 가설에 의해 형식적으로 기술될 수 있다는 개념을 베이트슨이 덧붙였다. 그 가설은 잭슨에게 전달되었고, 잭슨의 가족 항상성family homeostasis이라는 개념과 거의 일치한다는 것이 밝혀졌다. 그 후 잭슨 박사가 그 계획과 밀접한 관계를 유지하면서 연구했다. 최면과 정신분열증의 형식적 유사성에 대한 연구는 존 위클랜드와 제이 헤일리의 업적이다.

134) A. N. Whitehead · B. Russell, *Principia Mathematica*(1910).

없다. 따라서 클래스에 대한 술어는 구성원에 대한 술어와는 다른 수준의 추상 관념——다른 논리 형태——이다. 우리는 비록 형식논리학에서 클래스와 그 구성원 사이의 불연속을 계속 유지하려는 시도가 있을지라도, 실제 커뮤니케이션의 심리에서는 이 불연속이 불가피하게 계속적으로 파기되며,[135] 엄마와 아이의 커뮤니케이션에서 이 불연속을 파기하는 어떤 형식적 패턴이 발생할 때 인간 유기체에게 병리 현상이 생긴다는 것을 반드시 선험적으로 예상해야 한다고 주장한다. 우리는 이러한 병리가 극단적인 경우에 정신분열증으로 분류되는 병으로 이끄는 형식적 특성을 지닌 증상을 보일 것이라고 주장할 것이다.

　인간이 다양한 논리 형태와 연관된 커뮤니케이션을 어떻게 다루는지를 보여주는 사례는 다음과 같은 분야에서 도출될 수 있다.

　1. 인간의 커뮤니케이션에서의 다양한 커뮤니케이션 양식들의 사용. 예는 놀이, 놀이가 아닌 것, 환상, 성사(聖事), 은유 등이다. 심지어 하등 포유동물도 어떤 의미 있는 행동을 '놀이'로 식별하는 신호를 교환하는 것으로 보인다.[136] 이 신호들은 분명 그들이 분류하는 메시지보다 더 높은 논리 형태다. 인간에게서 메시지와 의미심장한 행동을 틀 짓고 표지를 붙이는 것은 상당한 복잡성에 도달해 있는데, 특이하게도 그와 같은 구별을 위한 용어는 아직 매우 빈약하게 발달돼 있으며, 우리는 자세, 몸짓, 얼굴 표정, 억양이라는 비언어적 매체와 고도로 추상적

---

135) G. Bateson, "A Theory of Play and Fantasy", *Psychiatric Research Reports*(1955), 2 : 39~51쪽.
136) 이 프로젝트에 의해 준비된 필름 "The Nature of Play ; Part I, River Otters"를 참고할 수 있다.

이지만 절대적으로 중요한 표지의 커뮤니케이션을 위한 맥락에 압도적으로 의지한다.

2. 유머. 유머는 사고나 관계에 내포되어 있는 주제를 탐색하는 방법인 것 같다. 탐색 방법은 논리 형태의 압축이나 커뮤니케이션의 양식으로 특징지어진 메시지의 사용을 수반한다. 예를 들면, 어떤 메시지가 은유였을 뿐만 아니라 글자 그 이상이었다는 것, 또는 그 반대였다는 것이 갑작스럽게 명백해질 때 어떤 깨달음이 생긴다. 즉 유머가 폭발하는 순간은 양식의 표시가 해체되고 재종합되는 순간이다. 일반적으로 급소를 찌르는 문구는 어떤 메시지들이 특정한 양식(예컨대 글자대로 또는 환상)에 속한다고 생각하게 한 이전의 신호들을 재평가하지 않을 수 없게 한다. 이는, 양식을 이전에 양식들을 분류하는 더 높은 논리 형태의 지위를 가졌던 신호들의 탓으로 돌리는 독특한 효과를 가진다.

3. 양식-식별 신호의 왜곡. 인간의 경우 양식 식별자mode identifier들은 왜곡될 수 있으며, 우리는 인위적인 웃음, 우정을 교묘하게 가장하는 것, 신용 사기, 놀리기와 같은 것을 할 수 있다. 비슷한 왜곡이 포유동물에서도 기록된 바 있다.[137] 인간의 경우에는 이 신호들을 무의식적으로 왜곡하는 이상한 현상이 나타난다. 이것은 자기 속에서 일어날 수도 있고——그는 은유적 놀이라는 겉모습으로 자신의 적의를 자신으로부터 숨길지 모른다——, 또 타인의 양식-식별 신호에 대한 자신의 이해를 무의식적으로 왜곡하는 일이 생길 수도 있다. 부끄러움

---

137) C. R. Carpenter, "A Field Study of the Behavior and Social Relations of Howling Monkeys", *Comp. Psychol. Monogr.*(1934), 10 : 1~168쪽 ; K. Z. Lorenz, *King Solomon's Ring*(New York : Crowell, 1952).

을 경멸 등으로 잘못 이해할 수도 있다. 사실 자기 언급의 잘못은 대부분 여기에 속한다.

4. 학습. 학습 현상의 가장 단순한 수준은 피험자가 어떤 메시지를 받아 그것에 기초해 적절하게 행동하는 상황에서 예증된다. '시계 소리를 듣고 점심 시간인 것을 알았다. 그래서 나는 식탁으로 갔다' 와 같은 경우다. 학습 실험에서도 이와 유사한 사건들의 연쇄가 실험자에 의해 목격되며, 일반적으로 좀더 고차적인 형태의 단일한 메시지로 취급된다. 개가 버저와 고기 분말 사이에서 타액을 분비했을 때, 실험자는 이 일련의 사건을 '개는 버저가 고기 분말을 의미한다는 것을 학습했다' 라는 것을 시사하는 메시지로 받아들인다. 하지만 이것이 관련된 형태들의 계층 구조의 끝은 아니다. 피험자는 학습에 더욱 익숙해질 것이다. 피험자는 학습하는 것을 학습할 수도 있다.[138] 인간에게 더욱더 높은 수준의 학습이 일어날 수도 있다는 것은 상상할 수 없는 일은 아니다.

5. 다양한 수준의 학습과 신호의 논리 형태화. 이것은 두 개의 분리할 수 없는 현상의 세트들이다. '분리할 수 없다' 고 하는 것은, 다양한 형태의 신호를 처리하는 능력 그 자체가 하나의 학습된 기술이고, 따라서 학습의 다양한 수준의 한 기능이기 때문이다.

우리의 가설에 따르면, '자아 기능ego function' 이라는 용어(정신분

---

138) G. Bateson, "Social Planning and the Concept of Deutero-Learning", *Conference on Science, Philosophy and Religion, Second Symposium*(New York : Harper, 1942). (앞의 277쪽을 보라.) ; H. F. Harlow, "The Formation of Learning Sets", *Psychol. Review*(1949), 56 : 51~65쪽 ; C. L. Hull, et al., *Mathematico-deductive Theory of Rote Learning*(New Haven : Yale Univ. Press, 1940).

열증 환자가 '나약한 자아 기능'을 가지고 있다고 기술될 때 사용되는 용어)는 바로 자신의 내부 또는 자신과 타자 사이의 커뮤니케이션 양식을 구별하는 과정이다. 정신분열증 환자는 이런 기능 중 세 가지 영역에서 결함을 나타낸다. ㉠ 자신이 다른 사람에게서 받은 메시지에 정확한 커뮤니케이션 양식을 부여하는 데 어려움을 겪는다. ㉡ 자기 스스로 말하거나 비언어적으로 내놓은 메시지에 정확한 커뮤니케이션 양식을 부여하는 데 어려움을 겪는다. ㉢ 자신의 사고, 감각, 지각에 정확한 커뮤니케이션 양식을 부여하는 데 어려움을 겪는다.

이쯤에서, 앞에서 이야기된 것을 정신분열증 환자의 발언을 체계적으로 묘사하고자 한 폰 도마루스E. von Domarus[139]의 접근과 비교해 보는 것이 적절할 것이다. 그는 정신분열증 환자의 메시지(그리고 사고)는 삼단논법의 구조에 있어서 비정상적이라고 말한다. 이 이론에 따르면, 정신분열증 환자 바바라는 삼단논법에서 나온 구조 대신에 술부를 동일시하는 구조를 사용한다. 그와 같이 왜곡된 삼단논법의 예는 다음과 같다.

사람은 죽는다.
풀은 죽는다.
인간은 풀이다.

하지만 우리가 보기에, 폰 도마루스의 공식은 단지 정신분열증 환자

---

139) E. von Domarus, "The Specific Laws of Logic in Schizophrenia", *Language and Thought in Schizophrenia*, J. S. Kasanin (ed.) (Berkeley : Univ. of California Press, 1944).

의 말이 은유가 풍부하다는 것을 좀더 정확하게 보여준 것——따라서 가치가 있다——일 뿐이다. 우리는 이 일반화에 동의한다. 하지만 은유는 인간의 사고와 표현의 필수적인 도구이고, 과학자까지도 포함한 모든 인간 커뮤니케이션의 특징이다. 사이버네틱스의 개념적 모델과 정신분석학의 에너지 이론은 결국 표시가 붙은 은유일 뿐이다. 정신분열증 환자의 특이한 점은 그가 은유를 사용하는 것이 아니라 표지 없는 은유를 사용한다는 것이다. 환자는, 클래스의 구성원들이 논리 형태를 다른 신호들에 부여하는 그런 클래스의 신호들을 처리하는 데 특별한 어려움을 겪는다.

　만약 증후학에 대한 우리의 형식적인 요약이 옳고, 우리가 가정한 정신분열증이 본질적으로 가족의 상호작용으로 생긴다면, 우리는 그런 증후군을 유발할 경험의 연쇄에 대한 형식적 묘사에 선험적으로 도달할 수 있을 것이다. 학습 이론에 대해 알려진 것들은 인간이 양식의 구별을 위한 지표로 맥락을 이용한다는 명백한 사실과 결합된다. 그러므로 유아기의 병인에서 어떤 특정한 외상의 경험이 아니라 특징적인 연쇄 패턴을 찾아야 한다. 우리가 찾는 특수성은 추상적 또는 형식적 수준이 될 것이다. 그 연쇄들은, '그 연쇄들로부터 환자가 정신분열증 환자의 커뮤니케이션에서 예증된 정신적 습관을 획득하게 된다'는 특징을 보일 것이다. 즉 환자는 관습에 얽매이지 않는 자신의 커뮤니케이션 습관이 어떤 의미에서는 타당하게 될 그런 세계 속에서 살 것이다. 우리가 제시하는 가설은, 환자의 외적 경험에서의 이런 종류의 연쇄가 논리 형태화에 있어서 내적 혼란의 원인이 된다는 것이다. 그와 같은 해결할 수 없는 경험의 연쇄에 대해 우리는 '이중 구속'이라는 용어를 사용한다.

이중 구속

우리가 보기에 이중 구속 상황에 필요한 요소들은 다음과 같다.

1. 둘 혹은 그 이상의 사람들. 이들 중에서 우리는 정의상 한 사람을 '희생자'로 부른다. 우리는 이중 구속을 엄마 혼자만으로 가해지는 것으로 가정하지 않으며, 이중 구속이 엄마 혼자에 의해 가해진 것일 수도 있고 엄마와 아빠, 그리고/또는 형제자매들의 조합에 의해 가해진 것일 수도 있다고 가정한다.

2. 반복되는 경험. 우리는 이중 구속이 희생자의 경험에서 반복되는 주제라고 가정한다. 우리의 가설은 한 번의 외상 경험이 아니라, 이중 구속의 구조가 습관적으로 기대되는 반복적인 경험이다.

3. 부정적 일차 명령. 이는 다음 두 가지 형태 중에서 어느 하나를 취할 수 있다. ㉠ '무엇무엇을 하지 마라, 그렇지 않으면 나는 너에게 벌을 줄 것이다.' ㉡ '만약 네가 무엇무엇을 하지 않는다면 나는 너에게 벌을 줄 것이다.' 여기서 우리는 보상을 찾는 맥락보다는 오히려 처벌의 회피에 기초한 학습 맥락을 선택한다. 이러한 선택에 대한 형식상의 이유는 없다. 우리는 처벌이 사랑의 철회 또는 증오나 분노의 표현일 수도 있으며, 가장 참담한 경우, 부모의 극단적 무력함의 표현에서 비롯된 일종의 버림일 수도 있다고 가정한다.[140]

4. 보다 추상적인 차원에서 일차 명령과 모순되고, 일차 명령과 마찬가지로 생존을 위협하는 신호나 처벌에 의해 강요되는 이차 명령. 이 이차 명령은 두 가지 이유로 일차 명령보다 기술하기 어렵다. 첫째, 보통 이차 명령

---

140) 우리가 사용한 처벌의 개념은 현재 엄밀하게 정의되고 있다. 우리에게 그것은 '외상trauma'이라는 개념에는 포함되지 않는 지각 경험을 포함하고 있는 것으로 보인다.

은 비언어적인 수단에 의해 아이에게 전달된다. 자세, 몸짓, 목소리의 톤, 의미심장한 행동, 구두적 언급에 감춰진 암시 등은 모두 이러한 좀 더 추상적인 메시지로 전달하는 것이 관례다. 둘째, 이차 명령은 일차적 금지의 어떤 요소를 침범할 수도 있다. 그러므로 이차 명령을 말로 표현하는 데에는 매우 다양하고 폭넓은 형식이 포함될 수 있다. 예를 들면 '이것을 벌로 생각하지 마라', '나를 처벌의 행위자로 생각하지 마라', '나의 금지에 복종하지 마라', '네가 반드시 해서는 안 되는 것을 생각하지 마라', '일차적 금지가 본보기인(또는 본보기가 아닌) 나의 애정을 의심하지 마라' 등등이다. 이중 구속이 한 사람이 아니라 두 사람에 의해 고통 받을 때는 다른 예들이 가능하다. 예를 들면 부모 중 한 사람은 다른 부모의 명령을 더 추상적 차원에서 부정할 수 있다.

5. 희생자가 현장에서 도망가는 것을 금지하는 부정적인 삼차 명령. 형식적 의미에서, 이 명령을 독립된 항목으로 열거하는 것은 아마 불필요할지도 모른다. 다른 두 수준에서의 강화는 생존의 위험을 포함하고 있고, 이중 구속이 유아기에 부과되는 경우에 탈출은 본질적으로 불가능하기 때문이다. 그럼에도 불구하고 어떤 경우에는, 순전히 부정적이지 않은 어떤 계략, 예를 들면 변덕스러운 사랑의 약속과 같은 것 때문에 현장에서 도망가는 것이 불가능해질 수도 있는 것 같다.

6. 마지막으로, 희생자가 이중 구속 패턴으로 자신의 세계를 지각하도록 학습되었을 때 구성 요소의 완전한 세트는 더 이상 필요 없다. 대체로 이중 구속 연쇄의 어떤 부분이라도 공포나 분노를 일으키기에 충분할 수 있다. 모순되는 명령의 패턴이 심지어는 환각적인 목소리에 의해 얻어질 수도 있다.[141]

이중 구속의 영향

　동양의 종교, 특히 선불교는 깨달음을 얻는 것을 목표로 한다. 선사(禪師)는 자신의 제자들이 깨달음을 얻도록 다양한 방법을 시도한다. 선사가 제자의 머리 위에 지팡이를 올려놓고 사납게 "이 지팡이가 실제로 있다고 말한다면 이것으로 너를 때릴 것이다. 이 지팡이가 존재하지 않는다고 말한다면 이것으로 너를 때릴 것이다. 아무 말도 하지 않는다면 이것으로 너를 때릴 것이다"라고 말하는 것도 그중 하나다. 정신분열증 환자도 끊임없이 그 제자와 같은 상황에 처해 있는 자신을 발견한다고 생각되지만, 그는 깨달음을 얻기보다는 오히려 방향 감각을 상실하는 것 같다. 제자는 손을 뻗어 스승에게서 지팡이를 뺏을 수도 있다──선사도 이런 반응을 받아들일 것이다. 하지만 정신분열증 환자는 어머니와의 관계에 대해 걱정하지 않을 수 없으며, 어머니의 목적과 인식은 선사의 그것과 다르기 때문에 그런 선택의 여지가 전혀 없다.

　우리는 이중 구속 상황이 일어날 때마다 논리 형태들을 구별하는 개인의 능력이 고장 난다고 가정한다. 이런 상황의 일반적 특징은 다음과 같다.

　(1) 개인이 긴장된 관계에 처해 있을 때, 즉 자신이 어떤 종류의 메시지가 전달되고 있는지를 정확하게 구별해서 적절하게 반응하는 것이 매우 중요하다고 스스로 느끼는 그런 관계에 처해 있을 때.

　(2) 그리고 관계에서 상대방이 메시지의 두 가지 수준을 표현하고

---

141) J. Perceval, *A Narrative of the Treatment Experienced by a Gentleman During a State of Mental Derangement, Designed to Explain the Causes and Nature of Insanity, etc.*(London : Effingham Wilson, 1836 · 1840).

있는데 하나가 다른 하나를 부정하는 상황에 처해 있을 때.

(3) 그리고 어떤 수준의 메시지로 반응해야 하는지에 대한 자신의 구별을 수정하기 위해 표현되는 메시지에 대해 언급하는 것이 불가능한 경우. 즉 메타커뮤니케이션적 진술을 할 수 없을 때.

이것이 발병 이전의 정신분열증 환자와 그의 어머니 사이에서 일어난 상황의 일종이라고 우리가 이미 언급했지만, 이러한 상황은 또한 정상적인 관계에서도 발생한다. 사람은 이중 구속 상황에 처했을 때, 정신분열증 환자와 비슷한 방식으로 방어적인 반응을 보일 것이다. 모순적인 메시지에 직면해서 반드시 반응해야 할 때, 그리고 그 모순에 대해 언급할 수 없을 때, 그는 은유적 진술을 글자 그대로 취할 것이다. 예를 들면, 어느 날 회사원이 근무 시간에 집에 갔는데 동료가 그의 집으로 전화를 해서 가볍게 물었다. "음, 당신은 어떻게 집에 갔지?" "자동차로." 그는 사무실에 있어야 할 시간에 집에서 뭐 하고 있느냐고 묻는 메시지를 접하게 되었기 때문에 글자 그대로 반응했지만, 그것은 간접적인 표현으로 묻는 물음을 부정한 것이다. (동료는 그것이 자신이 상관할 바 아니라고 느꼈기 때문에 은유적으로 말했다.) 그 관계는 너무나 긴장된 관계여서 희생자는 정보가 어떻게 사용될 것인가를 의심하지 않을 수 없었고, 그래서 글자 그대로 반응한 것이다. 법정에 나온 증인의 조심스러운 글자 그대로의 대답에서 보듯, 이것은 '곤경에 처해 있다고' 느끼는 사람들의 특징이다. 정신분열증 환자는 항상 심각하게 곤경에 처해 있다고 느끼기 때문에, 매우 부적절할 때, 즉 누군가가 농담을 할 때에도 습관적으로, 글자 그대로의 수준의 방어적 주장으로 반응한다.

자신이 이중 구속 상황에 처해 있다고 느낄 때 정신분열증 환자는 또한 자신의 발언 가운데에서 글자 그대로의 의미와 은유를 혼동한다. 예를 들면 환자는 약속 시간에 늦은 의사를 비난하고 싶지만, 특히 의사가 환자의 반응을 미리 예상하고 늦은 것에 대해 사과한 경우, 늦은 행동이 어떤 종류의 메시지인지를 확신하지 못한다. 환자는 "왜 늦었죠? 오늘은 나를 보고 싶지 않았기 때문인가요?"라고 물을 수가 없다. 그런 물음은 비난이 될 것이고, 그래서 은유적 진술로 대체한다. 그는 이렇게 말할지 모른다. "옛날에 나는 보트를 놓친 사람을 알고 있었는데, 그의 이름은 샘이었어요. 그런데 보트가 거의 가라앉고 있었지요……." 이와 같이 그는 은유적 이야기를 전개하고, 의사는 그 이야기 속에서 자신이 늦은 것에 대한 언급을 발견할 수도 있고 못할 수도 있다. 은유의 편리한 점은, 진술에 내재된 비난을 의사(또는 어머니)가 알아차릴지 아닐지, 또는 그 비난을 무시할지 안 할지는 의사(또는 어머니)에게 달렸다는 사실이다. 의사가 은유 속의 비난을 수용한다면, 환자는 자신이 만든 샘에 대한 진술을 은유적으로 수용할 수 있다. 만약 의사가 이야기속의 비난을 회피하는 방법으로, 샘에 대한 진술이 진짜가 아닌 것 같다고 지적하면, 환자는 샘이라고 불리는 사람이 진짜 있었다고 주장할 수 있다. 이중 구속 상황에 대한 하나의 대응인 은유적 진술로의 이동은 안전을 가져다준다. 그렇지만 은유는 또한 환자가 하고 싶은 비난을 못하게 막는다. 그러나 정신분열증 환자는 이것이 은유라는 것을 시사함으로써 자신의 비난을 이해시키는 대신에, 은유를 더 환상적으로 만듦으로써 그것이 은유라는 사실을 이해시키려 하는 것 같다. 만약 의사가 샘에 대한 이야기 속의 비난을 무시하면, 정신분열증 환자는 자신의 비난을 이해시키는 방법으로서 우주선을 타고 화성에 가는 이야기를 할지도 모른다. 그것이 은유적 진술이라는 표시는, 듣는 사람에게 은유가 사용되고 있음을 알려주는 흔히 은유를 수반하는 신호에 있는 것이 아니라, 은유의 환상적인 측면에 있다.

이중 구속의 희생자에게는 메시지의 은유적 수준으로 이동하는 것이 더 안전할 뿐만 아니라, 도저히 견딜 수 없는 상황이라면 은유로 이동해 다른 사람이 되거나, 은유로 이동해 자신은 다른 곳에 있다고 주장하는 것이 더 낫다. 그때 이중 구속은 희생자에게 작용할 수 없다. 그는 그가 아니며 게다가 다른 곳에 있기 때문이다. 바꿔 말하면, 환자가 방향 감각을 상실한 것을 보여주는 진술은 환자가 자신이 처한 상황에 대해 자기를 방어하는 방식으로 해석될 수 있다. 희생자가 자신의 반응이 은유적이라는 것을 모르거나 은유적으로 말할 수 없을 때 병리 현상이 나타난다. 희생자 자신이 은유적으로 말하고 있음을 인식하기 위해서는 자신이 자기 방어를 하고 있었으며 따라서 타인을 두려워했음을 자각할 필요가 있을 것이다. 환자에게 그런 자각은 타인에 대한 비난이 될 것이며 따라서 불행을 유발하는 것이다.

만약 어떤 개인이 일생을 여기서 기술된 이중 구속 관계에서 보냈다면, 정신적 붕괴 이후의 그의 대인 관계 방식은 체계적인 패턴을 보일 것이다. 첫째, 그는 어떤 사람이 무엇을 말하고 있는지를 알려주는, 메시지에 수반되는 신호를 정상적인 사람들과 교환하지 못한다. 그의 메타커뮤니케이션 체계――커뮤니케이션에 대한 커뮤니케이션――는 붕괴되었을 것이며, 그는 메시지가 어떤 종류의 메시지였는지를 알지 못할 것이다. 만약 어떤 사람이 그에게 "오늘 무엇을 하고 싶어요?"라고 물으면, 그는 그것이 자기가 어제 한 일을 비난하는 것인지, 또는 성적인 유혹을 하는 것인지, 또는 있는 그대로의 의미인지를 맥락이나 목소리의 톤이나 몸짓으로 정확하게 판단할 수 없을 것이다. 상대가 정말로 무엇을 말하고 있는지를 정확하게 판단하는 능력이 결여되어서 그게 정말 무슨 말인지를 지나치게 문제 삼는 개인은 몇 가지 대안 중에 하나 혹은 그 이상을 선택함으로써 자신을 방어할 수도 있다. 예를 들면 그는 모든 진술의 이면에 자신의 행복을 해치는 감춰진 의미가 있다고 가정할 수도 있다. 따라서 그는 감춰진 의미에 지나치게 관심을 갖게 될 것이고, 평생 속아서 살아온 사람처럼, 이제는 속지 않을 수 있다는 것을 증명하겠다고 결심할 것이다. 만약 그가 이러한 대안을 선택한다면, 그는 끊임없이 사람들 발언의 이면에 있는 의미와 자신의 주변에서 우연히 발생하는 사건들의 이면에 있는 의미를 탐색하게 되고, 특징적으로 의심 많고 반항적인 사람이 될 것이다.

그는 또 다른 대안을 선택할 수도 있으며, 그래서 사람들이 자신에 대해 말한 모든 것을 액면 그대로 받아들이는 쪽으로 나아간다. 사람들의 억양이나 몸짓이나 맥락이 그들이 한 말과 모순될 때, 그는 이런 메타커뮤니케이션의 신호들을 웃어넘기는 패턴을 만들 수도 있다. 그는 메시지의 수준들을 구별하려는 노력을 포기하고 모든 메시지를 사소한 것이나 웃음거리로 취급해버린다.

만약 그가 메타커뮤니케이션 메시지를 의심하지 않거나 그것을 웃어넘기려는 시도를 하지 않는다면, 그는 그것을 무시하는 방안을 선택할 것이다. 그 경우 그는 자신의 주변에서 일어나는 일을 가능한 한 보지 않고 듣지 않는 것이 필요하다는 것을 알게 될 것이다. 그리하여 자신의 환경 속에서 반응을 일으키는 행위를 피하기 위해 최선을 다한다. 그는 외부 세계에 관심을 두지 않으려 하며, 자신의 내부 과정에 집중함으로써 세상과 등진, 아마도 말이 없는 사람의 모습을 보일 것이다.

한 개인이 하나의 메시지가 어떤 종류의 메시지인지 모른다는 것을 표현하는 또 다른 방식은 망상증, 파과병(破瓜病), 또는 긴장병catato-nia으로 기술되는 방식으로 자신을 방어하는 것이다. 대안이 이 세 가지만 있는 것은 아니다. 요점은 그가 사람들이 말하는 것이 무엇인지를 발견하는 데 도움이 되는 대안을 선택할 수 없다는 것이다. 그는 상당한 도움 없이는 상대의 메시지에 대해 논할 수 없다. 상대의 메시지에 대해 논할 수 없다면, 인간은 조절기를 상실한 자기 교정 체계와 같은 존재가 된다. 그것은 결코 끝나지 않는, 하지만 항상 체계적인, 왜곡을 향한 악순환에 빠진다.

가족 상황의 기술

이중 구속 상황의 이론적 가능성은 정신분열증 환자와 그의 가족 상황에서 그러한 커뮤니케이션 연쇄를 탐색하도록 우리를 자극했다. 이 목표를 위해 우리는 정신분열증 환자들을 집중적으로 치료해온 정신치료사의 글과 말로 된 보고서를 연구해왔다. 우리 환자들뿐만 아니라 다른 환자들의 정신 치료 면담을 녹음한 기록도 연구했으며, 정신분열증 환자의 부모들을 면담하고 그 내용을 녹음했다. 어머니 두 명과 아버지 한 명을 집중 정신 치료에 참여시켰으며, 부모와 환자를 동석시켜 면담하고 그 내용을 녹음했다.

이런 자료를 기초로 우리는 한 개인을 궁극적으로 정신분열증으로 고통당하는 상태로 이끌어가는 가족 상황에 대한 가설을 전개했다.

이 가설은 통계적으로 검증되지 못했으며, 어느 정도 단순한 상호작용 현상의 세트를 선택해서 강조할 뿐, 가족 관계의 엄청난 복잡성을 포괄적으로 기술하지는 않는다.

우리는 정신분열증 환자의 가족 상황이 다음과 같은 일반적 특징을 보인다고 가정한다.

(1) 아이가 애정이 깊은 엄마를 대하듯이 자신을 대하면 불안해하며 회피하는 엄마를 둔 아이. 즉 아이와 친근한 접촉을 해야 할 위기에 처했을 때 불안과 적의를 유발하는 아이의 존재는 그 엄마에게 특별한 의미가 있다.

(2) 엄마는 자신이 아이에 대해 적의와 불안을 느끼고 있다는 것을 인정할 수 없으며, 그런 감정을 부정하는 그녀의 방식은, 애정이 깊은 엄마처럼 자신을 대하도록 아이를 설득하기 위해 노골적으로 애정 어린 행동을 표현하는 것이며, 아이가 그렇게 하지 않으면 그녀는 아이를 피한다. '애정 어린 행동'이 반드시 애정을 내포하고 있는 것은 아니다. 그 행동은 예를 들면 '미덕'을 주입시키는 것과 같은, 바람직한 일을 한다는 틀 속에 설정될 수 있다.

(3) 엄마와 아이 사이를 화해시킬 수 있고, 모순에 직면했을 때 아이를 지지할 수 있는 강하고 통찰력 있는 아빠와 같은 사람이 가족 내에 부재한다.

이것은 형식적 기술이기 때문에 우리는 아이에 대해 엄마가 왜 그렇게 느끼는가에 대해서는 특별하게 관심을 기울이지 않았지만, 다양한 이유로 그렇게 느끼는 것 같다. 단지, 아이가 있다는 것이 자신에 대해, 그리고 가족에 대해, 그리고 자신의 관계에 대해 불안을 야기하는 것일 수도 있고, 또는 아이가 딸인지 아들인지가 중요할 수도 있으며,

또는 아이가 엄마의 형제자매의 생일에 태어났다는 사실이 엄마에게 중요할 수도 있으며,[142] 또는 아이가 가족 내에서 엄마가 형제자매 사이에서 처했던 것과 똑같은 입장에 처해 있을 수도 있으며, 또는 엄마의 감정적 문제와 연결된 다른 이유 때문에 그 아이가 엄마에게 특별할 수도 있다.

우리는 이런 특징을 띤 상황에서 정신분열증 환자의 엄마는 동시에 적어도 두 가지 등급의 메시지를 표현하게 될 것으로 가정한다. (간명함을 위해 여기서는 두 종류로 한정할 것이다.) 이런 등급의 메시지들은 대략 다음과 같이 특징지어진다. ㉠ 아이가 엄마에게 접근할 때마다 일어나는 적대시하거나 회피하는 행동. ㉡ 자신이 회피한다는 것을 부정하는 방법으로서, 자신의 적대적이며 회피적인 행동에 아이가 반응할 때 일어나는 가장된 애정 어린 행동이나 다가가는 행동. 엄마의 문제는 자신과 아이 간의 친밀함과 소원함을 조정하여 자신의 불안을 조정하는 데 있다. 바꿔 말하면, 엄마가 아이에게 사랑과 친밀감을 느끼게 되면 그녀는 위험을 느끼기 시작하며 아이를 회피해야만 한다. 하지만 그녀는 이러한 적대적 행동을 인정할 수 없기 때문에 그것을 부정하기 위하여 아이에게 애정과 친밀함을 가장해야 한다. 중요한 점은, 이 경우 그녀의 애정 어린 행동은 자신의 적대적 행동에 대한 논평이며(애정 어린 행동이 적대적 행동에 대한 보상이기 때문에), 따라서 적대적 행동과는 다른 수준의 메시지에 속한다는 것이다──그것은 메시지의 연쇄에 대한 메시지다. 게다가 그것은 본질적으로 적대적 회피에 관한 메시지의 존재를 부정한다.

---

142) J. R. Hilgard, "Anniversary Reaction in Parents Precipitated by Children", *Psychiatry*(1953), 16 : 73~80쪽.

엄마는 자신의 행동이 애정 어린 것임을 주장하기 위해 아이의 반응을 이용하며, 엄마의 애정 어린 행동은 가장된 것이기 때문에, 아이는 엄마와 자신의 관계를 지속시키기 위해서는 반드시 엄마의 커뮤니케이션을 정확하게 해석하지 말아야 하는 입장에 있다. 바꿔 말하면 아이는 메시지의 수준들을 정확하게 구별하면 안 된다. 이 경우에는 가장된 감정(하나의 논리 형태) 표현과 진짜 감정(다른 논리 형태) 표현의 차이를 구별하면 안 된다. 그 결과 아이는 메타커뮤니케이션 신호에 대한 자신의 지각을 체계적으로 왜곡해야만 한다. 예를 들어 만약 엄마가 자신의 아이에 대해 적대감(또는 애정)을 느끼기 시작하고 동시에 아이를 회피할 수밖에 없다고 느끼게 된다면, 그때 그녀는 이렇게 말할 것이다. "자거라, 매우 피곤할 테니 자는 게 좋겠다." 지나치게 애정 어린 이 진술은 '네가 지겨우니 내 눈앞에서 사라져라' 라고 언어화될 수 있는 감정을 의도적으로 부정하는 것이다. 만약 아이가 엄마의 메타커뮤니케이션 신호를 정확하게 구별한다면, 엄마가 자신을 원하지 않으며, 애정 어린 행동으로 자신을 속이고 있다는 사실을 직면하게 될 것이다. 그는 메시지의 수준들을 정확하게 구별하는 것을 학습했기 때문에 '처벌' 받게 될 것이다. 그러므로 그는 엄마의 기만을 인식하는 것보다 오히려 자신이 피곤하다는 생각을 받아들이기 쉽다. 이것은 기만하고 있는 엄마를 지지하기 위해 자신의 내부 심리 상태를 스스로 속여야만 한다는 것을 의미한다. 엄마와 함께 잘해나가기 위해 아이는 자신의 내부 메시지뿐만 아니라 다른 사람들의 메시지도 틀리게 구별해야만 한다.

엄마가 '친절하게도' 아이가 어떻게 느끼는지를 규정하고 있기 때문에 아이에게는 문제가 복잡해진다. 그가 피곤하다는 사실에 대해 그녀는 지나치게 엄마다운 관심을 표현하고 있다. 바꿔 말하면, 엄마는 자기 자신에 대해 관심이 있는 것이 아니라 단지 너에게 관심이 있는 것이라고 주장함으로써 자신에 대한 아이의 반응을 규정할 뿐만 아니라(예컨대, 아이가 자기를 비판하면 "네가 한 말이 진심은 아니겠지"라고 말함으로써) 아이 자신의 메시지에 대한 아이의 정의도 조정한다. 따라서 아이에게 가장 쉬운 길은 엄마의 가장된 애정 어린 행동을 사실로 받아들이는 것이며, 그래서 무슨 일이 벌어지고 있는지를 밝히고 싶은 아이의 욕구는 약화된다. 그 결과 엄마는 아이를 회피하게 되며 이런 회피를 애정 어린 관계에서는 당연한 것으로 규정하게 된다.

하지만 엄마의 가장된 애정 어린 행동을 진짜로 받아들이는 것 또한 아이에게는 해결책이 아니다. 아이가 이렇게 틀리게 구별한다면, 그는 엄마에게 다가가려고 할 것이다. 친밀함을 향한 이런 움직임은 엄마에게 공포와 절망감을 야기할 것이고, 그녀는 어쩔 수 없이 아이를 회피하게 될 것이다. 그러나 만약 그때 아이가 그녀를 회피하면, 그녀는 이 행동을 자신이 애정이 깊은 엄마가 아니라는 진술로 받아들여 회피에 대해 처벌하거나 아이가 가까이 오도록 아이에게 다가갈 것이다. 만약 아이가 다가오면, 그녀는 아이로 하여금 일정한 거리를 유지하게 할 것이다. 아이는 엄마가 표현하고 있는 것을 정확하게 구별했기 때문에 벌 받으며, 부정확하게 구별했기 때문에 벌 받는다——아이는 이중 구속에 붙잡혀 있다.

아이는 이 상황에서 벗어나기 위해 다양한 방법을 시도한다. 예를 들면 아빠나 가족의 다른 구성원에게 의지하려고 한다. 하지만 우리의 예비적 고찰에 의하면 정신분열증 환자의 아빠는 아이가 의지할 만큼 충분히 믿을 만한 존재가 아닌 것 같다. 아빠가 엄마의 기만의 본질에 대해 아이에게 동의할 경우, 아빠 역시 엄마와 자신들 관계의 본질에 대해 인식할 필요가 있는 곤란한 위치에 있게 된다. 따라서 그들은 그렇게 할 수 없으며, 자신들이 해온 행동 양식modus operandi으로 그녀를 계속 사랑한다.

사랑받고 필요한 존재가 되고 싶은 엄마의 욕구는 아이가 예컨대 선생과 같은 주변 사람들로부터 도움 받는 것을 막는다. 이런 특징을 가진 엄마는 다른 사람에 대한 아이의 애착에 위기 의식을 느끼면서 그것을 단절시킬 것이고, 아이가 자신에게 의지하면 당연히 불안을 느끼면서도 아이를 다시 가까이 두려고 할 것이다.

아이가 진짜로 이 상황을 벗어날 수 있는 유일한 길은 엄마가 자신을 몰아넣은 모순적인 입장에 대해 말하는 것이다. 그러나 만약 그가 그렇게 한다면, 엄마는 이것을 자기가 사랑하지 않는 것에 대한 비난으로 여기고 아이를 처벌하거나, 상황에 대한 아이의 지각이 왜곡된 것이라고 주장할 것이다. 그 상황에 대해 아이가 논평하는 것을 막음으로써, 엄마는 아이가 메타커뮤니케이션 수준——우리가 커뮤니케이션 행위에 대한 우리의 지각을 교정하는 데 사용하는 수준——을 사용하지 못하게 만든다. 커뮤니케이션에 대해 커뮤니케이션하는 능력, 자신과 타인의 의미심장한 행동에 대해 논평하는 능력은 성공적인 사회 교제를 위해 필수적이다. 정상적인 관계에서는 "무슨 뜻이죠?" 또는 "왜 그렇게 했죠?" 또는 "나를 놀리고 있나요?" 등과 같은 메타커뮤니케이션 메시지가 끊임없이 교환된다. 사람들이 정말로 무엇을 표현하고 있는지를 정확히 구별하게 위해, 우리는 그 표현에 대해 직접적 또는 간접적으로 논평할 수 있어야 한다. 정신분열증 환자는 그런 메타커뮤니케이션 수준을 성공적으로 사용할 수 없는 것 같다.[143] 앞에서 기술된 엄마의 특징을 고찰해보면 그 이유는 명백하다. 만약 엄마가 어떤 수준의 메시지를 거부하고 있다면, 그녀의 진술에 대한 진술은 무엇이든 그녀를 위험에 빠뜨리는 것이므로 그녀는 반드시 그것을 못하게 해야 한다. 따라서 아이는 커뮤니케이션에 대해 커뮤니케이션하는 능력을 결여한 채 자라며, 그 결과 사람들이 정말로 무엇을 말했는지 판정하는 능력과 자신이 정말로 말하고 싶은 것을 표현하는 능력을 결여하게 된다. 이런 능력은 정상적인 관계를 위해서는 필수적이다.

요약하면, 우리는 아이가 엄마의 가장된 애정에 반응할 경우에 엄마가 불안해져서, 아이와 친해지는 것으로부터 자신을 방어하기 위해 아이를 처벌하게 되는(또는 자신을 보호하기 위해, 아이의 제안은 가장된 것이라고 주장함으로써 아이가 가진 메시지의 본질을 혼란스럽게 만들게 되는) 그런 입장에 아이가 놓이게 되는, 정신분열증 환자의 가족 상황의 이중 구속의 본질을 제안한다. 그렇게 아이는 엄마와의 친밀하고도 안전한 관계를 차단당한다. 그럼에도 불구하고, 엄마는 만약 아이가 애정을 제의하지 않으면 그것이 자기가 사랑스러운 엄마가 아니라는 것을 의미한다고 느낄 것이고, 그래서 불안해질 것이다. 따라서 엄마는 회피에 대해 아이를 처벌하거나 아이에게 엄마를 사랑한다는 것을 보여줄 것을 강요할 것이다. 만약 그때 아이가 그 반응으로서 엄마에게 애정 표현을 하면 그녀는 다시 위기 의식을 느낄 뿐만 아니라 자신이 아이에게 반응을 강요했다는 사실에 분노할 것이다.

---

143) G. Bateson, "A Theory of Play and Fantasy".

아이의 삶에서 가장 중요한 관계이자 다른 모든 관계의 모델이 되는 관계에서 어떤 입장에 있든지 간에, 아이는 사랑과 애정을 드러내도 처벌받으며, 그러지 않아도 처벌받는다. 그리고 다른 사람의 도움을 받는 것과 같은, 그 상황에서의 탈출 방법은 차단되어 있다. 이것이 엄마와 아이 간의 이중 구속 관계의 기본적 본질이다. 물론 이 글은 '엄마'가 중요한 역할을 하는 '가족', 즉 좀더 복잡하게 서로 맞물려 있는 형태gestalt에 대해서는 기술하지 않았다.[144]

임상 자료를 통한 실례

한 정신분열증 환자와 엄마 사이에 일어나는 어떤 사건에 대한 분석은 이 이중 구속 상황을 잘 보여준다. 급성 정신분열 발작 상태에서 상당히 회복된 젊은 아들을 엄마가 병원으로 찾아갔다. 그는 엄마를 만난 것이 너무 기뻐서 충동적으로 엄마의 어깨를 포옹했고, 그 결과 엄마는 경직되었다. 아들은 팔을 치웠고 그녀는 "더 이상 나를 사랑하지 않니?"라고 물었다. 그러자 그는 얼굴을 붉혔고, 그녀는 "애야, 너는 그렇게 쉽게 당황하고 자신의 감정을 두려워하면 안 된다"라고 말했다. 환자는 단 몇 분 정도만 더 엄마와 함께 있을 수 있었고, 엄마가 떠나자 도우미를 폭행하여 욕조에 담겨졌다.

---

144) Don D. Jackson, "The Question of Family Homeostasis", presented at the American Psychiatric Association Meeting, St. Louis, May 7, 1954 ; Don D. Jackson, "Some Factors Influencing the Oedipus Complex", *Psychoanalytic Quarterly*(1954), 23 : 566~581쪽.

만약 젊은이가 "엄마, 내가 엄마를 포옹하면, 엄마는 틀림없이 불편해지고 나의 애정 어린 몸짓을 받아들이기 어렵겠지요"라고 말했다면 그와 같은 결과는 명백히 피할 수 있었을 것이다. 하지만 정신분열증 환자에게 이런 가능성은 열려 있지 않다. 엄마는 아이의 행동에 대해 논평하고 그래서 아이에게 복잡한 연쇄를 받아들이고 처리할 것을 강요함에도 불구하고, 그의 강한 의존과 훈련은 엄마의 커뮤니케이션 행위에 대해 논평할 수 없게 한다. 다음과 같은 복잡함이 환자에게 내재한다.

(1) 아들의 애정 어린 몸짓을 수용하지 못하는 엄마의 반응은 회피에 대해 아들을 비난하는 것을 통해 완벽하게 감춰지며, 환자는 엄마의 비난을 수용함으로써 그 상황에 대한 자신의 지각을 부정한다.

(2) 이런 맥락에서 "더 이상 나를 사랑하지 않니?"라는 진술은 다음과 같은 것을 내포한다.

㉠ "나는 사랑스럽다."

㉡ "너는 나를 사랑해야 한다. 그렇게 하지 않는다면 너는 나쁘거나 잘못하는 것이다."

㉢ "전에는 네가 나를 사랑했지만 지금은 사랑하지 않는다." 이렇게 초점이 그의 애정 표현에서 애정이 넘칠 수 없다는 쪽으로 이동해 있다. 환자는 또한 엄마를 미워해왔기 때문에 여기서는 엄마가 유리한 입장에 있으며, 그래서 그가 죄책감으로 반응하면 그때 엄마는 그 점을 공격한다.

㉣ "네가 방금 표현한 것은 애정이 아니었다." 이 진술을 수용하기 위해 환자는 어떻게 애정을 표현해야 하는지에 대해 엄마와 문화가 이제까지 자신에게 가르쳐온 것을 부정해야만 한다. 그는 또한 그녀

와 그리고 다른 사람들과 함께 있는 시간에, 자신이 애정을 느끼고 있다고 생각될 때, 그리고 그들도 그가 경험한 그런 상황을 다루고 있는 것같이 생각될 때, 반드시 의문을 가져야 한다. 그는 여기서 부양자-상실 현상을 경험하며, 그래서 과거 경험의 신빙성에 대해 의심하게 된다.

(3) "너는 그렇게 쉽게 당황하고 자신의 감정을 두려워하면 안 된다"라는 진술은 다음과 같은 것을 내포한다.

㉠ "너는 나와 같지 않으며, 다른 매력 있는 혹은 정상적인 사람과 다르다. 왜냐하면 우리는 우리의 감정을 표현하기 때문이다."

㉡ "네가 표현하는 감정들은 모두 적절하다. 단지 네가 그것들을 받아들이지 못하는 것이다." 그러나 엄마 쪽에서의 경직이 '이것은 받아들일 수 없는 감정이다' 라는 것을 나타냈다면, 그것은 소년이 받아들일 수 없는 감정으로 당황하게 해서는 안 된다고 말하는 것이다. 그는 엄마와 사회에게 받아들여지고 받아들여지지 않는 것에 대해 오랫동안 훈련해왔기 때문에 과거와 다시 갈등하게 된다. 만약 그가 자신의 감정(엄마가 좋다고 암시한 것)을 두려워하지 않게 되면 그는 자신의 애정을 두려워하지 않게 되고, 곧이어 두려워한 사람은 엄마였다는 사실을 알아차릴 것이다. 하지만 엄마의 접근은 어떤 것이든 그의 이런 결점을 가리는 것을 목적으로 하기 때문에 그는 그 사실을 알아차리면 안 된다.

도저히 있을 수 없는 그 딜레마는 다음과 같다. "만약 내가 엄마와 관계를 유지하려면, 내가 엄마를 사랑한다는 것을 엄마에게 드러내면 안 된다. 하지만 내가 엄마를 사랑한다는 것을 엄마에게 드러내지 않으면, 나는 엄마를 잃게 될 것이다."

그녀의 특별한 통제 방법에서 엄마의 중요성은 의사와의 첫 만남에서 "엄마는 결혼해야만 했고 나는 지금 여기 있어요"라고 말한 어떤 젊은 여성 정신분열증 환자의 가족 내부 상황에 의해 충격적으로 예증된다. 이 진술은 의사에게 다음과 같은 것을 의미했다.

(1) 환자는 불법적인 임신의 결과로 태어났다.

(2) 이 사실은 그녀의 현재 정신병과 관계가 있었다(그녀의 견해).

(3) '여기'라는 말은 정신과 의사의 진료실과, 환자가 엄마에게 영원히 빚지고 있는 부분인, 환자의 이 세상에서의 현존을 의미한다. 특히 그녀의 엄마는 그녀를 세상에 존재시키기 위해 죄를 짓고 고통 받았기 때문이다.

(4) '결혼해야만 했다'는 엄마의 결혼이 강제적인 것이었다는 사실과 반드시 결혼해야 하는 압력에 대한 엄마의 반응을 언급하고 있으며, 보상적으로 그녀는 상황의 강제성에 분노했고 그 때문에 환자를 책망했다.

실제로 이 모든 가정이 옳았다는 것이 나중에 확인되었으며 또한 정신 요법이 실패로 끝날 즈음에 환자의 엄마에 의해 진술되었다. 환자에 대한 엄마의 커뮤니케이션은 본질적으로 다음과 같은 식이었다. "나는 사랑스럽고, 애정이 깊으며, 그리고 나 자신에게 만족한다. 너도 나와 같을 때, 그리고 내가 말한 대로 했을 때 사랑스럽다." 동시에 엄마는 딸에게 말과 행동으로 다음과 같이 지적했다. "너는 육체적으로 연약하며, 똑똑하지 않다. 그러므로 나와 다르다('정상이 아니다'). 그런 불리한 조건 때문에 너는 나만을 필요로 한다. 그래서 나는 너를 돌볼 것이고 사랑할 것이다." 따라서 환자의 인생은 시작의 연속이며, 경험에서는 시도의 연속이지만, 엄마와 그녀의 결탁 때문에 그 시도는 항상 실패로 끝나며 그 결과 그녀는 엄마의 품속으로 다시 돌아가게 된다.

엄마의 자존심에 중요한 어떤 영역들이 환자에게는 특히 모순되는 상황이었다는 것이 공동 치료에서 밝혀졌다. 예를 들면 엄마는 자신의 가족과 친근했으며 자신과 자신의 엄마 사이에는 깊은 애정이 존재했다는 허구를 필요로 했다. 할머니와의 관계에 대한 유추가 그녀 자신의 딸과 그녀의 관계에 대한 원형으로 작용했다. 딸이 일고여덟 살 때 화가 난 할머니가 어린 딸을 겨우 비껴갈 정도로 칼을 던진 사건이 있었다. 엄마는 할머니에게는 한마디도 하지 않고 "할머니는 정말로 너를 사랑한다"라고 딸에게 말하면서 서둘러 딸을 방 밖으로 내보냈다. 할머니가 환자를 향해 그녀가 충분히 잘 통제되지 못했다는 태도를 취했으며, 또한 할머니가 자기 딸에게 어린애에게 너무 너그럽게 대한다는 잔소리를 자주 했다는 사실이 중요하다. 언젠가 환자의 정신병이 발작한 기간 동안에 손녀는 할머니와 함께 살고 있었는데, 어린 딸은 엄마와 할머니가 두려움으로 위축되어 있는 동안 그들에게 여러 가지 물건을 던지면서 말할 수 없이 즐거워했다.

비록 마음에 없는 칭찬으로 헐뜯지만, 엄마는 자신이 딸처럼 매우 매력적이며, 딸이 자신과 더 가깝게 닮았다고 느꼈다. 하지만 자신과 비교하면 확실히 딸이 떨어진다고 생각했다. 정신병 발작 기간 동안 딸이 취한 첫 번째 행동 중의 하나는 자신의 머리카락을 모두 자르겠다고 엄마에게 알리는 것이었다. 엄마가 자르지 말라고 애원하는 동안 그녀는 그것을 잘라버렸다. 그 후에 엄마는 자신의 소녀 시절 사진을 보여주면서, 환자가 아름다운 머리카락만 있다면 어떻게 보일 것인지를 사람들에게 설명했다.

엄마는 자신이 하는 행위의 중요성을 인식하지 못한 채, 딸의 질병을 똑똑하지 않다는 것과 어떤 뇌 조직의 문제로 생각했던 것으로 보인다. 엄마는 언제나 딸의 질병을 자신의 학교 성적으로 증명된 자신의 지능과 대조했다. 그녀는 자신의 딸을 성의 없는 생색과 달래는 식으로 대했다. 예를 들면 그녀는 정신과 의사가 있을 때는 딸이 더 이상 충격 요법을 받지 않도록 하겠다고 딸에게 약속해놓고는, 딸이 방을 나가자마자 의사에게 딸이 입원해서 전기 충격 요법을 받아야 되지 않느냐고 물었다. 이 기만적인 행동에 대한 한 가지 암시가 엄마의 치료 기간 동안에 나타났다. 딸이 이전에 세 번이나 입원했지만, 엄마는 자신이 임신했음을 알았을 때 정신 발작을 일으켰다는 사실을 의사에게 말한 적이 없었다. 가족들은 그녀를 재빨리 가까운 읍에 있는 작은 요양소로 보냈으며, 그녀의 진술에 의하면 그녀는 6주 동안 침대에 묶여 있었다. 그동안 그녀의 가족은 그녀를 방문하지 않았으며, 부모와 자매를 제외하고 누구도 그녀가 입원했다는 사실을 알지 못했다.

치료 중에 환자의 엄마가 격렬한 감정을 드러낸 적이 두 번 있었다. 한 번은 자신의 정신병 경험과 관련된 것이었고, 나머지는 의사가 딸과 남편 중에 한쪽을 택하도록 강요하여 자신을 미치게 한다고 고발한 마지막 방문 때였다. 의사의 충고를 거부하고, 그녀는 딸을 치료에서 빼내갔다.

아빠도 엄마만큼이나 가족 내부 상황의 항상성homeostasis 측면에 관련되어 있다. 예를 들면 그는 딸이 만족스러운 정신병 치료를 받을 수 있는 곳으로 딸을 데려가기 위해 중견 변호사 지위를 포기해야 했다고 진술했다. 그 후에 환자로부터 얻은 암시(예컨대 딸은 '신경질적인 네드' 라는 인물을 자주 언급했다)를 기초로 의사는 아빠로부터, 그가 자신의 직업을 싫어했으며 몇 년 동안 '부담에서 벗어나려고' 시도해왔다는 것을 밝힐 수 있었다. 그럼에도 불구하고 그는 딸 때문에 이사하게 된 것으로 딸이 생각하게 만들었다.

임상 자료의 검토를 토대로, 우리는 많은 관찰을 통해 다음과 같은 깊은 인상을 받았다.

(1) 이중 구속 상황이 환자에게 야기하는 절망, 공포, 분노, 홍분 따위를 엄마는 차분히 납득하지 못하겠다는 듯이 무시해버렸다. 우리는 이중 구속 상황을 만들어내거나 확대할 뿐만 아니라 엄마가 만든 이중 구속 상황을 강화하는 아빠의 반응에 주목했으며, 수동적이고 격분했지만 무기력한 아빠가 환자와 동일한 방식으로 포로가 되는 것을 보았다.

(2) 정신병은 어느 정도 이중 구속의 금지와 통제 효과를 극복하기 위해 이중 구속 상황을 처리하는 방식으로 여겨진다. 정신병 환자는 자신을 속박하는 힘들에 대한 통찰을 보여주는 예리하고 뜻 깊은 은유적 발언을 종종 할 수도 있다. 거꾸로 자신이 어느 정도 이중 구속 상황을 설정하는 전문가가 될 수도 있다.

(3) 우리의 이론에 따르면, 이미 기술된 커뮤니케이션 상황은 엄마의 안전에 필수적이며, 추론에 의하면 가족의 항상성에도 필수적이다. 만약 그렇다면, 환자의 정신 요법을 조종하려는 엄마의 시도에 환자가 덜 상처 입도록 할 경우 엄마에게 불안을 초래할 것이다. 이와 비슷하게, 의사가 엄마에게 그녀가 환자에게 야기하는 상황의 역동성을 설명하면 그녀는 불안한 반응을 보일 것이다. 우리는 환자와 가족 사이에 지속적인 접촉이 있을 경우 이것이 (특히 환자가 정신 요법을 받는 동안 집에서 생활할 때) 엄마, 또는 부모 모두, 또는 형제자매들에

게 동요를 일으킨다는(종종 심각하게) 인상을 받았다.[145]

현재 상태와 미래 전망

많은 저자들이 정신분열증을 인간의 사고와 행동의 다른 형태들과 극단적인 대조를 이룬다는 관점에서 다루어왔다. 정신분열증은 격리할 수 있는 현상이지만, 정상적인 사람들과의 차이를 너무 강조하는 것——정신병 환자의 공포스러운 육체적 격리 같은 것——은 문제를 이해하는 데 아무런 도움을 주지 않는다. 우리의 접근법에서 정신분열증은 모든 커뮤니케이션에서 중요한 일반 원리를 포함하고 있고, 따라서 유익한 많은 유사점이 '정상적인' 커뮤니케이션 상황에서 발견된다고 우리는 주장한다.

우리는 특히 정서적 중요성뿐만 아니라 메시지 등급을 구별할 필요성도 필연적으로 포함하는 다양한 종류의 커뮤니케이션에 관심을 기울여왔다. 그런 상황들은 놀이, 유머, 의식(儀式), 시, 소설 등을 포함한다. 우리는 놀이, 특히 동물들 사이의 놀이에 대해서 얼마 동안 연구했다.[146] 동물들의 놀이는 메타메시지의 발생을 두드러지게 예증하며, 이 메타메시지의 정확한 식별은 관련된 개체들의 협동에 매우 중요하다. 예를 들면 이 메타메시지를 틀리게 구별하면 쉽게 싸움이 발생한

145) Don D. Jackson, "An Episode of Sleepwalking", *Journal of the American Psychoanalytic Association*(1954), 2 : 503~508쪽 ; Don D. Jackson, "Some Factors Influencing the Oedipus Complex", *Psychoanalytic Quarterly*(1954), 23 : 566~581쪽.
146) G. Bateson, "A Theory of Play and Fantasy", *Psychiatric Research Reports*, 제2호.

다. 놀이와 매우 밀접하게 관련된 우리 연구의 계속적인 주제는 유머다. 유머는 놀이와 매우 밀접하게 관련돼 있다. 유머는 논리 형태의 갑작스러운 이동뿐만 아니라 그러한 이동의 구별과 연관되어 있다. 의식(儀式)은 대개 논리 형태의 사실적 또는 글자 그대로의 신에 대한 찬미가 정신분열증 환자가 자기 망상의 '실체'를 옹호하는 만큼이나 대단히 옹호되고 시행되는 영역이다. 시는 다양한 기호로 표시되었을 때 은유가——매우 드문 은유조차도——갖는 커뮤니케이션의 힘을 예증하며, 정신분열증 환자의 표시되지 않은 은유가 갖는 모호성과는 대조를 이룬다. 얼마간 현실에 대한 표지를 갖고 있는 일련의 사건에 대한 묘사나 이야기로 정의되는 허구적인 커뮤니케이션의 전 영역은 정신분열증에 대한 연구와 가장 관계가 깊다. 우리는 허구에 대한 해석의 내용보다——비록 구순기와 파괴적인 테마에 대한 분석이 정신분열증 연구에 빛을 비춰주고 있지만——, '현실'의 허구적 표현 속에 다양한 수준의 메시지들이 공존하는 것과 관련된 형식적 문제들에 더 관심이 있다. 연기자와 관객 모두가 현실뿐만 아니라 극적인 실체에 관한 메시지에도 반응하는 연극은 이런 점에서 특히 흥미롭다.

우리는 최면에도 광범위한 관심을 기울이고 있다. 정신분열증으로 발생하는 많은 현상——환각, 망상, 인격 변화, 기억 상실 등—— 은 정상인에게도 최면에 의해 일시적으로 생긴다. 이들을 순전히 특별한 현상으로 생각할 필요는 없으며, 이들은 배열된 커뮤니케이션 연쇄의 '자연적인' 결과일 수 있다. 예를 들면 에릭슨M. H. Erickson[147]은 먼저 피험자의 손에 강직증catalepsy을 유발한 다음 "어떻게 하더라도

---

147) M. H. Erickson, "Personal communication" (1955).

당신은 손을 움직일 수 없다. 그러나 내가 신호를 보내면 그 손을 움직여야 한다"라고 말하면서 환각을 불러일으킬 것이다. 즉 그는 피험자에게 피험자의 손이 같은 자리에 그대로 있겠지만, 자신은 피험자가 의식할 수 없는 방식으로 그 손을 움직이게 할 것이라고 말한다. 에릭슨이 신호를 보내면, 피험자는 손이 움직였다는 환각을 갖거나, 자신이 다른 장소에 있고 그래서 손이 움직였다는 환각을 갖는다. 논의가 불가능한 모순적인 명령으로 야기된 문제를 해결하기 위해 환각을 이렇게 이용하는 것은 논리 형태의 전환을 통해 이중 구속 상황을 해결하는 것을 우리에게 보여주는 것 같다. 직접적인 제안이나 진술에 대한 최면 반응도 일반적으로 "여기 물 한 잔이 있어요" 또는 "당신은 지쳤어요"라는 말을 외적 또는 내적인 현실로 인식하거나, 정신분열증 환자처럼 흔히 은유적 진술에 대해 글자 그대로 반응하는 것처럼 논리 형태의 전환을 포함하고 있다. 이렇게 조절할 수 있는 상황 속에서 진전된 최면 유도, 최면 현상, 각성에 대한 연구는 정신분열증과 같은 현상을 일으키는 핵심적인 커뮤니케이션 연쇄에 대한 우리의 시각을 날카롭게 하는 데 도움이 될 것이다.

에릭슨의 또 다른 실험은 특별히 최면술을 사용하지 않고 이중 구속 커뮤니케이션의 연쇄를 분리하는 것 같다. 에릭슨은 줄담배를 피우는 한 젊은이를 자기 옆에 앉히고 담배를 피우지 못하게끔 세미나를 준비했다. 다른 참석자들은 해야 할 일에 대해 설명을 들었다. 모든 것이 지시되었고 그래서 에릭슨은 젊은이에게 담배를 주려고 계속 몸을 돌리지만, 그때마다 누군가의 질문으로 방해를 받아서 젊은이에게 담배를 전달하는 것에서 '우연히' 물러나야 했다. 나중에 다른 참석자가 에릭슨 박사에게서 담배를 받았느냐고 젊은이에게 물었다. 젊은이는

"무슨 담배요?"라고 되물어서 자신이 전체 과정을 기억하지 못했다는 것을 분명히 보여주었으며, 심지어 담배를 피우기에는 세미나가 너무 재미있다고 말하면서 다른 참석자가 권하는 담배를 거절했다. 우리에게 이 젊은이는 어머니와의 이중 구속 상황에 처해 있는 정신분열증 환자와 실험적으로 유사한 상황에 놓인 것으로 보인다. 중요한 관계, 모순적인 메시지(여기서는 주고서 치워버리는), 차단된 논평——세미나는 계속 진행되고 있었고, 어쨌든 모든 것이 우연히 일어난 일이었기 때문이다—— 이라는 점에서 말이다. 그리고 일련의 이중 구속에 대한 기억 상실과 '그가 주지 않는다'에서 '나는 원하지 않는다'로의 반전이라는 비슷한 결과가 주목된다.

지금까지 부차적인 영역들을 살펴봤지만, 우리의 주된 관찰 분야는 정신분열증 그 자체다. 우리 모두가 정신분열증 환자를 직접 다루었으며 임상 자료는 대부분 더 상세한 연구를 위해 테이프에 녹음되었다. 덧붙여서, 우리는 환자들과 그들의 가족이 함께 하는 인터뷰를 기록했으며, 정신분열 전단계라고 추정되는 정신이상 어린이와 엄마들의 유성 영화를 촬영하기도 했다. 우리가 바라는 것은 정신분열증 환자가 되는 개인의 가족 상황에서 유아기의 시초부터 꾸준히 계속된다고 가정되는 지속적이면서 반복적인 이중 구속 상황에 대한 명백한 증거 기록을 이런 작업들을 통해 제공할 수 있게 되는 것이다. 이런 기본적인 가족 상황과, 정신분열증의 명백한 커뮤니케이션 특징들이 이 논문의 주된 초점이 되었다. 그렇지만 우리는 또한 우리의 개념들과 이런 자료들의 일부가 다양한 다른 증상들, 정신분열증이 분명히 나타나기 전의 '순응한 상태'의 성격, 정신병적 붕괴의 본질과 상황들 같은 정신분열증의 다른 문제들에 관한 미래의 연구에도 유용하게 되기를 희망한다.

이 가설과 치료의 관련

정신 요법 그 자체는 글자 그대로의 뜻과 은유, 현실과 환상 사이의 모호한 경계를 탐험하는 다수준적 커뮤니케이션의 맥락이며, 실로 다양한 형태의 놀이, 연극, 최면이 치료에 광범위하게 사용되고 있다. 우리는 치료에 관심을 가져왔으며, 우리 자신의 자료 말고도 검사 기록, 말한 그대로의 기록, 다른 의사들의 치료에 대한 개인적 이야기들을 수집하고 기록하고 있다. 이중에서 우리는 대개 이해하기는 어렵지만, 정신분열증 환자의 진술은 다른 사람이 어떻게 그에게 말하느냐에 따라 크게 좌우된다고——확신하기 때문에, 우리는 정확한 기록을 선호한다. 만약 인터뷰를 단지 기술하기만 한다면, 특히 그 기술이 이미 이론적인 용어로 이루어져 있다면, 치료 면담에서 실제로 무슨 일이 일어났는지를 평가하기는 아주 어려울 것이다.

하지만 약간의 일반적 견해와 몇몇 고찰을 제외하면, 우리는 이중 구속과 정신 요법의 관계에 대해 아직 논평할 준비가 되어 있지 않다. 현재는 단지 다음과 같은 것을 언급할 수 있을 뿐이다.

(1) 이중 구속 상황은 정신 요법의 무대와 병원 환경에 의해, 그리고 그 내부에서 만들어진다. 이런 가설의 관점에서, 정신분열증 환자에 대한 의학적 '친절benevolence'의 효과는 의심스럽다. 병원은 환자의 복지를 위해 존재하는 것과 똑같이——그 정도로——그 이상으로——병원 직원들의 복지를 위해서도 존재하므로, 환자를 위해 '친

절하게' 취해져야 할 행동이 실제로는 직원들에게 더 편하도록 의도
되었을 때 그로 인해 가끔은 모순이 발생할 것이다. 시스템이 병원의
목적을 위해 조직되었으면서도 병원 활동이 환자의 편의를 위한 것이
라고 환자에게 밝힐 때마다 정신분열을 발생시키는 상황은 계속 존재
할 것이라고 우리는 생각한다. 이런 종류의 기만은 환자가 이중 구속
상황처럼 그것에 반응하도록 자극할 것이며, 환자의 반응이 간접적이
며 환자가 자신이 기만당한다고 느끼는 사실에 대해 논평할 수 없다
는 의미에서 그의 반응은 '정신분열증적'일 것이다. 작고 보기 좋으
면서 다행히 즐거운 하나의 광경이 그런 반응을 예증한다. 헌신적이
고 '친절한' 의사가 근무하고 있는 병동에서의 일이다. 그 의사의 방
문에는 '의사실, 노크해주세요'라고 쓰인 표지가 붙어 있었다. 의사
는 그 문을 지날 때마다 매번 조심스럽게 노크를 하는 유순한 환자들
때문에 주의가 산만해졌고 결국 항복하고 말았다.

(2) 이중 구속과 그것의 커뮤니케이션적 측면에 대한 이해는 치료
기술의 혁신을 이끌 수도 있다. 혁신이 무엇인지는 말하기 어렵지만,
우리가 조사한 것을 기초로 우리는 정신 요법에서 이중 구속 상황이
일관되게 발생한다고 주장하고 있다. 가끔 이중 구속은, 의사가 환자
의 병력에 나타나는 것과 유사한 이중 구속 상황을 환자에게 강요하
거나, 환자가 의사에게 이중 구속 상황을 강요하고 있다는 의미에서,
무심코 일어난다. 때에 따라서는 의사가 의도적 또는 직관적으로 이
중 구속 상황을 부과하여, 환자가 과거에 반응했던 것과 다르게 반응
하도록 강제하기도 하는 것 같다.

한 유능한 정신 요법 의사가 경험한 어떤 사건은 이중 구속 커뮤니
케이션의 연쇄에 대한 직관적인 이해를 예증한다. 프리다 프롬-라이

히만Frieda Fromm-Reichmann 박사[148]는 일곱 살 때부터 강력한 신들이 가득 찬, 매우 복잡한 자신만의 종교를 세운 젊은 여인을 치료하고 있었다. 그녀는 정신분열증이 심각한데도 치료받는 것을 매우 주저했다. 치료를 시작할 때 그녀는 "신(神) R가 당신과 말하면 안 된다고 했어요"라고 말했다. 프롬-라이히만 박사는 이렇게 응답했다. "자, 기록을 좀 합시다. 내게는 신 R가 존재하지 않으며, 당신의 세계도 전혀 존재하지 않아요. 하지만 당신에게는 존재하므로, 내가 당신에게서 그것을 제거할 수 있다고 나는 절대로 생각하지 못해요. 나는 그것이 무엇을 의미하는지도 몰라요. 그래서 나는 당신과 그 세계의 언어로 이야기하려고 해요. 그저, 내게는 그 세계가 존재하지 않는다는 것을 우리가 이해하기 위해 내가 그렇게 한다는 것을 당신이 알아주기만 하면 좋겠소. 이제 신 R에게 가서 우리가 얘기를 해야 한다고 말하면 그는 허락하게 될 겁니다. 또한 당신은 그에게 내가 의사라는 것과 당신이 그의 왕국에서 일곱 살 때부터 열여섯 살인 지금까지 9년 동안 함께 살아왔지만 그가 당신을 도운 적이 없었다고 말해야 해요. 그렇게 하면 신은 이제 당신과 내가 그 일을 할 수 있는지 없는지 한번 해보라고 내게 허락할 거예요. 신에게 가서 내가 의사이고 이것이 바로 내가 하려고 하는 일이라고 말하세요."

의사는 자신의 환자를 '치료적 이중 구속' 상태로 만든다. 만약 환자가 신에 대한 자신의 믿음을 의심하는 말을 하게 된다면, 그때 그녀는 프롬-라이히만 박사에게 동의해서 치료받는 것을 허락할 것이다. 만약 그녀가 신 R가 실재한다고 주장한다면, 그녀는 신에게 가서 프

---

148) 프롬-라이히만, 사적인 대화, 1956.

롬–라이히만 박사가 신보다 '더 강력하다'고 말해야 할 것이다——다시 의사와 접촉하는 것을 허락할 것이다.

치료를 위한 이중 구속 상황과 본래의 이중 구속 상황의 차이는, 부분적으로는, 의사 자신은 생사의 투쟁에 관계되지 않는다는 사실에 있다. 그러므로 의사는 상대적으로 도움이 되는 구속 상황을 마련하고 점차적으로 환자가 이중 구속에서 해방되는 것을 돕는다. 의사에 의해 고안된 독특하고도 적절한 치료의 첫 시도는 대부분 직관적인 것 같다. 그런 천재적인 능력들이 체계적이고 평범한 것으로 충분히 이해될 그날을 향해 분투하는 대부분의 정신 요법 의사들과 우리는 목표를 같이하고 있다.

그 밖의 참고문헌

J. Haley, "Paradoxes in Play, Fantasy, and Psychotherapy", *Psychiatric Research Reports*(1955), 2 : 52~58쪽.

J. Ruesch · G. Bateson, *Communication : The Social Matrix of Psychiatry* (New York : Norton, 1951).

정신분열증의 집단 동역학[149]

　먼저 이 논문의 제목에 매우 특정한 의미를 부여하려고 한다. 내가 사용하는 '집단' 이라는 단어에 부여된 핵심 개념은 구성원들 사이의 관계라는 개념이다. 이미 결정된 커뮤니케이션 습관을 갖고 있지 않은, 즉 역할의 습관적인 분화가 없는 대학원생들로 구성된 실험 집단에서 발생하는 현상에 대해 나는 관심이 없다. 내가 주로 언급하는 집단은 가족이다. 일반적으로, 자식들 중 한두 명은 외계에 대한 반응의

---

149) 이 글은 '정신분열증 환자의 커뮤니케이션 연구 프로젝트' 에 참여한 연구진의 생각들을 한데 모아 보여주는 것이다. 연구진은 그레고리 베이트슨, 제이헤일리, 존 위클랜드, 의학박사 돈 잭슨, 의학박사 윌리엄 프라이William F. Fry로 구성되었다.
　　애플비L. Appleby, 셰어J. M. Scher, 커밍J. Cumming이 편집한《만성 정신분열증 : 이론과 치료에 대한 조사*Chronic Schizophrenia : Explorations in Theory and Treatment*》(Glencoe, Illinois : The Free Press, 1960)에 발표되었던 것을 출판사의 허락을 받아 여기에 재수록했다.

빈도나 성격에 있어서 정상적인 사람과 두드러지게 다른 반면에 부모는 전체적으로 비정상적이라고 인식되지 않은 채 자신들의 주변 세계에 적응하고 있는 그런 가족에게 나는 관심을 갖고 있다. 또한 이런 가족과 유사한 다른 집단들, 즉 보호 병동에 있는 집단을 생각하고 있다. 그 집단의 구성원들 중에 일부는 정신분열증적 또는 유사분열증적 행동을 촉진시키는 방식으로 움직인다.

동역학이라는 단어는 인간의 상호작용을 다루는 모든 연구에서, 특히 연구 대상에 의해 드러난 변화나 학습을 강조할 때 막연하게 관습적으로 사용된다. 여기에서도 관습적인 사용을 답습하고 있지만, 그것은 잘못된 이름이다. 그것은 완전히 잘못된, 물리학과의 유추를 연상시킨다.

'동역학' 이라는 단어는 근본적으로 어떤 사건의 기술을 위해 물리학자와 수학자들이 고안해낸 말이다. 하나의 당구공이 다른 공에 가한 충격은 엄격한 의미에서 동역학의 주제이지만, 당구공이 반응을 보인다behave고 말하는 것은 언어를 잘못 사용하는 것이다. 동역학은 열역학 제1법칙, 즉 에너지 보존 법칙에 사건들이 위반되는지 여부를 물었을 때 확인 가능한 설명을 가진 사건들을 적절하게 기술한다. 하나의 당구공이 다른 공을 쳤을 때, 두 번째 공의 움직임은 첫 번째 공의 충격에 의해 에너지를 공급받으며, 이러한 에너지의 이동이 동역학의 핵심 주제다. 하지만 우리는 이런 특성을 갖는 사건의 연쇄에 관심을 기울이지 않는다. 내가 돌멩이를 차면 돌멩이의 운동은 나의 행동으로 에너지를 공급받지만, 내가 개를 발로 찬다면 개의 행동 속에 보존된 나의 에너지는 일부분일 것이다. 충분히 세게 찬다면 개는 뉴턴의 궤도를 그리면서 움직이겠지만, 이것은 물리학의 문제에 지나지 않는다. 중요한 것은 개가 발로 찬 행동에 의해서가 아니라 자신의 신진대사로 에너지를 공급받아 반응할 것이라는 점이다. 결국 개는 돌아서서 물지도 모른다.

이것은 내가 생각하기에 사람들이 마술이라고 부르는 것이다. 우리가 관심을 갖는 현상의 영역은 항상 '관념'이 사건에 영향을 미칠 수 있다는 사실로 특징지어진다. 물리학자들에게 이것은 전체적으로 마술적 가설이다. 에너지 보존에 관한 질문으로 검증될 수 없는 것이다.

하지만 이 모든 것들은 베르탈란피Ludwig von Bertalanffy에 의해 좀더 이상적이고 엄격하게 설명되어왔다. 이것들은 내가 커뮤니케이션이 발생하는 현상이라는 영역을 좀더 용이하고 깊게 탐험하게 했다. 우리가 동역학이라는 말을 물리학에서와 같은 의미로 사용하지 않는다는 것이 분명히 이해된다면, 우리는 동역학이라는 관습적인 용어에 만족할 것이다.

아마도 로버트 루이스 스티븐슨Robert Louis Stevenson[150]이 〈가엾은 것The Poor Thing〉에서 이런 마술적인 영역의 특징을 가장 생생하게 묘사했을 것이다. "내 생각에는 이거나 저거나 다 괜찮다. 말의 편자도 그럴 것이다." 'yes'라는 단어나 햄릿의 전 공연, 두피의 적절한 곳에 에피네프린epinephrine을 주사하는 것은 서로 교환될 수 있는 것들이다. 그중 어떤 것을 취해도 그것은 그 순간에 설정된 커뮤니케이션의 관행에 따라 질문에 대한 긍정의(또는 부정의) 대답이 될 것이다. "육로라면 하나, 해로라면 둘"이라는 유명한 메시지[151]에서 실제로 사

---

150) R. L. Stevenson, "The Poor Thing", *Novels and Tales of Robert Louis Stevenson*,
    vol. 20(New York : Scribners, 1918), 496~502쪽.
151) (옮긴이주) 롱펠로Longfellow의 서사시 〈폴 리비어의 말 달리기Paul Revere's

용된 물건은 램프였지만, 커뮤니케이션 이론의 시각으로 보면 그것은 땅돼지aardvarks에서 관골궁zygomatic arches 사이의 어떤 것이라도 가능하다.[152]

　그 순간에 사용하고 있는 커뮤니케이션의 관행에 따라 어떤 것은 다른 어떤 것을 의미할 수 있다는 말은 매우 혼란스러울 수도 있다. 하지만 이런 마술의 영역은 그렇게 간단한 것이 아니다. 커뮤니케이션의 관행에 따라 말의 편자는 다른 어떤 것을 의미할 수 있을 뿐만 아니라 동시에 커뮤니케이션의 약속을 바꾸는 신호가 될 수도 있다. 내가 등 뒤에서 손가락을 교차시켜 행운을 비는 것은 모든 것의 성격과 함축된 의미를 바꿀 수 있다. 다른 많은 정신분열증 환자들처럼 일인칭 대명사를 사용하는 데 어려움을 겪던 환자 한 명이 생각나는데, 그는 특히 자신의 이름으로 서명하기를 싫어했다. 그는 많은 가명, 즉 자신을 표현하는 다양한 이름을 가지고 있었다. 그가 있던 보호 병동에서 외출증을 얻으려면 자신의 이름으로 서명해야 했다. 하지만 그는 가명을 쓰겠다고 우겼기 때문에 한두 주일 동안 외출증을 받지 못했다. 어느 날 그는 다음 주말에 외출할 것이라고 말했다. 내가 "아, 서명했어요?"라고 묻자 그는 이상하게 씩 웃으면서 "예"라고 대답했다. 그의 진짜 이름이 'Edward W. Jones'였다고 하자. 그가 실제로 서명한 이름은 'W. Edward Jones'였다. 병동 관리인들은 그 차이를 발견하지

Ride〉에 나오는 말로, 보스턴 안전위원회의 연락원으로 있던 폴 리비어가 보스턴 차(茶) 사건으로 인한 1775년 영국군의 진격으로 보스턴이 위험에 처하게 된 사실을 자신의 고향 사람들에게 알리기 위해, 만약 영국군이 육로로 오면 하나의 램프로, 해로로 오면 두 개의 램프로 신호하겠다는 이야기다.

152) (옮긴이주) 알파벳의 가장 첫 글자로 시작되는 사물과 가장 마지막 글자로 끝나는 사물 사이의 어떤 것이라도 가능하다는 것을 표현한 말이다.

못했다. 그들은 자신들이 싸움에서 이겼고 그래서 환자가 제정신으로 행동하게 만들었다고 생각했다. 하지만 환자에게 그것은 '그(진짜 자기)는 서명하지 않았다'라는 메시지였다. 그는 싸움에서 이겼다. 그것은 등 뒤에서 손가락을 교차시켜 행운을 비는 것과 같은 것이었다.

모든 커뮤니케이션은 이런 특징을 띤다――그것은 수반하는 커뮤니케이션에 의해 마술적으로 수정될 수 있다. 우리는 이 토론회에서 우리가 무엇을 하고 있는가와 우리에게 우리의 전략은 어떤 것인가를 기술하면서, 환자와 상호작용하는 다양한 방식에 대해 토론하고 있다. 환자의 관점에서 우리의 행동을 토론하는 것은 더욱 어려울 것이다. 우리가 환자들에 대한 우리의 커뮤니케이션을 어떻게 손질해야 환자들이 받은 경험이 치료 효과를 발휘하게 될까?

예를 들면, 애플비Lawrence Appleby는 자기 병원의 일련의 절차에 대해 기술했으며, 내가 만약 정신분열증 환자로서 그것을 듣고 있다면, 나는 "그것은 모두 직업적인 치료법처럼 들리는군요"라고 말하고 싶을 것이다. 그는 아주 믿을 만한 수치를 들어 자신의 프로그램이 성공적이라고 우리에게 설명한다. 그리고 그가 자신의 성공에 대한 증거를 제공하면서 진실을 말하고 있었다는 것은 의심의 여지가 없다. 만약 그렇다 해도, 프로그램에 대한 그의 설명은 필연적으로 불완전한 것임에 틀림없다. 그 프로그램에서 환자들이 얻은 경험은 그가 설명한 무미건조한 프로그램의 골자보다 좀더 생생한 것임에 틀림이 없다. 치료 절차의 전체 과정은 아마 열정이나 유머, 완성되어 있던 수학 기호를 변화시키는 어떤 일련의 기호들――더하기나 빼기――에 의해 틀림없이 수정되었을 것이다. 애플비는 단지 우리에게 말의 편자에 대해서만 말했으며, 편자가 의미한 것을 결정한 다양한 현실들에 대해서는 말하지 않았다.

그것은 어떤 음악이 C장조로 작곡됐다고 말하고, 이런 최소한의 진술만으로 이 곡이 듣는 사람의 기분을 특정한 방향으로 변화시키는 이유를 우리에게 이해시키기에 충분했다고 믿으라는 것과 같다. 모든 그런 설명에서 생략된 것은 커뮤니케이션의 엄청나게 복잡한 변조다. 이런 변조가 음악을 음악적이게 한다.

커뮤니케이션의 이런 마술적 영역을 좀더 검토하기 위해 음악에서 광범한 생물학적 상사로 이동해보자. 모든 유기체는 부분적으로 유전에 의해, 즉 원칙적으로 염색체에서 전달된 메시지의 복잡한 배열에 의해 결정된다. 우리는 커뮤니케이션 과정의 산물이며, 환경의 영향에 의해 다양한 방식으로 변형되고 조정된다. 따라서 게와 바닷가재 또는 작은 완두콩과 큰 완두콩처럼 서로 가까운 유기체 사이의 차이는 항상 메시지 배열의 변화와 변조로 만들어질 수 있는 그런 종류의 차이라는 사실이 나온다. 때때로 메시지 체계에서의 이런 변화들이 상대적으로 구체적인 경우가 있는데 상대적으로 표면적인 해부학의 세부 사항을 다스리는 어떤 질문에 대한 대답이 '예'에서 '아니요'로 바뀌는 경우다. 동물의 전체 모습은 망판 블록에서 한 개의 점처럼 작은 것으로도 변화될 수 있으며, 그 변화는 유전 메시지의 전체 체계를 수정하고 변조할 수도 있으므로, 모든 이웃하는 메시지들과의 이전 관계는 그대로 유지하는 동안 체계의 모든 메시지는 다른 모습을 가지게 된다. 배열의 한 부분에 변화의 충격을 받으면서도 메시지 사이의 관계는 여전히 안정되어 있다는 사실이 "변하면 변할수록 같아진다Plus ça change, plus c'est la même chose"라는 프랑스 격언에 대한 근거를 제공한다. 여러 가지로 경사진 좌표 위에 그려질 수 있는 다양한 유인원의 두개골들이 근본적인 관계의 유사성과 한 종에서 다른 종으로의 체계적인 변형의 본질을 증명한다는 것은 이미 알려진 사실이다.[153]

나의 아버지는 유전학자였으며, "그것은 모두 진동vibration이다"[154] 라고 말하곤 했다. 그리고 이것을 증명하기 위해 아버지는 보통 얼룩말의 줄무늬 수가 그레비 얼룩말[155]의 줄무늬보다 한 옥타브 높다고 지적했다. 이런 특정한 경우에 '빈도'가 두 배로 되는 것이 사실일지라도, 나는 아버지가 설명하려고 노력한 것이 전적으로 진동의 문제였다고는 생각하지 않는다. 오히려 아버지는 그것은 모두 체계의 결정 인자들이 있는 그대로의 의미에서의 물리학의 문제가 아니라 메시지와 수정된 메시지 체계가 문제인 그런 체계들 사이에서 예측될 수 있는 일종의 변조의 문제라고 말하려 했다.

어쩌면 유기체의 형태가 우리에게 아름답게 느껴지고, 차이는 체계적인 커뮤니케이션의 변조에서 비롯되기 때문에 체계적인 생물학자들이 오직 관계된 유기체 간의 차이에서 심미적 만족을 발견할 수 있다는 것 역시 전혀 무가치할 수도 있지만, 우리 자신은 커뮤니케이션

---

153) D. W. Thompson, *On Growth and Form*, vol. 2(Oxford : Oxford Univ. Press, 1952).

154) Beatrice C. Bateson, *William Bateson, Naturalist*(Cambridge : Cambridge Univ. Press, 1928).

155) (옮긴이주) 그레비 얼룩말은 얼룩말 중에서 가장 덩치가 크며, 다른 얼룩말에 비해 줄무늬가 좁고 많다. 배에는 줄무늬가 없으며, 귀가 둥글고 크다. 발굽은 너비가 넓다. 덤불진 곳에서 10~12마리씩 떼 지어 살며, 나이 많은 수컷이 리더가 된다. 임신 기간은 약 13개월이며, 암컷은 5~8월에 새끼를 한 마리 낳는다. 서식지는 에티오피아, 소말리아, 케냐 북부다. 1882년에 에티오피아의 국왕이 프랑스의 쥘 그레비 대통령에게 선물한 바 있는데, 이 때문에 현재와 같은 이름이 붙었다.

하는 유기체이며 그 형태는 유전 메시지의 배열로 결정된다. 그러나 이 글은 미학 이론의 수정을 위한 것이 아니다. 수학의 군(群) 이론에 밝은 전문가는 이 분야에 커다란 공헌을 할 수 있을 것이다.

모든 메시지와 메시지의 부분들은 수학자들이 괄호 안에 넣는 구절이나 등식의 부분 같은 것이다. 괄호의 외부에는 항상 그 구절의 방향을 바꿀 수 있는 한정자qualifier나 승수multiplier가 있을 수 있다. 게다가 이 한정자들은 심지어 몇 년 후에도 언제나 덧붙여질 수 있다. 그 한정자들이 괄호 안의 구절보다 시간적으로 앞설 필요는 없다. 그렇지 않으면 정신 요법은 있을 수 없다. 환자는 '엄마가 나를 이런저런 식으로 침묵하게 해서 나는 지금 아프다. 그리고 그런 외상 경험은 과거에 일어났기 때문에 변화될 수 없다. 그러므로 나는 좋아질 수 없다'고 주장할 권리를 갖기도 하고 심지어 그렇게 주장하도록 강제되기도 한다. 커뮤니케이션의 영역에서는 과거의 사건들이 오래된 편자의 연쇄를 구성하므로 그 연쇄의 의미들은 변할 수 있으며 계속해서 변하고 있다. 현재 존재하는 것은 기억이라고 부르는 과거에 대한 메시지일 뿐이고, 이 메시지들은 항상 새로 짜 맞춰지며 순간순간 변조될 수 있다.

이 지점에 이르면 커뮤니케이션의 영역은 더 복잡해지고, 더 융통성이 생겨서, 분석은 점점 더 어려워진다. 그런데 집단 개념——많은 사람들에 대한 고려——의 도입은 의미가 뒤범벅된 혼란스러운 영역을 갑자기 단순화할 것이다. 만약 우리가 제멋대로 생긴 많은 돌을 가방에 넣고 흔들거나 바닷가의 파도에 의해 거의 불규칙하게 휩쓸리게 한다면, 순전히 물리적인 시각으로 보더라도 점진적인 체계의 단순화가 나타날 것이다——돌들은 서로 비슷해질 것이다. 결국 돌들은 모두 둥글어지겠지만, 실제 우리는 보통 부분적으로 둥근 조약돌을 볼 수 있다. 균질화된 어떤 형태는 있는 그대로의 물리적 수준에서조차 복잡한 충격으로 생기며, 충격 받는 존재가 복잡한 학습과 커뮤니케이션을 할 수 있는 유기체일 때, 전체 체계는 획일성을 향해, 또는 우리가 조직화라고 부르는 체계적 분화——단순성의 증가——를 향해 급속도로 움직인다. 충격 받는 존재들 사이에 차이가 있다면, 이 차이들은 변화를 겪을 것이고, 그 변화는 차이를 감소시키는 방향이나, 서로 적합하거나 보완하는 방향으로 진행될 것이다. 사람의 집단들 사이에서, 변화의 방향이 균질화를 향하든 보완성을 향하든 관계없이 성취되는 것은 관계의 맥락에서의 메시지와 다른 행위들의 의미와 타당성으로 간주하는 전제의 공유다.

나는 이런 과정과 관계된 복잡한 학습의 문제로 나아가지 않고 정신분열증의 문제로 나아갈 것이다. 개인, 즉 정신분열증으로 진단받은 환자는 가족을 배경으로 하여 존재하지만, 그를 단독으로 관찰하면, 그의 커뮤니케이션 습관에서 어떤 특이성이 나타난다. 이런 특이성들은 부분적으로 유전이나 생리적 우연으로 결정될 수도 있지만, 그들이 속한 커뮤니케이션 체계——가족——내에서의 이런 특이성들의 기능에 대해 묻는 것은 여전히 합당하다. 많은 생명체들은 어떤 의미에서 함께 흔들림을 당하며 그들 중 하나는 나머지와 분명히 다르게 나타난다. 우리는 그 특이한 개체를 구성하고 있다고 생각되는 소재의 차이점뿐만 아니라 그 개체의 특이한 특징이 어떻게 이런 가족 체계에서 발달될 수 있었는가에 대해서도 물어봐야만 한다. 정신분열증으로 진단받은 환자의 특이성을 집단의 다른 구성원의 특징과 어울리는 것으로, 즉 동질적이거나 보완적인 것으로 볼 수 있는가? 대부분의 정신분열 증상이 어떤 의미에서는 학습되거나 경험에 의해 결정되는 것이 틀림없지만, 유기체는 생활 여건과 자기 주위의 유기체들과 교환하는 메시지의 경험에 의해 가르쳐진 것만을 학습할 수 있다. 그는 무작위로 학습할 수 없으며, 단지 자기 주위의 유기체들과 같거나 다르게 학습한다. 따라서 우리는 정신분열증의 경험적 배경을 고찰해야 한다는 필연적인 과업을 갖게 된다.

우리는 우리가 이중 구속 가설이라 불러온 것을 간단하게 요약하려고 한다(이에 대해서는 다른 곳에서 좀더 상세하게 기술한 바 있다[156]). 이 가설은 두 부분으로 이루어져 있다. 정신분열증 환자의 커뮤니케이션 습관에 관한 형식적 기술, 그리고 커뮤니케이션을 특이하게 왜곡하도록 개인을 분명히 훈련시킨 경험의 연쇄에 관한 형식적 기술이 그것이다. 경험적으로 우리는 정신분열 증상에 관한 기술이 전체적으로 만족할 만한 것이며, 정신분열증 환자의 가족들은 이 가설에 의해 예견되는 행동의 연쇄들로 특징지어진다는 것을 알게 되었다.

---

156) G. Bateson · Don D. Jackson · J. Haley · J. H. Weakland, "Toward a Theory of Schizophrenia", *Behavioral Science*(1956), 1 : 251~264쪽 ; G. Bateson, "Language and Psychotherapy, Frieda Fromm-Reichmann's Last Project", *Psychiatry*(1958), 21 : 96~100쪽 ; G. Bateson(moderator), "Schizophrenic Distortions of Communication", *Psychotherapy of Chronic Schizophrenic Patients*, C. A. Whitacker (ed.) (Boston · Toronto : Little, Brown and Co., 1958), 31~56쪽 ; G. Bateson, "Analysis of Group Therapy in an Admission Ward, United States Naval Hospital, Oakland, California", *Social Psychiatry in Action*, H. A. Wilmer(Springfield, Ill. : Charles C. Thomas, 1958), 334~349쪽 ; J. Haley, "The Art of Psychoanalysis", etc.(1958), 15 : 190~200쪽 ; J. Haley, "An Interactional Explanation of Hypnosis", *American Journal of Clinical Hypnosis*(1958), 1 : 41~57쪽 ; J. H. Weakland · Don D. Jackson, "Patient and Therapist Observations on the Circumstances of a Schizophrenic Episode", *AMA Archives of Neurological Psychiatry*(1958), 79 : 554~574쪽.

전형적으로 정신분열증 환자는 자신과 자신이 언급하는 사람과의 관계를 명시적 또는 암시적으로 언급하는 모든 것을 자신의 메시지에서 배제한다. 정신분열증 환자는 일반적으로 일인칭 대명사와 이인칭 대명사를 피한다. 그들은 자신들이 어떤 종류의 메시지를 전달하고 있는지——글자 그대로인지 은유적인 것인지, 또는 직접적인 것인지 비웃는 것인지——에 대해 말하는 것을 회피하며, 자신과 다른 사람들 사이의 친근한 접촉을 시사하는 모든 메시지와 의미 있는 행동을 주고받는 것에 어려움을 겪는 것 같다. 음식을 받아들이는 것도 거의 불가능하지만 음식을 거절하는 것 역시 불가능하다.

호놀룰루에서 열리는 미국 정신의학회 모임으로 떠날 때, 나는 환자에게 내가 떠난다는 것과 목적지를 말해주었다. 그는 창밖을 바라보며 "비행기가 몹시 천천히 날아가는군요"라고 말했다. 그는 "당신이 그리울 거예요"라고 말할 수 없었다. 그렇게 말하면 그는 나와의 관계 속에서 자신을 식별하는 것이 되거나, 자신과의 관계에서 나를 식별하는 것이 되기 때문이다. "당신이 그리울 거예요"라고 말하는 것은 관계의 특징이 되는 메시지의 종류를 규정함으로써 우리의 상호 관계에 대한 기본 전제를 주장하는 것이다.

정신분열증 환자들이 자신이나 자신이 언급하는 상대를 식별하는 어떤 것을 왜곡하거나 회피한다는 것은 주목할 만하다. 자신의 메시지가 식별할 수 있는 두 사람 사이의 관계를 언급하며 그 일부분을 이루기도 한다는 것을 암시하는 어떤 것을 그는 배제할 것이다. 그러한 암시는 관계에서 그들의 행동을 지배하는 어떤 스타일과 전제들로 이루어진다. 그는 자신이 말한 것을 타인이 해석할 수 있도록 만드는 어떤 것을 배제한다. 그는 자신이 은유나 매우 특별한 암호로 이야기하고 있다는 사실을 숨기는 것 같으며, 시간과 공간에 대한 모든 언급을 왜곡하거나 생략하는 것 같다. 웨스턴 유니언의 전보 서식에 비유하면 정신분열증 환자는 전보 서식에 사무 절차를 위해 기입해야 할 것들을 생략하고 정상적인 전체 메시지에 존재하는 메타커뮤니케이션 요소에 대한 어떤 표시를 왜곡하거나 생략하여 자신의 메시지 원문을 수정한다고 말할 수 있을 것이다. 남아 있는 것은 맥락을 표시하지 않는 은유적 진술이다. 또는 극단적인 경우에는 '우리는 무관한 사이다' 라는 메시지를 무감각하게 행동으로 옮긴 것 이외에는 아무것도 남아 있지 않게 된다.

이런 것은 대개 관찰할 수 있는 것이며, 정신분열증 환자는 자기 메시지의 맥락에 대한 자신의 관점이 옳다는 것을 자신이 나타낼 때마다 자신이 처벌받는 것처럼 커뮤니케이션한다는 말로 요약할 수 있다.

우리의 가설에서 병인적 측면의 중심이 되는 '이중 구속' 은 맥락에 대한 누군가의 관점을 정확하게 파악했기 때문에 처벌받는 경험이라는 말로 간단하게 요약할 수 있다. 이런 종류의 연쇄에서 반복되는 처벌의 경험은 마치 그가 그런 처벌을 기대했던 것처럼 습관적으로 행동하게 유도할 것이다.

우리의 어떤 환자의 어머니는 십오 년 동안 가정의 재정 관리를 자신에게 넘기지 않았다고 남편에게 비난을 퍼부었다. 환자의 아버지는 말했다. "당신에게 재정 관리를 맡기지 않은 것은 큰 실수였다는 것을 인정하오. 나는 그것을 시정했소. 잘못했다고 생각하는 이유는 전적으로 당신과 다르지만, 내가 정말 잘못했다는 걸 인정하오."

어머니 당신 지금 농담하고 있군요.

아버지	아니, 농담이 아니오.
어머니	글쎄, 어쨌든 당신이 결국 시정했을 때는 빚을 지고 있었으므로 나는 관심 없어요. 그렇지만 빚에 관해 이야기를 듣지 않을 이유는 없죠. 주부는 당연히 알아야 한다고 나는 생각해요.
아버지	그것은 조(정신분열증 환자인 아들)가 학교에서 집으로 돌아왔을 때 자신에게 문제가 있지만 당신에게 이야기하지 않는 것과 같은 이유요.
어머니	그래요, 교묘하게 둘러대는군요.

이와 같은 패턴의 연쇄는 관계에 대한 아버지의 기여를 계속해서 간단히 무효화한다. 아버지는 계속해서 메시지가 타당하지 않다는 말을 듣는다. 메시지들은 마치 그것들이 그가 생각하고 의도했던 메시지와 어떤 식으로든 달랐던 것처럼 받아들여진다.

그는 자신의 의도에 대해 정확하게 파악했기 때문에 처벌받거나, 그의 응답이 그녀가 말한 것에 적절할 때마다 처벌받는다고 우리는 말할 수 있다.

그러나 이와 반대로, 어머니 쪽에서는 남편이 끊임없이 자신을 오해하고 있는 것으로 여긴다. 이것이 정신분열증을 둘러싼, 또는 정신분열증의 동역학 체계에서 가장 특이한 특징들 중 하나다. 정신분열증 환자를 다루는 모든 의사들은 되풀이되는 이 함정을 인식할 것이다. 환자는 의사가 말한 것을 자기 식대로 해석해서 의사를 곤경에 빠뜨린다. 환자는 자기가 말한 것을 의사가 잘못 해석할 것이라는 기대 때문에 그렇게 행동하기도 한다. 구속은 상호적이다. 사람들은 왜곡하지 않고는 메타커뮤니케이션 메시지를 받거나 내뱉을 수 없는 관계에 이르게 된다.

하지만 일반적으로 그런 관계에는 비대칭이 존재한다. 이 상호간의 이중 구속은 일종의 싸움이며 어느 한쪽이 우위에 있다. 우리는 자식들 중 한 명이 환자로 진단받은 가족과의 연구를 위해 신중한 선택을 했으며, 이런 부분적인 이유로, 우리의 자료에서는 정신병으로 진단된 젊은 구성원에 대해 우위에 있는 사람은 정상으로 여겨지는 부모들이었다. 이런 경우에 환자는 부모의 말은 일리가 있다는 신성한 환상을 유지하기 위해 스스로를 희생하는 이상한 형태의 비대칭을 보인다. 부모와 가까이 있기 위해, 그는 심지어 불일치에 대한 자신의 지각이 옳을 때조차도 자신이 어떤 메타커뮤니케이션의 불일치를 봤다는 것을 지적하는 권리를 희생해야만 한다. 그러므로 무슨 일이 일어나고 있는지에 대한 인식의 분배 방식에서 기묘한 비대칭이 존재한다. 환자는 알 수는 있지만 말해서는 안 되고, 그래서 부모는 환자가 무엇을 하고 있는지 알 수 없게 된다. 환자는 부모의 무의식적인 위선의 공범이다. 그 결과는 참담한 불행이며, 매우 엄청나지만 언제나 체계적인, 커뮤니케이션의 왜곡이다.

게다가 이런 왜곡들이야말로 희생자가 자신의 본성을 파괴해버릴 수 있는, 피해야만 할 함정을 직면하게 되었을 때 언제나 적절한 것으로 여겨지는 것들이다. 이런 패러다임은 페스팅 존스Festing Jones가 쓴 《새뮤얼 버틀러의 일생Samuel Butler : A Memoir》[157]에서 그대로 인용할 만한 가치가 있는 구절로 깔끔하게 예증된다.

버틀러는 시봄 씨의 만찬에 갔는데, 그곳에서 만난 스커칠리에게서 타일

_____

157) H. F. Jones, *Samuel Butler : A Memoir*, vol. 1(London : Macmillan, 1919).

러의 마부가 고안한 쥐덫 이야기를 들었다.

던케트의 쥐덫

던케트 씨는 자기가 설치한 모든 쥐덫이 차례차례 실패했다는 것을 알고, 곡식이 쥐의 먹이가 되어버린다는 절망감에 빠졌다. 그래서 그는 쥐덫을 고안하기로 결심했다. 그는 가능한 한 쥐의 입장에서 생각해보기로 했다.

그는 자문했다. "내가 만약 쥐라면, 세상의 모든 것에 대한 의심 없이 완전히 신뢰함으로써 내가 수상히 여길 수도 없고 동시에 향후 어떤 방향으로도 대담하게 움직일 수 없는 그런 것이 있을까?"

그는 잠시 심사숙고했지만 답을 얻을 수 없었다. 그즈음 어느 날 밤 방이 빛으로 가득 차는 것 같더니 하늘에서 다음과 같은 목소리가 들렸다.

"배수관."

그때 전망이 보였다. 공용 배수관을 의심하는 것은 쥐가 쥐이기를 포기하는 것이다. 스커칠리는 스프링은 안에 숨겨두어야 하지만 파이프의 양끝은 열려 있어야 한다고 다소 길게 설명했다. 만약 파이프의 한쪽 끝이 막혀 있으면 쥐는 당연히 그 속에 들어가려고 하지 않을 것이다. 자기가 다시 나갈 수 있을 거라고 확신하지 못하기 때문이다. 이때 나[버틀러]는 말을 중단시키고 이렇게 말했다.

"아, 내가 교회에 가지 못한 것도 바로 그 때문이죠."

그[버틀러]가 내게 그 말을 했을 때 나[존스]는 그가 속으로 어떤 생각을 하고 있는지 알고 있었다. 만약 그가 그렇게 훌륭한 모임에 있지 않았다면 그는 이렇게 말했을 것이다. "내가 결혼하지 않은 것도 바로 그 때문이죠."

던케트가 어떤 환각 체험을 통해 쥐를 상대로 이런 이중 구속 상황을 발명했다는 것과, 버틀러와 존스 모두가 즉시 쥐덫을 인간 관계의 패러다임으로 간주한 사실에 주목해보라. 실제로 이런 종류의 딜레마는 드물지 않으며 정신분열증의 맥락에만 제한되지 않는다.

따라서 우리가 직면해야 하는 문제는 왜 이런 연쇄들이 정신분열증 환자를 가진 가족에서 특히 빈번하거나 파괴적인가 하는 것이다. 이것을 주장할 만한 통계적인 자료는 없다. 그러나 소수의 이런 가족들을 제한적이지만 집중적으로 관찰한 결과, 이중 구속 경험이 넌더리가 날 정도로 반복해서 일어나도록 상호작용 체계를 한정하는 집단 동역학에 관한 가설을 제공할 수 있었다. 문제는 이 패턴화된 연쇄를 반복해서 재생하는 필연적인 순환 모델을 만드는 것이다.

그런 모델은 폰 노이만과 모르겐슈테른O. Morgenstern의 게임 이론[158]이 제공한다. 여기서는 완전히 수학적으로 엄격하지 않은, 약간 기술적인 용어로 소개하겠다.

폰 노이만은 비구성원의 희생으로 얻을 수 있는 이득을 최대화하기 위해 자기들끼리 연합을 형성할, 완벽한 지성과 이익을 선호하는 존재들이 처한 형식적 조건에 대한 수학적 연구에 관심을 가지게 되었다. 그는 이 존재들이 게임과 같은 것에 참여한다고 상상하고, 나아가 완벽하게 지적이지만 이익-지향적인 선수들이 연합을 형성하도록 만드는 규칙의 형식적 특징에 대해 물었다. 그는 매우 호기심 가는 결론을 내렸으며, 그 결론이 바로 내가 모델로 제안하는 것이다.

선수들이 적어도 세 명은 있어야 연합이 이루어지는 것은 분명하

158) J. Von Neumann · O. Morgenstern, *Theory of Games and Economic Behavior* (Princeton : Princeton Univ. Press, 1944).

다. 그중 두 사람은 나머지 한 사람을 이용하기 위해 연합하며, 만약 게임이 대칭적으로 고안된다면, 분명 다음과 같은 세 가지 해답이 있을 것이다.

AB 대 C

BC 대 A

AC 대 B

이러한 세-사람 체계에서는 어떤 연합이라도 한번 형성되면 안정적이라고 폰 노이만은 설명한다. 만약 A와 B가 연합했다면, C가 그 연합에 대해 할 수 있는 것은 아무것도 없다. 그리고 아주 흥미롭게도 A와 B는 반드시 (규칙에 대한 보완으로) 약속을 발전시킨다. 예를 들면 그 약속은 그들이 C의 접근에 귀 기울이는 것을 금지한다.

다섯-사람 게임에서 형세는 완전히 달라진다. 거기에는 다양한 가능성이 있다. 네 선수가 한 선수를 상대로 연합을 계획할 수도 있다. 다음과 같은 다섯 가지 패턴으로 나타날 수 있다.

A 대 BCDE

B 대 ACDE

C 대 ABDE

D 대 ABCE

E 대 ABCD

하지만 이들 중 어느 것도 안정적일 수 없다. 연합하는 네 선수는 연합으로 다섯 번째 선수에게서 빼앗은 이익을 불균등하게 분배하려고 서로 속임수를 쓰는 내부 게임에 필연적으로 참여해야만 한다. 이것은 2 대 2 대 1, 즉 BC 대 DE 대 A처럼 묘사될 수 있는 연합 형태가 된다. 그런 상황에서 A는 다가가서 이 쌍들 중 하나와 결합할 수 있게 되고, 그 결과 연합 체계는 3 대 2가 된다.

하지만 3 대 2 체계의 경우, 세 사람의 연합은 자신들의 이익을 더 확실하게 하기 위해 나머지 두 사람 중 한 명을 자기편으로 끌어들이는 것이 유리하다. 이제 다시 4 대 1 체계로 돌아간다——처음 시작했을 때와 반드시 같은 배열은 아니지만 어떻든 전체적으로 같은 속성을 지닌 체계다. 이것은 다시 2 대 2 대 1의 형태로, 그리고 그 다음 형태로 붕괴된다.

바꿔 말하면 가능한 모든 연합의 패턴에는 그것을 지배할——폰 노이만이 사용하는 용어——적어도 다른 하나의 패턴이 있으며, 해답들 사이의 지배 관계는 비이행적이다. 거기에는 대안적인 해결책들의 순환적인 목록이 존재하므로 그 체계는 멈추지 않고 하나의 해결책에서 다음 해결책으로 끊임없이 이동하며, 항상 이전 것보다는 다른 것을 선택한다. 이것은 로봇이 (완벽한 지능 때문에) 게임에서 단독 '플레이'를 결정할 수 없다는 것을 의미한다.

나는 이것을 정신분열증 환자의 가족들에게서 일어나는 것을 연상시키는 모델로 제안한다. 주어진 순간에 결정적일 만큼 충분히 안정된 연합으로 함께할 수 있는 두 명의 구성원은 전혀 없다. 가족 중 다른 구성원이나 구성원들이 항상 방해할 것이다. 혹은 그런 방해가 없다면, 연합을 계획했던 두 사람은 제삼자의 말이나 행동에 죄책감을 느끼고, 연합에서 손을 뗄지도 모른다.

폰 노이만 게임에서는 그런 특별한 종류의 불안정이나 진동을 이루기 위해 완벽한 지성을 가진 가상적인 다섯 명의 존재가 필요했다는 사실에 주목해야 한다. 하지만 인간은 세 명만 있으면 충분하다. 어쩌면 그들은 완벽하게 지적이지 않을 수도 있고 그들에게 동기를 부여하는 '이익'의 종류가 체계적으로 일치하지 않을 수도 있다.

나는 그런 인간의 체계에서 각 개인의 경험은 다음과 같은 성격을 띤다는 것을 강조하고 싶다. 어떤 개인이 취하는 모든 조치는 그 순간 그가 정확하게 그것을 인지하고 있는 상황에서는 상식적인 것이지만, 그의 조치는 그 자신의 '옳은' 조치에 대한 반응으로 그 체계의 다른 구성원들이 취하는 조치에 의해 그 다음에 잘못된 결과로 나타나게 된다. 이렇게 해서 개인은 우리가 이중 구속 경험이라 부르는 영원히 계속되는 연쇄에 붙잡힌다.

이 모델이 어느 정도 타당한지는 모르지만, 두 가지 이유로 나는 그것을 제안한다. 첫째, 우리가 습관적으로 개인에 대해 이야기하는 대신에 가족이라는 더 큰 체계에 대해 이야기하려는 시도의 일례로 제안한 것이다. 정신분열증의 동역학을 이해하고 싶다면, 더 큰 체계에서 창발하는 현상에 대한 적절한 언어를 고안해야만 한다. 나의 모델이 부적절하다고 하더라도, 이런 창발적 현상을 기술하는 데 필요할 그런 종류의 언어로 이야기하려는 시도는 여전히 가치가 있다. 둘째, 개념적인 모델은 비록 부정확하더라도, 그 모델에 대한 비판이 새로운 이론의 발달을 가리킨다는 점에서 유용하다.

그러므로 이 모델에 대한 하나의 비판을 지적하고, 이로써 어떤 관념에 이르게 되는지 생각해보자. 폰 노이만의 책에는 무한히 변하는 연합의 춤에 참여한 그의 존재나 로봇이 정신분열증 환자가 된다는 공리가 전혀 없다. 추상적인 이론에 따르면, 존재들은 단지 영원히 완벽한 지성을 유지한다.

그런데 인간과 폰 노이만 로봇의 큰 차이는 학습이라고 하는 것에 있다. 무한하게 지성적이라는 것은 무한하게 융통성이 있다는 것을 의미한다. 그리고 내가 설명한 춤 속에서 선수들은 인간 존재가 자신들이 현명하다고 생각할 때마다 계속해서 그것이 잘못된 것으로 증명될 경우에 느끼게 되는 고통을 결코 경험할 수 없다. 인간은 자신이 발견한 해결책에 몰두하며, 이런 심리적 몰두는 정신분열증 환자를 둔 가족들이 상처 입는 것과 같은 방식으로 인간을 상처 입게 만든다.

모델에 관한 이와 같은 고찰로 미루어 볼 때, 정신분열증을 설명하기 위한 이중 구속 가설은 학습하는 유기체로서의 인간 개인의 본성에 대한 어떤 심리학적 가정에 의존하는 것으로 보인다. 정신분열증에 걸리기 쉬운 개인에게 개성화individuation는 두 가지 대비되는 심리적 메커니즘으로 이루어져야만 한다. 첫째는 개인적 환경의 요구에 적응하는 메커니즘이다. 그리고 두 번째는, 첫 번째 과정에서 발견한 적응에 개인이 일시적 또는 영속적으로 몰두하게 되는 메커니즘이다.

내가 적응에 대한 일시적인 몰두라고 부르는 것은 베르탈란피가 행동이 내재된 상태라고 부른 것이며, 적응에 대한 좀더 영속적인 몰두는 우리가 보통 '습관'이라고 부르는 것이다.

사람이란 무엇인가? 내가 '나'라고 말할 때 내가 의미하는 것은 무엇인가? 사실 우리 각자가 '자아self'라는 말로 의미하는 것은 습관화된 지각과 적응 행동 더하기 순간순간에 '행동이 내재돼 있는 상태'일 것이다. 만약 내가 누군가와 사귀고 있는 순간에 그 누군가가 나를 특징짓는 습관과 내게 내재돼 있는 상태를 공격한다면——즉 만약 그 순간에 그들과 나의 관계에 일부분으로 존재한다고 생각되는 습관과 내재된 상태를 그들이 공격한다면——그들은 나를 부정하고 있는 것이다. 내가 그 다른 사람에게 깊은 관심을 갖고 있다면, 나에 대한 부정은 더욱 고통스러울 것이다.

지금까지 우리가 기술했던 것은 정신분열증 환자의 가족이라는 이상한 조직에서 예상되는 전략——아마도 증상이라고 말해야 할——의 종류를 나타내기에 충분하다. 그러나 무언가가 잘못되었다는 것을 주목하는 친구와 이웃들 없이 이런 전략들이 어떻게 지속적이고 습관적으로 실천될 수 있는가를 관찰한다는 것은 여전히 놀라운 일이다. 이론적으로 우리는 그런 조직에 참여하고 있는 모든 구성원은 자기 행동의 내재된 상태와 영속적인 적응 습관을 방어해야만 한다고 예상할 수도 있다. 즉, 자신을 보호해야 한다.

한 가지 예를 들어 설명해보자. 어떤 동료가 이런 가족들 중에 한 가족, 특히 부모와 성인이 된 정신분열증 환자 아들로 이루어진 가족을 상대로 몇 주 동안 치료했다. 그의 면담은 가족의 구성원이 함께 하는 합동 패턴이었다. 이는 분명 어머니에게 불안을 주었고 그녀는 나와의 직접 면담을 신청했다. 이 방법은 다음 합동 면담에서 토론되었고 순서에 따라 그녀는 자신의 첫 면담을 하러 왔다. 그녀는 도착하자마자 스스럼없이 몇 마디 하고는, 지갑을 열어 "남편이 쓴 것 같아요"라고 말하면서 한 장의 종이를 건네주었다. 나는 종이를 펴서 "남편과 나는 당신과 함께 우리의 문제를 의논할 기회를 얻게 되어 깊이 감사드립니다"라고 시작되는, 행간을 띄우지 않고 타자한 한 장의 글을 읽었다. 그 글에는 '나는 제기하고 싶다' 는 어떤 특정한 문제들이 간략하게 적혀 있었다.

사실은, 남편이 전날 밤 타자기 앞에 앉아 마치 아내가 쓴 것처럼 나에게 편지를 쓴 것으로 드러났으며, 그 글에서 그는 아내가 나와 의논해야 할 문제들을 개략적으로 이야기하고 있었다.

정상적인 일상생활에서도 이런 일은 매우 흔하다. 그것은 대체로 양호하다. 하지만, 특징적인 전략이라는 점에 주목하게 되면, 자기 보호적이고 자기 파괴적인 술책들이 눈에 띈다. 누구라도 그와 같은 가족들에게서 이런 전략들이 나머지 모든 가족들을 지배하는 것으로 보인다는 것을 문득 깨닫는다. 정신분열증으로 진단받은 환자가 대체로 모든 가족 구성원의 특징인 동질성의 상실을 풍자하는 행동을 과시한다는 것은 그렇게 놀랄 일이 아니다.

나는 이것이 문제의 본질이라고 확신한다. 즉 정신분열증 환자의 가족 전체는 크게는 지속적으로 안정적인 조직이지만 그 안정의 동역학과 내부 작용은 각 구성원들이 계속해서 자기 부정을 겪는 것이다.

정신분열증 이론의 최소 요건[159]

모든 과학은 모든 사람들처럼 자신의 이웃에 대해 의무를 지고 있
다. 자신만큼 그들을 사랑해야 하는 것이 아니라 자신의 도구를 그들
에게 빌려주기도 하고, 도구를 빌려오기도 하고, 일반적으로 인접 과
학들을 바르게 유지시켜주는 것이 그 의무다. 어떤 과학에서 진보의 중
요성은 그 진보가 인접 과학의 방법과 사고의 변화에 영향을 미쳤느냐
는 바로 그 변화의 의미에서 판단될 수 있다. 하지만 절약의 법칙이라는
것이 항상 존재한다. 행동과학의 입장에서 유전학이나 철학이나 정보

---

159) 1959년 4월 7일에 시카고 마이클 리즈 병원의 '심신의학과 정신의학 연구훈련
소Institute for Psychosomatic and Psychiatric Research and Training of the
Michael Reese Hospital'에서 행해진 두 번째 '연례 앨버트 래스커 기념 강좌
Annual Albert D. Lasker Memorial Lecture'. 이 강좌는 1960년에 《일반 정신의
학보Archives of General Psychiatry》 vol. 2, 477~491쪽에 실렸으며, 미국 정신의
학협회A.M.A.의 허락을 받아 여기에 재수록했다.

이론에 요구해야 할 변화는 항상 최소한의 것이어야 한다. 전반적인 과학의 통일성은 각 과학이 인접 분야에 부여한 이와 같은 최소한의 요구 체계에 의해, 그리고——적지 않은——다양한 과학들 사이에서 발생하는 개념적 도구와 패턴을 빌려주는 것에 의해 이루어진다.

따라서 이 강연에서 나의 목적은 우리가 팔로알토에서 발전시켜온 정신분열증에 관한 특별한 이론을 토론하는 데 있지 않다. 오히려 나는 이 이론 및 그와 비슷한 다른 이론이 바로 설명의 본질에 대한 관념에 영향을 미쳤다는 것을 여러분에게 밝히고 싶다. '정신분열증 이론의 최소 요건'이라는 제목을 사용하게 되었지만 이 제목을 선택하면서 내가 염두에 둔 것은 보다 넓은 행동과학의 영역에 이중 구속 이론이 어떻게 관련되어 있는지를 토론하고, 또한 이 문제를 뛰어넘어 진화론과 생물학적 인식론에 대한 이중 구속 이론의 함축에 대해 토론하는 것이었다. 이중 구속 이론이 관련 과학에 요구하는 최소한의 변화는 무엇일까?

나는, 정신분열증에 관한 실험적 이론이 학습 이론, 유전학, 진화론이라는 삼원적인 관련 과학에 끼친 영향에 관한 문제를 다루고 싶다.

이 가설은 먼저 간략하게 설명될 수도 있다. 본질적으로 이중 구속 개념은 일상적인 경험과 기본적인 상식에 호소한다. 가설에서 가장 먼저 도출된 명제는 학습은 언제나 형식적 특징을 갖는 어떤 맥락에서 발생한다는 것이다. 여러분은 학습 이론에서 말하는 도구적 회피의 연쇄가 갖고 있는 형식적 특징이나 파블로프 실험의 형식적 특징을 생각해볼 수도 있을 것이다. 파블로프적 맥락에서 발 들기를 학습하는 것과 도구적 보상의 맥락에서 같은 행동을 학습하는 것은 다르다.

나아가 이 가설은, 이런 구조화된 맥락은 또한 더 넓은 맥락——메타맥락이라고 해도 좋다── 속에서 발생하고, 맥락들의 이러한 연쇄는 열려 있으며, 생각건대 무한한 연속이라는 개념에 의존하고 있다.

또한 이 가설은, 좁은 맥락(예컨대 도구적 회피)에서 발생하는 것은 이 좁은 맥락을 포함하고 있는 더 넓은 맥락의 영향을 받는다고 가정한다. 맥락과 메타맥락 사이에는 갈등이나 모순이 있을 수 있다. 예를 들면 파블로프의 학습 맥락은 어쩌면 통찰을 강요함으로써 이런 종류의 학습을 처벌할 메타맥락 내에 파블로프의 학습 맥락이 설정될 수도 있다. 따라서 유기체는 최초의 맥락 속에서 잘못된 행동을 할 것인가 아니면 잘못된 이유나 잘못된 방식에 맞는 행동을 할 것인가라는 딜레마에 직면하게 된다. 이것이 이른바 이중 구속이다. 우리는 정신분열증 환자의 커뮤니케이션은 학습되는 것이며 이런 종류의 지속적 외상 경험의 결과로 습관화된다는 가설을 연구하고 있다.

이것이 이중 구속에 대한 모든 것이다.

하지만 이런 '상식적' 가정들조차 과학적 인식의 고전 법칙에서 벗어난다. 우리는 자유 낙하 물체에 대한 패러다임에서──그리고 다른 과학의 많은 유사한 패러다임에서── 특별한 방식으로 과학적인 문제에 접근하는 것을 배웠다. 문제는 더 큰 맥락이 더 작은 맥락에 영향을 미치는 가능성을 무시함으로써──또는 그에 대한 고려를 연기시킴으로써── 단순화된다는 것이다. 우리의 가설은 이런 법칙과는 정반대로 진행되며, 크고 작은 맥락 사이의 관계를 결정하는 것에 정확히 초점을 맞추고 있다.

한층 더 충격적인 것은 우리의 가설이 그와 같이 관련된 맥락들의 무한한 회귀regress가 가능할 수도 있음을 제안 ──하지만 그 가설은 그러한 제안과 생사를 함께하지 않는다── 한다는 사실이다.

이런 모든 점에서 이 가설은 물리학에서 생물학에 이르기까지 많은 분야에서 발생하고 있는 과학적 사고의 수정을 요구하고 강화한다. 관찰자는 관찰의 중심에 포함되어야 하며, 연구될 수 있는 것은 언제나 관계나 관계의 무한한 회귀다. 결코 '사물'이 아니다.

한 가지 예가 보다 큰 맥락의 관련성을 명백하게 만들 것이다. 정신분열증 환자를 피험자로 하는 학습 실험을 관리하게 되는 더 큰 맥락을 생각해보자. 정신분열증이 있는 사람은 환자라고 불리며, 상대는 환자보다 우월하며 호감 가지 않는 조직, 즉 병원 직원들이다. 만약 그 환자가 실리적인 뉴턴주의자라면, 그는 자신에게 다음과 같이 이야기하게 될 것이다. "이 사람이 내게 기대하는 행동을 함으로써 얻을 수 있는 담배는 결국 담배에 불과하며, 응용 과학자로서 나는 그가 내게 바라는 것을 한 발 앞서서 할 것이다. 나는 실험 문제를 풀어서 담배를 얻을 것이다." 하지만 인간은, 특히 정신분열증 환자는 문제를 항상 이런 식으로 보지 않는다. 그들은 자신들이 좋아하지 않는 사람에 의해 실험이 행해지는 상황에서 영향을 받는다. 자신들이 싫어하는 사람을 기쁘게 하기 위해 노력한다는 것에 어떤 뻔뻔스러움을 느끼기조차 한다. 따라서 실험자가 담배를 주거나 주지 않는 신호의 기호가 역전되기도 한다. 실험자가 보상이라고 생각했던 것이 부분적으로 모욕하는 메시지가 되기도 하고, 또한 처벌이라고 생각했던 것이 어느 정도 만족의 원천이 되기도 한다.

큰 병원에 입원해서 병원 직원으로부터 잠깐 동안 인간으로 대접받는 정신병 환자들의 심한 고통을 생각해보라.

관찰된 현상을 설명하기 위해서는 항상 좀더 넓은 학습 실험의 맥락을 고려해야만 하며, 사람들 사이의 모든 거래는 학습의 맥락이다.

따라서 이중 구속 가설은 어떤 특징들이 학습 과정에 기인한다고 생각하는 것에 의존한다. 만약 이 가설이 진실에 아주 근접했다면, 학습 이론 내에 이 가설을 위한 여지가 마련되어야만 한다. 특히 이제까지 내가 언급한 학습 맥락들의 계층 구조의 불연속성을 수용하기 위해서는 학습 이론도 불연속적이어야만 한다.

게다가 이 불연속성은 특별한 성질을 가진다. 나는 주어진 어떤 메시지에 의해 제안된 강화의 기호를 더 큰 맥락이 바꿀 수 있으며, 더 큰 맥락은 또한 유머와 은유의 범주에 그 메시지를 배치하는 양식을 분명히 변화시킬 수도 있다고 말했다. 그러한 설정은 메시지를 부적절하게 만들 수도 있다. 메시지가 더 큰 맥락과 조화를 이루지 못할 수도 있다. 등등. 그러나 이런 변경에는 한계가 있다. 맥락이 수신인에게 메시지에 관한 어떤 것을 알려줄 수는 있지만, 메시지를 파괴하거나 직접적으로 반박할 수는 없다. "내가 '고양이가 매트 위에 있다' 라고 말했을 때 나는 거짓말을 하고 있었다" 라는 진술은 상대에게 고양이가 있었던 장소에 대해 아무것도 말하지 않는다. 그것은 단지 그 사람에게 이전 정보에 대한 신뢰성에 관해 말할 뿐이다. 맥락과 메시지 (또는 메타메시지와 메시지) 사이에는 사물과 그것을 의미하는 기호와의 차이, 또는 클래스의 구성원과 클래스의 이름과의 차이와 같은 성질의 차이가 있다. 맥락(또는 메타메시지)은 메시지를 **분류**하지만, 결코 메시지와 동등한 의미로 만날 수는 없다.

이런 불연속성을 학습 이론에 맞추기 위해서는 학습의 개념에 포함되는 것의 범위를 확대할 필요가 있다. 일반적으로 실험자들이 '학습'으로 기술해온 것은 유기체가 어떤 주어진 신호에 대한 반응으로 취하는 행위에서의 변화였다. 예를 들면 실험자는 최초의 버저가 규칙적인 반응을 불러일으키지 않지만, 버저가 울린 다음에 고기가 나오는 반복된 실험 이후에는 동물이 버저가 울릴 때마다 타액을 분비하기 시작한다는 것을 관찰한다. 우리는 동물이 버저 소리의 의미나 중요성을 파악하기 시작했다고 느슨하게 말할 수도 있다.

어떤 변화가 생긴 것이다. 계층의 연속을 만들기 위해 우리는 '변화'라는 단어를 채택한다. 우리가 관심을 기울이는 연속은 일반적으로 두 가지 방식으로 세워진다. 순수한 커뮤니케이션 이론 분야에서, 계층적 연속의 단계들은 '관하여' 또는 '메타'라고 하는 말을 연속적으로 사용함으로써 구축될 수도 있다. 따라서 우리가 생각하는 계층적 연속은 메시지, 메타메시지, 메타-메타메시지 등으로 구성될 것이다. 커뮤니케이션 이론의 경계에 있는 현상들을 취급할 경우에도, '변화'에 '변화'를 거듭 쌓아 유사한 계층 구조가 만들어질 수 있다. 고전 물리학에서 말하는 위치, 속도(즉 위치의 변화), 가속도(즉 속도의 변화 또는 위치의 변화의 변화), 가속도의 변화 등의 연속이 이런 계층 구조의 예다.

게다가 메시지들이 다른 단계에 속한 메시지들의 관계에 관한(또는 '메타') 것이라는 데 주목하면——이것은 고전 물리학에서는 드물지만 인간 커뮤니케이션에서는 일반적이다——복잡함은 더해진다. 실험용 마구(馬具)는 버저가 고기 분말을 의미한다는 것을 개에게 말해 줄 수도 있다. 따라서 우리는 마구의 메시지는 버저의 메시지에 대한 메타라고 말할 것이다. 하지만 인간 관계에서는 다른 종류의 복잡성이 생길 수 있다. 예를 들면 메시지들은 피험자들이 메타 연결을 하는 것을 금지하도록 공포될 수도 있다. 알코올 중독자인 부모는 부모가 찬장에서 병을 꺼낼 때마다 소란이 일어난다는 것을 알고 있음을 자식이 드러내기 때문에 자식을 벌줄 수도 있다. 따라서 메시지와 맥락의 계층 구조는 복잡한 가지치기 구조가 될 것이다.

그래서 우리는 물리학자와 대체로 같은 방식으로 학습 이론 내부에 유사한 계층적 분류를 만들 수 있다. 실험자들이 관찰했던 것은 신호를 받아들이는 데 있어서의 변화다. 그러나 신호를 받는 것 자체가 이미 변화를 나타내는 것이라는 것은 명백하다 —— 실험자들이 관찰했던 것보다 단순하거나 낮은 차원의 변화다. 이는 우리에게 학습의 계층 구조에서 두 가지의 첫 단계를 제공하며, 그 위에 무한한 연속을 상상할 수 있게 한다. 이 계층 구조[160]는 이제 다음과 같이 놓이게 될 수 있다.

(1) 신호의 수용. 나는 내 점심이 들어 있는 종이 가방이 놓인 책상에서 연구하고 있다. 나는 병원의 벨이 울리는 소리를 듣고 열두 시임을 안다. 손을 뻗어 도시락을 꺼낸다. 그 벨소리는 이전의 이차 학습으로 내 마음속에 설정되었던 문제에 대한 대답으로 간주될 수도 있다. 그러나 단편적인 정보를 받아들이는 단 하나의 사건은 학습의 한 단편이며, 또한 그것은 그 정보를 받아들인 후에 내가 변화했으며 종이 가방에 대해 특별한 반응을 했다는 사실로 증명된다.

(2) (1)에서 생겨난 변화의 학습. 이것들은 파블로프 조건 반사, 도구적 보상, 도구적 회피, 기계적 학습 등 다양한 종류의 고전적 학습 실험에 의해 예증된다.

---

160) 이 학습 등급의 계층 구조에 대한 나의 최종적인 견해는 1971년에 분명해졌다. 이 책에 수록된 〈학습과 커뮤니케이션의 논리적 범주〉라는 글이 그 내용이다. 여기서는 그것과 다른 번호 매기기 체계를 사용했다. 거기서는 신호의 받아들임을 '제로 학습'이라 했고, 제로 학습에서의 변화는 '학습 I', '재학습'은 '학습 II'라고 했다.

(3) 이차 학습의 변화를 구성하는 학습. 나는 과거에 불행하게도 이 현상을 '재-학습'이라고 불렀고, 이것을 '학습하는 것을 학습하는 것'이라고 해석했다. 아마도 이것은 삼차-학습trito-learning이라는 명칭을 만들고 그것을 '신호를 받는 것을 학습하는 것을 학습하는 것'이라고 해석해야 더 정확할 것이다. 이것은 정신과 의사가 특히 관심을 가지는 현상으로, 더 자세히 말하면, 인간이 다른 쪽보다는 오히려 한쪽 방식으로 자신의 세계가 구조화될 것으로 기대하는 것에 의한 변화다. 이것이 의사와의 관계가 자신이 이전에 부모를 상대로 해서 접했던 것과 같은 종류의 학습 맥락을 포함할 것이라는 환자 쪽의 기대인 '전이'의 기반이 되는 현상이다.

(4) (3)에서 언급된 변화의 과정에서 생기는 변화. 이 사차 학습이 인간에게서 발생하는지 않는지에 대해서는 알려지지 않았다. 정신과 의사가 자신의 환자에게 일으키려고 시도하는 것은 보통 삼차 학습이지만, 어느 정도 느리고 무의식적인 변화들이 학습 과정에서 어느 정도 더 고차원적으로 유도된 기호로 바뀔 수도 있다는 것은 가능하며, 분명 상상할 수 있는 일이다.

이 시점에서 우리가 직면하고 있는 세 가지 형태의 계층 구조를 비교할 필요가 있다. ㉠ 학습 등급들의 계층 구조, ㉡ 학습 맥락들의 계층 구조, ㉢ 우리가 종뇌화된 뇌telencephalized brain[161]에서 찾을 것

---

161) (옮긴이주) 척추동물에서 신경관의 앞쪽 끝부분이 분화되어 발달한 종뇌(終腦)는 진화의 결과로 복잡하게 발달하고 커져 대뇌라 불리게 되었다. 어류, 양서류의 종뇌도 보통 대뇌라고 하지만, 엄밀히 말해 대뇌라고 불릴 정도로 분화되거나 커지지는 않았다. 두 하등 척추동물의 대뇌는 후각과 밀접한 관계가 있으며, 특히 어류의 대뇌는 후구(嗅球)에 이어진 관 모양의 구조로 되어 있고, 구(舊)피질로만 이루어져 있다. 양서류의 대뇌는 구피질의 등 쪽에 고(古)피질

으로 기대하는——사실 기대해야 한다——회로 구조의 계층 구조들.

학습의 맥락과 관련해서 만들어진 모든 진술은 (손실이나 이득 없이) 학습 등급에 관련된 진술로 전환될 수 있다는 의미에서 ㉠과 ㉡은 동의어이며, 나아가 맥락의 계층 구조나 분류는 학습 등급의 계층 구조나 분류와 동형이어야만 한다는 것이 바로 나의 논지다. 이것을 넘어서서, 우리는 다른 두 개의 분류와 동형이 될 신경생리학적 구조의 계층 구조나 분류를 기대해야 한다고 나는 믿는다.

맥락에 대한 진술과 학습 등급에 대한 진술 사이의 동의성은 내게는 자명한 것으로 생각되지만, 경험은 그것이 상세히 설명되어야만 한다는 것을 보여준다. '진실은 이해되는 만큼 말해질 수도, 믿어질 수도 없다.' 그러나 반대로, 이해되는 만큼 말해질 때까지 믿어질 수 없다.

먼저 커뮤니케이션의 세계에서 유일하게 관계되는 존재나 '실체'는 메시지라고 주장할 필요가 있다. 이때 메시지라고 하는 말에는 메시지들의 부분들, 메시지들의 관계, 메시지들 내의 중요한 간극 등이 포함된다. 어떤 사건 또는 사물 또는 관계에 대한 지각은 실재하는 것이다.

이, 배 쪽에 기저핵이 분화된 구조로 되어 있다. 파충류의 대뇌는 종뇌 앞 끝의 구피질과 고피질 사이에 신(新)피질이 분화되고 이 피질들의 발달에 따라 기저핵이 이 피질에 둘러싸여 안으로 들어가게 되었다. 포유류는 신피질이 발달해 고피질과 구피질을 밀어붙이고 대뇌의 대부분을 뒤덮게 되었다. 이렇게 해서 종뇌는 전형적인 대뇌가 되었으며, 밀어붙여진 고피질은 해마(海馬)가, 구피질은 이상엽(梨狀葉)[후엽(嗅葉)]이 되었다. 이와 같이 대뇌의 진화에서는 새로운 부분이 형성되면서 중층 구조가 형성되었으며, 새로운 기능도 획득되었다. 예컨대 구피질은 원래 후각 중추에 불과하나, 고피질이 분화된 대뇌에서는 본능과 자율 기능의 중추 역할도 하게 되었다. 포유류에서는 신피질이 발달하여 하위 중추를 통합하는 중추와 감각과 운동 중추의 역할을 하게 되었다. 특히 사람의 신피질은 극도로 발달하여 매우 높은 지능과 통합의 기능을 갖게 되었다.

그것은 신경생리학적 메시지다. 그러나 사건 그 자체나 사물 그 자체는 이 세계에 들어갈 수 없으며, 따라서 관련이 없으며, 그런 의미에서 비실재적이다. 반대로 뉴턴적 세계에서 메시지는 실재성이나 관련성을 가지지 않는다. 메시지는 음파나 프린터 잉크로 바뀐다.

마찬가지로 내가 주장하는 '맥락'과 '맥락의 맥락'은 오직 그것들이 커뮤니케이션에서 효과적인 경우에만, 즉 메시지나 메시지를 수정하는 것으로 기능하는 한에서만 실재적이거나 관련성이 있다.

뉴턴적 세계와 커뮤니케이션 세계의 차이는 간단히 다음과 같다. 뉴턴적 세계는 사물에 실재성을 부여하며, 맥락의 맥락을 배제하고——사실상 모든 메타관계를 배제——더 한층 유력한 이유로 그런 관계의 무한한 회귀를 배제함으로써 세계의 단일성을 달성한다. 이와는 대조적으로, 커뮤니케이션 이론가들은 모든 사물들을 배제함으로써 세계의 단일성을 획득함과 동시에 메타관계들을 검증한다.

이러한 커뮤니케이션의 세계는 버클리 철학Berkeleyan[162]의 세계지만, 이 훌륭한 주교는 말을 너무 삼갔다. 숲에서 들리지 않는 나무 쓰러지는 소리뿐만 아니라 내가 앉아 있고 내가 볼 수 있는 의자도 관련성이나 실재성은 반드시 부정되어야 한다. 의자에 대한 나의 지각은 커뮤니케이션에서 실재하는 것이며, 내가 앉아 있는 의자도 내게는 단지 하나의 관념, 내가 신뢰하는 메시지에 불과하다.

사고와 경험에는 사물이 존재하지 않으며, 단지 메시지와 그와 비슷한 것만이 존재하기 때문에 "내 생각에, 하나의 사물은 이 세계의 다른 사물과 매한가지다. 말의 편자도 그렇다".

---

162) (옮긴이주) 버클리는 정신적인 것을 제외한 모든 것은 감각 기관에 의해 지각되는 경우에만 실재한다는 경험론을 주장했다.

이런 세계에서 물질적 존재로서의 나는 관련성을 갖지 않으며, 그런 의미에서 실재하지 않는다. 그렇지만 '나'는 나의 경험의 계통적 배열과 다른 사람에게 있어서의 경험의 핵심 요소로서 커뮤니케이션 세계에 존재하며, 다른 사람에게 있어서 커뮤니케이션은 나의 경험의 조직을 해체시키는 만큼 나의 정체성을 손상시킬 수도 있다.

어쩌면 언젠가는 뉴턴적인 세계와 커뮤니케이션 세계의 결합으로 궁극적인 종합이 이루어질지도 모른다. 하지만 그것이 이 글의 목적은 아니다. 나는 지금 맥락과 학습 등급의 관계를 분명히 하려고 노력하고 있으며, 이것을 달성하기 위해서는 먼저 뉴턴적 담론과 커뮤니케이션적 담론의 차이에 초점을 맞출 필요가 있다.

그러나 이런 서론적인 진술과 함께 맥락과 학습 등급의 분리는 이 두 가지 담론의 대조에 대한 인공물에 지나지 않는다는 것이 분명해진다. 이 분리는 단지 학습의 등급이 개인의 신체 내부에 위치하는 반면에 맥락은 외부에 위치한다고 말함으로써 유지될 뿐이다. 그러나 커뮤니케이션의 세계에서 이런 이분법은 서로 관련이 없고 무의미하다. 맥락이 메시지로서 유효한 경우에만, 즉 우리가 연구하는 커뮤니케이션 체계의 다양한 부분들에 맥락이 (정확하게 또는 왜곡되어) 재현 또는 반영되는 한에서만 맥락은 커뮤니케이션적 실재성을 가진다. 그리고 커뮤니케이션 체계는 물리적 개인이 아니라 광범한 메시지 통로의 네트워크다. 이런 통로들 중 일부는 물리적 개인의 바깥에 놓이게 되고, 나머지는 안에 놓이게 된다. 그러나 이 체계의 특성은 우리가 커뮤니케이션의 지도 위에 그릴 수 있는 어떤 경계선에 의해 결코 좌우되지 않는다. 맹인의 지팡이나 과학자의 현미경이 그것을 사용하는 인간의 '일부분'인가 아닌가를 묻는 것은 커뮤니케이션적으로 무의미하다. 지팡이와 현미경은 커뮤니케이션의 중요한 통로이며, 그 자체로서, 우리가 관심을 기울이는 네트워크의 일부다. 그러나 이 네트워크의 위상기하학을 설명하는 데 관련될 수 있는 경계선——예컨대 지팡이의 가운데쯤에 그려진——은 아무것도 없다.

그러나 이러한 육체적 개인의 경계를 포기한다고 해서 커뮤니케이션의 담론이 (어떤 사람들이 두려워하는 것처럼) 필연적으로 혼란스러워진다는 것을 의미하지는 않는다. 그와 반대로, 학습 그리고/또는 맥락의 계층적 분류를 제안한 것은 뉴턴적 사고방식에서는 혼돈으로 보이는 것을 질서 짓는 것이며, 바로 이런 질서가 이중 구속 가설에 의해 요구된다.

인간은 이런 종류의 계층적 불연속성에 의해 특징지어지는 학습을 하는 동물의 일종임에 틀림없으며, 그렇지 않다면 인간은 이중 구속의 좌절 상태에서 정신분열증 환자가 될 수 없다.

증거에 의거한 측면에서, 삼차 학습의 실재를 증거하는 일단의 실험이 시작되고 있다.[163] 그러나 내가 아는 한, 이런 학습 단계들 사이의 불연속이라는 바로 그 점에 있어서는 거의 증거가 없다. 존 스트라우드John Stroud의 실험은 인용할 만한 가치가 있다. 그것은 추적 실험이었다. 피험자는 움직이는 표적을 나타내는 한 점이 스크린 위에서 움직이는 것을 보고 있다. 총의 조준점을 나타내는 두 번째 점이 있는데, 피험자는 한 쌍의 레버를 작동시켜 이 점을 조정할 수 있다. 피험

---

163) C. L. Hull, et al., *Mathematico-deductive Theory of Rote Learning : A Study in Scientific Methodology*, Yale University Institute of Human Relations(New Haven : Yale Univ. Press, 1940) ; H. F. Harlow, "The Formation of Learning Sets", *Psychol. Review*(1949), 56 : 51~65쪽.

자는 자신이 조종하고 있는 점과 표적을 나타내는 점을 일치시켜야 한다. 이 실험에서 표적은 다양한 종류의 움직임을 보여줄 수 있는데, 그 움직임은 이차, 삼차 또는 더 높은 차원의 유도에 의해 특정지어진다. 수학자가 표적의 움직임을 기술하기 위해 사용하는 방정식의 등급에 불연속성이 있는 것처럼, 피험자의 학습에도 불연속성이 있다는 것을 스트라우드는 보여주었다. 마치 새로운 학습 과정이 표적의 움직임에서 더 높은 차원의 복잡성으로 나아가는 각 단계와 관련되어 있었던 것 같다.

인간의 두뇌가 그런 작업을 할 때 수학 방정식을 수단으로 해서 작동하지 않는다는 사실에도 불구하고 수학적 기술이라는 순수한 인공적 산물도 인간 두뇌의 고유한 특성이 분명하다는 발견은 내게 매력적인 것이었다.

또한 학습 등급 사이의 불연속이라는 개념을 지지해줄 좀더 일반적인 성격의 증거도 있다. 예를 들면 내가 일차 학습이라고 하는 것, 즉 의미 있는 신호의 받아들임을 심리학자들은 습관적으로 전혀 학습으로 여기지 않는 이상한 사실이 있다. 또 하나의 이상한 사실이 있는데 정신의학자가 각별히 관심을 기울이고 있는 삼차 학습에 대해 최근까지 심리학자는 거의 이해하려 하지 않고 있다는 것이다. 실험심리학자의 사고방식과 정신의학자 또는 인류학자의 사고방식 사이에는 상당히 만만찮은 차이가 존재한다. 이 차이는 계층 구조의 불연속성에서 기인한다고 나는 믿는다.

학습, 유전학, 그리고 진화론

이중 구속 가설이 유전학과 진화론에 미친 영향을 살펴보기 전에 학습 이론과 이 다른 두 지식 사이의 관계를 검토해볼 필요가 있다. 나는 이미 이 세 분야를 삼원 구조라고 언급했다. 이제 우리는 이 삼원 구조를 반드시 살펴보아야 한다.

변이 variation, 분화 differentiation, 성장 growth, 유전 heredity이라는 커뮤니케이션 현상을 다루는 유전학은 바로 진화론의 소재로 보통 인식된다. 라마르크의 개념들을 제거했을 때, 다윈의 이론은 변이가 무작위한 것으로 추정된 유전학으로 구성되었고, 축적된 변화에 적응의 방향을 알리는 자연선택설과 결합했다. 그러나 학습과 다윈 이론의 관계는 이른바 '획득 형질의 유전'에 분노한 격렬한 논쟁을 일으킬 만한 문제가 되었다.

다윈의 지위는 유전은 기억과 비교되어야 한다고 주장한——심지어 동일시한다——새뮤얼 버틀러에 의해 심하게 도전받았다. 그는 이 전제에서 나아가, 진화론적 변화의 과정들, 그리고 특히 적응을 전진하는 생명의 흐름에서의 엉큼한 교활함의 성취로 간주해야지 요행으로 주어진 우연의 보너스로 간주해서는 안 된다고 주장했다. 그는 발명의 현상과 진화의 적응 현상을 밀접한 유사로 그려냈으며, 어쩌면 처음으로 기계에 흔적 기관이 존재한다는 것을 지적했을 것이다. 말이 있던 곳인 자동차의 앞부분에 엔진이 있다는 그 기묘한 유사성에 그는 기쁨을 느꼈을 것이다. 그는 또한 매우 설득력 있게, 보다 새로운 적응 행동의 발견으로 인해 유기체의 생물학적 체계에 더 깊이 가라앉게 되는 과정이 존재한다고 주장했다. 계획적이고 의식적인 행동은 점차 습관이 되고, 그 습관은 점점 덜 의식되고, 자의적인 통제를 점점 덜 받게 된다. 그는 증거 없이, 이 습관화 또는 가라앉는 과정이 일단의 기억을 구성할 만큼 우리의 내면에 깊이 자리 잡을 수 있으며, 이를 우리는 유전자형이라 부를 것이며, 이는 다음 세대의 특성을 결정한다고 주장했다.

획득 형질의 유전에 대한 논쟁에는 두 가지 측면이 있다. 한편으로 사실적 자료에 의해 확정될 수 있는 주장이 있을 수 있다. 그런 유전의 좋은 사례는 라마르크 학파의 문제를 해결해줄 것이다. 하지만 그런 유전에 반대되는 사례, 부정적인 사례는 증거에 의해 결코 입증될 수 없고 반드시 이론의 힘에 의지해야 한다. 부정적인 견해를 갖고 있는 사람들은 생식 세포질과 체세포 조직이 분리되어 있다는 점과 유전자형이 자신을 교정할 수 있다는 점에 비추어 체세포에서 생식 세포질로의 체계적인 커뮤니케이션은 있을 수 없다고 주장한다.

문제는 다음과 같다. 생각건대, 사용하거나 사용하지 않아서 변화된 이두박근이 특정한 대사 물질을 순환계에 분비하고, 이 대사 물질이 화학적 메신저로서 근육에서 생식선에 이르기까지 작용하고 있을 수도 있다. 그러나 ㉠ 이두박근의 화학적 성질이 삼두박근의 화학적 성질과 달라서 그 메시지가 이두박근에만 작용한다고 믿기 어렵다. 그리고 ㉡ 생식선 조직이 그런 메시지에 의해 영향 받도록 적절한 채비를 갖추고 있다고는 믿기 어렵다. 결국 어떤 메시지의 수령인은 보낸 사람의 암호를 알아야만 하므로, 만약 생식 세포가 체세포 조직으로부터 메시지를 받을 수 있으려면, 생식 세포에는 이미 체세포 암호에 대한 어떤 번역이 전달되어 있어야만 한다. 체세포에서 전해진 그와 같은 메시지의 도움으로 일어날 수 있는 진화론적인 변화의 방향은 생식 세포질 속에 미리 표시되어 있어야 될 것이다.

그와 같이 획득 형질의 유전에 반대하는 경우는 분리separation에 기초를 두고 있으며, 학파들 간의 차이는 분리에 대한 철학적 반응들을 둘러싸고 구체화된다. 세계는 분리될 수 있는 다양한 원리들로 조직되어 있다고 생각하는 사람들은 환경에 의해 생긴 체세포 변화는 진화적인 변화의 설명과는 완전히 분리될 수 있는 설명에 의해 해명될 수 있다고 생각할 것이다. 그러나 자연에서 통일성을 찾으려고 하는 사람들은 이 두 가지 설명이 어떤 형태로든 서로 관계될 수 있기를 희망할 것이다.

게다가 학습과 진화의 전체 관계는 버틀러가 진화는 운이 아니라 오히려 교활함의 문제라고 주장한 이후 기묘한 변화를 겪고 있는데, 다윈이나 버틀러도 일어나게 되는 변화가 확실하게 어떤 것인지는 결코 예견할 수 없었을 것이다. 그동안 이루어진 것은 이제 많은 이론가들이 학습을 근본적으로 추계적stochastic 또는 개연적probabilistic 일로 가정한다는 것이며, 실로 정신의 장치에 어떤 생명력entelechy을 가정하는 비절약적인 이론을 제외한다면, 추계적 접근이 아마 학습의 본질에 관한 유일하게 조직적인 이론일 것이다. 그 개념은 두뇌 혹은 다른 부위에서 무작위한 변화가 발생하며, 그런 무작위한 변화의 결과는 생존을 위해 강화와 소멸의 과정에 의해 선택된다는 것이다. 기본적인 이론에서, 창조적 사고는 근본적으로 추계적 성질을 가진다는 점에서 진화 과정과 유사하게 된다. 자연선택설이 변이의 무작위한 변화의 축적에 방향을 부여하는 것으로 보이는 것처럼 강화는 신경계의 무작위한 변화의 축적에 방향을 부여하는 것처럼 보인다.

그러나 진화론과 학습 이론 모두에서 '무작위random' 라는 말이 눈에 띄게 정의되지 않고 있는데, 그 말은 정의하기 쉽지 않다. 이 두 분야에서 변화는 확률적인 현상에 의존할지 모르지만, 주어진 변화의 확률은 확률과는 다른 어떤 것에 의해 결정된다고 가정된다. 진화와 학습에 대한 추계적인 이론의 근저에서는 확률의 결정 인자에 관한 언급되지 않은 이론이 논쟁 중에 있다.[164] 그러나 만약 우리가 이런 결정 인자에서의 변화에 대해 묻는다면, 우리는 다시 추계적 해답을 얻게 될 것이다. 따라서 이제까지의 설명이 뒷받침하고 있는 '무작위'라는 말의 의미는 이 강좌의 전반부에서 논의된 '학습'이라는 말의 의미와 비슷한, 계층적으로 구조화된 의미를 가진 말이 되는 것으로 보인다.

마지막으로, 획득 형질의 진화론적 기능이라는 문제는 초파리 Drosophila의 표현 묘사 phenocopy[165]에 관한 워딩턴Conrad Hal Waddington의 연구에 의해 재개되었다. 최소한 이 연구는 환경적 스트레스하에서 유기체에 의해 이루어지는 표현형 phenotype의 변화는 종이나 혈통이 계속되는 스트레스를 보다 잘 처리할 수 있는 종이나 혈통을 만들 수도 있는 어떤 돌연변이 혹은 다른 유전적 변화의 출현에 대한 결정을 유보하면서, 스트레스와 경쟁의 환경에서 종이나 유전적 혈통이 자신의 자리를 유지하게 하는 데 매우 중요한 장치의 일부임을 시사한다. 적어도 이런 의미에서 획득 형질은 중요한 진화의 기능을 수행한다. 그렇지만 실험의 실제 이야기는 이 이상의 것을 시

---

164) 물론 이런 의미에서 변화에 관한 모든 이론은 그런 변화를 겪을 체계 안에 다음 변화가 어느 정도 미리 표시되어 있다고 가정하고 있다.

165) (옮긴이주) 본래 그 인자가 없음에도 불구하고 환경의 영향으로 다른 인자형을 가진 것과 똑같은 표현형을 나타내는 것을 말한다.

사하는데, 간략하게 재현해보는 것도 가치가 있다.

　워딩턴이 연구 대상으로 삼고 있는 것은 이중흉부bithorax 유전자로 초래되는 표현형의 표현 묘사다. 이 유전자는 성충의 표현형에 매우 중요한 영향을 미친다. 이 유전자의 존재로, 흉부의 세 번째 체절은 두 번째 체절과 유사하게 변형되며, 세 번째 체절에 있는 작은 균형 기관 혹은 평균곤haltere[166]은 날개가 된다. 그 결과 네 개의 날개를 가진 파리가 생긴다. 이러한 네 개의 날개를 가지는 특성은 번데기를 일정 기간 동안 에틸에테르에 중독시키면 이중흉부는 유전자를 갖지 않은 파리에서도 인공적으로 만들어낼 수 있다. 워딩턴이 연구 대상으로 삼은 초파리 개체군은 이중흉부를 가지지 않는다고 생각된 야생종이었다. 그는 이러한 개체군의 번데기에 몇 세대에 걸쳐 에테르 처리를 하여 거기서 얻은 성충 중에서 이중흉부와 가장 가까운 형태를 보여주는 것을 번식을 위해 선택했다. 그는 이 실험을 많은 세대에 걸쳐 계속했는데, 스물일곱 번째 세대에 이르러서 비록 제한된 숫자이긴 하지만 실험적 처리와 에테르에 중독되지 않은 번데기에서 이중흉부의 모습을 얻을 수 있음을 발견했다. 이들을 번식시킨 결과, 그들의 이중흉부의 모습은 이중흉부라는 특정한 유전자의 존재에 의해 생기는 것이 아니라 이런 효과를 제공하기 위해 함께 작용하는 유전자들의 배열 때문에 생긴다는 것이 판명되었다.

---

166) (옮긴이주) 초파리의 성체는 크게 세 부분(체절)으로 나뉜다. 한 쌍의 더듬이와 한 쌍의 눈과 주둥이로 구성된 머리, 날개가 있는 가슴, 그리고 복부가 그것이다. 두 번째 가슴 체절에 한 쌍의 날개가 있으며, 세 번째 체절에는 날개가 퇴화되어 변형된 곤봉 모양의 평균곤이 있다. 평균곤은 진동 나침반으로 곤충이 날 때 평형을 잡아주는 역할을 한다. 다리는 각 체절에 한 쌍씩 총 여섯 개가 있다.

이 놀라운 실험 결과는 다양한 방식으로 해석될 수 있다. 최상의 표현 묘사를 선택하는 데 있어서, 워딩턴은 사실 이런 표현형을 달성하기 위해 유전적 잠재성에 대한 선택을 했다고 말할 수 있다. 또는 이런 결과를 만드는 데 필요한 에테르 자극의 역치를 감소시키는 선택을 했다고 말할 수도 있다.

이런 현상을 기술하기 위해 가능한 모델을 생각해보자. 획득 형질이 근본적으로 추계적 성질의 과정——아마도 체세포 학습의 일종——에 의해 획득된다고 가정하자. 워딩턴이 '최상의' 표현 묘사를 선택할 수 있었다는 사실이 이런 가정을 뒷받침해줄 것이다. 그런데 그런 과정은 본질적으로 비경제적인 것이 분명하다. 좀더 직접적인 방법으로 획득될 수 있는 결과가 시행착오에 의해 획득된다는 것은 어떤 의미에서 필연적으로 시간과 노력을 낭비하는 것이다. 우리가 적응성을 추계적 과정에 의해 달성된 것으로 생각하는 한, 적응성의 경제학이라는 개념을 끌어들여야 한다.

정신적 과정의 분야에서 우리는 이런 종류의 경제학에 매우 익숙하며, 실제로 중대하고 필수적인 절약은 습관 형성이라는 친숙한 과정에 의해 달성된다. 우리는 우선 먼저 시행착오로 주어진 문제를 해결하지만, 나중에 유사한 문제가 다시 주어지면, 그 문제를 추계적 작용의 영역에서 끄집어내어 '습관'이라는 더욱 깊고 덜 유연한 메커니즘에 그 문제를 넘겨줌으로써 좀더 경제적인 방법으로 처리하는 경향이 있다. 따라서 이중흉강이라는 특성이 만들어질 때도 완전히 이와 유사한 현상이 성립된다고 생각할 수 있다. 체세포 변화라는 보다 비경제적이고 보다 유연한 (보다 예측 가능성이 낮은) 방법보다는 유전적 결정이라는 엄격한 메커니즘으로 이중흉강을 만드는 것이 더 경제적일 수 있다.

이것은 워딩턴의 파리 개체군 내에 모든 이중흉강 표현형——혹은 일부분——에 적합한 유전자를 가진 파리들의 어떤 유전적 혈통에 이득이 되는 선택이 있었음을 의미한다. 또한 그런 파리는 다른 종류의 스트레스를 처리하기 위해 체세포의 적응 기구를 이용할 수 있는 여분의 이점을 가진다고 생각할 수 있다. 학습에서는 주어진 문제의 해결을 습관에 양도했을 때 추계적 또는 탐사 메커니즘은 다른 문제의 해결을 위해 자유롭게 되며, 체세포 특성을 결정하는 작업을 유전자-원고에 넘김으로써 비슷한 이점이 달성된다는 것은 충분히 상상할 수 있다.[167]

이러한 모델이 두 개의 추계적 메커니즘에 의해 특징지어진다는 사실에 주목해야 한다. 첫째는 체세포 차원의 변화를 만드는 좀더 표면적인 메커니즘이며, 둘째는 염색체 차원에서의 추계적 돌연변이(또는 유전자 배열의 뒤섞임) 메커니즘이다. 이 두 추계적 체계는 더 표면적인 체세포 체계에서 생식 세포질로 메시지가 전해질 수 없다 하더라도 장기간의 선택 조건하에서 함께 작용하도록 강요될 것이다. '습관'과 같은 것이 진화에 결정적 작용을 할 수도 있다는 새뮤얼 버틀러의 직감은 그렇게 엉뚱한 것이 아니다.

---

167) 이런 고찰에 의해 기관의 사용 정도가 진화에 영향을 미친다는 오래된 가설은 다소 수정된다. 정통 이론은 단지, 사용하지 않는 기관의 (잠재적) 크기를 감소시키는 변이는 그로 인해 실현되는 조직의 경제성이라는 점에서 존속할 가치가 있다고 시사할 수 있었을 뿐이다. 현재의 이론은 체세포 수준에서 발생하는 어떤 기관의 퇴화는 유기체의 유용한 적응 능력 전체를 계속해서 소모시킬 수 있으며, 만약 기관의 축소가 유전의 결정 인자에 의해 좀더 직접적으로 획득될 수 있다면 이런 적응 능력의 낭비는 절약될 수 있다고 이야기된다.

이런 서론적 고찰로 우리는 이제 정신분열증에 대한 이중 구속 이론이 유전학자들에 대해 제기하는 문제를 살펴볼 수 있다.

이중 구속 이론으로 제기된 유전 문제들

만약 정신분열증이 학습 과정의 변경이나 왜곡이라면, 정신분열증의 유전을 문제로 할 경우에, 우리는 병원에 수용되는 사람과 그렇지 않은 사람을 구분하는 가계(家系) 연구만으로는 만족할 수 없다. 본질적으로 매우 추상적이고 형식적인 학습 과정의 이런 왜곡이 반드시 병원에 수용될 만한 내용을 가지고 나타날 것이라는 선험적 예상은 존재하지 않는다. 유전학자로서 우리의 임무는 멘델 학파가 표현형과 유전자형 사이의 관계를 1 대 1로 상정하고 노력을 집중했던 것과 같은 단순한 것이 될 수 없다. 우리는 입원한 환자는 정신분열증의 유전자를 가지고 있으며 입원하지 않은 사람은 가지고 있지 않다고 단순하게 가정할 수는 없다. 오히려 몇 개의 유전자 또는 유전자 배열이 학습 과정의 패턴과 잠재성을 변화시키며, 그 결과 생겨난 새로운 패턴이 적절한 형태의 환경적 스트레스에 직면했을 때 명백한 정신분열증에 이르게 한다고 예상해야만 한다.

가장 일반적인 관점에서, 약간의 정보 흡수이든, 전반적인 유기체의 성격 구조에서의 기본적인 변화이든지 간에 그 어떤 학습도 유전학의 시각에서 보면 '획득 형질'을 획득하는 것이다. 그것은 표현형이 유전자형으로 역행하는 생리와 발생학 과정의 전체 연쇄에 부탁해야 가능한 표현형의 변화다. 이러한 일련의 역행에서 모든 단계는 (생각건대) 환경의 충격에 의해 수정되거나 중단될지도 모른다. 그러나 물론 환경의 충격이 그 충격 지점에서 유기체를 파괴할 것이라는 점에서 대다수의 단계들은 경직될 것이다. 우리는 단지 환경이 영향력을 발휘할 수 있고 유기체가 여전히 살아갈 수 있는, 계층 구조 내의 그런 지점들에 관심을 가지고 있다. 그런 지점들이 얼마나 많은지 우리는 모른다. 그리고 궁극적으로 우리가 유전자형에 도달했을 때, 우리가 관심을 기울이는 유전자형의 요소가 변할 수 있는지 아닌지를 아는 것이 우리의 관심사다. 유전자형과 유전자형 사이에서, 우리가 관찰하는 표현형 행동에 이르는 과정의 수정 가능성에 영향을 미칠 차이가 생기는가?

정신분열증의 경우 우리는 분명 상대적으로 길고 복잡한 계층 구조를 다루고 있다. 정신분열증의 자연사(史)는 그 계층 구조가 단지 유전자-원고에서 표현형까지의 인과의 연쇄가 아니라는 것을 보여주며, 어떤 지점에서 그 연쇄는 환경적 요소의 조건이 된다. 오히려 정신분열증에서 환경적 요소 자체는 정신분열증과 관계된 행동이 나타날 때마다 환자의 행동에 의해 수정되는 것 같다.

이런 복잡성을 예증하기 위해서는 어쩌면 유머, 수학적 재능, 작곡과 같은 다른 형태의 커뮤니케이션 행동으로 나타나는 유전 문제를 잠깐 살펴보는 것도 가치가 있을지 모른다. 아마도 이런 사례들의 경우, 적절한 재능을 획득하는 능력을 갖추게 하는 요인들에서 개인들은 상당한 유전적 차이를 가지는 것 같다. 그러나 재능 그 자체와 그것의 구체적인 표현은 또한 환경적인 여건과 특별한 훈련에 따라 크게 좌우된다. 그러나 이런 두 가지 상황의 요소에 덧붙여, 예를 들어 작곡에서 능력을 보여주는 개인은 자신의 능력을 발전시키는 데 적합한 방향으로 자신의 환경을 만들어갈 것이고, 그런 다음 그는 타인이 그런 능력을 발전시키는 데도 적합한 환경을 창조한다는 사실이 존재한다.

유머의 경우에 상황은 한 단계 더 복잡해질지 모른다. 이 경우 익살꾼과 주위 사람과의 관계가 반드시 대칭적이어야 하는지는 명확하지 않다. 어떤 경우 익살꾼이 다른 사람의 유머를 조장하기도 하고, 다른 많은 경우에는 익살꾼과 '고지식한' 사람 사이에 잘 알려진 보완적인 관계가 발생하는 것이 인정된다. 사실, 익살꾼이 무대의 중앙을 제멋대로 좌지우지하는 한, 그는 유머를 받아들이되 유머에 기여하지는 않는 입장으로 다른 사람들을 축소시킬 것이다.

이러한 고찰들은 그대로 정신분열증의 문제에 적용될 수 있다. 누구라도 정신분열증으로 밝혀진 환자의 가족 구성원들 사이에서 일어나는 교류를 관찰하면 환자의 정신분열증적 행동은 그 가정이라는 환경에 적합하며, 사실은 오히려 정신분열 행동을 야기하는 특성을 다른 가족에게 조장하고 있음을 바로 알아차릴 것이다. 따라서 앞에서 요약했던 두 가지 추계적인 메커니즘에 덧붙여, 우리는 이제 세 번째 메커니즘, 즉 정신분열증에 적합한 방식으로 점차 조직되는(즉 가족 구성원의 행동을 제한하는) 가족에 의한 변화의 메커니즘에 직면한다.

흔히 제기되는 질문은 다음과 같다. '만약 이 가족이 정신분열증을 만들어낸다면, 왜 모든 아이들이 정신분열증 환자로 진단되지 않는가?' 여기서 다른 조직과 마찬가지로 그 가족도 자신의 구성원들 사이에 분화를 만들어내고 그 분화에 의존하고 있다는 것을 주장할 필요가 있다. 많은 조직들에서 조직이 구성원들의 행정적인 재능과 야망을 유도하는 전제들 위에서 움직인다는 사실에도 불구하고 오직 한 사람의 우두머리를 위한 자리가 있듯이, 정신분열증을 발생시키는 가족에서도 오직 한 사람의 환자를 위한 자리가 있다. 익살꾼의 경우와 상당히 유사하다. 네 명의 직업적 익살꾼을 배출할 수 있었던 막스 가족Marx family[168]의 조직은 매우 예외적인 경우다. 대개 그런 사람은 나머지 사람들을 더욱 평범한 행동 역할로 축소시키기에 충분하다. 형제들 중에 누가 정신분열증 환자가 되어야 하느냐는——또는 누가 익살꾼이 되어야 하느냐는——결정에 유전이 어떤 역할을 할 수도 있지만, 유전적 요소가 가족이라는 조직 내의 진화와 역할을 완전히 결정할 수 있는 것은 결코 아니다.

두 번째 문제——이에 대한 최종적인 해답은 아직 없다——는 정신분열증을 발생시키는 부모에게 부여되어야 하는, 정신분열증에 관여하는 정도(유전적 그리고/또는 후천적)에 관한 것이다. 현재의 연구를 위해, 정신분열증의 증상을 두 단계로 규정하고, 이른바 '정신이상'이 때때로 이 두 단계로 나뉜다는 사실을 주목하자.

---

168) (옮긴이주) 막스Marx 형제는 1930년대에 할리우드가 배출한 가장 유명한 사형제였다. 이들이 추구한 코미디의 특징은, 사회의 권력과 위선을 거의 무정부주의적으로 비웃고, 상식을 뛰어넘는 부조리한 상황을 만들어내며, 말장난에 가깝게 들리지만 실제로는 관객들의 허를 찌르는 날카로운 풍자적 대사를 사용하는 것으로 대표된다. 콧수염을 기르고 늘 시가를 물고 다니는 입담의 대가 그루초 막스Groucho Marx(본명은 줄리어스 헨리 막스Julius Henry Marx), 대사는 한마디도 하지 않으면서 각종 신기한 물건들과 광대놀음, 그리고 하프 연주로 얼을 빼놓는 하포 막스Harpo Marx(본명은 아돌프 막스Adolph Arthur Marx), 똑똑한 척하지만 늘 자기 꾀에 자기가 넘어가는 치코 막스Chico Marx(본명은 레너드 막스Leonard Marx), 그리고 나머지 셋과는 달리 늘 멀쩡한 역을 맡아서 어디 있는지 잘 모르고 넘어가는 경우가 많았던 막내 지포 막스Zeppo Marx(본명은 허버트 막스Herbert Marx), 이들은 대공황이 휩쓸고 간 미국에서 대중의 시름을 잊게 해주었던 '언제나 즐거운 세계'의 주인공들이었다.

증상이 좀더 심각하고 현저한 단계는 통상적으로 정신분열증이라고 부르는 단계다. 나는 그것을 '외현적overt 정신분열증'이라고 부를 것이다. 몹시 학대받은 사람은 전체적으로 문화적 환경에서 벗어난 행동을 한다. 특히 이들의 행동은 자신의 (외적 및 내적) 메시지와 타인에게서 받은 메시지의 성질과 논리 형태에 대해 현저하게 또는 과장되게 잘못을 저지르거나 왜곡하는 특징을 보인다고 생각된다. 겉으로 보기에는 상상과 지각이 혼동된다. 문자 그대로의 것과 은유적인 것이 혼동된다. 내부 메시지가 외부 메시지와 혼동된다. 사소한 것과 치명적인 것이 혼동된다. 메시지의 송신자와 수신자가, 지각하는 사람과 지각되는 것이 혼동된다. 등등. 일반적으로 이런 왜곡들은 다음과 같이 요약된다. 환자는 자기 메시지의 메타커뮤니케이션 측면에 대해 아무런 책임이 없다는 식으로 행동한다. 더욱이 그는 자신의 상태가 남의 눈을 끌게 만드는 방식으로 이런 행동을 한다. 어떤 경우에는 논리 형태가 완전히 애매하거나 속이는 메시지로 주변을 뒤덮는다. 또 다른 경우, 그런 점에서 자신은 아무런 분명한 메시지도 가지고 있지 않다고 말하면서 공공연히 몸을 뺀다.

'내현적covert' 정신분열증의 경우 정신분열증으로 확인된 환자의 행동은 외현적 정신분열증과 비슷하지만 덜 눈에 띄게 자기 메시지의 논리 형태를 끊임없이 변화시키고, 상대방의 메시지(특히 나머지 가족 구성원들의 메시지)에 대해 그것이 마치 말한 사람의 의도와는 다른 논리 형태였던 것처럼 반응하는 경향을 보인다. 이런 행동의 체계에서 상대방의 메시지는 내현적 정신분열증 환자가 말한 것에 대한 부적절한 대답이라고 지적되거나 말한 사람의 성격이나 동기의 결함에서 생긴 것이라고 지적됨으로써 끊임없이 부적격한 것으로 간주된다. 게다가 이런 파괴적인 행동은 일반적으로 들키지 않는 방식으로 계속된다. 내현적 정신분열증 환자가 상대를 그르치게 하는 데 성공할 수 있는 한, 자신의 병리는 애매해지고 비난은 다른 곳에 떨어진다. 이런 사람들이 어쩔 수 없이 자신의 행동 패턴을 인식해야만 하는 상황에 직면했을 때, 외현적 정신분열증으로 붕괴될까 두려워한다는 증거가 있다. 그들은 자신의 입장을 방어하기 위해 심지어 '당신이 나를 미치게 하고 있다'는 위협도 사용할 것이다.

내가 여기서 내현적 정신분열증으로 부르고 있는 것은 우리가 연구한 가족들에서 정신분열증 환자의 부모가 가지는 특징이다. 어머니가 이런 행동을 하는 경우는 광범위하게 풍자되었으므로, 이 글에서 나는 아버지가 중심적 역할을 하는 예를 다루겠다. 결혼한 지 18년 정도 된 P부부에게는 거의-파과병인 16세의 아들이 있었다. 그들의 결혼 생활은 순탄치 않았으며 거의 지속적인 적대 행위로 묘사된다. 그럼에도 불구하고, 부인은 빈틈없는 정원사였다. 어느 일요일 오후 P부부는 함께 그녀가 장미 정원으로 여겼던 곳에 장미를 심었다. 그녀는 그것이 흔치 않은 기쁨이었다고 회상한다. 월요일 아침, 남편은 평상시처럼 출근했고, 남편이 없는 동안 부인은 전혀 모르는 사람으로부터 전화로 언제 집을 비워줄 것이냐는 어느 정도 미안해하는 질문을 받았다. 다소 놀라웠다. 남편의 입장에서 장미 정원을 만들기 위해 함께 한 작업의 메시지는 그가 지난주에 집을 파는 데 동의했다는 더 큰 맥락 속에 짜 맞춰져 있었다는 것을 그녀는 몰랐던 것이다.

어떤 경우에는 거의 외현적 정신분열증이 내현적 정신분열증의 풍자였던 것처럼 보인다.

만약 우리가 외현적 정신분열증 환자의 증상과 부모의 '내현적 정신분열증' 모두 어느 정도는 유전 인자에 의해 결정된다고 가정한다면, 즉 적절한 실험적 배경이 주어졌을 때 유전이 어느 정도 더 용이하게 환자가 이런 비정상적인 행동 패턴을 발달시키도록 만든다면, 우리는 이런 두 가지 등급의 병리가 어떻게 하나의 유전 이론과 관계될 수 있는지를 물어봐야만 한다.

  확실히 지금 이 문제에 대한 해답은 얻을 수 없지만, 여기서 우리가 두 가지 확실하게 구별되는 문제에 부닥칠 수 있다는 것은 분명하다. 외현적 정신분열증 환자의 경우, 유전학자는 부모의 드러나지 않는 모순된 행동(또는 가족 이외의 사람들의 좀더 일관된 행동과 결부되고 대비되는 부모의 모순된 행동)에 의해 자신을 정신병적 붕괴로 더욱 내몰리도록 만드는 환자의 형식적 특성을 확인해야만 한다. 그런 특성에 대해서 특정한 추론을 하는 것은 아직 이르지만, 그런 특성이 어떤 종류의 경직성을 가질 것으로 가정하는 것은 합리적일 수도 있다. 아마도 외현적 정신분열증에 걸리기 쉬운 사람은 자신이 본 그때 그대로의 상태에 대한 과도한 심리적 몰두로 특징지어질 것이다. 그런 몰두는 부모가 틀과 맥락을 빨리 변화시키기 때문에 상처를 입을 수도 있고 좌절당할 수도 있다. 또는 어쩌면 이 환자는 문제 해결과 습관 형성 사이의 관계를 결정하는 어떤 매개 변수의 값이 높다는 것으로 특징지어질지 모른다. 어쩌면 문제 해결을 너무 쉽사리 습관에 돌려버리는 사람은 문제 해결을 자신의 습관 구조에 포함시키는 바로 그 순간에 자신의 해결을 무효화하는 맥락의 변화로 상처 입을지 모른다.

  내현적 정신분열증의 경우, 유전학자에게 제기되는 문제는 다를 것이다. 그는 정신분열증 환자의 부모에게서 관찰할 수 있는 형식적 특성을 확인해야만 할 것이다. 여기서 요구되는 것은 경직성보다는 유연성일 것이다. 그런데 이런 사람들을 다뤄본 경험에서, 나는 그들이 자신들의 모순된 패턴에 단단히 빠져 있다고 느꼈음을 고백해야만 하겠다.

내현적 정신분열증의 패턴을 외현적 정신분열증의 가벼운 변형으로 간주하거나, 어떤 의미에서 두 가지 증상을 동일한 경직성이 서로 다른 수준들에 작용한 것으로 간주함으로써 유전학자가 대답해야 하는 두 질문이 단순하게 하나로 취급될 수 있는지를 나는 알지 못한다.

어떻든 간에 우리가 여기서 직면하고 있는 어려움은 전적으로 어떠한 행동 특성의 유전적 기반을 찾으려는 시도의 특징이다. 메시지나 행동의 기호가 역전하기 쉽다는 것은 잘 알려져 있는데, 이 일반화는 우리의 사고에 대한 정신분석의 가장 중요한 공헌들 중 하나다. 만약 우리가 성적 노출자가 고상한 척하는 부모의 아이인 것을 발견한 경우, 유전학자에게 부모의 고상한 척하는 것과 자식의 노출증 모두에서 표현형으로 나타나는 어떤 기본적 특성의 유전을 추적해 밝혀보라고 의뢰하는 것은 정당한가? 억압과 과잉 보상이라는 현상은 계속해서, 한 수준(예컨대 유전자형)에서의 어떤 지나침이 좀더 표층적 수준(예컨대 표현형)에서의 어떤 직접적인 표현을 결여하는 어려움에 끊임없이 이르게 한다. 또 그 반대이기도 하다.

그렇다면 우리가 유전학자에게 특정한 문제를 제기한다는 것은 거의 불가능하다. 그러나 이제까지 논의해온 것의 의미를 더욱 넓게 고찰한다면 유전학의 철학적 기반을 다소 수정하게 되리라고 나는 믿는다. 수준들이나 논리 형태 이론을 방법으로 한 정신분열증에 대한 우리의 접근법은, 먼저 적응과 학습의 문제를 밝히고, 계층의 분절들 사이에 있는 경계점에서 추계적인 변화가 발생한다는 계층적 체계의 시각에서 그들의 병리를 고찰해야 한다는 것이었다. 우리는 그러한 세 가지 추계적 변화의 영역——유전자의 돌연변이 수준, 학습 수준, 가족 조직에서 변화의 수준을 연구했다. 또한 정통 유전학이 거부했던 이 세 가지 수준의 관계 가능성을 밝혔으며, 적어도 인간 사회에서 진화 체계는 우연히 적절한 환경을 선택하는 적자생존뿐만 아니라 개별 구성원의 표현형과 유전자형의 특성을 고양시키는 방향으로 가족 환경을 변화시키는 데도 존재한다는 것을 밝혔다.

인간이란 무엇인가

물질주의라는 단어를 어떻게 이해했느냐고 15년 전에 질문받았다면, 나는 그것은 우주의 본질에 대한 이론이라고 대답했을 것이며, 이 이론은 어떤 의미에서 비도덕적이라는 견해를 당연히 받아들였을 것이다. 과학자는 자신과 타인에게 통찰과 기술을 제공할 수 있는 전문가이지만, 이런 기술이 사용되어야 하는지 아니면 사용돼서는 안 되는지에 대해서 과학은 아무것도 말할 수 없다는 견해에 나는 동의했을 것이다. 이런 점에서, 나는 데모크리토스, 갈릴레오, 뉴턴,[169] 라부아지

---

169) 뉴턴이라는 이름은 분명 이 계열에 속한다. 그러나 뉴턴 본인은 다른 유형이었다. 연금술과 묵시록적 저작에 대한 그의 신비적인 몰두와 그의 은밀한 신학적 일원론은 그가 최초의 객관적인 과학자가 아니라 오히려 '최후의 마술사'였음을 시사한다. J. M. Keynes, "Newton, the Man", *Tercentenary Celebrations*(London : Cambridge Univ. Press, 1947), 27~34쪽을 참조하라. 뉴턴과 블레이크는 똑같이 야코프 뵈메Jacob Boehme의 신비스러운 작품에 많은 시간과 사색을 바쳤다.

에Antoine-Laurent Lavoisier, 다윈의 이름과 관계된 과학철학의 일반적 추세를 따르게 되었을 것이다. 나는 헤라클레이토스, 연금술사들, 윌리엄 블레이크, 라마르크, 새뮤얼 버틀러 등의 비교적 덜 평가된 견해는 저버리게 되었을 것이다. 이들에게 과학적 연구의 동기는 인간이란 무엇이며 인간이 우주의 다른 부분들과 어떻게 관계되어 있는가를 보여주는 포괄적인 우주관을 세우려는 욕망이었다. 이들이 세우고자 노력했던 우주의 모습은 윤리적이고 미학적이었다.

한쪽에 있는 과학적 진실과 다른 쪽에 있는 미와 도덕성 사이에는 분명 상당한 관계가 있다. 어떤 사람이 자신의 본성에 대한 잘못된 견해를 가졌다면, 이로 인해 그는 심각한 의미에서 부도덕하거나 추한 행동을 하게 될 것이기 때문이다.

오늘날 내가 물질주의의 의미에 대한 같은 질문을 받는다면, 내가 생각하기에 그 말은 우주의 본질에 관해 어떤 질문들이 행해져야 하는가에 대한 수집된 규칙을 의미한다고 대답할 것이다. 하지만 이런 규칙들의 세트가 유일하게 옳다는 주장은 할 수 없다.

신비가는 "한 알의 모래에서 세계를 본다".[170] 그리고 그가 바라보는 세계는 도덕적이거나 미적이며, 아니면 그 둘 다. 뉴턴 학파의 과학자는 낙하 물체의 운동에서 규칙성을 보지만 이 규칙성에서 어떤 규범적인 결론도 도출할 수 없다고 주장한다. 그러나 그가 이것이 우주를 바라보는 바른 시각이라고 설교하는 그 순간에 그의 주장은 모순에 빠진다. 설교는 규범적인 결론에 기초해야만 가능하다.

이 글에서 나는 비도덕적인 물질주의와 좀더 낭만적인 우주관 사이

---

170) (옮긴이주) 윌리엄 블레이크의 〈순수의 전조Auguries of Innocence〉라는 시에 나오는 구절이다.

의 오랜 싸움에서 논쟁의 초점이 되었던 몇 가지 문제를 언급했다. 다윈과 새뮤얼 버틀러의 싸움은 개인적인 모욕으로 여겨진 것에 반감을 품은 것이었지만, 그 모든 주장의 이면에는 종교적 위상의 문제도 관련되어 있었다. 사실 그 싸움은 '생기론vitalism'[171]에 대한 것이었다. 얼마나 많은 생명이, 그리고 어떤 등급의 생명이 유기체에 속할 수 있는가 하는 문제였으며, 다윈은 개별 유기체의 신비한 생명력을 손상시키는 데는 성공하지 못했지만, 적어도 진화론적인 양상이 자연 '법칙'으로 만들어질 수 있음을 보여주었다는 점에서 승리했다.

그 결과, 아직 정복되지 않은 영역——개별적인 유기체의 생명——이 이러한 진화의 영역을 재장악할 어떤 것도 가질 수 없었음을 증명하는 것이 매우 중요했다. 살아 있는 유기체가 자신들의 개별적인 삶속에서 적응 변화를 이룰 수 있었다는 것은 여전히 신비로운 것이었으며, 이런 적응 변화, 즉 그 유명한 획득 형질은 어떤 대가를 치르더라도 진화의 나무에 영향을 미치지 않아야만 했다. '획득 형질의 유

---

171) (옮긴이주) 생기론이란 생명에는 무기 물질을 지배하는 기계론적 원리와는 다른 별개의 원리가 작용하고 있다고 보는 견해다. 생명론에서 기계론과 대립하는 입장이다. 생기론과 유사한 개념으로 물활론, 유기체론, 전체론이 있다. 그것들은 모두 기계론과 대립하면서 생명의 고유 원리를 강조한다는 점에서 공통되지만, 물활론과 유기체론은 주로 무생물을 포함한 자연계 전체를 생명이 있는 것으로 파악하는 입장을 나타내는 데 쓰인다. 원시인의 물활론적 사고라든지, 동양의 전통적인 유기체적 자연관이 그 예다. 이에 대하여 생기론과 전체론은 근대 과학의 성립 이후 무기 물질에 대한 기계론적 법칙의 지배가 인정된 뒤에 나온 것으로 생물의 특이성을 강조하는 경우에 주로 쓰인다. 생기론자로서 유명한 인물은 드리슈Hans Adolf Eduard Driesch로서 그는 성게의 발생 실험을 바탕으로 생명의 고유 원리로 생명력entelechy의 존재를 주장했다. 생기론이 생물체의 구성 단위에서의 독자적인 원리의 존재를 주장하는 것과는 달리 전체론은 구성 단위 차원에서의 독자적인 원리를 인정하지 않으나 그것들이 생물을 구성하면 개개의 요소로 환원되지 않는 특성이 생긴다고 본다.

전'은 언제나 생기론자를 옹호하면서 진화의 영역을 재장악할 수 있다고 위협했다. 생물학의 한 분야가 다른 분야에서 분리되어야만 했다. 물론 객관적인 과학자는 자연의 통일성을 믿기 위해 모든 자연 현상은 결국 자신들의 분석을 받아들인다는 것이 증명될 것이라고 주장했지만, 약 100년 동안 개체의 생물학과 진화 이론 사이에 침투 불가능한 차단막을 설치하는 것이 편리했다. 새뮤얼 버틀러의 '유전되는 기억'은 이 차단막에 대한 공격이었다.

이 강좌의 결론 부분에서 내가 관심을 가지고 있는 문제는 다양하게 표현될 수 있을 것이다. 비도덕적 물질주의와 신비한 우주관 사이의 싸움이 '획득 형질'에 부여된 기능의 변화로 영향을 받았는가? 좀더 오래된 물질주의자들의 주장이 맥락은 분리될 수 있다는 전제에 정말로 의존하고 있는가? 또는 우리가 복잡한 메타관계의 네트워크 내에서 서로 연결되어 있는 맥락들이 무한 회귀한다는 것을 인정한다면, 우리의 세계관은 변화될 것인가? (표현형과 유전형에서) 따로 떨어진 추계적 변화의 수준들이 생태계라는 보다 큰 맥락과 연결될 수도 있는 가능성은 이 싸움에 대한 우리의 헌신을 변화시킬 것인가?

맥락은 항상 개념적으로 분리될 수 있다는 전제와의 관계를 끊고, 나는 틀에 박힌 비도덕적 물질주의 우주관보다 더욱 통일된——그런 의미에서 훨씬 신비적인——우주관을 도입할 것이다. 그렇게 획득된 새로운 견해는 과학이 도덕이나 미학적인 질문에 답할 수 있을지도 모른다는 희망에 대한 새로운 근거를 제공할 것인가?

나는 그 견해가 의미 있게 변화되었다고 생각한다. 이것을 명백히 하기 위해서 이제까지 정신과 의사들이 많이 생각한 문제를 고찰해야겠다. 내가 의미하는 것은 '제어control'와 조작, 자발성, 자유 의지,

기술이라는 말로 연상되는, 총체적으로 관련된 복합 관념의 문제다. 이런 제어에 대한 관념의 영역처럼 자신의 본성과 자신과 타인의 관계에 대한 잘못된 전제는 확실히 파괴와 추악함을 낳을 수밖에 없다는 것에 나와 여러분이 동의하리라고 생각한다. 타인과의 관계에서 인간은 그 관계에서 발생하는 사건에 대해 매우 제한된 제어력을 가진다. 그는 두 사람으로 구성된 단위의 부분이며, 부분이 전체에 대해 할 수 있는 제어는 엄격히 제한되어 있다.

내가 이미 언급한 맥락들의 무한 회귀는 같은 현상의 다른 예에 불과하다. 이 토론에 내가 기여한 것은 전체와 부분의 대비가 커뮤니케이션 영역에서 발생했을 때는 언제나 논리 형태화에서의 대비라는 것을 밝혔다는 점이다. 전체는 자신의 부분들에 대해 항상 메타관계에 있다. 논리학에서 명제가 메타명제를 결코 결정할 수 없는 것처럼, 제어의 문제에서도 보다 작은 맥락은 보다 큰 맥락을 결정할 수 없다. 나는 이미(예컨대 표현형의 보상이라는 현상을 논할 때) 논리 형태화의 계층 구조에서 수준들이 자기-교정 체계를 창조하는 방식으로 서로 관계될 때, 각 수준에서 어느 정도 기호의 변화가 종종 일어난다는 것을 언급했다. 이 현상은 뉴기니 부족에서 내가 연구했던 입문식의 계층 구조에서 간단한 도식의 형태로 나타났다. 고참 입회자들은 신참자를 위협하듯 꾸미는 것이 자신의 임무이기 때문에 자연스럽게 신참자의 적이 된다. 기존의 입회자들을 입회시킨 사람들은 이제 입문 의식에서 행해지는 일을 비판하는 역할을 맡는다. 그래서 그들은 자연스럽게 현재의 신참과 동맹하게 된다. 등등. 이와 같은 현상이 미국 대학의 친목회에서도 발생하는데, 거기에서 삼학년은 신입생과, 사학년은 이학년과 결합되는 경향을 볼 수 있다.

이는 아직까지 거의 탐험되지 않은 세계라는 시각을 우리에게 주고 있다. 그러나 그와 같이 복잡한 것 중에 어떤 것은 매우 유치하면서도 불완전한 유추로 제시될 수도 있다. 그와 같은 계층 구조들의 작용은 하나 혹은 그 이상의 트레일러가 부착된 트럭을 후진시키는 작업과 비교될 수 있다고 나는 생각한다. 그와 같은 체계의 각 부분은 기호의 역전을 표시하고, 추가된 각 부분은 트럭 운전자에 의해 미치게 되는 제어의 양이 급격하게 감소함을 표시한다. 만약 이 체계가 도로 우측의 경계선과 나란하게 되어 있고, 운전자가 트럭 바로 뒤의 트레일러를 우측으로 접근시키고자 한다면, 그는 트럭의 앞바퀴를 좌측으로 돌려야만 한다. 그렇게 하면 트럭의 뒷부분은 도로의 우측에서 떨어져 나오게 되고 트레일러의 앞부분은 좌측으로 끌려갈 것이다. 이렇게 해서 트레일러의 뒷부분은 도로의 우측을 향하게 된다. 등등.

이와 같은 작업을 시도했던 사람은 누구나 알겠지만, 사용할 수 있는 제어의 양은 급속도로 감소한다. 한 대의 트레일러가 달린 트럭을 후진시키는 것은 제어가 미칠 수 있는 각도가 제한되어 있기 때문에 이미 어렵다. 트레일러와 트럭이 일직선이나 거의 일직선을 이루고 있다면, 제어하는 것은 쉽지만, 트레일러와 트럭의 각도가 좁아질수록 제어의 정도는 상실되며 무리하게 제어를 시도하면 체계의 연결부가 급각도로 꺾인다. 두 번째 트레일러의 제어에 대한 문제를 고려할 때, 연결부가 꺾이는 역치threshold는 급격히 감소하며, 따라서 제어는 거의 무시된다.

내가 보기에 세계는 서로 이런 종류의 관계를 가진 존재의 복잡한 네트워크(연쇄라기보다는)로 이루어져 있지만, 이런 차이와 더불어 대다수의 존재들은 자신의 고유한 에너지 공급원을 가지고 있으며,

어디로 가고 싶다는 자신만의 고유한 생각까지 가지고 있다.

그와 같은 세계에서 제어의 문제는 과학보다는 예술에 가깝다. 왜냐하면 그것은 예술의 맥락처럼 난해하고 예측 불가능하다고 여겨질 뿐만 아니라 잘못될 경우 결과가 추하기 때문이다.

따라서 나는 우리 사회과학자들은 그렇게 불완전하게 이해하고 있는 세계를 제어하려는 우리의 성급한 욕망을 억누르는 것이 현명하다는 경고로 끝을 맺고 싶다. 우리가 불완전하게 이해하고 있다는 사실이 우리의 불안을 가중시켜 제어의 필요성을 증가시키는 것을 허용해서는 안 된다. 오히려 우리의 연구는 오늘날 예전 같은 영광을 갖고 있지 못한 좀더 고대의 동기, 즉 우리가 부분이 되는 세계에 대한 호기심에 의해 영감을 받을 수 있다. 그런 연구에 대한 보상은 힘이 아니라 아름다움이다.

모든 위대한 과학의 진보——특히 뉴턴이 이룩한 진보——가 우아했다는 것은 놀라운 사실이다.

그 밖의 참고문헌

W. R. Ashby, *Design for a Brain*(New York : John Wiley & Sons, Inc., 1952).

──────, *Introduction to Cybernetics*(New York · London : John wiley & Sons, Inc., 1956).

G. Bateson · D. D. Jackson · J. Haley · J. H. Weakland, "Toward a Theory of Schizophrenia", *Behavioral Science*(1956), 1 : 251~264쪽.

G. Bateson, "Cultural Problems Posed by a Study of Schizophrenic

Process", *Symposium on Schizophrenia, an Integrated Approach,* M. D. Alfred Allerback (ed.), American Psychiatric Association, Symposium of the Hawaiian Divisional Meeting, 1958(New York : Ronald Press, 1959).

——————, "The New Conceptual Frames for Behavioral Research", *Proceeding of the Sixth Annual Psychiatric Conference at the New Jersey Neuro-Psychiatric Institute*(Princeton, 1958), 54~71쪽.

——————, "The Group Dynamics of Schizophrenia", L. Appleby · J. M. Scher · J. H. Cummings (eds.), *Chronic Schizophrenia*(Glencoe, Ill. : The Free Press, 1960).

——————, "Social Planning and the Concept of Deutero-Learning", *Relation to the Democratic Way of the Life,* Conference on Science, Philosophy and Religion, Second Symposium, led by L. Bryson and L. Finkelstein(New York : Harper & Bros., 1942).

——————, *Naven, a Survey of Problem Suggested by a Composite Picture of Culture of a New Guinea Tribe Drawn from There Points of View,* ed. 2(Stanford, Calif. : Stanford Univ. Press, 1958).

S. Butler, *Thought and Language*(1890), published in the Shrewsbury Edition of the works of Samuel Butler(1925), vol. xix.

——————, *Luck or Cunning as the Main Means of Organic Modification* (London : Trubner, 1887).

C. D. Darlington, "The Origins of Darwinisim", *Scientific American*(1959), 200 : 60~65쪽.

C. Darwin, *On the Origin of Species, by Means of Natural Selection*(London : Murray, 1859).

C. C. Gillispie, "Lamarck and Darwin in the History of Science", *American Scientist*(1958), 46 : 388～409쪽.

J. Stroud, "Psychological Moment in Perception-Discussion", H. Von Foerster, et al. (eds.), *Cybernetics : Circular Causal and Social Feedback Mechanisms in Biological and Systems*, Transactions of the Sixth Conference(New York : Josiah Macy, Jr. Foundation, 1949), 27～63쪽.

C. H. Waddington, *The Strategy of the Genes*(London : George Allen & Unwin, Ltd., 1957).

─────────────, "The Integration of Gene-Controlled Processes and Its Bearing on Evolution", *Caryologia, Supplement*(1954), 232～245쪽.

─────────────, "Genetic Assimilation of an Acquired Character", *Evolution* (1953), 7 : 118～126쪽.

A. Weismann, *Essays upon Heredity*, authorized translation, E. B. Poulton, et al., (eds.) (Oxford : Clarendon Press, 1889).

이중 구속(1969)[172]

　내게 있어 이중 구속 이론은 그런 문제들에 관해 어떻게 생각할 것
인가에 대한 하나의 예였으며, 적어도 이런 측면에서, 전반적인 것을
어느 정도 재검토할 가치가 있다.

　때때로──과학에서는 자주, 예술에서는 항상──문제가 해결될
때까지 그 문제가 무엇이었는지를 모르는 경우가 있다. 그러므로 이
중 구속 이론으로 내게서 해결된 문제가 무엇이었는지를 되돌아보는
얘기도 아마 유용할 것이다.

　먼저 물화(物化)라는 문제가 있었다.

---

172) 이 논문은 1969년 8월 미국 심리학협회American Psychological Association가
　　후원하고 로버트 라이더Robert Ryder 박사가 주재한 이중 구속에 관한 심포지
　　엄에 제공된 것이다. 국립 정신건강연구소National Institute of Mental Health
　　의 경력개발상Career Development Award(MH-21, 931)을 받아 마련되었다.

명백히 마음속에는 사물이나 사건이 전혀 존재하지 않는다──돼지도, 코코야자도, 어머니도 존재하지 않는다. 마음은 변형transform, 지각 표상, 이미지 등등, 그리고 이 변형과 지각 표상 등등을 만드는 규칙을 가지고 있을 뿐이다. 마음속에서 이 규칙들이 어떤 형태로 존재하는지는 모르지만, 아마도 그것들은 변형을 만들어내는 바로 그 장치 속에 내장되어 있을 것이다. 그 규칙들은 보통 의식적인 '사고'로 표출되지 않는 것이 분명하다.

어떤 경우든 사자는 개념이 아니기 때문에 사자에 의해 인간이 공포를 느꼈다고 말하는 것은 터무니없다. 인간이 사자에 대한 어떤 개념을 만들어내는 것이다.

물질에 대한 설명의 세계에서는 차이와 개념이 아니라 힘과 충격만을 끌어낼 수 있다. 이에 반하여 형태와 커뮤니케이션의 세계에서는 사물과 힘과 충격이 아니라 차이와 개념만을 끌어낸다. (차이를 만드는 차이가 개념이다. 그것이 정보의 단위, 즉 비트bit다.)

하지만 나는 이런 것들을 나중에야 배웠다──이중 구속 이론에 의해 그런 것들을 배울 수 있었다. 물론 그것들은 그것들 없이는 거의 나올 수 없었던 이 이론 속에 내포되어 있다.

이중 구속에 관한 우리의 첫 논문에는 많은 오류가 포함되어 있는데, 그것은 단지 물화(物化)의 문제를 아직 분명하게 검토하지 않았기 때문이다. 그 논문에서는 이중 구속이 마치 사물처럼, 그래서 셀 수 있는 어떤 것처럼 이야기되고 있었다.

물론 그것은 모두 터무니없는 것이다. 잉크 반점inkblot에는 아무것도 없기 때문에 거기에서 여러분이 박쥐를 셀 수는 없다. 그런데도 인간은──만약 그가 '박쥐에 흥미가 있다면'──몇 마리를 '볼' 수도 있다.

　그런데 마음속에는 이중 구속이 존재하는가? 이것은 사소한 질문이 아니다. 마음속에는 코코넛은 없고 단지 코코넛의 지각 표상과 변형만 존재하므로, 역시 내가 상관의 행동에서 (의식적이든 무의식적이든) 이중 구속을 인지했을 때에도, 내가 마음속에 얻는 것은 이중 구속이 아니라 단지 이중 구속의 지각 표상과 변형뿐이다. 그리고 이중 구속 이론이 말하려는 것은 그것이 아니다.

　우리가 이야기하는 것은 변형을 만들어내는 규칙의 엉킴과 그러한 엉킴의 획득이나 조성에 대한 것이다. 정신분열 증상들 그리고 유머, 예술, 시 등과 관련된 행동 패턴들의 확정이나 병인과 관계된 것에는 경험적 요소가 있음을 이중 구속 이론은 주장한다. 중요한 것은 이 이론이 이런 아종(亞種)들 간에 어떤 구별을 하지 않는다는 것이다. 이중 구속의 조건 내에는 주어진 개인이 어릿광대가 될지, 시인이 될지, 정신분열증 환자가 될지, 또는 이것들이 복합된 존재가 될지를 결정할 만한 것은 아무것도 없다. 그것이 다루는 것은 단일한 증후군이 아니라 통상 대부분 병으로 여기지 않는 증후군들의 유(類)다.

　이런 증후군들의 유에 대한 일반적인 용어로 '초맥락적transcontextual' 이라는 말을 만들어보자.

　초맥락적 재능으로 풍요해진 삶을 사는 사람뿐만 아니라 초맥락적 혼란으로 활력을 상실한 사람도 한 가지 면에서는 비슷한 것 같다. 그들에게는 항상 또는 자주 '이중 획득double take' 이 존재하는 것이다. 낙엽, 친구의 인사, "강가에 핀 앵초꽃" [173]도 '단지 그것' 이상의

---

173) (옮긴이주) 윌리엄 워즈워스William Wordsworth의 시에 나오는 말이다.

아무것도 아닌 것이 아니다. 외부에서 생긴 경험이 꿈의 맥락을 짜 맞추기도 하고, 내부의 생각이 외부 세계의 맥락에 투사되기도 한다. 등등. 우리는 학습과 경험에서 이 모든 것에 대한 부분적인 설명을 찾으려고 한다.

물론 초맥락적 증후군의 병인에는 유전적 요소도 분명히 있다. 유전적 요소는 경험적 요인보다 좀더 추상적인 수준에서 작용할 것으로 예상된다. 예를 들면 유전적 요인이 초맥락적으로 되는 것을 학습하는 능력을 결정하거나, (좀더 추상적으로) 이런 능력을 획득하는 잠재력을 결정할 수도 있다. 또는 반대로 게놈genome이 초맥락의 통로에 저항하는 능력을 결정할 수도 있고, 그런 능력을 획득하는 잠재력을 결정할 수도 있다. (유전학자들은 DNA에 의해 전달된 메시지의 논리형태를 규명해야 할 필요성에 거의 주의를 기울이지 않았다.)

어떤 경우에도 유전적 결정과 경험적 결정이 만나는 지점이 완전히 추상적인 것은 분명하며, 유전적 메시지가 구체화된 것이 단 하나의 유전자라고 할지라도 이것은 틀림없이 진실이다. (단 하나의 정보의 비트는——단 하나의 차이——추상적인 어떤 수준에서도 어느 정도 복잡한 질문에 대한 예-또는-아니요라는 대답일 수 있다.)

('정신분열증'에 대해) 단 하나의 '저발현' 우성 유전자를 제안하는[174] 최근의 이론들은 경험의 클래스가 잠재 가능성을 표현형으로 드러내는 원인이 될 수도 있음을 가리키는 경험적인 이론에 문을 열어

---

174) (옮긴이주) 인간 게놈 프로젝트human genome project가 완료됨에 따라 게놈 수준에서의 연구가 가능해지면서, 생물 의약 분야에서 혁신적인 발전이 이루어졌다. 이러한 발전은 수많은 필수 유전자의 비정상적인 발현(과발현과 저발현)과 염기 서열의 축적에 기인하는 질병, 특히 암의 연구에 매우 중요하다.

두고 있는 것 같다.

그렇지만 제안자들이 가설상의 유전자에 의해 발생하는 '정신분열증'의 복잡한 결정 과정의 구성 요소들을 확정할 때까지 이 이론들은 내게 거의 관심을 불러일으키지 못할 것 같다. 이 구성 요소들의 식별은 감산적(減算的, subtractive) 과정임이 틀림없다. 환경의 영향이 큰 경우에는 환경의 영향이 구별되고 조정될 수 있을 때까지 유전학은 연구될 수 없다.

하지만 암거위 고기를 위한 소스가 수거위 고기를 위한 소스가 되기도 하듯이, 앞에서 유전학자들에 대해 말한 것은 이중 구속의 경험으로 생길 수 있는 초맥락 과정의 구성 요소를 밝힐 의무가 있는 내게도 적용된다. 따라서 이중 구속 이론의 기초가 되는 재-학습 이론을 재검토하는 것이 타당할 것이다.

모든 생물 체계(유기체와 유기체들의 사회적 또는 생태학적 조직)는 적응을 위한 변화를 할 수 있다. 하지만 적응 변화는 우리가 고려의 대상으로 선택한 체계의 크기와 복잡성에 따라 반응, 학습, 생태적 천이(遷移)[175], 생물의 진화, 문화의 진화 등과 같은 다양한 형태를 취한다.

어떤 체계라도, 적응 변화는 되먹임 고리들에 의존하며, 이는 자연선택이나 개체의 강화로 제공된다. 그러므로 모든 경우에, 틀림없이 시

---

175) (옮긴이주) 생태적 천이ecological succession는 시간의 경과에 따라 생태 공동체에서 종들의 구조 변화 과정이 목격되는 것이다. 공동체의 일부 종들은 일정 시간 동안 그 수가 줄어들거나 생태계에서 사라지기도 한다. 마찬가지로, 생태계의 다른 종들이 점점 풍부해지거나 인접한 생태계에서 새로운 종들이 공동체로 침입해 들어오기도 한다. 이처럼 시간의 경과와 함께 특정한 생태계에서 생명체 구성의 변화가 목격되는 것을 생태적 천이라고 한다.

행착오의 과정과 비교의 메커니즘이 존재한다.

하지만 시행착오는 언제나 착오를 포함하며, 착오는 언제나 생리적으로 그리고/또는 심리적으로 많은 비용이 든다. 그러므로 적응 변화는 반드시 언제나 계층적이어야 한다는 결론이 나온다.

직접적인 환경적 (또는 생리적) 요구에 맞추는 일차 변화뿐만 아니라 일차 변화를 달성하는 데 필요한 시행착오의 양을 감소시켜줄 이차 변화도 요구된다. 등등. 많은 되먹임 회로를 겹쳐놓고 연결함으로써 우리는 (그리고 모든 생물 체계는) 특정한 문제를 해결할 수 있을 뿐만 아니라 문제들의 클래스들을 해결하는 데 적용하는 습관들을 형성한다.

우리는 마치 모든 문제의 클래스가 문제들의 클래스의 구성원보다 더 적은 수의 가정이나 전제로 해결될 수 있는 것처럼 행동한다. 바꿔 말하면 우리(유기체)는 학습하는 것을 학습하거나, 좀더 전문적인 용어로, 재-학습한다.

그러나 습관은 악명 높게 경직적이며, 그 경직성은 적응의 계층 구조에서 습관이 가지는 지위의 필연적 결과다. 습관은 공학자들의 용어를 빌리면, 비교적 '하드 프로그램되어' 있기 때문에 시행착오의 경제성은 습관이 형성되어야만 성취될 수 있다. 경제성은 정확히 습관이 사용될 때마다 습관의 전제들이 재-검토 또는 재발견되지 않는 데 있다. 이런 전제들이 부분적으로 '무의식적'이거나, 전제들을 검토하지 않는 습관이 발달되었다고 우리는 말할 수 있다.

게다가 습관의 전제들이 거의 필연적으로 추상적이라는 것을 아는 것이 중요하다. 각각의 문제는 다른 모든 문제와 어느 정도 다르며, 그래서 마음에서의 그것의 묘사나 재현은 하나밖에 없는 명제들을 가질 것이다. 이 하나밖에 없는 명제들을 습관의 전제 수준으로 낮추는 것은 분명히 잘못이다. 습관은 단지 일반적이거나 반복적인 진실을 띠는 명제들만을 성공적으로 다룰 수 있으며, 이런 명제들은 보통 상대적으로 높은 수준의 추상 관념이다.[176]

그런데 내가 초맥락 중후군의 결정에 중요하다고 믿었던 특정한 명제들은 사람들 간의 관계를 기술하고 결정하는 형식적인 추상 관념이다.

'기술하고 결정한다' 라고 나는 말하지만, 이것조차 부적절하다. 관계는 이들 메시지의 교환이다. 또는 관계는 이들 메시지에 내재한다고 말하는 것이 더 나을 것이다.

심리학자들은 흔히 관계의 추상성이 ('의존' , '적의' , '사랑' 등) 메시지에 의해 묘사나 '표현' 될 수 있는 실제 사물인 것처럼 말한다. 이것은 거꾸로 된 인식론이다. 진실은 메시지가 관계를 만들며, '의존'과 같은 말은 교환된 메시지의 조합에 내재하는 패턴들을 말로 코드화해서 묘사한 것이다.

이미 언급했듯이 마음속에는 '사물' 이 존재하지 않는다——물론 '의존' 도 존재하지 않는다.

우리는 언어에 너무 현혹되어 똑바로 생각할 수 없으므로, 가끔은

---

176) 그렇지만 중요한 것은 명제가 추상적이라는 것보다는 오히려 항상 참이라는 것이다. 잘 선택된 경우에——우연하게——추상 관념은 참이라는 항구성을 가진다. 인간의 경우 코 주변에 공기가 존재한다는 것은 어느 정도까지는 항상 참이다. 따라서 호흡을 조절하는 반사 작용은 연수에 하드 프로그램될 수 있다. 돌고래의 경우, '분기공 주변의 공기' 라는 명제는 오직 간헐적으로 참이며, 따라서 호흡은 보다 고차원의 중추에서 좀더 융통성 있는 방식으로 조정되어야만 한다.

우리가 진짜 포유동물이라는 것을 기억하는 것이 도움이 된다. '본심 heart'에 대한 인식은 인간이 아닌 포유동물의 인식이다. 고양이는 '우유'를 말하지 못한다. 고양이는 단지 인간이 언어로 '의존'이라고 부르는 패턴, 즉 상호 교환에서의 자기 역할을 행동으로 옮길 뿐이다 (또는 그 역할일 뿐이다).

하지만 상호작용 패턴에서 하나의 역할을 행하거나 역할이 된다는 것은 나머지 역할을 제안하는 것이다. 맥락은 반응의 어떤 클래스를 위한 세트다.

이런 맥락의 짜임과 맥락을 제안하는 메시지의 짜임이――그러나 말하자면 모든 메시지는 그것이 무엇이든 오직 맥락의 힘으로 '의미' 를 가진다――이중 구속이라 불리는 이론의 주요 문제다.

이 문제는 유명하고 형식적으로 정확한[177] 식물학적 유사에 의해 예 증될 수도 있다. 괴테Johann Wolfgang von Goethe는 150년 전에 꽃 피는 식물의 해부학에 일종의 구문론syntax 혹은 문법이 있다고 지적 했다. '줄기'는 '잎'을 낳고, '잎'은 자신의 엽액 속에 싹을 가지며, 싹은 엽액에서 생긴 줄기이며……등등. 각 기관의 형식적(즉 커뮤니 케이션의) 본질은 맥락의 상태――그것이 어떤 맥락에서 생겼는가와 다른 부위에 대해 어떤 맥락을 설정하고 있는가――에 의해 결정된 다.

앞에서 이중 구속 이론을 다루면서 나는 습관의 전제나 규칙의 얽힘 이 발생하는 것은 경험적 요소와 관계있다고 했다. 이제 나는 맥락 구

---

177) 식물학적 유사가 형식적으로 정확한 것은 동물의 행동처럼 형태 발생도 맥락 에서의 메시지를 문제로 하기 때문이다.(G. Bateson, "A Re-examination of 'Bateson's Rule'", *Journal of Genetics*, in press 참조.)

조의 짜임에서 경험으로 얻어진 부조화가 바로 '이중 구속'이며, (만약 경험으로 얻어진 부조화가 적어도 학습과 적응의 계층적 과정에 도움이 된다면) 내가 초맥락 증후군이라고 부르는 것을 필연적으로 조장한다고 주장하겠다.

매우 단순한 패러다임을 생각해보자. 암돌고래Steno bredanensis가 조련사의 호각 소리를 '이차 강화'로 받아들이는 훈련을 받고 있다. 호각이 울리면 먹이가 나온다. 호각이 울릴 때마다 했던 행동을 나중에 암돌고래가 다시 반복하면, 기대했던 대로 또 호각이 울리고 먹이를 얻게 된다.

이제 이 돌고래는 '조작적 조건화operant conditioning'[178]를 관객들에게 보여주도록 조련사에게 이용된다. 연기하는 수조에 들어간 돌고래가 수면 위로 머리를 내밀면 호각 소리가 울리고 돌고래는 먹이를 먹게 된다. 돌고래가 다시 머리를 내밀면 돌고래는 다시 강화된다. 이런 과정을 세 번 정도 반복하면 실제 공연을 하기에 충분하므로 돌고래는 퇴장해서 두 시간 이후의 다음 연기를 기다리게 된다. 돌고래는 자신의 행동, 호각 소리, 조련사를 패턴——정보를 어떻게 서로 연

---

178) (옮긴이주) 조작적 조건화에서 행동은 능동적인 유기체에 의해 일어난다. 즉 외부 자극 없이 자발적·능동적으로 일어나는 행동의 결과로 학습이 이루어지며, 실험자는 자기가 바라는 반응을 보일 때 강화를 해줌으로써 학습이 이루어지게 만드는 것이다. 아기가 처음으로 '맘마'라고 말하는 것은 우연적인 것이고 자발적인 것이다. 그때 엄마가 미소를 짓고 안아준다면 아기는 그 소리를 반복하는 것을 학습하게 된다. 이와 같이 바라는 행동이나 정확한 행동은 강화해주고 부정확하거나 바람직하지 않은 행동은 무시하거나 벌을 주는 것이다. 조작적 조건 형성은, 조건 반응(지렛대를 누르는)이 먹이(강화)를 얻기 위한 수단이나 도구가 되었기 때문에 도구적 조건화instrumental conditioning 라고도 한다.

결할 것인가에 대한 규칙들의 세트인 맥락 구조——으로 연결하는 단
순한 규칙을 학습한 것이다.

하지만 이 패턴은 연기용 수조 안에서의 단 한 번의 에피소드에만
적합하다. 돌고래는 그런 에피소드들의 클래스를 다루기 위해 반드시
그 패턴을 파괴해야 한다. 돌고래를 오류에 빠뜨리는 보다 큰 맥락들의
맥락이 있다.

다음 연기에서도 조련사는 다시 '조작적 조건화'를 보여주려고 하
지만, 이를 위해 돌고래는 전과는 눈에 띄게 다른 행동을 골라야 한다.

다시 무대에 등장한 돌고래는 다시 머리를 내민다. 하지만 호각 소
리가 들리지 않는다. 조련사는 돌고래가 눈에 띄는 다음 행동을 취하
기를 기다린다. 일반적으로 애가 탄다는 것을 표현하는 꼬리 흔들기
같은 행동을 기다린다. 이 행동은 호각 소리와 먹이로 강화되며 반복
된다.

하지만 세 번째 연기에서 그 꼬리 흔들기는 물론 보상되지 않았다.

마지막으로 돌고래는 무대에 등장할 때마다 눈에 띄게 다르거나 새
로운 행동을 보여줌으로써 맥락들의 맥락을 다루는 방법을 학습한다.

이 모든 것은 조련사와 돌고래 그리고 관객의 제한받지 않은 자연스
러운 관계의 과정에서 발생했다. 그 밖에, 이런 일련의 과정은 실험적
으로 새로운 돌고래에게 반복되었으며 주의 깊게 기록되었다.[179]

실험적으로 반복한 이 과정에는 두 가지 점이 덧붙여져야 한다.

첫째, (조련사의 판단으로) 실험 규칙을 여러 번 파괴할 필요가 있었

---

179) K. Pryor · R. Haag · J. O' Rielly, "Deutero-Learning in a Roughtooth
     Porpoise(*Steno bredanensis*)", U. S. Naval Ordinance Test Station, China Lake,
     NOTS TP 4270.

다. 자신의 연기가 틀렸다는 경험은 돌고래에게 혼란을 일으켰으며, 그 결과 돌고래와 조련사의 관계를(즉 맥락의 맥락의 맥락을) 유지하기 위해 돌고래가 얻을 자격이 없는 많은 강화가 주어져야만 했다.

둘째, 처음 열네 번째까지 각각의 연기는 무엇이든 바로 이전 무대에서 강화되었던 행동을 헛되게 반복하는 것으로 특징지어졌다. 겉으로 보기에 돌고래는 단지 '우연히' 다른 행동을 했다. 그러나 열네 번째와 열다섯 번째 사이의 휴식 시간에 돌고래는 매우 흥분해 있는 것 같았으며, 열다섯 번째 무대에 등장했을 때 돌고래는 여덟 가지 눈에 띄는 행동을 가진 정교한 연기를 했다. 그중 네 가지는 완전히 새로운, 이런 종류의 동물에게서 전혀 관찰된 적이 없는 것이었다.

나는 이 이야기가 초맥락 증후군의 생성에 대한 두 가지 측면을 보여준다고 생각한다.

첫째, 다른 포유동물과의 중요한 관계를 이해하는 자신의 규칙을 잘못된 것으로 여기도록 포유동물을 강제하면 심각한 고통과 부적응 현상이 유발될 수 있다는 것이다.

둘째, 만일 병리 현상을 피할 수 있게 되거나 저항할 수 있게 된다면, 전체 경험은 창조성을 촉진할 수 있다는 것이다.

참고문헌

G. Bateson, "Social Planning and the Concept of Deutero-Learning", L. Bryson · L. Finkelstein (eds.), *Science, Philosophy and Religion ; Second Symposium*(New York : Conference on Science, Philosophy and Religion in their Relation to the Democratic Way of Life, Inc., 1942).

─────, "Minimal Requirements for a Theory of Schizophrenia", *A. M. A. Archives of General Psychiatry*(1960), 2 : 477~491쪽.

─────, *Perceval's Narrative, A Patient's Account of his Psychosis, 1830~1832*, edited and with an introduction by Gregory Bateson(Stanford, Calif. : Stanford Univ. Press, 1961).

─────, "Exchange of Information about Patterns of Human Behavior", W. S. Fields · W. Abbott (eds.), *Information Storage and Neural Control ; Tenth Annual Scientific Meeting of the Houston Neurological Society*(Springfield, Ill. : Charles C. Thomas, 1963).

─────, "The Role of Somatic Change in Evolution", *Evolution* (1963), 17 : 529~539쪽.

학습과 커뮤니케이션의 논리적 범주[180]

　　모든 행동과학자들은 학습이라는 말의 이런저런 의미를 가지고 '학습'에 관여하게 된다. 더욱이 '학습'이란 커뮤니케이션 현상이므로 모든 것은 지난 25년에 걸쳐 일어난 사고의 사이버네틱스적 혁명에 영향을 받게 된다. 이 혁명은 공학도들과 커뮤니케이션 이론가들에 의해 촉발되었지만, 캐넌Walter B. Cannon과 클로드 베르나르 Claude Bernard의 생리학 연구, 클라크 맥스웰Clarke Maxwell의 물리학, 그리고 러셀과 화이트헤드의 수리철학에 더 오래된 뿌리를 두고

---

180) 이 에세이는 저자가 커뮤니케이션 연구소Communication Research Institute에서 일하던 1964년에 국립 정신건강연구소로부터 경력개발상(K3-NH-21, 931)을 받아 씌어졌으며, 1968년 8월 2~11일에 베너-그렌 재단Wenner-Gren Foundation이 후원한 '세계관에 대한 회의Conference on World Views'에 의견서로 제출되었다. 1971년에 '삼차 학습' 부분이 추가되었다.

있다. 행동과학자들이 아직도 《수학 원리*Principia Mathematica*》[181]에서 제기된 문제들을 무시한다면, 그들은 거의 60년은 뒤처질 것이다.

그러나 행동과학자들을 갈라놓는 다양한 오해의 장벽들은, 모두가 관여하는 '학습'이라는 개념에 러셀의 논리 형태 이론을 적용하는 것에 의해 해명될 수 있다(그러나 그 장벽이 제거되지는 않는다). 이를 밝혀보는 것이 이 논문의 목적이 될 것이다.

논리 형태 이론

먼저 논리 형태 이론의 주제를 간단히 말하는 것이 적절할 것이다. 이 이론은 형식 논리나 수학적 담론에서 클래스는 자신의 구성원이 될 수 없다고 주장한다. 클래스들의 클래스는 자신의 구성원들인 클래스들 가운데 하나가 될 수 없다. 이름은 이름 붙여진 사물이 아니다. '존 베이트슨'은 그 소년이 유일한 구성원인 클래스이다. 등등. 이러한 주장들은 사소하고 심지어 명백한 것처럼 보일지는 모르지만, 우리는 나중에 이름과 이름 붙여진 사물을 함께 분류하는——저녁 대신 메뉴판을 먹는——논리 형태화의 오류와 정확히 유사한 오류가 행동과학의 이론가들에게 있어서 드물지 않다는 것을 알게 될 것이다.

거기서 한 걸음 더 나아간 주장은 어느 정도 덜 분명하다. 클래스는 자신의 구성원이 아닌 것으로 정확하게 분류된 항목 중 하나가 될 수 없다. 만약 우리가 의자들을 분류하면서 동시에 의자들의 클래스를

---

181) A. N. Whitehead · B. Russell, *Principia Mathematica*, 3 vols., 2nd ed.(Cambridge : Cambridge Univ. Press, 1910~1913).

구성한다면, 우리는 이어서 탁자와 전등갓은 커다란 '비의자들' 클래스의 구성원이라는 것을 알게 되지만, 우리가 비의자들의 클래스에 속하는 항목들 가운데서 의자들의 클래스를 계산한다면 형식적 담론에서 잘못을 저지르게 될 것이다.

클래스가 자신의 구성원이 될 수 없는 한, 비의자들의 클래스는 명백히 비의자가 될 수 없다. 대칭에 대한 단순한 고려는 수학에 문외한인 독자도 납득시키기에 충분할 것이다. ㉠ 의자들의 클래스는 비의자들의 클래스처럼 똑같은 수준의 추상(즉 똑같은 논리 형태)이다. 그리고 더 나아가 ㉡ 만약 의자들의 클래스가 의자가 아니라면, 마찬가지로 비의자들의 클래스는 비의자가 아니다.

마지막으로, 이들 형식적 담론의 단순한 규칙들이 서로 모순될 때 역설이 발생하고 담론은 무효화된다고 논리 형태 이론은 주장한다.

따라서 논리 형태 이론은 고도로 추상적인 문제를 다루고 있으며 추상적인 논리학의 세계 속에서 가장 먼저 도출되었다. 논리학의 세계에서는 명제들의 과정이 역설을 만드는 것으로 보일 때, 역설을 낳는데 관련된 공리axiom, 정리theorem 등의 전체 구조가 그로 인해 아무것도 아닌 것으로 부정되고 축소된다. 그것은 전혀 존재하지 않았던 것처럼 간주된다. 그러나 실제 세계에서는(아니면 적어도 우리가 그 세계를 기술하는 데 있어서는), 항상 시간이 있으며, 이때까지 이런 식으로 완전히 부정될 수 있는 것은 하나도 없었다. 역설(잘못된 프로그램으로 인한)과 마주친 컴퓨터가 사라져버리지는 않는다.

논리학의 '만약 ……라면 ……이다' 에는 시간이 없다. 그러나 컴퓨터에서는 원인과 결과가 논리학의 '만약 ……라면 ……이다' 를 모의실험하는 것이 예사다. 그리고 모든 원인과 결과의 연쇄는 필연적으로 시간과 관계된다. (반대로 과학적 설명에서 논리학의 '만약 ……라면 ……이다'는 원인과 결과의 '만약 ……라면 ……이다'를 자주 모의 실험하게 된다고 말할 수도 있다.)

컴퓨터는 결코 논리적 역설과 참으로 마주치지 않지만, 원인과 결과의 연쇄 속에서 역설의 모의 실험만은 역설과 마주친다. 따라서 컴퓨터는 사라지지 않는다. 단지 진동할 뿐이다.

사실 논리의 세계와 현상의 세계 사이에는 중요한 차이가 있으며, 우리의 주장이 그들 사이에 존재하는 부분적이지만 중요한 유사점에 기초할 때는 언제나 이런 차이가 반드시 고려되어야 한다.

이 부분적인 유사성은 행동주의 과학자들이 학습과 관계되는 현상을 분류하는 데 있어서 상당히 중요한 길잡이가 되어준다는 것이 이 논문의 논제다. 동물과 기계적 커뮤니케이션 분야에서는 형태 이론과 같은 것이 반드시 적용되어야 한다.

그러나 이러한 종류의 질문들은 동물학 실험실, 인류학자들의 현장 캠프나 정신의학 대표자 회의에서 자주 다루어지지 않고 있으며, 따라서 이러한 추상적 고려들이 행동과학자들에게 중요하다는 것을 밝힐 필요가 있다.

다음과 같은 삼단논법을 고려해보자.

㉠ 포유동물 행동의 항목에서 빈도의 변화는 다양한 강화의 '법칙'으로 기술되고 예측될 수 있다.

㉡ 쥐에서 관찰되는 '탐색'은 포유동물 행동의 범주, 혹은 클래스다.

㉢ 따라서 '탐색' 빈도의 변화는 똑같은 강화의 '법칙'으로 기술될 수 있어야 한다.

당장 언급되는 것은 첫째, 경험적 자료는 결론 ⓒ이 거짓임을 가리
킨다는 것, 둘째, 만약 결론 ⓒ이 참으로 증명된다면 ㉠이나 ㉡ 중 하
나는 거짓이라는 것이다.[182]

결론 ⓒ을 다음과 같이 어느 정도 확대하고 수정하는 것으로 논리학
과 자연사는 더 쓸모 있게 된다.

ⓒ 만약 ㉡항에서 주장한 것처럼, '탐색' 이 포유동물 행동의 항목이 아니
라 그런 항목들의 범주라면, 행위의 항목들에 대해 참인 기술 명제는 '탐색'
에 대해 참일 수 없다. 그러나 만약 행위의 항목들에 대해 참인 기술 명제
가 '탐색' 에 대해서도 역시 참이라면 '탐색' 은 하나의 항목이지 항목들의
범주가 아니다.

여기서 전반적인 문제는, 클래스와 클래스의 구성원과의 구별이 우
리가 연구하는 행동 현상에 질서를 부여하는 원칙인지 아닌지에 달려
있다.

좀 덜 형식적인 말로 하면, 쥐가 특이한 낯선 물체를 조사하고 있을
때 여러분은 그 쥐를 강화(긍정적 혹은 부정적으로)할 수 있으며, 쥐
는 그 물체에 다가가거나 회피하는 것을 적절하게 학습하게 될 것이
다. 그러나 탐색의 진짜 목적은 다가가야 하는 물체와 피해야 하는 물
체에 관한 정보를 얻는 것이다. 따라서 주어진 물체가 위험하다는 것

---

182) 같은 단어가 클래스와 구성원 모두를 기술하는 데 사용될 수 있으며, 두 경우
모두에서 참이 될 수 있다고 생각할 수 있다. '파동wave'.은 입자의 운동에 대
한 클래스의 이름이다. 우리는 또한, 파동 그 자체를 '운동' 이라고 말할 수는
있지만, 운동들의 클래스의 운동으로 간주하게 될 것이다. 충돌하에서 이 메
타운동은 분자의 운동과 마찬가지로 속도를 잃지 않을 것이다.

을 발견하는 것은 정보를 얻는 일에 성공한 것이다. 그러한 성공은 그 쥐로 하여금 다른 낯선 물체에 대한 미래의 탐색을 그만두지 못하게 할 것이다.

선험적으로 모든 지각과 반응, 모든 행동과 행동의 클래스들, 모든 학습과 유전, 모든 신경생리학과 내분비학, 모든 조직과 진화는——전적으로 하나의 주제는——본질적으로 커뮤니케이션으로 간주되어야 하며, 따라서 커뮤니케이션 현상에 적용되는 거대한 일반론이나 '법칙'의 주제라고 주장될 수 있다. 따라서 우리는 우리의 자료 속에서 근본적인 커뮤니케이션 이론이 제시하는 그러한 질서의 원리들을 발견할 것을 예상하라는 경고를 받는다. 논리 형태 이론, 정보 이론 등이 우리의 지침이 되리라 예상할 수 있다.

컴퓨터, 쥐, 그리고 인간의 '학습'

'학습'이라는 말은 분명 어떤 종류의 변화를 의미한다. 어떤 종류의 변화인지를 말하는 것은 미묘한 문제다.

그렇지만, 전체적으로 공통분모인 '변화'로부터, 우리는 '학습'에 관한 우리의 묘사가 뉴턴 시대 이후로 물리학에서 일상화된 다양한 논리 형태와 같은 종류를 고려해야 한다는 사실을 연역할 수 있다. 변화의 가장 단순하고 익숙한 형태는 운동이며, 우리가 매우 단순한 물리적 수준에서 작업할지라도 우리는 '위치 또는 제로zero 운동', '상속constant velocity', '가속도', '가속도의 변화율' 등[183]과 같은 관점에서 우리의 설명들을 체계화해야만 한다.

변화는 과정을 의미한다. 그러나 과정 그 자체는 '변화'의 대상이다. 과정은 가속화될 수도, 늘어질 수도, 아니면 다른 형태의 변화를 겪어서 이제는 '다른' 과정이라고 이야기될 수도 있다.

이러한 고려들은 '학습'에 관한 우리의 생각을 가장 단순한 차원에서 정리하기 시작해야 한다는 점을 제시한다.

특정한 반응이나 제로 학습의 경우를 생각해보자. 이는 반복되는 감각 입력의 항목에 대한 자신의 반응에서 존재가 최소한의 변화를 보여주는 경우다. 이 정도의 단순한 반응에 접근하는 현상은 다양한 맥락에서 일어난다.

⃝ 실험적 환경에서, '학습'이 완료되어 동물이 반복되는 자극에 거의 100퍼센트 옳은 반응을 보여주는 경우.

ⓛ 습관이 형성되는 경우, 즉 동물이 이전에 자신을 방해하던 자극에 대해 보여준 노골적 반응을 그만두는 경우.

ⓒ 반응의 패턴이 경험에 의해 최소한으로 결정되고 유전적 요소에 의해 최대한으로 결정되는 경우.

ⓔ 반응이 현재 고도로 판에 박힌 듯이 되풀이되는 경우.

ⓜ 단순한 전자 회로에서, 회로 구조 그 자체는 회로 내에서 전달되는 자극에 의해 생기는 변화의 대상이 아니다 —— 즉 자극과 반응의 인과적 연결이 공학자가 말하듯 '용접soldered in'된 경우.

---

183) '입자particle'의 운동을 기술하는 뉴턴의 방정식은 '가속도' 수준에서 끝난다. 가속도의 변화는 오직 움직이는 물체의 변형을 수반해야만 일어날 수 있다. 하지만 뉴턴의 '입자'는 '부분들'로 구성된 것이 아니며, 따라서 (논리적으로) 변형이나 어떤 다른 내적 변화가 불가능하다. 따라서 가속도의 변화율은 문제시되지 않는다.

보통 비전문적인 용어로 '학습'이라는 말은 종종 여기서 말하는 '제로 학습', 즉 외부의 사건으로부터 단순히 정보를 수용하는 것에 적용된다. 그런 식으로 나중에 비슷한 사건은 똑같은 정보를 전달하게 될 것이다. 예컨대 나는 공장의 경적 소리를 듣고 열두 시라는 것을 '학습'한다.

우리가 내린 정의의 틀 속에서 상당히 많은 단순한 형태의 기계적 장치가 적어도 제로 학습 현상을 보여주고 있다는 사실은 또한 흥미롭다. 질문은 '기계가 학습할 수 있는가?'가 아니라, 어떤 수준이나 차원의 학습을 기계가 해낼 수 있느냐는 것이다. 다음과 같이 극단적인 경우를 가정해서 살펴볼 가치가 있다.

폰 노이만 게임의 '선수'는 기하학의 유클리드 직선, 또는 물리학의 뉴턴의 입자와 비교될 수 있는 수학적 허구다. 정의에 의하면 '선수'는 게임이 제시하는 사건의 어떤 문제라도 푸는 데 필요한 모든 계산 능력을 가지고 있다. 계산이 타당할 때마다 이 계산을 실행하지 않을 능력은 없다. 그는 언제나 자신이 계산한 결과를 따라야 한다. 이 '선수'는 게임에서 일어나는 사건으로부터 정보를 얻으며, 그 정보에 따라 적절한 행동을 한다. 하지만 그의 지식은 여기서 말하는 제로 학습에 제한되어 있다.

이런 형식적 가설에 대한 검토가 제로 학습을 정의하는 데 도움이 될 것이다.

(1) '선수'는 게임에서 일어나는 사건들로부터 고차원이나 저차원의 논리 형태에 관한 정보를 얻을 수도 있으며, 이 정보를 사용해서 고차원이나 저차원 형태의 결정을 내릴 수도 있다. 다시 말해 그의 결정은 전략적일 수도 전술적일 수도 있으며, 그는 상대방의 전략과 전술

에 대한 조짐을 식별하고 대응할 수 있다. 하지만 '게임'에 대한 폰 노이만의 형식적 정의에 의하면 게임이 나타내는 모든 문제는 계산할 수 있는 것으로 여겨진다. 즉 그 게임은 다른 많은 논리 형태의 문제와 정보를 가지고 있지만, 이 논리 형태들의 계층 구조는 엄격하게 한정되어 있다.

따라서 제로 학습의 정의는 유기체가 받은 정보의 논리 형태에 좌우되지 않을 것이며, 유기체가 내릴 수도 있는 적응에 필요한 결정의 논리 형태에도 좌우되지 않을 것으로 보인다. 매우 높은 (하지만 제한적인) 수준의 복잡성이 제로 학습보다 조금도 높지 않은 것에 기초한 적응 행동을 특징지을 수도 있다.

(2) '선수'는 자기에게 이득이 될 정보의 가치를 계산할 수도 있으며, '탐색적'인 수move를 두어봄으로써 이 정보를 얻는 것이 자신에게 이득이 될지를 계산해볼 수도 있다. 아니면 필요한 정보를 기다리는 동안 게임을 지연시키거나 잠정적인 수를 둘 수도 있다.

탐색적인 행동을 취하고 있는 쥐는 제로 학습에 의거해 이와 같은 행동을 할지도 모른다는 결론이 나온다.

(3) '선수'는 무작위한 수를 두는 것이 자신에게 이득이 될 것이라고 계산할 수도 있다. 동전 맞히기 게임[184]에서 그가 만약 무작위로

---

184) (옮긴이주) 동전 맞히기 게임은 섀넌Claude Shannon이 고안한 것으로 게임의 진행은 이렇다. A와 B가 서로 동전을 낸다. A가 동전의 앞면이나 뒷면을 내고 B가 A와 다른 면을 내면 B는 자신의 돈에서 1,000원을 A에게 주어야 한다. 물론 그는 상대편이 동전의 어떤 면을 낼 것인가를 생각하면서 동전을 내야 한다. 만약 A가 내민 동전의 면과 같은 면을 B가 내면, A는 B에게 1,000원을 지불해야 한다. 동전 맞히기 게임은 제로섬zero-sum 게임이다. 이긴 사람이 1,000원을 가져갈 때 진 사람은 1,000원을 손해 보며, 손해와 이득의 총합은 항상 0으로 일정하기 때문이다.

'앞면' 이나 '뒷면' 을 선택한다면 이길 확률은 반반일 것이다. 그가 만약 어떤 계획이나 패턴을 사용한다면 이는 일련의 그의 운수에서 패턴이나 반복으로 나타나게 될 것이며, 상대방은 그것에 대하여 정보를 받을 것이다. 따라서 선수는 무작위한 방식으로 경기하는 것을 채택할 것이다.

(4) '선수' 는 '오류' 를 범할 수 없다. 그는 만족할 만한 이유로 무작위한 수나 탐색적인 수를 두겠다고 결정할 수도 있지만, 정의에 의하면 그는 '시행착오에 의한 학습' 은 할 수 없다.

이런 학습 과정의 이름을 걸고, '오류error' 라는 말이 '선수' 는 오류를 범할 수 없다고 말했을 때 우리가 의미한 것을 의미한다고 가정한다면, '시행착오' 는 폰 노이만 선수의 레퍼토리에서 제외될 것이다. 사실 폰 노이만 게임의 '선수' 는 '시행착오' 학습으로 우리가 의미하는 것과 나아가 어떤 종류의 '학습' 으로 의미되는 것에 대한 매우 신중한 검토를 우리에게 강요하고 있다. '오류' 라는 말이 의미하는 것에 대한 가정은 사소한 것이 아니며 여기서 반드시 검토되어야 한다.

'선수' 가 틀릴 수 있다는 느낌이 존재한다. 예를 들면 그는 확률적으로 고려한 결정에 기초할 수도 있으며, 제한된 가용한 정보에 비추어 가장 옳을 가능성이 있는 수를 둘 수 있다. 더 많은 정보를 사용할 수 있게 되었을 때, 자신이 둔 수가 틀렸다는 것을 발견할 수도 있다. 그러나 이러한 발견은 그의 장래 기술에 아무런 도움이 되지 않는다. 정의에 의하면, 그 선수는 모든 가용한 정보를 제대로 사용했다. 그는 확률도 맞게 평가했으며, 그가 둔 수도 가장 옳은 것이었을 것이다. 개개의 경우에서 선수가 틀렸다는 발견이 미래의 경우에 영향을 미치는 것은 있을 수 없다. 나중에 같은 문제가 재발했을 때, 선수는 똑같은 계산을

'올바르게' 해낼 것이고 똑같은 결정에 도달할 것이다. 더구나 그가 하는 선택 속에서 선택해야 하는 것들의 세트도 똑같은 세트가 될 것이며——그리고 올바르게 선택할 것이다.

반대로 유기체는 '선수'가 할 수 없는 여러 가지 방법으로 틀릴 수 있다. 이런 틀린 선택이 그 유기체에게 정보를 제공해서 미래의 기술에 도움이 될 수 있는 그런 종류의 선택일 때 '실수'라고 하는 것이 타당하다. 이런 경우는 모두 가용한 정보의 일부가 무시되었거나 잘못 사용되었을 때 발생한다. 이와 같은 다양한 종류의 유익한 잘못이 분류될 수 있다.

외부 사건의 시스템이 유기체에게 말해줄 세부 사항이 다음과 같다고 가정하자. ㉠ 그는 어떤 대안들의 세트에서 다음 수를 선택해야 하는가. ㉡ 그 세트의 어떤 구성원을 선택해야 하는가. 이러한 상황은 두 가지 수준의 오류를 허용한다.

(1) 그 유기체는 어떤 대안들의 세트에서 선택해야만 하는지를 그에게 말해주는 정보를 올바르게 사용할 수도 있지만, 이 세트 내에서 잘못된 대안을 선택하거나 혹은

(2) 그는 잘못된 대안들의 세트에서 선택할 수도 있다. (또한 대안의 세트들이 공통의 구성원들을 갖는 그런 흥미로운 경우들의 클래스가 있다. 따라서 그 유기체에게는 잘못된 근거에서 '옳을' 수 있다. 이런 형태의 오류는 분명히 자기-강화된다.)

이제 우리가 모든 학습은(제로 학습 외에) 어느 정도 추계적인 stochastic(즉 '시행착오'의 요소를 가진) 것이라는 일반적 관념을 받아들인다면, 학습 과정들의 질서화는 다양한 학습 과정에서 수정되는 오류 형태의 계층적 분류를 발판으로 삼을 수 있다는 결론이 나온다.

따라서 제로 학습은 시행착오로 수정의 대상이 될 수 없는 모든 행동(단순하고 복잡한)의 직접적인 기초에 대한 표시label가 될 것이다. 일차 학습은 변하지 않는 대안들의 세트 내에서 선택의 개정에 대한 적절한 표시가 될 것이며, 이차 학습은 선택을 하게 되는 세트의 개정에 대한 표시가 될 것이다. 등등.

일차 학습

운동의 '법칙'(즉 운동을 기술하기 위한 '규칙')에 의해 제공된 형식적 유추를 따라, 우리는 이제 제로 학습에서의 변화라고 적절히 기술되는 현상의 클래스를 살펴보려고 한다. 이는 어떤 존재가 제1시점에서 보인 것과 다른 반응을 제2시점에서 보이는 경우이며, 다시 우리는 경험, 생리학, 유전학, 물리적 과정과 여러 가지로 관련된 다양한 경우를 만나게 된다.

㉠ 습관화 현상이 있다──반복적인 사건이 출현할 때마다 반응하다가 공공연하게 반응하지 않는 변화. 또한 습관이 소멸되거나 잃어버리는 경우도 있으며, 이는 다소 긴 공백이나 자극이 되는 사건의 일련의 반복에 다른 것이 개입한 결과로 일어날 수 있다. (습관화 현상은 특히 흥미롭다. 우리가 제로 학습이라고 말하는 반응의 특이성은 모든 원형질의 특징이지만, '습관화'는 생명체가 신경 회로 없이 이룰 수 있는 아마도 유일한 일차 학습 형태라는 점에서 흥미롭다.)

㉡ 가장 많이 알려지고 아마도 가장 연구가 많이 된 경우는 전통적인 파블로프의 조건 반사일 것이다. 제2시점에서 개는 버저에 대한 반

응으로 침을 흘리지만 제1시점에서는 침을 흘리지 않는다.

ⓒ 도구적 보상과 도구적 회피의 맥락에서 일어나는 '학습'이 있다.

ⓔ 기계적 학습 현상도 있는데, 이 경우 유기체 행동의 한 항목이 다른 행동의 항목에 대한 자극이 된다.

ⓜ 강화의 변화나 부재에 뒤따르는 '완성된' 학습의 와해, 소멸, 또는 억제가 있다.

한마디로 일차 학습의 목록은 흔히 심리 실험실에서 가장 일반적으로 '학습'이라 불리는 항목들을 가지고 있다.

일차 학습의 모든 경우에서 주목할 점은, 우리가 일차 학습을 기술하는 데 있어서 '맥락'에 관한 가정이 있다는 점이다. 이 가정은 반드시 분명히 해야 한다. 제1학습의 정의는, 버저(자극)가 제1시점과 제2시점에서 다소 '같은' 것으로 가정하고 있다. 그리고 '동일성'에 대한 이러한 가정은 또한 '맥락'의 범위를 정하는 것이며, 맥락은 (이론적으로) 양 시점에서 반드시 같아야 한다. 우리의 기술에서, 제1시점에서 발생한 사건들은 제2시점의 맥락에 관한 우리의 정의에 포함되지 않는다는 결론이 나온다. 왜냐하면 그 사건을 포함하면 그 즉시 '제1시점의 맥락'과 '제2시점의 맥락' 사이에 전반적인 차이가 만들어지기 때문이다. (헤라클레이토스가 한 말을 바꾸어 말하면, '어떤 남자도 같은 여자와 처음으로 두 번 잠자리에 들 수 없다'.)

적어도 어떤 경우에 맥락이 반복될 수 있다는 통상적인 가정은 행동에 관한 연구가 반드시 논리 형태 이론에 따라 정리되어야 한다는 주장의 초석으로 필자가 이 논문에서 채용하고 있는 것 중 하나다. 반복 가능한 맥락에 대한 가정(그리고 우리가 연구하는 유기체에게서 일련의 경험이 어떻든 간에 실제로 이런 식으로 구획된다는 가정)이 없다면, 모든 '학습'은 한 가지 형태가 된다는 결론이 나온다. 즉 모든 것은 제로 학습이 될 것이다. 파블로프 실험에 대해서는 단순히 제1시점의 맥락 A에서는 침을 흘리지 않고, 제2시점의 완전히 다른 맥락 B에서는 침을 흘리는 그런 특성이 시작부터 용접되어 개의 신경 회로에 포함되어 있다고 말할 수 있을 것이다. 우리가 앞에서 '학습'이라고 말했던 것을 이제는 제1시점의 사건과, 제1시점의 사건 더하기 제2시점의 사건 간의 '구분'으로 기술할 것이다. 그렇다면 '이 행동은 학습된 것인가 아니면 타고난 것인가'라는 형태에 대한 모든 질문은 논리적으로 유전학의 입장에서 답해져야만 한다는 결론이 된다.

반복 가능한 맥락에 대한 가정이 없다면 우리의 논제는 전반적인 일반적 학습 개념과 함께 땅에 떨어지고 말 것이라고 우리는 주장할 것이다. 한편, 만약에 반복 가능한 맥락에 대한 가정이 어떻든 우리가 연구하는 유기체의 진실로 받아들여진다면, 학습 현상을 논리 형태로 분류하는 것은 필연적으로 성립된다. 왜냐하면 '맥락'이라는 개념 자체가 논리 형태의 주제이기 때문이다.

우리는 '맥락'이라는 개념을 포기하든지 아니면 계속 간직하든지 해야 하며, 그와 더불어 연속적인 계층 구조도 받아들여야 한다——자극, 자극의 맥락, 자극의 맥락의 맥락 등. 이러한 연속은 다음과 같은 계층적 논리 형태로 상세히 설명될 수 있다.

자극은 내적 혹은 외적으로 기본적인 신호다.

자극의 맥락은 기본적인 신호를 분류하는 메타메시지다.

자극의 맥락에 관한 맥락은 메타메시지를 분류하는 메타-메타메시지다.

등등.

똑같은 계층 구조가 '반응'의 개념이나 '강화'의 개념에서 쌓아올려질 수 있을 것이다.

아니면, 추계적 과정이나 '시행착오'로 수정될 오류에 대한 계층적 분류를 따라서, 우리는 '맥락'을, 어떤 대안 세트에서 다음 선택을 해야 하는지를 유기체에게 말해주는 모든 사건들을 위한 집합적 용어로 생각할 수도 있다.

이 시점에서 '맥락 표지context marker'라는 용어를 소개하는 것이 편할 것 같다. 유기체는 다른 맥락 속에서 '같은' 자극에 다르게 반응하므로, 우리는 유기체가 가진 정보의 근원에 관해 반드시 물어봐야 한다. 무엇에 대한 지각이 그로 하여금 맥락 A와 맥락 B가 다르다는 것을 알게 할까?

많은 경우에, 두 개의 맥락을 분류하고 구분해줄 특정 신호나 표시는 없을 것이며, 유기체는 각각의 경우에 맥락을 구성하는 실제 사건의 집단으로부터 자신의 정보를 얻도록 강요받을 것이다. 그러나 인간 생활에서는 분명히, 그리고 다른 많은 유기체에서는 아마도, 맥락을 분류하는 것이 주된 기능인 신호들이 나타난다. 심리 실험실에서 오랫동안 훈련받은 개에게 마구를 채우면, 이를 통해 개는 자신이 이제 일련의 어떤 종류의 맥락에 종사한다는 것을 알게 된다고 가정해도 무리는 아니다. 그런 정보의 근원을 우리는 '맥락 표지'라 부르며, 또한 적어도 인간의 수준에서는 '맥락에 관한 맥락의 표지'도 있다는 것을 즉각적으로 알 수 있다. 예를 들면 청중이 무대 위의 햄릿을 보고 있고, 이 영웅이 자신의 죽은 아버지, 오필리어, 그리고 그 밖의 사람과 자신의 관계에 대한 맥락에서 자살을 논의하는 것을 듣는다. 청중은 즉시 경찰에 신고하지 않는다. 왜냐하면 그들은 햄릿의 맥락에 대한 맥락에 관한 정보를 가지고 있기 때문이다. 그들은 그것이 '연극'이라는 사실을 알고 있으며, 많은 '맥락에 관한 맥락의 표지' ——연극 프로그램, 좌석 배열, 커튼 등—— 를 통해 이러한 정보를 받았다. 한편, 연극 속의 연극에 의해 양심의 가책을 받고 있는 '왕'은 많은 '맥락에 관한 맥락의 표지'를 무시하고 있다.

인간의 수준에서는, 매우 다양한 사건들의 세트가 '맥락 표지'의 범주에 속한다. 몇 가지 예들이 여기에 열거되어 있다.

⊙ 교황의 공표를 권위 있게 만들어주는 교황의 성좌. 그로 인해 공표는 특별한 수준의 정당성을 부여받는다.

ⓒ 플라시보placebo. 의사는 이것을 통해, 환자의 주관적 경험을 변화시키기 위한 무대를 설정한다.

ⓒ 일부 최면술사가 '최면을 걸기 위해' 사용하는 빛나는 물체.

ⓡ 공습 경보와 '해제 신호'.

ⓜ 싸우기 전에 하는 복싱 선수들의 악수.

ⓗ 예의범절의 준수.

그러나 이들은 고도로 복잡한 유기체의 사회 생활에서 나온 예들이며, 지금 단계에서는 언어 이전의 수준에서 유사한 현상을 물어보는 것이 좀더 유익할 것이다.

개는 자기 주인의 손에 가죽 끈이 있는 것을 보고 이것이 산책을 의미한다는 것을 알고 있는 것처럼 행동할 수도 있고, 아니면 '산책'이라는 말에서 이런 형태의 맥락이나 일련의 사건이 생길 것이라는 정보를 얻을 수도 있다.

쥐가 일련의 탐색적 행동을 시작할 때, 그 쥐는 '자극'에 대한 반응으로 그렇게 행동하는 것일까? 아니면 맥락에 반응하는 것일까? 아니면 맥락 표시에 반응하는 것일까?

이런 질문들은 반드시 논의되어야 하는 논리 형태 이론에 관한 형식적 문제들을 부각시킨다. 그 이론의 원래 모습은 단지 엄격한 디지털 커뮤니케이션만을 다루고 있으며, 아날로그나 시각적iconic 시스템에 적용되는 데서 얼마나 동떨어져 있는지는 분명치 않다. 우리가 여기서 '맥락 표시'라고 부르는 것(예컨대 앞에서 언급한 '산책'이라는 말)도 디지털일 수 있으며, 또는 아날로그 신호일 수도 있다──주인의 동작이 분주한 것은 산책이 임박했다는 사실을 의미할 수도 있고, 또는 장차 발생하게 될 맥락의 일부가 맥락 표시를 제공할 수도 있으며(산책의 일부인 가죽 끈), 또는 극단적인 경우 산책 자체가 아주 복잡한 양상을 띠면서 개와 산책의 경험 사이에 어떤 표시나 표지 없이 그 자체로 존재할 수도 있다. 지각된 사건 자체가 자기 자신의 발생을 커뮤니케이션할 수도 있다. 물론 이런 경우에 '메뉴판' 형태의 오류는 있을 수 없다. 더구나 순수한 형태의 아날로그나 시각적 커뮤니케이션에서는 '아니다'라는 신호가 없기 때문에 역설이 생길 수 없다.

사실 아날로그 커뮤니케이션 문제를 다루는 형식적 이론은 전혀 없으며, 특히 정보 이론이나 논리 형태 이론에 상당하는 이론도 전혀 없다. 형식적인 지식에서 이런 공백은 우리가 세련된 논리나 수학의 세계를 떠나 자연 현상의 역사와 직면하게 되면 불편해진다. 자연계에서 커뮤니케이션이 순전히 디지털적이거나 순전히 아날로그적인 경우는 드물다. 종종 따로따로 떨어진 디지털 점들이 출판업자들의 망판 블록에 나타나는 것과 같은 아날로그 그림을 만들기 위해 함께 결합되며, 때로는 맥락 표지의 문제에서처럼, 명시적인 것에서 시각적인 것을 거쳐 순전히 디지털적인 것으로 변화해가는 연속적인 단계적 변화도 나타난다. 이러한 척도의 디지털 극에서는 정보 이론의 모든 공리가 최대한의 영향력을 갖지만, 명시적이고 아날로그적인 극에서는 무의미하다.

또한, 심지어 고등 포유동물의 행동 커뮤니케이션 대부분이 명시적이거나 아날로그적인 반면에, 이 동물의 내적 메커니즘은 적어도 신경계 수준에서는 디지털화되어 있는 것 같다. 아날로그 커뮤니케이션이 어떤 의미에서 디지털 커뮤니케이션보다 더 원시적이고, 그래서 디지털 메커니즘이 아날로그 메커니즘을 대체하는 광범위한 진화적 추세가 존재하는 것 같다. 이런 추세는 외부 행동의 진화보다 내부 메커니즘의 진화에서 더 빠르게 작용하는 것 같다.

앞에서 말한 것을 요약하고 확장하면 이렇다.

㉠ 반복 가능한 맥락의 개념은 '학습'을 변화로 정의하는 어떤 이론에도 필수적인 전제다.

㉡ 이 개념이 우리의 기술을 위한 단순한 도구는 아니지만, 이 개념은 일련의 삶의 경험, 행동 등은 유기체에 의해 동일시되거나 구별되는 연속 또는 '맥락들'로 어떻게든 분절되거나 구획된다는, 우리가 연구하는 유기체에 대한 무언의 가정을 가지고 있다.

㉢ 지각과 행동, 구심 신경과 원심 신경, 입력과 출력 사이에 보통 그려지는 구별은 복잡한 상황에 처한 고등 유기체에게는 설득력이 없다. 한편 행동의 거의 모든 항목은 외부 감각이나 호르몬 메커니즘에 의해 중추신경계로 보고되며, 이 경우에 항목에 대한 보고는 하나의 입력이 된다. 그리고 다른 한편 고등 유기체에서 지각은 결코 단순한

수동적 수용이 아니고, 적어도 고등 중추로부터의 원심적 통제에 의해 부분적으로 결정된다. 잘 알려진 대로 지각은 경험에 의해 변화될 수 있다. 원칙적으로 우리는, 행동이나 출력의 모든 항목은 입력 항목을 만들어낼 수도 있으며, 어떤 경우에 지각은 출력의 성격을 나누어 가질 수 있다는 두 가지 가능성을 모두 허용해야만 한다. 거의 모든 감각 기관들이 유기체 간의 신호들을 방출하는 데 쓰인다는 사실은 우연이 아니다. 개미들은 그들의 안테나를 통해 커뮤니케이션하고, 개는 귀를 쫑긋 세워서 커뮤니케이션 한다. 등등.

ⓔ 원칙적으로, 제로 학습에서조차, 경험이나 행동의 어떤 항목은 전체적인 순서가 어떻게 구획되느냐에 따라 '자극'이나 '반응', 아니면 이 양자 모두로 간주될 수 있다. 주어진 일련의 과정에서 버저는 '자극'이라고 과학자가 말했을 때, 그의 발언은 유기체가 그 과정을 어떻게 구획하느냐에 대한 가정을 함축하고 있는 것이다. 일차 학습에서 지각이나 행동의 모든 항목은 전체적인 일련의 상호작용이 어떻게 구획되느냐에 따라 자극 또는 반응 아니면 강화가 될 수 있다.

이차 학습

앞에서 말한 것들이 우리가 여기서 이차 학습이라고 부르게 될 '학습'의 다음 수준 또는 논리 형태를 살펴볼 수 있는 기반을 분명히 해주었다. 이차 학습의 다양한 현상을 위해 여러 가지 용어들이 문헌에 제시되었다. '재-학습deutero-learning',[185] '세트 학습set learning',[186] '학습하는 것에 대한 학습learning to learn', '학습의 전이transfer of learning'를 언급할 수 있다.

지금까지 주어진 정의들을 요약하고 확장하면 다음과 같다.

제로 학습의 특징은 반응의 특이성이며, 그것은 ——맞든 틀리든—— 수정의 대상이 아니다.

일차 학습은 대안들의 세트 내에서 선택의 오류를 교정함으로써 반응의 특이성에 변화가 생기는 것이다.

이차 학습은 일차 학습의 과정에 변화가 생기는 것이다. 예컨대 선택이 이루어지는 대안들의 세트에서의 교정적 변화, 또는 경험의 연쇄가 어떻게 구획되는가에 있어서의 변화를 말한다.

삼차 학습은 이차 학습의 과정에 변화가 생기는 것이다. 예컨대 선택이 이루어지는 대안들의 세트들에 대한 시스템의 교정적인 변화를 말한다. (어떤 사람이나 포유동물에게 이러한 수준의 실행을 요구하는 것이 때로는 병이 된다는 것을 나중에 보게 될 것이다.)

사차 학습은 삼차 학습에서 변화가 생기는 것이 되겠지만, 아마 이 지구상에 살아 있는 어떤 성인 유기체에게서도 발생하지 않을 것이다. 그러나 유기체를 창조한 진화 과정의 개체 발생이 그들을 세 번째 수준에 이르게 했다. 사실은 개체 발생ontogenesis과 계통 발생phylogenesis의 결합이 네 번째 수준을 이룩한다.

우리의 당면 과제는 '일차 학습에 변화가 생기는 것'인 이차 학습의 정의를 위한 내용을 제공하는 것이며, 이를 위한 기반은 이미 마련되

---

185) G. Bateson, "Social Planning and the Concept of Deutero-Learning", *Conference on Science, Philosophy and Religion, Second Symposium*(New York : Harper, 1942).

186) H. E. Harlow, "The Formation of Learning Sets", *Psychol. Review*(1949), 56 : 51 ~65쪽.

었다. 요약하면, 이차 학습 현상은 맥락 표지 사용의 변화와 함께 행동과 경험의 연속이 맥락들로 분절되거나 구획되는 방식의 변화라는 제목하에 모두 포함될 수 있다고 나는 생각한다.

일차 학습으로 분류된 현상의 목록에는 다른 구조로 이루어진 맥락의 세트도(그러나 완전하지 않은) 상당히 포함된다. 전통적인 파블로프 맥락에서 '자극'(CS)과 동물의 행동(CR), 그리고 강화(UCS)의 관계를 기술하는 데 수반되는 패턴은 학습에서 도구적 맥락에 수반되는 패턴과 특징이 매우 다르다.

파블로프의 경우 : 자극 그리고 어느 정도의 시간, 그 다음에 강화.

도구적 보상의 경우 : 자극 그리고 특정한 행동의 항목, 그 다음에 강화.

파블로프의 경우에 강화가 동물의 행동을 조건으로 하지 않는 반면에 도구적 보상의 경우에는 동물의 행동을 조건으로 한다. 이러한 대조를 하나의 예로 사용하면서 우리는, 파블로프 형태의 맥락에 대한 한 번이나 그 이상의 경험이 어느 정도 이후의 맥락에서도 동물의 행동이 이 맥락 역시 파블로프에 수반되는 패턴을 가지고 있었던 것처럼 귀결되는 것을 보일 수 있다면, 이차 학습이 일어났다고 말한다. 이와 마찬가지로, 만약 도구적 연쇄에 대한 과거의 경험이 어느 정도 이후의 맥락에서 동물로 하여금 이것 역시 도구적 맥락일 것으로 예상하는 것처럼 행동하게 한다면, 우리는 다시 이차 학습이 일어났다고 말할 것이다.

그렇게 정의되었을 때, 이차 학습은 동물이 주어진 수반 패턴에 대한 자신의 예상이 맞았을 때만 적응적이며, 이럴 경우에 우리는 측정 가능한 학습에 대한 학습을 볼 것으로 예상할 수 있다. 새로운 맥락에서

'올바른' 행동을 하는 데는 많은 시도가 요구되지 않는다. 다른 한편, 만약 이후의 수반 패턴에 대한 그 동물의 식별이 틀리게 된다면, 우리는 새로운 맥락에서 일차 학습의 지연이 있을 것으로 예상할 수 있다. 파블로프 맥락에 대한 오랜 동안의 경험을 가진 동물은 올바른 도구적 반응을 발견하는 데 필수적인 특정한 시행착오 행동을 할 여유가 전혀 없을 것이다.

이차 학습을 꼼꼼히 기록한 적어도 네 가지 분야의 실험이 있다.

㉠ 인간의 기계적 학습. 헐E. L. Hull[187]은 이차 학습 현상을 밝힌 계량적 연구를 매우 신중하게 수행했으며, 자신이 기록한 일차 학습의 곡선을 모의 실험하거나 설명하는 수학적 모델을 만들어냈다. 그는 또한 '기계적 학습에 대한 학습'으로 불리는 이차적 현상도 관찰했으며, 자신의 책 부록에다 이 현상에 관한 그래프들도 제시했다. 이 그래프들이 책의 본문에서 분리된 것은, 그가 말하듯 자신의 수학적 모델(또는 기계적 일차 학습)이 자료의 이러한 측면을 다루고 있지 않기 때문이었다.

주어진 논리 형태에 대한 엄격한 담론이 아무리 많아도 더 높은 형태의 현상을 '설명'하지는 못한다는 것이 우리가 여기서 취하는 이론적 입장의 필연적 귀결이다. 헐의 모델은 논리적 범위를 넘어서는 현상을 설명에서 자동적으로 배제함으로써 논리 형태의 시금석 역할을 하고 있다. 그렇게 한 것——그리고 헐이 그것을 감지했다는 것——은 그의 철저함과 통찰력에 대한 증명이 된다.

그 자료가 보여주는 것은, 어떤 주어진 대상이든 연속적으로 훈련시

---

187) E. L. Hull, et al., *Mathematico-deductive Theory of Rote Learning*(New Haven : Yale Univ., Institute of Human Relations, 1940).

키면 기계적 학습에 발전이 있으며, 대상에 따라 다르긴 하지만 어떤 기술 수준에 점근선적으로 도달한다는 점이다.

이 기계적 학습의 맥락은 상당히 복잡했으며, 의심의 여지 없이 각각의 학습자에게 개인적으로 다르게 나타났다. 어떤 학습자에게서는 잘못되는 것에 대한 두려움으로 더 많은 동기가 부여되었을 것이며, 반면에 다른 학습자는 오히려 제대로 하는 것에 대한 만족을 찾고 있었다. 어떤 이는 다른 피험자와 비교해 더 좋은 기록을 세우는 것에 더 영향 받았을 것이며, 또 어떤 이는 각각의 학습에서 자신의 이전 기록과 경쟁하는 데 더 홍미를 느끼게 되었을 것이다. 등등. 모두들 실험 상황의 성격에 관한 생각을 가지고 있어야 했으며, 모두들 '목표의 수준'도 가지고 있어야 했고, 또한 모두들 여러 종류의 사물들을 기억했던 이전의 경험도 가지고 있어야 했다. 헐의 피험자들 중에서 이전의 이차 학습에 영향 받지 않고 학습의 맥락에 들어올 수 있었던 사람은 없다.

이 모든 이전의 이차 학습에도 불구하고, 그리고 이러한 수준에 작용할지도 모르는 유전적 차이에도 불구하고, 모두가 몇 번의 학습을 통해 향상을 보여주었다. 이러한 향상이 일차 학습 때문일 수는 없다. 왜냐하면 이전의 학습에서 배운 특정한 일련의 음절을 아무리 회상한다고 해도 그것이 새로운 것을 다루는 데 쓰일 수는 없었기 때문이다. 아마도 그러한 회상은 더 방해가 되었을 것이다. 따라서 나는 한 학습에서 다음 학습으로 가면서 향상되었다는 것은 헐이 기계적 학습을 위해 제공한 맥락에 대한 일종의 적응으로 평가될 수밖에 없다고 생각한다.

또한 교육자들이 기계적 학습에서 훈련의 가치(긍정적 또는 부정적)에 관해 강한 견해를 갖는 것은 전혀 가치가 없다. 보수적 교육자들이 기계적이고 반복적인 훈련의 부활을 주장하는 반면에, '진보적' 교육자들은 '통찰'을 가진 훈련을 주장한다.

ⓛ 실험적으로 연구된 두 번째 형태의 이차 학습은 '세트 학습'이라 불린다. 개념과 용어는 할로H. E. Harlow로부터 도출되었고, 상당히 특별한 경우의 이차 학습에 적용된다. 포괄적으로, 할로가 행한 것은 벵골 원숭이에게 다소 복잡한 형태들gestalten이나 '문제들'을 제시하는 것이었다. 원숭이들은 음식을 보상받기 위해 이 문제들을 해결해야만 했다. 할로가 보여준 것은, 만약 이 문제들이 비슷한 형태들의 '세트', 즉 비슷한 형태의 논리적 복잡성을 가졌다면, 한 문제에서 다른 문제로 학습이 이어진다는 점이다. 사실 할로의 실험들에는 두 가지 종류의 수반되는 패턴이 관련되어 있었다. 첫째는 전반적인 도구주의instrumentalism 패턴이었으며(원숭이가 문제를 해결하면 강화된다), 두 번째는 특정한 문제 속에 수반되는 논리의 패턴이었다.

ⓒ 비터먼M. E. Bitterman과 다른 사람들은 최근에 '역학습reversal learning'으로 실험하는 방식을 마련했다. 전형적으로 이 실험에서 피험자는 먼저 두 개를 구분하는 방법을 학습한다. 이것이 기준에 이르기까지 학습되면 자극의 의미는 역전된다. 만약 X가 처음에 R_1을 '의미'했고 Y가 R_2를 의미했다면, 역전이 일어난 다음에는 X가 R_2를, 그리고 Y가 R_1을 의미하게 된다. 다시 실험은 기준에 도달할 때까지 이어지고, 다시 의미들은 역전된다. 이 실험에서 결정적인 질문은, 피험자가 역전에 대해 학습하는가, 즉 일련의 역전 이후에 피험자가 실험을 시작할 때보다 더 적은 실험 횟수로 기준에 도달하는가 하는 것이다.

이 실험에서 제기된 질문이 단순 학습에 관한 질문보다 논리 형태

면에서 훨씬 더 고차원이라는 점은 눈에 띄게 명백하다. 만약 단순 학습이 실험의 세트에 기초하고 있다면, 역학습은 그러한 세트들의 세트에 기초하고 있다. 이러한 관계와 러셀의 '클래스'와 '클래스들의 클래스' 사이의 관계의 비교는 직접적이다.

ⓔ 이차 학습은 또한 잘 알려진 '실험적 신경증' 현상에서 예증된다. 전형적으로 파블로프나 도구적 학습 맥락에서 동물은 X와 Y, 예를 들면 타원과 원을 구별하도록 훈련된다. 이런 구별이 학습되면 과제는 점점 더 어려워진다. 타원은 점점 뚱뚱해지며, 원은 점점 납작해진다. 마지막에는 구별이 불가능한 단계에 이르게 된다. 이 단계에서 동물은 심각하게 동요하는 증상을 보이기 시작한다.

특히, ⓐ 훈련받은 적이 없는 동물은 X가 A 아니면 B를 의미할 수도 있는 상황을 주어도 장애를 보이지 않으며, ⓑ 실험 상황의 특징인 많은 맥락 표시가 없으면 장애는 일어나지 않는다.[188]

따라서 이차 학습은 행동 장애에 없어서는 안 될 준비로 보인다. '이것은 구별을 위한 맥락이다'라는 정보는 실험 과정의 초기에 커뮤니케이션되고, 구별이 점점 더 어려워지는 일련의 단계에서 강조된다. 하지만 구별이 불가능해지면 맥락의 구조는 완전히 변한다. 동물은 구별이 아니라 추측이나 도박이 요구되는 상황에 있기 때문에 맥락 표시들(예컨대 실험실 냄새와 실험용 마구)은 이제 잘못된 방향으로 안내한다. 사실 실험의 전체 과정은 이차 학습 수준에서 동물이 틀리게 되도록 만드는 절차다.

나의 표현대로 한다면, 그 동물은 전형적인 '이중 구속' 상황에 처

---

188) H. S. Liddell, "Reflex Method and Experimental Neurosis", *Personality and Behavior Disorders*(New York : Ronald Press, 1944).

하게 되며, 이것은 다분히 정신분열을 유발할 수 있다.[189]

심리 실험실 바깥의 다른 세상에서, 이차 학습 범주에 속하는 현상은 인류학자, 교육자, 정신의학자, 동물 조련사, 부모와 자녀들의 중대한 선입견이다. 개인의 성격을 결정하는 과정이나 인간(또는 동물) 관계에서 변화의 과정들에 대해 생각하고 있는 사람은 모두 자신의 머릿속에 있는 이차 학습에 관한 다양한 가설을 이용하지 않으면 안 된다. 때때로 이런 사람들이 자문을 구하기 위해 실험심리학자들에게 전화를 걸지만, 언어의 장벽에 부닥치고 만다. 예를 들어 정신의학자는 이차 학습에 관해 얘기하고 심리학자는 일차 학습에 관해 얘기할 때는 언제나 틀림없이 이런 장애가 발생하며, 어느 누구도 서로 다른 논리 구조를 이해하지 못한다.

이차 학습이 인간사에 나타나는 수많은 방식 중에서 세 가지만 이 논문에서 검토될 것이다.

㉠ 개인적인 인간 존재를 묘사하는 데 과학자나 비전문가는 모두 '성격'을 묘사하는 형용사에 보통 의지한다. 존스 씨는 의존적이고, 적대적이고, 이상하고, 까다롭고, 불안하고, 과시적이고, 자기 도취적이며, 소극적이고, 경쟁적이고, 활동적이고, 용감하고, 비겁하고, 숙명적이고, 익살스럽고, 명랑하고, 약삭빠르고, 낙관적이고, 완벽주의이고, 부주의하고, 조심스럽고, 변덕스럽고 등으로 언급된다. 이미 언급된 것에 비추어, 독자는 이 모든 형용사들을 자신에게 적합한 논리 형태에 배정할 수 있을 것이다. 모든 것은 이차 학습의 (가능한) 결과에 관한 기술이며, 만약 우리가 이 단어들을 좀더 꼼꼼히 정의한다면, 우

---

189) G. Bateson, et al., *Toward a Theory of Schizophrenia, Behavioral Science*(1956), 1 : 251~264쪽.

리의 정의는 형용사가 적용될 수 있는 이차 학습을 낳을 것으로 추측되는 일차 학습의 맥락에 수반되는 패턴을 단단히 세움으로써 이루어질 것이다.

우리는 '숙명적인' 사람에 대해, 그 사람과 환경 간의 교류 패턴은 가령 파블로프 실험의 피험자처럼 그가 오랫동안 또는 반복적인 경험을 통해 얻은 것일 수 있다고 말할지도 모르며, '숙명론'에 관한 이러한 정의가 구체적이면서 정확하다는 것에 주목하게 될지도 모른다. 이런 특정한 학습 맥락의 의미에서 정의된 것 외에 다른 형태의 숙명론도 많이 있다. 예를 들면 인간 자신의 행동이 피할 수 없는 운명의 작용을 촉진하는 것으로 여겨지는, 좀더 복잡한 형태가 특징인 고대 그리스 비극이 있다.

ⓛ 인간의 상호작용에 대한 구획화. 비판적인 독자는 개인의 성격을 기술한다고 주장하는 앞의 형용사들이 실제로는 정확히 개인에게 적용되는 것이 아니라 오히려 개인과 자신의 자료 및 인간 환경과의 교류를 기술하는 것이라는 것을 목격했을 것이다. 진공 상태에서 '수완이 있'거나, '의존적'이거나, '숙명적'인 사람은 없다. 그것이 무엇이든 간에 그의 특징은 자신의 것이 아니며, 오히려 자신과 다른 것(혹은 다른 사람) 사이에 벌어지는 것에 대한 특징이다.

그렇다면 사람들 사이에서 일어나는 것들을 살펴보고, 이차 학습의 과정에 자신들의 모습을 빌려줄 가능성이 있는 일차 학습의 맥락을 발견하는 것이 당연하다. 우리는 당장에 둘 또는 그 이상의 사람이 포함되어 있으면서 중요한 사건의 대부분이 살아 있는 피조물의 자세, 행동, 발언인 그런 시스템에서 사건의 흐름은, 그들 관계의 본질이라고 간주되는 사람들 간의 묵시적 합의, 또는 맥락 표지가 양쪽 모두에게 똑같다는 것을 '의미' 할 맥락 표지와 묵시적 합의에 의해 학습의 맥락으로 구획된다는 것을 알게 된다. A와 B 사이에 진행되는 상호 교환을 분석해보는 것이 유익하다. 우리는 A의 행동 중에서 특정한 항목에 관해 묻는다. 이 항목은 B에 대한 자극인가? 또는 이전에 B가 말한 것에 대한 A의 반응인가? 또는 B에 의해 제공된 어떤 항목에 대한 강화인가? 또는 이 항목에서 A가 자신을 위해 강화를 달성하려는 것인가? 등등.

이런 질문은 그 즉시 A의 행동의 많은 항목을 위한 해답이 대개는 완전히 분명하지 않다는 것을 드러낼 것이다. 또는 만약 분명한 해답이 있다면, 그 분명함은 오직 A와 B의 상호 역할, 즉 그들이 서로에게 기대하는 맥락 구조의 본질에 관한 묵시적 (완전히 명백한 경우는 드문) 합의에 기인한 것이다.

추상적으로 그러한 교환을 살펴본다면, ……$a_1b_1a_2b_2a_3b_3a_4b_4a_5b_5$…… 에서 a는 A 행동의 항목을 의미하며, b는 B 행동의 항목을 의미한다. 어떤 a_i를 취해서 그것을 중심으로 단순한 세 가지 학습의 맥락을 설정하면 다음과 같다.

i. (a_i b_i a_{i+1}), 여기서 a_i는 b_i에 대한 자극이다.

ii. (b_{i-1} a_i b_i), 여기서 a_i는 b_{i-1}에 대한 반응이며, B가 이 반응을 b_i로 강화한다.

iii. (a_{i-1} b_{i-1} a_i), 여기서 a_i는 이제 B의 b_{i-1}에 대한 A의 강화이며, b_{i-1}은 a_{i-1}에 대한 반응이다.

따라서 a_i는 B에 대한 자극일 수도 있고, B에 대한 A의 반응일 수도 있으며, 아니면 B에 대한 A의 강화일 수도 있다.

그러나 이외에도 우리가 만약 '자극' 과 '반응', '구심성' 과 '원심성'

이라는 개념들의 모호성을 고려한다면——앞에서 논한 것처럼——,
어떤 a$_i$든 A의 자극일 수도 있고, 자신에 대한 A의 강화일 수도 있으
며, 아니면 일련의 기계적 행동의 경우처럼 자기 자신의 어떤 이전 행
위에 대한 A의 반응일 수도 있다는 점을 알 수 있다.

  이러한 일반적 모호성은 사실상, 두 사람 사이에 계속되는 상호 교
환의 연쇄가 각 맥락이 다음 맥락으로 이어지는 일련의 맥락들로 그
사람 자신이 그 연쇄를 지각하는 것에 의해서만 조직된다는 것을 의
미한다. 어떤 특정한 사람에 의해 연쇄가 조직되는 독특한 방식은 그
사람의 이전의 이차 학습에 의해(또는 아마도 그의 유전에 의해) 결정
될 것이다.

  그와 같은 시스템에서 '지배'와 '복종', '양육'과 '의존' 같은 말들
은 상호 교환의 분절들에 대한 기술로 정의할 수 있는 의미를 가질 것
이다. 만약 A와 B의 관계가 일련의 a$_1$b$_1$a$_2$ 형태로 특징지어지는 것으
로 보이며, a$_1$b$_1$a$_2$에서 a$_1$은 (A와 B에 의해) 도구적 보상이나 처벌의 조
건을 규정하는 신호로 보이고, b$_1$은 이러한 조건에 순응하는 신호나
행동으로 보이며, a$_2$는 b$_1$을 강화하는 신호로 보인다는 것을 A와 B가
자신들의 행동으로 보여준다면 우리는 'A가 B를 지배한다'고 말할
것이다.

  이와 마찬가지로, 그들의 관계가 a$_1$b$_1$a$_2$와 같은 일련의 특징을 가지
면서, a$_1$은 약함의 신호로, b$_1$은 도움을 주는 행동으로, a$_2$는 b$_1$을 인정
하는 것으로 보인다면, 'A는 B에 의존한다'고 말할 수 있다.

  그러나 '지배'와 '의존'을 (의식적이든, 무의식적이든, 아니면 둘
다 아니든) 분간하는 것은 A와 B에게 달려 있다. '명령'은 '도움'을
청하는 것과 아주 흡사할 수 있다.

ⓒ 정신 요법에서 이차 학습은 '전이' 현상에 의해 가장 현저하게 예증된다. 정통 프로이트 학파의 이론은 환자가 진료실에 들어올 때 필연적으로 의사와의 관계에 관한 부적절한 생각을 가지고 있을 것으로 가정한다. 이런 부적절한 생각(의식적이든 무의식적이든) 때문에 환자는, 어느 정도 중요한 다른 사람(대개 부모)이 가깝거나 먼 과거에 자신을 어떻게 대했는지에 대해 자신이 묘사한 것과 비슷한 방식으로 의사가 반응하도록 압박하는 행동과 말을 할 것이다. 이 논문에서 말하는 식으로 표현하면, 환자는 자신의 과거 이차 학습의 전제에 따라 의사와의 상호 교환을 구체화하려고 노력할 것이다.

일반적으로 환자의 전이 패턴을 결정하고, 나아가 모든 인간 존재의 관계적 삶을 상당 부분 결정하는 이차 학습의 대부분은 보통 ⊙ 어린 유아기에서 기원하며, ⓛ 무의식적인 것으로 관찰된다. 이 두 가지 일반화는 모두 옳을 것 같으며 어느 정도 설명을 필요로 한다.

이 두 가지 일반화는 우리가 논하는 현상의 본질 때문에 아마도 진실일 듯하다. 우리는 이차 학습에서 학습된 것은 **사건을 구획하는 방법**이라고 생각한다. 하지만 **구획하는 방식**이 참이거나 거짓인 것은 아니다. 이러한 학습의 명제들에 포함된 것 중에 현실과 비교해서 검증될 수 있는 것은 아무것도 없다. 그것은 마치 잉크 반점 속에서 보이는 그림과 같다. 맞는 것도, 틀린 것도 없다. 그것은 단지 잉크 반점을 보는 방법일 뿐이다.

인생에 대한 도구적 관점을 생각해보자. 인생에 대해 이러한 관점을 가진 유기체는 새로운 상황에서 긍정적인 강화를 제공하는 상황을 만들기 위해 시행착오 행위를 하게 될 것이다. 만약 그가 이런 강화를 얻는 데 실패한다고 해도, 그의 목적론적 철학이 그로 인해 부정되지는 않는다. 그의 시행착오 행위는 단지 계속될 것이다. '목적'에 대한 전제는 인생의 물질적 사실과 완전히 다른 논리 형태이며, 따라서 그 전제는 물질적 사실에 의해 쉽게 부정될 수 없다.

마법사는 마술이 작용하지 않는다고 해서 사건에 대한 자신의 마술적 시각을 버리지 않는다. 사실 구획화를 지배하는 명제들은 자체-정당화되는 일반적 특징을 가지고 있다.[190] 우리가 '맥락'이라고 말하는 것에는 피험자의 행동만큼이나 외적 사건들도 포함되어 있다. 그러나 이런 행동은 이전의 이차 학습에 의해 통제되며, 따라서 예상된 구획화에 맞도록 전체 맥락을 주조하는 그런 종류가 될 것이다. 요약하면, 이차 학습 내용의 이러한 자체-정당화 특성은 그러한 학습이 거의 근절될 수 없다는 결과를 낳는다. 유아기에 습득한 이차 학습은 평생 동안 유지될 가능성이 있다는 결론이 나온다. 반대로, 우리는 성인의 구획화의 많은 중요한 특성들이 어린 유아기에 뿌리를 두고 있음을 반드시 예상해야 한다.

이런 구획화 습관의 무의식과 관련해서, '무의식'은 억압된 요소뿐만 아니라 형태gestalt 지각의 과정과 습관의 대부분을 가지고 있음을 알 수 있다. 개인적으로 우리는 자신의 '의존성'을 알고 있지만, 어떻게 이런 패턴이 형성되었으며, 우리가 그것을 창조하는 데 어떤 신호들이 사용됐는지를 분명하게 말할 수는 없다.

---

190) J. Ruesch · G. Bateson, *Communication : The Social Matrix of Psychiatry*(New York : Norton, 1951).

삼차 학습

이차 학습으로 습득된 전제들의 자체–정당화 특성에 관해 앞에서 말한 것이 가리키는 것은, 삼차 학습은 난해할 것이며 심지어 인간에게도 드문 현상이라는 사실이다. 인간에 불과한 과학자가 삼차 학습의 과정을 상상하거나 기술하는 것 역시 어려울 것이다. 하지만 정신 요법, 개종, 그 밖에 성격의 근본적 재구성이 일어나는 연쇄 속에서 때때로 삼차 학습이 일어난다고 주장된다.

선불교도, 서양의 신비론자, 그리고 일부 정신의학자들은 이런 것들이 완전히 언어의 접근을 초월한다고 역설한다. 하지만 이런 경고에도 불구하고 나는 그런 상태가 될 수밖에 없는(논리적으로) 것에 대해 추측해보려고 한다.

먼저, 구별이 이루어져야 한다. 앞에서 살펴본 바에 의하면, 역학습에 관한 실험은 역전된 사실에 관해 괄목할 만한 학습이 있을 때마다 이차 학습이 이루어졌음을 증명한다. 주어진 시점에서 주어진 전제를 학습(일차 학습)하고 그런 다음 역학습에 대한 요령의 습득 없이 나중에 반대되는 전제를 학습하는 것은 가능하다. 이 경우, 하나의 역학습에서 다음 역학습으로 진행되어도 학습상에 진전은 없다. 일차 학습의 한 항목이 어떤 이차 학습의 성취 없이 일차 학습의 다른 항목을 단순히 교체한 것이다. 만약 이와 반대로, 연속적인 역학습과 함께 진전이 생긴다면, 이는 이차 학습에 대한 증거가 된다.

만약 똑같은 종류의 논리를 이차 학습과 삼차 학습의 관계에 적용한다면, 우리는 어떤 삼차 학습의 성취 없이 이차 학습의 수준에서 전제들의 교체가 있을 수 있음을 예상하도록 인도된다.

따라서 삼차 학습을 논하기 위한 예비 단계로, 삼차 학습이 없는 단순한 교체와 정확히 삼차 학습이 되도록 교체를 조장하는 것을 구별하는 것은 필수적이다.

정신의학자들이 심지어 이차 학습으로 습득된 전제들을 단순히 교체하는 데 있어서도 자신의 환자를 도울 수 있다는 것은, 전제 조건들의 자체-정당화하는 특성과 어느 정도 무의식적인 본질을 고려할 때 그렇게 놀랄 만한 것은 아니다. 그러나 이들 대부분이 행해질 수 있다는 데 의심의 여지는 없다.

통제되고 보호된 치료 관계의 상황 속에서 의사는 다음과 같은 방법들 중에서 하나 또는 그 이상을 시도할지 모른다.

㉠ 환자의 전제들과 의사의 전제들 사이의 대면을 이루려는 시도——신중하게 훈련된 의사는 과거의 전제들을 정당화하는 덫에 빠지지 않는다.

㉡ 치료실 안이나 밖에서 의사 자신의 전제들을 대면할 방식으로 환자가 행동하도록 만드는 시도.

㉢ 일반적으로 환자의 행동을 통제하는 전제들의 모순을 밝히려는 시도.

㉣ 환자가 자신의 과거 전제에 기초한 경험을 어느 정도 과장하거나 풍자하게끔(예컨대 꿈이나 최면 상태에서) 유도하는 시도.

오래전에 윌리엄 블레이크가 언급했듯이, "모순이 없으면 진보도 없다". (다른 곳에서 나는 제2수준에서의 이런 모순을 '이중 구속'이라고 불렀다.)

그러나 모순의 충격을 감소시킬 수 있는 틈은 항상 존재한다. 만약 피험자가 올바른 반응을 보일 때마다 강화된다면 좀더 빠르게 학습

(일차 학습)하겠지만, 강화가 중단되면 학습의 결과가 오히려 더 빨리 사라진다는 사실은 학습 심리학에서 흔한 일이다. 그러나 만약 강화가 단지 가끔 있다면 피험자가 느리게 학습은 하겠지만, 강화가 완전히 중단되어도 학습의 결과는 쉽게 없어지지 않는다. 다른 말로, 피험자는 그 맥락에서 강화의 부재가 자신의 반응이 잘못됐거나 부적절했음을 의미하지 않는다는 것을 학습(이차 학습)할 것이다. 사실 맥락에 대한 피험자의 관점은 실험자가 전략을 바꿀 때까지는 옳은 것이었다.

치료사는 반드시 환자를 움직이는 모순들을 분명히 지지하거나 보호함으로써 이런저런 종류의 틈들이 봉쇄되도록 만들어야 한다. 역설(선문답koan)을 부여받은 선 수련생은 '쇠막대기를 무는 모기처럼' 자신의 과제에 전력해야만 한다.

나는 다른 곳에서(〈원시 예술의 스타일, 우아함, 그리고 정보〉, 235쪽을 보라) 모든 습관 형성과 이차 학습의 핵심적이고 필수적인 기능은 문제 해결이나 일차 학습에 사용되는 사고 과정(또는 신경 통로)의 경제학이라고 주장한 바 있다. 흔히 '성격'으로 불리는 전제——'자아'의 정의——는 개인에게서 많은 일련의 삶에 대한 추상적, 철학적, 미학적, 윤리적인 측면들을 검토하는 수고를 덜어준다. '나는 그것이 좋은 음악인지 아닌지 모른다. 다만 내가 그것을 좋아하는지 아닌지를 알고 있을 뿐이다.'

그러나 삼차 학습은 검토되지 않은 이런 전제들을 질문과 변화를 향해 개방할 것이다.

앞의 일차, 이차 학습에서 했듯이, 우리가 삼차 학습이라고 부르게 될 몇 가지 변화를 열거해보자.

ⓐ 그 개인은 우리가 이차 학습이라고 부르는 것을 형성하는 습관을 좀더 쉽게 형성하는 것을 학습할 것이다.

ⓑ 그는 자신을 위해 스스로 삼차 학습의 회피를 허용하는 '틈'을 막는 것을 학습할 것이다.

ⓒ 그는 이차 학습으로 습득된 습관을 변화시키는 것을 학습할 것이다.

ⓓ 그는 자신이 무의식적으로 이차 학습을 성취할 수 있고 성취하는 피조물이라는 것을 학습할 것이다.

ⓔ 그는 자신의 이차 학습을 제한하거나 감독하는 것을 학습할 것이다.

ⓕ 만약 이차 학습이 일차 학습의 맥락들을 학습하는 것이라면, 삼차 학습은 일차 학습의 맥락들의 맥락을 학습하는 것이 되어야 한다.

그러나 앞의 목록은 어떤 역설을 내놓는다. 삼차 학습(즉 이차 학습에 관한 학습)은 이차 학습을 증가시키거나 제한하도록 인도할 수도 있으며, 어쩌면 이차 학습 현상을 축소시킬 수도 있다. 분명 삼차 학습은 이차 학습의 과정으로 습득된 전제들에 더 큰 융통성을 부여하는 쪽으로 나아가야만 한다──전제들의 속박으로부터의 자유.

언젠가 나는 선불교의 대가가 "무엇엔가 익숙해진다는 것은 무시무시한 일이다"라고 단정적으로 말하는 것을 들은 적이 있다.

하지만 습관의 속박으로부터 해방된다는 것은 또한 자아에 대한 근본적인 재정의를 뜻한다. 만약 내가 이차 학습 수준에 머물러 있다면, '나'는 내가 나의 '성격'이라 부르는 특성들의 집합체다. '나'는 맥락 속에서 행동하며, 내가 행동하는 맥락들을 구체화하고 지각하는 나의 습관들이다. 개성은 이차 학습의 산물 또는 집합체다. 사람이 삼차 학습을 성취하고, 맥락들의 맥락의 관점에서 지각하고 행동하는 것을 학습하는 정도에 따라 그의 '자아'는 일종의 부적절함을 나타내게 될 것이다. '자아'의 개념은 더 이상 경험의 구획에서 결절적인nodal[191] 주장으로 기능하지 않을 것이다.

이 문제는 검토되어야 한다. 이차 학습에 관한 논의에서 '의존', '자존심', '숙명론'과 같은 모든 단어들은 일련의 관계에서 학습된 (이차 학습) 자아의 특성들을 의미한다고 주장되었다. 이 단어들은 사실상 관계에서의 '역할'에 대한 용어들이며, 상호작용의 연쇄에서 인위적으로 잘라낸 것을 지시한다. 또한 그런 어떤 단어들에 엄격한 의미를 부여하는 올바른 방법은 이름 붙여진 특성이 학습되었을 수도 있는 연쇄의 형식적 구조를 분명히 설명하는 것이라고 제안되었다. 따라서 파블로프 학습에서 상호작용의 연쇄는 일종의 '숙명론'에 대한 패러다임으로 제안되었다.

그러나 지금 우리는 이런 학습의 맥락에 대한 맥락, 즉 그러한 패러다임이 내장되어 있는 더 큰 연쇄에 관해 묻고 있다.

삼차 학습에서 벗어나는 '틈'을 제공하는 것으로서 앞에서 기술된 이차 학습의 사소한 항목을 생각해보자. 자아의 어떤 특성——'고집'이라 부르자——은 산발적으로 강화되는 다양한 연쇄의 경험으로 생긴다. 이제 우리는 그런 연쇄의 더 큰 맥락에 관해 질문해야만 한다. 어떻게 그런 연쇄가 생기는가?

그 질문은 폭발적이다. 실험실에서의 단순하게 양식화된 상호작용

---

191) (옮긴이주) 네트워크에서 노드node란 연결점을 의미하며, 데이터 송신의 재분배점 또는 끝점을 말하기도 한다. 일반적으로 노드는 데이터를 인식하고 처리하거나 다른 노드로 전송하기 위해 특별히 강화된 성능을 갖도록 프로그램된다.

의 실험 과정은 우발적인 네트워크에 의해 생기며, 부분적으로 이 네트워크를 결정하기도 한다. 그리고 이 우발적인 네트워크는 심리 연구가 설계되는 과정, 심리학자들 간의 상호작용, 연구 자금의 경제학 등 실험실 밖으로까지 백방으로 뻗어나간다.

아니면 똑같은 형식적 순서를 좀더 '자연스러운' 상태에서 생각해 보자. 어떤 유기체가 필요하거나 잃어버린 물건을 찾고 있다. 예컨대 돼지가 도토리를 얻으려고 코로 땅을 파고 있고, 도박꾼이 잭팟을 기대하며 슬롯머신에 동전을 넣고 있으며, 또는 어떤 사람이 자신의 차 열쇠를 찾아야만 한다. 강화가 산발적이거나 일어날 것 같지 않기 때문에 생명체들이 어떤 종류의 행동을 정확히 관철해야만 하는 상황은 수천 가지가 있다. 이차 학습은 이런 경우들을 하나의 범주로 취급함으로써 그런 세계를 단순화할 것이다. 그러나 만약 삼차 학습이 이런 경우의 맥락에 관여된다면, 이차 학습의 범주들은 터져버릴 것이다.

또는 다양한 수준에서 '강화'라는 말이 무엇을 의미하는지를 살펴보자. 돌고래는 조련사가 원하는 것을 실행했을 때 조련사에게서 고기를 얻는다. 제1수준에서 그 고기의 실제는 특정한 행동의 '정확함'과 연결되어 있다. 제2수준에서 그 고기의 실제는 조련사와 돌고래의 (아마도 도구적 또는 의존적) 관계에 대한 돌고래의 이해에 대한 확인이다. 이 수준에서 알아야 할 것은, 만약 돌고래가 조련사를 증오하거나 두려워한다면 조련사로부터 받은 고통은 증오를 확인하는 긍정적인 강화가 될 수도 있다는 것이다. ('만약 그것이 내가 그것을 원하는 방식이 아니라면, 내가 그것을 증명할 것이다.')

하지만 (돌고래나 사람에게 있어서) 제3수준에서의 '강화'는 무엇인가?

내가 앞에서 시사했듯이, 만약 돌고래가 제2수준에서 발생한 '모순'으로 무리하게 제3수준에 이르게 된다면, 삼차 학습 수준에서 긍정적 강화를 구성할 이 모순들을 해결하고 있을 것으로 예상할 수 있다. 그러한 해결은 많은 형태를 취할 수 있다.

그런 시도조차도 삼차 학습에서는 위험할 수 있으며, 일부는 중도에서 단념한다. 이들은 종종 정신의학에서 정신이상이라 불리며, 그들 중 많은 사람들이 일인칭 대명사를 사용하지 못하는 자신을 발견한다.

좀더 성공적인 사람의 경우에, 모순의 해결은 제2수준에서 학습되었던 것의 대부분이 와해되는 것일 수 있으며, 배고픔이 곧바로 먹는 것으로 이어지는 단순성을 나타내며, 동일시된 자아는 더 이상 행동을 조직하는 책임이 없다. 이들은 부패하지 않는 순결한 사람들이다.

좀더 창조적인 사람의 경우에, 모순의 해결은 개인의 정체성이 어떤 방대한 생태계나 우주적 상호작용의 미학 속에서 관계의 모든 과정에 합일되는 세계를 나타낸다. 이런 것이 존속할 수 있다는 것이 거의 기적처럼 여겨지지만, 어쩌면 일부는 인생의 세부적인 것에 초점을 맞추는 그들의 능력에 의해, 광대한 감정에 휩쓸리는 데서 구조될지 모른다. 우주의 모든 세부적인 것도 전체에 대한 관점을 제안하는 것으로 보인다. 블레이크는 〈순수의 전조Auguries of Innocence〉라는 시에서 이런 사람들에 관해 다음과 같은 유명한 말을 했다.

한 알의 모래 속에서 세계를 보며,
한 떨기 야생화 속에서 천국을 보며,
그대의 손으로 무한을 잡고,

하나의 시간 속에 영원을 담으라.

심리학에서 유전의 역할

동물의 학습이나 학습의 무능력에 관해 무슨 이야기를 하든 그것은 동물의 유전적 구성과 관계를 가지고 있다. 그리고 학습의 수준들에 관해 여기서 이야기된 것은 유전적 구성과 개체가 이룰 수 있고 또 반드시 이루어야 하는 변화 사이의 전반적인 상호작용과 관계있다.

어떤 유기체에게도, 넘어서면 모든 것이 유전에 의해 결정되는 상한선이 존재한다. 플라나리아는 아마 일차 학습을 넘지 못할 것이다. 인간 이외의 포유동물은 어쩌면 이차 학습이 가능하겠지만, 삼차 학습은 불가능할 것이다. 인간은 때때로 삼차 학습을 이룰 수도 있다.

어떤 유기체에게 이런 상한선은 (논리적으로 그리고 가정상) 유전 현상에 의해 설정되지만, 어쩌면 개별 유전자나 유전자 조합이 아니라, 기본적인 문(門)[192]들의 특성의 발달을 통제하는 어떠한 요소에 의해 설정될지도 모른다.

유기체에게 가능한 모든 변화를 위해, 유기체에게는 그러한 변화의 능력이라는 사실이 존재한다. 이 사실은 유전적으로 결정될 수도 있으며, 혹은 그 능력은 학습될 수도 있을 것이다. 만약 후자라면 유전적

---

192) (옮긴이주) 생물은 먼저 동물계, 식물계로 대별되며, 계는 다시 문(門)phylum, 강(綱), 목(目), 과(科), 속(屬), 종(種)의 순으로 세분되는 것이 분류의 체계다. 문은 동물에서는 배엽의 형성 방법을 포함한 발생에 따른 체제형을 기준으로, 식물에서는 핵의 유무 또는 엽록소의 유무, 그리고 체제의 양식 등을 기준으로 구별된다. 주 251도 참조.

요소가 그 능력을 학습하는 능력을 결정할 수도 있다. 등등.

일반적으로 이러한 사실은 모든 체세포 변화는 물론 우리가 학습이라고 부르는 행동의 변화에 대해서도 진실이다. 사람의 피부는 태양에 검게 탄다. 하지만 이런 상황의 어디에 유전이 가담하는가? 유전이 전적으로 태양에 그을릴 수 있는 능력을 결정하는가? 아니면 어떤 사람은 태양에 그을릴 수 있는 능력을 증가시킬 수 있는가? 후자의 경우, 유전적 요소는 분명 더 높은 논리 수준에 영향을 미친다.

어떠한 행동과 관련된 문제는 분명 '그것이 학습된 것인가 아니면 타고난 것인가?'가 아니라, '위로는 어떤 논리적 수준까지 학습이 효과적이며 아래로는 어떤 수준까지 유전적 요소가 결정적이거나 부분적으로 효과적인 역할을 하는가?'다.

학습의 진화에 대한 광범위한 역사는 유전적 결정론을 더 높은 수준의 논리 형태로 서서히 밀고 간 것으로 보인다.

계층 구조에 관한 노트

이 논문에서 논의된 모델은 가지 치지 않은 단순한 사다리 형태로 논리 형태가 정리될 수 있다는 무언의 가정을 하고 있다. 우선 그런 단순한 모델에 의해 제기되는 문제부터 다루는 것이 현명하리라 생각한다.

그러나 행동, 경험, 조직, 그리고 학습의 세계는 서로 다른 논리 형태의 클래스들 사이의 관계에 대한 명제를 배제하는 모델로 완전히 지도(地圖)화될 수는 없다.

만약 C_1이 명제들의 클래스이고, C_2가 C_1의 구성원에 관한 명제들의 클래스이고, C_3은 C_2의 구성원에 관한 명제들의 클래스가 된다면, 우리는 이 클래스들 사이의 관계에 대한 명제들을 어떻게 분류해야 하는가? 예를 들면, 'C_1의 구성원은 C_2의 구성원이므로 C_2의 구성원은 C_3의 구성원이다' 라는 명제는 가지 치지 않은 논리 형태의 사다리로 분류될 수 없다.

전반적으로 이 논문은 C_2와 C_3의 관계는 C_1과 C_2의 관계와 비교될 수 있다는 전제 위에 서 있다. 나는 몇 번이고 이 사다리 구조에 대해 토론하기 위해 논리 형태에 대한 나의 사다리를 지지하는 입장을 취해 왔다. 따라서 이 논문 자체가 그 사다리가 여러 갈래라는 사실의 한 예다.

다음 과제는, 나의 학습의 계층 구조라는 관점으로 분류될 수는 없지만, 계층 구조의 단계들 사이의 관계에 관한 학습에 의해 이 계층 구조에서 부차적인 것으로서 떨어진 예들을 살펴보는 것이 되리라는 결론이 나온다. 나는 다른 곳에서(〈원시 예술의 스타일, 우아함, 그리고 정보〉) 예술은 통상적으로 이런 종류의 학습, 즉 이차 학습으로 습득된 다소 무의식적인 전제들과, 의식과 절박한 행동의 좀더 일시적인 내용 사이의 간극에 다리를 놓는 것과 관련된다고 밝혔다.

또한 주목해야 될 점은, 이 논문의 구조가 학습 수준의 계층 구조를 밑에서 위로, 제로 수준에서 제3의 수준으로 독자들에게 제시했다는 의미에서 귀납적이라는 것이다. 하지만 모델이 제공하는 현상계에 대한 설명이 한 방향인 것은 의도된 것이 아니다. 독자에게 이 모델을 설명하는 데는 한 방향으로의 접근이 필요했지만, 모델 내에서, 높은 수준은 낮은 수준에 대한 설명이며, 낮은 수준은 높은 수준에 대한 설명이라고 가정되었다. 또한 비슷한 반영적 관계──그것이 귀납적이든 연역적이든──가 우리가 연구하는 피조물의 삶에 존재하는 학습의 개념과 항목들 속에서 성립된다고 가정되었다.

끝으로, 이 모델은, 하향과 상향 모두에서 인접한 수준의 개념들 사이에 설명적 또는 결정적 관계가 있다고 주장된 반면에, 떨어져 있는 수준들, 예를 들면 일차원과 삼차원, 또는 제로 차원과 이차원 사이에 직접적인 설명의 관계가 있는지 여부는 분명하지 않다는 의미에서 애매한 점을 남겨두고 있다.

이러한 문제와 명제들의 지위 문제, 그리고 논리 형태의 계층 구조에 부수적인 개념들의 지위 문제는 검토되지 않고 남아 있다.

'자아' 의 사이버네틱스 : 알코올 중독 이론[193]

알코올 중독의 '논리' 는 중독을 좌절시키는 알코올 중독 방지회의 막대한 노력이 들어가는 정신적 관리 체제만큼이나 적잖이 정신의학자를 난처하게 만들어왔다. 본 논문에서 제안할 내용은 다음과 같다. (1) 사이버네틱스와 시스템 이론에서 마음, 자아, 인간 관계, 그리고 권력에 대한 새로운 이해와 관련 있는 완전히 새로운 인식론이 반드시 나와야 한다. (2) 술 취하지 않았을 때 알코올 중독자는 서양 문화의 관습적인 인식론으로 움직이지만, 시스템 이론에서는 허용되지 않는다. (3) 알코올 중독에 빠지는 것은 좀더 올바른 마음 상태를 향한 부분적이고 주관적인 지름길을 제공한다. (4) 알코올 중독 방지회의 신학은 사이버네틱스적 인식론과 밀접하게 일치한다.

---

193) 1971년에 《정신의학*Psychiatry*》 vol. 34, no. 1, 1~18쪽에 발표되었던 글이다. '윌리엄 앨런슨 화이트 정신의학 재단William Alanson White Psychiatric Foundation' 이 판권을 가진 《정신의학》의 허락을 받아 여기에 재수록했다.

이 에세이는 알코올 중독자를 다루는 정신의학자나 사이버네틱스와 시스템 이론의 함축에 대해 생각해본 철학자에게 친숙한 개념들, 어쩌면 그 모든 개념들에 기초하고 있는지 모른다. 유일하게 새로운 점은, 이 개념들을 논의의 전제로 진지하게 다루면서, 매우 동떨어진 두 분야의 사고에서 서로 공통된 개념을 모색함으로써 이끌어낸, 여기 제공된 제목을 주장할 수 있게 된 것이다.

제목의 첫 번째 개념 속에서, 이 에세이는 알코올 중독에 대한 시스템-이론적 연구가 될 계획이었으며, 나는 알코올 중독 방지회가 발간한 자료를 사용하려고 했다. 알코올 중독 방지회는 알코올 중독 치료에서 유일하게 뛰어난 성공적인 기록을 가지고 있다. 그러나, 알코올 중독 방지회의 종교적 관점과 조직 구조가 시스템 이론에 매우 흥미로운 점들을 보여주며, 나의 연구가 올바른 전망을 가지기 위해서는 알코올 중독에 관한 전제들뿐만 아니라 알코올 중독을 다루는 알코올 중독 방지회의 시스템과 전제들도 포함해야 한다는 것이 이내 분명해졌다.

내가 알코올 중독 방지회에 진 신세는 처음부터 끝까지 분명히 나타날 것이며, 나는 또한 방지회와 특히 공동 창립자인 빌 더블유Bill W와 의사 밥Bob의 탁월한 지혜에 존경을 표하고 싶다.

거기에 더하여, 나는 1949년에서 1952년까지 약 2년간 캘리포니아 팔로알토에 있는 퇴역군인병원에서 집중적으로 연구할 때 연구 대상이 되어준 몇 명의 알코올 중독자들에게도 감사를 표해야만 한다. 이 사람들은 알코올 중독으로 고통을 당하는 것 외에 다른 증세——대부분 '정신분열증' ——도 가지고 있었다는 사실을 부언해둔다. 몇 명은 알코올 중독 방지회 회원이었다. 내가 그들에게 전혀 도움이 되지 못했을까 봐 두렵다.

문제

알코올 중독의 '원인'이나 '이유'를 알려면 알코올 중독자의 술 취하지 않은 생활을 살펴보아야 한다는 것이 오히려 일반적인 생각이었다. 알코올 중독자의 술 취하지 않은 모습은 통상 '미성숙하다', '모계 쪽으로 고착되어 있다', '구강적이다', '동성연애적이다', '수동적 공격성이 있다', '성공에 대한 두려움을 갖고 있다', '과민하다', '자존심이 있다', '사근사근하다', 아니면 단순히 '나약하다'라고 이야기되었다. 하지만 이러한 믿음의 논리적 함축들은 보통 검토되지 않는다.

(1) 알코올 중독자의 술 취하지 않은 생활이 어떻게든 그를 술 마시게 하거나, 중독을 향한 첫 단계에 이르게 한다면, 술 취하지 않은 그의 독특한 스타일을 강화하는 어떠한 절차도 그의 알코올 중독을 줄여주거나 조절할 것으로 기대할 수 없다.

(2) 만약 술 취하지 않은 그의 스타일이 그를 술 마시게 만든다면, 그 스타일 속에는 결점이나 병리적인 면이 반드시 포함되어 있으며, 중독은 틀림없이 이 결점을 바로잡는——최소한 주관적으로——어떤 것을 제공한다. 다른 말로, 어떤 면에서 '잘못된' 그의 술 취하지 않은 상태와 비교하면, 그의 중독은 틀림없이 어떤 면에서 '옳은' 것이다. 취중진담(醉中眞談)이라는 옛 교훈은 통상적인 의미보다 더 심오한 진실을 내포하고 있을 것이다.

(3) 술 취하지 않았을 때 알코올 중독자는 자신의 주변 사람들보다 더 정신이 맑으며, 이런 상태는 그에게 견디기 어렵다는, 위와는 다른 가정이 제시되었다. 나는 알코올 중독자들이 이런 가능성을 지지한다는 주장을 들은 적은 있지만, 이 논문에서 그것은 무시하겠다. 나는 알코올 중독 방지회의 법적인 대표자이자 비(非) 알코올 중독자인 버나드 스미스Bernard Smith가 "〔알코올 중독 방지회〕 회원은 결코 알코올의 노예가 되지 않았다. 알코올은 단순히 개인적인 노예 상태에서 물질적 사회에 대한 그릇된 이상ideals으로의 탈출을 제공했을 뿐이다"[194] 라고 말했을 때 목표에 가까이 다가간 것으로 생각한다. 그것은 알코올 중독자를 둘러싼 비상식적인 이상에 반항하는 문제가 아니라, 주변 사회로부터 끊임없이 강화되는 자신의 비상식적인 전제들에서 벗어나는 문제다. 그럼에도 불구하고, 알코올 중독자는 어떤 면에서 보통 사람보다 자신의 비상식적인(관습적인) 전제들이 불만스러운 결과를 초래한다는 사실에 더욱더 취약하거나 민감할 가능성이 있다.

(4) 따라서 지금의 알코올 중독 이론은 술 취하지 않은 상태와 중독 상태를 정반대로 짝지어서, 중독 상태가 술 취하지 않은 상태를 개인적으로 적절히 교정하는 것으로 간주할 수 있다.

(5) 물론 마취 작용이 일상적 비애나 분개, 육체적 고통에서의 해방을 제공하기 때문에 사람들이 술에 의지하거나 심지어 만취되는 경우는 많다. 알코올의 마취 작용은 우리의 이론적 목적에 충분한 정반대의 짝짓기를 제공한다고 주장될 수 있을지 모른다. 그러나 나는 이런 경우들이 중독이나 반복적인 알코올 중독 문제와 관계없다고 간주하

194) 〔알코올 중독 방지회Alcoholics Anonymous〕, *Alcoholics Anonymous Comes of Age*(New York : Harper, 1957), 279쪽. (고딕체로 강조한 사람은 저자.)

고 특별히 고려 대상에서 제외할 것이다. 물론 알코올 중독자들이 '비애' 나 '분개' 나 '좌절' 을 핑계로 술을 마신다는 것은 부인할 수 없는 사실이다.

따라서 나는 중독과 술 취하지 않은 상태를 정반대로 짝지음으로써 단순한 마취 작용에 의해 제공되는 것보다 훨씬 더 구체적인 것을 요구할 것이다.

술 마시지 않은 상태

알코올 중독자의 친구와 친척들은 통상 그에게 '강해지고' '유혹에 넘어가지 말 것' 을 강요한다. 이 말로 그들이 무엇을 뜻하는지는 매우 분명하지 않지만, 보통 알코올 중독자 스스로——술 마시지 않았을 동안——자신의 '문제점' 에 대한 그들의 관점에 동의한다는 사실은 중요하다. 그는 '자기 영혼의 선장' [195] 이 될 수 있거나, 적어도 그렇게 되어야 한다고 믿는다. 그러나 '첫 잔의 술' 을 마신 후에 술 마시는 것을 중단할 동기가 0이 된다는 것은 알코올 중독에 대한 판에 박힌 말이다. 일반적으로 모든 문제는 '자아' 와 '술John Barleycorn' 간의 싸

---

195) 이 말은 술병과 대항하기 위해 의지력을 사용하려고 애쓰는 알코올 중독자를 조롱하려고 알코올 중독 방지회에서 사용하는 말이다. 이 말과 함께 "내 머리는 피투성이지만 굴복하지 않는다" 라는 인용문은 윌리엄 어니스트 헨리 William Ernest Henley의 〈굴하지 않는다Invictus〉라는 시에서 가져온 것이다. 그는 신체 장애자였지만 알코올 중독은 아니었다. 고통과 신체 장애를 극복하기 위해 의지를 사용하는 것이 알코올 중독자가 의지를 사용하는 것과 비교될 수는 없을 것이다.

움인 것으로 공공연히 표현된다. 알코올 중독자는 암암리에 다음번에 진탕 마실 것을 계획하거나 심지어 재고를 몰래 쌓아둘지도 모르지만, (병원과 같은 여건하에서) 술 마시지 않은 알코올 중독자로 하여금 노골적으로 다음번에 진탕 마실 계획을 세우게 하는 것은 거의 불가능하다. 겉으로 보기에, 그는 자기 영혼의 '선장'이 될 수 없으며, 노골적으로 자신을 취하게 하거나 자신에게 취할 것을 명령할 수 없다. '선장'은 단지 금주를 명령할 뿐이며——그런 다음 복종하지 않는다.

알코올 중독 방지회의 공동 창립자인 빌 더블유는 알코올 중독자였는데, 방지회의 유명한 '12단계'[196] 중 바로 첫 단계에서 이 모든 갈등

---

196) (옮긴이주) 알코올 중독 방지회는 1935년, 빌 더블유Bill W와 의사 밥Bob으로 알려져 있는 빌 윌슨Bill Wilson과 밥 스미스Bob Smith에 의해 시작되었다. 알코올 중독에서 회복되는 12단계는 빌 더블유와 초창기의 알코올 중독 방지회원이 만들고 나중에 수정했다. 익명성이라는 알코올 중독 방지회의 전통에 따라 회원은 이름의 첫 글자만을 사용한다.

　1단계 : 우리는 우리가 알코올에 무기력했다는 사실을 인정했으며, 우리의 삶은 통제 불가능했다.

　2단계 : 우리보다 더 강력한 힘이 우리를 온전한 정신으로 회복시킬 수 있음을 믿게 되었다.

　3단계 : 우리의 의지와 생명을 우리가 이해한 그대로의 신의 돌봄에 맡기기로 결심했다.

　4단계 : 우리 자신에 대한 도덕적 검토를 두려움 없이 했다.

　5단계 : 우리 잘못의 정확한 본질을 신과 우리 자신과 다른 사람에게 시인했다.

　6단계 : 신이 성격상의 이 모든 결함을 제거하는 것에 대한 준비를 완전히 했다.

　7단계 : 신에게 우리의 결점을 없애줄 것을 겸손하게 간구했다.

　8단계 : 우리가 해를 끼친 모든 사람의 명단을 만들고, 그들에게 기꺼이 모든 것을 보상할 용의를 갖게 되었다.

의 신화를 극복했다. 그 첫 단계는 자신이 술 앞에서 무기력하다는 것에 대해 알코올 중독자의 동의를 요구하는 것이다. 이 단계는 통상 '굴복'의 단계로 간주되며, 많은 알코올 중독자가 이 단계를 성취하지 못하거나, 만취 후에 수반되는 깊은 후회의 기간 동안에만 일시적으로 성취한다. 알코올 중독 방지회는 이를 가망 있는 경우로 여기지 않는다. 중독자들은 아직도 '막다른 지경에 이르지' 못했으며, 그들의 절망감은 불충분하며, 얼마 동안 잠시 술 깬 상태가 되었다가 다시 '유혹'과 싸우기 위해 '자기 조절'을 하려고 노력할 것이다. 알코올 중독자는 취했거나 깨어 있거나 간에, 알코올 중독자의 전체 성격은 도저히 알코올 중독과 싸울 수 없는 알코올 중독 성격이라는 전제를 받아들이지도, 받아들일 수도 없다. 알코올 중독 방지회의 전단지에 적혀 있듯이, "의지력을 사용하려고 노력하는 것은 당신의 구두끈으로 자신을 들어 올리려고 노력하는 것과 같다".

알코올 중독 방지회의 처음 두 단계는 다음과 같다.

1. 우리는 우리가 알코올 앞에서 무기력했다는 사실을 인정했다——우

9단계 : 어느 누구에게도 해가 되지 않는 한, 할 수 있는 데까지 그들에게 직접 보상했다.
10단계 : 인격적 검토를 계속하면서 잘못이 있을 때마다 즉석에서 잘못을 시인했다.
11단계 : 기도와 명상을 통해 우리가 이해한 그대로의 신과의 의식적인 접촉을 증진하려고 노력했으며, 우리를 위하는 그의 뜻만을 알게 할 것을, 그래서 우리에게 그것을 이행할 힘을 줄 것을 간청했다.
12단계 : 이런 단계들의 결과, 우리는 영적으로 각성되었고, 알코올 중독자들에게 이 메시지를 전하려고 노력했으며, 우리의 모든 일상에서 이 원칙을 실천하려고 노력했다.

리의 삶은 통제 불가능했다.

2. 우리보다 더 강력한 힘이 우리를 온전한 정신으로 만들 수 있다고 믿게 되었다.[197]

이 두 단계의 조합에 함축되어 있는 것은 놀라운──그리고 내가 옳다고 믿는──개념이다. 즉, 패배의 경험이 알코올 중독자에게 변화가 필요하다는 것을 확신시켜줄 뿐만 아니라, 그런 경험이 변화의 첫 단계라는 것이다. 술병에 패한다는 것과 그 사실을 안다는 것이 첫 번째 '정신적 경험' 이다. 자기-힘의 신화는 따라서 더 큰 힘의 표출에 의해 깨져버린다.

요약해서, 나는 알코올 중독자의 '술 깬 상태' 는 마음과 물질의 분리, 혹은 이 경우에는 의식적 의지나 '자아' 와 나머지 성격 사이의 분리라는, 전에 없이 비참한 데카르트René Descartes 이원론의 변형에 의해 특징지어진다고 주장할 것이다. 빌의 천재적인 성공은 첫 '단계' 를 가지고 이러한 이원론의 구조화를 허물어버린 것이었다.

철학적으로 봤을 때, 이 첫 단계는 굴복이 아니라 단지 인식의 변화이며, 세계-내-성격에 관해 어떻게 아는가에 있어서의 변화다. 그리고 주목할 것은 그 변화가 부정확한 인식론에서 좀더 정확한 인식론으로 가는 길이라는 것이다.

---

197) [Alcoholics Anonymous], *Alcoholics Anonymous*(New York : Works Publishing, 1939).

인식론과 존재론

철학자들은 두 가지 문제를 인식하고 분리했다. 거기에는 첫째로, 어떻게 사물이 존재하며, 인간이란 무엇이며, 이 세상은 어떤 종류인가라는 문제들이 있다. 이것은 존재론의 문제들이다. 둘째로, 우리가 사물을 어떻게 알며, 혹은 좀더 구체적으로 이 세상이 어떤 종류의 것인지를 우리가 어떻게 알며, 그리고 이러한 문제에 대해〔혹은 아마도 무(無)에 관해서〕 무언가를 알 수 있는 우리는 어떤 존재인가라는 문제들이 있다. 이는 인식론의 문제들이다. 철학자들은 존재론과 인식론 모두에서 이런 문제들에 관해 진정한 해답을 찾으려고 노력한다.

그러나 동물학자들은 인간 행동을 관찰하면서 좀 다른 질문을 할 것이다. 만약 그가 문화적 상대주의자라면 '진정한' 존재론이 가능하다고 보는 철학자와 의견을 같이하겠지만, 자신이 관찰하는 사람들에 관한 존재론이 '참'이냐 아니냐에 관한 질문은 하지 않을 것이다. 그는 자신들의 인식이 문화적으로 결정되거나 심지어 특유하기를 기대할 것이며, 전체로서의 문화도 자신들의 특정한 인식론과 존재론의 측면에서 의미가 있을 것으로 기대할 것이다.

반면 국부적 인식론이 잘못된 것이 분명하다면, 동물학자들은 전체로서의 문화가 전혀 아무런 '의미'가 없거나, 단지 한정된 여건에서만 의미가 있을 가능성이 있다고 경보를 발해야 될 것이다. 이런 문화가 다른 문화와 새로운 기술들과 접촉하면 와해될 것이다.

살아 있는 인간의 자연사에서 인식론과 존재론은 분리될 수 없다. 세상이 어떤 종류의 것인가에 관한 인간의 (통상 무의식적인) 믿음은 그가 세상을 어떻게 보고 세상 속에서 어떻게 행동할지를 결정해주며, 인간의 지각하고 행동하는 방식은 세상의 본질에 관한 그의 믿음을 결정해줄 것이다. 따라서 살아 있는 인간은 부분적으로 자신을 위해 자체-정당화하는―――궁극적인 참이나 거짓과는 무관한―――인식론과 존재론적 전제들의 그물에 얽매여 있다.[198]

인식론과 존재론 모두를 항상 언급한다는 것은 골치 아픈 일이며, 인간의 자연사에서 인식론과 존재론이 분리 가능하다고 말하는 것도 틀린 것이다. 이 두 개념의 조합을 다루기에 알맞은 말은 없는 것 같다. 가장 비슷한 것은 '인지 구조'나 '성격 구조'라는 말이지만, 중요한 것은 인간과 환경의 관계에 내재해 있는 일단의 습관적 가정이나 전제라는 것, 그리고 이 전제들이 참이나 거짓일 수도 있다는 것을 이 용어들이 말해주지는 못한다. 따라서 나는 인간과 물리적 환경에 적응(또는 부적응)하는 것을 좌우하는 전제의 그물에서 양쪽 측면을 모두 포함하도록 이 논문에서는 '인식론'이라는 하나의 용어만 사용하겠다. 조지 켈리George Kelly의 표현을 빌리자면, 이것은 자신의 경험을 개인적으로 '설계'하는 법칙을 의미한다.

내가 특별히 관심을 기울이는 것은 서구적 '자아' 개념이 성립되는 일군의 전제들과, 역으로 자아의 개념과 관련된 어떤 더 큰 서구적 오류들을 교정해주는 전제들이다.

---

198) J. Ruesch · G. Bateson, *Communication : The Social Matrix of Psychiatry*(New York : Norton, 1951).

사이버네틱스의 인식론

새롭고도 놀라운 점은, 우리가 현재 이런 질문들에 대한 부분적인 해답을 가지고 있다는 것이다. 지난 25년 사이에 환경이란 어떤 것이며, 유기체란 어떤 것이며, 특히 마음이란 어떤 것인지에 대한 우리의 지식에서 놀랄 만한 발전이 이루어졌다. 이런 발전은 사이버네틱스, 시스템 이론, 정보 이론, 그리고 이들과 관련된 과학 분야에서 나왔다.

이제 우리는 마음이 내재적인지 초월적인지에 관한 고대의 질문에 상당한 확신을 가지고 내재적이라고 대답할 수 있으며, 이 대답이 초월적이라는 그 어떤 대답보다 더 경제적인 설명이라는 것을 알고 있다. 그것은 적어도 오컴의 면도날에 대한 부정적 지지인 것이다.

실제적인 측면에서, 우리는 적절한 인과적 회로의 복잡성과 적절한 에너지 관계를 가지고 진행 중인 어떤 사건과 사물의 총체도 분명 정신적 특성을 보여줄 것이라고 주장할 수 있다. 그것들은 비교, 다시 말해서 차이(충격이나 힘과 같은 일상적인 물리적 '원인들'에 의해 영향받는 것 이외에도)에 반응하게 될 것이다. 그것은 '정보 처리'를 할 것이며, 항상성의 최적점을 향하거나, 어떤 변수의 극대화를 향하여 분명히 자체-교정적일 것이다.

정보의 '비트'는 차이를 생기게 하는 차이로 정의할 수 있다. 이 차이는 그것이 회로 내에서 돌아다니고 연속적 변형을 겪는다는 점에서 요소적인 개념이다.

그러나 현재의 맥락에서 가장 문제가 되는 것은, 내부적으로 상호작용하는 체계의 그 어떤 부분도 나머지나 다른 부분에 대해 일방적인 조절을 할 수 없다는 사실을 우리가 아는 것이다. 정신적 특성은 전체적인 앙상블 속에 본래 갖추어져 있거나 내재하는 것이다.

심지어 매우 단순한 자체-교정적 시스템에서도 이러한 전체적 특성은 분명히 나타난다. '조절기'를 가진 증기 기관에서, 만약 시스템의 이 부분이 일방적인 조절을 한다는 뜻으로 쓰였다면 '조절기'라는 말은 매우 잘못된 이름이다. 조절기란 원래 엔진이 실제로 움직이는 속도와 이상적인 혹은 적절한 어떤 속도 사이의 차이에 대한 변형을 받아들이는 감각 기관이나 변환기다. 이 감각 기관은 이 차이들을 어떤 원심성 메시지, 예를 들면 연료 공급이나 브레이크와 같은 것으로 변형시킨다. 다시 말해서 조절기의 행동은 시스템의 다른 부분의 행동에 의해 결정되며, 간접적으로는 이전 시점의 자기 자신의 행동에 의해 결정된다.

시스템의 전체적 및 정신적 특성은 이 마지막 사실, 즉 조절기의 행동(그뿐 아니라 인과적 회로의 모든 부분)은 부분적으로 이전에 있었던 자신의 행동에 의해 결정된다는 사실에서 가장 분명하게 드러난다.

메시지 자료(즉 연속적인 차이의 변형들)는 반드시 전체 회로를 차례로 통과해야 하며, 메시지 자료가 출발했던 곳으로 되돌아가는 데 소요되는 시간이 전체 체계의 기본적 특성이 된다. 따라서 조절기의 행동은 (또는 그 회로의 다른 어떤 부분의 행동이든) 어느 정도 자신의 바로 직전 과거뿐만 아니라, 메시지가 회로를 끝마치는 데 필요한 시간 간격 사이에서 현재보다 앞선 시점에 조절기가 했던 행동에 의해서도 결정된다. 따라서 심지어 가장 단순한 사이버네틱스 회로에도 일종의 결정력이 있는 기억이 존재한다.

시스템의 안정성(즉 시스템이 자체-교정적으로 행동할 것인지, 요동칠 것인지, 아니면 폭주할 것인지)은 회로 주위의 차이에 대한 모든 변형의 작동 결과와 이 회로에 특유한 시간 사이의 관계에 달려 있다. '조절기'는 이러한 요소들에 대해 아무런 조절도 하지 못한다. 심지어 사회 시스템에서 인간 관리자도 똑같은 한계에 의해 제한받는다. 그는 시스템에서 오는 정보에 의해 통제되며, 시스템의 시간적 특성과 자기 자신의 과거 행동의 결과에 자기 자신의 행동을 적응시켜야 한다.

따라서 어떤 부분이 전체를 일방적으로 조절할 수 있는 정신적 특성을 보여주는 시스템은 없다. 다른 말로, 시스템의 정신적 특성은 부분이 아니라 전체적으로 시스템 안에 내재한다.

이러한 결론의 의미는 우리가 '컴퓨터가 생각할 수 있는가?' 또는 '두뇌 속에 마음이 있는가?'라고 물을 때 드러난다. 그리고 두 질문에 대한 해답은 만약 질문이 컴퓨터나 두뇌 안에 간직된 몇 개의 정신적 특성 중 하나에 초점을 맞추지 않는다면 부정적일 것이다. 컴퓨터는 그것의 몇 가지 내적 변수를 보면 자체-교정적이다. 예를 들면 컴퓨터는 작동으로 생기는 온도 차이에 영향을 받는 온도계나 다른 감각 기관을 포함하고 있을 것이며, 온도 차이에 대한 감각 기관의 반응은 방열팬의 동작에 영향을 주고, 이것이 다시 온도를 교정할 것이다. 따라서 우리는 시스템이 자신의 내부 온도에 관해 정신적 특성을 보여준다고 말해도 좋다. 그러나 입력의 차이를 출력의 차이로 변형하는 컴퓨터의 주된 일이 '정신적 과정'이라고 말하는 것은 잘못이다. 컴퓨터는 그로부터 정보가 수용되고 컴퓨터가 가진 결과가 원심성 메시지로 나가는, 인간과 환경을 항상 포함하는 커다란 회로의 일부분에 불과하다. 이러한 전체 시스템이나 앙상블이 진짜 정신적 특성을 보여준다고 말할 수 있다. 그것은 시행착오에 의해 작동되며, 창조적 특성을 가진다.

마찬가지로 우리는 '마음'은 두뇌 안에서 완전히 갖추어져 있는 두뇌 회로 내에 내재한다고 말할 수 있다. 또는 마음은 두뇌 더하기 육체의 시스템 내에서 완전히 갖추어져 있는 회로 내에 내재한다고 말할 수 있다. 아니면, 끝으로, 마음은 인간 더하기 환경이라는 더 큰 시스템 내에 내재한다고 말할 수 있다.

원칙적으로 만약 우리가 어떤 생물학적 사건의 정신적 양상을 설명하거나 이해하기를 원한다면 우리는 시스템, 즉 생물학적 사건이 결정되는 닫힌 회로의 네트워크를 고려해야만 한다. 그러나 우리가 사람이나 다른 어떤 유기체의 행동을 설명하려고 할 때, 이 '시스템'은 대개 일상적인 (그리고 여러 가지의) 의미의 '자아'와 똑같은 한계를 가지지는 않을 것이다.

어떤 사람이 도끼로 나무를 쓰러뜨리고 있는 것을 생각해보자. 각각의 도끼질은 이전의 도끼질로 생긴 나무의 잘린 면의 모습에 따라 수정되고 교정된다. 이러한 자체-교정적(즉 정신적) 과정은 전체 시스템, 즉 '나무-눈-두뇌-근육-도끼-자르는 행동-나무'에 의해 일어나며, 내재적 마음의 특성을 가지는 것은 바로 이런 시스템이다.

좀더 정확히, 우리는 그 문제를 (나무에서의 차이)-(망막에서의 차이)-(두뇌에서의 차이)-(근육에서의 차이)-(도끼의 움직임에서의 차이)-(나무에서의 차이) 등으로 상세히 설명할 수 있다. 회로 주위로 전달된 것은 차이들의 변형이다. 그리고 앞에서 언급했듯이 차이를 만드는 차이는 개념이나 정보의 단위다.

그러나 보통의 서양 사람들은 나무가 쓰러지는 사건의 과정을 이런 식으로 보지 않는다. 그는 '나는 나무를 자른다'라고 말할 것이며, 그는 심지어 한정된 물체에 한정된 '목적' 행위를 수행한 한정된 매개자인 '자아'가 있다고 생각한다.

'당구공 A가 당구공 B를 쳐서 포켓으로 보냈다'라고 말하는 것도 좋고, 사람과 나무가 포함되어 있는 회로 주위에서 일어나는 모든 사건에 대해 완전한 자연과학적 설명을 제공하는 것(만약 그렇게 할 수만 있다면)도 괜찮을 것이다. 그러나 일상적인 말은 인칭 대명사를 불러냄으로써 자신의 발언 속에 마음을 포함시키고, 그런 다음 마음을 인간 속에 한정하고 나무를 구체화함으로써 심리주의와 물질주의의 혼합을 이룬다. 결국 마음 자체, 나무에 대해 행위한 도끼에 대해 '자아'가 행위했기 때문에 '자아' 역시 '사물'이어야 한다는 생각으로 구체화된다. '나는 그 당구공을 친다'와 '그 당구공이 다른 당구공을 친다' 사이의 구문론적 비교는 모두 잘못된 것이다.

만약 여러분이 누군가에게 자아의 위치와 경계에 관해 묻는다면, 이런 혼동은 즉시 드러나게 된다. 아니면 지팡이를 가진 눈먼 사람에 대해 생각해보자. 눈먼 사람의 자아는 어디서 시작되는가? 지팡이 끝에서? 지팡이 손잡이에서? 아니면 지팡이 중간쯤에서? 지팡이는 차이들이 변형되어 전달되는 통로이고, 그래서 이 통로를 절단해 한계를 긋는 것은 눈먼 사람의 움직임을 결정해주는 시스템 회로의 일부를 절단하는 것이기 때문에 이는 터무니없는 질문들이다.

마찬가지로 눈먼 사람의 감각 기관들은 그의 축색돌기axon 등과 마찬가지로 정보의 전달자 또는 통로다. 시스템 이론의 관점으로 보면, 축색돌기 내에서 이동하는 것이 '충동impulse'이라고 말하는 것은 잘못된 은유다. 이동하는 것은 차이나 차이의 변형이라고 말하는 것이 좀더 정확하다. '충동' 이라는 은유는 너무 쉽게 터무니없는 '정신 에너지' 로 구분될 자연과학의 사고방식을 암시할 뿐이며, 이런 종류의 터무니없는 것을 말하는 사람들은 무활동quiescence에 담긴 정보를 무시할 것이다. 축색돌기의 무활동은, 축색돌기의 활동이 무활동과 다른 것만큼 활동과 다르다. 따라서 활동과 무활동은 동등한 정보 가치를 가진다. 활동의 메시지는 무활동의 메시지 역시 신뢰될 수 있는 경우에만 유효한 것으로 받아들여질 수 있다.

심지어 '활동의 메시지' 나 '무활동의 메시지' 라고 말하는 것도 틀린 것이다. 정보는 차이의 변형이라는 사실을 언제나 기억해야 하며, 하나의 메시지를 '활동——무활동이 아님' 이라 하고 다른 메시지를 '무활동——활동이 아님' 이라고 부르는 것이 더 좋을 것이다.

비슷한 생각은 후회하고 있는 알코올 중독자에게도 적용된다. 그는 단순히 '술 깬 상태' 를 선택할 수 없다. 기껏해야 그는 단지 '술 깬 상태——술 취한 상태가 아님' 을 선택할 수 있을 뿐이며, 그의 세계는 언제나 두 개의 대안을 가진 양극화된 상태에 있다.

정보를 처리하거나 내가 '생각하고' '행동하고' '결정한다' 고 말하는 총체적인 자기-교정 단위는 육체 또는 일반적으로 '자아' 혹은 '의식' 이라고 불리는 것의 경계와 전혀 일치하지 않는 경계를 가진 시스템이며, 또한 중요한 것은, 사고하는 시스템과 흔히 알려진 '자아' 사이에 다양한 차이점이 있다는 것을 주목하는 것이다.

(1) 그 시스템은 '자아' 가 흔히 그렇다고 가정되는 것처럼 초월적 실체가 아니다.

(2) 개념들은 차이의 변형들이 인도되는 인과적 통로의 네트워크에 내재한다. 모든 경우에서 시스템의 '개념' 은 적어도 구조적으로 이원

적이다. 그것들은 '충동' 이 아니라 '정보' 다.

(3) 이러한 통로들의 네트워크는 의식으로 경계 지어지는 것이 아니라, 모든 무의식적 정신 작용──모든 자율적인 것과 억압된 것, 모든 신경과 호르몬──의 통로를 포함할 수 있도록 확장된다.

(4) 네트워크는 피부로 경계 지어지는 것이 아니라, 정보가 이동할 수 있는 모든 외부 통로들을 포함하고 있다. 네트워크는 그런 정보의 '대상' 에 내재해 있는 효과적인 차이들 역시 포함하고 있다. 네트워크는 원래 사물과 다른 사람들──그리고 특히 우리 자신의 행동──에 내재해 있는 차이들의 변형이 이동하는 소리와 빛의 통로도 포함하고 있다.

잘 알려진 인식론의 기본적인──내가 생각하기엔 틀린──견해들이 서로를 강화한다는 사실을 아는 것이 중요하다. 예를 들면, 잘 알려진 초월의 전제를 포기할 경우, 즉시 그것을 대체하는 것이 육체에 내재한다는 전제다. 그러나 사고하는 네트워크의 대부분은 육체 밖에 있기 때문에 이런 대안은 받아들여질 수 없다. 이른바 '정신-육체' 의 문제는 논의가 역설을 향하도록 강제한다는 측면에서 잘못 놓인 것이다. 만약 정신이 육체에 내재한다고 가정된다면, 정신은 반드시 초월적인 것이 되어야 한다. 만약 초월적이라면, 그것은 반드시 내재적인 것이 되어야 한다. 등등.[199]

이와 마찬가지로 만약 우리가 '자아' 로부터 무의식의 과정을 배제하고, 그것을 '자아-이질적ego-alien' 이라 부른다면, 무의식의 과정들은 '충동' 및 '힘' 과 같은 주관적 색채를 띠게 될 것이며, 그리고 이러

---

199) R. G. Collingwood, *The Idea of Nature*(Oxford : Oxford Univ. Press, 1945).

한 유사 역동적 속성은 무의식의 '힘'에 '저항'하려는 의식적 '자아'에까지 확대될 것이다. 그로 인해 '자아' 그 자체는 겉으로 보기에 '힘'을 조직한 것이 된다. '자아'를 의식과 동일시하는 일반적 개념은 앞서 말한 바와 같이 생각은 '힘'이라는 개념으로 나아가게 되며, 이러한 오류는 다음에 축색돌기는 '충동'을 가지고 있다고 말하는 것으로 뒷받침된다. 이런 혼란 속에서 벗어나는 길을 찾기란 그렇게 쉽지 않다.

우리는 먼저 알코올 중독자의 양극화된 구조부터 검토하면서 계속 진행할 생각이다. '나는 술병과 싸우겠다'라는 인식론적으로 불건전한 해결책에서는 무엇이 무엇에 대항하여 가상적으로 늘어서 있는가?

알코올 중독자의 '자존심'

모든 인간 존재(그리고 모든 포유동물)는 고도의 추상적 원리에 의해 인도되는데 알코올 중독자는 자신들의 감각과 행동을 지배하는 원리가 철학적이라는 것을 거의 의식하지 못하거나 깨닫지 못하고 있다는 보편적 의미에서 철학자다. 그러한 원리를 보통 잘못 부른 것이 '감정feeling'이다.[200]

이러한 잘못은 의식의 주변에 있는 모든 정신적 현상을 구체화하거나 육체에 기인하는 것으로 여기는 앵글로색슨의 인식론적 경향에서 자연스럽게 생겨난다. 그리고 이런 잘못은 분명 이 원리들의 훈련 그

---

200) G. Bateson, "A Social Scientist Views the Emotions", *Expression of the Emotions in Man*, P. Knapp (ed.) (International Univ. Press, 1963).

리고/또는 좌절이 종종 내장과 다른 신체 감각을 동반한다는 사실에 의해 뒷받침된다. 그러나 나는 파스칼이 "마음은 이성이 전혀 모르는 자신의 이성을 가지고 있다"라고 말했을 때 그가 옳았다고 생각한다.

하지만 독자들은 틀림없이 알코올 중독자가 일관성 있는 모습을 보여줄 것으로 기대하지 않을 것이다. 밑바닥에 깔려 있는 인식론이 완전히 잘못되었을 때, 그 인식론에서 파생되는 것들은 필연적으로 자기-모순이거나 극단적으로 한계 내에 제한될 것이다. 일관성 있는 중요한 정리들theorems이 모순된 일단의 공리들axioms에서 도출될 수는 없다. 그런 경우에 일관되게 만들려는 시도는 정신분석 이론과 기독교 신학의 복잡한 특징이 엄청나게 확산되는 결과를 낳거나, 현대 행동주의의 특징인 지극히 좁은 시각으로 나아간다.

따라서 나는 알코올 중독자의 특징인 '자존심'을 검토하여, 그들 행동의 이러한 원리가 서구 문명의 이상한 이원적 인식론의 특성에서 나오게 되었다는 것을 밝히려고 한다.

'자존심', '의존', '숙명론'과 같은 원리들을 기술하는 데 알맞은 방법은 그것들을 마치 재-학습의 결과인 것처럼 검토하고,[201] 학습의 어떤 맥락들이 이 원리를 당연하게 주입했는지를 묻는 것이다.

---

201) 기술의 도구로 이러한 형식적 맥락 구조를 사용하는 것은 논의된 원리가 전체적으로나 부분적으로 적절한 형식적 구조를 가진 맥락들 속에서 실제로 학습되었다는 가정을 반드시 필요로 하는 것은 아니다. 원리는 유전적으로 결정될 수도 있었을 것이며, 예증된 맥락들에 대한 형식적 묘사에 의해 가장 잘 기술된다는 결론이 여전히 나올 수도 있다. 이처럼 행동이 맥락에 순응하는 것은 정확히 행동의 원리가 유전적으로 결정되었는지 아니면 그 맥락에서 학습되었는지에 대한 결정을 어렵거나 불가능하게 한다. G. Bateson, "Social Planning and the Concept of Deutero-Learning", *Conference on Science, Philosophy and Religion, Second Symposium*(New York : Harper, 1942)을 보라.

(1) 알코올 중독 방지회가 '자존심'이라고 부르는 알코올 중독자의 삶의 원리는 과거의 성공을 둘러싸고 맥락적으로 조직되어 있지 않다. 그들은 어떤 것을 성취한 자존심이라는 의미로 그 말을 사용하지 않는다. 강조는 '내가 성공했다'가 아니라 오히려 '나는 ……을 할 수 있다'에 있다. 그것은 강박적인 도전의 수용이며, '나는 할 수 없다'라는 명제의 거부다.

(2) 알코올 중독자가 알코올 중독 때문에 고통 받기——또는 비난받기——시작한 다음부터 이 '자존심'의 원리는 '나는 술 깬 상태를 유지할 수 있다'는 전제의 이면에서 작동된다. 하지만 주목할 만한 것은 이런 위업의 성취가 그 '도전'을 파괴한다는 것이다. 알코올 중독자는 알코올 중독 방지회가 말하듯이 '자신만만한' 상태가 된다. 그는 자신의 결심을 누그러뜨리고, 술 마시는 모험을 하며, 그 다음 진탕 술 마시고 떠드는 자신을 발견한다. 술 깬 상태의 맥락 구조가 그것의 성취와 함께 변한다고 우리는 말할 수 있다. 이 시점에서 술 깬 상태는 더 이상 '자존심'에 합당한 맥락 설정이 아니다. 때로는 도전하면서 또 어떤 때에는 숙명적인 '나는 ……을 할 수 있다'를 외치는 것이 바로 술 마시는 모험인 것이다.

(3) 알코올 중독 방지회가 맥락 구조에서의 이러한 변화가 결코 일어나지 않을 것이라고 주장하는 것은 가장 잘하는 것이다. 그들은 '한 번 알코올 중독자가 되면 언제나 알코올 중독자다'라는 것을 강조하고 강조함으로써 전체 맥락을 재구성한다. 마치 융Carl Gustav Jung 학파의 분석가가 환자로 하여금 자신의 '심리적 유형'을 발견해서 그 유형의 강점과 약점과 더불어 살아가는 것을 배우게 하는 것처럼 방지회도 알코올 중독자로 하여금 알코올 중독을 자아 속에 두게 하려고 노력

한다. 반대로 알코올 중독자의 '자존심'의 맥락 구조는 알코올 중독을 자아 밖에 설정한다. '나는 술 마시는 것에 대항할 수 있다.'

(4) 알코올 중독자의 '자존심'의 도전 요소는 모험하는 것과 연결되어 있다. 그 원리는 다음과 같은 말로 표현될지 모른다. '나는 성공할 것 같지도 않고 실패는 비참할 그 무엇을 행할 수 있다.' 분명 이 원리는 결코 지속적으로 술 깬 상태를 유지시켜주지 않는다. 성공의 가능성이 보이기 시작하면, 알코올 중독자는 반드시 술 마시는 모험에 도전한다. '불운'의 요소나 실패의 '가능성'은 자아의 한계를 넘어서는 곳에 실패를 놓아둔다. '만약 실패한다면, 그것은 나의 것이 아니다.' 알코올 중독자의 '자존심'은 점진적으로 '자아'의 개념을 좁혀서, 일어나는 것을 자아의 영역 밖에 놓아둔다.

(5) 모험-내-자존심의 원리는 궁극적으로는 거의 자살하는 것과 같다. 세상이 당신 편인지를 한번 시험해보는 것은 좋지만, 입증의 절박함을 증가시키면서 그렇게 하고 또 그렇게 하는 것은 세상이 당신을 미워한다는 사실만을 입증하는 계획에 착수하는 것이다. 하지만 그래도 여전히 알코올 중독 방지회의 이야기들은 절망의 가장 밑바닥에서 자존심이 가끔 자살을 막아준다는 것을 되풀이해서 보여주고 있다. 최후의 일격은 결코 '자아'에 의해 나오지 않는다.[202]

자존심과 대칭

이른바 알코올 중독자의 자존심은 항상 실제적 혹은 허구적 '상대'

---

202) 앞에서 인용한 알코올 중독 방지회의 책 중에서 빌의 이야기를 보라.

를 가정하며, 따라서 중독자의 자존심에 대한 완전한 맥락의 정의는 이 '상대'와의 실제적 또는 상상적 관계에 대한 묘사를 필요로 한다. 이러한 과제의 첫 단계는 관계를 '대칭'이나 '보완'으로 분류하는 것이다.[203] '상대'가 무의식의 소산일 때 이렇게 분류하는 것이 전적으로 단순한 일은 아니지만, 그와 같은 분류를 위한 징후들이 명백하다는 것을 우리는 보게 될 것이다.

그러나 주제에서 벗어나는 설명이 필요하다. 일차적 기준은 간단하다.

만약 이원적 관계에서 A와 B의 행동이 (A와 B에 의해) 유사한 것으로 여겨지고, 이들 행동이 연결되어 있어서 주어진 행동을 A가 더 크게 행동하는 것이 B가 더욱 크게 행동하도록 자극하고, 그 역도 마찬가지라면, 이 행동들에서의 관계는 '대칭적'이다.

만약 반대로 A와 B의 행동이 다르지만 서로 함께 어울리고(예컨대 관망이 과시와 어울리는 것처럼), 이들 행동이 연결되어 있어서 A의 더 큰 행동이 B의 어울리는 행동을 더 크게 하도록 자극한다면, 이 행동들에서의 관계는 '보완적'이다.

단순한 대칭 관계의 흔한 예는 군비 경쟁, 남들 하는 것 따라 하기, 운동 경기의 경쟁, 복싱 시합 같은 것이다. 보완 관계의 흔한 예는 지배-복종, 사디즘-마조히즘, 양육-의존, 관망-과시 같은 것이다.

더 높은 논리 형태가 있을 때는 훨씬 복잡한 고려의 대상이 발생한다. 예를 들면, A와 B가 선물-주기 경쟁을 해서 더 큰 대칭적 틀이 원래의 보완적 관계 위에 놓일 수도 있다. 아니면 반대로 치료사가 어떤

---

203) G. Bateson, 《네이븐》.

종류의 놀이 치료에서 원래 대칭적인 게임의 교류 주위에 보완적인 양육의 틀을 놓음으로써 환자와의 경쟁에 참여할 수도 있다.

　A와 B가 자신들의 관계에 대한 전제들을 서로 다른 말로 이해할 때 여러 종류의 '이중 구속'이 생긴다──B가 A를 돕고 있다고 생각할 때 A는 B의 행동을 경쟁으로 간주할 수도 있다.

　우리가 여기서 관심을 기울이는 것은 이렇게 복잡한 것이 아니다. 왜냐하면, 내가 믿기로는 가상의 '상대'나 알코올 중독자의 '자존심'에 대응하는 것은 정신분열중 환자의 '목소리'에 특유한 그런 복잡한 게임을 하지 않기 때문이다.

　보완과 대칭 관계들은 모두 내가 '분열 발생schismogenesis'[204]이라고 부른 종류의 점진적 변화를 하기 쉽다. 대칭적인 노력과 군비 경쟁은 현대적 표현으로, '단계적으로 확대될' 수도 있으며, 부모와 자식 간의 정상적인 지배-의존의 패턴은 소름끼치는 것이 될 수도 있다. 이러한 병적인 발전 가능성은 감쇠되지 않거나 교정되지 않은 시스템의 양성 되먹임 때문이며, 앞에서 말한 것처럼 보완적 또는 대칭적 시스템에서 일어날 수 있다. 그렇지만 혼합된 시스템에서 분열 발생 현상은 필연적으로 줄어든다. 두 국가 간의 군비 경쟁은 그들 사이에 지배, 의존, 존경 등과 같은 보완적 테마를 수용함으로써 완화될 것이다. 이런 테마들을 거부함으로써 군비 경쟁은 가속화될 것이다.

　보완과 대칭적 테마들 사이의 이러한 대조적 관계는 의심할 바 없이 서로가 상대에게 논리적으로 반대되는 사실에서 비롯된다. 오직 대칭적인 군비 경쟁에서, 국가 A는 B의 힘이 더 크다는 판단에 의해 더 많

---

204) G. Bateson, 《네이븐》.

은 노력을 하려는 동기 유발이 된다. B가 더 약하다고 판단될 때, 국가 A는 자신의 노력을 줄일 것이다. 그러나 A의 관계 구축이 보완적인 경우에는 정반대되는 일이 일어날 것이다. B가 자신들보다 더 약하다는 것을 보고, A는 정복에 대한 기대로 더욱 노력할 것이다.[205]

보완적 패턴들과 대칭적 패턴들 사이의 이러한 대조는 단순한 논리 그 이상일지도 모른다. 특히 정신분석 이론[206]에서 '리비도적' 이라고 불리는 패턴들과 성감대의 양상들은 모두 **보완적**이다. 침입, 포함, 제외, 수용, 보존 등과 같은 것은 모두 '리비도적' 인 것으로 분류된다. 반면에 대립, 경쟁과 같은 것은 '자아ego' 와 '방어defense' 의 항목에 들어간다.

또한 대조적인 두 코드——대칭과 보완——는 중추신경계의 대비되는 상태에 의해 생리학적으로 표현될 수도 있다. 분열 발생의 점진적 변화는 절정의 불연속과 갑작스러운 역전에 이를 수도 있다. 대칭적인 격정이 갑작스럽게 비애로 바뀔 수도 있으며, 다리 사이로 꼬리를 내리고 퇴각하던 동물이 갑자기 필사적으로 대칭적인 싸움을 할 수도 있다. 불량배가 도전을 받으면 갑자기 비겁자가 되기도 하며, 대칭적인 갈등 속에서 두들겨 맞던 늑대가 더 이상의 공격을 막기 위해 갑자기 '굴복' 의 신호를 보낼 수도 있다.

마지막 예는 특히 흥미롭다. 만약 늑대들 사이의 싸움이 대칭적이

205) G. Bateson, "The Pattern of an Armanents Race—Part I : An Anthropological Approach", *Bulletin of Atomic Scientists*(1946), 2(5) : 10~11쪽 ; L. F. Richardson, "Generalized Foreign Politics", *British Journal of Psychology*, Monograph Supplements(1939).
206) E. H. Erikson, "Configurations in Play—Clinical Notes", *Psychoanalytic Quarterly*(1937), 6 : 139~214쪽.

라면——즉 A라는 늑대가 B라는 늑대의 공격적인 행동으로 인해 더 공격적인 행동을 하도록 자극받는다면——, 게다가 B라는 늑대가 '부정적 공격성negative aggression'이라 할 수도 있는 것을 갑자기 내 보인다면, A는 B의 나약함이 자신의 공격을 위한 자극이 되는 보완적 상태의 마음으로 재빨리 전환하지 않는 한 계속해서 싸울 수는 없을 것이다. 대칭과 보완적 양상의 가설 내에 굴복 신호의 특별한 '방지' 효과를 가정할 필요는 없다.

언어를 가진 인간은 '공격'이라는 용어를 상대를 손상시키려는 모든 시도——그 시도가 상대의 강함에 기인했든 약함에 기인했든 상관없이——에 적용할 수 있다. 그러나 언어를 가지지 않은 포유동물의 수준에서 이 두 가지 '공격'은 틀림없이 전혀 다르게 나타난다. 우리는 사자의 입장에서 얼룩말을 '공격'하는 것과 다른 사자를 '공격'하는 것은 전혀 다른 것이라고 말하게 된다.[207]

이제 충분히 이야기되었으므로 다음과 같은 질문을 제기할 수 있다. 알코올 중독자의 자존심은 맥락 구조 면에서 대칭적 형태인가 아니면 보완적 형태인가?

우선, 보통 서구 문화의 음주 습관에는 상당히 강한 대칭적 경향이 있다. 알코올 중독과는 거리가 먼 두 사람이 함께 술을 마시는 것은 서로 경쟁하는 관습에 의해 마시기 위한 마시기에 휘말린다. 이 단계에서 '상대'는 여전히 실재하며 두 사람 사이의 대칭이나 경쟁은 친선 경기가 된다.

알코올 중독자가 중독되고 술 마시기에 저항하려고 노력하는 것처

---

207) K. Z. Lorenz, *On Aggression* (New York : Harcourt, Brace & World, 1966).

럼, 그는 자신들의 술 마시기에서 친구와 시합해야 하는 사회적 맥락에 저항하기가 어렵다는 것을 발견하기 시작한다. 알코올 중독 방지회는 "하늘도 알다시피, 우리는 매우 열심히 노력했으며, 오랫동안 다른 사람처럼 술 마셨다!"라고 말한다.

사태가 나빠지면서, 알코올 중독자는 혼자 술 마시는 사람이 될 가능성이 있으며, 도전에 대하여 전체적으로 광범위한 반응을 보인다. 아내와 친구들은 그의 술 마시기가 나약함이라고 생각하기 시작하고, 그는 그들에게 화를 냄과 동시에 자신의 힘은 술병에 대항할 수 있다고 주장하면서 대칭적으로 반응할 것이다. 그러나 대칭적 반응의 특징이 그렇듯이, 잠깐 동안의 성공적인 싸움은 그의 동기를 약화시키고, 그는 다시 술을 마시게 된다. 대칭적 노력은 반대자로부터의 지속적인 반대를 필요로 한다.

싸움의 초점은 서서히 변하며, 알코올 중독자는 새롭고 더 치명적인 대칭적 갈등에 빠져버린 자신을 발견하게 된다. 이제 그는 술병이 자신을 죽일 수 없다는 것을 증명해야 한다. 그의 '머리는 피투성이지만 굴복하지 않는다'. 그는 여전히 '자기 영혼의 선장'이다──그 나름대로.

그동안 그의 아내와 상관과 친구들과의 관계는 악화되어간다. 그는 권한을 가진 자기 상관의 보완적 지위를 결코 좋아하지 않았으며, 이제 그의 아내는 자신이 악화시킨 만큼 더욱더 보완적 역할을 취하지 않을 수 없게 된다. 그의 아내는 권위를 발휘하려고 노력하거나, 방어적이 되거나, 인내심을 보일지는 모르지만, 이 모든 것은 분노나 수치심을 조장할 뿐이다. 그의 대칭적 '자존심'이 참아낼 수 있는 보완적 역할은 전혀 없다.

요약하면, 알코올 중독자와 그의 실재 혹은 허구적 '상대'와의 관계는 분명 대칭적이면서 분열 발생적이다. 그것은 단계적으로 확대된다. 알코올 중독 방지회에 의해 구제되었을 때 알코올 중독자의 종교적 변화는, 이러한 대칭적 습관이나 인식으로부터 타인과 우주 또는 신에 대한 그의 관계가 거의 완전히 보완적인 관점으로의 극적인 전환으로 기술될 수 있음을 우리는 본다.

자존심 혹은 전도된 증거?

알코올 중독자들이 고집쟁이처럼 보일지는 모르지만 어리석지는 않다. 그들의 행동이 결정되는 마음의 부분은 '어리석음'이라는 말이 해당되기에는 분명 너무 깊이 위치하고 있다. 이러한 마음의 수준은 언어 이전의 수준이며, 그곳에서 하는 계산은 일차적 과정에서 코드화된다.

꿈이나 포유동물의 상호작용 모두에서, 자기 부정을 간직한 명제('나는 너를 깨물지 않을 것이다' 또는 '나는 그를 두려워하지 않는다')를 달성하는 유일한 방법은 귀류법으로 인도해서 명제에서 나온 공들인 상상이나 행동이 부정되게 하는 것이다. '나는 너를 깨물지 않을 것이다'는 가끔 '놀이'로 불리는, '전투가 아닌' 실험적 전투에 의해 두 포유동물 사이에서 이루어진다. '호전적인' 행위가 통상 우호적인 인사로 발전하는 것은 바로 이런 이유에서다.[208]

---

208) G. Bateson, "Metalogue : What Is an Instinct?", *Approaches to Animal Communication*, T. Sebeok (ed.) (The Hague : Mouton, 1969).

이런 의미에서, 이른바 알코올 중독자의 자존심은 어느 정도 아이러니다. 그것은 '자기-통제self-control'가 헛되고 불합리하다는 것을 증명하려는, 감춰져 있지만 말할 수 없는 목적을 가지고 '자기-통제'와 같은 것을 시험해보려는 단호한 노력이다. '그것은 결코 작용하지 않을 것이다.' 이러한 궁극적 명제는 단순 부정을 가지고 있어서, 일차적 과정으로 표현되지 않는다. 그것의 최종적 표현은 행동으로 술 마시는 것이다. 허구적 상대인 술병과의 영웅적 전투는 결국 '키스하고 친구가 되는 것'으로 끝난다.

　이러한 가설 앞에는 자기-통제의 시험은 다시 술 마시게 한다는 명백한 사실이 존재한다. 그리고 앞에서 내가 주장했듯이 친구가 알코올 중독자에게 강요하는 자기-통제의 전반적 인식론은 끔찍한 것이다. 만약 이것이 사실이라면, 알코올 중독자는 그것을 거부하는 것이 옳다. 그는 전통적인 인식론의 귀류법을 달성한 것이다.

　그러나 귀류법을 달성하는 것에 대한 이러한 묘사는 거의 목적론과 같다. 만약 '그것은 작용하지 않을 것이다'라는 명제가 일차적 과정의 코드화에 받아들여질 수 없다면, 일차적 과정의 계산은 어떻게 유기체가 '그것은 작용하지 않을 것이다'를 입증할 행위의 과정을 시도하도록 명령할 수 있는가?

　이러한 일반적 형태에 관한 문제들은 정신의학계에서 흔하며, 어떤 여건하에서 그 유기체의 불편함은 불편하기 이전의 행동을 증가시키는 양성 되먹임 고리를 활성화하는 모델에 의해서만 해결될 수 있을지도 모른다. 그런 양성 되먹임은 실제로 특정한 행동이 불편함을 생기게 했으며, 변화가 가능해질 역치의 어느 수준까지 불편함을 증가시킬 수도 있다는 증거를 제공할 것이다.

정신 요법에서 그런 양성 되먹임 고리는 일반적으로 증상을 드러내도록 환자를 밀어붙이는——'치료적 이중 구속'이라 불리는 기술——치료사에 의해 제공된다. 이런 기술의 사례로서 이 논문의 후미에, 알코올 중독 방지회 회원이 중독자로 하여금 자신을 통제할 수 없다는 사실을 발견하게 할 목적으로 가서 '절제된 음주'를 해볼 것을 알코올 중독자에게 권하는 경우가 언급되어 있다.

또한 보통 정신분열증 환자의 증상들과 환각들은——마치 꿈처럼——교정적인 경험을 구성하며, 따라서 정신분열증의 전반적인 에피소드는 자기-주도self-initiation의 성격을 가진다. 바바라 오브라이언 Barbara O' Brien의 자기 정신병에 대한 이야기[209]가 아마도 이러한 현상에서 가장 놀랄 만한 사례일 것이다. 이는 다른 곳에서 논한 적이 있다.[210]

어떤 역치(죽음의 다른 측면이 될)에 도달할 때까지 불편함을 증가시키는 방향으로 폭주하는 원인이 될 그런 양성 되먹임 고리의 존재 가능성은 통상적인 학습 이론에는 포함되지 않음을 우리는 알게 될 것이다. 그러나 그런 반복되는 경험을 추구함으로써 불쾌함을 입증하려는 경향은 인간에게 흔히 있는 특성이다. 그것은 어쩌면 프로이트가 '죽음의 본능'이라 부른 것일지 모른다.

---

209) B. O' Brien, *Operators and Things : The Inner Life of a Schizophrenic*(Cambridge, Mass. : Arlington Books, 1958).
210) G. Bateson (ed.), *Perceval's Narrative*(Stanford, Calif. : Stanford Univ. Press, 1961), Introduction.

술 취한 상태

앞에서 언급된 대칭적 자존심에 대한 따분한 이야기는 절반의 묘사
에 불과하다. 그것은 알코올 중독자가 술병과 싸우는 마음의 상태에
대한 묘사다. 분명 이러한 상태는 매우 불쾌하며 비현실적인 것이다.
중독자의 '상대들' 은 완전히 상상이거나, 그가 의존했던 사람과 그가
사랑하는 사람에 대한 심한 왜곡이다. 그는 이런 불편한 상태에 대한
대안을 가지고 있다——그는 술 마실 수 있다. 아니면 '적어도' 술을
마시는 것이다.

알코올 중독자가 종종 화풀이 행위로 여길 이러한 보완적 굴복——
대칭적 싸움에서의 파르티안 다트Parthian dart[211]——과 함께 그의 전
반적 인식은 변한다. 그의 불안과 분노와 공포는 마술처럼 사라진다.
그의 자기-통제는 줄어들지만, 자신과 타인을 비교할 필요성은 더욱
감소된다. 그는 자신의 정맥 속에서 알코올의 생리적 온기를 느끼며,
많은 경우에 다른 사람을 향한 심리적 온기도 수반되는 것을 느낀다.
그는 감상적이 되거나 화를 낼지도 모르지만, 어떻든 그는 다시 인간
적인 상황의 일부가 된다.

술 깬 상태에서 중독으로 가는 단계 역시 대칭적인 도전에서 보완적
인 것으로 가는 단계라는 주제와 관계있다는 직접적인 데이터는 드물
며, 이 가설은 회상의 왜곡과 알코올의 복잡한 독성 모두에 의해 항상
불명확해진다. 그러나 노래나 이야기에서 그 단계가 이러한 종류라는

---

211) (옮긴이주) 파르티아의 기병은 후퇴할 때 뒤돌아보며 화살을 쏘았다는 고사에
　　서 (퇴각할 때 쏘는) 마지막 화살, 또는 자리를 떠나면서 내뱉는 독설을 의미한
　　다.

강력한 증거가 있다. 의식(儀式)에서 술을 함께 나누는 것은 언제나 사람들의 사회적인 모임에서 종교적인 '영적 교감'이나 세속적인 우정을 의미했다. 글자 그대로, 술은 아마도 개인으로 하여금 자신을 집단의 일부로 여기고 행동하게 하는 듯하다. 즉 술은 개인을 둘러싼 관계에서 상보성을 가능하게 한다.

막다른 상황

알코올 중독 방지회는 이 현상을 대단히 중시하며, 아직 막다른 상황에 이르지 않은 중독자는 도와줄 가망이 별로 없는 것으로 간주한다. 반대로 그들은 알코올 중독으로 되돌아가는 사람은 아직 '막다른 상황'에 이르지 못했다고 말함으로써 자신들의 실패를 변명한다.

분명히 많은 종류의 실패들이 알코올 중독자가 막다른 상황에 이르는 원인일지 모른다. 여러 가지 사고, 진전 섬망delirium tremens,[212] 기억에 없는 술 취한 시간의 파편, 아내의 거절, 실업, 절망적 진단 등――이들 중 어느 것이든 상당한 결과를 초래한다. 알코올 중독 방지회는 '막다른 상황'은 사람마다 다르며, 어떤 사람은 막다른 상황에

---

212) (옮긴이주) 금단 상태의 합병증으로 섬망이 있는 상태를 섬망을 동반한 금단 상태withdrawal state with delirium라고 지칭한다. 진전 섬망이 여기에 해당된다. 진전 섬망은 짧게 지속되지만 때로는 생명을 위협하는 의학적 응급 상황이며, 신체적 장애를 동반하는 독성 혼동 상태다. 전통적으로 다음 세 가지 특징적인 증상을 보인다. 의식 혼탁 및 혼동, 여러 형태의 지각 장애로 나타나는 생생한 환각이나 착각, 그리고 조잡하고 불규칙한 진전이다. 그 밖에 망상, 초조, 불면 또는 수면 주기 반전과 자율신경계 항진 증상 등이 있다.

이르기 전에 죽을 수도 있다고 말한다.[213]

그러나 어떤 사람은 '막다른 상황'을 여러 번 경험할 수도 있다. '막다른 상황'이란 변화를 위한 좋은 기회를 제공하는 공포를 의미하지만, 그 기회에서 변화가 필연적인 것은 아니다. 친구, 친척, 그리고 심지어는 치료사가 약이나 안심시키는 말로 알코올 중독자를 공포에서 구해낼 것이며, 그래서 그는 '회복'하여 자신의 '자존심'을 되찾고, 알코올 중독이 된다――그는 얼마 뒤 더욱 비참한 '막다른 상황'에 이르게 되며, 그때 다시 변화할 기회가 무르익을 것이다. 그와 같은 공포의 순간들 사이의 시간 동안에 알코올 중독자를 변화시키려는 시도가 성공할 것 같지는 않다.

이러한 공포의 성격은 다음과 같은 '시험'의 기술에 잘 나타나 있다.

우리는 어떤 개인이 알코올 중독자라고 단언하기를 좋아하지는 않지만, 여러분은 즉각적으로 자신을 진단할 수가 있습니다. 가장 가까운 술집에 들러 어느 정도 통제된 음주를 해보십시오. 술 마신 다음 갑자기 중단해보십시오. 그것을 한 번 이상 해보십시오. 당신이 그것에 관해 정직했는지 여부를 결정하는 데 오랜 시간이 걸리지 않을 것입니다. 만약 여러분이 자신의 상태에 대한 충분한 지식을 얻는다면, 이런 신경질 나는 나쁜 경험도 가치 있을지 모릅니다.[214]

위에 인용한 시험과 미끄러운 길에서 운전하는 운전자에게 갑자기 브레이크를 걸라고 명령하는 것을 비교해볼 수 있다. 그는 자신의 조

---

213) 한 회원과의 사적 대화.
214) 앞에 인용한 알코올 중독 방지회의 책, 43쪽.

절에 한계가 있다는 것을 즉시 깨닫게 될 것이다. (시내의 알코올 중독자 구역을 위한 '우범 지대'라는 은유는 적절치 않다.)

막다른 상황에 이른 알코올 중독자의 공포는, 자신이 차를 조종할 수 있다고 생각했지만 자신과 함께 차가 질주해버리는 것을 갑자기 깨닫게 된 사람의 공포와 같다. 정지할 것으로 생각하고 갑작스럽게 브레이크를 밟은 것이 오히려 차를 더 빨리 가게 만든 것이다. 그것은 자신보다 더 큰 것(시스템, 자신 더하기 자동차)을 발견하는 공포다.

여기 제시된 이론적 관점에서 볼 때 막다른 상황은 세 가지 수준에서 시스템 이론을 예증한다.

(1) 알코올 중독자는 자신이 '자기-통제'의 인식론을 파산시킨 역치의 지점에 이를 때까지 술 깬 상태를 계속해서 불편해한다. 따라서 그는 술 취하게 되고——자기보다 '시스템'이 더 크기 때문에——, 게다가 그 시스템에 굴복한다.

(2) 그는 여전히 더 큰 시스템이 있다는 것을 증명할 때까지 반복해서 술을 마신다. 따라서 그는 '막다른 상황'의 공포를 직면하게 된다.

(3) 만약 친구와 의사가 그를 안심시키면, 그는 이 시스템이 작용하지 않을 것임을 자신이 증명할 때까지 더욱 불안정한 적응을 하게 되며——그들의 도움에 중독되기 시작한다——, 약간 낮은 수준에서 다시 '막다른 상황'에 이른다. 모든 사이버네틱스 시스템처럼, 여기에서도 시스템에 강요되는 어떤 것의 효과에 대한 신호(플러스 혹은 마이너스)는 타이밍에 달려 있다.

(4) 마지막으로, 막다른 상황의 현상은 이중 구속 경험과 복잡하게 관련되어 있다.[215] 빌 더블유는 1939년 윌리엄 실크워드William D. Silkworth 박사에게 절망적인 알코올 중독자라는 진단을 받았을 때 막

다른 상황에 이르렀으며, 이 사건이 알코올 중독 방지회 역사의 출발점으로 간주되고 있다.[216] 실크워드 박사는 또한 "끈질긴 알코올 중독자의 자아를 결판내는 도구를 우리에게 제공했으며, 그 도구들은 우리를 술 마시게 하는 마음의 강박관념과 우리에게 미치거나 죽음을 선고하는 육체의 알레르기"라고 우리의 질병을 묘사한, 산산히 부수는 말이다.[217] 이것은 알코올 중독자의 마음과 육체의 이원적 인식론에서 올바르게 발견된 이중 구속이다. 알코올 중독자는 이 말들에 의해, 깊은 무의식의 인식론에서의 비자의적인 변화만이 치명적인 묘사를 무의미하게 만드는 그런 지점까지 거슬러 가도록 강제되었다.

알코올 중독 방지회의 신학

알코올 중독 방지회의 신학에서 몇 가지 눈에 띄는 점들은 다음과 같다.

(1) 자아보다 더 위대한 힘이 있다. 사이버네틱스는 얼마간 더 나아가, 일반적으로 이해하는 '자아'를 생각하고 행동하고 결정하는 더 큰 시행착오 시스템의 조그만 일부에 불과한 것으로 인식한다. 이 시스템은 주어진 어떤 시간에 주어진 어떤 결정과 관련된 모든 정보의 통로를 포함하고 있다. '자아'란 이처럼 서로 맞물려 있는 과정들의 보다

---

215) G. Bateson, et al., "Toward a Theory of Schizophrenia", *Behavioral Science* (1956), 1 : 251~264쪽.

216) *Alcoholics Anonymous Comes of Age*, vii쪽.

217) 같은 책, 13쪽. (고딕체로 강조된 부분은 원문 그대로다.)

큰 영역이 부적절하게 제한된 부분에서 잘못 구체화된 것이다. 또한 사이버네틱스는 둘 혹은 그 이상의 사람들——사람들의 어떤 집단——이 함께 그렇게 사고하고-행동하는 시스템을 형성할 수 있음을 인정한다.

(2) 이 힘은 개인적인 것으로 느껴지며, 각 개인과 친밀하게 연결되어 있다. 그것은 '당신이 이해한 그대로의 신' 이다.

사이버네틱스적으로 말하면, 다른 사물들과 사람들을 포함하는 내 주위의 어떤 더 큰 시스템과 '나' 와의 관계는 여러분 주위의 어떤 비슷한 시스템과 '여러분' 과의 관계와 다를 것이다. '~의 부분' 의 관계는 틀림없이 필연적으로 그리고 논리적으로 언제나 보완적이지만, '~의 부분' 의 의미는 모든 사람에게서 다를 것이다.[218] 이런 차이는 한 사람 이상을 가진 시스템에서는 특히 중요하다. 그 시스템이나 '힘' 은 각각의 사람이 위치하는 곳으로부터 필연적으로 다르게 나타나야만 한다. 더구나 이와 같은 시스템들은 서로 마주칠 때, 이런 의미에서 서로를 시스템으로 인정할 것이라고 예상할 수 있다. 내가 산책하고 있는 숲의 '아름다움' 은 시스템으로서의 개별적인 나무의 아름다움과 숲의 전체 생태계의 아름다움 모두에 대한 나의 인식이다. 그와 비슷한 심미적 인식은 내가 다른 사람과 이야기할 때 더욱더 두드러진다.

(3) 이 힘과의 알맞은 관계는 '막다른 상황' 과 '굴복' 을 통해서 발견된다.

(4) 이런 힘에 저항함으로써, 남자들과 특히 알코올 중독자들은 자

---

218) 통합의 스타일들에 있어서 이런 상이함이 다른 사람들은 중독되지 않는 반면에 어떤 사람들은 알코올 중독이 되는 사실을 설명해줄 것이다.

신에게 비극을 초래한다. 자신의 환경과 싸우게 되는 것으로 '인간' 을 이해하는 유물론적 철학은 기술적 인간이 가장 큰 시스템에 점점 더 대항할 수 있게 됨에 따라 급속히 붕괴된다. 인간이 승리하는 모든 전투는 비극의 위협을 초래한다. 생존의 단위―― 윤리나 진화에서―― 는 유기체나 종이 아니라, 피조물이 그 안에서 살고 있는 가장 큰 시스템 또는 '힘' 이다. 만약 피조물이 자신의 환경을 파괴한다면, 그것은 자신을 파괴하는 것이다.

(5) 그러나――그리고 이것은 중요하다――그 힘은 보상과 처벌을 내리지 않는다. 그것은 그런 의미의 '힘' 을 가지고 있지 않다. 성경 구절을 인용한다면, "하느님을 사랑하는 사람들에게는 모든 일이 서로 작용해서 좋은 결과를 이룬다".[219] 그리고 사랑하지 않는 사람들에게는 그 반대이기도 하다. 일방적인 통제라는 의미에서의 힘의 개념은 알코올 중독 방지회와 맞지 않다. 그들의 조직은 엄격히 '민주적' (그들의 말)이며, 심지어 그들의 신은 우리가 시스템 결정론이라 부를 수 있는 것에 여전히 묶여 있다. 동일한 한계가 방지회 후원자와 후원자가 돕기 원하는 술 취한 사람 사이의 관계와, 알코올 중독 방지회 중앙회와 모든 지부 사이의 관계에 모두 적용된다.

(6) 알코올 중독 방지회의 처음 두 '단계' 는 모두 중독을 이 힘의 발로로 인식하고 있다.

(7) 각 개인과 이 힘의 건강한 관계는 보완적이다. 그것은 가상적 '상대' 와의 대칭적 관계에 기초한 알코올 중독자의 '자존심' 과 정확히 대조적이다. 분열 발생은 그런 관계에 참여하는 자보다 항상 더 강

---

219) (옮긴이주) 〈로마서〉 8장 28절.

력하다.

(8) 그 힘과 각 개인의 관계에 나타나는 특질과 내용은 알코올 중독 방지회의 사회적 구조 속에 나타나거나 반영되어 있다. 이 시스템의 세속적 측면——방지회의 관리 방식——은 '12단계'를 보완하는 '12 전통'[220] 속에 정확하게 서술되어 있다. 이 '12단계'는 인간과 그 힘의

---

220) *Alcoholics Anonymous Comes of Age.*

(옮긴이주) 12전통은 알코올 중독 방지회와 구성원들, 다른 집단, 더 큰 사회 와의 적절한 관계를 규정하고 있다.

1. 우리의 공동 복리가 무엇보다 우선시되어야 한다. 개인의 회복은 알코올 중 독 방지회의 공동 유대에 달려 있다.

2. 우리 그룹의 목적을 위한 궁극적인 권위는 하나다——이는 우리 그룹의 양 심 안에 당신 자신을 드러내는 사랑 많은 신이다——우리의 지도자는 신뢰 받는 봉사자일 뿐이며 다스리는 사람이 아니다.

3. 술을 끊겠다는 열망이 알코올 중독 방지회의 구성원이 되는 유일한 조건이 다.

4. 각 그룹은 다른 그룹이나 알코올 중독 방지회 전체에 영향을 주는 문제를 제외하고는 반드시 자율적이어야 한다.

5. 각 그룹의 유일한 근본 목적은 아직 고통 받고 있는 알코올 중독자들에게 메시지를 전하는 것이다.

6. 알코올 중독 방지회 그룹은 관계 기관이나 외부의 기업에 보증을 서거나 융 자를 해주거나 알코올 중독 방지회의 이름을 빌려주는 일 등을 일체 하면 안 된다. 돈이나 재산, 명성의 문제는 근본 목적에서 우리를 벗어나게 할 우 려가 있기 때문이다.

7. 모든 알코올 중독 방지회 그룹은 외부의 기부금을 사절하며, 전적으로 자립 해나가야 한다.

8. 알코올 중독 방지회는 항상 비직업적이어야 한다. 하지만 서비스센터에는 전임 직원을 둘 수 있다.

9. 알코올 중독 방지회는 결코 조직화되면 안 된다. 하지만 봉사부나 위원회를 만들 수는 있으며, 그들은 봉사 대상자들에 대해 직접적인 책임을 갖는다.

10. 알코올 중독 방지회는 외부의 문제에 대해 어떤 의견도 가지지 않는다. 그 러므로 알코올 중독 방지회의 이름이 공론에 거론되어서는 안 된다.

11. 알코올 중독 방지회의 홍보 원칙은 적극적인 선전보다 알코올 중독 방지

관계를 발전시킨다. 두 문서는 열두 번째 단계에서 겹치며, 열두 번째 단계는 회원이 재발하지 않는 데 필요한 정신적 수련으로 다른 알코올 중독자를 도우라고 명한다. 그 전체 시스템은 인간과 그의 지역 사회의 관계가 인간과 신의 관계와 유사하다는 의미에서, 뒤르켐Émile Durkheim 학파의 종교다. "알코올 중독 방지회는 우리 중 그 누구보다 더 위대한 힘이다."[221]

요약하면 각 개인과 그 '힘'의 관계는 '~의 일부다'라는 말에 가장 잘 정의되어 있다.

(9) 익명anonymity. 알코올 중독 방지회의 생각과 신학에서는 익명이 단순히 신분 노출과 수치심으로부터 회원을 보호하려는 것보다 훨씬 더 많은 의미를 함축하고 있다는 것이 반드시 이해되어야 한다. 전반적으로 조직의 명성과 성공이 커지면서, 회원들은 자신들의 회원 자격을 공적 관계, 정치, 교육 및 다른 많은 분야에서 긍정적 자산으로 이용하고 싶은 유혹을 느끼게 되었다. 조직의 공동 창립자인 빌 더블유 자신도 초창기에 이런 유혹에 사로잡혔고, 그 문제를 출판된 논문에서 논했었다.[222] 그는 우선, 어떤 것이든 세상의 주목을 움켜쥐는 것은 그런 이기주의를 가질 여유가 없는 회원에게 개인적 및 정신적인 위험이 되며, 나아가 이것은 정치, 종교적 논쟁 및 사회 개혁에 연관되면 전반적인 조직에 치명적인 영향을 끼칠 것이라고 본다. 그는 알코

_____

회의 본래 매력에 기초를 둔다. 따라서 대중 매체에서 익명을 지켜야 한다.
12. 익명은 우리 전통의 정신적 기반이며, 언제나 개성보다 원칙을 앞세울 것을 우리에게 상기시킨다.
221) 같은 책, 288쪽.
222) 같은 책, 286~294쪽.

올 중독자의 잘못은 '오늘날 세상을 조각조각 찢어버리는 힘' 과 같지만, 세상을 구하는 것은 방지회가 할 일이 아니라고 분명히 밝히고 있다. 그들의 유일한 목적은 "알코올 중독 방지회의 메시지를 원하는 알코올 중독 환자에게 보내는 것"[223]이다. 그는 익명은 "우리가 알고 있는 자기-희생의 가장 위대한 상징" 이라고 결론지었다. 다른 곳에서 '12전통' 의 12번째 항목은 "익명은 우리 전통의 정신적 기반이며, 언제나 개성보다 원칙을 앞세울 것을 우리에게 상기시킨다"라고 말한다.

우리는 익명은 또한 전체에-대한-부분이라는 체계적 관계에 대한 심오한 진술이라는 점을 여기에 추가해야 할 것이다. 시스템 이론의 중요한 충동은 이론적 개념들을 구체화하는 것이기 때문에 일부 시스템 이론가들은 심지어 더 멀리 나가려고 한다. 애너톨 홀트Anatol Holt는 '명사noun를 박멸하자' 라고 쓰인(이율배반적으로) 범퍼 스티커를 원한다고 말한다.[224]

(10) 기도. 알코올 중독 방지회가 기도를 사용하는 것은 마찬가지로 부분과 전체의 관계를 구하는 매우 단순한 기술을 가지고 부분-전체 관계의 상보성을 확인하는 것이다. 그들은 겸손과 같은 개인의 특성을 원하며, 실제로 그것은 바로 기도를 통해 실천된다. 기도의 행위가 아주 진지할 경우(그것이 그렇게 쉽지는 않다), 하느님은 그 요청을 들어줄 수밖에 없다. 그리고 이것이 '당신이 이해한 그대로의 신' 에 대

---

223) 같은 책.
224) M. C. Bateson (ed.), *Our Own Metaphor*, Wenner-Gren Foundation, Conference on the Effects of Conscious Purpose on Human Adaptation(New York : Knopf, in press, 1968).

한 특별한 진실이다. 그 자체로 아름다운 이러한 자기-확인의 동어 반복은 바로 막다른 상황에 동반된 이중 구속의 고통이 있고 난 다음에 필요한 위안이다.

좀더 복합적인 것은 유명한 '평온의 기도Serenity Prayer' 다. "하느님, 우리에게 우리가 변화시킬 수 없는 것을 받아들일 수 있는 평온과, 우리가 변화시킬 수 있는 것을 변화시키는 용기와, 그것의 차이를 알 수 있는 지혜를 주소서." [225)]

만약 이중 구속이 고뇌와 좌절의 원인이며, 어떤 깊은 수준에 있는 개인적 인식의 전제를 파괴한다면, 반대로 이런 상처의 치유와 새로운 인식의 성장은 당연히 이중 구속을 역전시키는 것이라는 결론이 나온다. 이중 구속은 '다른 대안이 없다'는 절망적인 결론에 이르게 한다. 평온의 기도는 예배자에게서 이 미치게 하는 구속을 명쾌하게 제거한다.

이와 관련해서, 존 퍼시벌John Perceval이라는 위대한 정신분열증 환자가 자신의 '목소리'에서 변화를 목격했다는 사실을 언급할 가치가 있다. 정신병 초창기에는 목소리들이 '모순되는 요구'(또는 내가 말하는 것처럼, 이중 구속)로 그를 못살게 했지만, 나중에 목소리들이 분명하게 정의된 대안의 선택을 그에게 제시했을 때 그는 회복되기 시작했다. [226)]

(11) 한 가지 특성에서, 알코올 중독 방지회는 가족이나 삼나무 숲과

---

225) 이것은 원래 알코올 중독 방지회의 문서가 아니었으며 원작자는 알려져 있지 않다. 조금씩 다르게 변형이 이루어지곤 한다. 나는 여기서 내가 개인적으로 좋아하는 판으로 인용했다. *Alcoholics Anonymous Comes of Age*, 196쪽.
226) G. Bateson (ed.), *Perceval's Narrative*.

같은 자연의 정신 시스템과 현저하게 다르다. 알코올 중독 방지회는 한 가지 목적——'알코올 중독 방지회의 메시지를 이를 원하는 알코올 중독 환자에게 전하는 것' ——을 가지고 있으며, 이 조직은 그 목적을 최대한 달성하려고 헌신한다. 이러한 측면에서, 알코올 중독 방지회에 제너럴 모터스나 서양의 국가보다 더 세련된 것은 없다. 그러나 생물학적 시스템은 서구적 개념(그리고 특히 돈)에서 전제된 것보다 다목적적이다. 삼나무 숲 시스템에는 우리가 전체 시스템이 하나의 변수를 극대화하고 다른 변수들은 그것에 종속시키는 쪽으로 맞춰져 있다고 말하는 단일한 변수가 존재하지 않으며, 나아가 삼나무 숲은 최적점을 향해 움직이면서, 극대화하지 않는다. 숲의 요구는 만족시킬 수 있으며, 어떤 것이 지나치게 많으면 독이 된다.

그러나 이러한 면도 있다. 알코올 중독 방지회의 유일한 목적은 바깥을 향하고 있으며, 더 큰 세계와의 비경쟁적 관계를 겨냥한다는 것이다. 극대화되는 변수는 상보성이며 지배보다는 '봉사하는' 성향이다.

보완과 대칭적 전제들의 인식론적 상태

인간의 상호작용에는 대칭과 보완이 복잡하게 결합될 수도 있다고 앞에서 언급했다. 따라서 이런 주제들이 어떻게 문화와 대인 관계의 전제들에 대한 자연사 연구에서조차 '인식론적'이라 불릴 수 있을 만큼 근본적인 것으로 간주되는가라는 질문을 하는 것은 당연하다.

그 대답은 인간의 자연사와 같은 연구에서 '근본적'이라는 것이 무엇을 의미하는가의 문제와 관계있는 것 같으며, 그 단어는 두 가지 의미를 가지고 있는 것 같다.

첫째, 나는 마음속에 더 깊이 자리 잡고 있으며, 좀더 '하드 프로그램' 되어 있으며, 변화에 영향을 덜 받는 그런 전제들을 더 근본적이라고 부른다. 이런 의미에서 알코올 중독자의 대칭적 자존심이나 교만은 근본적인 것이다.

둘째, 나는 더 작은 우주의 시스템들이나 형태들보다 더 크게 여겨지는 그런 마음의 전제들을 더 근본적이라고 부를 것이다. '잔디는 초록색이다' 라는 명제는 '색깔의 차이는 차이가 된다' 라는 전제보다 덜 근본적이다.

하지만 우리가 만약 전제들이 변할 때 무슨 일이 생기는지를 물어본다면, '근본적' 이라는 말에 대한 이 두 가지 정의가 상당 부분 중복된다는 사실이 분명해진다. 만약 어떤 사람이 자신의 마음속에 깊이 자리 잡고 있는 전제의 변화를 성취하거나 경험한다면, 변화의 결과가 자신의 전 우주로 뻗어나가는 것을 분명히 발견하게 될 것이다. 그런 변화를 우리가 '인식론적' 변화라고 부르는 것은 당연하다.

이제 남은 문제는 어떤 것이 인식론적으로 '옳고' '그르냐' 에 관한 것이다. 알코올 중독자의 대칭적 자존심이 알코올 중독 방지회의 보완적인 것으로 바뀌는 것이 중독자의 인식에 대한 교정인가? 그리고 보완적인 것이 언제나 대칭적인 것보다 어떻든 더 좋은 것인가?

알코올 중독 방지회 회원에게는 아마 보완적인 것이 대칭적인 것보다 언제나 더 선호되며, 심지어 테니스나 체스 게임의 사소한 경쟁도 위험할 수 있다는 것은 사실일 것이다. 피상적인 사건이라도 깊이 자리 잡고 있는 대칭적 전제를 자극할 것이다. 그렇다고 테니스나 체스가 누구에게나 인식론적 오류를 유발한다는 뜻은 아니다.

윤리와 철학적 문제들이 실제로 고려하는 것은 가장 포괄적인 우주와 가장 깊은 심리적 수준들뿐이다. 만약 가장 큰 시스템—— '자아보다 더 위대한 힘'——에 대한 우리의 관계가 대칭적이고, 경쟁적인 관계라고 우리가 깊게 그리고 심지어 무의식적으로 믿고 있다면, 우리는 오류에 빠진다.

가설의 한계들

끝으로, 앞에서 살펴본 분석은 다음과 같은 한계와 함축에 좌우된다.

(1) 모든 알코올 중독자가 여기서 개관한 논리에 따라 움직인다고 주장하는 것은 아니다. 다른 형태의 알코올 중독자가 존재할 가능성은 충분하며, 다른 문화권에서는 알코올 중독자가 다른 방향을 따를 것이라는 점은 거의 확실하다.

(2) 알코올 중독 방지회의 방식이 올바르게 살아가는 유일한 방법이라거나, 그들의 신학이 사이버네틱스와 시스템 이론의 인식론에서 유일하게 옳게 파생된 것이라고 주장하는 것은 아니다.

(3) 개인과 그 개인이 부분인 더 큰 체계 사이의 관계는 필연적으로 보완적이어야 하지만, 인간들 사이의 모든 교류가 보완적이어야 한다고 주장하는 것은 아니다. 사람들 간의 관계(내가 바라는)는 언제나 복잡할 것이다.

(4) 그러나 비 알코올 중독자의 세계는 시스템 이론의 인식론과 알

코올 중독 방지회의 방식에서 배울 게 많다. 만약 우리가 정신과 물질이라는 데카르트식의 이원론에 의해 계속 움직인다면, 우리 역시 세계를 계속 신과 인간, 엘리트와 보통 사람, 선택된 인종과 다른 인종들, 국가와 국가, 인간과 환경 같은 식으로 볼지 모른다. 진보된 기술과 자신의 세계를 바라보는 이런 이상한 방식을 모두 가진 종이 지속될 수 있을지는 의문이다.

제3부에 대한 논평

　제3부에 수록된 논문에서 나는 행위나 발언은 맥락 '속에서' 일어나는 것이라고 말했으며, 이런 상투적인 발언은 맥락이 '독립' 변수나 '결정적인' 변수인 반면에 특정 행위는 '종속' 변수라는 것을 제안한다. 그러나 행위가 자신의 맥락에 어떻게 관계되는지에 대한 이러한 관점은 독자들로 하여금——내가 그랬던 것처럼——내가 '맥락' 이라 부르는 작은 하부 체계를 함께 구성하는 관념의 생태계를 인식하는 것에서 멀어지게 할 가능성이 있다.

　이러한 발견적heuristic 오류——물리학자와 화학자의 사고방식에서 출발해 다른 많은 사람들에게 비슷하게 모방된——는 수정이 필요하다.

　특정 발언이나 행위를 맥락이라 불리는 생태학적 하부 체계의 일부로 보고, 우리가 설명하려는 조각을 맥락에서 분리한 후 맥락에 남아 있는 것의 결과나 효과로 보지 않는 것이 중요하다.

문제시되는 실수는 내가 말의 진화에 관해 논한 제2부의 논평에서 언급했던 것과 똑같은 형식적 오류다. 우리는 이런 과정을 초원 생활에 대한 동물의 적응에서의 일련의 변화처럼 생각하지 말고, 동물과 환경의 관계에서의 상수로 생각해야 한다. 그것은 생존하고, 서서히 진화하는 생태계다. 이런 진화에서 관계항——동물과 풀——은 순간순간 적응의 변화를 겪게 된다. 그러나 만약 적응의 과정이 이야기의 전부라면, 거기에는 체계적인 병리가 있을 수 없다. 문제가 발생하는 것은 바로 적응의 '논리'가 생태계의 생존 및 진화에 관한 '논리'와 다르기 때문이다.

워런 브로디Warren Brodey의 말을 빌리면 적응의 '시간-입자time-grain'가 생태계의 그것과 다르다.

'생존'이란 어떤 살아 있는 시스템에 관한 어떤 기술 명제가 일정 기간 계속해서 진실이라는 것을 의미하며, 반면에 '진화'는 어떤 살아 있는 시스템에 관한 어떤 기술 명제의 진실에서의 변화를 의미한다. 문제는 시스템이 진실로 남아 있거나 변화하고 있는 것에 관한 진술을 정의하는 것이다.

체계적 과정에서 역설(그리고 병리)이 발생하는 것은 분명 어떤 더 큰 시스템의 항구성과 생존이 자신을 구성하는 하부 시스템의 변화로 유지되기 때문이다.

동물과 풀의 관계에서 상대적 항구성——생존——은 양쪽 관계항의 변화로 유지된다. 그러나 관계항에서 어느 한쪽의 적응 변화가 다른 쪽의 변화로 교정되지 않는다면, 그 변화는 그들 사이의 관계를 언제나 위태롭게 할 것이다. 이러한 논의들은 '이중 구속' 가설을 위한 새로운 개념적 틀과, '정신분열증'에 대해 사고하기 위한 새로운 개념적 틀과, 학습의 맥락과 수준을 새롭게 보는 방식을 제안한다.

한마디로 정신분열증과 재-학습 및 이중 구속은 이제 더 이상 개인 심리학의 문제가 아니며, 그것의 경계가 관여한 개인들의 피부와 더 이상 일치하지 않는 그런 시스템이나 마음에서 관념 생태계의 일부가 된다.

teps to an ecology of mind

생물학과 진화

생물학자와 주 교육위원회의 무지에 대하여[227]

나의 아버지인 유전학자 윌리엄 베이트슨은 우리가 무식한 무신론자가 되지 않게 하려고 아침 식탁에서 우리에게 성경 구절을 읽어주곤 했다. 그래서 나는 자연스럽게, 캘리포니아 주 교육위원회가 진화론 교육을 금지하는 이상한 결정을 함으로써 어떻게 우리의 생각을 넓힐 수 있을까를 의심하게 되었다.[228]

진화론은 오랫동안 잘못 교육되어왔다. 특히 학생들은──심지어 전문적인 생물학자들도──진화론이 어떤 문제를 해결하기 위해 애쓰는지에 대한 아무런 깊은 이해도 없이 그 이론을 습득한다. 그들은

---

227) 《생명과학 *BioScience*》 제20권(1970)에 실렸던 글로, 이 잡지의 허락을 받아 여기에 재수록했다.
228) 1970년 3월 1일자 《생명과학》의 〈캘리포니아의 반진화론 결정California's Anti-Evolution Ruling〉을 보라.

진화론의 진화에 관해서는 거의 배우지 않는다.

〈창세기〉 첫 장을 집필한 사람들의 놀랄 만한 업적은 다음과 같은 문제를 인식했다는 것이다. 어디서 질서가 생기는가? 그들은 육지와 바다가 사실상 분리되었으며, 종들이 분리되었다는 것을 관찰했고, 그와 같은 세계의 분리와 분류가 근본적인 질문을 표현한다는 것을 알았다. 현대적인 용어로 이는 열역학 제2법칙에 내재된 문제라고 말할 수 있을 것이다. 만약 무작위한 사건들이 사물들을 뒤섞이게 했다면, 어떤 비무작위한 사건에 의해 사물들이 분류되었는가? 그리고 '무작위한' 사건이란 어떤 것인가?

지난 5,000년 동안 이 문제는 생물학과 다른 많은 과학의 중심 문제였으며, 그 문제는 사소한 것이 아니다.

우리는 어떤 말로 우주에 내재해 있는 것처럼 보이는 질서의 법칙을 만들어야 하는가?

캘리포니아의 결정은 학생들이 다른 시도들에 의존해 아주 오래된 이 문제를 풀어야 한다는 것을 의미한다. 나 자신은 석기 시대에 인간 머리를 사냥했던 뉴기니의 이아트멀족에게서 이러한 시도들 중 하나를 수집했다. 그들 역시 육지와 물은 자신들의 늪지대에서도 똑같이 분리되어 있다고 보았다. 그들은 태초에 거대한 카브워크말리라는 악어 한 마리가 있었고, 그 악어가 앞발과 뒷발로 물장구를 쳐서 진흙이 계속 떠 있게 되었다고 말한다. 케벰부앙가라는 영웅이 이 악어를 창으로 찔렀고, 악어는 휘젓는 것을 멈추게 되었으며, 그래서 진흙과 물이 분리되었다. 그 결과로 생겨난 마른 땅 위에 승리에 찬 케벰부앙가의 발자국이 찍혔다. 그가 '좋았다'라는 확인을 했을 것이라고 말할 수 있다.

우리 학생들이 만약 다른 진화 이론들을 살펴본다면, 그래서 인간이 우주의 모든 분류가 외적 인자에 의해 이루어진다고 믿는 경우에, 또는 이아트멀족과 현대 과학자들처럼 질서와 패턴의 잠재적 가능성이 세계 전체에 내재해 있다고 보는 경우에 인간 정신이 어떻게 다른 형태를 가져야 하는지를 생각해본다면, 자신들의 생각을 어느 정도 더 넓힐 수 있을 것이다.

그리고 그때 학생들은 새로운 체계에 의해 꼭대기에 전능한 마음 Supreme Mind이 있고 밑바닥에 원생동물이 있는 '존재의 대사슬 Great Chain of Being'을 보도록 강요받을 수 있다. 학생들은 중세의 모든 시기를 통하여 설명의 원리로서 마음이 어떻게 행사되었으며, 나중에 어떻게 마음이 문제가 되었는지 알게 될 것이다. 라마르크가 위대한 존재의 연쇄를 뒤집어 진화론적 연쇄를 원생동물이 위에 오도록 만들어놓았을 때, 마음은 설명이 필요한 대상이 되었다. 그때 문제는 이런 연쇄에 대해 알려질 수 있었던 것과 관련해 마음을 설명하는 것이었다.

19세기 중반에 이르면 이제 학생들은 필립 헨리 고스Philip Henry Gosse가 쓴 《창조(배꼽) : 지질학적 매듭을 풀기 위한 시도Creation (Omphalos) : An Attempt to Untie the Geological Knot》라는 교과서를 읽게 될 수도 있다. 이 같은 기괴한 책에서 학생들은 오늘날 많은 생물학 강좌에서 거의 언급되지 않는 동물과 식물의 구조에 관한 것을 배우게 될 것이다. 특히 모든 동식물은 하나의 시간 구조를 보여주며, 이중에서 나무의 나이테가 가장 기본적인 예이며, 생명 역사의 순환은 더욱 복잡한 것이라는 점을 배우게 될 것이다. 모든 식물과 동물은 자신의 순환적 본성의 전제 위에 구성된 것이다.

결국 독실한 근본주의자fundamentalist이면서——플리머스Plymouth 신도——저명한 해양생물학자였던 고스를 알게 된다고 해서 해로울 것은 없다. 그의 책은 《종의 기원 *Origin of Species*》이 출판되기 2년 전인 1857년에 출판되었다. 그는 이 책을 써서 생물학적 상동 관계뿐만 아니라 화석에 기록된 사실들이 근본주의 이론과도 맞아 들어간다는 사실을 입증해 보이려고 했다. 그는 신이 배꼽 없는 아담, 나이테 없는 에덴 동산의 나무, 그리고 단층 없는 암석을 가지고 세상을 창조했다는 사실을 도저히 상상할 수 없었다. 따라서 신은 세상을 과거가 있었던 것처럼 창조해야만 했을 것이다.

학생들이 고스의 '연대기 법칙'의 역설과 씨름한다 해서 해로울 것은 없을 것이다. 만약 고스가 암중모색하는 생물학 세계에 관한 일반화들을 신중히 들어본다면, '정상 상태'라는 가설의 초기 형태에 대해 듣게 될 것이다.

물론 누구나 생물학적 현상은 계란에서 암탉, 암탉에서 계란, 계란에서 암탉 등으로 순환적이라는 사실을 알고 있다. 그러나 모든 생물학자가 진화론과 생태학 이론을 위해 이러한 순환적 특성의 적용을 검토해본 것은 아니다. 생물학 세계에 대한 고스의 관점은 학생들의 생각을 넓혀줄 것이다.

누가 옳고 누가 틀렸느냐는 문제만으로 풍부한 진화론적 사고의 영역에 접근하는 것은 어리석고 저속한 짓이다. 그럴 바에야 어떻게 살아야 하는가의 문제를 해결하는 데 있어서 양서류와 파충류는 '틀렸고' 포유류와 조류는 '옳았다'고 주장하는 것이 더 나을 것이다.

근본주의자들과 싸우다 보면, 그들과 비슷하게 우리도 무지한 상태가 된다. 문제의 진실은 "다른 사람들이 노력을 했고 그대들도 그들의 노력을 하게 된다"(〈요한복음〉 1장 38절)라는 것이며, 이는 겸손의 필요성을 생각나게 하는 구절일 뿐만 아니라, 우리 유기체가 싫든 좋든 들어선 거대한 진화 과정의 요약이기도 하다.

진화에서 체세포 변화의 역할[229)]

생물의 진화에 대한 모든 이론은 최소한 세 가지 변화에 의존하고 있다. ㉠ 돌연변이나 유전자의 재분배에 의한 유전자 변화, ㉡ 환경의 압박하에서 일어나는 체세포 변화, ㉢ 환경적 조건의 변화. 진화론자의 문제는 자연선택하에서 적응과 계통 발생 현상을 밝혀줄 계속되는 과정 속에 이런 변화의 형태를 결합한 이론을 구축하는 것이다.

그러한 이론의 구축을 좌우할 어떤 전통적 전제들도 선택될 것이다.

㉠ 그 이론은 라마르크 유전에 의존하지 않을 것이다. 이런 전제를 주장한 아우구스트 바이스만August Weismann의 말은 아직도 유효하다. 원칙적으로, 체세포 변화나 환경에서의 변화가 합당한 유전자 변화를

---

229) 《진화Evolution》 제17권(1963)에 실렸던 글로, 편집자의 허락을 받아 여기에 재수록했다.

요구(생리적 커뮤니케이션에 의해)한다는 사실을 믿을 이유가 없다. 사실 다세포[230] 개체 내에서 이루어지는 커뮤니케이션에 관해 우리가 조금 알고 있는 바에 의하면, 체세포에서 유전자 원본으로의 그러한 커뮤니케이션은 일어나는 일이 드물며, 적응의 효과 면에서도 일어날 것 같지 않다. 그럼에도 불구하고, 이 글에서 이런 전제가 의미하는 것이 무엇인지를 설명해보는 게 좋을 것이다.

측정할 수 있는 환경의 충격이나 내부 생리적 충격하에서 유기체의 어떤 특성이 수정될 수 있을 때마다, 문제시되는 특성의 값은 충격 상황의 값에 대한 어떤 함수로 표현되는 등식으로 기록할 수 있다. '인간의 피부색은 햇볕에의 노출에 대한 어떤 함수다', '호흡 속도는 대기압에 대한 어떤 함수다' 등등으로 말이다. 이러한 등식은 여러 가지 특정한 관찰에 들어맞도록 세워질 수 있으며, 충격 받는 상황과 체세포 특성 값의 넓은 범위에 걸쳐 안정적인(즉 계속적으로 참인) 보조 명제들도 필수적으로 포함한다. 이런 보조 명제들은 실험실 내에서 원래 관찰했던 것과는 다른 논리 형태이며, 사실 그것은 자료에 대한 기술이 아니라 우리의 등식에 대한 기술이다. 명제들은 특정한 등식의 형식과 그 속에 언급된 매개 변수들의 수치에 관한 진술이다.

이 시점에서, 환경의 충격 등이 이러한 구조 속에서 실제 사건을 결정하는 것인 반면, 등식의 형태와 매개 변수들은 유전자에 의해 제공되는 것임을 말함으로써 유전자형과 표현형 사이에 선을 긋는 것이 간명할 것이다. 이는 결국 살갗이 탈 수 있는 가능성은 유전으로 결정되지만, 특정한 경우에서 살갗이 타는 정도는 햇볕에의 노출에 달렸다

---

230) 박테리아의 유전 문제는 여기서 일부러 제외했다.

고 말하는 것이다.

이처럼 지나치게 간략한 용어로 유전자와 환경의 겹치는 역할에 관해 말할 경우, 라마르크주의자의 유전을 배제한 명제는 어느 정도 다음과 같이 해석될 것이다. 진화 과정을 설명하려는 시도에서는, 특정 여건하에서 어떤 변수에 대한 특정한 값을 성취하는 것이, 그 개체에 의해 생긴 생식체gamete 속에서 그 변수와 그 변수의 환경적 여건의 관계를 지배하는 함수적 등식의 형태나 매개 변수에 영향을 줄 것이라는 가정은 없어야 한다는 것이다.

이러한 견해는 너무 간략화된 것이며, 더 복잡하고 극단적인 경우를 다루는 데 있어서는 괄호들이 추가되어야만 한다. 첫째, 커뮤니케이션 시스템으로 간주된 유기체는 그 자체가 다수준의 논리 형태에서 작동하고 있다는 것, 즉 앞에서 말한 '매개 변수' 가 변화의 대상이 되는 경우가 있다는 것을 인식하는 것이 중요하다. 개별 유기체는 '훈련' 의 결과로 햇볕에 살갗을 태울 수 있는 능력을 변화시킬 수 있다. 그리고 이런 형태의 변화는 '학습하는 것을 학습' 하는 것이 결코 무시될 수 없는 동물의 행동 분야에서 대단히 중요하다.

둘째, 지나치게 간략한 관점은 부정적 효과도 다룰 수 있도록 정교하게 다듬어져야 한다. 환경적 여건은 유기체에게 적응할 수 없을 만큼의 충격을 줄 수도 있으며, 개체는 실제로 어떤 생식체도 만들어내지 못할 것이다.

셋째, 등식의 어떤 매개 변수는 그 등식에서 언급된 상황 이외의 환경이나 생리적 상황의 충격하에서는 변화의 대상이 될 수도 있다는 것을 예상할 수 있다.

어떻든 간에, 라마르크 학파의 이론에 대한 바이스만의 반대와 그 문제를 상세히 설명하려는 나의 시도는 모두가 어떤 형태의 절약의 법칙을 이루려는 것이다. 어떤 현상을 질서 짓는 원리 그 자체는 그들이 질서 지은 현상에 의해 변화된다고 가정될 수 없다. 어떤 설명이라도 논리 형태는 필요 이상으로 다양해서는 안 된다는 윌리엄 오컴의 면도날은 재구성될 것이다.

ⓛ 체세포 변화는 생존을 위해 절대적으로 필요하다. 종들에게 적응을 위한 변화를 요구하는 어떠한 환경의 변화도, 유기체들(혹은 그들의 일부)이 체세포 변화에 의해 적절한 유전자의 변화가 일어나거나(돌연변이에 의해서든 유기체에 이미 존재하는 유전자의 재분배에 의해서든) 환경이 이전의 정상적 상태로 돌아갈 때까지의 예측할 수 없는 기간을 견뎌낼 수 없을 경우에는 치명적이다. 그 전제는 관련된 시간대의 방대함에 관계없이 자명하다.

ⓒ 체세포 변화는 또한 유기체가 환경과 외적 투쟁을 벌일 때 유기체를 도와줄 어떤 유전자 변화에 대처하기 위해 필요하다. 개별 유기체는 상호 의존적인 부분들의 복잡한 조직이다. 이들 중 하나에서의 돌연변이나 다른 유전자 변화는(생존의 의미에서 외적으로 가치 있는 것이라 해도) 다른 많은 부분의 변화를 요구한다——아마도 그 변화는 단 하나의 유전자 돌연변이 변화 속에 지정되거나 내재하지는 않을 것이다. 운 좋게 '긴 목'의 돌연변이 유전자를 가진 한 마리 가상의 원시 기린은 심장 및 순환계의 복잡한 변형을 거쳐서 이러한 변화에 적응해야 할 것이다. 이런 부수적인 적응은 체세포 수준에서 이루어지게 될 것이다. 이와 같은 체세포 변화를 (유전자형의 변화에 의해) 이룰 수 있는 원시 기린들만이 살아남을 것이다.

ⓔ 이 논문에서는 사실상 유전자 메시지의 자료는 압도적으로 디지털적

이라고 가정된다. 이와 대조적으로 체세포는 유전자의 방법을 시험하는 데 종사하는 시스템으로 여겨진다. 만약 유전자 자료 역시 어느 정도 아날로그적이라고 밝혀진다면——체세포에 종사하는 모델——ⓒ (앞의)의 전제는 그 정도만큼 부정될 것이다. '긴 목'의 돌연변이가 유전자가 심장의 발달에 영향을 끼치는 유전자의 메시지를 수정할 것이라는 사실을 짐작할 수 있다. 물론 유전자가 다면적인 효과를 가지고 있음은 알려져 있지만, 이런 현상은 현재와의 관련에 의해서만, 예를 들어 유전자 A가 표현형에 끼치는 효과와 유전자 B가 표현형에 끼치는 효과가 유기체의 전반적 통합과 적응에 상호 적합하다는 것이 드러나는 경우에만 타당하다.

이런 고려 사항들은 체세포 시스템의 융통성에 필요한 대가(代價)라는 관점에서 유전자와 환경의 변화 모두를 분류하도록 이끈다. 환경이나 유전자의 치명적인 변화는 유기체가 달성할 수 없는 체세포 변화를 단지 요구하는 것이다.

그러나 주어진 변화에 대한 체세포의 대가는 문제시되는 변화에 절대적으로 의존하는 것이 아니라, 주어진 시점에 유기체가 활용할 수 있는 체세포 융통성의 범위에 의존한다. 다음으로 이 범위는 다른 돌연변이나 환경의 변화에 적응하기 위해 체세포 융통성이 이미 얼마나 사용되었는가에 달려 있다. 다른 경제학들과 마찬가지로, 우리가 접한 융통성의 경제학은 이 경제학에 의해 설정된 한계 부근에서 유기체가 움직일 경우에 또는 그런 경우에만 진화의 과정에 결정적으로 작용할 것이다.

그러나 이 체세포 융통성의 경제학은 한 가지 중요한 측면에서 매우 친숙한 돈이나 가용한 에너지의 경제학과 다르다. 후자의 경우, 매번 새로운 지출은 이전의 지출에 다만 더해지는 것이며, 그 더해진 전체가 전체 예산의 한계점에 접근할 때 강제된다. 이와 대조적으로 체세포 대가를 각각 요구하는 복합적인 변화들이 결합된 효과는 곱하기가 될 것이다. 이 점은 다음과 같이 이야기될 수 있다. S를 유기체에게 가능한 모든 살아 있는 상태의 유한 집합이라고 하자. S 안에서 s_1을 주어진 돌연변이 (m_1)에 적합한 모든 상태의 작은 집합이라 하고, s_2를 두 번째 돌연변이 (m_2)에 적합한 상태의 작은 집합이라 하자. 두 가지 돌연변이의 조합은 s_1과 s_2를 곱한 논리적 결과, 즉 통상 s_1과 s_2에 공통되는 요소만으로 구성되는 더 작은 하위 집합으로 유기체를 한정할 것이다. 이런 식으로, 연속되는 각각의 돌연변이는 (혹은 다른 유전자 변화는) 유기체의 체세포 적응에 대한 가능성을 나누어 가질 것이다. 그래서 하나의 돌연변이에 의해 요구된 변화와 정확히 반대되는 돌연변이가 어떤 체세포 변화를 요구할 경우, 체세포 적응의 가능성은 즉시 0으로 줄어들 수도 있다.

동일한 주장은 체세포 적응이 요구되는 복잡한 환경의 변화에 틀림없이 적용되어야 하며, 이는 유기체에게 이득이 되는 것처럼 보이는 환경의 변화에서도 진실이다. 예를 들면, 식이의 개선은 '발육 부진'이라는 성장 패턴을 유기체의 체세포 적응의 범위에서 제외할 것이고, 이 성장 패턴은 환경에서의 다른 급박한 상태의 대처를 위해 요구될 수도 있다.

이런 사항으로부터, 만약 진화가 전통적 이론에 따라 진행된다면 진화 과정은 차단당할 것이라는 결론이 나온다. 체세포 변화의 유한한 특성은 외부 적응을 위한 연속적인 유전자 변화에서 계속적인 진화 과정은 불가능하다는 것을 나타낸다. 왜냐하면 체세포가 감당할 수 없는 내부 체세포 적응의 조합을 요구함으로써 이런 변화들의 결합은 치명적이 되기 때문이다.

우리는 따라서 다른 클래스의 유전자 변화로 눈을 돌려야 한다. 균형 잡힌 진화 이론을 제공하기 위해 필요한 것은 체세포 융통성의 가용한 범위를 증가시키는 유전자 변화의 발생이다. 한 종에 속한 유기체들의 내부 조직이 환경이나 돌연변이의 압박으로 살아 있는 상태의 전 범위가 협소한 일부 하위 집합으로 제한되었을 때, 그 이상의 진화 과정은 이 제한을 보상해줄 그런 유전자 변화를 요구할 것이다.

우리는 먼저 유전자 변화의 결과는 개별 유기체의 삶에서 비가역적인 반면에, 체세포 수준에서 이루어지는 변화는 보통 그와 반대라는 것을 알게 된다. 후자는 특정한 환경 여건에 대한 반응으로 생기며, 환경이 이전의 정상 상태로 돌아가면 통상 그 특성들은 감소하거나 없어진다. (우리는 외적 적응을 위한 돌연변이에 반드시 수반되는 체세포 적응의 경우에도 이와 똑같은 현상이 일어날 것을 당연히 예상할 수 있지만, 이 경우 그 개체에서 돌연변이 변화의 영향력을 제거하는 것은 불가능하다.)

한층 더 들어간 지점에서 가역적 체세포 변화는 특히 흥미롭다. 고등 유기체에서는 환경적 요구에 대항하는 이른바 '심층 방어' 현상의 존재가 드물지 않게 발견된다. 만약 어떤 사람이 해발 3,000미터 지점으로 움직이면 숨이 차기 시작하고 심장은 마구 뛰게 될 것이다. 그러나 이런 일차적 변화는 금방 가역적이다. 만약 그가 같은 날 거기서 내려온다면, 그 증상들은 즉시 사라질 것이다. 그러나 만약 그가 높은 고도에 머무른다면, 이차 방어선이 나타날 것이다. 그는 복잡한 생리적 변화들의 결과로 서서히 순응하게 될 것이다. 그의 심장은 더 이상 마구 뛰지 않을 것이며, 어떤 특별한 운동을 하지 않는다면 숨이 차지도 않을 것이다. 이제 만약 그가 해수면 높이로 돌아온다면, 이차 방어선의 특성들은 좀더 천천히 사라질 것이며, 심지어 약간의 불편함이 경험될 수도 있다.

체세포 융통성의 경제학이라는 관점에서 보면, 높은 고도로 인한 첫 번째 효과는, 심장이 뛰고 숨이 차는 특징을 가진 상태 (s_1)로 한정된 집합으로 유기체를 축소시키는 것이다. 여전히 그 사람은 생존할 수 있지만 단지 상대적으로 융통성이 없는 피조물로서 생존할 뿐이다. 이후의 순응은 분명 다음과 같은 가치가 있다. 융통성의 상실을 교정해준다. 순응한 이후에 그는 숨이 차는 메커니즘을 그 외의 상황에서는 치명적일 다른 응급 상황에 적용하는 데 사용할 수 있다.

행동 분야에서도 분명 이와 비슷한 '심층 방어' 현상을 관찰할 수 있다. 처음 새로운 문제를 만났을 때, 우리는 시행착오나 통찰로 그것을 처리한다. 나중에, 점차적으로, 우리는 이전의 경험이 보상받았던 방식으로 행동하는 '습관'을 형성한다. 이런 클래스의 문제에 계속적으로 통찰이나 시행착오를 사용하는 것은 낭비다. 통찰이나 시행착오의 메커니즘은 이제 다른 문제들의 해결을 위해 절약될 수 있다.[231]

순응이나 습관 형성 모두에서 융통성의 경제학은 좀더 표층적이고, 가역적인 것을 좀더 깊고 지속적인 변화로 대체함으로써 얻어진다. 앞에서 반라마르크 전제를 논할 때 사용했던 용어로 하면, 변화는 호흡 속도를 외부 대기압과 연결시키는 함수 방정식의 매개 변수에서

---

231) G. Bateson, "Minimal Requirement for a Theory of Schizophrenia", *A. M. A. Archive of General Psychiatry*(1960), 2 : 447쪽.

일어난 것이다. 여기서 유기체는 어떤 초안정적인 시스템에 기대하는 행동과 같은 행동을 하고 있는 것으로 여겨진다. 애슈비는 변화가 보통은 느리고 규모가 작은 변수들의 계속적인 항구성을 보호하기 위해 균형을 잡는 메커니즘으로 더 빠르게 변동하는 변수를 조절하는 회로를 가진 시스템의 일반적인 형식적 특성과, 변하는 변수값을 고정시키는 그 어떤 간섭도 보통은 시스템의 안정된 요소의 항구성을 방해한다는 것을 보여주었다. 높은 곳에서 언제나 숨이 차는 사람에게, 호흡 속도는 더 이상 생리적 균형을 유지하는 데 변화 가능한 양으로 사용될 수 없다. 반대로 만약 호흡 속도가 빠르게 변동하는 변수로 다시 사용될 수 있다면, 변화는 반드시 시스템의 좀더 안정적인 요소들에서 일어나야 한다. 필연적으로 그와 같은 변화는 상대적으로 서서히 그리고 비가역적으로 이루어질 것이다.

그럼에도 불구하고, 순응과 습관 형성조차도 개인의 삶에서는 여전히 가역적이며, 이 가역성은 바로 적응 메커니즘에서 커뮤니케이션 경제의 결여를 가리킨다. 가역성은 일부 변수의 변화값이 오차-작동적인 항상성 회로에 의해 이루어진다는 것을 의미한다. 거기에는 일부 변수에 바람직하지 않거나 위협적인 변화를 감지하는 수단이 반드시 있어야 하며, 교정 작용이 시작되는 원인과 결과의 연쇄가 반드시 있어야 한다. 더구나 이 전체 회로는 가용한 메시지 통로를 적잖이 사용하여 가역적 변화가 유지되는 전체 시간 동안에 어느 정도 이런 목적을 위해 사용될 수 있어야만 한다.

커뮤니케이션의 경제성이라는 문제는 유기체의 항상성 회로가 서로 분리되어 있는 것이 아니라 복잡하게 서로 얽혀 있다는 것을 볼 때 여전히 매우 심각한 문제다. 예를 들면 기관 A의 항상성 조절의 한 부분을 담당하는 호르몬 메시지는 기관 B, C, D의 상태에도 영향을 미칠 것이다. 따라서 A를 통제하는 회로에 계속되는 특별한 부하는 B, C, D를 통제하는 유기체의 자유를 감소시킬 것이다.

이와 대조적으로, 돌연변이나 다른 유전자 변화로 생겨난 변화들은 생각건대 완전히 다른 성질의 것이다. 모든 세포는 새로운 유전자 자료를 가지고 있으며, 따라서 주변 조직이나 기관에서 받는 메시지의 어떤 변화 없이, (적절한 때에) 변화된 방식으로 행동할 것이다. 만약 '긴 목'의 돌연변이 유전자를 가지고 있는 가상의 원시 기린이 또한 '큰 심장'의 유전자도 가질 수 있다면, 심장을 확대하고 유지하는 신체의 항상성 통로를 사용할 필요 없이 그 기린의 심장은 확대될 것이다. 그와 같은 돌연변이는 생존 가치를 가질 것이다. 그 이유는 그 변이가 기린의 높아진 머리에 충분한 혈액을 공급하기 때문이 아니라——이것은 이미 체세포 변화에 의해 이루어졌다——, 그 변이가 유기체의 전반적 융통성을 증가시켜 환경이나 유전자 변화에 의해 유기체가 처하게 될 다른 요구들에서도 유기체가 생존할 수 있게 해주기 때문이다.

그 다음에 라마르크 유전을 흉내 내는 돌연변이나 다른 유전자 변화의 클래스가 있다면, 생물의 진화 과정은 계속될 수 있는 것으로 생각된다. 이런 변화의 기능은 주어진 시점에 유기체가 체세포 변화의 비경제적인 방법으로 이미 성취한 그런 특성들을 유전자의 명령으로 성취하게 해주는 것이다.

내가 믿기에 이러한 가설은 유전학과 자연선택의 전통적 이론들과 전혀 상충되지 않는다. 그러나 이런 가설은 관련 개념들이 60년 전에 발표되었음에도 불구하고, 일반에 알려져 있는 종래의 전반적인 진화론의 모습을 다소 변경시킨다. 볼드윈J. M. Baldwin은 자연선택에서 외부 환경의 작용뿐만 아니라 주어진 변화의 운명 속에서 자신의 생리적 활력을 좌우하는, 그가 말한 '유기체의 선택'도 고려해야 한다고 주장했다. 같은 논문에서 볼드윈은, 그가 로이드 모건Lloyd Morgan의 업적으로 생각한, 라마르크 유전을 흉내 내는(소위 '볼드윈 효과') '동시 변이coincident variations'가 존재할 것이라고 밝혔다.

그러한 가설에 의하면, 유기체의 유전자의 변화는 사회의 입법상의 변화와 비교된다. 현명한 입법자는 새로운 행동 규칙을 좀처럼 제안하지 않을 것이며, 이미 사람들에게 관습이 되어버린 것들을 법률적으로 확인하는 것으로 자신을 한정할 것이다. 혁신적인 법률은, 사회의 수많은 항상성 회로를 작동시키고 과도한 부담을 주는 대가를 지불해야만 시행될 수 있다.

만약 라마르크 유전이 법칙이라면, 즉 만약 체세포의 항상성으로 성취된 특성들이 유전된다면, 가상적인 진화 과정이 어떻게 작용할지에 관해 질문하는 것도 흥미로울 것이다. 그 대답은 간단하다. 다음과 같은 이유로 그런 과정은 작용하지 않을 것이다.

(1) 그것은 항상성 회로의 사용에서 경제성이라는 개념으로 좌우되는 문제이며, 항상성에 의해 성취되고 바람직한 특성에 수반하여 일어나는 모든 변수들을 유전자 변화로 고정시키는 것은 경제성에 역행하는 것이다. 그와 같은 특성은 어느 것이나 회로 주변 일대에 있는 보조적인 항상성 변화에 의해 이루어질 것이며, 이러한 보조적인 변화가 유전에 의해 고정된다는 것은 가장 바람직하지 못한 것이다. 이런 경우는 무분별한 라마르크 유전과 관련된 어떤 이론에서든 논리적으로 발생한다. 라마르크 이론을 옹호하는 자는 유전자에서 어떻게 적

절한 선택이 이루어지는지를 제시할 준비가 반드시 되어 있어야 한다. 그러한 선택이 없는 획득 형질의 유전은 자기 힘으로 생존할 수 없는 유전자 변화의 비중만을 증가시키는 것이다.

(2) 라마르크 유전은 진화가——현재의 가설에 따라——의존해야만 하는 과정의 상대적 시기를 혼란시킬 것이다. 비경제적이지만 가역적인 체세포가 성취한 특성과 경제적이지만 더욱 지속적인 유전자 변화 사이의 시차는 필수적이다. 만약 모든 체세포를 토론회에서 여러 가지 방법으로 수정될 수 있는 실용 모형으로 본다면, 이런 시도의 결과가 대량 생산을 위한 최종 청사진에 통합되기 전에 충분하지만 무한하지는 않은 시간이 토론회에서의 시험에 주어져야만 한다. 이러한 지연은 추계적인 과정의 무방향성에 의해 제공된다. 그것은 라마르크 유전으로 지나치게 단축될 것이다.

여기에 관련된 원리는 일반적이며, 결코 사소한 것이 아니다. 이런 원리는 주어진 결과가 항상성 회로에 의해 일어나는 모든 항상성 시스템에서 성립하며, 다음에 이 회로는 일부 고차원적 조절 시스템에 의해 그 특성이 변형될 수 있다. 그와 같은 모든 시스템에서 (가정의 온도 조절기에서 정부 및 행정 체계에 이르기까지) 고차원적인 조절 시스템은 말초적인 항상성 회로에서의 사건의 연쇄보다 뒤늦게 일어난다는 점이 중요하다.

진화에는 두 가지 조절 체계가 있다. 참을 만한 내부 스트레스를 처리하는 육체의 항상성과, 자연선택이 자기 힘으로 생존할 수 없는 개체군의 구성원에게 하는(유전적으로) 행동이 그것이다. 공학적 관점에서 문제는 저차원의 가역적인 체세포 시스템에서 고차원의 비가역적인 유전자 시스템으로의 커뮤니케이션을 제한하는 것이다.

우리가 추측할 수밖에 없는 것에 관해 제안된 가설의 또 다른 측면은, 두 가지 클래스의 유전자 변화가 비교적 자주 일어날 수도 있다는 점이다. 그것은 어떤 새로운 것을 시작하는 변화와 항상성으로 성취된 어떤 특성을 지지하는 변화다. 후생동물 및 다세포 식물에서 우리는 복합적으로 상호 연결되어 있는 항상성 회로의 복잡한 네트워크를 직면하게 되며, 변화를 일으키는 어떤 주어진 돌연변이나 유전자 재조합은 필시 항상성으로 성취된 매우 다양하고 복합적인 체세포 특성들을 요구할 것이다. '긴 목'의 돌연변이 유전자를 가진 가상의 원시 기린은 그의 심장과 순환계뿐만 아니라 세반고리관, 추간판, 자세 반사, 수많은 근육의 길이와 두께의 비율, 약탈자를 상대해서 피하는 전략과 같은 것 등을 조정할 필요가 있을 것이다. 이는 그처럼 복잡한 유기체에 있어서, 만약 그 종이 체세포 융통성이 거의 0에 접근하는 막다른 골목을 피하려면, 반드시 긍정적인 유전자 변화가 변화를 일으키는 유전자보다 훨씬 많아야 한다는 것을 시사한다.

반대로 이러한 모습은 어떤 주어진 시점에 대부분의 유기체가 긍정적인 유전자 변화의 복합적 가능성이 있는 상태에 있을 수 있음을 시사한다. 만약 있을 수 있는 것처럼 보이는 돌연변이와 유전자 재분배가 무작위 현상이라면, 최소한 이런 복합적 가능성이 만나게 될 하나 혹은 그밖의 다른 우연은 고려해볼 만하다.

끝으로, 그러한 가설을 뒷받침하거나 반박할 수 있는 어떤 증거가 가능한지 또는 찾아질 수 있는지를 논의해보는 것이 적절할 것이다. 우선 최초에 분명한 것은, 그러한 검증은 어려울 것이라는 사실이다. 그 가설이 의존하고 있는 긍정적 돌연변이는 통상 눈에 보이지 않는다. 체세포 변화에 의해 환경적 여건에 대해 일정한 적응을 이루고 있는 많은 개체군의 많은 구성원 가운데에서, 똑같은 적응을 유전자에 의해 제공받은 몇 개의 개체를 즉각적으로 골라낸다는 것은 불가능할 것이다. 그와 같은 경우, 유전자에 의해 변화된 개체들은 좀더 정상적인 조건하에서 번식시키고 길러보면 확인될 수 있다.

우리가 혁신적인 유전자 변화에 대한 반응에서 항상성으로 얻어진 획득 형질을 조사할 경우에는 여전히 더 큰 어려움이 생긴다. 유기체에 대한 단순한 관찰만으로는 어느 특성이 유전자 변화의 일차적 결과이고 어느 것이 유전자 변화에 대한 이차적 체세포 적응인지를 구분할 수 없는 경우가 많다. 다소 길어진 목과 확대된 심장을 가진 가상의 원시 기린에서, 목의 변화는 유전적이지만 심장의 변화는 체세포적이라는 사실을 추측하기는 쉽다. 그러나 그와 같은 모든 추측들은 유기체가 체세포 적응의 방식으로 성취할 수 있는 것에 관한 매우 불완전한 현재의 지식에 의존할 것이다.

라마르크 학파의 논쟁이 체세포 적응 가능성에 관한 현상으로부터 유전학자들의 관심을 돌려놓았다는 것은 크나큰 비극이다. 결국 메커니즘, 역치 및 스트레스하에서 표현형 변화의 개인별 최대치는 분명히 유전자에 의해 결정되어야만 한다.

좀더 비슷한 성질의 또 다른 어려운 점은 개체군 수준에서 발생하며, 거기서 우리는 개체 내에서 작용하는 것과는 이론적으로 구별되는 잠재적 변화에 대한 또 다른 '경제학'을 만난다. 야생종의 개체군은 오늘날 개체 간의 표현형이 표면적으로는 고도의 유사성을 가짐에도 불구하고 유전적으로는 통상 이질적인 것으로 간주된다. 그러한 개체군은 추측건대 유전적 가능성의 저장소 역할을 하고 있다. 예를 들어 이 가능성 저장소의 경제적 측면은 사이먼즈N. W. Simmonds[232]

에 의해 강조되어왔다. 그는 엄선한 곡물에서 100퍼센트 표현형의 단일성을 요구하는 농부와 품종 개량가는 야생의 개체군에서 수백 세대동안 축적된 다양한 유전적 가능성의 대부분을 사실상 버리는 격이 된다는 점을 지적했다. 이로부터 사이먼즈는 비선택된 개체군들을 간수하여 이러한 변이성의 저장소를 '보존'하는 제도적 장치가 시급하게 요구된다고 주장했다.

러너I. M. Lerner[233]는 자기-교정 또는 완충 시스템은, 이와 같은 야생 유전자의 혼합을 일정하게 유지하고 인위적인 선택의 결과에 저항하기 위해 작용한다고 주장했다. 따라서 적어도 개체군 내에서 변이성의 경제는 곱해지는 성질로 드러나게 될 가정이 존재하는 것이다.

이제 체세포 항상성에 의해 성취된 특성과 유전자의 지름길에 의해 (더 경제적으로) 성취된 똑같은 특성을 분간하는 어려움은, 우리가 생리적 개체 대신에 개체군을 고려하게 될 때 명백히 더 한층 심해진다. 현장에서의 모든 실제적 실험들은 필연적으로 개체군을 가지고 연구를 하게 될 것이며, 이 연구에는, 개체 내에 작용하는 **융통성의 경제적 효과**와 개체군 수준에 작용하는 변이성의 경제적 효과를 구별하는 것이 요구될 것이다. 이러한 두 종류의 경제성을 이론적으로 분리하기는 쉬울지 몰라도, 실험에서 그들을 분리하는 것은 분명히 어려울 것이다.

어떻든 그 가정에 매우 중요한 일부 명제들을 증거로 뒷받침할 수 있는 것이 무엇인지를 생각해보자.

---

232) N. W. Simmonds, "Variability in Crop Plants, Its Use and Conservation", *Biol. Review*(1962), 37 : 422~462쪽.
233) I. M. Lerner, *Genetic Homeostasis*(Edinburgh : Oliver and Boyd, 1954).

(1) 체세포 적응 현상은 융통성의 경제학이라는 면에서 적절하게 기술될 수 있다. 일반적으로, 우리는 A라는 스트레스의 존재가 B라는 스트레스에 반응하는 유기체의 능력을 감소시킨다고 생각하며, 이런 관점에서, 우리는 통상 환자를 날씨로부터 보호한다. 사무실 생활에 적응한 사람은 등산에 어려움을 겪을 것이며, 단련된 등산가는 사무실에 갇히면 어려움을 겪을 것이다. 사업에서 은퇴해야만 하는 스트레스는 치명적일 수도 있다. 등등. 그러나 인간이나 다른 유기체에 있어서의 이러한 문제에 대한 과학적 지식은 매우 적다.

(2) 이 융통성의 경제는 앞에서 기술한 논리적 구조를 가지고 있다 —— 융통성에 요구되는 각각의 연속적 요구는 사용할 수 있는 가능성들을 분할한다. 그 명제를 예상할 수는 있지만 내가 아는 한 그것에 대한 증거는 없다. 하지만 주어진 '경제' 체계를 기술하는 데 더하기 용어가 더 적절한지 곱하기 용어가 더 적절한지를 결정하는 기준을 검토해볼 가치는 있다. 그러한 기준에는 두 가지가 있는 것 같다.

㉠ 시스템의 유통 단위들이 상호 교환될 수 있으며, 일찍이 이 논문에서 융통성의 경제가 분명 곱하는 것이어야 한다는 사실을 보여주기 위해 사용되었던 것과 같은 집합들로 그 단위들이 의미 있게 분류될 수 없다면, 그 시스템은 가산적일 것이다. 개인의 재정에 있어서의 달러처럼 에너지 경제학에서 칼로리는 완전히 상호 교환할 수 있으면서도 분류는 불가능하다. 따라서 이 두 시스템은 모두 가산적이다. 유기체의 상태를 규정하는 변수의 치환과 결합은 분류할 수는 있지만——이 범위에서——상호 교환은 불가능하다. 따라서 그 시스템은 곱하는 것이다. 이러한 시스템의 수학적 계산은 돈이나 에너지 보존보다는 정보 이론이나 부엔트로피의 계산과 더 비슷하다.

ⓛ 시스템의 유통 단위들이 상호 독립적인 한 그 시스템은 가산적일 것이다. 여기서 재정 문제가 더하기(혹은 빼기)의 문제인 개인의 경제 시스템과 전반적인 부의 분배나 흐름이 복잡한 (그리고 아마도 불완전한) 항상성 시스템에 의해 지배되는 큰 사회의 경제 시스템 사이에는 차이가 있는 것 같다. 혹시 그 성격이 곱하는 것이면서도 앞에서 논한 생리적 융통성의 경제를 닮은 그러한 경제적 융통성의 경제학(메타경제학)이 있을까? 그러나 이러한 광의의 경제 단위들은 달러가 아니라 부의 분배 패턴이라는 사실을 염두에 두어야 한다. 마찬가지로 러너의 '유전적 항상성'이 정말 항상성적이라면 곱하는 특성을 가질 것이다.

그러나 문제는 단순하지 않으며, 모든 시스템이 전적으로 곱하는 것이거나 더하는 것이기를 기대할 수는 없다. 이 두 가지 특성을 조합한 중간 형태가 있을 것이다. 특히 여러 개의 독립된 대안적 항상성 회로들이 단일한 변수를 조절하고 있는 경우에, 그 시스템은 가산적 특성을 나타낼 것이 분명하며——만약 대안적 통로들이 효과적으로 서로 격리될 수 있다면, 그 통로들을 시스템에 통합하는 것이 심지어 이익이 될 수도 있다. 이와 같은 복합적인 대안적 조절 시스템들은, 더하고 빼는 수학이 논리적으로 나누는 수학보다 더 이득이 되는 한, 생존의 이득을 제공할 것이다.

(3) 혁신적인 유전자 변화는 통상 체세포의 적응 가능성을 요구하게 된다. 이 명제는 전통적으로 생물학자들이 믿어왔지만, 사태의 본질상 직접적인 증거에 의해 검증될 수는 없다.

(4) 연속적인 유전자 혁신은 체세포에게 복잡한 요구를 한다. 이 명제(곱하는 융통성의 경제에 관한 개념과 각각의 혁신적인 유전자 변화가

모두 체세포의 대가를 필요로 한다는 개념 모두를 포함하는)는 몇 개의 흥미롭고도 어쩌면 입증할 수 있는 함축들을 가지고 있다.

㉠ 근래의 매우 많은 유전자 변화들이 축적된(예컨대 선별이나 계획적인 품종 개량의 결과) 유기체들은 허약할 것으로 예상된다. 즉 환경적 스트레스로부터 보호받을 필요가 있을 것으로 예상된다. 스트레스에 대한 이런 감수성은 길들여진 동물과 식물, 그리고 여러 개의 돌연변이 유전자나 특이한(즉 최근에 성취된) 유전자 조합으로 생겨난 새로운 품종들에서 예상된다.

㉡ 그런 유기체에게 있어 더 이상의 유전자 혁신은 (앞에서 논한 긍정적 변화 이외의 어떤 혁신이든) 점진적으로 해로울 것이라고 예상할 수 있다.

㉢ '획득 형질의 유전적 동화'가 성취된 개체에게 유리하게끔 연속적인 세대들에게 선택이 작용함에 따라, 그러한 새롭고 특별한 품종은 환경적 스트레스와 유전자 변화 모두에 점점 더 저항하게 될 것이다(아래의 (5)번).

(5) 적절한 선택의 조건하에서, 환경적으로 유발되어 획득된 특성은 유전적으로 결정된 비슷한 특성에 의해 대체될 것이다. 이런 현상은 워딩턴[234]에 의해 이중흉부를 가진 초파리Drosophila의 표현형에서 증명되었다. 그는 이것을 '획득 형질의 유전적 동화'라고 불렀다. 이와 유사한 현상들은 또한, 실험자들이 획득 형질의 유전을 증명하기 위해 마련했지만 선택의 조건을 조절하는 데 실패하여 이러한 증거의 성립을

---

234) C. H. Waddington, "Genetic Assimilation of an Acquired Character", *Evolution*(1953), 7 : 118쪽 ; Waddington, *The Strategy of Genes*(London : Allen and Unwin, 1957).

증명하지 못한 다양한 실험에서도 아마 일어났을 것이다. 그렇지만 이러한 유전적 동화 현상의 빈도에 관한 증거를 우리는 전혀 가지고 있지 않다. 한편 이 논문의 주장을 따라 원칙적으로 '획득 형질의 유전'을 검사하는 실험에서 선택의 요소를 배제할 수는 없을 거라는 점은 전혀 가치가 없다. 나의 주장은 바로 라마르크 유전의 모의 실험은 명확하지 않거나 복합적인 스트레스 상황하에서 생존 가치가 있다는 것이다.

(6) 일반적으로 체세포 변화보다 유전자에 의해 주어진 특성이 좀더 경제적인 융통성을 성취할 수 있다. 선택을 한 사람이 실험자였기 때문에 워딩턴의 실험은 여기에 아무런 빛도 던져주지 않는다. 이 명제를 검증하기 위해, 우리는 이중의 스트레스하에 놓여 있는 유기체의 개체군에 실험을 해야 된다. ㉠ 우리가 관심을 가지는 특성들을 유발할 스트레스와, ㉡ 첫 번째 스트레스에 적응한 후 두 번째 스트레스에 더 잘 대처할 수 있는 융통성을 가진 개체의 생존을 보호하면서 개체군을 선택적으로 제거할 두 번째 스트레스다. 가설에 의하면 그와 같은 시스템은 유전자 과정으로 첫 번째 스트레스에 적응한 개체를 보호해야 한다.

(7) 끝으로, 이 논문의 주제와 반대되는 결과를 생각해보는 것도 흥미롭다. 여기서 모의 실험된 라마르크 유전은 계속되는 세대에 걸쳐 변치 않는 스트레스에 개체군이 반드시 적응해야 할 때 생존 가치가 있을 것이라고 주장되었다. 사실상 이는 획득 형질의 유전을 입증해 보인 사람들에 의해 검토되었던 경우다. 이와 반대되는 문제는 예측할 수 없이 강도가 변하고 좀더 자주——아마도 2~3세대마다——스트레스에 직면하는 개체군의 경우에서 제기되었다. 그런 상황은 사실

상 거의 드물지만, 실험실에서 만들어질 수는 있을 것이다.

그렇게 변하기 쉬운 상황하에서, 유기체는 생존 조건으로 획득 형질의 유전적 동화와 반대되는 것을 성취하는 데 대가를 지불할 수도 있다. 다시 말해서 유기체들은 전에 유전자에 의해 좀더 엄격하게 조절되었던 어떤 특성의 조절을 체세포 항상성의 메커니즘에 넘겨주는 것이 유리할지 모른다.

그렇지만 분명한 것은 그런 실험이 매우 어려울 것이라는 점이다. 단순히 이중흉부와 같은 특성에 유전적으로 동화된다는 것은 천문학적 규모에서의 선택을 요구하는 것이며, 유전적으로 결정된 이중흉부 개체들의 최종적 개체군은 10^{50} 내지 10^{60}개의 개체를 가질 가능성이 있는 개체군에서 선택된 표본들로 구성될 것이다. 이런 선택 과정 이후에, 체세포에 의해 이중흉부의 표현형을 성취하는 개체를 보호하면서 그 이상의 반대되는 선택도 충분히 감당할 유전적 이종(異種)이 여전히 표본 속에 있을지 없을지는 의문이다.

이런 반대되는 결과가 실험실에서 입증될 수 없음에도 불구하고, 대체로 그와 같은 것이 광범위한 진화의 모습에 작용하고 있는 것 같다. 그 문제는 '조절자regulator'와 '적응자adjuster'의 이분법[235]을 고려하면 극적인 형태로 나타날 수도 있다. 프로서C. L. Prosser는 내부 생리가 어떤 외부 환경의 변수와 같은 차원의 변수를 가지고 있는 경우, 유기체들이 외부 변수의 변화에도 불구하고 내부 변수를 일정하게 유지하는 정도에 따라 유기체들을 분류하는 것이 편리하다고 제안한다. 따라서 온도라는 점에서 항온동물은 '조절자'로, 변온동물은 '적응

---

235) C. L. Prosser, "Physiological Variation in Animals", *Biol. Review* (1955), 30 : 22
  ~262쪽.

자'로 분류된다. 똑같은 이분법이 내부와 외부 삼투압을 어떻게 처리하느냐에 따라 수생동물에게도 적용될 수 있다.

우리는 보통 어느 정도 광범위한 진화론적 의미에서 조절자를 적응자보다 '고등한' 존재로 생각한다. 이제 이것이 무엇을 의미하는지 생각해보자. 만약 조절자를 보호하는 광범위한 진화론적 추세가 있다면, 이런 진화 추세는 앞에서 말한, 유전자 메커니즘으로 조절을 옮겼을 때 생기는 생존상의 이점과 일치하는 추세인가?

분명히 조절자뿐만 아니라 적응자도 항상성 메커니즘에 의존해야만 한다. 생명이 지속되려면 필수적인 많은 생리적 변수들이 좁은 한계 내로 유지되어야 한다. 예를 들어 만약 내부 삼투압의 변화가 허용된다면, 이 필수적인 변수들을 지켜줄 메커니즘이 반드시 있어야 한다. 조절자와 적응자의 차이는 복잡한 생리적 인과의 네트워크 가운데 어느 곳에서 항상성 과정이 작동하느냐의 문제라는 결론이 나온다.

조절자의 경우, 항상성 과정은 개별 유기체인 그 네트워크의 입력과 출력 지점 혹은 그 근처에서 작동한다. 적응자에게 있어서 환경적 변수는 신체 내에 들어가도록 허용되며, 그래서 전체 네트워크의 깊은 회로들과 연관될 메커니즘을 이용하여 환경적 변수의 영향에 대처해야만 한다.

이러한 분석에서 본다면, 환경을 변화시키고 통제함으로써 신체 밖에서 항상성 조절을 성취하는, 이른바 '부가조정자 extraregulator'를 포함하는 또 다른 단계가 조절자와 적응자 간의 양극성에 추가될 수 있다──인간 존재는 이 경우에 있어서 가장 두드러진 예다.

높은 고도에 적응하는 데 있어서는, 숨이 차는 것에서 좀더 깊고 덜 가역적인 순응의 변화로 이동함으로써 융통성의 경제라는 측면에서 획득될 수 있는 이득이 있으며, 습관은 시행착오보다 더 경제적이며, 유전자 조절이 순응보다 더 경제적이라고 이 논문의 초반에서 주장되었다. 이들은 모두 조절의 위치 면에서 구심성 변화들이다.

그러나 진화의 광범위한 상황 속에서 진화의 추세는 오히려 반대 방향으로 나아가는 것 같다. 긴 안목으로 보면 자연선택은 적응자보다는 조절자를, 그리고 조절자보다는 부가조절자를 더 보호한다. 이는 장기간에 걸친 진화의 이점은 조절의 위치 면에서 원심성 변화에 의해 얻어짐을 가리키는 것 같다.

그와 같이 방대한 문제에 대해 추측해보는 것은 낭만적일 수도 있지만, 전반적인 진화 추세와 변치 않는 스트레스에 직면한 개체군의 진화 추세 사이의 이러한 대비가 아무런 가치가 없다는 것은 우리가 여기서 고려하는 정반대의 결과로부터 예상할 수 있는 것이다. 만약 변치 않는 스트레스가 조절의 위치 면에서 구심적 변환을 선호하고, 변하기 쉬운 스트레스는 원심적 변환을 선호한다면, 광범위한 진화의 모습을 결정하는 방대한 범위의 시간과 변화에 있어서는 원심적 변환이 선호될 것이라는 결론이 나온다.

요약

이 논문에서 필자는 연역적 접근법을 사용했다. 종래의 생리학과 진화 이론에서 출발하여 사이버네틱스의 논법을 이들에게 적용하면서, 필자는 체세포 융통성의 경제학이 반드시 존재하며, 긴 안목으로 보면 이 경제학은 진화 과정에 강제된 것이 틀림없다는 것을 보여주었다.

일반적인 생각과 같이, 돌연변이나 유전자 개편에 의한 외적 적응은 필연적으로 가용한 체세포 융통성을 모두 사용할 것이다. 그것은——진화가 계속된다고 가정할 때——체세포 융통성을 보너스로 제공해 줄 유전자 변화의 클래스 역시 반드시 있어야 한다는 결론으로 이어진다.

일반적으로 체세포에서 성취된 변화는 그 과정이 항상성, 즉 상호 의존하는 변수들의 전체 회로에 의존하기 때문에 비경제적이다. 획득 형질의 유전은 회로 주변에 있는 모든 변수값을 고정시키기 때문에 진화 시스템에 치명적이라는 결론이 나온다. 그렇지만 유기체나 종들은 라마르크 유전을 모의 실험하는 유전자 변화로 (생존 조건에서) 이득을 볼 것이다. 다시 말해서 전체 항상성 회로와의 관련 없이 체세포 항상성의 적응 요소를 가져올 것이다. 그러한 유전자 변화('볼드윈 효과'로 잘못 불림)는 체세포 융통성을 보너스로 줄 것이며, 따라서 현저한 생존 가치를 가질 것이다

끝으로, 개체군이 변하기 쉬운 스트레스에 반드시 순응해야만 하는 경우 반대되는 주장이 적용될 수 있다고 제안되었다. 여기서 자연선택은 반-볼드윈 효과를 선호해야 한다.

고래와 다른 포유동물의 커뮤니케이션 문제[236)]

언어 이전 포유동물의 커뮤니케이션

고래에 대해 내가 경험한 것은 별로 없다. 나는 옛날에 케임브리지 동물학 실험실에서 지역 생선 장수에게서 구입한 돌고래Phocoena의 표본을 해부해본 적이 있으며, 금년에 릴리 박사의 돌고래와 만날 기회를 가질 때까지 실제로 고래를 접해볼 기회가 다시 없었다. 내가 이 특별한 포유동물에 관한 이야기를 꺼낼 때 내 마음속에 있는 몇 가지 의문에 대한 나의 논의가 여러분이 고래들, 또는 고래와 관련된 문제

---

236) 케네스 노리스Kenneth S. Norris가 편집한 《고래, 돌고래, 그리고 참돌고래 *Whales, Dolphins and Porpoises*》(University of California Press, 1966), 25장, 569 ~799쪽에 실렸던 글로, 캘리포니아 대학 평의원The Regents of the University of California의 허락을 받아 여기에 재수록했다.

들을 검토하는 데 보탬이 되기를 바란다.

인류학, 동물행동학, 정신의학 이론 분야에 관한 나의 이전 연구는 행동의 분석을 처리하는 데 이론적 골격을 제공한다. 이러한 이론적 입장에 대한 전제들은 간략하게 요약될 수 있다. (1) 두 유기체들(또는 그 이상) 사이의 관계는 사실상 S-R 연쇄들의 연쇄다(즉 최초-학습이 일어나는 맥락들의 연쇄다). (2) 재-학습(즉 학습하는 것을 학습하는) 은 사실 최초-학습이 일어나는 맥락에 수반되는 패턴에 관한 정보를 습득하는 것이다. (3) 유기체의 '성격' 이란 그 유기체의 재-학습의 집합이며, 따라서 과거의 최초-학습에 관한 맥락의 패턴을 반영한다.[237]

이 전제들은 핵심적으로 러셀의 논리 형태 이론[238]과 관계된 학습 이론을 따라 계층적으로 조직된 것이다. 논리 형태 이론을 따르는 전제들은 본래 디지털 커뮤니케이션을 분석하는 데 적합하다. 그 전제들이 아날로그 커뮤니케이션이나 디지털과 아날로그가 결합된 시스템에 어느 정도까지 적용될 수 있는지는 의문이다. 나는 돌고래의 커뮤니케이션에 관한 연구가 이러한 근본적인 문제에 빛을 던져주길 바란다. 요점은 돌고래가 복잡한 언어를 가지고 있다는 것을 발견하거나 돌고래에게 영어를 가르치는 것이 아니라, 원시적이든 복잡한 것이든 거의 확실하게 완전히 생소한 시스템을 연구함으로써 우리의 커뮤니케이션에 관한 이론적 지식의 틈을 메워보자는 것이다.

나는 돌고래가 포유동물이라는 사실에서 출발하려고 한다. 이 사실은 물론 해부학과 생리학에 관한 모든 종류의 함축을 가지고 있지만, 나의 관심사는 이런 문제에 관한 것이 아니다. 돌고래의 커뮤니케이

237) J. Ruesch · G. Bateson, *Communication : The Social Matrix of Psychiatry.*
238) A. N. Whitehead · B. Russell, *Principia Mathematica.*

션에서 내가 관심을 쏟는 것은 같은 종의 다른 구성원들에게 지각될 수 있으면서 의미 있는 자료의 집합으로 보이는 돌고래의 '행동'이라 불리는 것이다. 돌고래의 행동은 첫째, 그것을 수용하는 동물의 행동에 영향을 끼친다는 면에서, 둘째, 최초의 감각에 대한 적절한 의미를 획득하는 데 있어서의 지각할 수 있는 실패가 두 동물의 행동에 영향을 준다는 면에서 의미가 있다. 내가 여러분에게 말한 것이 아무런 효과도 없을 수 있지만, 지각할 수 있다면, 나의 효과 없음은 나와 여러분에게 영향을 줄 것이다. 내가 이 점을 강조하는 것은, 인간과 다른 동물의 모든 관계에서, 특히 그 동물이 돌고래일 때, 양쪽 유기체 행동의 매우 많은 부분이 이러한 종류의 효과 없음에 의해 결정되기 때문이다.

내가 돌고래의 행동을 커뮤니케이션으로 보고 있을 때, 그 포유류의 표시는 나에게 매우 명확한 무언가를 의미했다. 브룩필드 동물원에 있는 벤슨 긴즈버그Benson Ginsburg의 늑대 무리를 예로 들어 내가 생각하는 것을 설명하겠다.

개과(科)Canidae에 속하는 동물에서, 젖떼기는 어미에 의해 실행된다. 새끼가 젖을 달라고 하면, 어미는 입을 벌린 채 새끼의 목뒤를 눌러 쓰러뜨린다. 어미는 새끼가 젖 달라는 것을 중지할 때까지 이 행동을 반복한다. 이 방법은 코요테, 호주산 들개, 그리고 애완견에게서도 사용된다. 늑대들의 젖떼기는 그 시스템과 다르다. 늑대 새끼들은 자연스럽게 젖꼭지에서 토해진 음식으로 점차 옮겨 간다. 늑대 무리는 자기들 배를 가득 채운 다음 굴로 돌아온다. 그러고는 자기들이 먹은 것을 모두 토해놓고 모두 함께 먹는다. 어느 시점에서 어른들은 새끼에게 다른 개과 동물이 쓰던 방식을 사용하여 이런 식사를 하지 못하게 한다. 새끼의 목뒤에서 입을 벌린 채 새끼를 눌러서 뭉개버린다. 늑대의 경우 이 임무는 어미에게만 국한된 것이 아니며 어른 암수 모두에 의해 실행된다.

시카고 늑대 무리의 지도자는 늑대 무리들이 갇혀 있는 몇 에이커의 지역을 끊임없이 순찰하는 거대한 수컷이다. 그는 무리의 구성원인 다른 7∼8마리가 대부분의 시간을 졸면서 보내는 동안 지치지 않는 멋진 걸음걸이로 돌아다닌다. 암컷들이 발정기에 이르면, 이들은 통상 지도자에게 자기 엉덩이를 부딪치며 유혹한다. 그러나 지도자는 다른 수컷들이 암컷을 취하지 못하게 막으면서도 보통 아무런 반응을 보이지 않는다. 작년에 이 수컷 중 한 마리가 암컷과의 교미에 성공했다. 다른 개과 동물처럼, 수컷 늑대는 암컷에게 꽉 물려 성기를 빼내지 못하고 속수무책이었다. 무리의 지도자가 흥분하여 달려들었다. 감히 자신의 특권을 넘보고 속수무책으로 있는 늑대에게 이 지도자는 어떻게 했을까? 의인화해서 본다면, 지도자가 속수무책인 늑대를 갈기갈기 찢어버렸을 것이라고 생각할 것이다. 그러나 그렇지 않다. 필름에 녹화된 바에 의하면, 지도자는 벌린 턱으로 죄를 범한 늑대의 머리를 네 번 누른 다음에 그냥 걸어가버렸다.

이러한 예에서 연구와 관련 있는 것은 무엇인가? 무리의 지도자가 한 행동은 기술될 수 없는 것이거나, S-R 용어로 단지 불충분하게 기술된 것이 아니다. 그 지도자는 다른 수컷의 성적 행동을 '부정적으로 강화' 하지 않는다. 그는 자신과 다른 늑대와의 관계의 본질을 주장하거나 확인한 것이다. 만약 지도자의 행동을 말로 번역한다면, '그런 짓 하지 마라' 라는 것이 아니다. 오히려 그것은 다음과 같은 은유적 행동으로 번역된다. '나는 너희의 어른이다, 이 어린 놈아!' 특별히 늑대에 관해, 그리고 일반적으로 언어 이전의 포유동물에 관해 내가 말하려는 것은, 그들의 대화가 주로 관계의 규칙과 우연성에 관한 것이라는 점이다.

이러한 견해의 보편성을 여러분에게 확신시키기 위해 좀더 친숙한 예를 들어보겠다. 그러나 이 견해가 행동학자들에게 정통적인 견해는 결코 아니다. 여러분의 고양이가 음식을 달라고 할 때, 고양이는 어떻게 하는가? 고양이는 음식이나 우유에 해당하는 말을 가지고 있지 않다. 고양이가 하는 행동은 새끼 고양이가 엄마 고양이에게 하는 특징적인 동작과 소리를 보이는 것이다. 우리가 만약 고양이의 메시지를 말로 옮긴다면, 고양이가 '우유!'라고 외친다고 말하는 것은 옳지 않다. 오히려 고양이는 '엄마!' 비슷한 것을 말하고 있다. 혹은 '의존! 의존!'을 주장하고 있다고 하는 것이 아마 더 옳을 것이다. 고양이는 관계의 패턴과 우연성이라는 관점에서 말하고 있으며, 이로부터 연역적 방법을 가지고 고양이가 원하는 것이 우유라는 사실을 짐작하는 것은 여러분에게 달렸다. 언어 이전의 포유류 및 벌들의 커뮤니케이션과 인간 언어의 차이를 특징짓는 데 필수적인 것은 바로 이 연역적인 방법이다.

인간 언어의 진화에서 놀라운 것──아주 새로운 것──은 추상화나 일반화의 발견이 아니라, 관계보다는 다른 어떤 것에 관해 어떻게 하면 구체적일 수 있는지를 발견한 것이다. 사실 이 발견은 성취되었음에도 불구하고, 인간의 행동에 거의 영향을 끼치지 않았다. 만약 A가 B에게 '비행기는 6시 30분에 떠날 예정이다'라고 말한다면, B는 이 말을 그저 비행기에 관한 사실을 진술하는 것으로만 받아들이지 않는다. 대개 그는 'A가 나에게 한 이 말은 나와 A의 관계에서 무엇을 의미하는가? 라는 질문에 약간의 신경을 쏟는다. 최근에 습득한 언어의 기교에도 불구하고, 우리 포유류 조상들은 겉으로 보기에는 매우 가까웠다.

어떻든 내가 돌고래의 커뮤니케이션을 연구하면서 처음에 기대한 것은 포유류의 일반적 특성이 근본적으로 관계에 관한 것임을 입증하는 것이었다. 이 전제만으로도 포유류 가운데서 산발적으로 커다란 두뇌가 발달하는 것을 설명하기에 충분할 것이다. 우리는 코끼리가 말하지 못하고, 고래가 쥐덫을 발명하지 못한다고 해서 이 동물들이 명백히 지적이지 않다고 불평할 필요가 없다. 요구되는 모든 것은, 진화의 어떤 단계에서 두뇌가 큰 동물이 관계의 게임에 빠질 만큼 어리석었으며, 일단 그 종이 다른 구성원에 대한 자기 구성원의 행동을 복잡하고 생사에 관한 문제와 관련된 것으로 해석하는 이 게임에 사로잡혔다면, 커다란 재능이나 지혜를 가지고 게임할 수 있는 개체에게 생존 가치가 있었다고 가정하는 것이다. 그렇게 되면 우리는 당연히 고래들의 관계에 관한 커뮤니케이션의 고도로 복잡한 면을 알게 되리라 예상할 수 있다. 그들이 포유류이기 때문에, 우리는 그들의 커뮤니케이션은 근본적으로 관계의 패턴과 우연성에 관한 것일 거라고 예상할 수 있다. 그들이 사회적이고, 커다란 두뇌를 가지고 있기 때문에, 우리는 그들의 커뮤니케이션에서 고도의 복잡성을 예상할 수 있다.

방법론적 고려

앞의 가설은 개별적인 동물의 '심리학' 이라 불리는 것(예컨대 지능,

재능, 분별력 등)을 어떻게 검증할 수 있는가라는 매우 특별하고 어려운 문제를 제기한다. 릴리의 실험실에서 실시되었던 것과 같은 단순한 분별력 실험은 어디서든 일련의 단계들과 확실히 연관되어 있다. (1) 돌고래는 자극하는 물체 X와 Y 사이의 차이를 인지할 수도, 못할 수도 있다. (2) 돌고래는 이 차이가 행동의 단서가 된다는 사실을 인지할 수도, 못할 수도 있다. (3) 돌고래는 문제시되는 자신의 행동이 강화에 좋거나 나쁜 결과를 가져온다는 사실, 즉 '옳은' 행동이 물고기를 얻는 조건이 된다는 사실을 인지할 수도, 못할 수도 있다. (4) 돌고래는 무엇이 옳은 행위인지를 알고 난 후에도 '옳은' 행동을 선택할 수도, 안 할 수도 있다. 처음의 세 단계에서 성공은 돌고래에게 단지 그 다음의 선택 사항을 제공하는 것일 뿐이다. 이 추가적인 자유도는 우리의 조사에서 우선적인 관심사가 되어야만 한다.

이는 방법론적인 이유에서 우리의 첫 번째 관심사가 되어야만 한다. 통상적으로 이와 같은 실험의 기초가 되는 주장을 생각해보자. 우리는 언제나 일련의 과정 중에서 더 나중의 단계에서 이전의 단계를 돌아보며 주장한다. 즉 '만약 우리의 실험에서 동물이 2단계를 완수할 수 있었다면, 그 동물은 1단계도 틀림없이 해낼 수 있었을 것이다' 라고 말한다. 만약 동물이 자신에게 보상을 가져다줄 수 있는 방식으로 행동하는 것을 학습할 수 있었다면, 그는 X와 Y를 구별하는 데 필요한 감각의 예민함을 가지고 있었음이 틀림없다. 등등.

분명 우리는 나중의 단계에서 동물들이 성공하는 것을 관찰하는 것으로 좀더 기초적인 단계들에 대한 결론을 주장하길 원하기 때문에, 우리가 다루는 유기체가 4단계를 수행할 수 있는지에 대해 아는 것은 매우 중요하다. 만약 4단계를 수행할 수 있다면, 1단계에서 3단계까지에 관한 모든 논의는, 4단계를 적절히 조절할 수 있는 방법을 실험 계획 속에 끼워 넣지 않는다면 무효화될 것이다. 인간은 충분히 4단계를 수행할 수 있음에도 불구하고, 인간을 피험자로 하는 심리학자들은 이상하게도 이런 사실로 생기는 혼란을 배제하려는 특별한 주의를 기울이지 않은 채 1단계에서 3단계까지 연구해올 수 있었다. 만약 피험자인 인간이 '협조적이고 건전한 정신'을 가지고 있다면, 그는 실험자에 대한 자신의 개인적 관점에 따라 자기 행동을 수정하려는 대부분의 충동을 억제하면서 시험받는 상황에 반응할 것이다. 협조적이고 건전하다는 말은 4단계 수준에서 일관성의 정도를 의미한다. 심리학자는 일종의 선결 문제의 오류petitio principii[239]에 의해 움직인다. 만약 피험자가 협조적이고 건전하다면(만약 관계의 규칙이 상당히 일정하다면), 심리학자는 이런 규칙의 변화에 대해 걱정할 필요가 없다.

만약 피험자가 비협조적이거나, 정신병자거나, 정신분열증 환자거나, 장난꾸러기거나, 돌고래라면 방법의 문제는 완전히 달라진다. 어쩌면 이 동물의 가장 매력적인 면은 분명 상대적으로 높은 수준에서 작용하는 능력, 즉 여전히 입증되어야 하는 능력에서 비롯되는지도 모른다.

이제 동물 조련사의 기술에 대해 생각해보자. 이런 고도의 기술을 가진 사람——돌고래와 안내견 둘 다의 조련사——과의 대화를 통해서 내가 받은 인상은, 조련사에게 우선적으로 요구되는 것은 4단계 수준에서 동물이 선택하려는 노력을 반드시 못하게 할 수 있어야 한다는 것이다. 주어진 맥락에서 어떻게 하는 게 옳은 것인지를 동물이 알

---

239) (옮긴이주) 증명이 필요한 전제를 당연한 것으로 받아들이는 논리학상의 오류를 가리키는 말이다.

고 있을 때, 동물에게 그것이 자기가 할 수 있는 유일한 것이며, 그것이 터무니없는 것이 아님을 계속해서 이해시켜야만 한다. 다시 말해서 동물이 자신의 높은 수준의 지능을 사용하지 못하게 하는 것이 서커스 공연을 성공적으로 수행할 수 있는 일차적 조건이다. 최면술사의 기술도 비슷하다.

새뮤얼 존슨Samuel Johnson 박사에 관한 이야기가 있다. 어떤 어리석은 부인이 박사가 있는 곳에서 자신의 개로 하여금 묘기를 부리게 했다. 박사는 별로 감동하지 않은 것 같았다. 그 부인은 "그렇지만 존슨 박사님, 개에게 그것이 얼마나 어려운 일인지를 박사님은 모르십니다"라고 말했다. 존슨 박사는 "부인, 어렵다고요? 그건 불가능한 것이었지요!"라고 대답했다.

서커스 묘기에서 놀라운 점은, 동물의 지능이 상당 부분 용도 폐기되었음에도 불구하고 묘기를 수행하기에 충분한 지능을 동물이 아직 가지고 있다는 사실이다. 나는 의식적 지능을 인간 마음의 가장 훌륭한 장식품이라고 생각한다. 하지만 선사(禪師)에서 프로이트에 이르기까지 많은 권위자들은 덜 의식적이고 어쩌면 더 원시적인 수준의 재능을 강조해왔다.

관계에 대한 커뮤니케이션

앞에서 말했듯이, 나는 돌고래의 커뮤니케이션은 거의 완전히 생소한 것이라고 예상한다. 나는 이 점을 더 자세히 말하려고 한다. 포유동물인 우리는, 비록 무의식적이지만, 우리의 관계에 관해 서로 커뮤니케이션하는 습관에 익숙하다. 지구상의 다른 포유동물들처럼, 우리는 몸동작, 수의근[240]의 불수의적 긴장, 표정 변화, 망설임, 말과 동작의 템포 변화, 목소리의 뉘앙스, 불규칙한 호흡과 같은 동작과 준언어적 수단을 통해 관계에 대한 커뮤니케이션을 한다. 만약 여러분이 개가 짖는 것이 무엇을 '의미' 하는지 알고 싶다면, 개의 입술, 목뒤의 털, 꼬리 등을 볼 것이다. 이러한 몸의 '표현적인' 부분은 개가 주위의 어떤 것에 대해 짖고 있는지, 몇 초 후 그 대상에 대해 개가 어떤 관계 패턴을 취할 가능성이 있는지를 말해준다. 무엇보다도 여러분은 개의 감각 기관, 눈, 귀, 그리고 코를 살필 것이다.

모든 포유동물에서 감각 기관은 관계에 관한 메시지를 전달하는 기관이 된다. 눈먼 사람이 사람들을 불편하게 하는 것은 그가 볼 수 없기 때문이 아니라——못 보는 것은 눈먼 사람의 문제이며, 우리는 그 사실을 희미하게 의식하고 있을 뿐이다——, 그가 눈의 움직임을 통해 우리가 기대하고 필요로 하는 메시지를 우리에게 전달하지 못함으로써 우리로 하여금 그 사람과 우리의 관계 상태를 알고 확신하게 하지 못하기 때문이다. 돌고래가 다른 돌고래가 사용하는 음파 탐지법의 방향, 크기 및 높이를 읽어내는 것에 대해 우리가 알기 전에는 우리는 돌고래의 커뮤니케이션에 관해 많은 것을 알지 못할 것이다.

---

240) (옮긴이주) 신체의 근육은 평활근smooth muscle과 심장근cardiac muscle, 그리고 근육이라 불리는 골격근skeletal muscle으로 나누어진다. 평활근과 심장근은 대뇌의 의식적 조절에 의해 움직이지 않으며 자율신경계에 의해 움직임이 조절되므로 불수의근involuntary muscle이라 불린다. 평활근은 대부분의 내장 기관과 혈관벽을 구성하고 있으며, 심장근은 심장벽의 주요 부분을 구성하고 있다. 골격근은 대뇌의 의식적인 조절에 의해 움직일 수 있는 근육을 가리킨다. 골격근은 운동 신경의 지배를 받으며, 수축과 이완에 의한 의도적인 동작이 가능하기 때문에 수의근voluntary muscle이라 불린다.

우리에게 돌고래의 커뮤니케이션이 신비롭고 분명치 않은 것으로 보이는 것은 어쩌면 우리에게 이런 지식이 결여되어 있기 때문인지도 모르지만, 나는 좀더 깊은 설명이 가능하리라 생각한다. 바다 생활에의 적응이 고래의 얼굴 표정을 없어지게 했다. 고래들은 펄럭거릴 귀도 없으며, 꼿꼿이 세울 털도 별로 없다. 심지어 경추(頸椎)도 많은 종에서 단단하게 한 덩어리로 융합되었고, 진화는 몸을 유선형으로 만들었으며, 전신의 이동을 위해 따로 떨어진 부분들의 표현성을 희생했다. 더욱이 바다에서의 삶의 조건은, 돌고래가 풍부한 표정을 가졌다 해도, 돌고래의 세세한 표정은 가장 맑은 물에서조차 아주 짧은 거리에서만 다른 동료들에게 보일 수 있다.

그렇다면, 이 동물들에게 있어서 음성은 대부분의 동물이 얼굴 표정, 꼬리 흔들기, 주먹 쥐기, 손바닥 보이기, 콧구멍 벌렁거리기로 수행하는 커뮤니케이션 기능을 이어받았다고 가정하는 것이 이치에 맞을 것이다. 고래는 커뮤니케이션 면에서 기린과 반대라고 말할 수 있을 것이다. 고래는 목은 없지만, 목소리를 가지고 있다. 이런 결론만으로도 돌고래의 커뮤니케이션 문제는 이론적으로 매우 흥미로운 과제가 될 것이다. 예컨대 몸짓에서 음성으로의 진화론적 이동이 이루어지는 가운데 똑같은 일반적 범주의 구조가 계속 사용되는지의 여부를 밝히는 것은 상당히 흥미로울 것이다.

나 자신이 받은 인상은──이것은 검증되지 않은 인상일 뿐이다──돌고래가 몸짓을 준언어로 대체했다는 가설은 돌고래들의 소리를 들었을 때의 나의 경험과 상당히 맞지 않는다는 것이다. 우리 지구상의 포유동물들은 준언어 커뮤니케이션에 익숙하다. 인간 자신도 투덜거리고 신음하며, 웃고 흐느끼며, 말하는 동안 호흡을 조절하는 등의 준언어 커뮤니케이션 수단을 사용한다. 따라서 우리는 다른 포유동물의 준언어 소리들을 완전히 불분명하게 여기지 않는다. 우리는 우리의 추측이 종종 잘못될 수 있음에도 불구하고, 준언어 소리들에서 어떤 종류의 인사, 연민, 격분, 설득, 텃세를 상당히 쉽게 알아본다. 그러나 우리가 돌고래의 소리를 들을 때, 우리는 그 의미를 짐작조차 할 수 없다. 나는 돌고래의 소리를 단지 다른 포유동물의 준언어를 공들여 만든 것으로 설명하려는 직감을 전혀 신뢰하지 않는다. (그렇지만 우리의 무능력에서 주장하는 것은 우리가 할 수 있는 것에서 주장하는 것보다 설득력이 약하다.)

나는 개인적으로 돌고래가 언어학자들이 '언어' 라고 부르는 어떤 것을 가지고 있다고 믿지 않는다. 나는 손이 없는 어떤 동물이 그처럼 기이한 커뮤니케이션 양식에 도달할 만큼 어리석다고 생각하지 않는다. 실제로는 관계의 패턴과 우연성에 대해 논하면서, 손에 쥘 수 있는 사물을 논하는 데 적합한 구문과 범주 체계를 사용한다는 것은 엉뚱한 일이다. 그러나 이 방에서 일어나고 있는 일이 바로 그것이라는 것을 나는 인정한다. 여러분이 듣고 지켜보는 동안, 나는 여기 서서 말하고 있다. 나는 여러분을 납득시키고, 여러분으로 하여금 내 방식대로 사물을 보게 하고, 여러분의 존경을 얻으려 하고, 여러분에 대한 나의 존경을 나타내려 하고, 여러분을 자극하려 하는 등의 노력을 하고 있다. 그러나 실제로 일어나는 것은, 고래에 관한 과학적 토론의 규칙을 모두 따르면서 우리 관계의 패턴에 대해 논하는 것이다. 그것이 인간적인 것이다.

나는 돌고래들이 이런 의미의 언어를 가지고 있다고 전혀 생각하지 않는다. 그러나 나는 그들이 우리와 다른 포유동물들처럼 자신들의 관계 패턴에 열중하고 있다고 생각한다. 이런 관계의 패턴에 대한 논의를 메시지에 대한 μ함수라고 하자. 결국 우리에게 이 함수의 엄청난 중요성을 야옹 하며 보여준 것은 고양이였다. 언어 이전의 포유동물들은 꼭 필요할 때, 주로 μ-함수 신호를 사용하여 사물에 관한 커뮤니케이션을 한다. 이와 반대로 인간들은 관계를 논의하는 데 주로 사물을 향해 방향 지어진 언어를 사용한다. 고양이는 '의존' 이라고 말함으로써 우유를 달라고 하며, 나는 고래에 관해 이야기하면서 여러분의 관심과 어쩌면 존경까지 요구하고 있다. 그러나 우리는 돌고래가 그들의 커뮤니케이션에 있어서 나 혹은 고양이 가운데 누구를 닮았는지 모른다. 그들은 완전히 다른 시스템을 가지고 있을 수도 있다.

아날로그 대 디지털 커뮤니케이션

문제의 또 다른 측면이 있다. 다른 문화권에서 온 사람들의 준언어와 몸짓들, 그리고 심지어 지구상의 다른 포유동물의 준언어들은 우리에게 최소한 부분적으로라도 이해되는 반면, 다른 문화권에서 온 사람들의 구두 언어는 완전히 생소하게 느껴지는 것은 어째서인가? 이런 점에서, 돌고래의 소리는 지구상의 다른 포유동물들의 몸짓이나 준언어보다 인간의 언어와 더 가깝다고 생각된다.

우리는 물론, 왜 외국어는 알 수 없는데 몸짓과 목소리의 톤은 부분적으로 알 수 있는지를 알고 있다. 그것은 언어는 디지털이고, 몸짓과 준언어는 아날로그이기 때문이다.[241] 문제의 핵심은, 디지털 커뮤니케이션에서 순전히 관습적인 많은 기호들이——1, 2, 3, X, Y 등——연산algorithm이라는 법칙에 의해 혹사당한다는 것이다. 기호 자체는 기호들이 의미하는 것과 아무런 관계(예컨대 크기의 대응)가 없다. 숫자 '5'는 숫자 '3'보다 크지 않다. 우리가 '7'에서 가로선을 없애면 '7'이 '1'이 되는 것은 사실이다. 그러나 그 가로선은 어떤 의미에서도 '6'을 나타내지 않는다. 이름은 보통 이름 붙여진 클래스와 순전히 관습적이거나 임의적인 연결을 가질 뿐이다. 숫자 '5'는 크기의 이름일 뿐이다. 나의 전화번호가 여러분의 전화번호보다 크다고 말하는 것은 터무니없는 것이다. 왜냐하면 전화 교환기는 완전히 디지털 컴퓨터이기 때문이다. 그것은 숫자의 크기를 제공한 것이 아니라 행렬의 위치에 대한 이름을 제공한 것이다.

그렇지만 아날로그 커뮤니케이션에서는 실제 크기가 사용되며, 그 크기는 논의되는 대상의 실제 크기와 일치한다. 사진기에 연결된 거리계range finder는 아날로그 컴퓨터의 친근한 예다. 이 장치는 실제 크기를 가진 각도를 제공하며, 그 각도는 실제로 사진 찍힐 대상의 어떤 지점과 거리계의 밑부분이 대응하는 각도다. 이 각도가 캠cam을 조정하며, 그 다음에 캠은 사진기의 렌즈를 앞뒤로 움직인다. 이 장치의 비결은 물체까지의 거리와 이미지상의 거리 사이의 함수 관계에 대한 아날로그적 재현(즉 그림, 데카르트 좌표의 그래프)인 캠의 모양에 있다.

---

241) 커뮤니케이션 양식에서의 디지털과 아날로그의 차이는 아마도 영어를 사용하는 수학자가 일본인 동료가 쓴 논문을 대했을 때를 생각해보면 분명해질 수도 있다. 그는 일본 한자를 이해하지 못한 채 응시하지만, 일본어 출판물에서 데카르트 좌표의 그래프Cartesian graph들은 부분적으로 이해할 수 있다. 한자는 원래 아날로그 그림이었음에도 불구하고 지금은 순전히 디지털이다. 데카르트 좌표의 그래프는 아날로그다.

구두 언어는 거의(그러나 모두는 아님) 순전히 디지털이다. '크다' 라는 말은 '작다' 라는 말보다 크지 않다. 그리고 일반적으로 '탁자' 라는 말에는 그 사물이 나타내는 크기와 관계되는 시스템과 일치하는 패턴(즉 크기와 서로 관계되는 시스템)이 전혀 없다. 반면 몸짓과 준언어 커뮤니케이션에서 몸짓의 크기나 목소리의 크기, 이야기가 중단된 길이, 근육의 긴장도, 등의 크기들은 담론의 주제가 되는 관계에서의 크기와 (직접적으로 또는 반대로) 보통 일치한다. 젖떼기 의식 자체는 아날로그적인 몸짓 신호들이기 때문에, 우리가 동물의 젖떼기 의식에 관한 자료를 가지고 있을 때, 늑대 무리 지도자의 커뮤니케이션에서 행동 패턴은 그 즉시 알 수 있다.

그렇다면, 돌고래의 소리는 μ함수의 디지털적인 표현일 수도 있다는 가정을 고려해보는 것이 논리적이다. 돌고래의 커뮤니케이션이 거의 완전히 생소한 종류일 거라고 말하면서 내가 마음에 둔 점은 이러한 가능성이다. 인간이 '사랑', '존경', '의존' 등과 같이 μ함수에 대한 약간의 말을 가지고 있는 것은 사실이다. 그러나 이 말들은 실제로 관계에 대한 대화를 할 때 관계의 참여자들 사이에서 별 기능을 하지 못한다. 만약 당신이 한 소녀에게 '나는 당신을 사랑합니다' 라고 말한다면, 그녀는 말 자체보다는 수반된 몸짓과 준언어에 더 많은 신경을 쓸 것이다.

우리 인간들은 다른 사람이 관계에 관한 말로 우리의 자세와 태도를 번역하여 해석하기 시작하면 매우 불편해진다. 우리는 이런 주제에 관한 우리의 메시지들이 아날로그적이고, 무의식적이고, 불수의적으로 남아 있는 것을 더 좋아한다. 우리는 관계에 관한 메시지를 가장할 수 있는 자들을 불신하는 경향이 있다. 따라서 우리는 그 주된 과제가

μ함수가 될 매우 단순하고 기본적인 디지털 시스템과 함께하는 종이 되는 것이 무엇인지에 대해 전혀 모르고 있다. 이 시스템은 우리 지구 상의 포유동물이 상상할 수 없는 것이며, 그에 대한 공감도 전혀 존재하지 않는다.

연구 계획

나의 논문에서 가장 추측적인 부분은 그러한 일단의 가설을 검토하고 확충하는 계획에 관한 논의다. 나는 다음과 같은 발견적인 가정을 따라갈 것이다.

(1) 가설을 구성하는 용어들의 인식론 그 자체는 검토의 대상이 되지 않는다. 화이트헤드와 러셀[242]에서 유래된 그 인식론은 우리의 연구를 안내하는 역할을 한다. 그 연구가 가치 있다고 입증된다면, 그 성공은 인식론에 대한 미약한 검증에 불과할 것이다.

(2) 우리가 비록 관계 패턴의 논의를 위한 원시적인 디지털 시스템이 무엇인지는 알지 못하지만, 그것이 '사물'의 언어와 같지 않다는 사실은 짐작할 수 있다. (그것은 어쩌면 음악과 더 비슷할 것이다.) 따라서 나는 인간 언어의 코드들에 대한 비밀을 밝히는 기술을 돌고래 소리에 바로 적용할 수 있다고 기대하지 않는다.

(3) 그렇다면 첫 번째 요건은 동물들의 행동, 상호작용, 사회 조직에 대한 면밀한 행동학적 연구를 통해 그 동물들 속에 존재하는 관계의

---

242) A. N. Whitehead · B. Russell, *Principia Mathematica.*

다양성과 요소들을 확인하고 분류하는 것이다. 이런 패턴들을 구축하는 요소들은 분명 그 종들의 몸짓과 행동에 여전히 남아 있다. 따라서 우리는 우선 개별적인 돌고래들의 몸짓 신호들을 열거한 다음, 그것들이 사용되는 맥락들과 관련시켜 그것들을 설명해야 한다.

(4) 의심할 바 없이, 늑대 무리 지도자의 행동이 늑대들 속에서의 '지배dominance'가 은유적으로 젖떼기와 관계되어 있다는 사실을 우리에게 말해주는 것처럼, 돌고래들 역시 '지배', '의존', 그리고 다른 μ함수들에 대한 몸짓의 은유를 우리에게 말해줄 것이다. 이런 신호 체계는 비록 인위적으로 물탱크에 함께 갇힌 동물들에서도 존재하는 관계의 다양한 그림을 형성하기 위해 서서히 조금씩 서로 맞아 들어갈 것이다.

(5) 우리가 돌고래의 은유 체계를 이해하기 시작함에 따라, 그들의 발성에 관한 맥락들도 인식하고 분류할 수 있게 될 것이다. 이 점에서 코드들의 비밀을 밝히는 통계적 기술도 유용하리라 생각된다.

(6) 학습 과정의 계층 구조에 관한 가설들은──이 논문 전체가 의존하고 있는──다양한 종류의 실험에 기초를 제공하고 있다. 최초-학습의 맥락들은, 어떤 형태의 맥락 속에서 어떤 형태의 학습이 가장 쉽사리 일어나는가를 관찰하는 관점에 따라 여러 가지로 구성될 수 있다. 우리는 둘이나 그 이상의 동물과 한 사람의 관계, 또는 둘이나 그 이상의 사람과 한 마리 동물의 관계와 연관된 맥락들에 각별한 관심을 기울일 것이다. 그러한 맥락들은 동물이 특징적인 행동을 보여주거나, 맥락을 수정하기 위해(즉 인간을 조종하기 위해) 특징적인 시도를 할 것으로 예상되는 사회 조직의 축소 모델이다.

논평

우드 : 12년 동안 플로리다의 해양 스튜디오에서, 나는 보통 둘 혹은 그 이상이 성장 과정에 있는 다양한 연령층을 가진 갇힌 상태의 병코돌고래Tursiops[243]에서 가장 자연스러운 무리가 무엇인지를 살피면서 대부분의 시간을 보냈다. 그리고 나는 버진아일랜드의 매우 제한된 동물 집단에서도 여러분이 발견하고자 하는 것을 거의 조금밖에 보지 못했다.

한번은 매우 흥미로운 것을 보았다. 어느 날 아침 6시 혹은 6시 30분 쯤에, 적어도 30분 동안, 어른 수놈이 물탱크에서 움직이지 않고 있는 암놈들 중 한 마리의 옆자리를 차지했다. 그 고래는 가끔 위로 올라가 멀어지기도 하고, 그런 다음 다시 돌아와 암놈 옆에 나타나, 오른쪽 지느러미로 반복해서 암놈의 옆을 쳤다. 이 행동에 성적인 의미는 전혀 없었다. 수놈이 발기한 기색도 없었고, 눈에 띄는 암놈의 반응도 없었다. 하지만 이것은 내가 일찍이 물탱크 속에서 관찰한 명백히 비음성적인 신호였다.

베이트슨 : 내가 말하고 싶은 것은, 첫눈에 본 것보다 훨씬 많은 양의 신호가 보내지고 있다는 점이다. 물론 매우 중요한 어느 정도 특별한 종류의 신호가 있기는 하다. 나는 그 점을 부정하지 않는다. 접촉과 같은 것 말이다. 그러나 다른 두 마리가 주변을 배회하는 동안 수면 아래

---

243) (옮긴이주) 병코돌고래bottle nose dolphin는 몸길이 1.9~4m, 몸무게 500kg 정도다. 태평양돌고래라고도 한다. 돌고래 중에서 가장 큰 종이며, 길들이기가 쉬워 동물원, 수족관에서 쇼를 하는 데 이용되기도 한다.

1미터에 거의 머물러 있으면서 정신적 충격을 받아 수줍어하는 암놈은 움직이지 않고 가만히 있는 것만으로도 많은 관심을 받고 있는 것이다. 암놈이 적극적으로 신호를 보내지 않을 수도 있지만, 이와 같은 신체적 커뮤니케이션에서, 여러분은 다른 사람으로 하여금 자신의 신호를 포착하게 하기 위해 적극적으로 신호를 보낼 필요는 없다. 그냥 그 자리에 있는 것만으로도 다가오거나, 지나가거나, 지나가다 잠깐 멈춰 있는 다른 두 마리 고래들로부터 충분한 관심을 끌 수 있다. 암놈은 말하자면 '고립되어' 있는 것이다. 그러나 이 암놈은 사실, 고립되어 있음으로써 가족의 무게중심이 되는 정신분열증 환자처럼 거의 그렇게 고립되어 있다. 집단의 다른 모든 고래들은 암놈이 고립되어 있다는 사실 주위를 맴돌고 있으며, 암놈은 그들로 하여금 항상 이 사실을 기억하게 한다.

레이 박사 : 나는 베이트슨 씨와 의견을 같이한다. 우리는 뉴욕 수족관에서 흰돌고래beluga whale[244]를 가지고 연구하고 있으며, 이 동물들은 우리가 상상하는 것보다 훨씬 더 표현적이라고 생각된다. 나는 갇힌 상태에서 고래들이 그렇게 표현적이지 못한 이유들 중 한 가지

---

244) (옮긴이주) 'white whale' 이라고도 한다. 몸길이 4~5.5m, 몸무게 1~1.5톤. 갓 태어난 새끼는 진한 회색이지만, 자라면서 점점 색이 흐려지고 다섯 살이 되면 거의 흰색이 된다. 목의 형태가 뚜렷하며, 목을 90도 가까이 좌우로 구부릴 수 있다. 사람에게 잘 길들여지며, 잠수한 상태로 2~3km까지 이동할 수 있다. 휘익, 깩깩, 탁, 무, 캥캥 하는 갖가지 소리를 내는데, 이 소리는 물 밖에서도 들린다. 그래서 선원들은 이들을 바다의 카나리아라고 부르기도 했다. 초음파 내비게이션 시스템을 이용해 얼음 구조를 완전히 파악할 수 있기 때문에 얼음에 부딪히지 않고 빠르게 헤엄칠 수 있으며, 항상 웃음 짓는 듯한 표정도 독특하다.

는 그들이 대부분의 시간 동안 슬픔에 지쳐 있다는 데 있다고 생각한다. 물탱크 속 환경에서는 별 흥밋거리가 없으며, 나는 우리가 지금 하는 것보다 더 현명하게 그들의 갇힌 상태를 능숙하게 다루어야 한다고 생각한다. 나는 고래를 조종해야 한다고 말하는 것이 아니다. 고래들은 그런 것을 싫어한다. 하지만 다른 종류의 동물을 도입하는 것이나, 우리가 할 수 있는 작지만 현명한 것들이 그들을 좀더 반응하게 만들 것이다. 갇혀 있는 고래들은 우리 속의 원숭이와 같다. 그들은 지능이 높고, 고도로 발달되어 있으며, 그래서 그들은 지루해지는 것이다.

다른 요소는 우리의 관찰 기술이며, 적어도 흰돌고래들의 경우, 우리는 그들의 매우 두드러진 특징인 멜론 모양으로 변하는 모습을 관찰함으로써 그들이 내는 소리들을 시각적으로 인지할 수 있었다. 흰돌고래는 한쪽 또는 다른 쪽을 부풀게 하거나, 소리 내는 것과 관련된 몇 가지 다른 모습을 취할 수 있다. 따라서 아주 신중하게 관찰하고, 그리고/또는 요령 있게 다룸으로써, 이 동물들과 많은 것들을 상당히 쉽게 할 수 있게 된다고 생각한다.

베이트슨 : 내가 말하려고 했던 것은, 포유동물과 심지어 개미들의 모든 감각 기관은 '다른 동료들의 눈이 어디에 초점을 맞추고 있는가?', '그의 지느러미가 어느 쪽을 향하는가?'와 같은 메시지들을 전달하는 주요한 기관이 된다는 것이다. 이런 식으로 감각 기관은 신호를 전달하는 기관이 된다.

우리가 돌고래를 이해하려고 한다면, 우리에게 절대적으로 필요한 것은, 어떤 동물이 다른 동물의 음파 사용을 통해 아는 것, 그 음파 사용으로부터 읽어낼 수 있는 것이 무엇인가에 관한 지식이다. 나는 이

속에 모든 종류의 예의범절이 존재한다고 추측한다. 마치 사람 사이에서 상대방의 발을 너무 자세히 보는 것이 예의에 어긋나는 것처럼, 동물에게 음파를 과도하게 쏘는 것도 아마 예의가 아닐 것이다. 우리는 다른 사람들의 몸짓을 관찰하는 것에 대한 많은 터부들을 가지고 있다. 왜냐하면 그런 식으로 너무 많은 정보가 얻어지기 때문이다.

퍼브스 박사 : 내가 보기에 돌고래나 고래는 과거에 인간이 가졌던 것보다 더 많은 불리함으로 고생하는 것 같다. 왜냐하면──나는 그 전거는 잊어버렸다──인간 언어의 기원은 아날로그 언어라고 이야기됐기 때문이다. 다시 말해서 만약 여러분이 '아래' 라는 말을 한다면, 여러분은 손을 내리고 아래턱도 내린다. 만약 '위' 라는 말을 한다면, 여러분은 손을 올리고 아래턱도 올린다. 그리고 만약 여러분이 '탁자' 라는 말을 한다면, 특히 이 단어를 프랑스어로 발음할 때, 여러분의 입이 옆으로 벌어지면서 여러분은 수평적인 몸짓을 취하게 된다. 복잡한 인간의 언어도 아날로그 언어를 기원으로 한다. 불쌍한 돌고래에게는 이러한 출발점이. 없다. 따라서 돌고래는 높은 지능을 가지고 완전히 새로 커뮤니케이션 시스템을 발전시켜야만 했을 것이다.

베이트슨 : 이 동물에게 일어난 일은, 우리가 시각적으로 얻는 정보와 지구상의 다른 동물이 시각적으로 얻는 정보가 틀림없이 음성으로 추구되었다는 것이다. 나는 여전히 남아 있는 시각적 자료들을 조사하는 것으로 시작하는 것이 우리에게 적절하다고 주장한다.

'베이트슨 법칙'의 재-검토[245]

서론

대략 80년 전, 나의 아버지 윌리엄 베이트슨은 동물과 식물의 형태에 나타나는 대칭과 체절[246]의 규칙적인 현상에 매료되었다. 오늘날 당시에 그가 무엇을 추구했는지는 정확히 규정하기 어렵지만, 대체로 그는 그와 같은 현상을 연구함으로써 생명체의 본질에 대한 완전히

---

245) 《유전학 잡지 *Journal of Genetics*》에 실렸던 글로, 이 잡지의 허락을 받아 여기에 재수록했다.
246) (옮긴이주) 동물의 몸에서 전후 축을 따라 반복적으로 배열되는 분절적인 입체 구조의 단위를 말한다. 이와 같은 구조 중에는 하나의 기관이나 몇 개의 기관이 반복해서 존재하는 경우도 있다. 환형동물이나 절지동물의 체절이 좋은 보기이며, 새우, 게 등의 갑각류, 나비, 잠자리 등의 곤충류를 포함한 절지동물에서는 체절의 유합으로 인해 복부에서만 체절 구조를 볼 수 있다.

새로운 개념을 발전시킬 수 있을 것이라고 믿었음이 분명하다. 그는 정확히 자연선택만이 진화론적 변화의 방향을 결정하는 것은 아니며, 변이variation[247]의 발생은 무작위한 것이 될 수 없다고 생각했음이 틀림없다. 따라서 그는 변이라는 현상 속에 규칙성과 '법칙성'이 있다는 점을 입증하려고 시도했다.

그가 살던 시대의 생물학자들이 거의 무시했던 그런 종류의 질서를 증명하려는 시도 속에서, 분명하게 공식화된 적은 없었지만, 그는 변이에서 규칙성을 찾아야 할 곳은 바로, 이미 규칙적이고 반복적인 것에 대해 변이가 영향을 미친 지점이라는 생각을 갖고 있었다. 그 자체가 현저하게 규칙적인 대칭과 체절 현상은 진화 과정에 내재하는 규칙이나 '법칙'에 의해 생기는 것이 틀림없을 것이며, 따라서 대칭과 체절의 변이는 바로 이 법칙들의 작용이라는 것이 예증되어야 한다.

오늘날의 표현으로, 나의 아버지는 유기체들이 사이버네틱스, 조직 및 기타 커뮤니케이션의 한계 내에서 진화하고 발달한다는 사실을 나타내는 생명체의 질서정연한 특성들을 모색하고 있었다고 말할 수 있다.

그가 '유전학genetics'[248]이라는 말을 만든 것은 이 연구를 위해서였다.

---

247) (옮긴이주) 같은 종이나 단일한 번식 집단 내의 개체 간에 나타나는 어떤 형질의 질적·양적 차이를 가리키며, 세포나 유전자 수준에서는 그러한 차이를 생기게 하는 세포질, DNA, 그리고 염색체의 변화를 가리킨다. 변이에는 유전자나 염색체의 변화로 유발되어 유전되는 돌연변이와 같은 유전적 변이와, 환경의 차이나 발생이나 발육 과정에서 우연히 작용하는 요인으로 유발되어 유전되지 않는 개체 변이(환경 변이, 방황 변이) 등의 비유전적 변이가 있다. 또 변이는 종자의 무게와 같이 자연적으로는 여러 등급으로 구분되지 않는 양적 형질의 변이인 연속 변이와 그렇지 않은 비연속 변이로 나뉘기도 한다.
248) W. Bateson, "The Progress of Genetic Research", Inaugural Address, Royal Horticultural Society Report(1906).

그는 동물의 대칭과 체절의 기형학teratology[249]을 가진 전 세계의 박물관, 개인 소장품, 그리고 잡지들의 자료를 검토하기로 계획했다. 이러한 조사를 상세하게 기록한 것이 두꺼운 한 권의 책[250]으로 출판되었으며, 그것은 아직도 상당히 흥미로운 책이다.

기형학적 변이의 영역 안에서 일어나는 규칙성을 예증하기 위해 아버지는 자신이 마주친 다양한 종류의 변형들을 분류했다. 그의 조사로 우연히 발견된 '발견'이라 불릴 만한 어떤 일반화를 제외하고 내가 여기서 그 분류에 관심을 갖는 것은 없다. 이 발견은 나중에 '베이트슨 법칙Bateson's Rule'이라고 불렸으며, 생물학 분야에서 풀리지 않은 수수께끼들 중의 하나로 남아 있다.

이 논문의 목적은 사이버네틱스, 정보 이론과 같은 것들에 의해 결정된 새로운 이론적 시각 속에 베이트슨 법칙을 자리매김시키는 것이다.

간단히 말해서, 가장 단순한 형식으로 베이트슨 법칙이 주장하는 것은, 비대칭인 측면 부속지(예컨대 오른손)가 중복될 때 중복된 사지는 좌우 대칭으로 나타나며, 두 부분은 각각 다른 부분의 거울상이 되어서 마치 이 양자 사이에 대칭면이 놓여 있는 것으로 상상할 수 있다는

---

249) (옮긴이주) 기형이란 생물의 발생 과정에서 유전이나 비유전적 요인에 의해 기관, 기관의 일부 또는 기관계에 생긴 형태적 이상을 말한다. 후천적 외상에 의한 결손은 포함되지 않으나, 재생시의 이상(파충류의 과잉 재생되는 꼬리 등)은 기형의 일종이다. 정상과 이상의 구별은 때로는 곤란한데, 일반적으로 변형의 정도가 심하고 기능적으로 어떠한 장애를 받는 경우를 기형이라고 한다. 기형에 관한 학문을 기형학이라 하며, 실험적 조작으로 동식물에 기형이 나타나게 하여 기형 형성의 메커니즘을 해석하는 것을 실험기형학이라 한다. 학문적으로 최초로 기형을 분류하고 원인을 고찰한 사람은 프랑스 박물학자 생틸레르E. G. Saint-Hilaire이며 기형학이라는 말도 그가 만들었다.

250) W. Bateson, *Materials for the Study of Variation*(London : Macmillan and Co., 1894).

것이다.

그렇지만 아버지 자신은 그와 같은 단순 중복이 과연 일어날 것인지를 매우 의심스러워했다. 그는 중복의 매우 많은 부분에서 중복된 체계의 한 요소는 그 자체가 이중이라고 믿었으며, 그러한 사실을 보여줄 증거를 축적했다. 그는 이와 같은 체계에서 세 요소는 보통 한 평면에 있으며, 이중다리doublet의 두 요소는 서로 거울상이며, 이중다리의 요소에서 원래 다리와 가까운 요소는 원래 다리의 거울상이라고 주장했다.

이러한 일반화는 아버지가 척추동물과 절지동물의 중복에서 확보한 매우 많은 사례, 그리고 박물관 자료에서는 물론 좀 드물게 확보한 나머지 문(門)[251]들의 몇몇 경우에서 증명되었다.

로스 해리슨Ross Harrison[252]은 베이트슨이 단순 중복의 중요성을 과소평가했다고 생각했다.

단순 중복의 실재와, 단순 중복이 흔한 현상인지 여부와는 상관없이, 나는 그것이 나타내는 논리적 문제에 대해 토론하는 것으로 이 논문을 시작할 것이다.

------

251) (옮긴이주) 생물을 분류할 때 사용하는 단계의 명칭. 계(界)(예컨대 동물계, 식물계) 아래의 분류 단계가 문(門)이고, 문 아래의 분류 단계는 강(綱)이다. 문의 분류 방법은 학자들의 견해에 따라 다르나 일반적으로 체제, 세포, 생식법, 발생 양식 등의 기본적인 차이에 따라 분류된다. 보통 동물은 20개 전후의 문으로 나뉘는데 소화관, 배출 기관, 체강, 순환계, 호흡 기관, 체절 구조, 발생 과정 등이 문제시된다. 식물에는 10개 전후의 문이 있는데 세포벽의 성분, 생식법, 배우자의 편모, 엽록소, 함유 색소, 관다발 등의 차이에 따른 것으로 볼 수 있다. 주 192도 참조.

252) R. G. Harrison, "On Relations of Symmetry in Transplanted Limbs", *Journal of Experimental Zoology*(1921), 32 : 1~118쪽.

문제의 재정의

1894년에는 문제가 다음과 같은 질문을 중심으로 논의되었다. 좌우 대칭과 무관한 맥락에서 좌우 대칭을 발생시키는 요인은 무엇인가?

그러나 현대 이론은 이와 같은 질문들을 모두 뒤집어놓았다. 기술적인 의미에서, 정보는 어떤 대안들을 배제하는 것이다. 조절기를 가진 기계가 정상 상태를 선택하는 것이 아니라, 자신이 어떤 다른 상태에 있지 않도록 막는 것이다. 그리고 그와 같은 모든 사이버네틱스 시스템에서, 교정 행위는 차이에 의해 생긴다. 공학도들의 은어로 말하면, 시스템은 '오차로 작동되는error activated' 것이다. 현재의 어떤 상태와 '선호되는' 어떤 상태 간의 차이가 교정 반응을 작동시킨다.

'정보'라는 전문 용어는 뒤이은 어떤 사건에 차이가 생기게 하는 차이라고 간명하게 정의될 수 있다. 이 정의는 사이버네틱스 시스템과 조직의 모든 분석에 기초적이다. 그 정의는 그러한 분석을 나머지 과학들과 연결시키며, 나머지 과학에서 사건의 원인은 보통 차이가 아니라 힘, 충격과 같은 것이다. 그러한 연결은 가용 에너지(즉 부엔트로피)가 두 온도 차이의 함수가 되는 열기관에 의해 전통적으로 입증되었다. 이와 같은 고전적 예에서 '정보'와 '부엔트로피'는 서로 중복된다.

더구나 그와 같은 사이버네틱스 체계에서 에너지 관계는 통상 역전되어 있다. 유기체들이 에너지를 저장할 수 있기 때문에 제한된 시간 동안의 에너지 소모는 에너지 입력의 역함수다. 아메바는 음식이 부족할 때 더 활동적이며, 녹색 식물의 줄기는 햇볕에서 먼 쪽이 더 빨리 자란다.

따라서 중복된 전체 부속지의 대칭에 관한 질문을 뒤집어보자. 왜

이 이중의 부속지는 상응하는 정상적인 유기체의 부속지들처럼 비대칭이 아닌가?

　이 질문에 대한 형식적이고 일반적인(특별하지 않은) 대답은 다음과 같은 방향에서 구성될 수 있다.

　(1) 동물극과 식물극을 가진 수정되지 않은 개구리 난자는 적도 반경의 분화가 없는 방사상 대칭이다. 그 난자는 양면 대칭의 배아로 발달하지만, 어떻게 난자가 배아의 좌우 대칭면이 되는 하나의 자오선meridian을 선택하는가? 그 대답은 알려져 있다――즉 실제로 개구리 난자는 외부에서 정보를 받는다. 정자의 침입(혹은 가는 섬유의 찌름) 지점이 다른 모든 자오선들과 구별되는 하나의 자오선을 표시하며, 그 자오선이 장차 좌우 대칭면이 된다.

　반대의 경우도 열거될 수 있다. 식물들 가운데 많은 과(科)들은 좌우 대칭의 꽃을 낳는다. 좌우 대칭 꽃들은 모두 분명 3개의 방사상 대칭(난초처럼)이나 5개의 대칭(꿀풀과Labiatae, 콩과Leguminosae 등의 식물처럼)에서 유래한 것이며, 좌우 대칭은 방사상 대칭의 한 축〔예컨대 친숙한 완두콩sweet pea의 기판(旗瓣)〕의 분화로 이루어진다. 우리는 다시 어떻게 서로 비슷한 3개(또는 5개)의 축에서 하나를 선택할 수 있는가라고 물을 수 있다. 그리고 다시 우리는 각각의 꽃이 외부에서 정보를 받는다는 것을 알게 된다. 그러한 좌우 대칭 꽃들은 가지 줄기에서만 발생하며, 꽃의 분화는 항상 본줄기에서 꽃을 낳는 가지 줄기가 나오는 방식에 맞춰진다. 아주 드물게 본줄기 끝에서 정상적인 좌우 대칭 꽃을 피우는 식물도 있다. 그 꽃은 대칭에서만 부득이 방사상일 뿐이며――컵처럼 생긴 기형이다. 〔카타세툼 군Catasetum group의 난초에서 좌우 대칭 꽃의 문제는 흥미롭다. 추측건대 이들은 틀림없이 동물의 측면 부속지처럼 그들 자신이 이미 좌우 대칭인, 예를 들어 복(腹)-배(背)가 납작한 본줄기에서 나온 가지에서 생길 것이다.〕

(2) 그렇다면 우리는 생물계에서, 방사상에서 좌우 대칭으로 가는 단계에는 통상 외부로부터의 정보가 필요하다는 점을 알 수 있다. 그렇지만 발산 과정의 일부는 순간적이고 무작위하게 분포된 차이——예컨대 개구리 난자의 반경 속에서——에 의해 유발될지도 모른다. 물론 이 경우에 특별한 발달을 위한 특정 자오선의 선택 자체는 무작위할 것이며, 완두콩과 콩과 식물 꽃의 좌우 대칭면처럼 유기체의 다른 부분에 맞춰질 수는 없을 것이다.

(3) 좌우 대칭에서 비대칭으로 가는 단계에도 같은 고찰들이 적용된다. 다시 한번 비대칭(절반이 다른 절반에서 분화되는 것)은 무작위한 과정에 의해 이루어지든가, 아니면 외부, 즉 인접한 조직이나 기관에서 받은 정보에 의해 이루어져야 한다. 척추동물이나 절지동물의 모든 측면 부속지는 거의 비대칭이며,[253] 비대칭은 동물의 나머지 부분과의 관계에서 결코 무작위하게 배치되지 않는다. 오른쪽 사지는 실험적 상황을 제외하고는 신체의 왼쪽에 나오지 않는다. 따라서 비대칭은 반드시 외부 정보에 의존해야 하며, 추측건대 그 정보는 인접한 조직에서 나올 것이다.

(4) 하지만 만약 좌우 대칭에서 비대칭으로 가는 단계가 추가 정보

---

253) 이와 관련해서, 비늘, 깃털, 그리고 체모는 특히 흥미롭다. 깃털은 새의 전(前)-후(後) 분화와 관련된 대칭면에 있어서 매우 분명한 좌우 대칭을 가진 것으로 여겨질 것이다. 이것과 겹치는 것은 개별적인 좌우 사지의 분화와 같은 비대칭이다. 한쪽 사지의 경우처럼, 상응하는 신체의 반대쪽 깃털과 서로 거울상이다. 모든 깃털은 이를테면 모양과 색이 자신의 성장 지점과 시점에 결정적인 변수값을 나타내는 깃발이다.

를 요구한다면, 이 추가 정보가 없을 경우, 비대칭이어야 할 손발은 좌우 대칭일 수밖에 없다는 결론이 나온다.

따라서 중복된 사지의 좌우 대칭 문제는 단지 정보 상실의 문제가 된다. 이는 모든 대칭의 감소(방사상 대칭에서 좌우 대칭으로, 또는 좌우 대칭에서 비대칭으로)는 추가 정보를 필요로 한다는 일반적인 논리 법칙에서 나온 결론이다.

앞의 논의가 베이트슨 법칙을 예증하는 모든 현상에 대한 설명이라고 주장되는 것은 아니다. 사실 그 논의는 단지, 지금까지 거의 연구되지 않은 이런 현상들에 관해 생각하는 방법을 보여주려 했던 것뿐이다. 제안된 것은 하나의 가설이라기보다는 가설의 한 과(科)다. 그렇지만, 앞에서 하나의 가설처럼 얘기된 것에 대한 비판적 검토는 방법론에 대한 실례 그 이상을 제공할 것이다.

어떤 주어진 중복의 경우에, 상실된 특정 정보가 무엇인지를 결정하는 것이 요구될 것이며, 지금까지 논의한 내용만으로도 이 결정은 쉽게 이루어질 것이다. 자연스럽게 먼저 할 수 있는 추측은, 발달하는 부속지가 비대칭이 되려면 세 가지 방향 설정 정보가 필요하다는 것이다. 즉 근위-원위 정보, 배(背)-복(腹) 정보, 그리고 전(前)-후(後) 정보다. 가장 단순한 가설은, 이 정보들을 하나씩 받게 될 수도 있으며, 따라서 이런 종류의 정보들 중의 하나가 어떤 주어진 중복의 경우에서 없어지거나 나타나지 않을 수 있다고 생각하는 것이다. 그렇다면 어떤 방향 설정 정보가 없어졌느냐에 따라 중복의 경우들을 쉽게 분류할 수 있을 것이다. 많아도 세 가지 형태의 중복이 있을 것이며, 이들은 명백하게 구분되어야 한다.

딱정벌레의 과잉의 이중다리

하지만 이러한 연역이 검증될 수 있는 유일한 일련의 경우들에서 사실들이 가설과 분명하게 맞지 않는다. 그것은 딱정벌레의 부속지에서 과잉의 쌍들이 생기는 경우다. 1894년에 이런 경우들이 약 100건 정도 알려졌으며, 베이트슨[254]은 이중 절반 정도를 묘사하고, 13개의 그림을 그렸다.

형식적 관계는 뚜렷하게 일률적이며, 따라서 한 가지 형태의 설명이 모든 경우의 대칭에 적용되어야 한다는 사실은 의심할 여지가 없다.

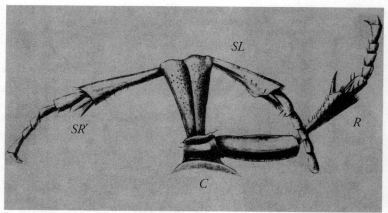

그림 3. 딱정벌레Carabus scheidleri, No. 736. 기절(基節) C의 복부(腹部) 면에서 나온 여분의 다리 한 쌍 SL과 SR′를 가진 정상적인 우측 앞다리 R 정면에서 본 그림 (크라츠Kraatz 박사 소장). 윌리엄 베이트슨의 《변이 연구를 위한 자료*Materials for the Study of Variation*》(London : Macmillan, 1894), 483쪽에서 인용.

254) W. Bateson, *Materials for the Study of Variation*, 477~503쪽.

그림 4. 먼지벌레Pterostichus mühlfeldii, No. 742. 꼭대기의 전(前)–복부(腹部) 경계에
여분의 부절(跗節)을 가진 우측 중간 경절(脛節)의 반도식적 그림. L은 정상 부
절, R는 여분의 우측 부절, L′는 여분의 좌측 부절(크라츠 박사 소장). 윌리엄 베
이트슨의《변이 연구를 위한 자료》, 485쪽에서 인용.

전형적으로[255] 딱정벌레의 다리 하나(하나 이상은 드물다)는 다리
길이의 어느 지점에서 지절을 낳는 비정상이다. 이 지절은 규칙적으
로, 원래 다리에서 지절이 나오는 지점은 붙어 있지만 그 말단은 보통

---

255) 그림 3과 그림 4를 보라.

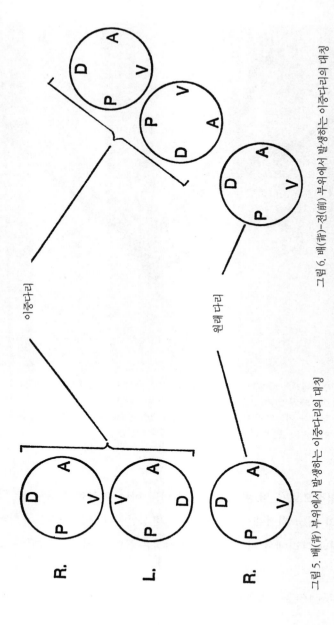

그림 6. 배(背)-전(前) 부위에서 발생하는 이중다리의 대칭

그림 5. 배(背) 부위에서 발생하는 이중다리의 대칭

그림 7. 이차적 대칭에서 여분의 다리들이 서로에 대해 그리고 여분의 다리들이 생기는 정상다리에 대해 가지는 관계를 보여주는 기계 장치. 모델 R는 정상적인 우측 다리. SL과 SR는 과잉의 쌍에서의 좌측과 우측 다리를 각각 가리킨다. A와 P는 경절의 앞과 뒤의 발톱. 각각의 다리에서 형태학적으로 앞쪽 면은 어둡고, 뒤쪽은 밝다. R는 복부 쪽에서 본 것이며, SL과 SR는 복(腹)-후(後)의 위치에 있다. 윌리엄 베이트슨의《변이 연구를 위한 자료》, 480쪽에서 인용.

따로 떨어진 두 부분으로 이루어지는 이중다리다.

따라서 지절이 생기는 지점에서 말단으로 가면 세 요소——한 개의 원래 다리와 두 개의 과잉 다리——가 있다. 이 세 개는 한 평면에 놓여 있으며, 다음과 같은 대칭을 이룬다. 과잉의 이중다리에서 두 요소——하나는 오른쪽, 다른 하나는 왼쪽——는 베이트슨 법칙이 제시하는 것처럼 보완적인 한 쌍이다. 이 둘 중에서, 원래 다리와 가장 가까운 것이 원래 다리를 보완한다.

이 관계는 그림 5에 나타나 있다(588쪽을 보라). 각 요소는 도식적인 횡단면에 나타나며, 그들의 배, 복, 전, 후 면은 D, V, A, P로 각각 표시되어 있다.

이러한 비정상에서 놀라운 점——앞에 제시된 가설과 모순되는 면에서——은 어떤 종류의 방향 설정 정보가 상실되었는가에 따라 그 사례들이 분류될 수 있는 분명한 불연속이 없다는 것이다. 과잉의 이중다리는 원래 다리 둘레의 어디서나 나올 수 있다.

그림 5는 배부(背部)에 발생하는 이중다리의 대칭을 나타내는 그림이다. 그림 6은 배-전부(前部)에 발생하는 이중다리의 대칭에 관한 그림이다.

그러므로 대칭면들은 지절이 나오는 지점에서 원래 다리 둘레의 접선tangent과 평행하지만, 분지하는 지점이 다리 둘레의 어느 곳이라도 가능하므로 연속적인 일련의 좌우 대칭을 발생시킬 수 있다.

그림 7(589쪽)은 이러한 연속적인 일련의 가능한 좌우 대칭을 나타내기 위해 윌리엄 베이트슨이 고안한 기계다.

만약 한 쌍의 좌우 대칭이 방향 설정 정보의 상실 때문이라면, 우리는 좌우 대칭면이 상실된 정보의 방향과 직각을 이룰 것으로 예상해야 한다. 즉 배-복의 정보를 잃어버렸다면 그 결과로 생기는 사지나 이중다리는 배-복을 연결하는 선에 직각인 대칭면을 가져야 한다.

(이러한 예상에 대한 논의는 다음과 같이 상세히 설명될 수 있다. 선

형의 연쇄에서 경사도는 그 연쇄의 두 끝 사이에 차이를 생기게 한다. 만약 이런 경사도가 없다면 연쇄의 끝들은 비슷해질 것이다. 즉 연쇄는 자신을 가로지르는 대칭면에 대해 대칭이 될 것이다. 혹은 개구리의 난자를 생각해보자. 두 개의 극과 정자의 진입 지점이 좌우 대칭면을 결정한다. 비대칭을 이루기 위해 난자는 이 면과 직각인 지점의 정보, 즉 오른쪽 절반을 왼쪽 절반과 차이 나게 할 정보가 필요하다. 만약 이 정보를 잃어버린다면, 난자는 잃어버린 정보의 방향을 가로지르는 원래의 대칭면과 함께 원래의 좌우 대칭으로 되돌아갈 것이다.)

앞에서 나타냈듯이, 과잉의 이중다리는 원래 다리의 어떤 면에서도 생길 수 있으며, 따라서 모든 중간 형태는 잃어버린 정보의 불연속 형태들 사이에서 생긴다고 예상된다. 만약 이 이중다리의 좌우 대칭이 정보 상실 때문이라면, 상실된 정보는 전-후, 배-복, 근위-원위와 같은 식으로 분류될 수 없을 것이다.

따라서 가설은 반드시 수정되어야 한다.

잃어버린 정보에 관한 일반적 개념과, 좌우 대칭면이 잃어버린 정보의 방향과 반드시 직각이어야 한다는 추론의 결과는 계속 사용하자.

그 다음 가장 단순한 가설이 제안하는 것은 상실된 정보가 반드시 중앙-변방이어야 한다는 것이다. (여기서 나는 좀더 단순한 '방사상'이라는 용어보다 이 양극의 용어를 계속 사용하고 있다.)

그렇다면 원래 다리의 횡단면에서 중앙-변방의 차이——어쩌면 화학적 또는 전기적 경사도——를 상상해보고, 원래 다리의 길이를 따라 어떤 지점에서 이러한 차이가 없어지거나 흐려지면 그 지점에서 생긴 지절이 비대칭을 이루는 데 실패할 것이라고 생각해보자.

그러한 지절(만약 생긴다면)은 좌우 대칭이 될 것이며, 이 좌우 대칭면은 잃어버린 경사도나 차이와 직각이 될 것이라는 결론이 자연스럽게 나온다.

하지만 중앙-변방의 차이나 경사도가 원래 다리의 비대칭을 결정한 정보 체계의 일차 요소가 아닌 것은 분명하다. 그렇지만 그러한 경사도는 지절화를 억제할 수 있으므로, 그것이 상실되거나 희미해지면 정보를 잃어버린 지점에 과잉의 지절이 생기게 된다.

그 문제는 겉으로 보기에 역설적이다. 지절화를 억제하는 경사도가 상실되면 결과적으로 지절이 형성되며, 그 지절은 비대칭을 이룰 수 없다. 그렇다면 가설적인 중앙-변방 경사도나 차이는 두 가지 명령 기능을 가진 것으로 보인다. ㉠ 지절화를 억제하는 것, ㉡ 중앙-변방 경사도가 없어야만 존재할 수 있는 지절의 비대칭을 결정하는 것이다. 만약 이 두 가지 메시지 기능이 겹친다거나 어떤 의미에서 동의어라는 것을 보여줄 수 있다면, 우리는 그 현상에 대한 경제적인 가설의 기술을 생기게 할 것이다.

따라서 우리는 다음과 같은 질문을 우리 자신에게 제기한다. 원래 다리의 지절화를 금지할 경사도의 부재가 잃어버린 경사도에 직각인 면을 가로지르는 비대칭을 결정하는 데 필수적인 정보를 결여할 지절의 형성을 허용할 것을 예상하기 위한 선험적인 경우가 존재하는가?

그 질문은 거꾸로 된 모든 사이버네틱스적 설명에 맞도록 역전되어야 한다. 그러면 '비대칭의 결정에 필수적인 정보'의 개념은 '좌우 대칭을 막는 데 필수적인 정보'가 된다.

그러나 지절화 구조에서 두 요소는 대칭적 한 쌍(비록 그 요소들이 방사상 대칭일지라도)을 이루기 때문에 무엇이든 '좌우 대칭을 금지하는' 것은 또한 '지절화를 금지'할 것이다.

따라서 지절 형성을 금지하는 중앙-변방 경사도의 상실이나 흐려짐은 그럼에도 불구하고, 원래 다리의 둘레와 평행한 면에 그 자체로 좌우 대칭이 될 지절의 형성을 허용할 것이라고 예상하는 것이 합리적이다.

한편 원래 다리 내의 중앙-변방 경사도는 지절 형성을 막음으로써, 이전에 결정된 비대칭을 보존하는 기능을 할 수 있을 것이다.

이 가설들은 과잉의 이중다리 형성과 그 다리의 좌우 대칭에 관한 설명의 뼈대를 제공한다. 이중다리의 구성 요소에 대한 방향 설정을 고려하는 것이 남는다. 베이트슨 법칙에 의하면, 원래 다리와 가장 가까운 요소가 원래 다리와 좌우 대칭이 된다. 다른 말로, 원래 다리를 향하는 과잉의 다리 면이 지절이 생기는 원래 다리 주변의 면과 형태학적으로 상대되는 것이다.

이런 규칙에 대한 가장 단순하고 아마도 알기 쉬운 설명은, 지절화 과정에서 원래 다리와 지절 간에는 형태학적으로 분화된 구조들이 공유되고 있었으며, 이 공유된 구조들이 사실상 필요한 정보의 운반자라는 것이다. 그렇지만 이런 식으로 전달된 정보는 경사도로 전달되는 정보와는 상당히 다른 특성을 가질 것이므로, 이 문제를 어느 정도 자세히 설명할 필요가 있다.

원형의 밑면을 가진 방사상 대칭의 원뿔을 생각해보자. 원뿔은 꼭지점과 밑면 사이처럼 축을 따라 분화되어 있다. 이 원뿔을 완전히 비대칭으로 만들기 위해 필요한 모든 것은 밑면의 원주에 있는 두 지점을 서로 다르게 하고, 정반대로 마주 보지 않도록 구별 짓는 것이다. 즉 밑면은 자신의 부분을 시계 방향의 순서로 이름 붙인 결과가 반시계 방향의 순서로 이름 붙인 결과와 서로 다른 분화를 가져야만 한다.

이제, 그 과잉의 지절은 모체에서 자라 나온 단위로서 바로 자신의 기시점에 의해 중앙-말단 분화를 가지며, 이 분화는 원뿔의 축선 분화와 유사하다고 가정해보자. 그렇다면 완전한 비대칭을 이루기 위해 필요한 것은 단지 발달하는 다리가 자기 다리 원주의 어떤 호(弧)에서 방향에 관한 정보를 받는 것이다. 그 정보는 분명히 지절이 생기는 지점의 원주로부터 즉각적으로 얻을 수 있으며, 두 번째 다리는 원래 다리와 원주를 어느 정도 공유해야 한다. 하지만 원래 다리의 표면에서 시계 방향인 공유점들은, 지절의 표면에서는 반시계 방향이 될 것이다. 따라서 공유된 호에서 나오는 정보는 그 결과로 생기는 다리가 원래 다리의 거울상이 될 것과 그 지절이 원래 다리 쪽으로 어울리게 향할 것을 결정할 정도가 될 것이다.

이제 딱정벌레 다리의 중복을 위한 가설적 사건의 연쇄를 구성할 수 있다.

(1) 원래 다리는 비대칭을 발달시키며, 필요한 정보는 주변 조직에서 얻는다.

(2) 자신의 영향력을 발휘한 후에, 이 정보는 형태학적 분화로 변형됨으로써 계속해서 존재한다.

(3) 정상적인 원래 다리의 비대칭은 이제부터 일반적으로 지절화를 방지하는 중앙-변방 경사도에 의해 유지된다.

(4) 비정상인 표본에서, 이 중앙-변방 경사도는 상실되거나 흐려진다——아마도 어떤 기능 장애나 외상이 있는 지점일 것이다.

(5) 중앙-변방 경사도의 상실에 뒤이어, 지절화가 일어난다.

(6) 그 결과로 생기는 지절은 이중다리이며, 비대칭을 결정했을 경사도 정보를 결여함으로써 그 지절은 반드시 좌우 대칭이 되어야 한다.

(7) 원래 다리 옆에 있는 이중다리의 구성 요소는 분화된 표면 구조를 공유함으로써 원래 다리의 거울상이 되도록 방향 지어진다.

(8) 마찬가지로 이중다리에서 각각의 요소는 자체가 비대칭이며, 이중다리의 평면에 있는 공유된 표면의 형태에서 필요한 정보를 얻는다.

이 고찰들은 정보 상실에 대한 설명 원리가 베이트슨 법칙 아래 포함된 일부 규칙에 어떻게 적용될 수 있는지를 보여주기 위해 의도된 것이다. 하지만 딱정벌레 다리의 대칭에 관한 자료들이 실제로 과도하게 설명되었음을 알게 될 것이다.

두 가지 구분되는──하지만 상호 모순되지 않는──형태의 설명이 생기게 되었다. ㉠ 중앙-변방 경사도에서 얻어져야 했던 정보의 상실과, ㉡ 공유된 표면의 형태에서 얻어진 정보이다.

이 설명의 형태들은 어느 쪽도 그 자체만으로는 현상을 설명하는 데 충분하지 않지만, 겹쳐지는 두 원리가 결합될 때 전체 모습의 일부 세부 사항이 두 원리에 동시에 관련될 수 있다.

그러한 중복은 확실히 조직, 분화, 커뮤니케이션의 모든 다른 체계에서처럼 생물계에서도 예외라기보다는 법칙이다. 그와 같은 모든 체계에서 중복은 안정성, 예측성, 그리고 통합의 주요하고 필수적인 근원이다.

체계 내에서 중복은 틀림없이 그 체계에 대한 우리의 설명들에서 겹치는 것으로 나타날 것이다. 사실 겹쳐짐이 없으면 우리의 설명은 생물학적 통합의 사실을 설명하는 데 실패함으로써 보통 불충분한 것이 될 것이다.

우리는 진화적 변화의 통로들이 이와 같은 형태 발생과 생리적 중복으로 어떻게 영향 받는지 조금밖에 모르고 있다. 하지만, 그러한 내적 중복이 변이 현상에 무작위하지 않은 특성들을 부과해야 한다는 것은 분명하다. [256]

양서류의 중복된 사지

이 시점에서, 딱정벌레 다리의 중복에 대한 분석에서 눈을 돌려, 일반적으로 중복이 일어나면서 베이트슨 법칙과 관련된 또 다른 일군의 자료에 관심을 가져보는 것이 흥미로울 것이다. [257] 이는 실험적으로 이식된 영원newt[258] 유생larval[259] 다리의 중복에 관한 자료다.

---

256) G. Bateson, "The Role of Somatic Change in Evolution", *Evolution*(1962), 17 : 529~539쪽.
257) R. G. Harrison, "On Relations of Symmetry in Transplanted Limbs", *Journal of Experimental Zoology* ; F. H. Swett, "On The Production of Double Limbs in Amphibians", *Journal of Experimental Zoology*(1926), 44 : 419~472쪽.
258) (옮긴이주) 도롱뇽목(目), 영원과(蠑螈科)에 속하는 양서류의 총칭으로 도롱뇽붙이라고도 한다. 이 과는 약 16속 40종으로 이루어져 있으며, 북반구의 온대에 널리 분포한다. 전체 길이는 1~15cm 정도고 수중 생활을 한다. 머리가 약간 편평하고 폭이 넓으며, 꼬리는 납작하고 뒷부분이 지느러미 모양으로 되어 있어서 헤엄을 잘 친다. 영원류는 발생학과 생리학 연구용으로 없어서는 안 되는 실험 동물이다.
259) (옮긴이주) 유생(幼生)은 후생동물의 개체 발생에서, 성체와 현저하게 다른 형태와 생활 양식을 가지는, 배(胚)와 성체 사이의 시기를 말한다. 곤충의 유생은 유충이라고 한다. 척추동물에서는 개구리의 올챙이, 뱀장어류의 렙토세팔루스leptocephalus 등이 유생이다. 유생의 형태 비교에 의해 동물의 계통적 위치가 시사되는 수가 많으며, 동물의 발생 양식과 유생의 형태 비교는 계통분류학상 매우 중요하다.

(1) 이는 대부분 이식된 다리 싹이 단순하고 외관상 동등한 이원 체계로 발달하는 이소성 이식heterotopic transplant[260]의 몇몇 경우들이며, 그 두 요소는 거울상의 대칭을 이룬다. 약 3년 전에 나는 캘리포니아 기술연구소의 에머슨 히바드Emerson Hibbard 박사에 의해 매우 인상적인 표본을 보게 되었다. 이 표본에서 다리 싹은 180도 돌려져, 그 싹의 앞쪽 끝이 숙주의 꼬리 쪽을 향했으며, 숙주 머리 뒷부분의 등쪽 정중앙에 이식되었다. 이렇게 이식된 것은 거울상의 관계를 가지고 놀랄 만큼 완벽한 두 개의 다리로 발달되었다. 이 이원 체계는 숙주 머리에 연약한 연결 조직만으로 이어져 있었다.

결과가 이원체이면서 부분들이 서로 동일한 그 표본은 분명, 단지 한 차원의 방향 설정 정보의 상실에서 예상될 수 있는 것과 같은 것으로 보인다. (히바드 박사의 표본은 나에게 상실된 정보의 가설이 양서류에도 적용될 수 있다는 생각을 갖게 했다.)

(2) 그렇지만 서로 동일한 이원적 중복의 경우는 제쳐놓고, 양서류의 자료들은 중복이 단지 정보 상실에 기인한다고 설명하는 어떤 가설과도 전혀 맞지 않는다. 사실, 베이트슨 법칙이 딱정벌레 다리의 중복과 맞아떨어지는 설명과 형식적으로 유사한 경우로 한정되었다면 양서류의 경우는 아마 이 범주에 해당되지 않을 것이다.

그렇지만, 가설의 한계는 가설의 적용 못지않게 중요하며, 그래서 나는 지금 동소성 이식orthotopic transplant에 관한 매우 복잡한 자료

---

260) (옮긴이주) 제공받은 장기의 위치와 다른 위치에 이식하는 것을 이소성 이식 heterotopic transplant이라 하고, 수혜자의 장기를 완전히 제거하고 똑같은 자리에 제공자의 장기를 이식하는 방법을 동소성 이식orthotopic transplant이라 한다.

들을 요약해보려고 한다.

하나의 도식적 패러다임으로 충분할 것이다. 만약 오른쪽 앞다리 싹을 절단하고 180도 돌려서 떼어낸 자리에 다시 붙이면, 그것은 왼쪽 다리로 자랄 것이다. 하지만 이 첫 번째 다리는 그 후 자신의 기저부에서 두 번째 다리 싹을 형성할 것이며, 그 위치는 언제나 삽입된 지점의 바로 앞이나 뒤가 될 것이다. 두 번째 다리는 첫 번째 다리의 거울상이 될 것이며, 심지어 나중에 두 번째 다리 바깥, 즉 첫 번째 다리에서 가장 먼 두 번째 다리 쪽에 똑같이 세 번째 다리를 발달시킬 수도 있다.

신체의 오른쪽에 첫 번째 왼쪽 다리가 생기는 것은, 전-후 방향 설정이 다리 싹에 의해 배-복 정보보다 일찍 수용되며, 일단 수용되면, 이 전-후 정보는 뒤집을 수 없다는 가정으로 설명된다.[261] 이식 조직은 이식되는 시점에 이미 전-후가 결정되어 있으며, 지금 접촉하는 조직에서 나중에 배-복 정보를 받는다고 생각된다. 그 결과 다리의 배-복 방향은 자신의 새로운 환경에 맞지만 전-후 방향은 역전된 상태다. 암묵적으로 다리 싹의 근위-원위 방향은 교란되지 않은 것으로 가정된다. 그 결과는 다리의 세 가지 비대칭에서 하나가 역전된 다리다. 그 다리는 논리적으로 반드시 왼쪽 다리가 되어야 한다.

이러한 설명을 수용하면서, 나는 계속해서 중복을 고려해보겠다.

이 중복은 앞에서 논한 딱정벌레의 중복과 네 가지 중요한 면에서 차이가 있다.

㉠ 딱정벌레의 경우, 중복은 보통 동일하다. 과잉의 이중다리에서

---

261) F. H. Swett, "On The Production of Double Limbs in Amphibians", *Journal of Experimental Zoology* ; R. G. Harrison, "On Relations of Symmetry in Transplanted Limbs", *Journal of Experimental Zoology.*

두 절반들은 크기가 동일하며 원래 다리와 거의 비슷하다. 세 요소들에 나타나는 크기의 차이는 예상할 수 있는 영양 섭취의 차이로 생긴다. 하지만 영원 유생에서, 크기에서의 큰 차이는 중복된 체계의 요소들 사이에서 발생하며, 이 차이는 시간에 의해 결정되는 것으로 보인다. 두 번째 다리들은 시간적으로 나중에 생겼기 때문에 첫 번째 다리보다 작으며, 마찬가지로 드물게 나타나는 세 번째 다리는 두 번째 다리보다 늦게 생기며, 더 작다. 시간 속에서 사건의 이 일정한 배치는 첫 번째 다리가 자신의 비대칭을 결정하는 데 필요한 정보를 모두 받았음을 의미한다. 사실, 그것은 '잘못된' 정보를 받아, 신체의 오른쪽에 왼쪽 다리가 되도록 자랐지만 직접적으로 비대칭을 이루지 못하게 만드는 그런 정보 부족을 겪지는 않았다. 중복은 첫 번째 다리에서 방향 설정 정보가 상실된 탓만으로 돌릴 수 없다.

ⓛ 딱정벌레 다리의 중복은 다리 길이의 어느 지점에서도 생길 수 있다. 하지만 양서류 유생의 중복은 언제나 다리가 몸에 부착되는 영역에서 생긴다. 심지어 두 번째 다리가 항상 첫 번째 다리와 조직을 공유하는지도 확실하지 않다.

ⓒ 딱정벌레의 경우, 과잉의 이중다리는 계속적인 연속을 형성하며, 첫 번째 다리의 주변 어디서든 생길 수 있다. 이와 대조적으로 양서류 유생에서 다리의 중복은 첫 번째 다리의 앞이나 뒤에 국한된다.

ⓡ 딱정벌레에서 과잉의 두 요소들이 함께 하나의 단위를 형성한다는 사실은 분명하다. 실제로 많은 경우에서 이 두 요소가 (그림 3에서처럼) 조합된다. 어떤 경우에서도 첫 번째 다리에 더 가까운 이중다리가 다른 과잉의 다리보다 더 조합되는 경우는 없다.[262] 한편 양서류 표본에서 두 번째, 세 번째 다리가 하나의 하부 단위를 형성하는지는 분

명하지 않다. 두 번째와 세 번째 다리의 관계가 두 번째와 첫 번째 다리의 관계보다 더 밀접하지는 않은 것 같다. 무엇보다도 그 관계는 시간적 차원에서 비대칭이다.

두 자료들 사이의 이 현저한 형식적 차이들은 양서류의 자료에 대한 설명이 다른 규칙으로 이루어졌음을 시사한다. 그 과정들은 다리의 기둥이 아니라 다리의 밑면과 밑면을 둘러싼 조직에 위치하는 것 같다. 임시로 우리는 첫 번째 다리가 어떤 식으로 경사도 정보를 역전시킴으로써 뒤이은 두 번째 다리의 형성을 제안하며, 같은 방법으로 두번째 다리는 역전된 세 번째 다리의 형성을 제안한다고 추측할 수 있다. 그와 같은 체계의 모델은 러셀 학파의 역설[263]들을 제안하는 사이버네틱스 이론의 회로 구조 속에서 가능한 것이다. 그와 같은 모델을 만들려는 어떤 노력도 지금은 시기상조일 것이다.

요약

중복된 측면 부속지의 대칭에 관한 이 에세이는 하나의 설명 원리, 즉 기관의 대칭을 감소시키는(예컨대 방사상 대칭에서 좌우 대칭으로, 혹은 좌우 대칭에서 비대칭으로) 개체 발생적 분화의 단계는 어느것이나 추가적인 방향 설정 정보를 요구한다는 원리에서 출발했다.

---

262) 베이트슨(*Materials for the Study of Variation*, 507쪽)은 이 진술을 의심스럽게 만드는 하나의 예외를 기술하고 그림으로 그렸다. 이는 사슴벌레Platycerus caraboides 왼쪽 뒷부절의 중복이다.

263) G. Bateson, "Minimal Requirements for a Theory of Schizophrenia", *A. M. A. Archives of General Psychiatry*(1960), 2 : 477~491쪽.

이 원리로부터 정상적으로 비대칭인 측면 부속지는 방향 설정 정보에서 필요한 어떤 부분을 결여함으로써 좌우 대칭이 될 수밖에 없다고 주장되었다. 즉 정상적인 비대칭 부속지 대신에 그 결과로 생기는 것은 좌우 대칭의 이중다리일 것이다.

이러한 설명 원리를 검토하기 위해 나는 딱정벌레Coleoptera의 흔치 않은 과잉의 이중다리에서 검증된 규칙인 베이트슨 법칙을 설명하는 가설을 세우려고 했다. 이런 가설을 세우면서, 형태 발생적인 방향 설정 정보는 한 가지 형태의 코드화에서 다른 형태의 코드화로 바뀔 것이며, 각각의 변형이나 코드는 특징적인 제한의 대상이라고 주장되었다.

㉠ 정보는 경사도(어쩌면 생화학적으로)에 내장되어 있을지 모른다. 이런 코드화에서, 정보는 인근 조직으로부터 확산될 수 있으며, 발달하는 부속지에서 비대칭에 대한 일차적 결정 요소를 제공할 수 있다. 이런 식으로 코드화된 정보는 일시적으로 사용될 수 있으며, 일단 다리의 비대칭이 이루어지면, 정보는 계속 존재하지만, 형태학적으로 변형된다.

㉡ 형태학적 차이로 코드화된 정보는 본질적으로 정지된 것 같다. 그 정보는 인접 조직들로 확산될 수 없으며, 지절화를 억제할 수도 없다. 그러나 지절이 시작되는 곳에서 원래 다리와 조직을 공유하는 지절에 의해 이 정보는 사용될 수 있다. 이 경우, 주변을 공유하는 방식으로 전달된 정보는 필연적으로 역전된다. 만약 원래 다리가 오른쪽이면, 지절은 왼쪽이 될 것이다.

㉢ 형태학적 형성에서 정보는 (가설적으로) 지절화를 억제할 수 없으며, 성장하는 원래 다리의 비대칭은 중앙-변방 경사도로 보존되어

야만 한다——경사도 자체는 비대칭의 결정 요소가 아니다.

ⓔ 그러한 중앙–변방 경사도의 상실은 두 가지 효과를 가질지 모른다. 지절화를 허용하는 효과와, 이미 생겨난 지절에서 필요한 방향 설정 정보의 한 차원을 박탈하는 효과다. 이렇게 되면 그 지절은 상실된 중앙–변방 경사도에 직각을 이루는 대칭면을 가진 하나의 좌우 대칭이 될 수밖에 없다.

실험적으로 이식된 양서류 다리 싹의 중복에 관한 자료도 검토해보았다. 이 자료는 방향 설정 정보의 단순 상실로 설명되지 않는다고 주장되었다. 단순 상실은 추측건대 동일하게 동시 발생하는 좌우 대칭으로 귀착할 것이라고 제시되었다. 일반적으로 양서류의 중복은 동일하지 않으며, 연속적이다. 몇몇 경우에서 동시적이면서 동일한 중복이 양서류 실험에서도 일어난다. 특히 이소성 이식의 경우에 이런 현상이 일어난다. 그와 같은 경우는 어쩌면 방향 설정 정보의 단순 상실 때문으로 간주될지 모른다.

후기(1971)

한 쌍의 불필요한 딱정벌레 다리의 좌우 대칭과 완두콩이나 난초 꽃의 좌우 대칭 현상을 비교해보라. 식물과 동물 모두에서 좌우 대칭의 단위는 가지를 뻗는 지점에서 발생한다.

식물에서 분지의 형태는 꽃이 방사형이 아니라 좌우 대칭형이 되게 해주는 정보, 즉 꽃의 복부 쪽 잎과 등 쪽을 구별해주는 정보를 제공한다.

한 쌍의 딱정벌레 다리의 좌우 대칭면은 꽃에서는 직각이다.

우리가 말할 수 있는 것은 딱정벌레 다리가 상실한 정보가 정확히 식물이 가지를 뻗으면서 만든 정보라는 점이다.

제4부에 대한 논평

이 제4부에 함께 실린 논문들은 다양한데, 각 논문은 이 책의 주제의 본줄기에서 나온 가지들이며, 이 가지들은 매우 다른 곳에서 나온 것이다. 〈진화에서 체세포 변화의 역할〉은 〈정신분열증 이론의 최소 요건〉의 배후에 있는 생각을 확장한 것이며, 〈고래와 다른 포유동물의 커뮤니케이션 문제〉는 〈학습과 커뮤니케이션의 논리적 범주〉를 특별한 형태의 동물에 적용한 것이다.

〈베이트슨 법칙의 재-검토〉는 새로운 분야가 불쑥 나타난 것처럼 보일 수도 있지만, 이 논문이 형태 발생 분야를 포함하기 위해 정보 통제의 개념을 확장하고, 필요한 정보가 결여되었을 경우 어떤 현상이 일어나는지를 검토함으로써 정보가 수용되는 맥락의 중요성을 명백히 나타낸다는 점에서 책의 나머지 부분과 관계 있다.

새뮤얼 버틀러는 예리한 통찰을 가지고 일찍이 꿈과 단위 생식

parthenogenesis[264]의 유사성에 관해 언급했다. 우리는 딱정벌레의 기괴하게 중복된 다리가 이러한 유사성에 참여하고 있다고 말할 수 있다. 그 다리는 외부에서 왔어야 할 정보를 빼앗긴 수용 맥락의 투사다.

메시지 자료나 정보는 맥락에서 나와 맥락으로 들어가며, 이 책의 다른 곳에서 초점은 정보가 나온 맥락에 있었다. 여기에서의 초점은 오히려 반드시 정보를 받아야 하는 맥락인 유기체의 내적 상태다.

물론 그 어느 초점도 동물이나 인간을 이해하는 데는 충분하지 못하다. 하지만 인간 이외의 유기체들을 다루는 이 논문들에서 검토되는 '맥락'이 이 책의 다른 부분에서 초점을 맞춘 '맥락'의 역(逆) 혹은 보완이라는 사실은 우연이 아닐지 모른다.

정자의 침투 지점이 미래 배아의 좌우 대칭면을 결정하는, 수정되지 않은 개구리 난자의 경우를 생각해보라.

낙타털로 만든 솔 한 가닥으로 찌르는 것은 대체될 수 있으며, 여전히 동일한 메시지를 전달한다. 이러한 사실로부터, 메시지가 나오는 외적 맥락은 상대적으로 불분명한 것 같다. 침투 지점만으로 난자가 외부 세계에 관해 학습하는 것은 별로 없다. 하지만 메시지가 들어가는 내부 맥락은 틀림없이 대단히 복잡할 것이다.

따라서 수정되지 않은 난자는 정자의 침입 지점이 해답을 제공하는 내재적 질문을 구체화한다. 그 문제에 대한 이런 방식의 진술은, 학습의 외적 맥락을 '질문'으로 보고 유기체의 '옳은' 행동을 해답으로 보는 통상적인 관점과 반대 혹은 역(逆)이다.

---

264) (옮긴이주) 성(性) 세포가 수정 없이 발생하는 생식 방법으로, 주로 하등 식물과 무척추동물에서 일어난다. 단위 생식으로 생긴 알은 반수체이거나 2배체다.

우리는 심지어 내재적 질문의 요소들을 어느 정도 열거할 수도 있다. 먼저 난자에는 이미 양극이 존재하며, 그 사이에 있는 원형질도 부득이하게 이 양극을 향해 어느 정도 양극화된다. 정자의 찌르기를 수용하기 위한 그와 같은 어떤 구조적 조건이 없다면, 이 메시지는 아무런 의미도 가질 수 없을 것이다. 메시지는 적절한 구조 속으로 들어가야 한다.

하지만 구조만으로는 불충분하다. 개구리 난자의 어떤 자오선도 좌우 대칭면이 될 가능성이 있으며, 이 점에서 모든 자오선은 동등하다. 그렇다면 여기까지에서는 자오선들 사이에 구조적 차이가 없다는 결론이 나온다. 하지만 모든 자오선은 반드시 메시지를 활성화할 준비가 되어 있어야 하며, '준비 상태' 는 일정한 방향은 생기게 하지만 그 외에는 구조에 의해 제한되지 않는다. 사실 '준비 상태' 는 정확히 말해서 구조가 아니다. 정자가 자신의 메시지를 전달하면, 새로운 구조가 생기게 된다.

〈진화에서 체세포 변화의 역할〉과 뒤에 나올 〈도시 문명의 생태학과 융통성〉(제6부)에서 검토한 융통성의 경제라는 관점에서, 이러한 '준비' 는 실행되지 않은 변화의 잠재적 가능성이며, 우리는 실행되지 않은 잠재적 가능성은 언제나 양적으로 한계가 있을 뿐만 아니라 구조적 기반 속에 반드시 적절하게 놓여야 하고, 또한 주어진 어떤 시간에 양적으로 반드시 제한되어야 한다는 것을 알게 된다.

이런 고찰들은 자연스럽게 제5부로 나아가며, 나는 제5부에 '인식론과 생태학' 이라는 제목을 붙였다. 어쩌면 '인식론' 은 마음의 생태학의 연구를 위한 다른 말에 불과할지 모른다.

제 5 부

teps to an ecology of mind

인 식 론 과 생 태 학

사이버네틱스적 설명[265)

사이버네틱스적 설명의 몇 가지 특색을 기술하는 것이 도움이 될 것
같다.

인과적 설명은 보통 긍정적이다. 우리는 당구공 A가 어떠한 각도로
B를 쳤기 때문에 당구공 B가 어떤 방향으로 움직였다고 말한다. 이와
반대로 사이버네틱스적 설명은 언제나 부정적이다. 우리는 일어날 수
있었던 다른 가능성을 고려한 다음, 왜 가능한 다른 많은 것들이 일어
나지 않았는가를 물으며, 그래서 특정한 사건은 실제로 일어날 수 있
는 몇 안 되는 것들 중에서 하나였던 것이다. 이런 설명 형태의 전형적
인 예는 자연선택하에서의 진화론이다. 이 이론에 따르면 생리적으로
나 환경적으로 생존 능력이 없는 유기체들은 번식할 능력이 없다. 따
라서 진화론은 언제나 생존 능력의 통로를 따라갔다. 루이스 캐럴

---

265) 《미국의 행동과학자*American Behavioral Scientist*》 제10권, 제8호(Sage, 1967년
4월), 29~32쪽에 실렸던 글로, 해당 출판사의 허락을 받아 여기에 재수록했
다.

Lewis Caroll이 말했듯이, 이 이론은 오늘날 왜 식용 파리가 없는지를 아주 잘 설명해준다.

사이버네틱스적 표현을 빌리면, 사건의 과정은 제한restraint의 대상으로 이야기되며, 이런 제한을 벗어나면 변화의 과정들은 확률의 균등성에 지배된다고 가정된다. 사실 사이버네틱스적 설명이 의존하는 '제한'들은 모든 경우에서 확률의 불균등성을 결정하는 요소들로 간주될 수 있다. 만약, 원숭이가 아무렇게나 타자기를 두드리는 것처럼 보이지만 실제로는 의미 있는 문장을 치고 있는 것을 우리가 발견한다면, 우리는 원숭이의 내부 혹은 타자기 내부에서 어떤 제한을 찾아보게 될 것이다. 혹시 원숭이가 틀린 글자를 칠 수 없게 되어 있거나, 틀리게 칠 경우엔 타자기가 움직이지 않게 되어 있거나, 틀린 글자가 종이 위에 남아 있을 수 없게 되어 있거나 하는 식의 제한 말이다. 어디선가 틀린 점을 확인하고 제거하는 회로가 있는 게 분명하다.

이론상——그리고 일반적으로——, 어떤 연쇄나 집합에서 실제 사건은 오직 사이버네틱스적 설명의 관점에서만 결정된다. 다른 많은 종류의 제한들이 이런 유일한 결정을 만들기 위해 결합될 수도 있다. 예를 들면 조각 그림 맞추기jigsaw puzzle에서 어떤 특정 위치의 조각을 선택하는 것은 많은 요소들에 의해 '제한' 받는다. 모양은 이웃하는 여러 조각들과 맞으면서, 놀이판의 경계와도 맞아 들어가야 한다. 색깔은 그 지역의 색깔 패턴과 맞아야 하며, 가장자리의 방향은 퍼즐 조각들을 만드느라 기계가 절단하면서 생긴 위상기하학적 규칙을 따라야 한다. 등등. 퍼즐을 풀려고 노력하는 사람의 관점에서 이 모두는 단서, 즉 선택을 도와주는 정보의 근원이다. 사이버네틱스적 관찰자의 관점에서 그것들은 제한이다.

이와 마찬가지로 사이버네틱스적 관점에서 문장 속의 단어, 혹은 단어 속의 철자, 혹은 유기체 내의 어떤 부분에 대한 해부학, 혹은 생태계에서의 종들의 역할, 혹은 가족 내에서의 구성원의 행동들은 모두 제한들의 분석에 의해 (부정적으로) 설명될 수 있다.

이런 부정적인 형태의 설명은 귀류법에 의한 논리적 증명의 형태와 일치한다. 이런 종류의 증명에서, 상호 모순되는 양자택일의 명제, 예를 들면 'P' 와 'P가 아닌 것' 들의 충분한 세트가 열거되며, 증명의 모든 과정은 이 세트 가운데 하나가 지지될 수 없거나 '불합리' 하다는 것을 증명하는 것으로 진행된다. 따라서 세트에서 살아남은 구성원은 논리적 시스템의 관점에서 반드시 지지되어야 한다는 결론이 나온다. 비수학적인 사람들은 가끔 이런 형태의 증명을 수긍하지 못하며, 의심의 여지 없이 자연선택 이론도 이유야 어떻든 간에 똑같은 이유로 비수학적인 사람들에게 수긍되지 않는 것 같다.

사이버네틱스적 설명의 구축에 대응하는 수학적 증명의 또 다른 전략은 '지도화mapping' 나 엄격한 은유를 사용하는 것이다. 예를 들면, 대수학algebric 명제는 기하학적 좌표 시스템으로 지도화될 수도 있으며, 기하학적 방법으로 증명될 수도 있다. 사이버네틱스에서 지도화는, 개념적 '모델' 을 불러낼 때마다, 혹은 좀더 구체적으로 컴퓨터가 복잡한 커뮤니케이션 과정을 모의 실험하기 위해 사용될 때마다, 설명의 기술로 등장한다. 그러나 이 분야의 과학에서 이것만이 유일한 지도화의 모습은 아니다. 원칙적으로 지도화, 번역, 혹은 변형의 형식적 과정은 사이버네틱스 학자들이 설명하려고 애쓰는 어떤 연속적인 현상의 모든 단계에 귀속된다. 이런 지도화나 변형은, 예를 들어 어떤 기계의 출력이 입력의 변형으로 간주될 경우에는 매우 복잡할 수도 있다. 혹은 예를 들어 어떤 지점에서 길이를 따라 이루어지는 축의 회전이 이전에 어떤 지점에서의 축 회전의 변형(똑같은 것이지만)으로 간주되는 경우에는 매우 단순할 수도 있다.

그런 변형하에서 상수로 남아 있는 관계는 어떤 상상할 수 있는 종류일 것이다.

사이버네틱스적 설명과 논리나 수학적 증명의 전략 간의 이러한 비교는 하찮은 흥밋거리가 아니다. 우리는 사이버네틱스의 밖에서 설명을 찾지만 논리적 증명을 모의 실험하는 어떤 것을 찾는 것은 아니다. 증명을 모의 실험하는 것은 새로운 것이다. 그러나 우리는 때늦은 지혜hindsight wisdom를 가지고, 논리나 수학적 증명의 모의 실험에 의한 설명을 기대할 수 있다고 말할 수 있다. 결국 사이버네틱스의 주제는 사건과 사물이 아니라, 사건과 사물에 의해 '전달'되는 정보다. 우리는 사건이나 사물을 오직 사실의 제안, 명제, 메시지, 지각 등과 같은 것으로 생각한다. 주제가 명제적이므로, 설명이 논리를 모의 실험하는 것으로 기대할 수 있다.

사이버네틱스 학자들은 귀류법과 '지도화'를 모의 실험하는 설명에 전문적으로 종사해왔다. 자연의 정보적 측면에서, 다른 형태의 증명을 모의 실험하는 과정을 인지할 어떤 수학자들에 의해 발견되길 기다리는 설명의 전 영역이 있을지 모른다.

사이버네틱스의 주된 과제가 자연계의 사건 또는 사물의 명제나 정보적 측면이기 때문에 사이버네틱스는 다른 과학과는 다른 절차를 강요받았다. 예컨대 언어학자들은 과학자들이 자신의 저서에서 지도와 영토의 구별을 고려해야 한다고 주장하는데, 사이버네틱스에서는 말하자면 이런 식의 구별이 과학자들이 논술하는 바로 그 현상 속에서 반드시 관찰되어야 한다. 커뮤니케이션하는 유기체들과 엉성하게 프로그램된 컴퓨터들은 지도를 영토로 착각할지 모르며, 과학자들이 사용하는 언어는 이런 모순에 잘 대처할 수 있어야 한다. 인간의 행동 체계에서, 특히 종교, 제식, 그리고 일차적 과정이 지배하는 사건에서, 이름은 종종 이름 붙여진 그 사물이다. 빵은 육체이고, 포도주는 피다.

마찬가지로 연역법과 귀납법의 전반적인 문제——그리고 이들 중 어느 하나에 대한 우리의 광신적 선호——도 우리가 연역과 귀납적 단계들을 우리 자신의 논의뿐만 아니라 자료 속의 관계들로 평가할 때 새로운 의미를 나타낼 것이다.

이러한 연결과 관련해서 특히 흥미로운 점은 맥락과 맥락 내용물의 관계다. 음소phoneme는 단어를 구성하는 다른 음소와의 결합 속에서만 실재한다. 단어는 음소의 맥락이다. 하지만 단어는 발언이라는 더 큰 맥락에서만 실재하며——오직 '의미'를 가지며——, 발언도 관계 속에서만 의미를 가진다.

이러한 맥락들 내의 맥락들의 계층 구조는 현상의 커뮤니케이션(또는 에믹적emic[266]) 측면에서 보편적인 것이며, 따라서 과학자들이 언

266) (옮긴이주) 원주민들의 언어와 개념에 대한 이해는 문화인류학의 주된 작업이다. 이를 위해 인류학자들은 언어학의 음운-음성phonemic-phonetic 이분법에서 영감을 얻어 에믹-에틱emic-etic 이분법을 개발했다. 언어의 음성적 설명이란 물리적인 음성에 대한 관찰자의 측정을 바탕으로 하는 설명이고, 언어의 음운적 설명은 음성의 차이에 대한, 말하는 사람의 의식적 혹은 무의식적 모델을 바탕으로 하는 설명이다. 에믹은 원주민들의 관점을 말하는 것으로, 원주민들의 범주 그 자체를 말한다. 에틱은 분석적 관점으로, 검증할 수 있는 과학적 판단을 말한다. 에믹은 실재에 대한 원주민적 모델의 설명과 표현으로, 특수한 언어나 문화 내에서만 유의미하며 따라서 내부적 관점이라 할 수 있다. 반면에 에틱은 관찰자의 기준에 따른 사회 문화 체계의 기술과 비교다. 따라서 객관적 관찰자에 의해 관찰될 수 있는 외부적 관점이다. 결국 문화인류학

제나 더 큰 단위 속에서 설명을 모색하도록 강요한다. 물리학에서 망원경에 대한 설명을 현미경에서 찾게 된다는 것은 (어쩌면) 사실일지 모른다. 사이버네틱스에서는 종종 그 반대가 참이다. 맥락이 없으면 커뮤니케이션도 없다.

사이버네틱스적 설명의 부정적 특징에 따라 '정보'는 부정적 의미로 정량화된다. 메시지 텍스트 내의 정해진 위치에 있는 철자 K처럼 사건이나 사물은 26개로 한정된 영어 철자의 세트 중에서 어떤 다른 것이 되었을 수도 있다. 실제로 그 철자는 25개의 다른 철자를 배제(즉 제한에 의해 제거)하고 있다. 영어 철자와 비교하면, 중국 한자 하나는 수천 개의 글자들을 배제했을 것이다. 따라서 중국의 한자는 영어 철자보다 더 많은 정보를 전달한다고 말할 수 있다. 통상적으로 정보의 양은 실제 사건이나 사물의 비실현성improbability에 대해 2를 밑수로 하는 로그log로 표현된다.

동일한 차원을 가진 양들 사이의 비율이 되는 확률 그 자체는 제로 차원이다. 즉 설명의 중심이 되는 양, 정보는 제로 차원이다. 실제 차원의 양(질량, 길이, 시간)과 이들의 파생물(힘, 에너지 등)은 사이버네틱스적 설명에서 설 자리가 없다.

에너지의 상태는 특히 흥미롭다. 일반적으로 커뮤니케이션 시스템에서 우리는 원인-그리고-결과보다는 자극-그리고-반응과 비슷한 연쇄를 취급한다. 하나의 당구공이 다른 공을 칠 때, 첫 번째 공의 충격으로 두 번째 공의 움직임이 에너지화되는 에너지 전달이 있게 된다. 이와 다르게, 커뮤니케이션 시스템에서 반응의 에너지는 대개 반응자

자의 작업은 현지 조사에서 가능한 한 에믹을 완벽하게 이해하는 일과 이것을 인류학의 지식을 통해 에틱으로 표현하는 일로 구성된다.

에 의해 제공된다. 만약 내가 개를 찬다면, 개의 즉각적인 일련의 행동은 내가 찬 행동에 의해서가 아니라 자신의 신진대사에 의해 에너지화된다. 이와 마찬가지로, 하나의 뉴런이 다른 뉴런을 흥분시키거나 마이크에서 나온 신호가 회로를 작동시킬 때, 일련의 사건은 자신의 에너지원을 가진다.

물론 일어나는 모든 것은 여전히 에너지 보존의 법칙으로 규정된 한계 내에 존재한다. 개의 신진대사는 결국 자신의 반응을 제한하겠지만, 일반적으로 우리가 다루는 시스템 내에서 에너지 공급은 요구되는 것에 비해 많으며, 에너지 공급이 소진되기 훨씬 전에 '경제적' 한계들이 한정된 숫자의 가용한 대안들에 의해 부과된다. 즉 확률의 경제학이 존재한다. 이러한 경제학은 확률——비율이 되는——이 더하기와 빼기의 대상이 아니라 오직 분할과 같은 곱셈 과정의 대상이 된다는 의미에서 에너지나 돈의 경제학과 다르다. 비상시에 전화 교환기는 대안으로 선택할 수 있는 통로의 많은 부분들이 사용 중일 경우, '고장' 날 수도 있다. 그렇다면 어떤 주어진 메시지가 목적지에 도달할 확률은 낮아진다.

한정된 대안의 경제성으로 인한 제한에 더해, 두 가지 다른 범주의 제한이 반드시 논의되어야 한다. 바로 '되먹임'과 관계되는 제한과 '중복'과 관계되는 제한이다.

우선 되먹임 개념부터 검토해보자.

우주의 현상들이 원인-그리고-결과와 에너지 전달에 의해 서로 연결되는 것처럼 보일 때, 그로 인해 생기는 모습은 복잡한 지엽화와 인과의 고리로 서로 연결된 모습일 것이다. 이러한 세계의 어떤 영역에서(특히 환경 내의 유기체들, 생태계, 온도 조절기, 조절기를 가진 증기 기관, 사회, 컴퓨터 등과 같은), 인과의 고리는, 그 회로를 따라 인과의 연결이 추적될 수 있으며, 회로에 대한 묘사의 출발점으로 어떤 위치가 선택되더라도 그 위치로 되돌아갈 수 있다는 의미에서 닫힌 회로를 형성한다. 분명 그와 같은 회로에서, 회로의 어떤 위치에서 발생한 사건은 나중에 그 회로의 모든 위치에 영향을 미칠 것으로 기대된다.

그러나 그러한 시스템은 언제나 열려 있다. ㉠ 회로는 어떤 외부 에너지원에서 에너지를 받고 열의 형태로 외부에 에너지를 잃는다는 의미에서 열려 있다. 그리고 ㉡ 회로 내의 사건은 외부로부터 영향을 받거나 외부 사건들에 영향을 미칠 수 있다는 의미에서 열려 있다.

사이버네틱스 이론의 매우 크고 중요한 부분은 그러한 인과 회로의 형식적 특성 및 회로들의 안정성의 조건과 관련 있다. 여기서 나는 그와 같은 시스템을 단지 제한의 근원으로만 고찰할 것이다.

회로 내의 어떤 지점에서 변수를 검토하고, 이 변수가 무작위로 변하는 값에 좌우된다고 가정하자(아마도 이 변화는 회로 외부의 어떤 충격에 의해 부과될 것이다). 이제 우리는 일련의 영향들이 회로를 한 바퀴 돌고 왔을 때 이러한 변화가 나중의 시점에서 이 변수값에 어떤 영향을 미쳤는가를 묻는다. 분명 이 마지막 질문에 대한 대답은 그 회로의 특성에 달려 있을 것이며, 따라서 무작위하지 않을 것이다.

따라서 원칙적으로 인과의 회로는 무작위한 사건이 일어났던 회로 내의 그 지점에서 무작위한 사건에 대한 비무작위한 반응을 발생시킬 것이다.

이것이 어떤 정해진 지점에서 어떤 변수에 사이버네틱스적 제한을 만드는 데 일반적으로 필요한 것이다. 물론 어떤 정해진 경우에 생기는 특정한 제한은 특정한 회로의 특성——그것의 전반적인 이득이 플러스이든 마이너스이든, 회로의 시간적 특성, 활동의 역치 등──에 달려 있다. 이런 특성들이 함께 작용해서 어떤 정해진 지점에 영향을 미칠 제한들을 결정할 것이다.

사이버네틱스적 해석을 위해서는, 어떤 기계가 다양한 하중을 받으면서도 일정한 속도로 움직이는 것이 목격되었을 때, 우리는 제한들을 찾을 것이다──예를 들면 속도의 변화에 의해 활성화될, 그리고 활성화되었을 때 속도의 변화를 감소시키는 방법으로 어떤 변수(예컨대 연료 공급)에 작용할 어떤 회로를 찾을 것이다.

원숭이가 신문을 타자하는 것이 목격되었을 때 우리는, 원숭이가 '실수' 할 때마다 활성화되고, 또 활성화되었을 때 실수가 일어난 지점에서 실수의 흔적을 지워주는 어떤 회로를 찾을 것이다.

사이버네틱스의 부정적 설명 방법은 다음과 같은 질문을 낳는다. '옳은 것' 과 '틀리지 않은 것' 사이에 차이가 있는가? 미궁에 빠진 쥐에 대해 우리는 쥐가 '옳은 길을 학습했다' 고 말해야 하는가 아니면 단지 쥐가 '틀린 길을 피하는 것' 을 학습했다고 말해야 하는가?

개인적으로 나는 수많은 영어 단어들을 어떻게 철자해야 하는지를 안다고 느끼며, 내가 'many' 라는 단어를 써야 할 때, 철자 K를 필요 없는 것으로 배제한다는 것을 분명하게 의식하지는 않는다. 일차적 수준의 사이버네틱스적 해석에서는 여전히 내가 'many' 라는 단어를 쓸 때 K자는 적극적으로 배제하는 것으로 여겨져야만 한다.

이 문제는 사소한 것이 아니며, 해답은 포착하기 어려우면서 동시에 근본적이다. 선택은 모두 같은 차원에 있는 것이 아니다. 어떤 주어진 맥락에서 'many' 라는 단어를 선택하는 데 잘못을 저지르지 않는다는 것은 'few' , 'several' , 'frequent' 등의 대안들을 제외하는 것일 수도 있다. 그러나 만약 부정적인 토대에서 내가 이런 고차원의 선택을 성취할 수 있다면, 그것은 'many'라는 단어와 다른 단어들을 내가 어느정도 생각할 수 있어야 한다는 결론이 나온다——즉 나의 신경 과정에서 그것들이 구분 가능하고 표시label나 코드화된 패턴으로 실재해야 한다. 만약 어떤 의미에서 그것들이 실재한다면, 어떤 단어를 사용할 것인지에 대한 고차원적인 선택을 한 후에 저차원의 대안을 직면할 필요는 없다는 결론이 나온다. 'many'라는 단어에서 철자 K를 배제하는 것이 나에게는 불필요할지 모른다. 내가 단지 그 단어를 쓰는데 있어서 어떻게 실수하지 않을 수 있는지를 아는 것이 아니라 'many'를 어떻게 쓰는지를 확실히 안다고 말하는 것이 옳을 것이다.

자연선택에 관한 루이스 캐럴의 농담은 완전히 정곡을 찌른 게 아니라는 결론이 나온다. 생물학적 진화의 커뮤니케이션과 조직 과정에만약 차원——항목, 패턴, 가능한 패턴의 패턴——과 같은 것이 존재한다면, 진화론적 시스템이 어떤 긍정적인 선택을 할 수 있다는 것이논리적으로 가능해진다. 생각건대 그런 차원과 패턴들은 유전자나 다른 어떤 곳에 내재할 것이다.

앞에서 언급한 원숭이의 회로도는 '산문'에서 벗어난 것으로 인식되어야 하며, 산문은 패턴이나——공학도들이 말하듯이——중복으로 특징지어진다.

영어로 씌어진 산문 메시지의 어느 위치에 철자 K가 나타나는 것은, 그 위치에 나타날 수 있었던 다른 25개 철자들과 동일한 확률을 이전에 가지고 있었다는 의미에서 전적으로 무작위한 사건은 아니다. 영어에서 어떤 철자는 다른 철자보다 훨씬 더 자주 나타나며, 철자의 어떤 결합은 다른 결합보다 더 자주 나타난다. 따라서 어떤 위치에 어떤 철자가 나타날지를 부분적으로 결정하는 패턴의 종류가 존재한다. 결과적으로, 만약 수신자가 나머지 전체 메시지는 받았지만 우리가 이야기하는 특별한 철자 K를 받지 못했다면, 그는 빠진 철자가 K라는 사실을 무작위한 것보다 더 성공적으로 추측할 수 있을 것이다. 앞의 사실에서 그랬던 것처럼, 나머지 철자들이 수신자가 나머지 메시지에서 받은 정보로 이미 부분적으로 배제되었기 때문에 철자 K가 그 수신자를 위해 나머지 25개의 철자를 배제한 것이 아니다. 이처럼 사건들의 더 큰 집합 내에서의 특별한 사건의 패턴 혹은 예측 가능성이 기술적으로 말하는 '중복'이다.

내가 도출한 것처럼, 중복의 개념은 보통 주어진 항목으로 전달되는 최대한의 정보를 먼저 고려하고, 그 다음 이 전체 정보가 주어진 항목이 부분을 구성하는 주위의 패턴들에 대한 지식에 의해 어떻게 줄어들 수 있는지를 고려하는 데서 도출된다. 그렇지만 이런 전반적 문제를 다른 방법으로 검토해봐야 할 경우도 있다. 우리는 패턴화나 예측 가능성을 커뮤니케이션의 진짜 핵심과 존재 이유raison d'être로 간주하면서, 부차적인 단서를 가지지 않은 한 개의 철자를 특이하고 특별한 경우로 볼 수도 있다.

커뮤니케이션이 중복이나 패턴의 창조라는 개념은 가장 단순한 공학적인 예에도 적용시킬 수 있다. A가 B에게 메시지를 보내는 모습을 관찰하고 있는 관찰자를 생각해보자. 이 교신의 목적은 (A, B의 관점에서) B의 메시지 쪽지에, 이전에 A의 메시지 쪽지에 생겼던 일련의 철자와 똑같은 일련의 철자들을 만드는 것이다. 그러나 관찰자의 관점에서 이것은 중복의 발생이다. 만약 관찰자가 A의 쪽지에 있는 것을 봤다면, B의 쪽지를 보는 데서 메시지 자체에 관한 어떤 새로운 정보도 얻지 못할 것이다.

분명 '의미', 패턴, 중복, 정보와 같은 것들의 본질은 우리가 어디에 위치하느냐에 달려 있다. A가 B에게 메시지를 보내는 것에 대한 흔히 볼 수 있는 공학도의 논의에서, 관찰자를 생략하는 것과, B가 A로부터 받은 전달된 철자의 개수로 측정할 수 있는 정보가 B에게 어떤 추측을 허용할 수 있는 그와 같은 텍스트의 중복에 의해 축소되었다고 말하는 것이 통례다. 그러나 관찰자의 관점에서 규정된 더 넓은 세계에서 이것은 더 이상 정보의 '전달'로 나타나지 않으며, 오히려 중복의 보급이다. A와 B의 활동은 관찰자의 세계를 더 예측하기 쉽고, 더 질서 정연하며, 더 중복적인 것으로 만들기 위해 결합된다. 만약 그렇지 않다면 우리는 관찰자의 세계에서는 수수께끼 같고 증명할 수 없는 우연의 일치가 되어버리는 A와 B가 벌이는 '게임'의 규칙, 즉 두 메시지 쪽지에 쓰인 것 사이의 일치를 설명한다고 말할 수 있다.

본질적으로 추측한다는 것은 일련의 항목들 속에서 절단이나 빗금을 직면하는 것이며, 그 빗금을 넘어 다른 쪽에 무슨 항목이 있는지를 예측하는 것이다. 그 빗금이란 공간적인 것일 수도 있고 시간적(혹은 둘 다)인 것일 수도 있으며, 추측은 예측일 수도 있고 회고일 수도 있다. 실제로 패턴은 전체 집단에 대한 조사가 불가능할 때, 어느 정도 그러한 추측을 허용하는 사건이나 사물의 집단이라고 정의할 수 있다.

그러나 이런 종류의 패턴화는 유기체들 사이의 커뮤니케이션 영역 밖에서는 아주 일반적인 현상이다. 어떤 유기체에 의한 메시지의 수용은 다른 어떤 경우의 지각과 근본적으로 다르다. 만약 내가 나무 꼭대기가 솟아 있는 것을 본다면, 나는 나무가 땅에 뿌리를 내리고 있다는 사실을 예측 —— 무작위한 것보다 더 성공적으로 —— 할 수 있다. 나무의 꼭대기 부분을 인지한다는 것은 불투명한 땅으로 제공된 빗금으로 인해 내가 감지할 수 없는 시스템의 부분들과 중복되는 것이다 (즉 무엇에 관한 '정보'를 가지고 있다).

그래서 만약 우리가 메시지가 '의미'를 가졌다거나 어떤 지시물에 '관한' 것이라고 말한다면, 그것은 메시지-더하기-지시물로 구성되는 것이 적절한 더 큰 세계가 있으며, 메시지에 의해 중복이나 패턴이나 예측 가능성이 그 세계에 전해진다는 뜻이다.

만약 내가 여러분에게 '비가 온다'라고 말한다면 이 메시지는 중복, 즉 메시지-더하기-빗방울을 세계에 전하는 것이며, 그래서 그 메시지만으로 여러분이 창밖을 내다본다면 여러분은 자신이 보게 될 것을 추측——무작위한 것보다 더 성공적으로——할 수 있을 것이다. 메시지-더하기-지시물의 세계는 주어진 패턴이나 형태이며——셰익스피어의 의미로, 그 세계는 메시지에 의해 알려진 것이며——, 우리가 말하는 '형태'는 메시지 속에 있는 것도 지시물 속에 있는 것도 아니다. 그것은 메시지와 지시물 사이의 대응이다.

자유로운 대화에서 정보의 소재는 단순한 것 같다. 어떤 위치에 있는 철자 K는 그 특정한 위치에 있는 철자가 K임을 시사한다. 또한 모든 정보가 이처럼 직접적인 것인 한 그 정보의 위치는 '국지화'될 수 있으며, 철자 K에 관한 정보는 겉으로 보기에는 바로 그 위치다.

하지만 만약 우리가 ㉠ '이 메시지는 영어로 되어 있다', ㉡ '영어에서 철자 K는 C로 시작되는 단어를 제외하고 보통 C자 다음에 온다'라는 정보의 항목들이 어디에 있느냐는 질문을 받는다면, 우리는 다만 그런 정보는 텍스트의 어느 곳에서도 국지화될 수 없으며 오히려 전체 텍스트에서 (또는 그와 '비슷한' 텍스트의 집단에서) 통계적으로 귀납된 결론이라고 말할 수 있을 뿐이다. 결국 이것은 메타정보이며, '이 위치에 있는 철자는 K다' 라는 정보와 기본적으로 다른 차원——다른 논리 형태——의 정보다.

이와 같은 정보의 국지화 문제가 커뮤니케이션 이론, 특히 신경생리학 이론을 상당히 오랫동안 괴롭혀왔으며, 따라서 중복이나 패턴이나 형태를 기본 개념으로 하여 그 문제를 고찰하면 어떻게 되는지 살펴보는 것은 흥미로울 것이다.

딱 잘라 분명한 사실은 진정으로 국지화될 수 있는 제로 차원의 변수는 없다는 것이다. '정보' 와 '형태' 는 대조, 빈도, 대칭, 일치, 합동, 유사와 비슷하며, 제로 차원에 존재하는 것과 같으며, 따라서 국지화될 수 없다. 여기 있는 흰 종이와 저기 있는 검은 커피 사이의 대조는 종이와 커피 사이의 어느 곳에도 있지 않으며, 우리가 그 종이와 커피를 나란히 가깝게 둔다고 할지라도 그들 사이의 대조가 그로 인해 그들 사이에 국지화되거나 좁은 범위에 가둬지지는 않는다. 그러한 대조는 두 물체와 나의 눈 사이에 국지화되지도 않는다. 그 대조는 내 머릿속에 존재하지도 않는다. 혹은 그것이 내 머릿속에 있다면, 여러분의 머릿속에도 있어야만 한다. 그러나 여러분, 즉 독자들은 내가 언급하고 있던 종이와 커피를 보지도 못했다. 나는 내 머릿속에 그들 사이의 대조에 관한 이미지나 변형 또는 이름을 가지고 있으며, 여러분도 머릿속에 내 속에 내가 가지고 있는 것의 변형을 가지고 있다. 그러나 우리 사이의 일치는 국지화될 수 없다. 사실 정보와 형태는 국지화될 수 있는 항목이 아니다.

그러나 중복을 가진 시스템의 형식적 관계들을 지도화하는 것은

(완전하지 않을지는 모르지만) 가능하다. 한정된 사물이나 사건의 집단(즉 일련의 철자들이나 나무)과 그 집단 내에서 인식될 수 있는 (즉 통계적 중요성을 가진) 모든 중복의 규칙에 관한 정보를 가진 관찰자를 생각해보자. 그렇다면 관찰자가 무작위한 추측보다 더 나은 추측을 할 수 있도록 집단 영역의 한계를 정할 수 있다. 국지화를 향한 다음 단계는 이 영역들을 빗금으로 가로 절단하는 것에 의해 수행된다. 그래서 교육받은 관찰자는 그 빗금의 한쪽에 있는 것에서 다른 쪽에 있는 어떤 것을 추측할 수 있게 된다.

하지만 패턴의 분포에 대한 그런 지도화는 원칙적으로 불완전하다. 왜냐하면 우리는 중복의 법칙에 관해 관찰자가 가진 사전 지식의 근원을 고려하지 않았기 때문이다. 만약 이제 우리가 어떤 사전 지식도 가지지 않은 관찰자를 고려한다면, 그는 전체 집단보다 적은 자신의 지각에서 어느 정도 적절한 규칙을 발견할 것이 분명하다. 그 다음에 그는 예중하지 않아도 맞아 들어갈 나머지 규칙들을 예측하는 데 자신의 발견을 이용할 것이다. 그는 비록 그 집단의 나머지가 이런 결합의 예를 가지지 않더라도 'H는 종종 T 다음에 온다' 는 사실을 발견할 것이다. 이러한 현상의 등급 때문에 다른 등급의 빗금——메타빗금——이 필요하게 될 것이다.

우리가 모든 사물과 모든 실제적 차원들을 우리의 해석 체계에서 배제할 경우, 우리는 커뮤니케이션의 매 단계를 그 전단계의 변형으로 간주하는 것이다. 축색돌기를 따라 충동이 이동하는 것을 생각해보면, 우리는 통로의 각 지점에서 발생하는 사건들을 이전의 어떤 지점에서 일어난 사건의 변형으로 간주할 것이다. 또는 일련의 뉴런들을 생각해보면, 각 뉴런은 다음 뉴런을 흥분시키며, 각 뉴런의 흥분은 그 이전 뉴런의 흥분의 변형이다. 우리가 다루는 것은 동일한 에너지가 흘러가는 것을 반드시 수반하지 않는 사건의 연쇄다.

이와 마찬가지로 우리는 어떤 뉴런의 네트워크를 고려할 수 있을 것이며, 전체 네트워크의 다른 지점들을 인위적으로 절단해보면, 그때 각 절단면에서 발생하는 사건들을 전단계에서 발생한 사건의 변형으로 간주할 수 있다.

지각 현상을 고찰할 때 우리는 예를 들어 '나는 나무를 본다'라고 말하면 안 된다. 왜냐하면 나무는 우리의 설명 체계 내에 있지 않기 때문이다. 우리는 기껏해야 복잡하지만 나무에 대한 체계적 변형인 이미지만을 볼 수 있을 뿐이다. 물론 그 이미지는 나의 신진대사로 활성화된 것이며, 변형의 본질은 부분적으로 나의 신경 회로에 있는 요인들에 의해 결정된다. '나'는 여러 가지 제한하에서 이미지를 만들고, 이미지의 일부는 나의 신경 회로에 의해 부과된 것이며, 나머지는 외적인 나무에 의해 부과된 것이다. 환각이나 꿈은 직접적인 외부의 제한 없이 생기는 한, 좀더 정확히 '나의 것'이 된다.

정보도, 중복도, 형태도, 제한도 아닌 것은 모두 소음이며, 새로운 패턴이 생길 수 있는 재료에 지나지 않는다.

중복과 코드화[267]

　인간의 커뮤니케이션 체계와 다른 동물들의 커뮤니케이션 체계 사이의 진화와 그 밖의 관계들에 대한 검토는 구두 커뮤니케이션의 코드화 장치의 특징이 몸짓kinesics과 준언어paralanguage[268]의 그것과 완전히 다르다는 사실을 너무도 분명하게 드러내주었다. 하지만 몸짓

---

267) 토머스 시벅Thomas A. Sebeok이 편집한《동물의 커뮤니케이션 : 연구 기법과 조사 결과Animal Communication : Techniques of Study and Results of Research》(Indiana Univ. Press, 1968) 제22장에 실렸던 글로, 해당 출판사의 허락을 받아 여기에 재수록했다.

268) (옮긴이주) 억양, 목소리 톤, 리듬 등을 준언어라고 하는데, 준언어도 정보를 갖고 있다. 유아를 양육하는 부모들은 아이들의 울음소리에 따라 배가 고파서 우는지, 화가 나서 우는지, 아니면 심통이 나서 우는지를 구분한다. 이러한 준언어도 그 자체로는 의미가 잘 파악되지 않는다. 예를 들어 큰 목소리는 강조를 하기 위한 것일 수도 있고, 거짓을 가장하기 위한 책략일 수도 있다. 따라서 준언어의 의미를 정확하게 판단하기 위해서는 준언어를 사용하는 사람의 습관, 특성, 관습 같은 것들을 함께 고려해야 한다.

과 준언어 코드와 인간이 아닌 포유동물의 코드 사이에 유사점이 많다는 것도 지적되었다.

인간의 언어 체계는 이 압도적으로 시각적iconic인 코드에서 그저 단순히 파생된 것이 아니라고 나는 생각한다. 인간의 진화에서 언어가 다른 동물의 불완전한 체계를 대체했다는 일반적으로 널리 알려진 믿음이 존재한다. 나는 이는 완전히 잘못된 것이라고 생각하면서 다음과 같이 주장한다.

적응성 있는 진화적 변화가 가능한 복잡한 기능 체계에서, 일정한 기능의 수행이 새롭고 더 효과적인 방법으로 교체될 때, 옛날에 쓰이던 방법들은 더 이상 쓰이지 않고 소멸된다. 부싯돌을 다듬어 무기를 만들던 방법은 금속이 사용되자 가치가 떨어졌다.

진화론적 교체하에서 이러한 기관들과 기술들의 쇠퇴는 필수적이고 피할 수 없는 체계적 현상이다. 따라서 만약 인간의 구두 언어가 어떤 의미에서 몸짓과 준언어를 수단으로 한 커뮤니케이션을 진화론적으로 대체한 것이라면, 오래되고 압도적인 시각적 체계들은 현저하게 쇠퇴했을 것이라고 우리는 예상할 수 있다. 그러나 분명 그렇지 않다. 오히려 인간의 몸짓은 더 풍부하고 복잡해졌으며, 준언어도 구두 언어의 진화와 나란히 꽃피게 되었다. 몸짓과 준언어는 모두 예술, 음악, 발레, 시 등과 같은 복잡한 형태로 정교해졌으며, 심지어 일상생활에서 인간의 몸짓 커뮤니케이션, 얼굴 표정, 목소리의 억양은 다른 동물들의 표현을 훨씬 능가하는 것이다. 인간은 명백한 디지털 신호만으로 커뮤니케이션해야 한다는 논리학자의 꿈은 실현되지 않았으며, 앞으로도 실현될 것 같지 않다.

나는 구두 언어의 진화와 함께 몸짓과 준언어의 진화가 따로 성장하는 것은 우리의 시각적 커뮤니케이션이 구두 언어와 완전히 다른 기능을 수행하며, 실제로 구두 언어가 수행하기에 적합하지 않은 기능을 수행한다는 것을 의미한다고 생각한다.

소년이 소녀에게 "너를 사랑해"라고 말할 때, 그는 목소리의 톤이나 동작으로 전달할 수 있는 것보다 더 신빙성 있는 것을 전달하기 위해 말을 사용하고 있다. 그러나 만약 소녀가 분별이 있다면, 그녀는 말보다 그 말에 수반되는 기호에 더 신경 쓸 것이다. 우리 모두가 언어의 사용을 지배한다고 생각하는 수의적 통제와 비교될 만큼 몸짓과 준언어적 커뮤니케이션을 어느 정도 수의적으로 통제할 수 있는 사람들——직업적 연기자, 뻔뻔한 사기꾼 등——이 있다. 몸짓으로 속일 수 있는 이런 사람들에게서, 비언어적 커뮤니케이션의 특별한 유용성은 축소된다. 그들에게 있어 진실해진다는 것은 다소 어려운 일이며, 진실해질 거라고 믿게 되기는 더더욱 어렵다. 그들이 수확 체감di-minishing return의 과정에 사로잡혀 불신을 당했을 때, 그들은 몸짓과 준언어로 진실을 가장하는 자신의 기술을 향상시키기 위해 애쓴다. 하지만 다른 사람들로 하여금 그들을 불신하게 하는 것은 바로 그 기술이다.

비언어적 커뮤니케이션은 정확히 자신과 상대방, 또는 자신과 주위 환경 사이의——사랑, 증오, 존경, 두려움, 의존 등과 같은——관계에 대한 문제와 관련되며, 그래서 인간 사회의 본질은 이러한 담론의 위조로 급속히 병들게 된다. 따라서 적응이라는 관점에서, 이러한 담론은 비교적 무의식적이고 완전히 수의적 통제가 되지 않는 기술에 의해 전달되는 것이 중요하다. 신경생리학적 표현으로 이러한 담론의 통제는 반드시 꼬리 쪽 뇌의 진정한 언어 통제에 맡겨져야 한다.[269]

만약 그러한 문제에 대한 이런 일반적 관점이 맞다면, 몸짓이나 준언어적 메시지들을 말로 옮기는 것은 틀림없이 전반적인 왜곡을 낳을 수 있다. 이는 인간이 '감정'과 관계에 관한 진술을 왜곡하는 경향이 있고, 하나의 코드화 체계의 결과물을 다른 코드화 체계의 전제로 분석할 때마다 왜곡이 생기기 때문이 아니라, 그러한 모든 번역이 다소 무의식적이고 불수의적인 시각 메시지에 의식적인 의미의 출현을 제공해야 하기 때문이다.

과학자로서 우리는 현상 세계의 모습을 언어로 만들어내는 데 관심을 기울인다. 즉 우리의 성과는 현상계에 대한 언어적 변형이 된다. 따라서 이러한 변형의 규칙과 코드화에 있어서 자연 현상, 메시지 현상, 그리고 언어 사이의 차이에 대해 좀더 꼼꼼한 검토가 필요하다. 비생물 현상의 '코드화'를 추정한다는 것이 예외적임을 나는 알고 있으며, 이 말을 정당화하기 위해, 나는 커뮤니케이션 공학도가 사용하는 말인 '중복'의 개념을 어느 정도 확대해야만 한다.

공학자들과 수학자들은 엄격하게 메시지 자료의 내부 구조에 관심을 쏟았다. 일반적으로 이 자료는 사건이나 대상들(통상 한정된 세트의 구성원——음소와 같은 것)의 연쇄나 집합으로 구성된다. 이런 연쇄는 신호 대 잡음비[270]와 다른 특성들에 의해 동일한 시-공간 영역에

---

269) (옮긴이주) 인간의 언어 중추는 사고를 주관하는 대뇌피질에 위치하는 반면에 비언어적 커뮤니케이션은 본능과 관련된 변연계에 위치해야 한다는 말이다.

270) (옮긴이주) 아날로그와 디지털 통신에서, 신호 대 잡음비, 즉 S/N(Signal-to-Noise Ratio)은 신호 대 잡음의 상대적 크기를 재는 것으로 데시벨(dB)이라는 단위를 사용한다. 들어오는 신호의 세기를 Vs라 하고, 잡음을 Vn이라 하면, 신호 대 잡음비는 $S/N=20\log10(Vs/Vn)$과 같은 공식으로 표현된다. 이때 만약 Vs=Vn이면, S/N=0이 된다. 이 경우에는 잡음의 수준이 신호와 심하게 맞서기

서 발생하는 무관한 사건이나 사물과 구별된다. 그 메시지 자료는, 만약 어떤 항목이 빠진 채 그 연쇄가 수신되었을 때 수신자가 빠진 항목들에서 무작위한 결과보다 더 나은 추측을 할 수 있다면, 중복을 가지고 있다고 이야기된다. 사실 '중복'이라는 용어가 그런 식으로 사용된다는 것은 '패턴화'[271]와 동의어가 된다는 것을 의미한다. 메시지 자료의 이런 패턴화는 항상 수신자가 신호와 소음을 구별하는 데 도움을 준다는 점이 중요하다. 실제로 신호 대 잡음비라 불리는 규칙성은 중복의 특수한 경우에 불과하다. 위장camouflage(커뮤니케이션의 반대)은 다음과 같은 방법으로 이루어진다. (1) 신호 대 잡음비의 감소에 의해. (2) 신호에 나타나는 패턴과 규칙성을 파괴하는 것에 의해. (3) 유사한 패턴들을 소음 속에 끼워 넣는 것에 의해.

공학자들은 메시지 자료의 내부 구조에 자신들의 관심을 한정시킴으로써, '의미'라는 개념에 의해 커뮤니케이션 이론이 복잡해지고 어려워지는 것을 피할 수 있다고 생각한다. 그러나 나는 '중복'이라는 개념은 적어도 '의미'와 부분적으로 동의어라고 주장하고 싶다. 내가 알기로는, 수신자가 메시지의 빠진 부분에 대해 추측할 수 있다면, 이미 수신된 메시지는 빠진 부분에 대해 주목하게 만들고 빠진 부분의 정보에 대한 의미를 틀림없이 전달하는 것이다.

만약 이제 우리가 메시지 구조에 관한 좁은 세계로부터 눈을 돌려

때문에 신호 경계를 읽을 수 없다. 가장 이상적인 것은 Vs가 Vn보다 커서 S/N이 양수가 되는 경우다. 만약 Vs가 Vn보다 작으면 S/N은 음수가 된다. 이 경우, 수신하는 컴퓨터나 터미널에서 신호 수준을 증가시키거나 잡음 수준을 감소시키는 조치를 취하지 않으면, 일반적으로 신뢰할 만한 통신이 불가능하다.

271) F. Attneave, *Applications of Information Theory to Psychology* (New York : Henry Holt and Co., 1959).

바깥 세계의 자연 현상을 고려한다면, 우리는 즉시 이 바깥 세상도 똑같이 중복에 의해 특징지어진다는 것을 보게 된다. 즉 관찰자가 현상들의 연쇄나 형태의 어떤 일부만을 지각할 때, 그는 직접 지각할 수 없는 부분을 무작위한 결과보다 더 잘 추측할 수 있는 경우가 많다. 사실 과학자들의 주된 목표는 현상계의 이러한 중복이나 패턴화를 규명하는 것이다.

만약 이제 이들 두 하부 세계를 포함하는 더 큰 세계, 즉 '메시지 더하기 외계'라는 시스템을 생각해보면, 이 더 큰 시스템은 매우 특별한 종류의 중복을 가지고 있음을 알게 된다. 외부 현상을 추측하는 관찰자의 능력은 그의 메시지 자료 수신에 의해 매우 크게 증가된다. 만약 내가 여러분에게 '비가 온다'라고 말하고 그래서 여러분이 창밖을 본다면, 여러분은 나의 메시지를 받지 않았을 때 얻을 수 있었던 정보보다 더 적은 정보를 빗방울을 감지하는 데서 얻게 될 것이다. 나의 메시지로부터 여러분은 비 오는 것을 볼 것으로 짐작할 수 있었을 것이다.

요약하면 '중복'과 '의미'라는 두 단어는 모두 동일한 담론의 세계에 적용되었을 때는 언제나 동의어가 된다. 물론 일련의 메시지라는 제한된 세계 내에서의 '중복'은 메시지와 외적 지시물 모두를 포함하는 더 광범위한 세계에서의 '의미'와 동의어는 아니다.

커뮤니케이션에 관한 이런 식의 사고는 전체를-위한-부분이라는 하나의 제목 아래 코드화에 대한 모든 방법을 모으는 것이라는 점을 알게 될 것이다. '비가 온다'라는 구두 메시지는 메시지가 중복이나 예측 가능성을 창조하는 더 큰 세계의 부분으로 간주된다. '디지털적', '아날로그적', '시각적', '은유적' 및 모든 여타의 코드화 방법들은 모두 이 하나의 제목하에 포함된다. (문법학자들이 '제유법synecdoche' 이라 부르는 것은 '가축 다섯 마리five head of cattle' 라는 말처럼 전체의 이름 대신에 부분의 이름을 은유적으로 사용하는 것이다.)

그 문제에 대한 이런 식의 접근은 어떤 이점을 가진다. 분석자는 늘 '중복' 이나 '의미' 가 발생하리라 예상되는 담론의 세계를 정의하도록 강요받는다. 그는 모든 메시지 자료의 '논리 형태' 를 검토하도록 강요받는다. 그 문제에 대한 이러한 광의적인 관점은 커뮤니케이션의 진화에서 중요한 단계들을 확인하기 쉽게 만든다는 것을 우리는 알게 될 것이다. 물리적 환경에 있는 두 마리의 동물을 관찰하고 있는 과학자를 생각해보자. 그렇다면 다음과 같은 요소들이 반드시 고려되어야 한다.

(1) 물리적 환경은 내적 패턴이나 중복을 가지고 있다. 즉 어떤 사건이나 물체의 지각은 동물 그리고/혹은 관찰자가 다른 사건이나 물체를 예측할 수 있게 만든다.

(2) 어떤 동물이 내는 소리나 다른 신호는 환경 더하기 신호라는 시스템에 중복을 제공할 수 있다. 즉 그 신호들은 환경에 '관한' 것일 수 있다.

(3) 일련의 그 신호들은 분명히 중복을 가질 것이다──어떤 동물의 신호가 같은 동물의 다른 신호를 더 잘 예측할 수 있게 만들고 있다.

(4) 그 신호들은 세계에 중복을 제공할 수 있다. A의 신호들 더하기 B의 신호들, 즉 그 신호들은 그들이 구성 부분인 상호작용에 관한 것일 수 있다.

(5) 만약 동물의 커뮤니케이션과 이해에 관한 모든 규칙이나 코드들이 유전자형으로 고정된 것이었다면, 앞의 열거는 여기서 끝난다. 하지만 어떤 동물들은 학습을 할 수 있다. 예를 들면 반복되는 연쇄는 패

턴으로서 더 효율적이 된다. 논리학에서 '모든 명제는 자기 자신의 진실을 제안' 하지만, 자연의 역사에서 우리는 언제나 이런 일반화와 반대되는 것을 다루고 있다. 주어진 지각에 수반되는 지각 가능한 사건들은 그 지각물이 이런 사건들을 '의미한다' 고 시사한다. 그와 같은 어떤 단계들에 의해 유기체는 외부 사건들의 패턴화된 연쇄 속에 들어 있는 정보를 이용하는 법을 배울 수도 있다. 따라서 나는 유기체 더하기 환경이라는 세계 속에서 사건들은 유기체와 환경 사이에서 학습된 적응의 패턴이나 형태를 완성하기 위해 생길 것이라는 점을 무작위한 결과보다 더 잘 예측할 수 있다.

(6) 심리 실험실에서 보통 연구되는 행동의 '학습' 은 다른 차원의 학습이다. 동물의 행동 더하기 외부의 사건으로 구성되는 그 세계의 중복은, 동물의 관점에서, 동물이 어떤 사건에 대해 어떤 행동을 가지고 규칙적으로 반응할 때 증가된다. 마찬가지로 이 세계는 그 동물이 특정한 외부 사건의 일정한 전조precursor(또는 원인) 역할의 행동을 하는 데 성공할 때, 중복을 얻는다.

(7) 모든 유기체에게는 무엇이 학습될 것이고, 어떤 여건하에서 이 학습이 일어날지를 규정하는 한계와 규칙이 있다. 이런 규칙과 패턴들은 개인적 적응과 어떤 종의 사회 조직을 위한 기본 전제가 된다.

(8) 마지막이지만 일반적으로 적잖은, 계통 발생적 학습과 계통 발생학의 문제가 있다. 유기체-더하기-환경이라는 시스템에는 중복이 존재하며, 그래서 인간 관찰자는 유기체의 형태와 행동으로부터 환경의 본질에 대해 무작위한 결과보다 더 잘 추측할 수 있다. 환경에 관한 '정보' 는 오랜 계통 발생 과정을 거쳐 유기체 내에 머무르게 되었으며, 그것의 코드화는 매우 특별한 정보다. 상어의 생김새를 보고 수중

환경에 대해 학습하는 관찰자는 물에 잘 대처한 적응으로부터 유체역학을 연역해내야만 한다. 상어의 표현형에 들어 있는 정보는 세계, 즉 표현형에 의해 증가된 중복을 가진 표현형 더하기 환경에서 다른 부분들의 특성을 보완하는 형태들에 내재하고 있다.

이처럼 생물 시스템과 그들의 관련에 대한 세계에서 일종의 중복에 관한 어느 정도 매우 간략하고 불완전한 개관은 전체와 부분 사이에는 다른 많은 종류의 관계가 '전체를 위한 부분'이라는 일반적 제목하에 포함된다는 것을 가리킨다. 이러한 형식적인 관계들의 특성을 어느 정도 열거하는 것이 적절하다. 시각적인 경우를 몇 가지 생각해보자.

(1) 우리가 여기서 '부분'이나 '신호'라고 부르는 사건들이나 대상들은 현존하는 연쇄나 전체의 구성 요소일 수도 있다. 서 있는 나무의 줄기는 보이지 않는 뿌리의 존재 가능성을 가리킨다. 구름은 자신이 일부를 이루고 있는, 다가올 폭풍우를 가리킬 수도 있다. 개가 송곳니를 드러내는 것은 진짜 공격의 부분일 수도 있다.

(2) '부분'은 자신의 전체와 단지 조건적 관계만을 가질 수도 있다. 구름은 우리가 집안으로 들어가지 않는다면 비를 맞으리라는 것을 가리킬 수도 있다. 개가 이빨을 드러내는 것은 조건이 맞지 않으면 완성될 공격의 시작이 될 수 있다.

(3) '부분'은 자신의 지시 대상인 전체와 완전히 분리될 수도 있다. 어떤 순간에 개가 이빨을 드러내는 것은, 만약 공격이 일어난다면, 그리고 공격이 일어날 때, 새로운 이빨의 드러냄을 포함하는 공격을 언급할 수도 있다. 이제 그 '부분'은 진짜 시각적 신호가 된 것이다.

(4) 일단 진짜 시각적 신호가 진화하면──반드시 앞의 1, 2, 3단계

를 거칠 필요는 없다──다른 다양한 진화의 통로가 가능해진다.

㉠ '부분' 은 얼마간 디지털화될 수 있어서, 부분 내에서의 중요성은 그것의 지시 대상인 전체 내에서의 중요성을 더 이상 언급하지는 않지만, 예를 들어 신호 대 잡음비의 향상에 기여한다.

㉡ '부분' 은 이전에 부분이 원래 언급했던 전체와 더 이상 무관한 맥락에서 특별한 의례나 은유적 의미를 가질 수도 있다. 한때 강아지 젖떼기에서 일어나는 어미 개와 강아지가 서로 입을 문지르는 게임은 통합 의식ritual aggregation이 된다. 어린 새에게 먹이를 주는 행동은 구애 의식이 될 수 있다. 등등.

여기서 단지 지엽적이고 다양한 사례들을 통해 간략하게 언급되고 있는 이 연속을 통해서, 동물의 커뮤니케이션이 동물 자신의 행동에서 유래된 신호, 즉 그와 같은 행동의 일부인 신호에 국한되어 있음을 알 수 있다. 이미 지적한 것처럼, 외부 세계는 전체를-위한-부분이라는 메시지들로 가득하다는 의미에서 매우 풍부하며──어쩌면 그런 이유로──이 기본적인 코드화 양식은 원시적인 동물 커뮤니케이션의 특징이다. 하지만 어쨌든 간에 동물이 외부 세계에 관해 신호할 수 있는 한, 동물들은 외부 세계에 대한 자기 반응의 일부가 되는 행동으로 그렇게 할 것이다. 갈가마귀들은 로렌츠가 '갈가마귀-먹는 사람'이라는 사실을, 갈가마귀를 먹는 행동의 일부를 흉내 내는 행동이 아니라 그런 피조물에 대한 자신들의 공격의 일부를 흉내 내는 행동으로 서로에게 가르쳐준다. 가끔은 외부 환경의 실제물들──둥지-건축 재료가 될 수 있는 조각들, '전리품' 등──이 커뮤니케이션에 사용되며, 이 경우, 다시 그 메시지들은 보통 메시지 더하기 외부 환경의 세계보다는 메시지 더하기 유기체들의 관계의 세계에 중복을 제공한다.

진화론의 관점에서, 왜 유전적 통제가 그와 같은 시각적 신호를 결정하기 위해 반복적으로 진화되었는지를 설명하는 것은 간단하지 않다. 인간 관찰자의 관점에서 그와 같은 시각적 신호들은 상당히 해석하기 쉬우며, 동물들에게도 그런 기호들을 해석하는 것이 비교적 쉬울 것이라는 예측은 할 수 있다──단 동물이 반드시 그렇게 하는 것을 학습한다는 조건에서 말이다. 하지만 게놈은 이런 의미의 학습이 불가능하다고 추정되며, 따라서 유전자에 의해 결정된 신호들은 시각적이기보다는 상징적 또는 임의적일 것으로 예상된다.

유전자 신호의 시각적 본질에 대한 가능한 설명으로 다음의 세 가지를 들 수 있다.

(1) 심지어 유전자형으로 결정된 신호들도 표현형의 삶에서 분리되고 고립된 요소로서 발생하진 않지만, 적어도 학습되는 일부 행동의 복잡한 모체에는 필수적 요소다. 유전자형으로 결정된 신호들의 시각적 코드화는 이런 요소들을 이 모체에 쉽게 동화되도록 만들 수 있다. 임의적 신호보다 시각적 신호를 낳을 유전자 변화를 선택적으로 지지하는 경험적인 '여선생schoolmarm'이 있을 수 있다.

(2) 신호하는 자를 신속하게 공격할 수 있는 곳에 자리 잡게 해주는 공격 신호는 좀더 임의적인 신호보다 필시 더 많은 생존 가치를 가질 것이다.

(3) 유전자형으로 결정된 기호가 다른 종의 행동에 영향을 끼칠 때──예컨대 경고의 효과가 있는 눈짓이나 자세, 위장을 조성하는 동작 혹은 경계의 의태──그 신호는 분명 다른 종의 지각 체계에는 시각적이어야 한다. 그러나 성취된 것이 부차적인 통계적 시각화인 경우, 많은 예들에서 흥미로운 현상이 발생한다. 등 푸른 청소놀래기

Labroides dimidiatus[272]라는 조그만 인도-태평양 놀래기는 다른 물고기의 체외에 기생하면서 살아가는 어류인데, 눈에 띄는 색을 갖고 있고, 쉽게 알아볼 수 있는 방법으로 움직이거나 '춤을 춘다'. 의심할 여지 없이 이런 특징들은 다른 물고기들의 관심을 끌며, 다른 물고기로 하여금 청소물고기의 접근을 허용하게 하는 신호 체계의 일부분이다. 하지만 이런 종류의 놀래기를 모방하는 검치 베도라치saber-toothed blenny(Aspidontus taeniatus)[273]라는 물고기도 있으며, 이 물고기의 비슷한 색깔과 동작은 이 모방자가 다른 물고기에 접근할 수 있도록 해준다——그런 다음 다른 물고기의 지느러미를 물어뜯는다.[274]

이 모방자의 색깔과 동작은 명백히 시각적이며, 청소물고기를 '표현한다'. 하지만 청소물고기의 색깔과 동작은 무엇인가? 일차적으로 요구되는 것은 오직 청소물고기가 눈에 잘 띄거나 뚜렷이 구별되는 것이다. 그 외에 다른 것을 나타낼 필요는 없다. 그러나 통계적으로 그

---

272) (옮긴이주) 농어목, 놀래기과, 등 푸른 청소놀래기속으로 분류되며, 제주도, 서부 태평양, 하와이 제도, 남아프리카에 분포한다. 몸은 가늘고 길며, 주둥이는 뾰족하고, 입은 작다. 위턱이 아래턱보다 길다. 몸 색깔과 무늬는 개체, 암수에 따라 다르다. 어릴 때는 등에 흰 띠가 한 개만 존재하지만, 성장함에 따라 배도 희어진다. 다 자라면 몸통을 가로지르는 검은 띠가 꼬리자루의 3분의 2 정도를 차지하게 되며, 크기는 12cm 정도가 된다. 산호초가 있는 암반 지역에 주로 분포한다. 큰 물고기의 피부나 입 속의 외부 기생충을 먹는 청소 놀래기로 유명하다. 산란은 열대 지방에서는 연중 이루어지나, 제주도 주변 해역에서는 5~9월쯤에 이루어진다. 바위나 산호 사이에서 잠을 자며, 입에서 분비한 점액 막으로 몸을 둘러싼다.
273) (옮긴이주) 검치 베도라치는 등 푸른 청소놀래기를 흉내 내는 이런 특성으로 인해 보통 가짜 청소물고기false cleanerfish라고 불린다.
274) J. E. Randall · H. S. Randall, "Example of Mimicry and Protective Resemblance in Tropical Marine Fishes", *Bulletin of Marine Science of the Gulf and Carribean* (1960), 10 : 444~480쪽.

시스템을 생각해볼 때, 만약 베도라치가 너무 많아지면, 뚜렷이 구별되는 놀래기의 특징은 시각적 경고가 될 것이며, 그들의 숙주는 놀래기를 피할 것이 분명하다. 필요한 것은 놀래기의 신호가 분명히 그리고 의심할 여지 없이 놀래기임을 나타내는 것이다. 즉 그 신호들이 처음에는 비시각적이었을지 모르지만 다양한 효과에 의해 일종의 자기 시각화를 성취하고 유지해야 한다. '내가 그것을 세 번 말하면, 그것은 진실이다.' 그러나 이런 자기 시각화의 필요성은 그 종 내에서도 생긴다. 신호하기를 유전자형으로 통제하는 것은 필요한 반복성을 보증하는 것이다. (만약 그 신호들이 학습되었다면, 그것은 단지 우연일 것이다.)

(4) 적응의 특성들을 유전자형으로 결정하는 것이, 특별한 의미에서, 체세포 변화나 표현형의 학습을 통해 유사한 특성들을 얻는 것보다 좀더 경제적이라고 주장할 수 있는 경우도 있다. 이 문제는 다른 곳에서 다루었다.[275] 요약해서, 어떤 유기체의 체세포 적응의 융통성 그리고/또는 학습 능력은 한정되어 있으며, 이들의 역량에 놓인 요구들은 적절한 유전자형의 변화로 감소될 것이라고 주장된다. 따라서 그와 같은 변화는 다른 용도를 위해 귀중한 적응이나 학습 능력을 자유롭게 해주기 때문에 생존 가치를 가진다. 이는 결국 볼드윈 효과[276]를 주장하는 것이다. 이런 주장의 확대는 유전자형으로 통제된 시각적

---

275) G. Bateson, "The Role of Somatic Change in Evolution", *Evolution*(1963), 17 : 529~539쪽.
276) (옮긴이주) 적응에 있어서 진화적, 시간적으로 충분히 여유가 있을 만큼 변동이 없는 사건은 초기에는 학습으로 처리하다가 점차적으로 유전자에 코드화되어 들어가는데 이를 '볼드윈 효과'라고 부른다. 이와는 다르게 학습은 생명체의 환경이 유동적이기 때문에 유전자로 코드화될 만큼 진화적, 시간적 여유가 없는 것에 대한 적응의 메커니즘이다.

신호 보내기의 특성은 어떤 경우, 이 특성들이 이전에 학습되었던 것이라고 가정함으로써 설명될 수 있음을 시사한다. (물론 이 가설이 라마르크 유전을 암시하는 것은 아니다. 분명한 것은, (1) 그와 같은 유전으로 항상성 회로의 어떤 변수를 고정시키는 것은 신체의 항상성 시스템을 이내 망쳐버리게 된다는 것, (2) 항상성 회로의 종속 변수에 대한 그 어떤 변화량도 회로의 바이어스를 변화시킬 수 없다는 것이다.)

(5) 마지막으로, 어떤 수준에서 행동에 대한 유전자형의 결정이 이루어질지 불분명하다. 앞에서 제시했듯이 유기체에게는 시각적 코드가 좀더 임의적인 코드보다 학습하기가 더 쉽다. 유기체가 그와 같은 형식을 갖추는 데 유전자형이 제공하는 것은 주어진 행동을 고정하는 것이 아니라, 오히려 이 행동을 더 쉽게 학습하도록 만드는 것이다——유전자형으로 결정된 행동에서의 변화보다는 특정한 학습 능력 면에서의 변화다. 위와 같은 유전자의 기여는 유전자와 상반되는 목적으로 작용할 가능성보다는 개체 발생적 변화와 함께 작업하는 데 명백한 이점을 가진다.

이제까지 논한 것들을 요약하면 다음과 같다.

(1) 중복을 만드는 초기의 (진화론적인 의미에서의) 방법이 시각적으로 부분-으로-전체를 코드화하는 것이었으리라는 점은 이해할 만하다. 비생물학적인 외부 세계는 이런 종류의 중복을 가지고 있으며, 커뮤니케이션 코드가 진화하면서 유기체가 똑같은 수법에 빠져들었다고 예상할 수 있다. '부분'은 전체에서 분리될 수 있으며, 그래서 개가 송곳니를 드러내는 것은, 일어날 수 있지만 아직은 존재하지 않는 싸움을 의미한다는 것을 우리는 알게 되었다. 이 모든 것은 '의도적인

몸짓' 과 같은 것에 의한 커뮤니케이션에 설명의 배경을 제공한다.

(2) 시각적 부분들에 의한 그와 같은 코드화 수법이 유전자형으로 고착화될 수 있다는 점은 부분적으로 이해할 수 있다.

(3) 개인적인 관계에 관한 인간의 커뮤니케이션에서 그러한 원시적인 (따라서 불수의적인) 신호하기가 살아남아 있다는 사실은 그러한 문제에 정직이 필요하다는 것으로 설명된다는 것은 이미 제시되었다.

그러나 비시각적인 구두 언어적 코드화의 진화는 설명되지 않고 남아 있다.

우리는 실어증aphasia 연구, 언어의 특성에 관한 모임에서 호킷 Charles Hockett이 열거한 것,[277] 그리고 기본적인 상식을 통해, 구두 커뮤니케이션을 만들고 이해하는 구성 과정은 많으며, 그 구성 과정 중 어느 하나가 차단당하면 그 언어는 실패한다는 것을 안다. 이 각각의 과정들을 개별적으로 분리해서 연구하는 것도 가능하다. 그렇지만 나는 여기서 그 문제의 한 가지 측면, 즉 단순한 직설적 주장의 진화만을 고려해보고자 한다.

인간의 꿈과 신화에서 동물의 시각적 코드화와 인간 언어의 구두적 코드화 사이의 흥미로운 중간 단계가 인식될 수 있다. 정신분석 이론

---

277) (옮긴이주) 찰스 호킷Charles Hockett은 언어에 대해 ① 인간의 언어는 소리의 체계와 의미의 체계가 분리, 독립되어 있다는 이원성, ② 인간의 언어는 어휘 수에 제한이 있다 하더라도 새로운 단어를 언제나 만들어낼 수 있다는 창의성, ③ 언어의 소리와 그 소리가 상징하는 개념 사이의 관계가 필연적이 아니라는 임의성, ④ 동일한 사람이 메시지의 송신자가 될 수도 있고 수신자가 될 수도 있다는 교환성, ⑤ 인간의 언어는 '지금' 과 '여기' 를 떠나 과거와 미래, 또 가까운 곳과 먼 곳에서 일어났던 사항들을 서술할 수 있으며, 사실무근의 거짓말도 할 수 있다는 전위, ⑥ 언어의 전승은 문화적인 것이지 유전적인 것이 아니라는 문화적 전달의 특성들을 열거했다.

에서 꿈의 생성 과정은 '일차적-과정primary-process' 의 사고가 특징
이라고 이야기된다.[278] 구두적이든 아니든 꿈은 은유적 진술로 여겨진
다. 즉 꿈의 지시 대상은 꿈꾸는 사람이 깨어 있는 세계에서 의식이나
무의식으로 지각하는 관계다. 모든 은유와 마찬가지로 관계항들은 언
급되지 않은 채로 있으며, 그들의 자리에 다른 항목들이 나타나고, 그
래서 이 대체 항목들의 관계는 깨어 있는 세계에서의 관계항 사이의
관계와 같은 것이 된다.

　꿈이 지시하는 깨어 있는 세계의 관계항을 확인하는 것은 은유를 직
유로 전환하는 것이며, 일반적으로 꿈은 명백하게 이런 기능을 수행
해주는 어떤 메시지 자료를 갖고 있지 않다. 꿈에는 이것이 은유인지,
은유의 지시 대상이 무엇인지를 꿈꾸는 사람에게 알려주는 신호가 전
혀 없다. 마찬가지로 꿈은 시제를 갖고 있지 않다. 시간은 압축되고,
지나간 사건의 재현은 실재나 왜곡된 형태 속에서 그들의 지시 대상
처럼 현재형을 가질 수도 있다──이와 반대의 경우도 성립한다. 꿈
의 패턴들은 영원하다.

　극장에서 관객들은 커튼과 무대의 구조를 통해 무대 위의 행동이 연
극일 '뿐' 임을 알게 된다. 이런 구조 안에서 연출가와 배우는 겉으로
보기에는 꿈에 대한 경험만큼이나 직접적인 실제에 대한 환상 속으로
관중을 끌어들이려고 노력할 것이다. 그리고 꿈처럼 연극도 바깥 세
계에 은유의 대상을 가지고 있다. 그러나 꿈에서는, 잠자는 사람이 잠
자고 있다는 사실을 어느 정도 의식하지 못한다면, 커튼도 연기의 틀
도 없다. 부분 부정 ── '이것은 은유일 뿐이다' ──은 꿈에 존재하

278) O. Fenichel, *Psychoanalytic Theory of Neurosis* (New York : Norton, 1945).

지 않는다.

　나는 메타커뮤니케이션적인 테두리의 부재와 패턴 인식이 꿈에서 지속되는 것은 진화론적인 의미에서 원시적인 특성이라고 생각한다. 만약 이것이 맞다면, 꿈의 이해는 시각적 커뮤니케이션이 동물들 사이에서 어떻게 작용하는지에 대해, 시각적인 데서 구두적인 것으로의 불가사의한 진화의 단계에 대해 빛을 던져줄 것이다.

　메타커뮤니케이션적 틀의 결여로 부과된 제한하에서 꿈은 긍정이든 부정이든 직설적인 언급이 불가능하다. 내용이 '은유적'인 것이라고 표시할 틀이 있을 수 없으므로, 내용이 '글자 그대로'라고 표시할 틀도 있을 수 없다. 꿈이 비나 가뭄을 상상할 수 있지만 '비가 온다' 또는 '비가 오지 않는다'라고 주장할 수는 절대로 없다. 따라서 이미 보았듯이 '비'나 '가뭄'을 상상하는 데 있어서의 유용성은 그들의 은유적 측면에 국한된다.

　꿈은 패턴의 적용 가능성을 제시할 수 있다. 절대로 이런 적용 가능성을 주장하거나 부정할 수 없다. 더구나 어떤 확인된 지시물에 관한 직설적인 언급을 할 수도 없다. 왜냐하면 확인된 지시물이 없기 때문이다.

　패턴은 사물이다.

　꿈의 이러한 특성들이 원시적일지는 모르지만, 이들이 쓸모없는 것은 아니라는 점을 기억하는 것이 중요하다. 즉 몸짓과 준언어적 커뮤니케이션이 춤, 음악, 그리고 시에서 정교하게 만들어지는 것처럼, 꿈의 논리는 또한 극장과 예술에서 정교하게 만들어진다. 더더욱 놀라운 것은 우리가 수학이라 부르는 엄격한 환상의 세계인데, 이 세계는 자신의 공리axiom들과 정의definition들로 인해 '실제' 세계에 관한 직설적인 언급을 만들어낼 가능성으로부터 영원히 격리되어 있다. 직선은 두 점 사이의 가장 짧은 거리인 경우에만 피타고라스가 주장한 정리다.

은행가는 수학자들이 제공한 규칙에 따라 숫자들을 다룬다. 이 숫자들은 수의 이름이며, 이 숫자들은 어떻게든 (실제적으로 또는 허구적으로) 달러들로 구체화된다. 자신이 하고 있는 일을 기억하기 위해 은행가는 달러 기호와 같은 표식으로 표시를 하지만, 이들은 비수학적인 것이며, 이들을 필요로 하는 컴퓨터는 없다. 꿈의 과정에서처럼 엄격한 수학적 과정에서도 관계의 패턴이 모든 작용을 통제하지만, 관계항은 확인되지 않는다.

이제 '유기체 더하기 다른 유기체'의 세계에서 상호작용 패턴들의 일부를 방출함으로써 중복을 만드는 시각적인 방법과 관계항을 이름 짓는 언어 장치 사이의 대조로 돌아가보자. 우리가 앞에서 언급했듯이, 사람들 사이의 관계에서 중복을 만들어내는 인간의 커뮤니케이션은 여전히 압도적으로 시각적이며, 그것은 몸짓, 준언어, 의도적인 동작, 행동과 같은 것에 의해 성취된다. 메시지 더하기 환경이라는 세계를 다루는 데 있어서 구두 언어의 진화라는 엄청난 발전이 이루어졌다.

동물의 담론에서 반복은, 신호하는 동물의 예상되는 반응 중에서 시각적 부분의 신호들에 의해 이 세계로 전해진다. 환경적인 항목들이 명시적 기능을 제공할지는 모르지만 일반적으로 언급될 수는 없다. 마찬가지로, 관계에 관한 시각적 커뮤니케이션에서 관계항들——유기체 자신들——은 확인될 필요가 없다. 왜냐하면 이러한 시각적 담론에서 서술되는 어떤 대상이라도 신호의 방출원이며, 언제나 명시적으로 나타나기 때문이다.

따라서 자신의 행동 패턴의 일부를 시각적으로 사용하는 것에서 외부 환경의 실체들을 명명하는 데 이르기까지 적어도 두 단계가 필수적이었던 것으로 보인다. 즉, 코드화의 변화뿐만 아니라 주−술 구조에 집중하는 데 있어서의 변화도 있었다.

이 단계들을 재구성하려는 시도는 이론적일 수밖에 없지만, 몇 가지 의견은 제공할 수 있을 것이다.

(1) 환경적인 현상의 모방은 시각적 코드를 그대로 유지한 채 주−술 구조를 자신으로부터 어떤 환경적 실체로 옮길 수 있다.

(2) A가 상호작용의 패턴을 제안하고 B가 시각적 또는 명시적인 '하지 마라'로 부정하는, 그런 동물들 간의 상호작용에는 A가 주-술 구조를 자신에게서 다른 것으로 옮기는 것과 같은 것이 잠재되어 있다. 여기서 '하지 마라'로 구두화된 B의 메시지의 대상은 A다.

(3) 관계에 관한 시각적 신호하기에 기본적인 상호작용의 패러다임은 구두 언어 문법의 패러다임을 위한 진화론적 모델을 제공할 수 있다. 나는 구두적 커뮤니케이션의 아주 초기 단계를, 외국어 문법과 구문에 관한 지식 없이 단지 외국어를 몇 마디 하는 것과 비슷하다고 생각해서는 안 된다고 생각한다. 확실히 언어 진화의 모든 단계에서 우리 선조들의 커뮤니케이션은 구조와 형태를 가지고 있었다──그 자체로 완벽했으며, 부서진 조각들로 만들어진 것이 아니었다. 문법의 조상은 단어의 조상보다 더 오래된 것이 분명하다.

(4) 자신의 행동을 위해, 시각적 약어abbreviation들은 쉽게 사용할 수 있으며, 이 약어들은 상호작용의 패러다임을 암암리에 지시함으로써 상대방을 통제한다. 하지만 그와 같은 모든 커뮤니케이션은 어쩔

수 없이 긍정적이다. 송곳니를 드러내는 것은 전투를 언급하는 것이며, 전투에 관해 언급하는 것은 전투를 제안하는 것이다. 부정에 대한 단순한 시각적 표현은 없다. '나는 너를 깨물지 않겠다'를 말할 수 있는 단순한 방법이 동물에게는 없는 것이다. 그렇지만 다른 유기체가 금지된 행동 패턴을 먼저 제안한다면(그리고 그런 경우에만), 부정적인 명령의 커뮤니케이션 방법을 상상하는 것이 쉬워진다. '하지 마라'는 위협이나 적절하지 않은 반응과 같은 것에 의해 커뮤니케이션될 수 있다. 어떤 유기체가 제공한 상호작용 패턴이, 다른 유기체가 제안된 패러다임을 망쳐버림으로써 부정된다.

그러나 '하지 마라'는 '아니다'와 매우 다르다. 보통 '나는 너를 깨물지 않을 것이다'라는 중요한 메시지는 진짜 혹은 의례적인 결투가 있은 다음 두 유기체 사이의 합의로 생기게 된다. 다시 말해 최종 메시지와 반대되는 것은 귀류법이 상호간의 평화, 계층적 서열, 또는 성적 관계의 기초가 될 수 있을 때까지 작용하게 된다. 전투와 비슷한(그러나 전투는 아닌), '놀이'라 불리는 동물들의 이상한 상호 접촉의 대부분은 아마 그와 같은 부정적 의견 일치를 시험하고 재확인하는 것일 것이다.

하지만 이들은 부정적 표현을 성취하는 귀찮고도 성가신 방법이다.

(5) 앞에서 구두 문법의 패러다임은 어떻든 상호작용의 패러다임에서 유래했을 것이라고 시사되었다. 따라서 우리는 상호작용의 패러다임들 중에서 단순 부정의 진화론적 근원을 찾아야 한다. 그렇지만 그 문제는 단순하지 않다. 동물의 수준에서 발생하는 것에 관해 알려진 것은 상반되는 신호들을 동시에 표현한다는 것이다——공격과 도주를 동시에 언급하는 자세와 같은 것이다. 그렇지만 이러한 중의성은

우정에 대한 사람의 말이 그의 목소리나 자세의 긴장감이나 공격성과 모순되는 경우에 인간들에게 익숙한 현상과는 상당히 다르다. 동물의 애매함은 긍정적인 대안을 제안하는 것인 반면에 그 사람은 일종의 사기를 치고 있는 것이며, 완전히 더 복잡하게 이루어진 것이다. 이 두 가지 패턴 모두에서 단순한 '아니다' 를 쉽게 도출해낼 수 없다.

(6) 이렇게 고려해볼 때, 단순 부정은 함입introjection이나 상대방에 대한 모방으로 진화된 것 같으며, '아니다' 란 어떻든 '하지 마라' 에서 파생된 것 같다.

(7) 이것은 상호작용하는 패턴에 관한 커뮤니케이션에서 외계의 사물과 기타 구성 요소들에 관한 커뮤니케이션으로의 이동은 여전히 설명하지 않는다. 이것은 언어가 인간 관계에 수반되는 패턴들에 관한 시각적 커뮤니케이션을 결코 소멸시킬 수 없다는 사실을 결정해주는 이동이다.

현재로서는 더 이상 논할 수 없는 상태다. 음성 언어로 이름 붙이는 진화 현상이 단순 부정의 진화보다 앞서 일어났을 가능성도 있다. 그러나 중요한 점은 단순 부정의 진화는 오늘날 우리가 알고 있는 형태의 언어를 향한 결정적인 단계였다는 사실이다. 이 단계로 인해 신호들은——구두적인 것이든 시각적인 것이든——신호들이 지칭하는 지시물과 어느 정도 즉각 분리되었으며, 따라서 우리는 이 신호들을 '이름' 이라고 말할 수 있게 되었다. 이와 같은 단계는 분류의 부정적인 사용을 가능하게 만들 것이다. 즉 확인된 클래스의 구성원이 아닌 항목들은 비구성원으로 확인될 것이다. 그래서 결국 단순 긍정의 직설적인 언급도 가능해질 것이다.

의식적 목적 대 자연[279)]

여기서 조사와 평가의 대상이 되는 우리 문명은 세 가지 주된 고대 문명의 뿌리를 가지고 있다. 로마 문명, 헤브라이 문명, 그리스 문명이다. 그리고 우리가 당면하고 있는 많은 문제들은 탄압받고 착취당한 팔레스타인 식민지에 의해 부풀려지거나 발효된 제국주의 문명을 우리가 가지고 있다는 사실과 관계있는 것으로 보인다. 이 회합에서 우리는 또다시 로마인들과 팔레스타인인들의 갈등과 싸우게 될 것이다.

여러분은 성 바오로가 "나는 자유로운 몸으로 태어났다"라고 과시했던 것을 기억할 것이다. 그가 한 말은, 자신이 로마인으로 태어났으

---

279) 1968년 런던에서 열린 '해방의 변증법에 대한 회의Conference on the Dialec-tics of Liberation'에서 발표된 글로, 《해방의 변증법 *Dialectics of Liberation*》(Penguin Books Inc.)에 실렸으며, 해당 출판사의 허락을 받아 여기에 재수록했다.

며, 이것이 어떤 법적인 이점을 가졌다는 것이다.

우리는 탄압받은 자들을 옹호하거나 제국주의자들을 옹호하면서 옛날의 분쟁에 개입할 수 있다. 여러분이 그 분쟁에서 싸우려면 어느 쪽을 편들어야 한다. 문제는 이처럼 간단하다.

한편 성 바오로의 야심과 탄압받은 자의 야심은 항상 제국주의자들 편에 속하는 것──자신들이 중산층 제국주의자가 되는 것──이며, 우리가 여기서 비판하는 문명의 구성원을 더 많이 만들어내는 것이 문제의 해결책인지 아닌지는 의문이다.

따라서 거기에는 또 다른 더 추상적인 문제가 있다. 우리는 전반적인 로마인-팔레스타인인 체계의 병리적인 면과 특징을 이해할 필요가 있다. 내가 이야기하고 싶은 것은 바로 이것이다. 나는 지금 로마인을 변호하거나 팔레스타인인 ──승리자나 패배자── 을 변호하는 데는 관심이 없다. 나는 우리가 사로잡혀 있고, 옛날의 분쟁을 계속하는 동안 머물게 될, 전반적인 전통적 병리의 동력학을 생각해보려고 한다. 우리는 그저 과거의 전제 속에서 맴돌고 있을 뿐이다.

우리 문명은 다행스럽게도 세 번째 뿌리, 그리스 문명을 가지고 있다. 물론 그리스도 다소 비슷한 혼란에 처해 있었지만, 거기에는 여전히 다른 문명과는 다른, 꽤 놀랄 만큼 맑고 냉철한 사고가 많았다. 이 커다란 문제에 역사적으로 접근해보자. 가톨릭 국가에서는 성 토마스 아퀴나스St. Thomas Aquinas부터 18세기까지, 그리고 신교 국가에서는 종교 개혁까지(왜냐하면 종교 개혁과 더불어 우리는 많은 그리스의 지적 교양을 버렸기 때문이다), 우리의 종교 구조는 그리스였다. 18세기 중엽의 생물학적 세계관은 다음과 같았다. 사다리의 꼭대기에 전지전능한 마음이 있었으며, 이것은 아래의 모든 것을 설명해주는 기본이었다——기독교에서는 이 전지전능한 마음의 존재를 하느님이라 했다. 그리고 이 존재는 다양한 철학적 단계를 거치면서 여러 가지 속성을 가지게 되었다. 이 설명의 사다리는 연역적으로, 전지전능한 마음으로부터 인간, 원숭이 등을 거쳐 원생동물까지 내려갔다.

이러한 계층 구조는 가장 완전한 것에서 가장 조야하거나 단순한 것까지 연역적 단계들의 집합이었다. 그리고 그것은 견고했다. 또한 모든 종들은 변하지 않는다고 가정되었다.

어쩌면 역사상 가장 위대한 생물학자였을 라마르크는 이 설명의 사다리를 뒤집어놓았다. 그는 원형동물에서 출발하여, 인간에 이르는 변화가 거기에 있다고 말한 사람이었다. 그가 분류학을 뒤집어놓은 것은 이제까지 있었던 위업 중에서 가장 놀랄 만한 것이었다. 그것은 생물학에서 천문학의 코페르니쿠스 혁명과 같은 것이었다.

분류학을 뒤집어놓음으로써 생긴 논리적 결과는 진화에 대한 연구가 마음에 대한 설명을 제공하리라는 것이다.

라마르크 시대까지는 마음이 생물학 세계를 설명해주었다. 그러나 급작스럽게도 이제 다음과 같은 문제점이 생겼다. 생물학적 세계가 마음을 설명해주는가? 설명해주던 것이 이제 설명되어야 할 대상이 된 것이다. 라마르크의 《동물 철학 *Philosophie zoologique*》(1809)에서 약 4분의 3은 비교심리학의 기반을 세우려는 상당히 조잡한 시도였다. 그는 근대적 개념을 얼마간 성취하고 형식화했다. 여러분은 심리적 기능을 위한 기관을 가지지 않은 것을 피조물의 탓으로 돌릴 수 없다. 정신적 과정은 항상 물질적 표현을 가지고 있다. 신경계의 복잡성은 마음의 복잡성과 관계있다.

그 후 150년간 이 문제는 거론되지 않았는데, 주된 이유는 진화론이

19세기 중엽에 가톨릭의 이단론이 아니라 신교의 이단론에 봉착했기 때문이다. 여러분도 기억하듯이, 다윈에 반대한 사람들은 어느 정도 지적 교양을 지닌 아리스토텔레스와 아퀴나스가 아니라, 지적 교양이 〈창세기〉 1장과 함께 정지된 기독교 근본주의자들이었다. 19세기 진화론자들은 마음의 본성에 관한 문제를 자신들의 이론에서 제외했으며, 2차 대전 이후까지 그 문제는 다시 진지하게 고려되지 않았다. (나는 그 길을 따르는 특히 새뮤얼 버틀러와 같은 일부 이단자를 불공평하게 다루고 있다.)

2차 대전 중에 어떤 종류의 복잡성이 마음을 수반한다는 사실이 발견되었다. 그래서 그러한 발견 이후에, 이 세계에서 우리가 그와 같은 종류의 복잡한 현상을 만나는 곳이면 어디서나 우리는 언제나 마음의 현상들을 다루고 있다는 사실을 알게 되었다. 유물론자들이 그런 것과 마찬가지다.

나는 여러분에게 복잡성의 질서를 설명하려고 하는데, 이는 어느 정도 기술적인 문제다. 러셀 월리스Russell Wallace는 인도네시아에서 유명한 논문을 다윈에게 보냈다. 그 논문에서 그는 자연선택에 대한 자신의 발견을 공표했으며, 그것은 다윈과 동시에 이루어진 발견이었다. 생존 경쟁에 관한 그의 설명의 일부는 흥미롭다.

이 원리〔생존 경쟁〕의 작용은 어떤 이상도 대부분 분명해지기 전에 점검하고 교정하는 증기 기관의 작용과 완전히 같다. 이런 식으로 동물의 왕국에서는 어떤 불균형한 결함도 눈에 띌 정도에 이를 수 없다. 왜냐하면 바로 첫 단계에서 그 자체를 감지하고, 생존을 어렵게 만듦으로써 소멸시키는 것이 거의 확실히 뒤따르기 때문이다.

조절기를 가진 증기 기관은 단지 인과적 사건의 순환적인 연속이며, 그 고리의 내부 어딘가에는 어떤 것이 더 많아지면 회로의 그 다음 것이 적어지는 연결이 있다. 조절기에서 갈라져 나온 공이 더 넓게 벌어지면, 연료 공급은 더 줄어든다. 만약 이러한 일반적 특성을 지닌 인과적 고리가 에너지를 공급받으면, 그 결과는 (만약 여러분이 운이 좋아서 그것이 완전히 균형을 잡는다면) 자기-교정적 시스템이 될 것이다.

결국 월리스는 최초로 사이버네틱스 모델을 제시한 것이다.

오늘날 사이버네틱스는 이런 갖가지 종류의 훨씬 더 복잡한 시스템들을 다루고 있다. 우리가 문명의 과정에 대해 이야기하거나 인간의 행동, 인간의 조직 또는 생물학적 시스템을 평가할 때, 우리는 자기-교정적인 시스템을 상대하게 된다는 것을 알고 있다. 근본적으로 이런 시스템들은 무언가를 항상 보존한다. 조절기가 있는 증기 기관처럼, 연료 공급은 속도 조절 바퀴의 속도를 보존――일정하게 유지――하기 위해 변화되며, 따라서 이 시스템에서 변화는 언제나 어떤 기술 명제descriptive statement나 현상 유지status quo의 구성 요소에 관한 사실을 보존하기 위해 발생한다. 월리스는 그 문제를 제대로 보았으며, 자연선택은 일차적으로 종들의 다양성을 제한하기 위해 작용한다. 하지만 자연선택은 우리가 '생존'이라 부르는 복잡한 변수를 일정하게 유지하기 위해 더 높은 수준에 작용할 수도 있다.

랭Ronald Laing 박사는 명백한 것은 사람들이 알기 어렵다고 말했다. 왜냐하면 사람은 자기-교정적 시스템이기 때문이다. 사람은 교란에 대항하는 자기-교정적 시스템이며, 만약 명백한 것이 내적 교란 없이 쉽게 동화될 수 있는 종류의 것이 아니라면, 그들의 자기-교정적 시스템은 그 명백한 것들을 따돌리거나, 숨기거나, 필요한 경우 눈을 감아버리거나, 심지어 지각 과정의 여러 부분들을 차단해버린다. 교란하는 정보는 진주처럼 일정한 테두리 안에 가두어서 더 이상 자신에게 성가시지 않은 것으로 만들어버린다. 이는 성가신 것이 무엇인가에 대한 시스템 자신의 이해에 따라 행해질 것이다. 또한 이것——방해의 원인이 되는 것과 관련되는 전제——은 학습되며, 그 다음 영속화 또는 보존된다.

이 회의에서, 우리는 근본적으로 세 가지 대단히 복잡한 시스템 혹은 보존적 회로의 배열을 다루고 있다. 하나는 인간 개인이다. 인간의 생리학과 신경학은 체온, 혈액의 화학, 성장과 발생 기간 동안의 기관의 길이와 크기와 모양, 그리고 기타 모든 신체적 특성들을 보존한다. 이것은 인간, 육체 또는 정신에 관한 기술 명제들을 보존해주는 시스템이다. 이는 현상 유지에 관한 견해와 구성 요소들을 보존하기 위해 학습이 이루어지는 개인적 심리의 진실이기도 하다.

둘째, 우리는 개인이 살고 있는 사회를 다루고 있다——그리고 사회도 그와 같은 일반적인 종류의 시스템이다.

셋째, 우리는 인간의 자연적 생물 환경인 생태계를 다루고 있다.

인간 주위의 자연 생태계부터 시작해보자. 영국의 떡갈나무 숲이나, 열대의 숲, 또는 사막은 생물들의 군락이다. 떡갈나무 숲에는 아마 1,000여 종 또는 그 이상의 종이, 열대의 숲에는 이 숫자의 10배 정도의 종이 함께 살고 있을 것이다.

지금 여러분 중에서 여태까지 그와 같이 교란되지 않은 시스템을 본 사람은 극히 적을 것이다. 그런 시스템 중에서 남은 것은 많지 않다. 그들 대부분은 일부 종들을 멸종시키거나, 잡초나 해충이 되는 다른 종들을 도입하거나, 물 공급을 바꾸는 등등을 저지른 호모 사피엔스에 의해 엉망이 되어버렸다. 물론 우리는 세계의 모든 자연계, 균형 잡힌 자연계의 대부분을 아주 급속도로 파괴하고 있다. 우리는 단지 이들의 균형을 깨고 있을 뿐이다——하지만 아직은 자연적이다.

어떻든 간에 그 피조물들과 식물들은 경쟁과 상호 의존이 결합된 상태에서 함께 살아가고 있으며, 고려해야 할 중요한 사항은 바로 그 결합이다. 모든 종들은 기본적으로 맬서스 인구론[280]의 역량을 가지고 있다. 부모 세대 개체군의 숫자보다 더 많은 젊은이들을 생산할 잠재력이 없는 종은 소멸하게 된다. 그들은 선고를 받은 것이다. 자신의 구성 요소가 인구 곡선에서 잠재적인 플러스 증가positive gain를 이루어야 한다는 사실은 모든 종과 시스템에게 절대적으로 필요하다. 그러나 만약 모든 종이 잠재적인 증가를 한다면, 그때에 평형을 이룬다는 것은 실로 묘기다. 모든 종류의 상호적 균형과 의존은 놀이가 되며, 이 과정들은 내가 언급한 순환 구조를 가진다.

맬서스 곡선은 지수 곡선이다. 이것은 인구 증가 곡선이며, 이것을 인구 폭발이라 불러도 부적절하지는 않다.

여러분은 유기체들이 이런 폭발적인 특성을 가지고 있어 유감스러울 수도 있겠지만, 여러분은 또한 그것을 안정시킬 수도 있다. 이런 능력이 없는 종들은 사라진다.

다른 한편으로, 자연의 이런 폭발적인 특성을 토대로 하는 균형 잡힌 생태계에서 그 시스템을 가지고 장난치는 것은 평형을 붕괴시킬게 분명하다. 그러면 지수 곡선이 나타나기 시작할 것이다. 어떤 식물

---

280) (옮긴이주) 인구의 자연 증가는 기하급수적인 데 비해 생활에 필요한 물자의 증가는 산술급수적이므로 과잉 인구로 인한 빈곤의 증대가 불가피하다는 인구 법칙이다.

은 잡초가 될 것이며, 어떤 피조물은 소멸될 것이며, 균형 잡힌 시스템으로서의 그 시스템은 산산조각이 날 것이다.

숲에서 함께 살아가는 종들의 진실은 또한 사회에서 함께 살아가는 사람들의 분류와 배치에 대한 진실이기도 하다. 숲에서와 마찬가지로 사회에서 사람들은 의존과 경쟁의 불안한 균형 속에 있다. 그와 똑같은 사실이 바로 여러분 속에도 있으며, 그 속의 기관, 조직, 세포들에도 불안한 생리적 경쟁과 의존이 존재한다. 이러한 의존과 경쟁이 없다면, 여러분은 존재하지 않을 것이다. 왜냐하면 그러한 경쟁적 기관들과 부분들 없이는 살아갈 수 없기 때문이다. 만약 그 부분들 중 어느 것도 팽창하는 특성을 갖고 있지 않다면 그들은 사라질 것이고, 여러분 역시 사라지게 될 것이다. 그래서 신체에서조차 여러분은 불리함을 가지고 있는 것이다. 시스템의 부적절한 동요와 함께 지수 곡선이 나타난다.

사회에서도 마찬가지다.

나는 여러분이 모든 중요한 생리적 또는 사회적 변화를 지수 곡선의 어느 지점에서의 시스템의 어느 정도의 이탈로 가정해야 된다고 생각한다. 그 이탈은 오래가지 않을 수도 있고, 재앙이 될 수도 있다. 하지만 원칙적으로, 만약 여러분이 숲 속의 개똥지빠귀들을 죽여버린다면 균형의 어떤 요소들은 새로운 정지점에 이를 때까지 지수 곡선을 따라 움직일 것이다.

이러한 이탈에는 항상 위험이 존재한다――예를 들어 인구 밀도와 같은 어떤 변수는 더 이상의 이탈이 본질적으로 유해한 요소에 의해 통제되는 값에 이를 가능성이 있다. 예를 들면, 만약 개체군이 최종적으로 가용한 식량 공급에 의해 좌우될 경우, 살아남은 개체의 절반은 굶주리게 될 것이며 식량 공급은 통상 돌이킬 수 없는 지점까지 과도하게 소비될 것이다.

이제 개별 유기체에 대해 얘기해보자. 이 존재는 떡갈나무와 비슷하고, 그것의 통제는 전체 마음에 표시된다. 마음은 어쩌면 전체 육체의 반영에 불과할지 모른다. 하지만 그 시스템은 다양한 방식으로 분할되어 있어서, 식생활의 어떤 것에 미치는 효과가 여러분의 성생활을 완전히 변화시키지는 않을 것이며, 성생활의 어떤 것이 여러분의 동적 생활을 완전히 변화시키지는 않을 것이다. 등등. 어느 정도의 구획화가 존재하며, 이는 분명 필요한 경제학이다. 많은 점에서 수수께끼 같지만 인간의 삶에서 대단히 중요한 한 가지 구획화가 있다. 나는 의식과 나머지 전체 마음 간의 '반투과적' 연결이라고 말한다. 마음의 더 큰 부분에서 일어나는 것에 관해 어느 정도 한정된 정보가 소위 의식의 스크린에 중계되는 것 같다. 그러나 의식에서 얻는 것은 선택된 것이며, 그것은 나머지에서 체계적으로(무작위적으로가 아니라) 표본 추출된 것이다.

물론, 마음의 전체는 마음의 부분에 보고될 수 없다. 이는 부분과 전체의 관계에서 논리적으로 나온 결론이다. 텔레비전 화면은 텔레비전의 전 과정에서 일어나는 사건의 전 범위 혹은 보고를 여러분에게 보여주지는 않는다. 이것은 단순히 시청자가 그런 보고에 관심이 없기 때문이 아니라, 전체 과정의 어떤 여분에 관한 보고를 하려면 여분의 회로가 필요하기 때문이다. 그러나 이 여분의 회로에 일어나는 사건을 보고하기 위해서는 여전히 더 많은 회로의 추가가 필요하다. 등등. 증대된 의식을 향해 추가된 각 단계는 그 시스템을 전체적인 의식에서 점점 멀어지게 할 것이다. 기계의 일정 부분에서 일어난 사건에 대한 보고를 추가하는 것은 실제로 보고된 전체 사건의 비율을 감소시킬 것이다.

그러므로 우리는 매우 제한된 의식을 설정해야 하고, 따라서 다음과 같은 질문이 제기된다. 선택은 어떻게 이루어지는가? 어떤 원리로 '여러분'이 의식하게 될 것을 여러분의 마음이 선택하는가? 이 원리에 관해 알려진 것은 많지 않은 반면에, 작용하는 원리 자체는 대체로 의식이 접근하기 쉽지 않지만, 무언가가 알려져 있다. 우선 입력의 대부분은 의식적으로 조사되지만, 그것은 전적으로 무의식적인 지각 과정으로 처리된 다음이다. 감각적 사건들이 이미지로 뭉뚱그려지고, 그 다음에 이 이미지들이 '의식'을 가진다.

나, 의식적인 나는 나의 망막에 작용하는, 무의식적으로 편집된 작은 비율의 번역을 본다. 나는 목적에 의해 나의 지각에 인도된다. 나는 주목하는 사람, 주목하지 않는 사람, 이해하는 사람, 이해하지 못하는 사람을 보거나, 적어도 이런 문제에 관한 신화를 얻으며, 그 신화는 완전히 옳을지 모른다. 나는 내가 말하는 신화를 얻는 데 관심을 갖는다. 여러분이 내 말을 듣는 것도 나의 목적과 관련 있다.

단지 목적에 대한 질문에 답하기 위해 그 상황이 선택적으로 묘사될 때, 사이버네틱스 시스템의 상황──떡갈나무 숲이나 유기체──에는 어떤 일이 벌어질까?

오늘날의 의료 상황을 생각해보자. 이것은 의학이라 불린다. 소아마비나 장티푸스나 암을 없애는 것이 좋다고 의사들이 생각하는 일이 생긴다. 그래서 그들은 연구 자금이나 노력을 이 '문제들'이나 목적들에 집중시킨다. 어느 순간 솔크Jonas Salk 박사나 다른 의사들이 소아마비 문제를 '해결'한다. 그들은 여러분이 아이들에게 제공해서 아이들이 소아마비에 걸리지 않게 할 수 있는 병원균에 대한 해결책을 발견한다. 이것이 소아마비 문제에 대한 해결이다. 여기서 그들은 소아마비를 해결하는 데 많은 양의 돈과 시간을 쓰는 것을 그만두고 암의 문제나 무엇이건 다른 문제의 해결에 신경을 쓰게 된다.

그 결과, 전체적 과학으로서의 의학은 반드시 온갖 수단으로 구성되고 만다. 의학 속에는 내가 말하고 있는, 즉 체계적이고 사이버네틱스적으로 조직된 자기-교정 시스템으로서의 육체라는 것에 관한 지식은 놀랄 정도로 매우 적다. 육체의 내적 상호 의존에 관한 이해는 매우 적다. 의학의 조사나 의식에 들어올 것을 목적이 결정해버린 것이다.

만약 여러분이 의식적인 조사의 항목에 들어오는 것을 목적이 조직하도록 허용한다면, 여러분이 얻게 되는 것은 온갖 수단이다——그중 일부는 매우 가치 있는 수단일 것이다. 이런 수단들이 발견되었다는 것은 놀라운 성과다. 나는 그렇게까지 주장하지는 않는다. 그러나 여전히 우리는 전체 네트워크 시스템에 대해 정말로 조금도 아는 게 없다. 캐넌Cannon은 《육체의 지혜 *The Wisdom of Body*》라는 책을 썼으나, 의학의 지혜에 관해 책을 쓴 사람은 아무도 없다. 왜냐하면 지혜는 바로 의학이 결여하고 있는 것이기 때문이다. 나는 지혜를 더 큰 상호작용 시스템에 대한 지식으로 생각한다——그 시스템은 교란되면 지수 곡선의 변화를 일으킬 수 있다.

육체의 사건과 과정, 그리고 전체 마음에서 일어나는 것에 대한 표본 추출에서 의식은 의학과 같은 방식으로 작용한다. 의식은 목적에 기초를 두고 조직되어 있다. 그것은 여러분이 원하는 것을 즉각적으로 얻게 해주는 지름길과 같은 장치다. 살아가기 위해 최대한의 지혜를 가지고 행동하는 것이 아니라, 여러분이 다음에 원하는 것을 얻기 위한 가장 짧은 논리나 인과의 길을 따라간다. 그것은 저녁 식사일 수도 있고, 베토벤 소나타일 수도 있고, 성행위일 수도 있다. 무엇보다도 그것은 돈과 권력일 수도 있다.

하지만 여러분은 "그래, 하지만 우리는 100만 년 동안 그런 식으로 살아왔다"라고 말할지 모른다. 의식과 목적은 적어도 100만 년 동안 인간의 특징이었으며, 그보다 더 오랫동안 우리와 함께할지 모른다. 나는 개와 고양이도 의식적이지 않은데, 하물며 돌고래는 의식적이겠는가라고 말할 준비가 되어 있지 않다.

그러면 여러분은 '그것에 대해 왜 걱정하느냐? 라고 말할 것이다.

그러나 내가 걱정하는 것은 과거의 시스템에 현대적 기술이 더해졌다는 것이다. 오늘날 의식의 목적들은 더 많은 효율적인 기계, 운송 시스템, 비행기, 무기, 의약품, 살충제 등을 제공받았다. 이제 의식적 목적은 신체, 사회 및 우리 주위의 생물학적 세계의 균형을 전복시킬 수 있게 되었다. 병적인 상황——균형의 상실——이 임박했다.

오늘날 여기 우리에게 주어진 것들의 대부분은 기본적으로 내가 여러분 앞에 제시한 사고방식과 관계있다고 나는 생각한다. 한편 우리는 개별적인 인간의 체계적 본질, 우리가 살고 있는 문화의 체계적 본질, 우리 주위의 생물과 생태계의 체계적 본질을 가지고 있으며, 다른 한편으로는 개인의 체계적 본질에 대한 이상한 왜곡으로 인해 의식은 거의 필연적으로 인간 자신의 체계적 본질을 깨닫지 못하게 된다. 목적적인 의식은 전체 마음에서 체계적 구조의 전반적 특징인 회로 구조를 갖지 않은 연쇄를 뽑아낸다. 여러분이 만약 의식이 지시하는 '상식'을 따른다면, 여러분은 사실상 탐욕스럽고 어리석게 될 것이다——다시 나는 '지혜'를, 전체적으로 체계적인 피조물에 대한 인식과 그에 대한 지식으로 인도한다는 의미로 사용한다.

체계적인 지혜의 결여는 항상 처벌받는다. 생물학적 시스템들──개인, 문화, 생태계──은 부분적으로, 그것들의 구성 요소인 세포나 유기체들의 살아 있는 지지자라고 할 수 있다. 하지만 시스템들은 그럼에도 불구하고, 자신의 생태계와 싸울 정도로 현명하지 못한 종들을 처벌한다. 여러분이 원한다면, 체계적 힘을 '신'이라고 불러도 좋다.

여러분에게 신화를 하나 소개하겠다.

옛날에 동산이 하나 있었다. 거기서는 수백 개의 종들──어쩌면 아열대에 사는──이 매우 비옥하고 균형 잡힌 부식토에서 살고 있었다. 등등. 그 동산에는 다른 동물보다 더 머리가 좋은 두 유인원이 있었다.

아주 높은 나무 위에 과일이 있었는데, 너무 높아 두 유인원은 따 먹을 수가 없었다. 그래서 그들은 생각했다. 그것이 실수였다. 그들은 목적을 가지고 생각하기 시작했다.

이윽고 아담이라 불리는 남자 유인원이 빈 상자를 하나 가지고 와서 나무 밑에 놓고 올라갔지만, 아직 과일에 닿을 수는 없었다. 그래서 상자를 또 하나 가지고 와서 첫 번째 상자 위에 놓았다. 그는 상자 두 개를 밟고 올라가서 마침내 사과를 땄다.

아담과 이브는 흥분으로 거의 도취되었다. 이것이 그 일을 해내는 방법이었다. 계획을 세우고, ABC를 했더니 D를 얻었다.

그 다음 그들은 계획한 방법으로 일하는 것을 전문으로 하기 시작했다. 사실상 그들은 그들 자신의 전체적인 체계적 본질과 동산의 전체적인 체계적 본질을 에덴 동산으로부터 내던져버린 것이다.

에덴 동산에서 신을 저버린 다음 그들은 실제로 이 목적적인 사업에 종사했으며, 곧이어 표토(表土)가 사라져버렸다. 그 후, 여러 종의 식물이 '잡초'가 되었으며, 일부 동물은 '해로운 동물'이 되었다. 그래서 아담은 정원 가꾸기가 더 힘들어졌다는 것을 깨달았다. 그는 빵을 얻기 위해 이마에 비지땀을 흘려야 했으며, "복수심에 불탄 신이다. 내가 그 사과를 절대로 먹지 말았어야 했다"라고 말했다.

더욱이, 아담과 이브가 동산에서 신을 저버린 후에 그들의 관계에 질적 변화가 생겼다. 이브는 성행위와 출산을 싫어하기 시작했다. 이러한 아주 기본적인 사건들이 지금 그녀의 목적적인 생활 방식에 개입할 때마다 그녀는 동산에서 쫓겨난 포괄적인 생활을 회상하게 되었다. 그래서 이브는 성행위와 출산을 싫어하게 되었고, 그녀가 출산하게 되었을 때 이것이 상당히 고통스러운 과정임을 알게 되었다. 그녀도 이 고통이 복수심에 불타는 신의 본질 때문이라고 말했다. 그녀는 심지어 "너는 고통 속에서 출산하게 될 것이다"와 "너의 욕망은 너의 남편을 향해 있을 것이며, 그는 너를 지배할 것이다"라는 신의 목소리를 들었다.

내가 광범위하게 빌려온, 성서같이 각색한 이 이야기는 가치의 엄청난 왜곡을 설명해주지 못하며, 그로 인해 여인의 사랑할 수 있는 역량이 신에 의해 고통 받는 저주처럼 여겨진다.

어떻든 간에, 아담은 계속해서 자신의 목적을 추구했고 마침내 자유-기업 시스템을 발명했다. 이브는 여자이기 때문에 오랫동안 여기에 참여하는 것이 허용되지 않았다. 하지만 그녀는 브리지 클럽에 가입하고 거기서 자신의 증오를 배출할 수 있었다.

다음 세대에 그들에게는 다시 사랑으로 인한 문제가 생겼다. 발명가이자 혁신가인 카인은 신으로부터 "그[아벨]의 욕망은 네게 있을 것이며, 너는 그를 지배해야 한다"라는 말을 들었다. 그래서 그는 아벨을 살해했다.

물론 우화는 인간 행동에 관한 자료가 아니다. 그것은 설명의 장치일 뿐이다. 하지만 나는 우화를 통해, 인간이 목적적 사고의 과오를 범하고 인간이 다루어야 하는 세상의 체계적 본질을 무시할 때 거의 보편적으로 발생하는 현상을 만들어냈다. 심리학자들은 이런 현상을 '투사'라고 부른다. 결국 인간은 상식이라고 생각하는 것에 따라 행동해왔으며, 이제 인간은 자신이 혼란 상태에 있음을 발견한다. 인간은 혼란의 원인이 무엇인지 잘 알지 못하며, 일어난 일들이 무언가 불공평하다고 느낀다. 그는 아직도 자신을 그런 혼란이 존재하는 시스템의 일부로 보지 못하고 있으며, 자신을 제외한 시스템의 나머지들을 비난하거나 자신을 비난한다. 나의 우화에서 아담은 터무니없는 두 가지 생각을 결합하고 있다. '나는 죄를 지었다'라는 생각과 '신은 복수심에 불탄다'라는 생각이다.

만약 여러분이 목적이나 상식을 위해 세계의 체계적 본질이 무시되는 경우에 우리 세계의 실제 상황을 본다면, 여러분은 상당히 비슷한 반응을 발견할 것이다. 존슨 대통령은 분명 베트남뿐만 아니라 국가와 국제적 생태계의 다른 부분들이 혼란 상태에 있음을 충분히 알고 있다. 존슨 대통령의 입장에서는 상식을 가지고 자신의 목적을 따른 것이었으며, 그의 성품을 고려할 때 그 혼란은 틀림없이 다른 사람의 사악함이나 자기 자신의 죄악, 아니면 이들의 결합 때문으로 보였으리라고 나는 확신한다.

그와 같은 상황에서 끔찍한 것은, 그 상황들이 모든 계획을 세우는 데 드는 시간을 틀림없이 촉박하게 만든다는 점이다. 비상 사태가 벌어졌거나 곧 임박할 것이며, 따라서 임시 방편이 장기적인 해결에 아무런 도움을 주지 못한다는 것이 희미하게나마 인식되고 있음에도, 장기적인 대책으로서의 지혜는 임시 방편에 희생되어야만 한다.

나아가, 우리는 우리 자신의 사회 기구를 진단하는 데 관여하고 있으므로, 나는 한 가지만 더 추가하려고 한다. 우리 정치가들——권력의 지위를 가진 사람들과 권력에 불복하는 사람들 혹은 권력에 굶주린 사람들——은 한결같이 내가 검토하고 있는 문제들에 대해 완전히 모르고 있다. 여러분은 정부의 문제들이 생물학적인 문제들이라는 인식을 보여주는 의회 의사록을 조사할 수 있으며, 그러면 생물학적 통찰을 적용한 것이 매우 매우 적다는 것을 발견하게 될 것이다. 어이가 없다!

일반적으로, 정부의 결정은 이러한 문제들에 대해 비둘기처럼 무지한 사람들에 의해 이루어진다. 《만인의 길 *The Way of All Flesh*》[281]에서 스키너Skinner 박사가 한 유명한 말처럼, 그들은 "비둘기의 지혜와 뱀의 무해함의 조합이다".

하지만 우리는 지금, 세상의 질병에 대한 진단뿐만 아니라 치료에 대해서도 생각해야 할 입장에 있다. 앞에서 이미 시사했듯이, 내가 말한 로마-팔레스타인 문제에 대해서는 팔레스타인에 대항하는 로마를

---

281) (옮긴이주) 영국의 소설가 새뮤얼 버틀러는 익명으로 풍자 소설 《에레혼 *Erewhon*》(1872)과 《에레혼 재방문 *Erewhon Revisited*》(1901)을 발표했다. 전자는 일종의 소극적인 유토피아 소설이며, 후자는 당시의 습관, 풍속을 비판한 풍자다. 미지의 나라인 에레혼Erewhon은 'Nowhere'를 거꾸로 쓴 말이다. 사후에 출판된 《만인의 길 *The Way of All Flesh*》(1903)은 일종의 정신적 자서전이며, 자기 만족적인 빅토리아 시대의 종교 도덕을 비판했다.

지지하거나 로마에 대항하는 팔레스타인을 지지함으로써 성취될 수 있는 간단한 치료가 존재하지 않는다. 그 문제는 체계적이며, 해결책은 틀림없이 이 사실을 깨닫는 데 달려 있다.

우선 겸손이 있으며, 나는 이것을 대다수 사람들이 싫어하는 도덕적 원리가 아니라 단지 과학철학의 한 항목으로 제시한다. 산업 혁명 기간 동안에, 어쩌면 가장 중요한 불행은 과학적 오만의 엄청난 증가였을지도 모른다. 우리는 기차와 다른 기계들을 제작하는 방법을 발견했었다. 우리는 사과를 따기 위해 상자를 다른 상자 위에 어떻게 놓아야 하는지 알고 있었으며, 서구 사람은 자신을 물리학과 화학으로 구성된 세계 위에 군림하는 완벽한 힘을 가진 전제 군주로 여겼다. 그리고 생물학적 현상도 결국 시험관 속의 과정과 같은 방식으로 통제되었다. 진화는 유기체들이 환경을 통제하기 위해 얼마나 더 많은 기교를 학습했는가에 대한 역사였으며, 인간은 다른 동물들보다 더 나은 기교들을 가졌다.

하지만 그러한 과학철학의 오만은 이제 한물갔으며, 이제 그 자리에는 인간은 단지 더 큰 시스템의 부분일 뿐이며 부분은 결코 전체를 통제할 수 없다는 발견이 자리하고 있다.

괴벨스Joseph Goebbels는 방대한 통신 시스템을 가진 독일에서 여론을 통제할 수 있다고 생각했으며, 우리 자신의 홍보 담당자들도 아마 비슷한 착각에 빠지기 쉬울 것이다. 하지만 사실 지배자가 되려는 사람은 자신의 선전에 대해 사람들이 무슨 말을 하는지를 말해줄 첩자들을 항상 두고 있어야 한다. 따라서 그는 사람들이 말하는 것에 대해 민감한 위치에 있다. 따라서 그는 단순한 일방적 통제를 할 수 없다. 우리는 단순한 일방적 통제가 가능한 그런 세계에 살고 있지 않다. 삶은 그런 것이 아니다.

이와 마찬가지로, 정신의학 분야에서 가족은 내가 말하는 일종의 사이버네틱스 시스템이며, 보통 체계적인 병변이 생기면, 가족 구성원들은 서로를 비난하거나 자신들을 비난한다. 하지만 문제의 진실은 이런 양자택일은 모두 근본적으로 오만하다는 것이다. 양자택일은 개인적인 인간 존재가 자신이 부분인 시스템을 완전히 통제할 힘을 가지고 있다고 가정하는 것이기 때문이다.

개인적인 인간 존재 내에서도 통제는 한정되어 있다. 우리는 우리 자신이 어느 정도 오만이나 겸손과 같은 추상적인 특성을 학습하게 만들 수는 있지만, 결코 우리 영혼의 지도자가 될 수는 없다.

그렇지만 개인에게 책임이 있는 의식적 목적의 해악은 치료할 수 있다. 프로이트가 말한 무의식에 이르는 왕도가 있다. 프로이트는 꿈이라고 말했지만, 나는 꿈과 예술의 창조성, 또는 예술과 시와 같은 것에 대한 지각을 한 묶음으로 취급해야 한다고 생각한다. 그리고 나는 이들과 함께 종교의 가장 훌륭한 면도 포함하려고 한다. 이들은 모두 전체적인 인간과 관련 있는 행위들이다. 예술가는 자신의 작품을 팔려는 의식적 목적을 가질 수도 있으며, 심지어 작품을 그리려는 의식적 목적을 가질 수도 있다. 하지만 작품 활동에서 그는 의식적 마음이 작은 역할을 할 뿐인 창조적 경험을 위해 반드시 오만함을 누그러뜨려야 한다.

창조적 예술에서 인간――그의 총체적 자아――은 틀림없이 자신을 사이버네틱스 모델로서 경험한다고 할 수 있을지 모른다.

많은 사람들이 어떤 종류의 지혜나 의식의 확장을 위해 환각제를 찾은 것이 1960년대의 특징이었으며, 나는 우리 시대의 이런 증상은 필시 우리의 지나친 목적성을 보완하려는 시도에서 생겨났다고 생각한다. 하지만 나는 그런 식으로 지혜가 얻어질 수 있다고 생각하지 않는다. 우리에게 필요한 것은 무의식적인 요소가 솟아나오도록 단순히 우리의 의식을 이완하는 것이 아니다. 그렇게 하는 것은 단지 자아에 관한 부분적 관점을 다른 부분적 관점으로 바꾸는 것에 불과하다. 나는 두 가지 관점을 종합하는 것이 요구되며, 이는 훨씬 어려운 일이라고 추측한다.

LSD에 대한 나 자신의 약간의 경험은 나로 하여금, 프로스페로 Prospero가 "우리는 꿈을 만드는 그런 재료다"라고 말했을 때 그가 틀렸다고 생각하게 했다. 순수한 목적처럼 순수한 꿈은 나에게 약간은 사소한 것처럼 생각되었다. 꿈은 우리를 만드는 재료가 아니라, 그 재료의 부스러기였을 뿐이다. 마찬가지로 우리의 의식적 목적도 부스러기에 불과하다.

다시 한번 말하지만 체계적 관점이란 다른 그 무엇이다.

인간의 적응에서 의식적 목적의 효과[282]

　'진보', '학습', '진화', 계통 발생적 진화와 문화적 진화 사이의 유사와 차이 등은 여러 해 동안 논의의 주제가 되어왔다. 이런 문제들은 사이버네틱스와 시스템 이론의 관점에서 새롭게 연구될 수 있게 되었다.

　이번 베너-그렌 학회에서는 이 광범위한 문제의 특정한 측면, 즉 진행 중인 인간 적응의 과정 속에서의 의식consciousness의 역할을 검토할 것이다.

---

282) 베너-그렌 재단Wener-Gren Foundation의 '인간의 적응에서 의식적 목적의 효과Effects of Conscious Purpose on Human Adaptation'에 관한 회의에 의장으로 참석하면서 준비한 글이다. 회의는 1968년 7월 17~24일에 오스트리아의 부르크바르텐슈타인에서 열렸다. 전체 회의 내용은 메리 캐서린 베이트슨 Mary Catherine Bateson의 편집하에 《우리 자신의 은유 *Our Own Metaphor*》 (Knopf & Co.)라는 책으로 출판되었다.

세 가지 사이버네틱스 또는 항상성 시스템이 고찰될 것이다. 개별적인 인간 유기체, 인간 사회, 그리고 더 큰 생태계가 그것이다. 의식은 이러한 시스템들을 연결하는 데 중요한 요소로 간주된다.

과학적으로 가장 흥미롭고 어쩌면 매우 중요한 물음은, 의식을 통해 처리된 정보가 인간 적응의 과업에 적합하고 적절한지에 대한 것이다. 의식이 근대적 기술에 의해 도구화되었을 때, 의식이 인간과 사회 그리고 생태계 사이의 균형을 파괴하는 체계적으로 왜곡된 관점을 가지게 되는 것은 당연하다.

이런 문제를 제기하기 위해서는 다음과 같은 사항을 고려해야 한다.

(1) 모든 생물학적이고 진화하는 시스템(즉 개인적 유기체, 동물과 인간 사회, 생태계 같은)은 복잡한 사이버네틱스적 네트워크로 구성되어 있으며, 이런 모든 시스템들은 어떤 형식적 특성을 공유하고 있다. 각각의 시스템들은 잠재적으로 재생적인, 즉 교정되지 않으면 기하급수적인 '폭주runaway' 상태가 되는 하부 시스템을 가지고 있다(이런 재생 요소들의 예는 맬서스 학파의 인구 증가 특성, 인간적인 상호작용의 분열 발생 변화, 군비 경쟁 등이다). 이런 하부 시스템의 재생적 잠재력은 일반적으로 '정상 상태'를 이루려는 다양한 종류의 관리 회로에 의해 계속 억제된다. 이런 시스템들은 자신의 구성 요소들의 변수값에 대한 명제의 진실을 보존하려는 경향이 있다는 의미에서 '보수적'이다——특히 이런 시스템들은 보존되지 않으면 기하급수적인 변화를 보여주는 변수값을 보존하고 있다. 이런 시스템들은 항상성을 갖고 있다——즉 조그만 입력의 변화 효과들은 무시될 것이며, 가역적인 조정으로 안정 상태가 유지된다.

(2) 하지만 '같은 상태를 유지하려고 하면 할수록 상황은 더 많이 변

해야 한다'. 이 프랑스 격언의 역은 생물학과 생태계를 좀더 정확히 묘사한다고 생각된다. 어떤 변수의 항구성은 다른 변수들의 변화에 의해 유지된다. 이는 조절기를 가진 엔진의 특성이다. 일정한 회전 속도는 연료 공급의 변화로 유지되는 것이다. 조금만 변경하면 동일한 논리가 진화 과정의 기초를 이룬다. 즉, 우리가 '생존'이라 부르는 복잡한 변수를 일정하게 유지하는 데 기여하는 그런 돌연변이 변화들이 영속하게 되리라는 것이다. 역시 똑같은 논리가 학습, 사회 변화 등에도 적용된다. 어떤 기술 명제들의 계속적인 진실은 다른 명제들의 변화로 유지된다.

(3) 서로 연결된 많은 항상성 회로를 가진 시스템에서, 외부의 충격으로 생기는 변화들은 그 시스템을 통해 서서히 전파될 수 있다. 주어진 변수 (V_1)을 일정한 값으로 유지하기 위해서는, V_2, V_3 등의 값이 변화를 겪는다. 그러나 V_2와 V_3 자신들은 항상성적인 통제의 대상이 되거나, 통제의 대상이 되는 다른 변수들(V_4, V_5 등)과 연결될 수도 있다. 이러한 이차적 항상성이 나아가 V_6, V_7 등을 변화시킬 수도 있다. 등등.

(4) 이처럼 변화를 전파하는 현상은 가장 넓은 의미에서 일종의 학습이다. 순응acclimation과 중독addiction 현상은 이 과정에서 특별한 경우다. 시간이 갈수록 시스템은 직접적인 효과가 일차적 항상성으로 중화되었던 최초 외부 충격의 지속적인 존재에 의존하게 된다.

예 : 주류 판매 금지법의 영향으로 미국의 사회 시스템은 알코올 공급을 일정하게 유지하기 위해 항상성적으로 반응했다. 새로운 직업, 즉 밀매업자들이 생겨나게 되었다. 이 직업을 통제하기 위해 경찰 시스템에 변화가 일어났다. 이 법률의 폐지 문제가 제기되었을 때, 밀매

업자들과 경찰 쪽에서 이 법률의 유지에 찬성하리라는 것은 분명히 예상할 수 있는 일이었다.

(5) 이러한 근본적인 의미에서, 모든 생물학적 변화는 보수적이며 모든 학습은 회피적이다. 음식으로 '보상받는' 쥐는 배고픔이 야기하게 될 변화를 상쇄하기 위해 보상을 받아들인다. 그리고 통상적으로 '보상'과 '처벌'의 구분은 우리가 '개인'이라 부르는 하부 시스템을 한정하려고 그은 다소 인위적인 선에 좌우된다. 외부 사건의 발생이 처벌받게 될 '내부' 변화를 수정하는 경우에, 우리는 외부 사건을 '보상'이라고 부른다.

(6) 의식과 '자아'는 밀접하게 관계된 개념이지만, 이 개념들(유전자형으로 결정된 영역의 전제와 관계될 수 있는)은 개인적 범위를 정하고 '보상'과 '처벌'의 논리적 차이를 규정하는 다소 인위적인 선으로 구체화된다. 우리가 개인을 환경과 결합된 서보시스템servosystem이나 개인 더하기 환경이라는 더 큰 시스템의 일부로 생각할 때, 적응과 목적의 전반적인 양상은 변한다.

(7) 극단적인 경우에 변화는 재생적 회로에 내재하는 잠재적인 지수 곡선을 따라 어떤 폭주나 이탈을 초래하거나 허용할 것이다. 이런 변화는 전체 시스템의 파괴 없이 일어날 수도 있다. 물론 지수 곡선상의 이탈은 항상 한계가 있으며, 아주 극단적인 경우에는 시스템의 파괴로 제한될 수도 있다. 이러한 재난을 제외하고, 다른 요소가 그 이탈을 제한할 수도 있다. 그렇지만 그 자체로 해로운 요소들에 의해 제한이 부과되는 수준에 이를 위험이 존재한다는 사실을 아는 것이 중요하다. 윈-에드워즈Wynne-Edwards는 건강한 개체들의 개체군은 가용한 식량 공급에 의해 직접적으로 제한받을 수 없다는 사실을——이는

모든 농부가 알고 있는 것이다——지적했다. 만약 기근이 과도한 개체군을 제거하는 방법이라면, 식량 공급 자체가 지나친 방목에 의해 비가역적으로 줄어들지도 모르는 동안에, 생존자들은 죽지는 않더라도 적어도 심각한 영양 결핍으로 고생할 것이다. 원칙적으로 생물학적 시스템의 항상성적인 통제는 그 자체로 유해하지 않은 변수들에 의해 활성화되어야 한다. 호흡 반사는 산소의 결핍이 아니라 상대적으로 무해한 CO_2의 과잉에 의해 활성화된다. 잠수부는 CO_2 과잉의 신호를 무시하도록 교육받으며, 산소 결핍이 심각한 위험에 이를 때까지 계속해서 잠수한다.

(8) 자체 교정적인 시스템들을 연결하는 문제는 인간이 살고 있는 사회와 생태계에 적응하는 데 핵심적이다. 루이스 캐럴은 오래전에 생물학적 시스템들을 부적절하게 연결함으로써 발생되는 무작위성의 본질과 상태에 관해 농담한 적이 있다. 문제는 무작위한 '게임'을 만들어내는 것이었으며, 그 게임은 제한된 의미에서 '동전 맞히기' 처럼 무작위할 뿐만 아니라 또한 메타-무작위해야 한다. '동전 맞히기' 에서 두 선수가 두는 수의 무작위성은 알려진 대안들의 한정된 세트, 즉 어떤 정해진 게임 방법 내에서 '윗면' 이나 '뒷면' 으로 제한되어 있다. 이러한 세트에서 벗어날 가능성은 전혀 없으며, 세트들에 대한 한정이나 비한정의 세트 가운데에서 메타-무작위한 선택은 전혀 존재하지 않는다.

그러나 그 유명한 크로케 게임에서 생물학적 체계들을 불완전하게 연결시킴으로써, 캐럴은 메타-무작위한 게임을 만들어냈다. 앨리스는 플라밍고와 연결되었으며, '공' 은 고슴도치다.

이처럼 대조적인 생물 시스템들의 '목적들' (우리가 이 용어를 사용한다면)은 모순되기 때문에 그 게임의 무작위성은 선수들에게 알려진 대안들의 한정된 세트로 더 이상 제한되지 않는다.

앨리스의 어려움은 그녀가 플라밍고를 '이해하지' 못한다는 사실, 즉 그녀가 자신이 대면하고 있는 '시스템'에 관해 체계적인 정보를 가지고 있지 않다는 사실에서 생겨난다. 마찬가지로 플라밍고도 앨리스를 이해하지 못한다. 그들은 '모순되는–목적'을 가지고 있다. 의식을 통해 인간과 그의 생물학적 환경을 연결하는 문제도 이와 비슷하다. 만약 의식이 인간과 환경의 본질에 관한 정보를 결여하고 있거나 정보가 왜곡되거나 부적절하게 선택된 것이라면, 그 연결은 일련의 메타–무작위한 사건이 될 가능성이 있다.

(9) 우리는 의식의 효과가 전혀 없다고 추정하지는 않는다. 의식은 시스템으로 되먹임하지 않는 부수적인 반향에 불과한 것이 아니다. 일방적인 거울 뒤의 관찰자나, 그 자체가 프로그램에 영향을 미치지 않는 텔레비전 모니터의 경우처럼 말이다. 의식은 나머지 마음에 되먹임되며, 따라서 행동에 영향을 미친다고 우리는 생각한다. 그러나 이런 되먹임의 효과는 거의 알려져 있지 않으며, 조사와 평가가 시급하게 요구된다.

(10) 의식의 내용이 나머지 마음에서 일어나는 사건에 대한 보고서의 무작위한 표본이 아닌 것은 분명한 사실이다. 오히려 의식 스크린의 내용은 대단히 크고 과다한 정신적 사건에서 체계적으로 선택된 것이다. 그러나 이러한 선택의 규칙과 우선 순위에 대해서는 매우 적게 알려져 있다. 이 문제는 조사가 필요하다. 마찬가지로 구두 언어의 한계도 고려되어야 한다.

(11) 그렇지만 의식의 스크린을 위한 정보 선택의 시스템은 '목적',

'주목', 그리고 정의, 해명 등을 필요로 하는 유사한 현상들과 중요하게 연관되어 있다.

(12) 만약 의식이 나머지 마음(앞의 (9)번)에 되먹임하고, 의식이 전체 마음의 사건에 대해 비뚤어진 표본만을 취급한다면, 자신과 세계에 대한 의식적인 관점과 자신과 세상의 진면목 사이에는 체계적인(즉 비무작위한) 차이가 틀림없이 존재한다. 그러한 차이는 적응 과정을 틀림없이 왜곡한다.

(13) 이와 관련해서, 문화적 변화 과정과 계통 발생적 진화 과정 사이에는 상당한 차이점이 있다. 후자의 경우에 체세포와 생식 세포질 사이의 바이스만 학파Weismannian의 장벽은 전적으로 불투명한 것으로 생각된다. 환경에서 게놈으로의 연결은 존재하지 않는다. 문화적 진화와 개인적 학습에서 의식을 통한 연결은 존재하지만, 불완전하며 아마도 왜곡된 모습일 것이다.

(14) 이런 왜곡의 본질은 너무나 특유해서 의식의 '스크린'의 내용들이 목적에 대한 고려로 결정되는 한, 자아와 세계의 사이버네틱스적 본질은 의식에 감지되지 않는 경향이 있다고 생각된다. 목적에 관한 주장은 'D가 탐난다, B는 C가 되고, C는 D가 된다. 그래서 D는 B와 C를 통해서 성취될 수 있다'라는 형태를 취하는 경향이 있다. 그러나 만약 일반적으로 전체적인 마음과 외부 세계가 이러한 직선적인 구조를 갖지 않는다면, 이런 구조를 그들에게 강요하는 것은 자아와 외부 세계의 사이버네틱스적 순환성을 전혀 이해하지 못하게 되는 것이다. 자료에 대한 우리 의식의 표본 추출은 전체 회로를 밝혀주지 못하며, 단지 우리의 선택적인 주목에 의해 그들의 모체에서 절단해낸 회로의 일부분만을 밝혀준다. 특히 자아나 환경에 존재하는 일정한 변수에 변화를

이루려는 시도는 아마도 그 변수를 둘러싸고 있는 항상성 네트워크에 대한 이해 없이 착수될 것이다. 그러므로 이 글 (1)~(7)항의 고려들은 무시될 것이다. 어떻게든 편협한 목적 지향적 관점을 교정하는 것이 지혜의 핵심일 것이다.

(15) 물론 인간과 인간 주위의 항상성 시스템을 연결하는 데 있어서 의식의 기능이 새로운 현상이 아니다. 그렇지만 세 가지 여건이 이런 현상에 대한 조사를 다급한 문제로 만든다.

(16) 첫째, 자신을 변화시키기보다는 자신의 환경을 변화시키는 인간의 습관이 있다. 자체 내에서 통제되어야 하는 변화하는 변수(예컨대 온도)에 직면했을 때, 유기체는 자기 내부 혹은 외부 환경에서 변화를 만들어낸다. 유기체가 환경에 적응할 수도 있고 환경을 유기체에 적응시킬 수도 있다. 진화의 역사에서 매우 중요한 단계들은 유기체 자체 내에서 변화했다. 어떤 단계들은 유기체가 장소를 변경함으로써 환경의 변화를 성취한 중간적인 종류의 변화였다. 몇몇 경우, 인간 이외의 유기체들이 변형된 소환경microenvironment을 자기 주위에 만드는 데 성공했다. 예를 들면 벌과 새들의 보금자리, 빽빽한 침엽수림, 곰팡이 군락 등이 그렇다.

이 모든 경우에서, 진화 과정의 논리는 단지 우성dominant, 환경을 통제하는 종, 그리고 그것의 공생체와 기생충만을 지지하는 생태계를 지향하고 있다.

환경의 놀라운 변형자인 인간은 이와 마찬가지로 자신의 도시에 단일종의 생태계를 이루지만, 인간은 한 단계 더 나아가 자신의 공생체들을 위해 특수한 환경을 만든다. 더욱이 이 공생체들도 생태계의 단일종이 된다. 옥수수 밭, 박테리아 배양, 줄지어 있는 닭장, 실험용 쥐의 거주지와 같은 것이 그것이다.

(17) 둘째, 목적적인 의식과 환경 사이의 힘의 비율이 지난 100년 사이에 급속도로 변했으며, 이 비율에서 변화의 속도는 기술의 발달과 더불어 분명히 급속도로 증가하고 있다. 환경의 변경자로서의 의식적 인간은 이제 가장 훌륭한 의식적 의도를 가지고 자신과 환경을 완전히 파괴할 수 있다.

(18) 셋째, 아마도 지난 100년 사이에 마음의 덜 의식적인 부분에서 나왔을지도 모르는 다수의 교정적 과정에서 의식적인 목적을 떼어놓겠다고 위협하는 특이한 사회학적 현상이 일어났다. 오늘날 사회의 상황은 신용, 회사, 정당, 조합, 상업과 금융 기관, 국가와 같이 법적으로 '사람'의 신분과 비슷한 것을 가진 수많은 자기-극대화의 존재들로 특징지어진다. 생물학적 사실에 있어서, 이 존재들은 정확히 사람이 아니며, 전체 사람들의 집합체는 더더욱 아니다. 그것들은 일부 사람들의 집합체다. 스미스 씨가 자기 회사의 회의실에 들어갈 때, 그는 자신의 생각을 회사의 특정한 목적이나, 자신이 '대표'하는 회사의 일부분에 대한 목적으로 좁게 제한하기를 요구받는다. 다행히 자신에 대해 전적으로 그렇게 하는 것은 불가능하며, 회사의 어떤 결정들은 더 넓고 더 현명한 마음의 부분에서 솟아나는 고려에 의해 영향 받는다. 하지만 원칙적으로, 스미스 씨는 완전한, 교정되지 않은 의식——비인간적인 피조물처럼 행동하기를 요구받는다.

(19) 끝으로, 교정적으로 움직일 수 있는 어떤 요소들——의식적 목적에 의해 연결되는 편협한 왜곡으로 제한되지 않는 인간 행위와 지혜를 획득할 수 있는 분야들——을 언급하는 것이 적절하겠다.

㉠ 이중에서 의심할 여지 없이 가장 중요한 것은 사랑이다. 마르틴

부버Martin Buber는 적절한 방식으로 대인 관계를 분류했다. 그는 '나-그것I-It' 관계를 인간과 무생물 사이의 통상적인 상호작용 패턴으로 규정하면서 '나-너I-Thou' 관계와 구별한다. 그는 또한 나-그것 관계를, 목적이 사랑보다 더 중요한 경우에 항상 나타나는 인간 관계의 특징으로 간주한다. 하지만 만약 사회와 생태계의 복잡한 사이버네틱스 구조가 어느 정도 생물과 비슷하다면, 인간과 그의 사회나 생태계 사이에서도 '나-너' 관계를 생각할 수 있다는 결론이 나온다. 이와 관련해서, 다수의 비인격적인 조직 내에 '감성 집단'을 형성하는 것도 특별한 관심거리다.

ⓒ 예술, 시, 음악, 인문학도 마찬가지로, 단순한 의식이 수용하는 것보다 더 많은 마음이 활동하는 분야다. '우리의 마음은 이성이 전혀 모르는 자신의 이성을 가지고 있다.'

ⓒ 인간과 동물의 접촉, 그리고 인간과 자연계의 접촉은 아마도——때때로——지혜를 생기게 할 것이다.

ⓔ 종교가 있다.

(20) 결론적으로, 욥의 편협한 믿음과 목적 지향성, 상식, 세속적 성공이 마침내 회오리바람 속에서 나온 목소리에 의해 멋진 토템적 시로 비난받은 사실을 기억하자.

> 부질없는 말로 나의 뜻을 가리는 자가 누구냐……
> 산양이 언제 새끼를 낳는지 너는 아느냐?
> 사슴이 새끼 낳는 것을 지켜본 일이 있느냐?[283]

---

283) (옮긴이주) 구약성서 〈욥기〉 38~39장.

형태, 실체, 그리고 차이[284]

　오늘 저녁 이 자리에 참석하게 된 것은 무한한 영광이자 기쁨이라는 사실을 말하고 싶다. 나는 여러분 모두에 대해 약간의 두려움을 느낀다. 왜냐하면 분명 내가 다룬 모든 지식 분야에 대해 나보다 훨씬 더 많이 알고 있는 분들이 이 자리에 있기 때문이다. 내가 많은 지식 분야를 다룬 것은 사실이며, 아마 나는 여러분 어느 누구와 대면하더라도 여러분이 다루지 않은 어떤 분야를 내가 다루었다고 이야기할 수 있을 것이다. 그러나 나는 내가 다룬 모든 분야에 있어서 나보다 훨씬 더 전문적인 지식을 가진 사람들이 여기 있다는 것을 알고 있다. 나는 박

---

284) 일반의미론 연구소Institute of General Semantics의 후원을 받아 1970년 1월 9일에 행한 제9회 코르지프스키Korzybski 기념 강의를 위해 쓴 글이다. 《일반의미론 회보 *General Semantics Bulletin*》, 제37호(1970)에 실렸던 것을 이 연구소의 허락을 받아 여기에 재수록했다.

식한 철학자가 아니며, 철학은 나의 본업이 아니다. 나는 박식한 인류학자도 아니며, 정확히 말해 인류학은 나의 본업이 아니다.

하지만 나는 코르지프스키가 매우 관심을 기울이며 하던 일을 하려고 노력해왔으며, 전반적인 의미론 운동에 관심을 기울여왔다. 즉 나는 한편으로는 매우 추상적이고 형식적인 철학적 사고의 영역을, 다른 한편으로는 인간과 다른 동물들의 자연사 사이에 충돌하는 영역을 연구해왔다. 형식적 전제와 실제 행동 간의 이러한 겹침은 오늘날 엄청나게 중요하다고 나는 주장한다. 오늘날 우리는 여러 종류의 무질서와 환경 파괴로 위협받는 세계를 직면하고 있으며, 아직도 우리는 유기체와 환경의 관계에 대해 명료하게 사고하지 못하고 있다. 우리가 '유기체 더하기 환경'이라 부르는 것은 도대체 어떤 것인가?

"지도는 영토가 아니다The map is not the territory"라는 코르지프스키의 가장 유명한 최초의 진술로 돌아가보자. 이 진술은 상당히 광범위한 철학적 사고에서 나왔으며, 그리스까지 거슬러 올라가, 과거 2,000년 동안 유럽인의 사고의 역사를 통해서 꿈틀거리고 있다. 이러한 역사 속에는 일종의 조잡한 이분법과 때로는 극심한 논쟁도 있었다. 폭력적인 증오와 살육도 있었다. 내가 생각하기에, 모든 것은 피타고라스 학파와 그들의 선배들과의 비교에서 시작되었으며, 그 논쟁은 '흙, 불, 물 등이 무엇으로 만들어지는가라고 물었는가?' 혹은 '그것의 패턴은 무엇인가?'라는 형태를 가지고 있었다. 피타고라스는 실체substance에 대한 탐구보다는 패턴에 대한 탐구를 지지했다.[285] 논쟁은 수세기 동안 계속되었으며, 최근에 이르기까지 그 논쟁의 한쪽이

---

285) 콜링우드R. G. Collingwood는 《자연의 개념 *The Idea of Nature*》(Oxford, 1945)에서 피타고라스 학파의 입장에 대해 명쾌한 설명을 제공했다.

었던 피타고라스 학파의 이론은 전체적으로 반쯤 물에 잠겨 있다. 그 노시스교도Gnostics들이 피타고라스 학파를 계승하고, 연금술사들이 그노시스교도들을 계승하고, 이런 식으로 계속되었다. 이런 논의는 피타고라스 학파의 진화론이 만들어졌다가 폐기된 18세기 말엽에 절정에 달했다──마음과 관련된 이론.

18세기 말의 진화론은 라마르크[286] 이론이었으며, 이는 변형론자가 최초로 조직한 진화론이었다. 이 이론은 러브조이Arthur Lovejoy에 의해 《존재의 대사슬 *The Great Chain of Being*》에 기술된 기이한 역사적 배경에서 형성되었다. 라마르크 이전에 유기적인 세계, 즉 생명의 세계는 맨 꼭대기에 마음이 있는, 구조적으로 계층적인 것으로 여겨졌었다. 이 사슬 또는 사다리는 아래로 천사를 거쳐, 사람을 거쳐, 원숭이를 거쳐 원형동물까지, 그 아래로 식물과 돌까지 내려갔다.

라마르크가 한 것은 그 사슬을 뒤집어놓은 것이다. 그는 동물들이 환경적 압박하에서 변화한다는 사실을 관찰했다. 물론 그런 변화들이 유전된다고 믿었다는 점에서는 틀렸지만, 어떻든 간에, 이 변화들은 그에게 진화의 증거였다. 그가 그 사다리를 뒤집어놓았을 때, 설명을 해주던 꼭대기의 마음은 이제 설명되어야 하는 것이 되었다. 그의 문제는 마음을 설명하는 것이었다. 그는 진화에 관한 확신을 가졌으며, 거기서 그의 관심은 중단되었다. 따라서 만약 여러분이 그의 《동물 철학》(1809)을 읽어본다면, 처음 3분의 1은 진화 문제의 해결과 분류학을 뒤집는 데 전념하고 있으며, 나머지는 그 자신이 발견한 비교심리

---

286) (옮긴이주) 라마르크는 진화에 대해, 생물이 자연 발생하며 여러 기관이 발달하여 진화되어왔다고 보았다. 또한 개체가 일생 동안 환경과 기관의 사용 여부에 영향을 받는다는 용불용설(用不用說)을 주장했고, 획득 형질이 다음 세대에 유전된다고 보았다.

학에 전념하고 있다는 사실을 발견하게 될 것이다. 마음은 그가 진정으로 관심을 가졌던 것이었다. 그는 자신의 진화론에서 습관을 하나의 자명한 현상으로 사용했으며, 물론 이 또한 비교심리학의 문제로 그를 인도했다.

이제, 무엇보다도 연구가 요구되었던 설명 원리인 마음과 패턴은, 19세기 중엽에 다윈, 헉슬리 등에 의해 발전된 후기 진화론에 의해 생물학적 고려 대상에서 쫓겨났다. 물론 아직도 새뮤얼 버틀러 같은 말썽꾸러기가 있었는데, 그는 마음이 이런 식으로 무시될 수 없다고 주장했다──그들은 힘없는 대변자였으며, 우연하게도 그들은 유기체에 관심을 가지지 않았다. 나는 새뮤얼 버틀러가 자신의 고양이를 제외하고는 어떤 동물에게도 관심을 가지지 않았다고 생각하지만, 그는 여전히 어떤 전통적 사상가들보다 진화에 대해 더 많은 것을 알고 있었다.

이제 드디어 사이버네틱스, 시스템 이론, 정보 이론 등의 발견으로 우리는 우리로 하여금 마음에 대해 생각할 수 있게 하는 형식적 기반을 가지게 되었으며, 1850년대부터 2차 대전까지 완전히 이단으로 취급되었던 방식으로 이 모든 문제들에 관해 생각해볼 수 있게 되었다. 내가 이야기해야 하는 것은, 사이버네틱스와 정보 이론의 영향하에서 위대한 이분법적 인식론이 어떻게 변했는가 하는 문제다.

우리는 이제 우리가 생각하는 마음에 대해 말할 수 있다──또는 어쨌든 말하는 것을 시작할 수 있다. 다음 20년에는 그에 대해 다른 방식으로 이야기될 것이다. 그리고 발견은 새로운 것이므로 나는 단지 여러분에게 나의 개인적 견해만을 제공할 수 있을 뿐이다. 과거의 견해들은 분명 잘못된 것이지만, 개정된 모습들 중에서 어느 것이 살아남을지는 알 수 없다.

진화론적 측면에서 시작해보자. 다윈 학파의 진화론이 자연선택하에서의 생존 단위의 확인에 있어서 매우 큰 오류를 가지고 있다는 사실은 오늘날 경험적으로 분명하다. 결정적이라고 여겨졌으며, 이론 정립의 중심이 되었던 그 단위는 번식하는 개체나 가계(家系) 또는 하부의 종들, 또는 어떤 비슷한 동종(同種)의 균질한 세트로 간주되었다. 이제 나는 지난 100년 동안 경험적으로 입증된 것은 만약 유기체나 유기체의 집합체가 자신의 생존에 초점을 맞춰 움직이도록 설정되어 있고 그래서 그것이 자신의 적응 방법으로 선택할 수 있는 것이라고 생각한다면, 그 유기체의 '진보'는 파괴된 환경으로 끝날 것이라는 점을 제시한다. 만약 유기체가 자신의 환경을 파괴하는 것으로 끝난다면, 그것은 사실상 자신을 파괴하는 것이다. 그리고 다음 20년에, 우리는 이런 과정이 자신의 궁극적인 귀류법으로 옮겨 갔다는 것을 아주 쉽게 보게 될지 모른다. 생존 단위는 번식하는 유기체나 가계나 사회가 아니다.

과거의 단위는 집단유전학자[287]들에 의해 이미 부분적으로 수정되었다. 그들은 진화의 단위가 실제로 동질적이지 않다고 주장했다. 어

---

287) (옮긴이주) 20세기 초에 영국의 하디G. H. Hardy와 독일의 바인베르크W. Weinberg에 의해 시작된 집단유전학은 멘델의 유전 법칙과 다윈의 자연선택설이 생물 통계적 방법과 결합해 성립된 학문으로, 유전자가 생물 집단에서 어떤 분포를 나타내며, 새로운 유전적 변이가 어떤 과정을 거쳐 유전자 분포의 새로운 평형을 이루는지를 탐구한다. 진화가 유전적 변이에 대한 자연선택으로 이루어진다는 주장은 다윈의 진화론과 같으나, 획득 형질의 유전을 인정하지 않는 점에서 서로 다르다. 변화 없는 환경에서 자연선택은 유리한 변이를 선택하고 불리한 변이를 배제하여 형질의 안정화를 이루지만, 변하는 환경에서 자연선택은 환경에 적응한 형질을 집단 내에 확산시키는 방향으로 작용한

떤 종들의 야생 개체군은 언제나 광범위하게 다양한 유전적 구성을 가진 개체들로 구성된다. 다른 말로, 변화의 잠재성과 준비가 이미 생존 단위 속에 형성되어 있다. 야생 개체군의 이질성은 이미 환경을 다루는 데 필요한 절반의 시행착오 시스템인 것이다.

사람에게 길들여져서 인위적으로 동질화된 동물과 식물의 개체군은 생존에 거의 적합하지 않다.

그리고 오늘날에는 단위에 대한 더 많은 수정이 필요하다. 융통성 있는 유기체와 함께 융통성 있는 환경 또한 반드시 포함되어야 한다. 왜냐하면 내가 이미 언급했듯이 자신의 환경을 파괴하는 유기체는 자신을 파괴하기 때문이다. 생존의 단위는 융통성 있는 '자기 환경 내의 유기체'다.

이제 진화는 잠시 그대로 두고 마음의 단위가 무엇인지 생각해보자. 지도와 영토의 문제로 돌아가서 '지도 위에 표시되는 영토에는 무엇이 있는가?'라는 질문을 해보자. 영토가 지도에 들어가지 않는다는 사실을 우리는 알고 있다. 그것이 우리가 여기서 모두 동의하는 핵심이다. 만약 그 영토가 균일하다면, 영토의 경계 외에는 아무것도 지도 위에 표시되지 않을 것이며, 그 경계는 어떤 더 큰 지형과 대비해서 균일함이 끝나는 지점일 것이다. 지도 위에 표시되는 것은 실제로 차이다. 그 차이는 고도의 차이일 수도, 식물의 차이일 수도, 인구 분포의 차이일 수도, 표면의 차이일 수도, 아니면 그 어떤 것의 차이일 수도 있다. 차이들이 지도 위에 표시되는 것이다.

하지만 차이란 무엇인가? 차이란 매우 특이하고 모호한 개념이다.

다는 주장은 자연선택설과 같다. 하지만 진화의 단위를 집단으로 해석한 점이 다르다.

그것은 분명 사물이나 사건이 아니다. 이 한 장의 종이는 이 책상의 나무와 다르다. 그들 사이에는 색상, 질감, 모양 등에서 많은 차이들이 있다. 그러나 만약 우리가 이 차이들의 국지성에 대해 묻기 시작한다면, 우리는 곤란해진다. 분명 그 종이와 나무의 차이는 종이에 있지 않고, 나무에도 있지 않고, 그들 사이의 공간에도 있지 않고, 그들 사이의 시간에도 있지 않다. (시간적인 면에서 생기는 차이를 우리는 '변화'라고 부른다.)

그렇다면 차이란 추상적인 것이다.

자연과학에서 결과는 일반적으로 충격, 힘 등과 같은 구체적인 조건이나 사건에 의한 것이다. 그러나 여러분이 커뮤니케이션이나 조직의 세계로 들어간다면, 힘이나 충격이나 에너지 교환에 의해 야기되는 그러한 전반적인 세계를 뒤에 남겨두어야 한다. 여러분은 차이에 의해 '결과들'——이와 같은 말을 사용해야 되는지 나는 확신이 없다——이 생기는 세계에 들어가는 것이다. 즉 영토에서 지도로 표시되는 '것'에 의해 생기는 것이다. 이것이 차이다.

차이는 나무와 종이에서 나의 망막으로 이동한다. 그 다음에 그 차이는 내 머릿속의 별난 계산기에 의해 선택되어 작동하게 된다.

전반적인 에너지 관계는 다르다. 마음의 세계에서는 무(無)——그것이 아니다——도 원인이 될 수 있다. 자연과학에서 우리는 원인에 대해 물으면서 그것들의 존재를 예상하고 그것들이 '실재'한다고 예상한다. 그러나 '0'과 '1'은 다르다는 것, 그리고 0과 1이 다르기 때문에 0은 심리학적 세계, 커뮤니케이션의 세계에서는 원인이 될 수 있다는 것을 기억하라. 여러분이 쓰지 않은 편지는 화가 난 답장을 받을 수 있으며, 여러분이 기재하지 않은 소득세 신고서는 국세청 직원의 활발한 행동을 촉발할 수 있다. 왜냐하면 그들도 아침, 점심, 차, 그리고 저녁을 먹고, 그들의 신진대사에서 얻은 에너지로 반응할 수 있기 때문이다. 지금까지 한번도 존재하지 않았던 편지는 에너지의 근원이 될 수 없다.

당연히, 우리가 정신과 커뮤니케이션 과정에 관한 전반적인 사고방식을 바꾸어야 한다는 결론이 나온다. 심리학과 행동에 관한 이론을 정립하려는 노력에 개념적 틀을 제공하기 위해 사람들이 자연과학에서 빌려온 에너지 이론에 대한 일반적인 유추——완전히 프로크루스테스의 구조——는 터무니없는 것이다.

나는 이제 여러분에게, '관념'이라는 말은 가장 기본적인 의미에서 '차이'와 동의어라는 점을 제시한다. 《판단력 비판 *Critique of Judgement*》에서 칸트Immanuel Kant는——내가 그를 제대로 이해했다면——가장 기본적인 미학적 행위는 사실의 선택이라고 주장한다. 그는 하나의 분필에는 무수한 잠재적 사실들이 있다고 주장한다. 물(物) 자체 Ding an sich로서 그 분필은 이러한 무한성 때문에 결코 커뮤니케이션이나 정신적 과정 속으로 들어올 수 없다. 감각 수용기는 그것을 수용할 수 없으며, 그것을 걸러낸다. 감각 수용기가 하는 것은 그 분필에서 어떤 사실들을 선택하는 것이며, 그런 다음 이 선택된 것은 현대적 용어로 정보가 된다.

나는 칸트의 진술은 분필 주위와 내부에는 무수한 차이들이 있다고 말하는 것으로 수정될 수 있다고 생각한다. 분필과 나머지의 세계, 분필과 태양이나 달 사이에는 차이가 있다. 분필 내부에는, 분필의 모든 분자마다 자신의 위치와 그것이 있을 수 있었던 위치들 간의 무수한 차이가 있다. 우리는 이 무한함 중에서 매우 제한된 개수만을 선택하며,

이것이 정보가 된다. 사실 정보——정보의 기본 단위——를 가지고 우리가 의미하는 것은 차이를 만드는 차이다. 그리고 그것이 차이를 생기게 할 수 있는 것은, 그것이 신경 통로를 따라 움직이면서 계속적으로 변형되고, 스스로 에너지를 공급받기 때문이다. 이 통로들은 촉발될 준비가 되어 있다. 우리는 심지어 질문은 그들 속에 이미 내재되어 있다고 말할 수 있을지도 모른다.

그렇지만 신체 내부의 정보 통로들과 외부의 통로들 사이에는 중요한 대조가 있다. 종이와 나무의 차이들은 우선 전파되는 빛이나 소리의 차이들로 변형되고, 이런 형태로 나의 감각 말단 기관에 전해진다. 그들 여정의 초반부는 일반적인 자연과학의 방식으로 '뒤behind'에서 활성화된다. 그러나 그 차이가 감각 말단 기관을 촉발해서 나의 신체로 들어오면, 이런 형태의 이동은 차이를 수용하고, 재생하거나 변형시키는 원형질에 내재된 신진대사 에너지에 의해 매 단계 활성화되는 이동으로 대체되어 차이를 전한다.

내가 망치로 못을 치면, 충격impulse은 못 끝으로 전달된다. 그러나 축색돌기를 통해 이동하는 것이 '충격'이라고 말하는 것은 의미론적 오류, 즉 잘못된 은유다. '차이에 관한 소식'으로 불리는 게 옳을 것이다.

어떻든 간에 내부와 외부 통로들의 이러한 대조는 절대적이지 않다. 양쪽 경로 모두에서 예외적인 것들이 생긴다. 사건들의 외부 연쇄의 일부는 중계기에 의해 활성화되며, 사건들의 내부 연쇄의 일부는 '뒤'에서 활성화된다. 특이하게도 근육의 기계적 상호작용은 계산 모델[288]로 사용될 수 있다.

이와 같은 예외에도 불구하고, 신체 밖에서 차이들을 코드화하고 전달하는 것은 신체 내부에서 차이들을 코드화하고 전달하는 것과 매우 다르다는 것은 여전히 대체로 사실이며, 이 차이는 우리를 오류로 나아가게 할 수 있으므로 반드시 언급되어야 한다. 우리는 보통 외부의 '물질계'는 내부의 '정신계'와 어떻게든 분리되어 있다고 생각한다. 나는 이런 구분이 신체 내부와 외부의 코드화와 전달에서의 대조에 기초한 것이라고 생각한다.

정신적 세계——마음——정보 처리의 세계——는 피부에 의해 한정되지 않는다.

이제 회로 내에서 이동하는 차이의 변형이 기본적인 개념이라는 생각으로 돌아가보자. 만약 이것이 맞다면, 마음이란 무엇인가라고 물어보자. 우리는 지도가 영토와 다르다고 말한다. 하지만 영토란 무엇인가? 사용할 수 있게, 어떤 사람이 망막이나 자를 가지고 나가서 종이 위에 옮겨질 표상을 만들었다. 종이 지도 위에 있는 것은 지도를 만든 사람의 망막 표상에 있는 것의 재현이다. 그리고 그 질문을 뒤로 밀고 나아가면, 여러분이 발견하는 것은 무한한 소급이며, 일련의 무한한 지도다. 영토는 전혀 끼어들 여지가 없다. 영토는 물(物) 자체이며, 여러분은 그것에 관해 아무것도 할 수 없다. 언제나 재현의 과정이 영토를 걸러낼 것이고, 그래서 정신계는 무한한 지도의 지도의 지도[289]에 불과하다. 모든 '현상들'은 문자 그대로 '외양들appearances'이다.

---

288) 디지털 컴퓨터가 전선을 통해 하나의 중계기에서 다음 중계기로 '뉴스'를 전달하는 데 있어서 '뒤로부터'의 에너지 전파에 의존한다는 것은 흥미롭다. 그러나 각각의 중계기는 자신만의 에너지원을 가지고 있다. 아날로그 컴퓨터, 예를 들어 조수 예측기tide machine와 같은 아날로그 컴퓨터는 보통 '뒤로부터'의 에너지에 의해 전적으로 움직인다. 각각이 에너지화되는 형태는 계산 목적에 따라 이용될 수 있다.

또는 그 연쇄를 앞으로 추적할 수도 있다. 나는 내가 자료나 정보라고 부르는 다양한 종류의 지도화mappings를 받는다. 이들을 받아서 나는 행동한다. 하지만 나의 행위들, 즉 나의 근육 수축들은 입력 자료의 차이에 대한 변형이다. 그리고 나는 다시 내 행위의 변형인 데이터를 받는다. 이와 같이 우리는 우리의 통상적인 물질 세계의 모습으로부터 어떻게든 풀려나서 도약한 정신 세계의 모습을 얻는다.

이는 새로운 것이 아니며, 역사적 배경을 위해 다시 연금술사들과 그노시스교도들을 살펴보자. 일찍이 카를 융Carl Jung은 매우 호기심 가는 작은 책을 한 권 썼는데, 나는 여러분 모두에게 읽어보기를 권한다. 바로 《죽은 자를 위한 일곱 가지 설교Septem Sermones ad Mortuos, Seven Sermons to the Dead》[290]다. 《기억, 꿈 그리고 회상Memories, Dreams and Reflections》에서 융은 자신의 집에는 귀신들이 가득했으며, 이 귀신들이 소란스러웠다고 말한다. 귀신들은 그를 괴롭혔고, 그의 아내를 괴롭혔고, 그의 자식들을 괴롭혔다. 정신의학계에 널리 알려진 전문 용어로 말하면, 그 집의 모든 사람들은 울부짖는 올빼미만큼

---

289) 또는 우리는 그 문제를 상세히 설명할 수도 있으며, 모든 단계에서 차이가 신경 통로를 따라 변형되고 전파되는 것처럼, 그 단계 이전의 차이의 구체화는 '영토'이고 그 단계 이후의 구체화는 '지도'라고 말할 수도 있다. 지도-영토의 관계는 모든 단계에서 성립된다.

290) 1916년에 씌어졌고, 베인스H. G. Baynes에 의해 번역되어 1925년에 개인적으로 배포되었다. 런던의 스튜어트 & 왓킨스Stuart & Watkins, 랜덤하우스Random House에서 1961년에 재출판되었다. 이후의 저작에서 융Carl Jung은 《죽은 자를 위한 일곱 가지 설교Septem Sermones ad Mortuos, Seven Sermons to the Dead》의 명쾌함을 잃어버린 듯하다. 그의 《욥에 대한 응답Answer to Job》에서 원형archetype은 '플레로마적pleromatic'인 것으로 이야기되었다. 그렇지만 관념들의 관념적 특성이 인식되지 않을 때, 관념의 집합체가 주관적으로 '힘forces'과 닮은 것으로 여겨질 수 있음은 분명 사실이다.

이나 정신이상이었으며, 충분히 그럴 만했다. 만약 여러분의 인식 상태가 혼란에 빠진다면 여러분은 정신이상이 될 것이며, 따라서 융은 인식론적 위기를 경험하고 있었던 것이다. 그래서 그는 책상에 앉아 펜을 들고 책을 쓰기 시작했다. 그가 책을 쓰기 시작했을 때 귀신들이 모두 사라졌으며, 그래서 그는 이 작은 책을 썼던 것이다. 그의 후반기의 모든 통찰은 이 책에서 기원한다. 그는 이 책에 2세기 알렉산드리아의 유명한 그노시스교도였던 '바실리데스Basilides'의 이름으로 서명했다.

그는 두 개의 세계가 있다고 지적했다. 우리는 그것들을 두 가지 설명의 세계라고 부를 수도 있다. 그는 그것들을 그노시스 용어인 플레로마pleroma와 크레아투라creatura라고 불렀다. 플레로마는 사건들이 힘과 충격에 의해 생기며 '구별'이 존재하지 않는 세계다. 또는 내가 말했듯이 '차이'가 존재하지 않는다. 크레아투라에서는 결과가 정확하게 차이에 의해 생긴다. 사실 이것은 마음과 물질 사이의 오래된 이분법과 같다.

우리는 플레로마를 연구하고 기술할 수 있지만, 우리가 끌어내는 구별들은 항상 우리에 의해 플레로마에 있는 것으로 여겨진다. 플레로마는 차이나 구별에 대해 전혀 아는 바가 없으며, 내가 사용하는 의미에서의 '관념'도 가지고 있지 않다. 우리가 크레아투라의 세계를 조사하고 기술할 때, 우리는 그 세계 내에서 유효한 그들의 차이들을 올바르게 식별해야만 한다.

나는 '플레로마'와 '크레아투라'가 우리가 유용하게 채용할 수 있는 용어라고 생각하며, 따라서 이 두 '세계' 사이에 존재하는 교량을 살펴볼 가치가 있다고 생각한다. '자연과학'은 플레로마만을 다루고 마음에 대한 과학은 크레아투라만을 다룬다고 말하는 것은 지나친 단순화다. 그보다 더 많은 것이 그 세계 속에 존재한다.

우선, 에너지와 부엔트로피 사이의 관계를 생각해보자. 전통적인 카르노Carnot 열기관은 가스 실린더와 피스톤으로 구성되어 있다. 이 실린더는 뜨거운 가스통과 차가운 가스통을 교대로 접촉한다. 실린더 내의 가스는 뜨거움과 차가움의 공급원에 의해 뜨거워지고 차가워짐에 따라 교대로 팽창하고 수축한다. 따라서 피스톤은 아래위로 움직이게 된다.

하지만 엔진의 각 사이클마다 뜨거운 온도의 공급원과 차가운 온도의 공급원 사이의 온도 차이는 줄어든다. 이 차이가 0이 될 때, 엔진은 정지할 것이다.

이 플레로마를 기술하고 있는 물리학자는 온도 차이를 '부엔트로피' 라 부르는 '가용한 에너지' 로 표현하는 방정식들을 세울 것이며, 거기서부터 연구를 계속할 것이다.

크레아투라 분석가는 전체 시스템이 온도 차이로 촉발되는 감각 기관이라는 사실을 알게 될 것이다. 그는 차이를 생기게 하는 이 차이를 '정보' 또는 '부엔트로피' 라 부를 것이다. 그에게 이것은 단지 효과적인 차이가 우연히 에너지론의 문제가 되어버린 특수한 경우에 지나지 않는다. 그는 어떤 감각 기관을 활성화시킬 수 있는 모든 차이들에 똑같은 관심을 쏟을 것이다. 그에게 있어서 그와 같은 차이는 어느 것이나 '부엔트로피' 다.

또는 신경생리학자들이 '시냅스 가중synaptic summation' 이라 부르는 현상을 살펴보자. 관찰되는 것은, 두 개의 뉴런 A와 B가 세 번째 뉴런 C와 시냅스 연결되어 있을 때, 두 개의 뉴런 중 어느 것이 흥분해도 C를 흥분시키기에 충분하지 않지만, A와 B가 동시에 흥분하면(또는 거의 그렇게) 이들의 결합된 '충동'이 C가 흥분하는 원인이 되는 그런 경우다.

플레로마적 표현으로, 역치를 넘어서기 위한 이러한 사건들의 결합은 '가중'이라 불린다.

그러나 크레아투라를 연구하는 사람의 입장에서 본다면(그리고 신경생리학자들도 분명 한쪽 다리는 플레로마에, 그리고 다른 쪽 다리는 크레아투라에 걸치고 있다) 이것은 전혀 가중이 아니다. 일어난 일은 그 시스템이 차이를 만들어내기 위해 작용한 것이다. A의 흥분에 대한 두 가지 구별되는 클래스들이 존재한다. B의 흥분이 수반되는 흥분과 수반되지 않는 흥분이다. 이와 마찬가지로 B의 흥분에 대한 두 가지 클래스들이 있다.

이런 관점에서 둘 모두가 흥분할 때 '가중'이란 더하기 과정이 아니다. 그것은 가중보다는 오히려 분수로 나누는 과정의 논리적 결과물의 형성이다.

따라서 이런 관점이 타당한 곳이라면 어디서나, 크레아투라는 마음으로 여겨지는 세계다. 그리고 이런 관점이 타당한 어느 곳이라면 어디서나, 플레로마적 기술에서는 찾아볼 수 없는 일종의 복잡성이 나타난다. 크레아투라적 기술은 항상 계층적이다.

영토에서 지도로 옮겨지는 것은 차이의 변형이며, 이 (어떻게든 선택된) 차이들은 기본 개념이라고 나는 이야기했다.

그러나 차이들 사이의 차이가 있다. 모든 효과적인 차이는 경계 설정, 분류의 선을 나타내며, 모든 분류는 계층적이다. 바꾸어 말하면, 차이들 자체가 구별되고 분류되어야 한다. 이런 맥락에서 나는 차이의 클래스들에 관한 문제를 단지 가볍게 언급하려고 한다. 왜냐하면 그 문제를 더 깊이 다루는 것은 《수학 원리》에서 제기된 문제들로 우리를 데리고 가기 때문이다.

오직 인간 컴퓨터의 결점을 증명하는 것이라면, 나는 여러분을 심리적 경험으로 초대하려고 한다. 우선 질감의 차이는 ㉠ 색깔의 차이와 다르다는 점에 주목하라. 이제 크기의 차이는 ㉡ 모양의 차이와 다르다는 점에 주목하라. 이와 마찬가지로, 비율은 ㉢ 감산적 차이와 다르다.

이제 나는 코르지프스키의 신봉자로서 앞에서 말한 '차이 ㉠', '차이 ㉡', '차이 ㉢' 사이의 차이를 정의하는 곳으로 여러분을 초대하려고 한다.

인간의 머리에 있는 컴퓨터는 그 과제에 대해 멈칫한다.

그러나 모든 차이의 클래스들이 다루기 어려운 것은 아니다.

여러분은 그러한 클래스 중에서 하나는 잘 알고 있다. 즉 변형의 과정에 의해 만들어지는 차이들의 클래스로, 영토에 내재한 차이들이 지도에 내재한 차이들이 되는 것이다. 모든 중요한 지도의 한 모퉁이에서 여러분은 보통 변환의 규칙들을 말로 상세히 설명하는 것을 발견할 것이다. 인간의 마음속에서는 이런 클래스의 차이를 인식하는 것이 절대적으로 필요하며, 사실 이것이 '과학과 건전한 사고'의 핵심적 주제를 형성한다.

환각이나 꿈의 이미지는 분명 어떤 것의 변형이다. 그러나 무엇의 변형인가? 그리고 어떤 변형의 법칙에 의한 것인가?

끝으로, 생물학자들이 '수준levels'이라 부르는 차이들의 계층이 있다. 내가 말하는 것은 세포와 조직, 조직과 기관, 기관과 유기체, 유기체와 사회 사이에서 볼 수 있는 그런 차이들이다.

이들은 단위나 형태들gestalten의 계층이며, 여기서 각각의 하부 단위는 그 다음 더 큰 범위의 부분이다. 따라서 언제나 생물학에서는, 내가 '~의 부분'이라 부르는 이런 차이나 관계가 앞에서 말한 것과 같아서, 부분에서의 어떤 차이들이 더 큰 단위에 대한 정보 효과를 가지며 그 역도 마찬가지다.

생물학적인 부분과 전체의 이러한 관계를 언급함으로써, 나는 이제 일반적으로 마음으로서의 크레아투라 개념에서 마음이란 무엇인가라는 질문으로 나아갈 수 있다.

'나의 마음'으로 내가 의미하는 것은 무엇인가?

개인적인 마음의 범위를 정하는 것은 언제나 우리가 어떤 현상을 이해하거나 설명하기를 원하느냐에 달려 있다. 명백히 피부 바깥쪽에는 많은 메시지 통로들이 있으며, 이 통로들과 이들이 전달하는 메시지들은 언제든 그들이 문제가 될 때는 반드시 정신 시스템의 부분으로 포함되어야 한다.

한 그루의 나무, 한 사람, 그리고 하나의 도끼를 생각해보자. 우리는 도끼가 공기를 스쳐 나무 측면의 기존의 벤 자리에 어떤 종류의 갈라진 틈을 만드는 것을 관찰한다. 만약 이제 우리가 이 현상의 세트를 설명하려고 한다면, 우리는 나무의 절단면에서의 차이, 인간의 망막에서의 차이, 인간 중추신경계에서의 차이, 인간의 원심성 신경 메시지에서의 차이, 근육의 움직임에서의 차이, 도끼가 어떻게 움직이는가의 차이, 도끼가 나무 표면에 만드는 것의 차이들을 문제로 삼을 것이다. 우리의 설명은 (어떤 목적을 위해) 그 회로를 돌고 돌 것이다. 원칙적으로, 만약 여러분이 인간 행동의 어떤 것을 설명하거나 이해하려고 한다면, 여러분은 언제나 전체 회로, 완전한 회로들을 다루고 있는 것이다. 이것이 기본 사이버네틱스적 사고다.

회로 내에 자신의 메시지들을 가지고 있는 기본적인 사이버네틱스 시스템은, 사실 가장 단순한 마음의 단위이며, 회로 내에서 이동하는 차이의 변형이 기본 개념이다. 더 복잡한 시스템들이 어쩌면 정신 시스템이라 불리는 데 더 어울릴지 모르겠지만, 본질적으로 이것이 우리가 이야기하고 있는 것이다. 시행착오의 특성을 보여주는 단위는 이치에 맞게 정신 시스템이라 불릴 것이다.

하지만 '나'는 어떤가? 가령 내가 맹인이고, 지팡이를 사용한다고 가정해보자. 나는 땅을 톡톡톡 두드리며 간다. '나'는 어디서 시작하는가? 나의 정신 시스템은 지팡이 손잡이에서 경계가 그어지는가? 나의 피부에 의해 경계가 그어지는가? 지팡이 중간쯤에서 시작되는가? 지팡이 끝에서 시작되는가? 그러나 이는 터무니없는 질문들이다. 지팡이는 차이의 변형이 전달되는 통로다. 그 시스템의 윤곽을 정확히 서술하는 방법은, 설명할 수 없는 사물은 무시하고 이 통로들을 어떻게든 절단하지 않는 방법으로 한계선을 긋는 것이다. 만약 여러분이 설명하려는 것이 맹인의 걷기처럼 일정한 행동의 한 부분이라면, 이를 위해 여러분은 길거리, 지팡이, 사람, 길거리, 지팡이 등을 돌고 돌아야 할 것이다.

하지만 맹인이 점심을 먹기 위해 앉는다면, 그의 지팡이와 지팡이의 메시지들은 더 이상 문제가 되지 않는다——만약 여러분이 이해하려는 것이 밥 먹는 것이라면 말이다.

내가 개인의 마음을 정의하기 위해 언급한 것에 더하여, 기억과 자료 '은행'과 관련된 부분도 포함하는 것이 필요하다고 생각한다. 결국 가장 단순한 사이버네틱스적 회로도 역동적인 기억을 가지고 있다고 말할 수 있다──정적인 저장에 기초한 기억이 아니라 회로 주위의 정보 이동에 기초한 기억이다. 시점 2에서 증기 기관 조절기의 행동은 시점 1에서 이루어진 행동에 의해 부분적으로 결정된다──시점 1과 시점 2 사이의 간격은 정보가 회로를 완성하는 데 필요한 시간이다.

그렇다면 우리가 얻을 수 있는 마음의 모습은 사이버네틱스 시스템과 동의어다──전체 정보-처리, 시행착오와 관련된 것이다. 그리고 가장 넓은 의미에서 마음 안에는 하부 시스템들의 계층이 있을 것이며, 이 하부 시스템 중에서 어느 것이나 우리는 개별적인 마음이라 부를 수 있다.

하지만 이런 모습은 내가 진화의 단위를 논하다가 도달한 모습과 정확히 똑같다. 나는 이러한 동일성이 내가 오늘 저녁 여러분에게 제공할 수 있는 가장 중요한 일반화라고 확신한다.

진화의 단위를 생각하면서, 나는 여러분이 매 단계마다 원형질 집합체 밖의 완전한 통로들을 포함시켜야 하며, 그것은 세포 내의 DNA, 또는 신체 내의 세포, 또는 환경 내의 신체라고 주장했다. 그 계층 구조는 새로운 것이 아니다. 앞에서 우리는 번식하는 개체나 가계, 분류군 등에 대해 이야기했다. 이제 계층의 각 단계는 모체 주변과 대비되는 하나의 덩어리로 잘라내지고 마음에 떠올리게 되는 것 대신에 하나의 시스템으로 여겨진다.

마음의 단위와 진화론적 생존 단위의 동일성은 이론적으로뿐만 아니라 윤리적으로도 엄청나게 중요하다.

여러분도 알다시피, 그것은 내가 이제 커다란 생물 시스템──생태계──에 내재한, 내가 '마음'이라 부르는 것을 국부화한다는 뜻이다. 또는 만약 내가 다른 수준에서 시스템의 경계선을 그린다면, 마음은 전체 진화 구조에 내재할 것이다. 만약 이러한 정신적 단위와 진화론적 단위의 동일성이 광범위하게 옳은 것이라면, 우리는 우리의 사고방식에서 수많은 변화를 직면하게 된다.

우선 생태학을 살펴보자. 생태학에는 현재 두 가지 국면이 있다. 생체 에너지론이라 불리는 것──산호초, 삼나무 숲, 도시 내의 에너지와 물질에 대한 경제학──, 그리고 둘째로, 정보, 엔트로피, 네겐트로피negentrophy 등의 경제학이다. 이 두 가지는 서로가 아주 정확하게 맞아 들어가지는 않는다. 왜냐하면 이 두 종류의 생태학에서 단위들이 다르게 경계 지어지고 있기 때문이다. 생체 에너지론에서는 단위들이 세포막이나 피부에서 경계를 이루고 있다고 생각하는 것이 자연스럽고 적절하며, 동종의 개체들로 구성된 단위를 생각하는 것이 자연스럽고 적절하다. 이 경계선들은 일정한 단위에 필요한 가산적-감산적 에너지 예산을 결정하기 위해 측정이 이루어질 수 있는 미개척 분야다. 반대로 정보나 엔트로피 생태학은 통로들과 확률을 배분하는 문제를 다룬다. 그 결과 예산은 분수로 나누는 것이다(감산적인 것이 아니다). 경계선들은 관련된 통로들을 포함해야지 잘라내면 안 된다.

더욱이 '생존'의 의미는 바로, 우리가 피부에 의해 경계를 이루고 있는 것의 생존에 관한 이야기를 그만두고, 회로 내에 있는 관념 시스템의 생존에 관해 생각하는 순간에 달라진다. 피부의 내용물은 죽을 때 무작위로 추출되며, 피부 내의 통로들도 무작위로 추출된다. 그러나 관념들은 한층 더한 변형하에서, 책이나 예술 작품의 세계 속으로 계속해서 빠져나갈 수도 있다. 생체 에너지론적 개인으로서의 소크라테스는 죽었다. 그러나 소크라테스의 대부분은 아직도 현대 관념의 생태계[291] 내에 구성 요소로서 살아 있다.

신학 또한 변화해서 다시 새로워지는 것이 분명하다. 5,000년 동안 지중해 사람들의 종교는 내재성과 초월성 사이를 왔다 갔다 했다. 바빌로니아에서 신들은 산꼭대기에 초월적으로 존재하고 있었고, 이집트에서 신은 파라오 안에 내재하고 있었으며, 기독교는 이 두 가지 믿음을 복잡하게 결합한 것이다.

내가 여러분에게 제시한 사이버네틱스적 인식론은 새로운 접근이라고 생각한다. 개인의 마음은 내재적이지만 육체에만 내재하는 것은 아니다. 그것은 육체 밖의 통로들과 메시지에도 내재하며, 개인의 마음이 하부 시스템에 지나지 않는 그보다 더 큰 마음이 있다. 이 더 큰 마음은 신과 비교되며, 어쩌면 일부 사람들이 신으로 의미하는 것일지도 모르지만, 그것은 여전히 전체적으로 상호 연결된 사회 시스템과 지구 생태계에 내재해 있다.

프로이트 학파의 심리학은 마음의 개념을 내부로 확장해서 신체 내부에 있는 전반적 커뮤니케이션 시스템——자율적이고, 습관적이고, 방대한 범위의 무의식 과정——을 포함시켰다. 내가 말하고 있는 것은 마음을 외부로 확장하는 것이다. 그리고 이러한 두 가지 변화는 모두 의식적 자아의 범위를 축소시킨다. 어느 정도의 겸손, 신성함에 의한 평정, 더 큰 것의 일부가 된다는 기쁨이 타당할 것이다. 여러분이

---

291) '관념의 생태학ecology of ideas' 이라는 말에서 나는《가치 체계와 사회 과정 *Value Systems and Social Process*》(Basic Books, 1968)에 실린 제프리 비커스 Geoffrey Vickers 경의 에세이 〈관념의 생태학The Ecology of Ideas〉에 은혜를 입었다. 관념의 생존에 관한 더 많은 형식적 논의는 베너-그렌 회의에서 고든 패스크Gordon Pask가 발표한 〈인간의 적응에서 의식적 목적의 효과Effects of Conscious Purpose on Human Adaptation〉를 보라.

원한다면, 신의 일부가 되는 것이다.

　만약 여러분이 신을 외부에 두고, 자신의 피조물을 상대하고 있는 것으로 신을 설정한다면, 그리고 여러분이 신의 이미지로 창조되었다는 생각을 가진다면, 여러분은 논리적으로 그리고 자연스럽게 자신을 여러분 주위에 있는 사물의 외부에 있으며 그들과 대조적인 것으로 볼 것이다. 그리고 여러분이 모든 마음을 자신의 것으로 가로채버린다면, 여러분 주위에 있는 세상은 무심한 것이어서 도덕이나 윤리적인 고려의 가치가 없는 것으로 보일 것이다. 환경은 여러분이 착취해야 할 대상으로 여겨질 것이다. 여러분의 생존 단위는 여러분과 여러분의 친척, 또는 다른 사회적 단위들, 다른 인종과 짐승과 식물들의 환경을 상대하는 동종이 될 것이다.

　만약 이것이 자연과 여러분의 진보적 기술을 대하는 여러분의 관계에 대한 여러분의 판단이라면, 여러분의 생존은 마치 지옥에 있는 눈덩이의 생존과 같을 것이다. 여러분은 자신이 가진 증오의 독성 부산물, 또는 단지 인구 과잉과 과식으로 죽을 것이다. 세계의 자원은 한정되어 있다.

　만약 내가 옳다면 우리는 무엇이고 다른 사람은 무엇인가에 대한 우리의 전반적인 사고는 재구성되어야 한다. 이것은 농담이 아니며, 나는 우리가 얼마나 더 오랫동안 그렇게 해야 하는지 모르겠다. 만약 우리가 사이버네틱스 이전 시대에 유행했던 전제들, 특히 산업 혁명 기간에 강조되고 강화되었으며, 다윈 학파의 생존 단위를 정당화해준 것으로 보이는 전제들 위에서 계속 움직인다면, 우리의 낡은 견해의 논리적 귀류법이 우리를 파괴하기까지 20∼30년의 시간이 있을지 모른다. 현재의 시스템하에서 어떤 국가 집단을 파괴하는 것보다 더 심각한 재앙을 당하기 전까지 우리에게 얼마나 시간이 있을지는 아무도 모른다. 오늘날 가장 중요한 과제는 어쩌면 새로운 방식으로 생각하는 것을 학습하는 것일 것이다. 나는 어떻게 그런 방식으로 생각하는지 모른다는 점을 밝혀둔다. 지적으로 나는 여기 서서 여러분에게 이 문제를 이성적으로 설명할 수 있다. 하지만 만약 내가 나무를 베고 있다면 나는 여전히 '그레고리 베이트슨'이 나무를 베고 있다고 생각할 것이다. 내가 나무를 베고 있다. 나에게 있어 '나 자신'은 여전히 지나치게 구체적인 사물이며, 그 밖에 내가 '마음'이라 불러온 것과도 여전히 다르다.

다른 방법으로 사고하는 것을 실현하는——습관으로 만드는——단계, 그래서 어떤 사람이 물 컵을 잡거나 나무를 벨 때 자연스럽게 그런 식으로 생각하는——그런 단계는 쉬운 것이 아니다.

그리고 상당히 심각하게 나는 아직 그런 습관이 들지 않은 사람들한테서 나오는 정책 결정들은 믿을 게 없다는 것을 여러분에게 제안한다.

이런 올바른 생각의 습관을 가지는 것이 어떤 것인지를 상상하는 데 도움을 줄 수 있는 경험과 훈련이 있다. LSD의 영향하에서, 나는 다른 사람들처럼 나 자신과 내가 듣고 있었던 음악과의 구분이 사라지는 경험을 했다. 지각자와 지각되는 대상이 불가사의하게 단일한 존재로 합쳐졌다. 이 상태는 분명 '나는 음악을 듣는다'라고 여겨지는 상태보다 더 올바른 것이다. 소리는 결국 물(物) 자체지만, 음악에 대한 나의 지각은 마음의 일부다.

어떤 사람이 요한 제바스티안 바흐Johann Sebastian Bach에게 어쩌면 그렇게 훌륭히 연주하느냐고 물었더니, 그는 "나는 악보가 씌어진 순서대로 연주한다. 음악을 만드는 것은 신이다"라고 대답했다는 이야기가 있다. 그러나 우리 중에서 바흐의 올바른 인식——또는 시적 상상만이 유일한 현실이라고 알았던 윌리엄 블레이크의 인식을 요구할 수 있는 사람은 많지 않다. 시인들은 모든 시대를 통해 이런 것들을 알아왔지만, 나머지 우리는 '자아'에 대한 모든 종류의 잘못된 구체화와 '자아'와 '경험'의 분리로 타락해버렸다.

나에게 또 다른 단서——마음의 본질이 잠시 맑았던 또 다른 순간——가 에임스 2세Adelbert Ames, Jr.의 유명한 실험에 의해 제공되었다. 이 실험은 심도 지각에서의 시각적 착각에 관한 것이었다. 에임스의 실험용 쥐처럼, 삼차원 지각 세계를 만들어내는 정신 과정은 여러분의 마음속에 있지만, 완전히 무의식이며 수의적 통제를 완전히 넘어선다는 사실을 여러분은 발견하게 된다. 물론 우리 모두는 마음이 '우리'가 보는 이미지들을 만들어낸다는 사실을 알고 있다. 그러나 여전히 우리가 언제나 알고 있던 이것을 직접 경험하는 것은 상당한 인식론적 충격이다.

제발 내 말을 오해하지 말라. 내가 시인들은 언제나 이런 것들을 알고 있었고, 대부분의 정신 과정이 무의식이라고 말할 때, 내가 감정의 사용을 더 크게 지지하거나 지성의 사용을 더 적게 지지하는 것은 아니다. 물론 오늘 저녁 내가 한 말이 대체로 맞다면, 사고와 감정의 관계에 관한 우리의 사고방식들은 수정될 필요가 있다. 만약 '자아'의 경계선들이 잘못 설정되거나 심지어 완전히 허구라면, 감정, 꿈, 혹은 우리의 무의식적 계산들을 '자아와 이질적인' 것으로 간주하는 것은 터무니없는 것이다.

많은 심리학자들이 반지성적인 복음을 설교하면서 자신들의 과학을 '인간화'하려고 애쓰는 이상한 시대에 우리는 살고 있다. 그들이 수학의 도구들을 버리고 물리학을 물리화하려고 노력할 만큼 현명할지도 모른다.

감정으로부터 지성을 분리하려는 시도는 끔찍한 것이며, 내부의 마음에서 외부의 마음을 분리하려는 시도도 마찬가지로 끔찍하다――그리고 위험하다――고 말하고 싶다. 육체로부터 마음을 분리하는 것도 마찬가지다.

블레이크는 "눈물 한 방울은 지적인 것이다"라고 말했으며, 파스칼은 "마음은 이성이 전혀 모르는 자신의 이성을 가지고 있다"라고 말했다. 우리는 마음(혹은 시상하부)의 추론이 기쁨이나 슬픔의 감각을 수반한다는 사실로 인해 불쾌해질 필요는 없다. 이런 계산의 결과computation들은 포유동물들에게 매우 중대한 문제, 즉 관계의 문제들과 관련된다. 그것은 내가 말하는 사랑, 증오, 존경, 의존, 관망, 실행, 지배 등의 문제다. 이들은 어떤 포유동물의 삶에서도 핵심적인 것이며, 관계의 계산 단위는 우리가 고립된 사물을 계산하는 데 사용하는 단위와 다른 것은 분명하지만 이러한 계산을 '사고'라고 부르는 데 나는 반대하지 않는다.

그러나 한 가지 사고와 나머지를 연결해주는 것들이 있으며, 나에게는 예술가와 시인들이 이 연결에 특별히 관여하는 것처럼 보인다. 예술은 무의식의 표현이 아니며, 정신적 과정에서 수준들 간의 관계에 관여한다. 예술 작품에서 예술가의 어떤 무의식적인 사고들을 분석해낼 수는 있지만, 예를 들어 레오나르도 다 빈치의 〈성 안나의 무릎 위에 있는 동정녀Virgin on the Knees of St. Anne〉에 대한 프로이트의 분석은 정확히 전반적인 문제의 요점을 놓친 것이라고 나는 생각한다. 예술적 기교란 마음의 많은 수준들――무의식, 의식, 그리고 외부 세계――의 결합에 대한 진술을 만들기 위해 그들을 결합하는 것이다. 그것은 하나의 수준을 표현하는 문제가 아니다.

　이와 마찬가지로, 이사도라 덩컨은 "내가 만약 그것을 말로 표현할 수 있다면, 나는 그것을 춤출 필요가 없을 것이다"라고 말했을 때, 터무니없는 것을 말하고 있었다. 왜냐하면 그녀의 춤은 말과 동작의 조합에 관한 것이었기 때문이다.

　실제로, 만약 적어도 내가 한 말이 조금이라도 맞다면, 미학의 전반적인 기초는 재검토될 필요가 있을 것이다. 우리는 느낌feeling을 마음의 계산뿐만 아니라 마음의 외부 통로의 계산에도 연결하는 것 같다. 우리가 외부 세계에서 크레아투라의 작용을 인식할 때, 우리는 '아름다움'이나 '추함'을 깨닫는다. '강가의 달맞이꽃'은 꽃의 모습이 정보 처리, 즉 사고에 의해서만 성취될 수 있는 차이의 조합이라는 것을 우리가 깨닫기 때문에 아름답다. 우리는 우리 자신의 외부 마음에 있는 다른 마음을 인지하는 것이다.

　그리고 끝으로, 죽음의 문제가 있다. 육체에서 마음을 분리하는 문명에서는 죽음에 관해 잊으려고 하거나 초월적 마음의 생존에 관한 신화를 만들어야 한다는 점은 이해할 만하다. 그러나 만약 마음이 신체 내부에 자리하는 정보 통로들뿐만 아니라 외부 통로들에도 내재한다면 죽음은 다른 양상을 띠게 된다. 내가 '나'라고 부르는 개인적인 통로의 결합체nexus는 더 큰 마음의 부분에 불과하므로 더 이상 그렇게 대단한 것이 아니다.

　내가 나의 것으로 여기는 관념들은 또한 여러분에게도 내재할 수 있다. 그것이 사실이라면 그러한 관념들은 살아남을 것이다.

제5부에 대한 논평

　제5부의 마지막 에세이 〈형태, 실체, 그리고 차이〉에서 이 책의 앞부분에서 언급된 것의 대부분이 다루어졌다. 결국, 지금까지 언급된 것의 요지는 다음과 같다. 우리의 우주를 묘사하는 잘 알려진 (그리고 항상 순종하는) 물질적 결정론 이외에 정신적 결정론도 있다. 이 정신적 결정론은 결코 초자연적이지 않다. 오히려 이것은 정신적 특성들을 나타내는 거시 세계의 본질이다.[292] 정신적 결정론은 초월적이지 않고 내재적이며, 살아 있거나 생명체를 포함하고 있는 세계에서 특별히 복잡하고 분명하다.

---

292) 거시 세계의 이러한 정신적 특성에서 보면 하나의 원자는 당연히 정신적 특성이나 가능성을 반드시 가져야 한다는 새뮤얼 버틀러, 화이트헤드, 테야르 드 샤르댕Pierre Teilhard de Chardin의 의견에 나는 동의하지 않는다. 나는 정신적인 것이란 단지 복합적인 관계의 기능이라고 생각한다.

하지만 서구의 사고는 대부분 초월적 신이라는 전제 위에 형성되어 있어서 많은 사람들이 내재적인 측면에서 자신의 이론들을 재고하는 데 어려움을 겪는다. 심지어 다윈조차 때때로 초월성과 목적의 특성이 자연선택의 과정을 대부분 만든다는 표현으로 자연선택에 관한 글을 썼다.

따라서 초월적 신념과 내재적 신념의 차이에 관해 극단적인 기술을 하는 것이 가치 있을지도 모른다.

초월적 마음이나 신은 개인적이면서 전지전능하고, 이 세상과 독립된 경로를 통해 정보를 받는 것으로 상상된다. 그는 어떤 종이 자신의 생태계를 파괴하지 않을 수 없는 방식으로 행동하는 것을 보면서 슬퍼하거나 노여워한다. 그는 전쟁, 역병, 공해, 그리고 방사능 낙진을 내려준다.

내재적 마음도 동일한 최종적 결과를 달성하겠지만, 슬퍼하거나 노여워하지 않는다. 내재적 마음은 알거나 행동하기 위한 독립되고 초자연적인 경로를 전혀 갖고 있지 않으며, 따라서 독립된 감정이나 평가적인 논평을 할 수 없다. 내재적인 것은 대(大)결정론에서의 초월적인 것과 다르다.

성 바오로는 "하느님은 조롱당하지 않는다"(〈갈라디아서〉 6장)라고 말했으며, 이와 마찬가지로 내재적 마음은 복수심에 불타지도 관대하지도 않다. 변명해도 소용없으며, 내재적 마음은 '조롱당하지' 않는다.

하지만 우리의 마음——이것은 우리의 도구와 행동을 포함한다——은 더 큰 마음의 일부에 불과하기 때문에, 더 큰 마음의 계산들은 우리의 모순과 혼란에 의해 혼란스러워질 수 있다. 더 큰 마음은 우리의 광기도 포함하기 때문에 내재적 마음은 필연적으로 정신이상이 될 가능성이 있다. 과학 기술을 가진 우리는 우리 자신이 일부분인 더 큰 시스템에 광적인 현상을 일으킬 역량을 가지고 있다.

책의 마지막 부분에서, 나는 정신적인 발명의 과정들 중 일부를 검토할 것이다.

teps to an ecology of mind

마음의 생태학의
위 기

베르사유에서 사이버네틱스까지²⁹³⁾

나는 나의 세대에서 나에게 나타난, 그리고 여러분의 세대에서 여러분에게 나타난 최근의 역사에 대해 얘기해야 하며, 오늘 아침 비행기를 타고 오는 동안 다음과 같은 말들이 내 마음속에 울려 퍼졌다. 이 말들은 내가 할 수 있는 어떤 표현들보다 더 크게, 우레처럼 들렸다. 이들 중 한 가지는, "아버지들은 쓴 과일을 먹었으며, 아이들의 이는 시큰해졌다"²⁹⁴⁾라는 말이었다. 다른 것은 조이스James Joyce의 "역사는 깨어날 수 없는 악몽이다"라는 말이었다. 또 다른 말은 "선조들의

293) 이전에 발표된 적이 없는 이 글은 1966년 4월 21일 새크라멘토 주립대학Sacra-mento State College에서 열린 '두 세계의 심포지엄Two Worlds Symposium'에 제출된 것이다.
294) (옮긴이주) 구약성서 〈에제키엘〉 18장 2절 "아비가 설익은 포도를 먹으면 아이들의 이가 시큰해진다"에서 인용한 말로, 아비가 죄를 범했는데 죄를 범하지 않은 아이들이 그 죄에 대해 심판받게 되는 것을 비유한 것이다.

죄악은 나를 증오하는 제3, 4세대 후손들까지 전해질 것이다"라는 경고였다. 끝으로, 당장에 절박한 것은 아니지만, 사회 메커니즘의 문제와 관련 있다고 생각되는 다음과 같은 말도 떠올랐다. "다른 사람에게 선한 행동을 하려는 사람은 반드시 미미하고 상세한 일에서 선을 행해야 한다. 일반적인 선은 깡패, 위선자, 그리고 아첨꾼들의 변명이다."

우리는 심각한 것에 대해 이야기하고 있다. 나는 20세기의 두 가지 역사적 사건을 가지고 이 강의의 제목을 '베르사유에서 사이버네틱스까지'라고 붙였다. '사이버네틱스'라는 말은 친숙하지 않은가? 하지만 1919년에 베르사유에서 일어난 일을 아는 사람은 여러분 중에 얼마나 되는가?

문제는 지난 60년의 역사에서 무슨 일이 중요하게 취급되어야 하는가라는 것이다. 나는 이제 62세이며, 나의 일생을 통해 무엇을 보아왔는가를 생각했을 때, 인류학자의 관점에서 정말로 중요하다고 평가할 만한 두 순간을 보았던 것 같다. 하나는 베르사유 조약과 연결된 사건들이었고, 다른 하나는 사이버네틱스의 비약적인 발전이었다. 여러분은 내가 원자탄이나 심지어 2차 대전을 언급하지 않은 것에 놀라거나 충격 받았을지도 모른다. 나는 자동차의 확산, 라디오와 텔레비전, 또한 지난 60년 동안 일어난 다른 많은 중요한 것들에 대해서도 언급하지 않았다.

역사적 중요성에 대한 나의 기준부터 말해보겠다.

일반적으로 우리 인간을 포함한 포유동물들은 사건이 아니라 자신들의 관계 패턴에 지극히 관심을 기울인다. 여러분이 냉장고 문을 열고 고양이가 다가와 어떤 소리를 낼 때 고양이가 간이나 우유를 원한다는 사실을 여러분은 잘 알고 있지만, 고양이는 간이나 우유에 대해 말하는 것이 아니다. 여러분이 제대로 짐작했고, 만약 냉장고에 그런 것이 있다면 여러분은 고양이가 원하는 것을 줄 것이다. 고양이가 실제로 말하는 것은 자신과 여러분의 관계에 관한 것이다. 만약 고양이의 메시지를 말로 옮긴다면 '의존, 의존, 의존'과 비슷한 말이 될 것이다. 사실, 고양이는 관계 속에서의 좀더 추상적인 패턴에 관해 말하고 있다. 그와 같은 패턴에 대한 주장으로부터, 여러분은 일반적인 것에서 구체적인 것으로 추측해갈 수 있다──'우유'나 '간'을 연역할 수 있는 것이다.

이것은 매우 중요한 사실이다. 포유동물들이 관심을 기울이는 것이 바로 이것이다. 그들은 관계의 패턴에 관심을 기울이며, 그 관계를 가지고 다른 사람과 사랑, 증오, 존경, 의존, 신념, 또는 그와 비슷한 추상적 태도에 참여한다. 이것이 잘못되었을 때 우리는 마음이 상한다. 만약 우리가 믿었는데 그 믿었던 것이 믿을 게 못 된다는 사실을 알게 되거나, 우리가 불신했는데 그 불신했던 대상이 실제로 믿을 만하다는 사실을 알게 되면, 우리는 기분이 나쁘다. 인간과 기타 포유동물들이 이런 형태의 오류로 경험하는 고통은 극심하다. 따라서 우리가 역사에서 무엇이 중요한 것인지를 정말로 알기 원한다면, 역사에서 태도들이 변화한 순간이 언제인지를 살펴봐야 한다. 이는 사람들이 자신들의 이전 '가치들' 때문에 상처 입는 순간들이다.

여러분 가정의 온도 조절기를 생각해보라. 바깥의 날씨가 변하고, 방 안의 온도가 떨어지고, 거실의 온도 조절기 스위치가 작동하여 보일러의 스위치를 작동시키며, 보일러가 방을 따뜻하게 하고, 방이 더워지고, 온도 조절기 스위치가 다시 꺼진다. 이런 시스템이 소위 항상성 회로, 혹은 서보회로servocircuit다. 그러나 거실 벽에는 조그만 상자가 있으며, 이것으로 여러분은 온도 조절기를 설정한다. 만약 지난 주에 집이 너무 추웠으면, 조절기를 현재의 설정에서 올려 시스템이 새로운 수준에서 왔다 갔다 움직이도록 조정해야 한다. 더위나 추위, 어떤 날씨도 시스템의 '바이어스bias'라 불리는 설정을 변화시킬 수는 없다. 집안의 온도는 다양한 여건에 따라서 더워졌다 시원해졌다 하면서 오르락내리락하겠지만, 그런 변화로 메커니즘의 설정이 변하지는 않는다. 하지만 여러분이 가서 여러분이 그 바이어스를 움직일 때, 여러분은 시스템의 '태도'라 할 수 있는 것을 변화시킬 것이다.

이와 마찬가지로, 역사에 관한 중요한 질문은 다음과 같다. 바이어스나 설정 상태가 변했는가? 단 하나로 고정된 설정하에서 발생한 사건들은 진짜 사소한 것이다. 나의 일생에서 가장 중요한 두 가지 역사적 사건이 베르사유 조약과 사이버네틱스의 발견이었다고 말한 것은 이런 생각을 염두에 둔 것이다.

여러분 대다수는 베르사유 조약이 어떻게 생기게 되었는지 거의 모를 것이다. 이야기는 아주 간단하다. 1차 대전은 지루하게 계속되었으며, 분명 독일은 거의 패하고 있었다. 이때 국제 관계의 임무를 맡은 조지 크릴George Creel——나는 이 사람이 현대 국제 관계의 원조라는 점을 여러분이 잊지 않기를 바란다——은, 만약 우리가 가벼운 휴전 조건을 제공하면 독일이 항복할지도 모른다는 생각을 갖고 있었다. 따라서 그는 가벼운 조건들을 제정했으며, 이 조건들에 의하면 보복 조치는 없을 것이었다. 이 조건들은 14개 조항으로 구성되었다. 그는 이 14개 조항을 윌슨 대통령에게 전했다. 만약 여러분이 누구를 속이려면, 정직한 사람을 시켜 메시지를 전하는 것이 좋다. 윌슨 대통령은 거의 병적으로 정직한 사람이었으며 인도주의자였다. 그는 이 조항들을 많은 연설을 통해 자세히 설명했다. 휴전 후에는 '합병도 없을 것이며, 부과금도 없을 것이며, 보복 조치도 없을 것이며……' 등등. 그리고 독일은 항복했다.

우리 영국인과 미국인들――특히 영국인들――은 독일인들이 조약에 서명하기도 전에 교만해지는 것을 원치 않았기 때문에 물론 계속적으로 독일을 봉쇄했다. 따라서 그 후 1년 동안 독일인들은 계속 굶주려야 했다.

이 평화 협정은 《평화의 경제적 결과 *The Economic Consequences of the Peace*》(1919)에서 케인스Maynard Keynes에 의해 생생하게 기술되었다.

이 조약은 최종적으로 네 사람에 의해 작성되었다. 독일을 분쇄하려고 했던 '호랑이' 클레망소Clemenceau, 독일로부터 많은 보상을 받아내는 것이 정치적 방편이며, 어느 정도 보복이라 느꼈던 로이드 조지Lloyd George, 그리고 계속 속임을 당한 윌슨이었다. 윌슨이 자신의 14개 조항에 대해 의심스러워할 때마다, 그들은 전사자들이 묻힌 공동묘지로 윌슨을 데리고 가서 독일에 화내지 않는 것을 수치스럽게 느끼도록 만들었다. 다른 한 사람은 누구였을까? 이탈리아인 오를란도Orlando였다.

이는 우리 문명의 역사에 있어서 엄청난 배신 중의 하나였다. 완전히 직접적이고 필연적으로 2차 대전을 발발케 한 가장 터무니없는 사건이었다. 이는 또한 (어쩌면 이것이 2차 대전으로 나아간 사실보다 더 흥미로운 것일지 모른다) 독일 정치의 사기를 완전히 저하시켰다. 만약 여러분이 자식에게 어떤 것을 약속하고, 고도의 윤리적 수준위에 모든 것을 짜 맞춘 상태에서 그 약속을 어긴다면, 여러분은 아이가 여러분에게 화를 낼 뿐만 아니라 여러분의 행동이 부당하다고 느끼는 만큼 아이의 도덕적 태도들이 저하되는 것을 발견하게 될 것이다. 2차 대전은 이러한 대우를 받은 국가의 당연한 반응이었으며, 더 중요한 사실은 이런 종류의 대우로부터 그 국가의 사기 저하가 예측될 수 있었다는 것이다. 독일의 사기 저하로 인해 우리의 사기도 저하되었다. 이것이 내가 베르사유 조약을 태도의 전환점이라 말한 이유다.

이 특별한 배신의 후유증이 2~3세대 후손들을 통해서도 작용하리라고 나는 생각한다. 실제로 우리는 그리스 비극에 나오는 아트레우스 가문의 구성원들과 닮았다. 맨 먼저 티에스테스가 간통을 했으며, 그러자 아트레우스가 티에스테스의 세 아이를 살해했고, 그는 이 아이들을 화해의 잔치에서 티에스테스에게 내놓았다. 그 후 아트레우스의 아들인 아가멤논이 티에스테스의 아들인 아이기스토스에게 살해되었으며, 마지막으로 오레스테스는 아이기스토스와 클리템네스트라를 죽였다.

이런 상황은 꼬리를 물고 계속된다. 주고받는 비극과 스스로 전파되는 불신과 증오, 파괴가 대대로 전해진다.

여러분이 이런 일련의 비극의 한가운데 있다고 상상해보라. 아트레우스 가문의 중간 세대에게 이것은 어떠했을까? 그들은 미친 세계 속에 살고 있다. 이런 혼란을 야기한 자들의 입장에서 본다면 그렇게 미친 것은 아니며, 그들은 무슨 일이 일어났는지, 어떻게 그렇게 되었는지를 알고 있다. 그러나 현장에 없었던 후세의 자손들은 자신들이 미친 세계 속에서 살고 있으며, 어떻게 이런 처지에 말려들게 되었는지 모른다는 사실 때문에 자신들도 미친 상태에 있음을 발견하게 된다.

LSD를 한번 먹는 것은 괜찮으며, 그렇게 되면 다소 미쳐 있는 경험을 하겠지만, 여러분 자신이 환각제를 복용했다는 사실을 알고 있기 때문에 기분이 좋을 것이다. 만약 이와 다르게 여러분이 우연히 환각제를 복용했고, 어떻게 해서 이렇게 되었는지 모르면서 자신이 미쳐가고 있음을 발견하게 된다면, 이것은 무섭고도 끔찍한 경험일 것이다. 이는 훨씬 더 심각하고 무서운 경험이며, 환각제를 복용한 사실을 알고 즐기는 실수와는 상당히 다르다.

이제 나의 세대와 25세 이하 세대 간의 차이를 살펴보자. 우리 모두는 똑같이, 과거의(특히 국제적인 수준에서) 14개 조항 및 베르사유 조약과 관련된 증오, 불신, 위선의 미친 세계 속에 살고 있다.

우리 연장자들은 어떻게 이렇게 되었는지 안다. 나는 아침 식탁에서 아버지가 14개 조항을 읽어주며, "저런, 연합군이 독일에게 양식 있는 휴전, 양식 있는 평화, 혹은 그와 같은 것을 제공하게 되겠구나"라고 말하던 것을 기억한다. 나는 베르사유 조약이 공표되었을 때 아버지가 한 말을 기억할 수는 있지만, 여기에 옮기지는 않겠다. 그것은 문자로 표현할 수 없는 것이었다. 그래서 나는 어떻게 우리가 현재의 처지에 이르게 되었는지를 얼마간 알게 되었다.

그러나 젊은 세대의 입장에서 보면 우리는 완전히 미쳤으며, 어떤 역사적 사건이 이런 미친 상태로 이끌었는지 모른다. "아버지들은 쓴 과일을 먹었으며, 아이들의 이는 시큰해졌다." 아버지들은 괜찮다. 그들은 자신이 무엇을 먹었는지 알고 있다. 그러나 자식들은 무엇을 먹었는지 모른다.

중대한 기만의 여파 속에서 사람들이 어떤 기대를 할 것인지 생각해보자. 1차 대전 이전에는 일반적으로 협상과 약간의 위선이 일상적인 삶의 편안함에 매우 중요한 요소로 생각되었다. 만약 여러분이 새뮤얼 버틀러의 《에레혼 재방문*Erewhon Revisited*》을 읽어본다면, 내가 하는 말의 의미를 알게 될 것이다. 소설 속의 모든 중요 인물들은 끔찍한 혼란에 빠져 있다. 어떤 사람은 처형을 당하게 되어 있으며, 또 어떤 사람들은 사회적 스캔들을 일으키게 되어 있고, 국가의 종교 시스템은 와해의 위협을 받고 있다. 이런 끔찍한 불행과 혼란 상태는 에레혼 사람들의 도덕의 수호자인 이드그런 부인(또는 '그런다' 여사라 불리기도 한다)에 의해 무마된다. 그녀가 마치 조각 그림 맞추듯 역사를 조심스럽게 재건해서, 아무도 심하게 피해를 보거나 치욕을 당하지 않는다——물론 어느 누구도 처형당하지 않는다. 이것은 상당히 편리한 철학이었다. 약간의 위선과 약간의 타협은 사회 생활의 수레바퀴에 기름을 치는 것이다.

그러나 거대한 기만이 있은 다음에는 이런 철학이 성립되지 않는다. 완전히 뭔가 잘못된 것이 틀림없다. 그 잘못이란 기만과 위선적인 성격을 지니고 있다. 여러분은 부패의 한가운데서 살고 있다.

물론, 여러분의 자연스러운 반응은 청교도적이다. 그것은 성적 청교도주의가 아닌데, 이는 배경에 깔린 것이 성적 기만이 아니기 때문이다. 하지만 타협에 대한 극단적 청교도주의와 위선에 대한 청교도주의는 결국 삶을 축소시켜 산산조각으로 만든다. 이런 광기에 이르게 한 것은 삶의 거대한 통합적 구조들이며, 따라서 여러분은 가장 사소한 것들에 초점을 맞추려고 애쓰게 된다. '다른 사람에게 선한 행동을 하려는 사람은 반드시 미미하고 상세한 일에서 선을 행해야 한다. 일반적인 선은 깡패, 위선자, 아첨꾼들의 변명이다.' 일반적인 선이란 자라는 세대에겐 위선의 냄새를 풍긴다.

만약 여러분이 조지 크릴에게 14개 조항에 대해 변명해보라고 했다면 그가 분명 일반적인 선을 주장했으리라는 것을 나는 의심치 않는다. 그의 그러한 사소한 조작이 1918년에 몇천 명의 미국인의 목숨을 구했을 수도 있다. 그러나 2차 대전 및 이후의 한국전과 베트남전에서 얼마나 많은 대가를 치러야 했는지 모른다. 나는 히로시마와 나가사키 원폭이 일반적인 선과 미국인의 목숨을 구하는 것으로서 정당화되었던 것을 회상한다. 그 당시 '무조건적 항복'에 대해 많은 논란이 있었는데, 어쩌면 그것은 우리가 조건적 휴전을 믿을 수 없었기 때문이었는지도 모른다. 히로시마의 운명이 베르사유에서 결정되었는가?

이제 나는 1946~1947년쯤 나의 생애에서 일어났던 또 다른 중요한 역사적 사건에 대해 말해보겠다. 이것은 2차 대전 동안 상이한 장소에서 전개됐던 여러 가지 생각들이 동시에 성장한 것에 관한 것이었다. 우리는 이 생각들의 집합체를 사이버네틱스나 커뮤니케이션 이론, 정보 이론, 또는 시스템 이론이라 부를 수 있을 것이다. 이런 생각들은 여러 곳에서 생겨났다. 빈에서 베르탈란피에 의해, 하버드에서 위너에 의해, 프린스턴에서 폰 노이만에 의해, 벨 전신회사 실험실에서 섀넌에 의해, 케임브리지에서 크레이크Craik에 의해……등등. 상이한 지적 중심지에서 따로따로 발달한 이 모든 생각들은 커뮤니케이션 문제, 특히 조직된 시스템은 어떤 종류의 사물인가라는 물음이었다.

역사와 베르사유에 관해 내가 말한 것이 모두 조직된 시스템들과 그것들의 속성에 관한 논의라는 것을 여러분은 알게 될 것이다. 이제 내가 하고 싶은 말은, 우리가 매우 불가사의한 이런 조직된 시스템들에 대해 엄격한 과학적 이해를 발전시키고 있다는 것이다. 현재 우리의 지식은 조지 크릴이 말할 수도 있었을 그 어떤 것보다 훨씬 앞서 있다.

그는 과학이 응용될 만큼 충분한 여건이 형성되기 이전 시대의 응용 과학자였다.

사이버네틱스의 뿌리들 중 하나는 화이트헤드와 러셀, 그리고 논리 형태 이론으로 거슬러 올라간다. 원칙적으로, 이름은 이름 붙여진 사물이 아니며, 그 이름의 이름은 이름이 아니다. 등등. 이런 강력한 이론적 관점에서, 전쟁에 관한 메시지는 전쟁의 일부분이 아니다.

이것을 다음과 같이 표현해보겠다. '체스를 두자'라는 메시지는 체스 게임에서 말을 움직이는 것이 아니다. 그것은 체스판 위의 게임에 관한 언어라기보다는 더 추상적인 언어에서의 메시지다. '이러이러한 조건으로 우리 서로 화해하자'라는 메시지는 전쟁의 기만이나 속임수들과 똑같은 윤리 체계에 속하지 않는다. 사람들은 사랑과 전쟁에서 모든 것은 공평하다고 말한다. 사랑과 전쟁 안에서는 이 말이 사실일지 모르지만, 사랑과 전쟁 밖에서 사랑과 전쟁에 관해 말할 때는 그 가치 체계가 다르다. 사람들은 수세기 동안 휴전 협정과 평화 조약에서의 기만이 전쟁에서의 속임수보다 더 나쁜 것이라고 느껴왔다. 오늘날 이와 같은 윤리적 원리는 엄격한 이론과 과학적 지지를 받고 있다. 이제는 윤리도 형식, 엄격성, 논리, 수학, 그리고 이 모든 것으로 살펴볼 수 있으며, 단순한 영감적 설교와는 다른 기초 위에 서 있다. 우리는 우리의 길을 반드시 느낄 필요는 없다. 우리는 때때로 잘못된 것에서 옳은 것을 알 수 있다.

나는 적어도 우리가 어느 정도 정직성을 가지고 이 새로운 이해를 이용할 수 있다는 희미한 희망을 가지고 있기 때문에 내 인생에서 두 번째 중요한 역사적 사건에 사이버네틱스를 포함시켰다. 만약 우리가 하고 있는 일을 우리가 조금이라도 이해한다면, 우리가 우리 주위에 만들어놓은 환상의 미로에서 벗어나는 데 도움이 될 것이다.

어떻든 사이버네틱스는 변화에 기여한 것이다――단순한 태도의 변화가 아니라 태도가 무엇인지에 대한 이해의 변화 말이다.

역사에서 무엇이 중요한지를 선택하는 데 있어서의 나의 입장은――중요한 것은 태도가 결정되는 순간들이며, 온도 조절기의 바이어스가 변하는 순간들이라고 나는 말했다――사이버네틱스에서 직접적으로 도출된 것이다. 이는 1946년과 그 이후에 발생한 사건들에 의해 형성된 생각들이다.

하지만 돼지들이 처음부터 완전히 구워져서 빙빙 돌아가지는 않는다. 우리는 지금 사이버네틱스와 게임 이론을 많이 가지고 있으며, 복잡한 시스템들을 이해하기 시작했다. 하지만 어떤 이해도 파괴적으로 사용될 수 있다.

사이버네틱스는 인류가 과거 2,000년 동안 먹은 지식의 나무 열매 중에서 가장 크게 깨물어 먹은 것이라고 나는 생각한다. 그러나 깨물어 먹은 사과의 대부분은 소화될 수 없었던 것들임이 입증되었다――통상 사이버네틱스적 이유 때문이다.

사이버네틱스는 자체 내에 우리가 광기에 빠지지 않게 해주는 완전함을 가지고 있지만, 그것이 죄악으로부터 우리를 지켜줄 것이라고 믿을 수는 없다.

예를 들면, 오늘날 여러 나라의 국무부들은 컴퓨터의 지원으로 게임 이론을 사용하여 국제 정치에 관한 결정을 내리고 있다. 그들은 우선 국제 관계에 대한 게임의 법칙이라고 생각되는 것을 규명하며, 그런 다음 지리적 여건과 국가에 따라 힘과 무기, 전략적 요소, 불만 등의 분배를 검토한다. 그리고 게임에서 패배할 가능성을 최소화할 수 있는 우리의 다음 조치가 무엇이 되어야 하는지를 계산하도록 컴퓨터에게 부탁한다. 컴퓨터는 덜컹거리고 소리를 내면서 답을 제공하고, 컴퓨터를 따르고 싶은 어떤 충동이 생긴다. 결국 컴퓨터가 하라는 대로 하게 되면, 여러분이 자신의 마음을 결정했을 때보다 **책임감을 덜 느끼게** 된다.

하지만 만약 여러분이 컴퓨터가 조언하는 대로 행동한다면, 여러분은 자신이 컴퓨터에 입력한 게임의 법칙들을 지지한다는 것을 그 행동을 통해 주장하는 것이다. 여러분은 그 게임의 법칙들을 용인한 것이다.

분명, 다른 국가들도 컴퓨터를 가지고 유사한 게임을 하고 있을 것이며, 자신들이 컴퓨터에 입력한 게임의 법칙들을 용인하고 있을 것이다. 그 결과는 국제 관계의 법칙들이 점점 더 경직되는 그런 시스템이다.

내가 여러분에게 말하는 것은, 국제 관계에서 잘못된 그 법칙들에 변화가 필요하다는 것이다. 문제는 현재의 법칙 내에서 무엇을 하는 것이 최선인가가 아니다. 문제는 지난 10~20년 동안, 아니면 베르사유 조약 이후 우리가 사용해온 법칙들에서 어떻게 벗어나느냐 하는 것이다. 문제는 그 법칙들을 변화시키는 것이며, 우리의 사이버네틱스적 발견——컴퓨터——들이 점점 더 경직된 상황으로 우리를 이끌고 가도록 내버려두는 한, 우리는 1918년 이후 처음으로 이룬 희망적 진전을 사실상 학대하고 남용하는 것이다.

물론 사이버네틱스에는 다른 위험 요소들도 내재하며, 그중 상당 부분은 아직 확인되지 않았다. 예를 들면 정부의 모든 서류들을 전산화함으로써 어떤 결과가 생길지 우리는 모른다.

하지만 사이버네틱스 속에 새롭고 어쩌면 좀더 인간적인 면모를 성취할 수 있는 수단, 통제에 관한 우리의 철학을 바꾸는 수단, 더 폭넓은 시각에서 우리 자신의 어리석음을 보게 하는 수단 또한 잠재되어 있는 것만은 확실하다.

인식론의 병리[295]

먼저 여러분이 나와 함께 작은 실험에 동참했으면 좋겠다. 손을 들어 대답해주길 바란다. 여러분이 나를 본다는 사실에 여러분 중 몇 명이 동의하는가? 많은 사람이 손을 드는데——이와 같이 광기는 군중을 좋아하는 것 같다. 물론 여러분은 '정말로' 나를 보지는 않는다. 여러분이 '보는' 것은 나에 관한 한 묶음의 정보이며, 이것을 종합하여 여러분은 나의 모습에 대한 이미지를 합성한다. 여러분이 그 이미지를 만든다. 그렇게 간단하다.

'나는 너를 본다' 나 '너는 나를 본다' 라는 명제는 내가 '인식론' 이

---

295) 1969년 하와이 동서문화센터East-West Center에서 개최된 '아시아와 태평양 지역의 정신 건강에 대한 두 번째 회의Second Conference on Mental Health in Asia and Pacific' 에 제출된 글이다. 동서문화센터 출판부가 1972년에 이에 대한 저작권을 소유했다. 이 회의에 대한 보고서 속에 포함될 예정인 이 글을 하와이 동서문화센터 출판부의 허락을 받아 여기에 재수록했다.

라고 부르는 것을 안고 있는 명제다. 그 속에는 어떻게 우리가 정보를 얻으며, 그것이 어떤 종류의 정보인가와 같은 가정들이 포함되어 있다. 여러분이 나를 '본다'고 말하면서 순진하게 손을 들 때, 여러분은 사실 앎의 본질과 우리가 살고 있는 우주의 본질에 대한 명제, 그리고 우리가 그것에 대해 어떻게 아는가라는 명제에 동의하는 것이다.

우리 모두가 비록 이 명제들을 공유하기는 하지만, 이 명제들 중 상당수가 공교롭게도 거짓임을 나는 주장할 것이다. 그와 같은 인식론적 명제들의 경우, 오류는 쉽게 발견되지 않으며 신속하게 바로 처벌받지도 않는다. 매우 심각한 오류가 있음에도 불구하고, 여러분과 나는 세상에서 함께 친하게 지내며, 하와이로 날아가 정신의학에 관한 논문을 읽고, 이 탁자 주위에 자리 잡고 앉아 인간으로서 대체로 분별 있게 활동한다. 사실, 잘못된 전제들도 작용한다.

한편 이 전제들은 어느 한도까지만 작용하며, 만약 여러분이 어떤 단계나 여건하에서 심각한 인식론적 오류를 저지른다면 그 전제들이 더 이상 작용하지 않음을 발견하게 될 것이다. 이 시점에서 여러분은 그 오류가 끈적거려서 제거하기가 몹시 어렵다는 것을 깨닫고 두려움을 느끼게 된다. 그것은 마치 여러분이 꿀을 만진 것과 같다. 꿀과 마찬가지로 그 오류들도 항상 따라다니며, 그것을 제거하기 위해 사용된 물건마다 모두 끈적끈적해지며, 여러분의 손도 여전히 끈적끈적하게 남는다.

여러분이 나를 보지 않는다는 사실을 나는 오래전부터 지적으로 알았고, 여러분도 틀림없이 지적으로 알고 있겠지만, 나는 에임스의 실험과 나의 인식론적 오류가 행동의 오류를 낳게 된 상황을 마주칠 때까지 진짜 이런 사실과 부닥친 적이 없었다.

러키 스트라이크 담배 한 갑과 성냥 한 통으로 실시한 전형적인 에임스 실험을 소개해보겠다. 피험자에게서 약 1미터 떨어진 탁자 위에 큰 못으로 담뱃갑이 받쳐져 있고, 피험자에게서 약 2미터 떨어진 곳에 같은 못으로 성냥갑이 받쳐져 있다. 에임스는 피험자에게 그 탁자를 보게 하고, 그 물체들이 얼마나 큰지 그리고 어디에 있는지를 말해보라고 했다. 피험자는 물체들이 어디에 있는지 또 얼마나 큰지를 말할 것이며, 그동안에는 어떤 인식론적 오류도 범하지 않을 것이다. 그 다음 에임스는 "이제 몸을 구부려 이 판자를 통해 보세요"라고 말한다. 판자는 탁자 끝에 수직으로 서 있다. 판자는 단지 동그란 구멍이 뚫려 있는 나뭇조각이며, 그 구멍을 통해 볼 수 있게 되어 있다. 물론 이제 여러분은 한쪽 눈은 사용할 수 없으며, 자세를 낮추었기 때문에 높은 위치에서 조감할 수 없다. 하지만 아직도 담뱃갑이 어디 있는지, 얼마나 큰지는 말할 수 있다. 에임스는 그 다음에 "판자를 밀어 시차(視差) 효과를 얻도록 해보세요"라고 말한다. 판자를 옆으로 밀면 여러분이 가진 이미지는 갑자기 변한다. 여러분은 원래 크기의 절반 정도 되는 성냥갑이 1미터 떨어져 있으며, 담뱃갑은 2미터 떨어져 원래 크기의 두 배로 보이는 것을 발견하게 된다.

이 효과는 아주 간단하게 달성된다. 여러분이 판자를 밀었을 때, 사실은 여러분이 보지 못한 탁자 밑의 레버를 작동시킨 것이다. 이 레버가 시차 효과를 역전시킨다. 즉 레버가 가까이 있는 것을 멀어지게 하고, 멀리 있는 것을 가까워지게 한 것이다.

여러분의 마음은 시차가 심도 있는 이미지를 만드는 데 필요한 수학적 계산을 하도록 훈련되어 있거나 유전적으로 결정되어 있다——그리고 훈련을 위한 많은 근거들이 존재한다. 마음은 결단이나 여러분의 의식 없이 이런 묘기를 수행한다. 여러분은 그것을 통제할 수 없다.

나는 이 예를 내가 말하려는 오류의 패러다임으로 사용하고 싶다. 이 예는 아주 간단하다. 이것은 실험적 배경을 가지고 있다. 이것은 인식론적 오류의 만질 수 없는 성격과 인식론적 습관을 변화시키기 어렵다는 점을 예증한다.

나는 지적으로는 내가 여러분을 보는 게 아니라는 것을 알지만, 일상적인 나의 사고 속에서, 나는 여러분을 본다. 그 실험을 목격한 1943년부터 나는 인식론적 환상의 세계보다는 진실의 세계에서 살아보려고 노력했지만, 내가 성공했다고는 생각하지 않는다. 결국 정신이상은 정신 요법이나 어떤 커다란 새로운 경험으로 그것을 변화시켜야 한다. 실험실에서 끝나는 단지 한 번의 실험만으로는 불충분하다.

오늘 아침, 우리가 융 박사의 논문에 대해 논할 때, 나는 아무도 심각하게 받아들이지 않는 문제를 제기했다. 아마도 내 말이 농담조여서 그렇지 않았나 생각한다. 그 질문은 진짜 이데올로기가 있느냐 없느냐 하는 것이었다. 우리는 서로 다른 세상 사람들이 서로 다른 이데올로기, 서로 다른 인식론, 인간과 자연의 관계에 관한 서로 다른 관념, 인간 자신의 본성, 인간의 지식, 자신의 감정, 자신의 의지에 관한 서로 다른 관념을 가지고 있다는 것을 발견한다. 그러나 만약 이 문제들에 대한 진실이 존재한다면, 그 진실에 따라 사고하는 사회 집단만이 무리 없이 안정될 수 있을 것이다. 그리고 만약 이런 진실에 따라 사고하는 문화가 세상에 없다면, 안정된 문화는 존재하지 않을 것이다.

고통을 직면하는 데 얼마나 많은 시간이 걸릴까라는 질문을 우리가 마주하고 있음을 다시 주목하라. 인식론적 오류는 종종 보강되며, 따라서 자체-정당화된다. 여러분이 마음의 상당히 깊은 수준에서 완전히 거짓인 전제들을 품고 있다는 사실에도 불구하고 여러분은 아무런 탈 없이 지낼 수 있다.

내가 생각하기에 20세기의 가장 흥미로운──비록 아직 불완전한 상태이지만──과학적 발견은 어쩌면 마음의 본질에 대한 발견일지 모른다. 이 발견에 기여한 몇 가지 개념들을 소개해보겠다. 칸트는 저서 《판단력 비판》에서, 미학적 판단의 첫 번째 행위는 사실의 선택이라고 말한다. 어떤 의미에서 자연에는 사실들이 없거나, 만약 여러분이 원한다면, 자연에는 무수한 잠재적 사실들이 있을 것이며, 선택이라는 행위를 통해 그중에서 몇 개의 진짜 사실을 판단이 선택한다. 이제 칸트의 생각과 《죽은 자를 위한 일곱 가지 설교》에 들어 있는 융의 통찰을 나란히 놓아보자. 그 이상한 문서에서 융은 플레로마와 크레아투라라는 두 가지 설명 또는 이해의 세계가 있다고 지적했다. 플레로마에는 오직 힘과 충격만이 존재하며, 크레아투라에는 차이만이 존재한다. 바꿔 말하면 플레로마의 세계는 자연과학의 세계이며, 크레아투라의 세계는 커뮤니케이션과 조직의 세계다. 차이는 국부화될 수 없다. 이 책상의 색깔과 이 필기첩의 색깔 사이에는 차이가 있다. 그러나 그 차이는 필기첩에도 있지 않고 책상에도 있지 않으며, 그 차이는 그들 사이에서도 찾을 수 없다. 그 차이는 그들 사이의 공간에도 존재하지 않는다. 한마디로, 차이는 개념이다.

크레아투라의 세계는 개념, 특히 차이에 의해 효과가 생기는, 설명의 세계다.

이제 우리가 칸트의 통찰과 융의 통찰을 함께 놓는다면, 우리는 이 분필에는 무한한 차이들이 있지만 이들 중 단지 몇 개의 차이만이 차이를 만든다는 철학을 만들 수 있다. 이것은 정보 이론의 인식론적 기초다. 정보의 단위는 차이다. 사실 심리학적 입력의 단위도 차이다.

플레로마의 전체 에너지 구조——자연과학의 힘과 충격——는 크레아투라가 관련된 설명에 관한 한, 창문 밖으로 날아가버린다. 결국 0은 1과 다르고, 따라서 0은 하나의 원인이 될 수 있으며, 이 사실은 자연과학에서 받아들여질 수 없다. 당신이 쓰지 않은 편지는 화난 답장을 생기게 할 수 있으며, 이는 0이 필요한 정보 비트의 절반이 될 수 있기 때문이다. 심지어는 똑같다는 것도 원인이 될 수 있다. 왜냐하면 똑같다는 것은 다르다는 것과 차이가 나기 때문이다.

유기체들이 (그리고 우리가 만드는 많은 기계들도) 우연히 에너지를 저장할 수 있게 됨으로써 이런 이상한 관계들이 성립된다. 우리가 우연히 필요한 회로 구조를 가짐으로써 우리의 에너지 소비는 에너지 입력의 역함수가 될 수 있다. 만약 여러분이 돌을 찬다면, 돌은 여러분의 발로 찬 행동에서 에너지를 얻어 움직일 것이다. 만약 개를 발로 찬다면, 개는 자신의 신진대사에서 얻은 에너지로 움직일 것이다. 아메바는 배가 고프면 상당 기간 동안 더 많이 움직인다. 아메바의 에너지 소비는 에너지 입력의 역함수다.

이런 이상한 크레아투라적 효과(플레로마에서는 일어나지 않는)는 회로 구조에 의존하며, 또한 회로는 차이들(혹은 차이의 변형들)이 전달되는 닫힌 통로(혹은 통로의 네트워크)다.

지난 20년 동안, 갑자기 이런 개념들이 우리가 살고 있는 세계에 관한 폭넓은 개념을 동시에 제공했다——마음이란 무엇인가에 관한 새로운 사고방식이다. 내가 그 시스템에 필수적인 최소한의 특성으로 여기는 것들을 열거해보겠다. 이들은 내가 마음의 특성으로 수용하려는 것이다.

(1) 그 시스템은 차이들을 가지고, 차이들을 근거로 작동할 것이다.

(2) 그 시스템은 차이나 차이의 변형이 전달되는 통로의 닫힌 고리 또는 네트워크로 구성될 것이다. (뉴런에 전달되는 것은 충동이 아니라 차이에 관한 소식이다.)

(3) 그 시스템 내의 많은 사건들은 방아쇠를 당기는 부분의 충격보다는 반응하는 부분에 의해 활성화될 것이다.

(4) 그 시스템은 항상성을 향하거나 폭주하는 방향으로 자기-교정적인 모습을 보여줄 것이다. 자기-교정은 시행착오를 내포한다.

이제 마음의 이런 최소한의 특성들은 인과적 고리의 적절한 회로 구조가 존재하면 언제 어디서나 생기게 된다. 마음은 적절한 복잡성의 필연적 기능으로, 복잡성이 발생하는 곳이면 어디에서나 필연적이다.

그러나 그 복잡성은 나와 여러분의 머릿속 이외에 매우 많은 다른 곳에서도 발생한다. 우리는 나중에 인간이나 컴퓨터가 마음을 가지고 있느냐는 질문을 할 것이다. 우선은 관계가 서로 맞물려 있는 유기체들의 집합체인 삼나무 숲이나 산호초도 필요한 일반적 구조를 가지고 있다는 사실을 밝혀두고 싶다. 모든 유기체의 반응 에너지는 자체의 신진대사로 공급되며, 전체 시스템은 다양한 방식으로 자기-교정적 행동을 한다. 인간 사회는 이와 같이 닫힌 인과의 고리를 가지고 있다. 모든 인간의 조직은 자기-교정적 특성과 폭주할 잠재력을 모두 보여준다.

이제 컴퓨터가 생각을 하느냐는 문제를 잠시 살펴보자. 나는 그렇지 않다고 생각한다. '생각하고' '시행착오' 에 참여하는 것은 인간 더하기 컴퓨터 더하기 환경이다. 그리고 인간과 컴퓨터와 환경 사이의 선은 순전히 인위적인 가상의 선이다. 그 선은 정보나 차이가 전달되는 통로를 가로지르는 선이다. 그 선은 사고하는 시스템의 경계가 아니다. 생각하는 것은 시행착오에 참여하는 전체 시스템이며, 그것은 인간 더하기 환경이다.

그러나 만약 여러분이 자기-교정을 사고나 정신적 과정의 기준으로 받아들인다면, 인간 내부의 다양한 내적 변수들을 유지하는 자율적 수준에서도 '사고'가 존재하는 것은 분명하다. 마찬가지로 컴퓨터가 만약 자신의 내부 온도를 조절한다면, 그 자체로 어떤 단순한 사고를 하는 것이다.

이제 우리는 서구 문명의 인식론적 오류들의 일부를 보기 시작한다. 19세기 중반 영국의 일반적인 사고 풍토에 따라 다윈은 자연선택과 진화에 대한 이론을 제시했는데, 그 이론에서 생존 단위는 가계, 종, 하부 종, 또는 그와 비슷한 것 중 하나였다. 하지만 오늘날 이것이 실제 생물학적 세계에서의 생존 단위가 아니라는 것은 매우 분명하다. 생존 단위는 유기체 더하기 환경이다. 우리는 쓰라린 경험을 통해 자신의 환경을 파괴하는 유기체는 자신을 파괴한다는 사실을 배우고 있다.

만약 이제 우리가 다윈의 생존 단위를 수정해서 환경과 유기체와 환경의 상호작용을 포함한다면, 아주 이상하고 놀라운 동일성이 출현할 것이다. 진화의 생존 단위는 마음의 단위와 동일한 것으로 드러난다.

이전에 우리는 분류군들taxa의 계층 구조——개인, 가계, 아종, 종 등——를 생존 단위로 생각해왔다. 우리는 이제 다른 단위의 계층 구조—— 유기체-내-유전자, 환경-내-유기체, 생태계 등을 보고 있다. 가장 넓은 의미에서 생태학이란 회로 내의 상호작용 및 관념과 프로그램(즉 차이, 차이의 복합체 등)의 생존에 대한 연구임이 드러난다.

이제 여러분이 잘못된 단위를 선택하는 인식론적 오류를 범할 때 어떤 일이 발생하는지를 살펴보자. 여러분은 결국 종 대 주위의 다른 종, 또는 종 대 그들이 조작하는 환경에 이르게 된다. 인간은 자연에 대항한다. 실제로 여러분은 마지막에는 오염된 카네오헤 만, 미끌미끌한 녹색 쓰레기의 이리 호, '이웃을 죽이기 위해 더 큰 원자폭탄을 만들자'라는 것에 이르게 된다. 잡초들의 생태계가 있듯이 나쁜 생각의 생태계도 있으며, 그것이 기본적인 오류가 스스로 번식하는 시스템의 특성이다. 그것은 살아 있는 조직에 뿌리박은 기생충처럼 가지를 뻗어나가며, 그래서 모든 것이 상당히 특이한 혼란에 빠진다. 여러분이 자신의 인식을 '나에게 관심 있는 것은 나, 혹은 나의 조직, 혹은 나와 같은 종'이라는 전제로 한정해서 행동할 때, 여러분은 고리 구조에서 나머지 고리에 대한 고려를 잘라내 버리는 것이다. 여러분은 인간 생활의 부산물들을 제거해버리기를 원하고, 이리 호가 그것을 버리기에 좋은 장소라고 결정한다. 이리 호라는 생태-정신 시스템이 여러분의 더 넓은 생태-정신 시스템의 일부라는 사실을 여러분이 망각하고——그래서 만약 이리 호가 비정상적인 상태가 된다면, 그 비정상은 보다 큰 여러분의 사고와 경험의 체계 속에 편입된다.

여러분과 나는 '자아', 조직, 그리고 종의 개념에 너무 깊이 물들어 있어서, 내가 다소 부당하게 비난한 19세기 진화론자들과 다른 방식으로 인간이 자신과 환경의 관계를 볼 수 있다고 믿기 어렵다. 그래서 이 모든 것의 역사에 관해 몇 마디 해야만 한다.

인류학적으로, 역사의 초기 자료에서 우리가 알고 있는 것을 통해 본다면, 사회 속의 인간은 자기 주위의 자연계에서 단서들을 얻었으며, 일종의 은유적 방법으로 자신이 살고 있는 사회에 그 단서들을 적용한 것으로 여겨진다. 즉 인간은 자기 주위의 자연계를 자신과 동일시했거나 그 자연계에 감정이입을 했으며, 이 감정이입을 자신의 사회 조직과 자신의 심리에 대한 이론의 지침으로 삼았다. 이것이 이른바 '토테미즘'이다.

어떤 면에서 이는 모두 난센스였지만 오늘날 우리가 하는 대부분의 행위보다는 더 분별 있는 것이었다. 왜냐하면 우리 주위의 자연계는 실제로 이러한 일반적 시스템 구조를 가지고 있으며, 따라서 인간이 자신의 사회 조직 내에서 자신을 이해시키는 데 적합한 은유의 근원이기 때문이다.

겉으로 보기에 다음 단계는, 그 과정을 역전시키고 자신으로부터 단서들을 얻어 이 단서들을 자기 주위의 자연계에 적용하는 것이었다. 이는 인격이나 마음에 관한 개념을 산이나 강, 숲과 같은 것에까지 확대하는 '애니미즘'이었다. 여러 가지 면에서 이것은 아직 그렇게 나쁜 생각은 아니었다. 하지만 다음 단계는 자연계로부터 마음의 개념을 분리시키는 것이었으며, 이렇게 하여 여러분은 신의 개념을 얻는다.

그러나 여러분이 인간 관계나 인간 사회 혹은 생태계와 같이 마음이 내재해 있는 구조에서 마음을 분리할 때, 여러분은 근본적 오류에 탑승하여 결국에는 틀림없이 자신을 해치게 될 것이라고 나는 확신한다.

싸움은 전투에 승리하기 쉬운 순간까지는 우리 영혼에 좋은 것일 수도 있다. 여러분이 효과적인 기술을 충분히 가지고 있고, 그래서 여러분이 실제로 자신의 인식론적 과오에 의해 행동해서 자신이 살고 있는 세계를 황폐하게 만들 때, 그 과오는 치명적이다. 인식론적 과오는, 여러분이 만들고 이제 거기서 살려고 하는 세계의 괴상한 변화 속에 과오가 내재하게 되는 그런 세계를 여러분이 주위에 만들어낼 때까지는 그래도 괜찮다.

여러분도 알고 있듯이, 우리는 지금 아리스토텔레스, 성 토마스 아퀴나스를 거쳐 수세기 동안 전해 내려온 오래된 전능한 마음Supreme Mind――잘못할 수도 없었고 비정상일 수도 없었던――에 관해 논하고 있는 것이 아니다. 여러분 모두가 전문적으로 알고 있는, 너무나 쉽게 비정상이 되는 내재적 마음에 대해 논하고 있다. 이것이 바로 여러분이 여기에 있는 이유다. 이러한 자연의 회로와 균형들은 아주 쉽게 나쁜 상태에 빠지며, 이들은 우리 사고의 기본적 오류들이 수많은 문화적 세부 사항들로 강화될 때 반드시 나빠지게 된다.

오늘날 육체와 분리되고, 사회와 분리되고, 자연과도 분리되어 있는 총체적인 마음이 있다는 것을 얼마나 많은 사람들이 정말로 믿고 있는지 나는 모른다. 하지만 그 모든 것이 '미신'이라고 말할 사람들을 위해, 나는 그런 미신과 함께하는 사고 습관과 사고방식이 아직도 그들의 머릿속에 있으며 아직도 그들의 사고의 많은 부분을 결정한다는 것을 즉시 증명할 준비가 되어 있다고 장담한다. 여러분은 나를 볼 수 없다는 것을 지적으로는 알 수 있지만, 그럼에도 불구하고 여러분이 나를 볼 수 있다는 관념은 여전히 여러분의 생각과 행동을 지배하고 있다. 같은 식으로, 우리는 대부분 우리가 잘못된 것으로 알고 있는 인식론에 지배되고 있다. 내가 이제껏 한 말이 내포하는 것을 잠시 생각해 보자.

우선 우리가 어떻게 행동하는가에 관한 모든 종류의 세부 사항에서 어떻게 기본적인 관념들이 보강되고 표현되는지 살펴보자. 내가 여러분에게 일방적으로 이야기를 하고 있다는 바로 이 사실은——이것은 우리의 학문적인 하부 문화의 규범이지만, 내가 여러분을 일방적으로 가르칠 수 있다는 생각은 마음이 육체를 통제한다는 전제에서 파생된 것이다. 또한 정신과 의사가 일방적인 치료에 빠질 때는 언제나 똑같은 전제를 따라 행동하는 것이다. 실제로 나는 여러분 앞에 서서, 여러분의 마음에 정말로 터무니없는 사고의 단편을 강화함으로써 파괴적인 행동을 하고 있다. 그것은 우리의 세부적인 행동에까지 배어 있기 때문에 우리 모두는 언제나 이런 일을 하고 있다. 여러분이 앉아 있는 동안 내가 어떻게 서 있는지를 보라.

물론 이와 같은 사고방식은 통제와 권력의 이론으로 나아간다. 그러한 세계에서 만약 여러분이 원하는 바를 얻지 못하면, 여러분은 누군가를 비난할 것이고, 취향에 따라 감옥이나 정신병원을 세울 것이며, 그들이 누군지 알면 그들을 감옥이나 정신병원에 처넣을 것이다. 만약 그들을 알지 못한다면 '그것은 시스템 때문'이라고 말할 것이다. 바로 이러한 이유로 오늘날 우리 아이들이 체제를 탓하고 있지만, 체제에는 아무 책임이 없다는 사실을 우리는 알고 있다. 그 체제 역시 같은 오류의 일부인 것이다.

그렇다면 물론 무기에 대한 문제가 있다. 만약 우리가 그 일방적 세계를 믿고 다른 사람들도 그 세계를 믿는다면(그리고 아마 여러분의 생각이 옳고 그들도 그렇게 한다면), 그때 물론 우리가 취해야 할 처신은 무기를 가지고 그들을 강타해서 그들을 '통제하는' 것이다.

권력은 타락한다고 사람들은 말한다. 그러나 내 생각에 이것은 난센스다. 사실은 권력에 대한 관념이 타락하는 것이다. 권력은 권력을 믿는 사람을 가장 빨리 타락시키며, 권력을 가장 원하는 것도 이런 자들이다. 분명 우리의 민주주의 시스템은 권력을 갈망하는 자에게 권력을 부여하는 경향이 있으며, 권력을 원하지 않는 사람들에게 권력을 피할 모든 기회를 제공한다. 만약 권력이 권력을 믿고 원하는 자들을 타락시킨다면, 그것은 그렇게 만족스럽지 못한 제도다.

아마 일방적인 권력 같은 것은 없을 것이다. 결국 '권력을 잡은' 사람은 항상 외부에서 수신되는 정보에 의존해야 한다. 그는 사건 발생의 '소인cause'이 되는 것만큼이나 그 정보에 반응한다. 괴벨스에게 독일 여론의 통제는 불가능했다. 왜냐하면 그렇게 하기 위해서 그는 독일 국민이 생각하는 것이 무엇인지를 말해줄 첩자나 취재 기자, 또는 여론 조사에 의존해야 했기 때문이다. 그런 다음 그는 이 정보에 대해 말한 것을 각색해야 했으며, 또다시 국민들이 어떻게 반응하는지를 살펴야 했다. 이것은 상호작용이며, 일방적인 상황이 아니다.

하지만 권력의 신화는 물론 매우 막강한 신화이며, 아마 이 세상 모든 사람들이 많든 적든 그 신화를 믿을 것이다. 만약 모든 사람들이 그것을 믿는다면 그만큼 신화는 자기-정당화될 것이다. 하지만 그것은 여전히 인식론적으로 정신이상이며, 필연적으로 여러 종류의 재앙으로 나아간다.

끝으로 급박성의 문제가 있다. 이 세상에는 서구의 인식론적 오류에서 자라난 많은 파국적 위험들이 있다는 사실은 오늘날 많은 사람들에게 분명해 보인다. 이런 위험은 살충제에서 환경 오염, 원자탄 낙진, 북극의 빙산이 녹을 가능성에까지 이른다. 무엇보다 개인의 생명을 연장하기 위한 우리의 괴상한 충동 때문에 가까운 장래에 세계적 기근이 발생할 가능성이 생겼다.

어쩌면 앞으로 20년 동안에 하나의 국가나 일군의 국가를 파괴해버리는 것보다 더 심각한 재앙이 없을 가능성은 반반일지 모른다.

인간과 인간의 생태계에 대한 이 크나큰 위협의 집적은 깊고 어느 정도 무의식인 수준에서 우리의 사고 습관에 생기는 오류라고 나는 확신한다.

치료사로서 분명히 우리는 의무를 가지고 있다.

우선 우리 자신을 명료하게 하고, 그 다음에 다른 사람에게서 명료성의 모든 징조를 찾고, 그들에게 수단을 제공하여, 그들로 하여금 그들 안의 건전한 것은 무엇이든 강화하게 해야 한다.

그리고 세상에는 아직도 건전한 부분들이 살아남아 있다. 대부분의 동양 철학은 서양이 낳은 그 어떤 것보다도 더 건전하며, 우리 젊은 세대의 표현하기 힘든 어떤 노력들은 체제의 관행보다 더 건전하다.

생태학적 위기의 근원[296]

개요 : 하와이에서 공해와 환경 파괴 문제를 다룬 법안에 관한 다른 선언은 이미 발표되었다. 제안된 환경보호청과 하와이 대학 환경오염 통제소는 이러한 임시변통의 접근을 넘어서 현재의 환경 문제에 관한 좀더 기본적인 원인들을 연구하길 바란다.

지금의 선언은 기본적인 원인이 ㉠ 기술의 발달, ㉡ 공해의 증가, 그리고 ㉢ 인간의 본성 및 인간과 자연의 관계에 관한 전통적인 (하지만 잘못된) 생각이 결합되어 작용하는 데 있다고 주장하고 있다.

---

296) 1970년 3월, 하와이 주 상원위원회Committee of the State Senate of Hawaii가 열리기 전에 개최된 하와이 대학의 '생태학과 인간 위원회Committee on Ecology and Man'를 대표하여 법안(S.B. 1132)을 지지하는 선서로서 쓴 글이다. 그 법안은 하와이 대학에 환경오염통제소Office of Environmental Quality Control in Government와 환경센터Environmental Center를 설치하는 것을 제안했다. 그 법안은 통과되었다.

앞으로 5~10년은 미국의 역사에서 정부, 교육, 기술에 관한 전반적
인 철학이 논의되었던 연방주의자의 시대Federalist period[297]와 비슷
할 것이라고 그 선언은 결론짓고 있다.

우리는 제안한다.

(1) 모든 임시변통의 조치들은 문제의 심층적 원인들은 손대지 않
고, 대개는 이런 원인들이 더욱 강화되고 복합적이 되는 것을 허용함
으로써 더 나빠진다. 의학의 경우, 질병은 치료하지 않고 증상만 경감
시키는 것은 확실히 질병 말기나 스스로 치유되는 질병인 경우에만
현명하고 충분하다고 말할 수 있다.

DDT의 역사가 이런 임시변통적 조치들의 근본 오류를 입증해준다.
그것이 처음 발견되어 사용되었을 때, 그 자체가 임시변통의 조치였
다. 1939년에 그것이 살충제라는 사실이 발견되었다(그리고 이것을
발견한 사람은 노벨상을 받았다[298]). 살충제는 ㉠ 농산물 수확을 늘리

---

297) (옮긴이주) 1789~1801년에 연방주의자들과 반연방주의자들 사이에 조성된
　　 갈등은 미국의 역사에 깊은 영향을 미쳤다. 알렉산더 해밀턴Alexander
　　 Hamilton이 이끄는 연방주의자들은 항구 도시 중심의 상업적 이익을 대표했
　　 고, 토머스 제퍼슨Thomas Jefferson이 이끄는 반연방주의자들은 농촌과 남부
　　 지역의 이익을 대변했다. 이들은 중앙 정부의 권한과 이에 대립하는 주 정부
　　 의 권한에 관해 논쟁했는데, 연방주의자들은 전자에 찬성했고, 반연방주의자
　　 들은 주의 권리를 창도했다. 해밀턴은 상업과 공업의 이익을 추구하는 강력한
　　 중앙 정부를 추구했다. 토머스 제퍼슨은 지방 분권 체제의, 농업에 중점을 둔
　　 공화국을 창도했다. 그는 대외 관계에서는 강력한 중앙 정부의 가치를 인정했
　　 으나, 다른 면에서는 강력한 중앙 정부를 원하지 않았다. 해밀턴은 무정부 상
　　 태를 두려워하고 질서가 있어야 한다고 생각한 반면, 제퍼슨은 자유가 있어야
　　 한다고 생각했다. 미국은 이 두 가지 영향력을 모두 필요로 했으며, 그들의 철
　　 학을 융합하여 조절했다.
298) (옮긴이주) 스위스의 화학자 뮐러P. H. Müller는 DDT 연구에 대한 공로로

고, ⓛ 사람들, 특히 군인들을 말라리아에서 구하는 데 '필요'했다. 바꿔 말하면, DDT는 인구 증가와 관련된 문제들에 대한 대증 요법이었다.

1950년에 DDT가 다른 많은 동물들에게 매우 유독하다는 사실이 과학자들에게 알려졌다(레이첼 카슨Rachel Carson의 유명한 책 《침묵의 봄Silent Spring》은 1962년에 출판되었다[299]).

그러나 그동안 ㉠ DDT 생산에 방대한 산업적인 참여가 있었으며, ㉡ DDT의 직접적인 대상이었던 곤충들에게 면역이 생겼고, ㉢ 이런 곤충들을 일상적으로 먹은 동물들은 죽어가고 있었으며, ㉣ DDT로 인해 세계 인구는 증가하게 되었다.

바꿔 말하면 세계는 한때 임시변통의 조치였던 것에 중독되었으며, DDT는 이제 중요한 위험 요인으로 알려져 있다. 마침내 1970년에 우

1948년 노벨 생리의학상을 받았다.

299) (옮긴이주) 미국의 레이첼 카슨Rachel Carson은 1962년에 환경 오염으로 새들이 울지 않는 '침묵의 봄'을 맞을 수 있음을 경고하는 한 권의 책을 썼다. 이 책은 환경 문제를 사회 운동의 이슈로 만들었다. 카슨은 미연방 야생동식물보호국의 직원으로, 지속적인 DDT 사용이 새들은 물론 인간을 포함한 모든 생물의 생태계를 파멸시킬 수 있음을 선언했다. 그녀의 주장은 의학, 화학, 약학, 생태학 등의 충실한 자료를 바탕으로 한 것이었기에 설득력이 컸다. 그녀가 이 책 《침묵의 봄Silent Spring》을 집필하게 된 동기는 조류학자인 친구 허킨스 Olga O. Huckins로부터 받은 한 통의 편지였다. 편지의 내용은, 정부 소속의 비행기가 모기를 방제하려고 숲에 DDT를 살포했는데 이 때문에 자신이 기르던 많은 새들이 죽었다는 것이었다. 친구는 DDT를 사용한 당국에 항의했으나, 당국은 DDT가 무해하다며 항의를 묵살했다. 이에 친구는 신문사에 항의 편지를 보내고, 사본을 카슨에게 보냈다. 이를 계기로 카슨은 그동안 많은 조사 연구를 했지만 중단하고 있던, 살충제 사용의 실태와 위험을 알리는 책을 저술하기로 결심한다. 그녀의 책은 "인간은 미리 예견하고 대처하는 능력을 상실했다. 인간은 지구를 파멸시킴으로써 종말을 맞을 것이다"라고 말한 슈바이처Albert Schweitzer에게 헌정되었다.

리는 이 위험 요인을 금지하거나 통제하기 시작했다. 그리고 예를 들어, 이미 전 세계에 유포되고 있으며, 당장 완전히 사용을 중지한다 해도 앞으로 20년간 여전히 남아 있을 DDT의 영향 아래서 현재와 같은 식성을 가진 인류가 살아남을 수 있을지 여부를 우리는 아직 모르고 있다.

현재 거의 분명해진 사실은(남극의 펭귄에게서 상당량의 DDT가 발견되면서), 어류를 먹는 모든 조류와 육지에 사는 육식성 조류 및 이전에 곤충을 먹었던 조류들은 운명적으로 멸망하게 되었다는 것이다. 모든 육식성 어류[300]들도 곧 인류를 소멸시킬 만큼 과다한 DDT를 함유하게 될 것이며, 그 어류들 자신도 소멸될지 모른다. 지렁이, 최소한 숲이나 DDT 살포 지역에 있었던 지렁이도 곧 사라질 것이며——이 DDT가 숲에 어떤 영향을 끼쳤을까 하는 점은 누구든지 추측할 수 있다. 공해(公海)의 플랑크톤(전 지구 생태계가 의존하는)은 아직 영향받지 않은 것으로 여겨진다.

이것이 임시변통의 조치를 맹목적으로 사용한 것에 대한 이야기이며, 이 이야기는 10여 개의 다른 발명품에서도 똑같이 반복될 수 있다.

(2) 주 정부와 대학에 건의된 기관들의 연합은 스스로 전 세계적인 사회와 환경 파괴의 광범위한 과정에 대한 진단, 이해, 그리고 가능하다면 치유책들을 제시해야 하며, 이런 과정들의 관점에서 하와이의 정책을 규정하려고 노력해야 한다.

(3) 인간의 생존을 위협하는 현재의 많은 위협들은 모두 세 가지 근본 원인에 기인한다.

---

300) 얄궂게도 물고기는 DDT보다 오히려 수은 운반체로서 유독하게 될 것임이 사실로 드러났다. 〔G. B. 1971〕

ㄱ 기술의 진보.

ㄴ 인구 증가.

ㄷ 서구 문화의 사고방식과 태도에서의 어떤 오류들. 우리의 '가치들' 이 잘못되어 있다.

우리는 이 세 가지 근본 요소 모두가 우리의 세계를 파괴하는 필요 조건들이라고 믿는다. 바꿔 말하면, 우리는 그중 하나를 교정하면 우리를 구할 수 있으리라고 낙관적으로 믿고 있다.

(4) 이 근본 요소들은 분명 상호작용하고 있다. 인구 증가는 기술의 발달에 박차를 가하며, 우리의 환경을 적대시하게 만드는 불안감을 조성한다. 한편 기술은 인구 증가를 부채질하면서 동시에 자연 환경을 상대로 한 우리의 오만, 혹은 '교만' 을 강화한다.

다음의 그림은 이러한 연결을 보여준다. 이 그림에서 각 모서리는 시계 방향으로 스스로 자기-촉진하는 (또는 과학자들이 '자기 촉매적' 이라고 말하는) 현상을 나타낸다는 것을 알게 될 것이다. 인구가 많을수록 인구 증가는 더 빨리 일어나며, 우리가 더 많은 기술을 가지면 새로운 발명의 속도는 더욱 빨라지고, 우리가 적대시되는 환경에 우리의 '힘' 을 더 많이 행사할 수 있다고 믿으면 환경은 더욱더 악의에 찬 것처럼 보이게 된다.

이와 마찬가지로, 각 모서리에 있는 쌍들은 시계 방향으로 연결되어 세 가지 자기-촉진적인 하부 시스템들을 만든다.

세계와 하와이가 당면한 문제는 단지 이 시스템에 어떻게 반시계 방향의 과정을 도입하느냐는 것이다.

어떻게 이 일을 할 것인가가 주 정부 환경보호청과 하와이대학 환경오염통제소에 제안된 주요 문제여야만 한다.

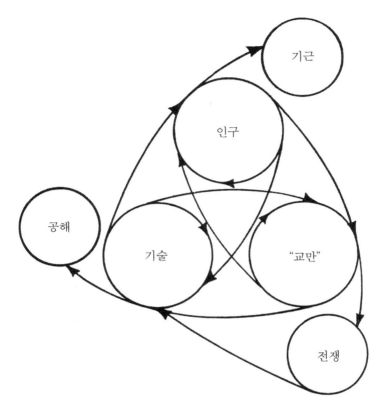

그림 8. 생태학적 위기의 역동성

　현재 이 과정을 역전시키기 위한 유일하게 가능한 진입점entry point
은 환경에 대한 관습적인 태도로 보인다.

　(5) 지금 더 이상의 기술 발전을 막을 수는 없지만, 적절한 방향으로
나아가게 할 수는 있으며, 이는 앞에서 제안한 기관들에 의해 탐구되
어야 한다.

(6) 인구 폭발이 오늘날 세계가 당면한 유일하게 가장 중요한 문제다. 인구가 계속 증가하는 한, 우리가 궁극적인 기근 상태에 이를 때까지 생존을 위협하는 새로운 사태가 어쩌면 1년에 한 가지씩 계속적으로 발생하리라고 예상해야 할 것이다(하와이가 그것을 직면할 위치에 있지는 않다). 여기서 인구 폭발의 해결 방안을 제시하지는 못하지만, 우리가 생각할 수 있는 모든 해결책은 서구 문화의 사고방식과 태도에 의해 더 어려워지고 불가능해진다는 사실을 우리는 지적한다.

(7) 생태학적 안정을 위한 가장 일차적인 요건은 출생률과 사망률의 균형이다. 좋든 싫든 우리는 특히 중요한 전염병과 영아 사망을 통제하면서 사망률에 함부로 손을 댔다. 살아 있는 (즉 생태학적) 시스템에서 증가하는 모든 불균형은 언제나, 증가하는 불균형의 부작용인 자신을 제한하는 요인들을 만들어낼 것이다. 현재의 경우 우리는 불균형을 교정하는 자연의 방식에 대해 어느 정도 알기 시작했다──스모그, 환경 오염, DDT 중독, 산업 폐기물, 기근, 원자폭탄 낙진, 그리고 전쟁. 그러나 자연이 지나친 교정을 하지 않는다는 것을 우리가 믿지 못하는 한 그 불균형은 계속된다.

(8) 현재의 시점에서 가장 치명적인 형태로 우리의 문명을 지배하는 생각들은 산업 혁명에서 유래한 것이다. 이런 생각들은 다음과 같이 요약할 수 있다.

    ㉠ 환경과 적대적인 우리.

    ㉡ 다른 사람과 적대적인 우리.

    ㉢ 문제는 개인(또는 개별 회사나 개별 국가)이다.

    ㉣ 우리는 환경을 일방적으로 통제할 수 있으며, 그 통제를 위해 전력을

다해야 한다.

　⑩ 우리는 무한히 팽창하는 '개척지' 속에 살고 있다.

　ⓑ 경제 결정론은 상식이다.

　ⓢ 기술은 우리에게 도움이 될 것이다.

　이런 생각들은 지난 150년 동안의 우리 과학 기술의 위대하지만 궁극적으로는 파괴적인 위업에 의해 잘못된 것임이 입증되었다. 게다가 이런 생각들은 현대 생태학 이론하에서도 잘못된 것으로 보인다. 자신의 환경과 싸워서 승리하는 피조물은 자신을 파괴한다.

　(9) 다른 태도들과 전제들——인간의 '가치'에 대한 다른 시스템들——은 자신의 환경 및 다른 문명과 다른 시대의 자신과 같은 사람에 대한 인간 관계를 지배해왔다. 명백하게 고대 하와이 문명과 오늘날의 하와이 사람들은 서구적 '교만'에는 무관심했다. 다시 말해서 우리의 방식이 인간의 유일한 방식은 아니다. 생각건대 그것은 변화 가능하다.

　(10) 우리 사고의 변화는 이미 과학자들과 철학자들, 그리고 젊은이들에게서 시작되었다. 그러나 자신의 사고방식을 바꾸고 있는 사람들은 머리 긴 교수들과 젊은이들만이 아니다. 변화를 바라는 수천 명의 기업가들과 심지어 법률가들이 있지만 그들은 그것이 불안하고 '상식'이 아니라고 느끼는 것이다. 변화는 기술이 진보하는 것처럼 필연적으로 계속될 것이다.

　(11) 이러한 사고의 변화들은 우리의 정부, 경제 구조, 교육 철학, 그리고 군사적인 면에도 영향을 미칠 것이다. 왜냐하면 낡은 전제들이 우리 사회의 이 모든 면에 깊이 뿌리박혀 있기 때문이다.

(12) 이와 같은 격렬한 변화로부터 어떤 새로운 패턴들이 생겨날지는 아무도 예측할 수 없다. 우리는 변화의 시기가 폭력이나 폭력에 대한 두려움보다는 지혜로 특징지어지기를 희망한다. 사실 이 법안의 궁극적 목표는 그러한 변화를 가능하게 만드는 것이다.

(13) 결론적으로, 앞으로 5~10년은 미국 역사상 연방주의자의 시대에 비견되리라 생각한다. 정부, 교육, 기술에 관한 새로운 철학은 정부와 언론 내에서, 그리고 특히 지도적 입장에 있는 시민들과 함께 논의되어야 한다. 이런 논의에서 하와이 대학과 주 정부가 주도적인 역할을 할 수 있다.

도시 문명의 생태학과 융통성[301]

먼저 특정한 또는 궁극적 목표는 아니지만, 생태학적 건강으로 우리가 의미하는 추상적 개념을 이해하는 것이 편할 것이다. 그와 같은 일반적 개념은 자료 수집과 관찰된 동향의 평가에 있어 지침이 될 것이다.

따라서 나는 인간 문명의 건강한 생태계는 다음과 같이 정의될 수 있다고 생각한다.

지속적인 복잡계complex system를 만들기 위해 문명의 융통성이

---

301) 1970년 10월, 베너-그렌 재단이 후원한 '대도시 생태계의 재구축Restructuring the Ecology of a Great City'에 관한 5일간의 작은 회의에 의장으로서 참석하며 쓴 글이다. 회의의 목적은 존 린지John Lindsay 뉴욕 시장 사무실의 정책 입안자들과 함께 생태학에서 문제 되는 요소를 검토하는 것이었다. 이 글은 그 회의를 위해 씌어졌고 나중에 편집되었다. '이론의 전파Transmission of Theory'에 관한 6절을 추가했고, 회의 뒤에 재고한 것을 기술했다.

환경의 융통성과 조화되어야 하는 고도의 문명과 환경이 결합된 단일 시스템이 심지어 기본적인 (하드-프로그램된) 특성의 완만한 변화를 위해서도 개방되어 있는 것.

이제 우리는 계속해서 이 체계적인 건강의 정의 속에서 용어의 일부를 살펴보고, 그 용어들을 현존하는 세계 속의 조건과 관련지을 것이다.

'고도의 문명'

금속과 수레바퀴와 활자가 도입된 이후에 인간-환경 시스템은 분명 점진적으로 불안정한 상태가 되어온 것 같다. 유럽의 산림 벌채와 인간이 만든 중동과 북아프리카의 사막이 이러한 진술의 사례다.

문명은 흥하고 쇠한다. 자연을 착취하는 새로운 기술이나 다른 사람을 착취하는 새로운 기술은 문명을 흥하게 한다. 하지만 각각의 문명은 그것이 특정한 방법으로 착취할 수 있는 것의 한계에 이르게 되면 결국 반드시 쇠하게 된다. 새로운 발명은 충분한 여유, 혹은 융통성을 제공하지만 그 융통성을 다 써버리는 것은 죽음이다.

우리가 최후의 심판을 받는 경우는 인간이 너무 영리하거나, 발달 중인 전체 시스템을 파괴하지 않는 과정으로 자신의 욕심을 제한할 만큼 영리하지 못하거나 둘 중 하나다. 나는 두 번째 가설을 택한다.

그렇다면 '고도의' 라는 단어의 정의를 살펴봐야 한다고 생각한다.

㉠ 지금 다시 오스트레일리아 원주민이나 에스키모나 부시맨의 순진함으로 돌아가는 것은 (가능하다 하더라도) 현명하지 않다. 그렇게

돌아가는 것은 그런 귀환을 촉진시킨 지혜를 상실하는 것이며, 전체 과정을 처음부터 다시 시작하는 것에 지나지 않는다.

ⓛ 따라서 '고도의' 문명은 기술적 측면에서 이러한 일반적인 종류의 지혜를 증진시키고 유지하는 데 (심지어 증가시키는 데) 필요한 어떠한 장치라도 갖고 있어야 한다고 생각된다. 이런 장치에는 컴퓨터나 복잡한 통신 장비도 포함될 것이다.

ⓒ '고도의' 문명은 인간 개체군에 필요한 지혜를 보존하고, 사람들에게 육체적 · 미학적 · 창조적 만족을 제공하는 데 필요한 (교육 및 종교 기관과 같은) 것이면 어떤 것이라도 포함할 것이다. 사람들의 융통성과 문명의 융통성이 잘 조화되어야 한다. 또한 인간의 유전과 경험의 다양성을 조화시킬 뿐만 아니라 예측 불가능한 변화에 필요한 융통성과 '사전 적응'을 제공하는 문명의 다양성이 있어야 한다.

ⓔ '고도의' 문명은 환경과의 교류에 있어서는 제한될 것이다. 이 문명은 단지 필요한 변화를 촉진하는 수단으로 대체할 수 없는 자연 자원들을 (변태하는 번데기가 자신의 지방을 먹고 살아야 하듯이) 소비할 것이다. 그 밖에 문명의 신진대사는 우주선 지구호[302]가 태양에서 획득한 에너지 수입에 의존해야만 한다. 이와 관련해서는 광장한 수준의 기술 발전이 필요하다. 세계는 현 수준의 과학 기술을 가지고 광합성, 바람, 조수, 수력만을 에너지원으로 사용해서 현 인구의 아주 적은 일부만을 유지시킬 수 있을 것이다.

---

302) (옮긴이주) Spaceship Earth. 지구를 자원이 유한한 우주선에 비유한 말이다.

융통성

　앞으로 몇 세대 안에 앞에서 상상한 건강한 시스템과 같은 것을 성취하거나, 우리의 문명이 지금 사로잡혀 있는 파멸의 운명에서 벗어나기 위해서는 매우 많은 **융통성**이 요구될 것이다. 따라서 융통성의 개념을 어느 정도 신중하게 검토하는 것이 옳다. 더욱이 융통성은 결정적인 개념이다. 우리는 관련 변수들의 가치와 동향보다는 오히려 이 동향과 생태학적 융통성의 관계를 평가해야 한다.

　로스 애슈비를 따라, 나는 생물 시스템은 어느 것이나(예컨대 생태학적 환경, 인간의 문명, 그리고 이들 둘이 결합된 시스템) 연결된 변수들의 관점에서 기술될 수 있고, 주어진 어떤 변수라도 허용 한계의 최대한과 최소한의 역치를 갖고 있으며, 이 역치를 넘어서면 불편과 질병 그리고 궁극적으로 죽음이 발생하게 된다고 가정한다. 이 한계 내에서 변수는 적응을 성취하기 위해 움직일 수 (그리고 움직이게 될 수) 있다. 스트레스하에서 하나의 변수가 허용 한계의 최대 혹은 최소 한계점에 근접하는 값을 가져야만 될 때, 청년 문화에서 통용되는 표현을 빌리면, 이 변수에 대해 시스템이 '궁지에 빠졌다' 혹은 '융통성'이 결여되었다고 말할 수 있다.

　하지만 변수들은 연결되어 있으므로, 하나의 변수에 대해 궁지에 빠졌다고 하는 것은 보통 이 궁지에 빠진 변수를 밀고 나가지 않으면 다른 변수들이 변화될 수 없음을 의미한다. 따라서 융통성의 상실은 시스템에 퍼져나간다. 극단적인 경우, 시스템은 궁지에 빠진 변수의 허용 한계를 변화시키는 변화만을 받아들일 것이다. 예를 들면 인구가 과밀한 상태의 사회는 병리적 및 병원성 인구 과밀 상태를 좀더 편한 상태로 만들어줄 (식량 증가, 새로운 도로, 더 많은 주택 등의) 변화를 모색한다. 하지만 이들 임시변통의 변화들은 분명 장기적으로 더 근본적인 생태학적 병리 상태에 이르게 할 수 있다.

우리 시대의 병리 현상들은 대체로 이러한 과정——한 종류 혹은 다른 종류의 스트레스(특히 인구 압박의 스트레스)에 대한 반응으로 융통성을 소비하는 것, 그리고 인구 과잉에 대한 예로부터의 교정에서 오는 스트레스의 부산물(예컨대 전염병과 기아)을 떠맡지 않는 것——이 축적된 결과라고 말할 수 있다.

생태 분석가는 딜레마에 직면한다. 즉 한편으로, 사람들이 그의 어떤 권고를 따르게 될 경우에 그는 우선 무엇이라도 그 시스템에 대한 융통성의 예산을 증가시키는 것을 권해야만 하며, 다른 한편으로, 그는 가능한 모든 융통성을 소모해버리는 사람들과 사회 제도의 자연적 성향을 다루어야만 한다. 그는 융통성을 창출해야 하며, 우리의 문명이 즉각적으로 융통성을 소모해버리는 방향으로 팽창하는 것을 막아야 한다.

생태학자의 목표는 융통성을 증진시키는 것이며, 이런 범위 내에서 그는 대부분의 복지 계획 입안자들(법적 통제를 증가시키는 경향이 있는 사람들)보다 덜 전제 군주적인 반면에, 그는 또한 이미 존재하거나 창출될 수 있는 융통성을 보호하기 위한 권위도 행사해야만 한다는 결론이 나온다. 이 점(대체할 수 없는 자연 자원의 문제)에서, 그의 권고는 전제 군주적이어야 한다.

사회적 융통성은 석유나 티타늄만큼 귀중한 자원이며, 적절한 방식으로 예산이 짜여야 하며, 필요한 변화를 위해 쓰여야(지방처럼) 한다. 대체로 융통성을 '소비'하는 것은 문명 내의 하부 시스템의 재생

(즉 중대) 때문이므로, 결국 이 하부 시스템들이 반드시 통제되어야 한다.

여기서 엔트로피라는 의미에서는 융통성이 네겐트로피로 한정된다는 것은 전혀 가치가 없다. 융통성은 구속받지 않은 변화의 잠재성이라고 정의될 수 있다.

회선의 상당 부분이 사용 중에 있어서 한 통화가 더해지면 시스템을 움직이지 못하게 될 때, 전화 교환기는 최대한의 부엔트로피와 최대한의 한정과 최대한의 정보 부하와 최대한의 경직성을 나타낸다. 그러나 회선들이 하나도 사용되고 있지 않을 때, 전화 교환기는 최대한의 엔트로피와 최대한의 융통성을 나타낸다. (이런 특별한 경우에, 사용하지 않은 상태는 구속된 상태가 아니다.)

융통성의 예산은 분할되는 것이라는 점을 알게 될 것이다(돈이나 에너지의 예산처럼 감산적이지 않다).

융통성의 분배

다시 애슈비를 따라서, 시스템의 많은 변수들에 융통성을 분배하는 것은 매우 중대한 문제다.

앞에서 상상해본 건강한 시스템은 높은 줄 위에 있는 곡예사에 비유될 수 있다. 자신의 기본 전제('나는 줄 위에 있다')에서 진행 중인 사실을 유지하기 위해 곡예사는 반드시 불안한 한 지점에서 불안한 다른 지점으로의 움직임이 자유로워야 한다. 다시 말해서 그의 팔 위치와 팔을 움직이는 속도와 같은 어떤 변수들은 많은 융통성을 가져야 하며, 곡예사는 다른 더 근본적이고 일반적인 특성들의 안정성을 유지하기 위해 그 융통성을 사용한다. 만약 그의 팔이 고정되거나 마비된다면(커뮤니케이션에서 고립된다면), 그는 틀림없이 추락할 것이다.

이와 관련해서 우리의 법률 체계에 대한 생태학을 살펴보는 것은 흥미롭다. 명백한 이유로, 사회 시스템이 의존하는 기본 윤리와 추상적 원칙들을 법으로 통제하기는 어렵다. 사실 역사적으로 미국은 종교의 자유와 사상의 자유라는 전제 위에 세워졌다——교회와 국가의 분리가 모범적인 예다.

반대로, 좀더 일시적이고 피상적인 인간 행위의 항목들을 지정할 법률을 제정하기는 오히려 수월하다. 다시 말해 법률 조항이 늘어남에 따라 곡예사는 팔의 움직임에 점점 제약을 받지만 줄에서 떨어지는 것은 자유롭게 허용된다.

말이 나온 김에 곡예사의 은유는 좀더 높은 수준에도 적용될 수 있음을 주목하자. 곡예사가 자신의 팔을 적절한 방식으로 움직이는 것을 학습하는 동안, 밑에는 그에게 줄에서 떨어질 자유를 제공하는 안전 그물을 쳐놓을 필요가 있다. 가장 기본적인 변수로 간주되는 자유와 융통성은 학습 과정과 사회적 변화로 새로운 시스템을 창조하는 동안에 필수적일지 모른다.

이것이 생태 분석가와 정책 입안자들이 반드시 신중하게 고려해야 하는 질서와 무질서의 역설이다.

어떻든 간에 지난 100여 년간 특히 미국에서 사회 변화의 추세가 융통성이 문명의 변수들에 부적절하게 분배되는 쪽으로 움직여왔다는 사실은 적어도 주장할 수 있다. 상대적으로 일정하고, 단지 서서히 변해야 할 변수들은 밧줄이 풀린 반면에, 융통성이 있어야 할 변수들은 고정되어버렸다.

하지만 그렇다고 해서 법률이 근본적인 변수들을 안정시키는 적절한 방법은 분명 아니다. 이는 교육과 성격 형성의 과정을 통해 행해져야 한다──우리의 사회 시스템에서 그 부분들은 현재 그리고 추측하건대 최대한의 혼돈을 겪고 있다.

관념의 융통성

문명은 일반성에 대한 모든 등급의 관념 위에서 움직인다. 이런 관념들은 사람들의 행동이나 상호작용에 (어떤 것은 명시적으로, 어떤 것은 함축적으로) 나타난다──일부는 의식적이며 명료하게 규정되어 있고, 나머지는 애매모호하며 상당히 무의식적이다. 이러한 관념들 중에 일부는 널리 공유되지만, 나머지는 사회의 다양한 하부 시스템으로 분화되어 있다.

만약 융통성의 예산이 환경–문명의 작용을 이해하는 데 핵심 요소이고, 병리의 범주가 이 예산의 현명하지 않은 소비와 관련되어 있다면, 관념의 융통성은 분명 우리의 이론과 실천에서 중요한 역할을 할 것이다.

기본적인 문화의 관념에 관한 몇 가지 사례들이 문제를 분명하게 해줄 것이다.

'황금률', '눈에는 눈', '정의'.

‘회소성의 경제에 대한 상식’ 대 ‘풍요로움에 대한 상식’.

‘저것의 이름은 의자다’ 와 대다수 언어를 구체화하는 전제.

‘적자생존’ 대 ‘유기체-더하기-환경의 생존’.

대량 생산, 도전, 자존심 등에 관한 전제.

전이에 관한 전제, 어떻게 성격이 결정되는가에 대한 관념들, 교육에 관한 이론 등.

인간 관계, 지배, 사랑 등의 패턴.

문명 내에서 관념들은 (다른 모든 변수들처럼) 부분적으로는 심리-논리와 같은 것에 의해, 부분적으로는 행동의 준-현실적 효과에 관한 대다수의 의견에 의해 서로 연결된다.

그물망의 특정한 연결이 종종 약하기는 하지만, 어떤 주어진 관념이나 행동은 서로 짜여 있는 많은 가닥들에 의한 복합적인 결정의 대상이라는 사실이 관념(과 행동)의 결정에 대한 복잡한 네트워크의 특성이다. 우리가 잠자리에 들 때 전등을 끄는 것은, 부분적으로는 회소성의 경제학, 부분적으로는 전이의 전제, 부분적으로는 사생활의 관념, 부분적으로는 감각 입력을 줄이는 것 등에 의해 영향을 받는다.

이러한 복합적 결정은 모든 생물학 분야의 특성이다. 특징적으로, 동물이나 식물 해부학의 모든 특징과 행동의 모든 세부 사항은 유전과 생리적 수준에서 상호작용하는 다수의 요인들에 의해 결정되며, 그에 대응하여, 발달 중인 생태계의 과정들은 복합적인 결정의 결과다.

게다가 생물 시스템의 어떤 특징이 적어도 충족의 욕구에 의해 직접 결정되는 것을 찾기는 매우 힘들다. 식사는 배고픔보다 취향, 습관, 그리고 사회적 관습에 지배되며, 호흡은 산소의 결핍보다 CO_2의 과잉에 지배된다. 등등.

이와 대조적으로 정책 입안자들이나 공학도들의 결과물은 특정한 요구들에 훨씬 더 직접적인 방식으로 대처하기 위해 구성되며, 따라서 생명력이 훨씬 부족하다. 식사의 복합적인 원인들이 매우 다양한 상황과 스트레스하에서 이 필수적인 행동의 수행을 보장하기에 알맞은 반면에, 만약 식사가 단지 저혈당만으로 통제된다면 하나뿐인 통제의 통로에 대한 어떤 방해도 죽음을 초래할 것이다. 필수적인 생물학적 기능은 죽음의 변수들로 통제되지 않으며, 정책 입안자들은 이러한 사실에 주목하는 게 좋을 것이다.

이런 복잡한 배경을 고려하여, 관념의 융통성에 대한 이론을 세우고 융통성의 예산을 생각해내는 것은 쉬운 일이 아니다. 그렇지만 주요한 이론적 문제를 위한 두 가지 실마리가 있다. 이 실마리들은, 서로 맞물린 관념의 시스템이 생겨나는 진화나 학습의 추계적 과정에서 도출된다. 우리는 첫째로 어떤 관념이 가장 오래 생존할 것인가를 결정하는 '자연선택'을 살펴볼 것이며, 둘째로 이런 과정이 어떻게 때때로 진화 현상의 막다른 골목을 만드는 데 작용하는지를 살펴볼 것이다.

(좀더 노골적으로, 나는 우리의 문명이 들어선 운명의 길은 진화의 막다른 골목에서 특수한 경우라고 생각한다. 단기적 이득을 제공하는 과정이 채택되었고, 경직되게 프로그램되었으며, 그래서 더 오랜 시간에 걸쳐 파멸을 초래하는 것으로 증명되기 시작했다. 이것이 융통성을 상실함으로써 멸종하는 패러다임이다. 그리고 이 패러다임은 행동의 과정이 단 하나의 변수들을 극대화하기 위해 선택되었을 때 좀더 확실하게 치명적이다.)

단순 학습 실험에서(또한 다른 어떤 실험이든), 유기체, 특히 인간은 상당히 많은 다양한 정보를 습득한다. 그는 실험실의 냄새에 관한 것을 학습하며, 실험하는 사람의 행동 패턴을 학습하며, 자기 자신의 학습 능력과 '옳고' '그른' 것을 어떻게 느끼는지에 관한 것을 학습하며, 세상에는 '옳고' '그른' 것이 있다는 것을 학습한다. 등등.

이제 만약 그가 다른 학습 실험(또는 경험)의 대상이 된다면, 그는 어떤 새로운 정보의 항목들을 습득할 것이다. 즉 첫 번째 실험의 어떤 것들이 반복되거나 긍정될 것이며, 어떤 것은 모순될 것이다.

한마디로 첫 번째 경험에서 습득된 관념의 일부는 두 번째 경험에서도 살아남을 것이며, 자연선택은 살아남은 관념들이 살아남지 못한 관념들보다 더 오래 살아남을 것이라고 동어 반복적으로 주장할 것이다.

하지만 정신의 진화에도 융통성의 경제학이 존재한다. 반복적으로 사용되어 살아남은 관념들은 실제로 마음이 새로운 관념들을 처리할 때와는 다른 특별한 방법으로 다루어진다. 습관 형성의 현상은 반복적으로 사용되어 살아남은 관념들만을 골라내서, 이 관념들을 다른 것과 약간 분리된 범주 속에 놓아둔다. 그래서 이 확고한 관념들은 마음의 좀더 융통성 있는 부분들이 새로운 문제들에 사용되기 위해 비축되는 동안 신중한 검토 없이 즉각적으로 사용할 수 있게 된다.

다른 말로, 주어진 관념의 사용 빈도는 우리가 마음이라 부르는 관념의 생태학에서 생존을 결정하는 요소가 되며, 게다가 자주 사용되는 관념의 생존은 습관 형성이 비판적인 검토의 영역에서 관념들을 제거하는 경향이 있다는 사실에 의해 더욱 조장된다.

그러나 관념의 생존은 분명 다른 관념들과의 관계에 의해서도 결정된다. 관념들은 서로 지지하거나 모순되기도 하며, 어느 정도 쉽게 결합되기도 한다. 그들은 양극화된 시스템 내에서 알 수 없는 복잡한 방식으로 서로 영향을 줄 수도 있다.

보통 좀더 일반화되고 추상적인 관념들이 살아남아 반복적으로 사용된다. 따라서 좀더 일반화된 관념들은 다른 관념들이 의존하는 전제들이 된다. 이 전제들은 상대적으로 융통성이 없어진다.

다시 말해, 관념의 생태학에는 융통성의 경제학과 관련된 진화의 과정이 있으며, 이 과정은 어떤 관념이 하드 프로그램될지를 결정한다.

동일한 과정이 하드 프로그램된 관념들을 나머지 관념들의 배열 속에서 핵심이나 중심이 되도록 결정한다. 왜냐하면 다른 관념들의 생존은 그들이 하드 프로그램된 관념들과 얼마나 적합한지에 달려 있기 때문이다.[303] 따라서, 하드 프로그램된 관념의 어떤 변화는 그와 관련된 전체 배열의 변화와 연관된다는 결론이 나온다.

하지만 주어진 시간 내에서 관념의 확인 빈도는, 그 관념이 오랜 시간에 걸쳐 참이거나 실용적으로 유용하다는 사실의 증명과 다르다. 오늘날 우리 삶의 방식에 깊이 배어 있는 전제들 중에서 상당수는 참이 아니며, 이들이 현대 기술의 도구가 되면 병리적이 된다는 사실이 밝혀지고 있다.

---

303) 삼나무 숲이나 산호초의 생태학에서 성립되는 관계와 확실히 유사하다. 가장 많은 또는 '지배적인' 종들은 다른 종들의 배열에 대해 중심이 될 수 있다. 시스템에 새로 들어온 종의 생존은 보통 새로 들어온 종의 생활 방식이 하나 혹은 그 이상의 지배적인 종과 얼마나 적합한가에 의해 결정되기 때문이다.

이런 맥락에서——생태학뿐만 아니라 정신적인 면에서도—— '적합' 이라는 말은 '융통성을 일치시키는' 것에 대한 낮은 수준의 유사다.

융통성의 실행

시스템의 전반적인 융통성은 시스템의 많은 변수들을 견딜 수 있는 한계의 중간 지점에 있도록 유지하는 데 달려 있다고 앞에서 주장되었다. 하지만 이러한 일반론에 부분적으로 반대되는 것도 있다.

필연적으로 사회의 많은 하부 시스템들이 재생적이라는 사실 때문에, 전체 시스템이 사용되지 않은 자유의 어떤 영역으로 '팽창' 하는 경향이 있다.

'자연은 진공을 싫어한다' 라고 이야기되는 것이 관례였으며, 실제로 그와 같은 것이 어떤 생물학적 시스템에서의 변화를 위해 사용되지 않은 잠재적 가능성의 진실처럼 여겨진다.

다른 말로 하면, 만약 주어진 변수가 어떤 중간값에 너무 오래 머물러 있다면, 나머지 변수들은 그 변수가 가진 움직임의 자유도가 0이 될 때까지, 또는 좀더 정확히 오직 침해하는 변수를 방해하는 대가로 어떤 미래의 움직임이 성취될 수 있을 때까지, 참을 수 있는 한계를 축소시킴으로써 그 변수의 자유를 침해할 것이다.

다른 말로 하면, 변수값이 변하지 않는 변수는 결과적으로 하드 프로그램된다. 더욱이, 하드 프로그램된 변수의 발생을 말하는 이런 방식은 습관 형성을 묘사하는 다른 방식에 지나지 않는다.

일본인 선사가 언젠가 나에게 한 말처럼, "어떤 것에 익숙해진다는 것은 끔찍한 일이다".

이 모든 것으로부터, 주어진 변수의 융통성을 유지하기 위해서는 그 융통성이 실행되거나, 침해하는 변수들이 반드시 직접적으로 통제되어야 한다는 결론이 나온다.

우리는 적극적인 요구보다는 금지를 선호하는 문명 속에서 살고 있으며, 따라서 우리는 침해하는 변수들에 대항하는 법률(예컨대 독점 금지법)을 제정하려고 노력하며, 침해하는 권위에 대해 법률적으로 이름뿐인 처벌을 함으로써 '시민의 자유'를 지키려 한다.

우리는 어떤 침해를 금지하려고 하지만, 자유와 융통성에 대해 알고, 그 자유와 융통성을 좀더 자주 행사하도록 사람들을 격려하는 것이 더 효과적일지 모른다.

우리 문명에서는, 육체의 변수들을 극한값까지 밀어붙임으로써 육체의 변수들에 많은 융통성을 보유하는 것이 원래 기능인 생리적 육체의 운동조차 '관객의 스포츠'가 되었으며, 사회 규범의 융통성도 똑같이 되어버렸다. 우리는 비정상적인 행동을 대신하는 경험을 하려고 영화관이나 법정에 간다――또는 신문을 읽는다.

이론의 전파

인간의 문제에 대한 이론의 모든 적용에서 첫 번째 문제는 계획을 수행할 사람들의 교육이다. 이 논문은 본래 정책 입안자에게 이론을 제시하는 것이며, 적어도 그들에게 실행 가능한 어떤 이론적 개념을 만들어주려는 시도다. 하지만 10~30년에 걸쳐 하나의 대도시를 재건하는 데 있어서, 계획과 그것의 실행은 수백 명의 손과 머리, 그리고 수십 개의 위원회를 거쳐야 한다.

옳은 것이 옳다는 이유로 행해지는 것이 중요한가? 계획을 수정하고 실행하는 사람들이, 정책 입안자들을 인도한 생태학적 통찰을 반드시 이해해야 하는가? 또는 최초의 정책 입안자들은 계획을 생기게 한 것과 완전히 다른 이유로 그 계획을 실행하러 오는 사람들을 유혹할 부차적인 동기들을 그들 계획의 뼈대에 집어넣어야만 하는가?

이것은 윤리학에서 오래된 문제이며, (예를 들면) 모든 정신의학자들을 괴롭히는 문제다. 정신의학자는 자신의 환자가 신경증이 있다거나 부적절하다는 이유로 판에 박힌 생활에 재적응한다면 만족해야 하는가?

이 질문은 평범한 의미에서의 윤리적인 질문일 뿐만 아니라 생태학적인 질문이기도 하다. 한 사람이 다른 사람에게 영향을 끼치는 수단도 그들의 관계에서의 관념의 생태계의 일부이며, 그 관계가 속해 있는 더 큰 생태계의 일부다.

성서에서 가장 확실한 말은 바오로가 〈갈라디아서〉에서 "하나님은 조롱당하지 않는다"라고 한 말이며, 이 말은 인간과 그의 생태계의 관계에도 적용된다. 공해와 착취라는 독특한 죄악이 그저 사소한 것이었을 뿐이라거나, 의도적인 것이 아니었다거나, 최선의 목표를 가지고 저질러진 것이었다고 변명해도 아무 소용이 없다. 또는 '만약 내가 하지 않았다면 다른 누군가가 했을 것이다'라는 변명도 마찬가지다. 생태학의 과정은 조롱당하지 않는다.

한편 산중의 사자가 사슴을 죽이는 것은 풀이 과도하게 뜯기는 것으로부터 풀밭을 보호하기 위한 것이 아니다.

사실 어떻게 우리의 생태학적 추론들을 생태학적으로 '좋다'고 여겨지는 방향으로 우리가 영향을 주려는 사람에게 전할 것인가라는 문제는, 그 자체로 생태학적인 문제다. 우리는 우리가 계획하는 생태계 밖에 있지 않다——우리는 항상 그리고 필연적으로 생태계의 일부다.

이러한 사실에 생태학의 매력과 공포가 놓여 있다──생태학에 관한 생각들은 비가역적으로 우리 자신들의 생태계의 일부가 되고 있다.

　　그렇다면 우리는 산중의 사자가 살고 있는 세계와는 다른 세계에 살고 있다──사자는 생태학에 관한 생각을 가짐으로써 괴로움을 당하지도 축복받지도 않는다. 우리는 그렇다.

　　내가 믿기로는 이런 개념들은 사악한 것이 아니며, 우리에게 (생태학적으로) 가장 필요한 것은 그 개념들이 발달하는 것처럼, 그리고 전파 과정(생태학적인)에 의해 그 개념들이 발달되는 것처럼 그 개념들을 전파하는 것이다.

　　만약 이런 판단이 맞다면, 우리의 계획에 내포된 생태학적 개념들은 계획 그 자체보다 더 중요하며, 이런 개념들을 실용주의라는 제단에 바쳐 희생시키는 것은 어리석은 일이다. 깊은 통찰을 은폐하거나 부정하는 피상적인 이해에 호소하는 주장으로 그 계획을 '납득시키는 것'은 긴 안목으로 보면 득이 되지 않을 것이다.

번역을 마치며

우리는 현재 어떤 모습으로 살아가고 있는가? 풍요로운 물질 문명의 진보 속에서 우리의 삶은 아무런 문제 없이 행복한가? 지금 아무런 문제 없이 행복하다면 과연 앞으로는 어떨 것인가?

과학 문명은 인간의 능력을 엄청나게 확대시킬 수 있는 기술을 제공해주었지만, 어떻게든 경쟁에서 이기고 살아남는 것이 최선이라는 인식(여기에는 인간 내면에 깊이 자리한 인식론적 두려움이 숨어 있다)에서 비롯된 인간 관계의 단절과 그로 인한 갈등, 경제적 불균형의 심화, 통제할 수 없는 권력의 집중, 환경 파괴, 집단과 국가 간의 갈등으로 우리의 삶은 몸살을 앓고 있다.

이런 문제들이 당면한 우리의 삶에서 중요한 문제이고 이에 대한 해결을 모색해야 한다는 것에 우리 모두 수긍한다면, 이제 우리는 무엇을 해야 하는가?

예를 들어, 우리는 보통 '시스템이 잘못되었다', '시장 원리에 맡겨야 한다' 라는 겉으로 보기에 그럴듯한 말에 암묵적으로 고개를 끄덕인다. 하지만 잘못된 그 시스템 속에는 우리 자신들도 포함되어 있으며, 시장을 움직이는 것은 바로 인간의 마음이라는 인식은 하지 못하고 있다.

그리고 근대 문명의 문제점이 자연으로부터 인간을 분리하는 데서 시작되었다면서 자연과 생태계의 중요성을 부르짖는 움직임이 곳곳에서 일어나고 있는데, 이제는 반대로 인간에게서 자연을 분리하는 모습을 보이고 있다. 인간 역시 자연의 일부다. 생태계의 건강이란 인간과 자연이 서로 어울려 함께 그려내는 역동적인 조화, 균형, 공진화co-evolution라는 사실을 분명히 인식해야 한다. 이러한 확고한 인식에서 출발해야 문제를 올바르게 인식하고 그것을 바탕으로 해결책을 모색할 수 있다. 잘못된 인식에서 비롯된 성급한 해결책은 이후 또 다른 곳이나 더 깊고 넓은 곳으로 문제를 확대시키는 것에 지나지 않는다.

결국 진짜 문제는 문제를 바라보는 인식인 것이다.

그레고리 베이트슨(1904~1980)은 근대 문명이 육체에서 마음을, 물질에서 정신을, 자연에서 인간을 분리한 데서 출발했으며, 인간과 인간의 관계를 나와 타자, 인간과 자연의 관계를 나와 그것으로 설정한 것에 기초한 목적 지향적 의식——나에게 있어서 타자와 그것은 나의 생존과 이익을 위한 통제의 대상이 된다. 현재 그것을 통제할 수단이 없다면 과학이 언젠가 그에 대한 수단을 제공해줄 수 있을 것이다. 그 대상은 다른 사람일 수도, 다른 집단일 수도, 다른 국가일 수도, 그리고 우리가 살고 있는 자연일 수도 있다——에서 현재의 위기가 발생했음을 지적한다. 그는 인간과 인간, 인간과 자연의 관계에 대한 새로운 이해의 토대――물질에서 마음이 배제되지 않은, 마음의 원래 자리를 회복한 새로운 인식론――를 마련하여 근본적인 해결책을 제시하려고 한다.

적어도 내가 느끼기에는 생명에 대한 사색에 있어서 가장 깊고 멀리 나아간 사상가인 베이트슨에게 인류 문명이 당면한 모든 문제――사람이든, 자연이든, 정책 결정이든――는 타자에 대해 잘못 설정된 인식, 즉 이해와 커뮤니케이션의 문제다. 이에 대한 그의 해법은 생태학적 인식, 즉 모든 것이 서로 관계되어 있다는 인식, 커뮤니케이션 과정에서 발생하는 패턴에 대한 인식이며, 이 패턴이야말로 마음, 즉 살아있음의 정수다. 그러한 패턴은 예술과 종교에서 느껴지는 조화와 균형, 즉 아름다움과 신성함을 지향할 것이며, 지향해야 한다. 그리고 무엇보다 가장 중요한 것은 인간이 현재의 모습보다 훨씬 겸손한 모습이 되는 것이다. 따라서 '마음의 생태학'이라는 제목을 달고 있지만, 이 책은 생태학적 인식론ecological epistemology에 관한 책이라 할 수 있다.

그레고리 베이트슨이 고정된 학문적 지위 없이 여러 분야를 옮겨 다닌 것은 인간의 전 영역에 걸친 문제에 대한 관심과 해결을 모색하려는 의지에서 나온 필연적 결과다. 따라서 《마음의 생태학》은 단편적이고 관념적인 관심에서 출발해 보기에 그럴듯한 막연한 해결책을 제시하는 책이 결코 아니다. 인간에 대한, 그리고 인간을 둘러싸고 있는, 자연을 포함한 이 세계에 대한 가장 기본적인 이해에서 출발해 실제적이고도 근본적인 해결을 제시해주는, 즉 새로운 인식으로 인간과 자연, 그리고 무엇보다 우리 자신을 다시 바라보게 해주는 책이다.

그의 딸 메리 캐서린 베이트슨이 2000년 새로운 밀레니엄의 시작과 함께 아버지의 책에 자신의 서문을 덧붙여 새롭게 출간한 것은 《마음의 생태학》이 단편적이고 표면적인 이해로 인해 완전히 이해되고 실천되지 못하고 있는 현실 때문이다. 그의 탄생 100주년을 전후하여 국내에서 번역되는 《마음의 생태학》은 베이트슨의 가장 핵심적인 저작으로서 베이트슨 사상의 대부분을 담고 있으며, 베이트슨 사상의 깊이와 폭과 함께 우리에게 새로운 인식을 가져다줄 희망의 메시지이자 희망의 이유다.

　내가 그레고리 베이트슨을 알게 된 지도 거의 20년이 되어간다. 처음 그의 책을 접한 순간, 나는 나도 모르게 "그래 이거야, 이게 바로 내가 그동안 찾던 거야"라고 속으로 외쳤다. 하지만 흥분으로 처음 펼쳐본 책은 전체적으로 무엇에 대한 이야기인지 종잡을 수 없어 당황스러웠다. 하지만 본격적으로 읽기 시작하면서 단편적이나마 내가 그동안 해온 생각들과 완전히 일치하는 내용들을 책의 이곳저곳에서 발견하게 되어 기뻤다. 책을 접하는 시간이 조금씩 쌓이면서, 처음 책을 접했을 때의 당황스러움은 그동안 내가 가지고 있었던 사고방식과 베이트슨이 제시하는 사고방식의 차이에 기인하는 것이었음이 드러났다. 그러면서 기존의 나의 사고방식이 허물어져 나가고 거기에 새로운 사고방식, 즉 새로운 인식——생태학적 인식——이 자리 잡기 시작했다. 하지만 새로운 인식이 뿌리를 내리고 생각이 깊어지는 것과 동시에 찾아온 것은 주변 사람들과의 관계에서 필연적으로 겪게 된 외로움이었다. 나와 똑같은 문제로 씨름하며 주변의 다른 사람들이 알아주지 않는 생각에 빠져 외로웠던 사람이 이 지구상 어느 곳에 있었다는 사실은 큰 위안이 되었다. 생전에 그를 직접 만나보지 못한 것에 대한 아쉬움, 그가 조금만 더 살았다면 성스러움과 아름다움, 그리고 인간 의식에 대한 본질에 좀더 접근했을 텐데 하는 아쉬움이 언제나 마음 한 구석에 남아 있지만, 그가 남긴 책을 통해 문득문득 그와 내가 생태학적으로 연결되어 있다는 느낌을 받는다. 나는 지금도 생각이 벽에 부닥쳐 나아갈 길을 찾지 못할 때는 언제나 그의 책을 처음부터 다시 읽어본다. 그러면 언제나 더 깊고 풍요로운 의미의 새 지층이 드러나는 것을 발견하게 된다. 그 깊이가 도대체 얼마나 되는지 놀라울 따름이다. 독자들도 이해가 깊어질수록 《마음의 생태학》이 단편적인 논문들과 에세이들을 단순히 연대순으로 모아놓은 책이 아니라, 유기적으로 서로 긴밀하게 연결되어 있는 여러 글들을 통해 새로운 의미의 지평을 무한히 열어주는 책이라는 것을 알게 될 것이다.

한의학과 베이트슨의 사상은 나의 정신 세계를 떠받치는 두 기둥이다. 논리적으로 한의학은 나에게 인간, 사회와 자연과의 관계에 대한 전체적인 시각을 마련해주었고, 베이트슨은 그 세계를 기초에서부터 하나씩 쌓아가는 방법과 그에 필요한 재료들을 알려주었다. 하지만 생각이 깊어지고 분명해질수록 앞에 펼쳐지는 것은 분명한 문제 인식으로 인한 두려움과 해결에 대한 절박한 희망이다. 내 마음속에는 한 장의 사진이 들어 있다. 사색의 흔적을 보여주는 편안히 구겨진 옷차림을 하고서, 머리를 쓸어 올린 채 섬세한 마디를 가진 손으로 턱을 받치고 알듯 모를 듯한 미소를 지으며 깊게 주름진 눈으로 베이트슨이 응시하는 곳은 어딜까? 그는 분명 인간과 세상, 그리고 무엇보다도 살아 있음에 대한 두려움과 희망, 그리고 고독을 대면하고 있었을 것이다.

번역을 마무리하고 출판사에 넘기기 직전까지 고민한 문제가 몇 가지 있었다. 그중 하나는 책의 제목에 언급될 뿐만 아니라 이 책의 핵심 개념인 'mind'를 어떻게 옮길 것인가 하는 문제였다. 일반적으로 육체, 물질과 상대되는 개념인 'mind'를 '정신'이라고 번역하지만, 《마음의 생태학》에서 'mind'가 가진 다른 개념들과의 관계, 그리고 베이트슨이 그 말에 부여한 개념의 넓이와 깊이, 정신이라는 말이 주는 약간 의식적인 면에 치우친 의미상의 느낌 때문에 고심하다가 최종적으로 '마음'으로 옮기기로 결정했다. 또 하나는 저자의 이름을 표기하는 문제였는데, 나라에서 정한 외국어 표기법으로는 '베이트슨'이라 표기하는 것이 맞다는 출판사의 이야기를 듣기도 했고, 시중에서 베이트슨이라는 표기가 많이 굳어져 있는 것도 사실이지만, 나로서는 아무래도 원래 이름이 '베이츤(béitsən)'에 가깝다는 생각이 들어 그 표기를 쉽게 받아들일 수가 없었다. 다른 인명들과 지명들도 그에 준해 모두 수정해야 했는데, 영어 발음을 한글로 표기하는 데는 여전히 한계가 있다. 또한 최대한 번역을 해보려 했지만 문맥상 맞지 않아 그냥 원어 그대로 사용한 단어들도 몇 개 있는데, 그중 대표적인 것이 'system'과 'set'였다. 'system'은 문맥에 따라 '시스템'과 '체계'를 번갈아 사용했으며, 'class', 'set', 'communication'은 '클래스', '세트', '커뮤니케이션'으로 옮겼다.

돌이켜 보면 본격적으로 번역에 매달리기 시작한 지난 2년간은 꽤 힘든 시간이었지만 고통보다 더 큰 기쁨도 있었다. 번역의 과정에서 많은 새로운 생각들이 드러났을 뿐만 아니라 베이트슨에 대한 나의 이해도 한층 더 깊어지는 경험을 하는 그야말로 행복한 책읽기이기도 했으므로······.

세상에 책을 내놓는다는 두려움이 앞서기는 하지만, 내게는 구원의 성서나 다름없는 그레고리 베이트슨의 대표작을 번역하게 된 것은 개인적으로 큰 행운이라고 나는 생각한다. 이 행운을 구체화하는 과정에서 출판사를 찾지 못해 낙담하고 있을 때, 메리 캐서린 베이트슨과 피터 해리스-존스는 따뜻한 위로의 말과 해결책의 제시를 통해 나에게 격려와 용기를 주었으며, 출판사를 찾았다는 소식에 함께 기뻐해 주었다. 이것이 바로 관계, 세계가 서로 연결되어 있음을 확인해주는 것이 아니겠는가? 어려운 상황에도 불구하고 흔쾌히 출판을 결심해준 책세상 출판사와 편집진, 그리고 일일이 이름을 들 수는 없지만 책이 나오기까지 애정을 가지고 도움을 준 주변 사람들에게 감사의 마음을 전한다. 돌이켜 보면 누구보다도 마음에 남는 얼굴은 아빠와 함께해야 할 소중한 시간을 희생한 나의 사랑스러운 딸들과, 중요한 일을 한다는 핑계로 새벽까지 신경이 곤두서 있는 나를 묵묵히 지켜준 아내다. 가족의 사랑과 희생이 없었다면 이런 일은 불가능했을 것이다.

이제 나는 여름 동안 태양과 하늘을 향해 뻗었던 잎을 거두고 어떤 꽃과 열매가 열렸는지를 확인하며 원래의 뿌리로 돌아갈 것이다. 독자분들이 자신에게 유익한(몸에 좋은 것이 반드시 달지만은 않다) 열매를 거두게 되기를, 그리고 남은 씨앗이 뿌려져 더 크고 많은 열매를 기약할 수 있기를 바란다.

2006년 3월
박대식

찾아보기

옮긴이 **박대식**은 어려서부터 살아 있는 것에 관심을 가지고 있었다. 대구한의과대
한의학과와 경희대 한의과대학 대학원을 다녔으며, 체질의학과 그레고리 베이트슨
을 통해 생명과 질병, 특히 마음에 대한 새로운 인식을 추구하고 있다. 그런 과정에
서 이제마의《격치고》와 베이트슨의《마음의 생태학》을 번역 출간하게 되었다.

마음의
생태학

초판 1쇄 발행 2006년 3월 30일
초판 6쇄 발행 2021년 1월 22일

지은이 그레고리 베이트슨
옮긴이 박대식

펴낸이 김현태
펴낸곳 책세상
등록 1975. 5. 21. 제1-517호
주소 서울시 마포구 잔다리로 62-1, 3층(04031)
전화 02-704-1250(영업), 02-3273-1334(편집)
팩스 02-719-1258
이메일 editor@chaeksesang.com
광고·제휴 문의 creator@chaeksesang.com
홈페이지 chaeksesang.com
페이스북 /chaeksesang **트위터** @chaeksesang
인스타그램 @chaeksesang **네이버포스트** bkworldpub

ISBN 978-89-7013-567-0 03000

이 도서의 국립중앙도서관 출판예정도서목록(CIP)은 서지정보유통지원시스템 홈페이지
(http://seoji.nl.go.kr)와 국가자료종합목록 구축시스템(http://kolis-net.nl.go.kr)에서
이용하실 수 있습니다.(CIP제어번호: CIP2018042273)